Der Heilige

Koran

Deutsche Version

Übersetzung von

Max Henning

Überarbeitet von Tarek Hamid

Suren

1. Sure - Die Öffnende

Geoffenbart zu Mekka

Im Namen Allahs, des Erbarmers, des Barmherzigen!

(1.) Im Namen Allahs, des Erbarmers, des Barmherzigen!
(2.) Lob sei Allah, dem Weltenherrn,
(3.) dem Erbarmer, dem Barmherzigen,
(4.) dem König am Tag des Gerichts!
(5.) Dir dienen wir und zu dir rufen um Hilfe wir.
(6.) Leite uns den rechten Pfad,
(7.) den Pfad derer, denen du gnädig bist, nicht derer, denen du zürnst, und nicht der Irrenden.

2. Sure - Die Kuh

Geoffenbart zu Medina

Im Namen Allahs, des Erbarmers, des Barmherzigen!

(1.) A. L. M. (2.) Dies Buch, daran ist kein Zweifel, ist eine Leitung für die Gottesfürchtigen, (3.) die da glauben an das Verborgene und das Gebet verrichten und von unsrer Gabe spenden: (4.) Und die da glauben an das, was auf dich herabgesandt ward und herabgesandt ward vor dir, und fest aufs Jenseits vertrauen. (5.) Diese folgen der Leitung ihres Herrn, und ihnen wird's wohlergehen.

(6.) Siehe, den Ungläubigen ist's gleich, ob du sie warnst oder nicht warnst, sie glauben nicht. (7.) Versiegelt hat Allah ihre Herzen und Ohren, und über ihren Augen ist eine Hülle, und für sie ist schwere Strafe.
(8.) Etliche der Menschen sprechen wohl: »Wir glauben an Allah und an den Jüngsten Tag«; doch sind sie keine Gläubigen.
(9.) Betrügen wollen sie Allah und die Gläubigen, und nur sich selber betrügen sie und wissen es nicht.

(10.) Ihre Herzen sind krank, und Allah mehrt ihre Krankheit, und für sie ist schwere Strafe für ihr Lügen. (11.) Spricht man zu ihnen: »Stiftet nicht Verderben auf der Erde«, so sprechen sie: »Wir sind ja die Rechtschaffenen.« (12.) Ist's aber nicht, dass sie die Verderbenstifter sind? Doch wissen sie's nimmer. (13.) Spricht man zu ihnen: »Glaubet, wie die Leute gläubig wurden«, so sprechen sie: »Sollen wir glauben, wie die Toren glaubten?« Ist's aber nicht, dass sie die Toren sind? Doch begreifen sie's nicht.
(14.) Wenn sie mit den Gläubigen zusammentreffen, so sprechen sie: »Wir glauben«; sind sie jedoch allein mit ihren Satanen, so sprechen sie: »Siehe, wir stehen zu euch und treiben nur Spott.«

(15.) Allah wird sie verspotten und weiter in ihrer Rebellion verblendet irregehen lassen. (16.) Sie sind's, die erkauft haben den Irrtum für die Leitung, doch brachte ihr Geschäft ihnen keinen Gewinn, und nimmer waren sie geleitet. (17.) Sie gleichen dem, der ein Feuer anzündet; und so es alles ringsum erleuchtet, nimmt Allah ihr Licht von hinnen und lässt sie in Finsternissen, dass sie nicht sehen. (18.) Taub, stumm und blind, so tun sie nicht Buße. (19.) Oder gleich einer Wetterwolke vom Himmel, geschwängert von Finsternissen, Donner und Blitz... ihre Finger stecken sie in ihre Ohren vor den krachenden Schlägen in Todesgrausen, aber Allah umgibt die Ungläubigen.

(20.) Der Blitz benimmt ihnen fast das Augenlicht; sooft er aufflammt wandeln sie in ihm, erlischt er jedoch über ihnen, so stehen sie da; und so Allah wollte, raubte er ihnen Gehör und Gesicht, denn Allah hat Macht über alle Dinge. (21.) O ihr Menschen, dienet euerm Herrn, der euch und die Früheren erschaffen; vielleicht fürchtet ihr ihn. (22.) Der euch die Erde zu einem Bett

gemacht und den Himmel darüber erbaut,
und vom Himmel Wasser herniedersandte
und durch dieses Früchte hervorbrachte zu
eurer Nahrung. Stellt ihm daher nicht Götter
zur Seite, wo ihr's wisset. (23.) Und so ihr in
Zweifel seid über das, was wir auf unsern
Diener herniedersandten, so bringt eine
gleiche Sure hervor und ruft einen Zeugen
außerhalb (statt) Allah an, so ihr wahrhaft
seid.

(24.) Wenn ihr's jedoch nicht tut – und ihr
vermögt es nimmer –, so fürchtet das Feuer,
dessen Speise Menschen und Steine sind,
die (zum Erschlagen) für die Ungläubigen
bereitet sind. (25.) Verheiße aber denen, die
glauben und das Rechte tun, dass Gärten für
sie bestimmt sind, durcheilt von Bächen;
und sooft sie gespeist werden mit einer ihrer
Früchte als Speise, sprechen sie: »Dies war
unsre Speise zuvor«; und ähnliche werden
ihnen gegeben; und darinnen werden sie
reine Gattinnen empfangen und sollen ewig
darinnen verweilen.

(26.) Siehe, Allah schämt sich nicht, ein
Gleichnis mit einer Mücke zu machen oder
mit etwas darüber; denn die Gläubigen
wissen, dass es die Wahrheit von ihrem
Herrn ist. Die Ungläubigen aber sprechen:
»Was will Allah mit diesem Gleichnis?«
Viele führt er hierdurch irre, und viele leitet
er recht; doch nur die Frevler führt er irre;
(27.) die den Bund Allahs nach seiner
Aufrichtung brechen und zerschneiden, was
Allah geboten hat verbunden zu sein, und
auf der Erde Verderben anstiften, sie werden
die Verlorenen sein. (28.) Wie glaubet ihr
nicht an Allah, wo ihr tot waret und er euch
lebendig machte? Alsdann wird er euch
töten, alsdann wird er euch lebendig
machen, alsdann kehrt ihr zu ihm zurück.
(29.) Er ist's, der für euch alles auf Erden
erschuf; alsdann stieg er zum Himmel
empor und bildete sie zu sieben Himmeln;
und er hat Macht über alle Dinge.

(30.) Und als dein Herr zu den Engeln
sprach: »Siehe, ich will auf der Erde einen
Nachfolger (Kalif) einsetzen«, da sprachen
sie: »Willst du auf ihr einen einsetzen, der
auf ihr Verderben anstiftet und Blut
vergießt? Und wir verkünden dein Lob und
heiligen dich.« Er sprach: »Siehe, ich weiß,
was ihr nicht wisset.« (31.) Und er lehrte
Adam aller Dinge Namen; dann zeigte er sie
den Engeln und sprach: »Verkündet mir die
Namen dieser Dinge, so ihr wahrhaft seid.«
(32.) Sie sprachen: »Preis dir, wir haben nur
Wissen von dem, was du uns lehrtest; siehe,
du bist der Wissende, der Weise.«
(33.) Er sprach: »O Adam, verkünde ihnen
ihre Namen.« Und als er ihnen ihre Namen
verkündet hatte, sprach er: »Sprach ich nicht
zu euch: Ich weiß das Verborgene der
Himmel und der Erde, und ich weiß, was ihr
offenkund tut und was ihr verberget?«
(34.) Und als wir zu den Engeln sprachen:
»Werfet euch nieder vor Adam«, da warfen
sie sich nieder bis auf Iblis, der sich in
Hoffart weigerte und einer der Ungläubigen
ward. (35.) Und wir sprachen: »O Adam,
bewohne du und deine Frau den Garten und
esset von ihm in Hülle und Fülle, wo immer
ihr wollt; aber nahet nicht jenem Baume,
sonst seid ihr Ungerechte.«

(36.) Aber der Satan ließ sie aus ihm
straucheln und vertrieb sie aus der Stätte, in
der sie weilten. Und wir sprachen: »Hinfort
mit euch! Der eine sei des andern Feind; und
auf der Erde sei euch eine Wohnung und ein
Nießbrauch für eine Zeit.«
(37.) Und es empfing Adam von seinem
Herrn Worte, und er kehrte sich wieder zu
ihm; denn siehe, er ist der Vergeber, der
Barmherzige. (38.) Wir sprachen: »Hinfort
mit euch von dort allesamt! Und wenn zu
euch von mir eine Leitung kommt, wer dann
meiner Leitung folgt, über die soll keine
Furcht kommen, und nicht sollen sie traurig
sein. (39.) Wer aber nicht glaubt und unsre
Zeichen verleugnet, die sollen des Feuers

Gefährten werden; in ihm sollen sie ewig verweilen!«

(40.) O ihr Kinder Israel, gedenket meiner Gnade, mit der ich euch begnadete, und haltet meinen Bund, so will auch ich den Bund mit euch halten; mich allein sollt ihr ehren, (41.) und glaubet an das, was ich herabsandte zur Bestätigung eurer Schrift, und seid nicht die ersten Ungläubigen und verkaufet nicht meine Zeichen für winzigen Preis; mich allein sollt ihr fürchten.
(42.) Und kleidet nicht die Wahrheit in die Lüge und verbergt nicht die Wahrheit wider euer Wissen. (43.) Und verrichtet das Gebet und gebt Almosen und beugt euch mit den Beugenden. (44.) Wollt ihr den Leuten Frömmigkeit gebieten und eurer Seelen vergessen, wo ihr doch die Schrift leset? Habt ihr denn keine Einsicht? (45.) Und nehmt eure Zuflucht zur Geduld und zum Gebet; siehe, fürwahr, es ist ein schweres Ding, nur nicht für die Demütigen, (46.) die da glauben, dass sie ihrem Herrn begegnen werden und dass sie zu ihm heimkehren.

(47.) O ihr Kinder Israel, gedenket meiner Gnade, mit der ich euch begnadete, und dass ich euch vor aller Welt bevorzugte. (48.) Und fürchtet einen Tag, an dem eine Seele für eine andre nichts leisten kann, an dem von ihr keine Fürbitte angenommen und kein Lösegeld genommen wird und ihnen nicht geholfen wird. (49.) Und gedenket, als wir euch vom Volke Pharaos erretteten, das euch mit schlimmer Pein heimsuchte; sie erschlugen eure Knaben und ließen nur eure Mädchen am Leben; dies war eine große Prüfung von euerm Herrn.

(50.) Und als wir für euch das Meer teilten und euch erretteten und das Volk Pharaos vor euerm Angesicht ertränkten. (51.) Und als wir mit Moses vierzig Nächte lang den Bund schlossen; alsdann, in seiner Abwesenheit, nahmt ihr euch das Kalb und sündigtet. (52.) Alsdann vergaben wir euch nach diesem, auf dass ihr dankbar wäret. (53.) Und als wir dem Moses die Schrift und die Unterscheidung gaben, auf dass ihr geleitet würdet. (54.) Und als Moses zu seinem Volke sprach: »O mein Volk, ihr habt euch dadurch versündigt, dass ihr euch das Kalb nahmt. Kehret um zu euerm Schöpfer und schlagt (die Schuldigen unter) euch tot. Dies wird euch Gutes einbringen bei euerm Schöpfer.« Und so kehrte er sich wieder zu euch, denn er ist der Vergeber, der Barmherzige.

(55.) Und als ihr spracht: »O Moses, nimmer glauben wir dir, bis wir nicht Allah deutlich schauen«, da erfasste euch das Wetter vor euren Augen. (56.) Alsdann erweckten wir euch wieder nach euerm Tode, auf dass ihr dankbar wäret. (57.) Und wir ließen die Wolken euch überschatten und sandten hernieder auf euch das Manna und die Wachteln: »Esset von dem Guten, das wir euch zur Speise gaben.« Und nicht wider uns frevelten sie, sondern wider sich selber. (58.) Und als wir sprachen: »Betretet diese Stadt und esset von ihr in Hülle und Fülle, wo immer ihr wollt, und tretet ein in das Tor unter Niederwerfung und sprechet: ›Hittatun!‹, »Vergebung« (hitta). Mit der »Stadt« soll nach einigen Kommentaren Jerusalem oder Jericho gemeint sein; wahrscheinlich das Land Kanaan (als Stadt aufgefasst). wir wollen euch eure Sünden verzeihen und wollen das Heil der Frommen mehren!« (59.) Da vertauschten die Ungerechten das Wort mit einem andern, das nicht zu ihnen gesprochen ward, und wir sandten auf die Ungerechten Zorn vom Himmel hernieder für ihren Frevel.

(60.) Und als Moses Wasser für sein Volk verlangte, sprachen wir: »Schlag mit deinem Stabe den Felsen.« Und es entsprangen ihm zwölf Quellen, so dass alles Volk seine Tränke kannte. »Esset und trinket von Allahs Gabe und sündigt hinfort nicht auf

Erden durch Verderbenstiften.« (61.) Und als ihr spracht: »O Moses, nimmer halten wir's aus bei einerlei Speise. Bitte deinen Herrn für uns, dass er uns hervorbringe, was die Erde sprießen lässet an Gemüse und Gurken und Knoblauch und Linsen und Zwiebeln«, sprach er: »Wollt ihr das Bessere mit dem Schlechteren eintauschen? Fort mit euch nach Ägypten, dort findet ihr das Verlangte!« Und sie wurden mit Schimpf und Elend geschlagen und zogen sich Allahs Zorn zu, darum, dass sie Allahs Zeichen verleugneten und die Propheten ungerechterweise ermordeten; dies darum, dass sie rebellierten und Übertreter waren.

(62.) Siehe sie, die da glauben, und die Juden und die Nazarener und die Sabier – wer immer an Allah glaubt und an den Jüngsten Tag und das Rechte tut, die haben ihren Lohn bei ihrem Herrn, und Furcht kommt nicht über sie, und nicht werden sie traurig sein. (63.) Und als wir mit euch den Bund schlossen und über euch den Berg hoben, (da sprachen wir:) »Haltet, was wir euch gaben, mit Kräften und bedenket, was darinnen ist, auf dass ihr gottesfürchtig seid.« (64.) Nach diesem aber kehrtet ihr euch ab, und ohne Allahs Huld und Barmherzigkeit gegen euch wäret ihr verloren gewesen. (65.) Ihr kennt doch diejenigen unter euch, die sich in betreff des Sabbats vergingen, zu denen wir sprachen: »Werdet ausgestoßene Affen!«

(66.) Und wir machten sie zu einem Exempel für Mit- und Nachwelt und zu einer Lehre für die Gottesfürchtigen. (67.) Und als Moses zu seinem Volk sprach: »Siehe, Gott gebietet euch, eine Kuh zu opfern«, sprachen sie: »Treibst du Spott mit uns?« (68.) Er sprach: »Da sei Gott vor, dass ich einer der Toren wäre.« Sie sprachen: »Bitte deinen Herrn für uns, uns zu erklären, was es für eine Kuh sein soll.« Er sprach: »Siehe, er spricht, es sei eine Kuh, weder alt noch ein Kalb; in

mittlerem Alter zwischen beiden; und nun tut, was euch geboten ist.«

(69.) Sie sprachen: »Bitte deinen Herrn für uns, uns zu erklären, von welcher Farbe sie sein soll.« Er sprach: »Siehe, er spricht, es sei eine gelbe Kuh von hochgelber Farbe, eine Lust den Beschauern.«

(70.) Sie sprachen: »Bitte deinen Herrn für uns, uns zu erklären, wie beschaffen sie sein soll; denn siehe, alle Kühe scheinen uns ähnlich, und siehe, so Allah will, sind wir geleitet.« (71.) Er sprach: »Siehe, er spricht, es sei eine Kuh nicht gefügsam durch Pflügen der Erde und Bewässern des Ackers; sie sei gesund, und es sei kein Makel an ihr.« Sie sprachen: »Nun kommst du mit der Wahrheit.« Hierauf opferten sie die Kuh, doch fast hätten sie's nimmer getan. (72.) Und wenn ihr jemand ermordet und über den Mörder strittet, und Allah herausbringen wollte, was ihr verheimlichtet, (73.) dann sprachen wir: »Schlagt ihn mit einem Stück von ihr.« So macht Allah die Toten lebendig und zeigt euch seine Zeichen, auf dass ihr verständig würdet.

(74.) Nach diesem aber verhärteten sich eure Herzen und wurden zu Stein und noch härter; und siehe, es gibt Steine, aus denen Bäche entströmen; andre spalten sich, und es entströmt ihnen Wasser; andre wiederum fürwahr, welche aus Furcht vor Allah niederstürzten; und Allah ist nicht achtlos eures Tuns. (75.) Wünscht ihr, dass sie euch Glauben schenken? Aber ein Teil von ihnen hat Allahs Wort vernommen und verstanden und hernach wissentlich verkehrt. (76.) Wenn sie den Gläubigen begegnen, so sprechen sie: »Wir glauben«; wenn sie jedoch allein untereinander sind, so sprechen sie: »Wollt ihr ihnen erzählen, was Allah euch offenbarte, auf dass sie mit euch darüber vor euerm Herrn streiten?« Seht ihr das denn nicht ein? (77.) Wissen sie nicht, dass Allah weiß, was sie verhehlen und was sie offenkund' tun? (78.) Unter ihnen gibt's auch Ungelehrte, welche die Schrift nicht kennen, sondern nur Phantasien, und nur Vermutungen haben. Aber wehe jenen, welche die Schrift mit ihren Händen schreiben und dann sprechen: »Dies ist von Allah«, um sich dafür winzigen Preis zu erkaufen. (79.) Wehe ihnen um die Schrift ihrer Hände, und wehe ihnen um ihren Gewinn!

(80.) Und sie sprechen: »Das Feuer wird uns nur gezählte Tage berühren.« Sprich: »Habt ihr mit Allah einen Bund (daraufhin) gemacht? Dann wird Allah nimmer seinen Bund brechen. Oder sprecht ihr von Allah, was ihr nicht wisset?« (81.) Nein, wer Übles erworben hat und wen seine Sünde umgibt, jene werden des Feuers Gefährten sein und werden ewig darin verweilen. (82.) Wer aber glaubt und das Rechte tut, die werden des Paradieses Gefährten sein und werden ewig darinnen verweilen. (83.) Und als wir mit den Kindern Israel einen Bund schlossen, (sprachen wir:) »Dienet keinem denn Allah, tut Gutes euern Eltern und Verwandten und Waisen und Armen und sprecht von den Leuten nur Gutes und verrichtet das Gebet und entrichtet das Almosen.« Hernach kehrtet ihr euch bis auf wenige ab und wurdet abtrünnig. (84.) Und als wir einen Bund mit euch schlossen, dass ihr nicht euer Blut vergösset und euch nicht aus euern Wohnungen vertriebet, da gelobtet ihr es, und ihr waret selber Zeugen.

(85.) Dann aber waret ihr diejenigen, die ihr euch (gegenseitig) erschluget, und ihr vertriebt einen Teil von euch aus seinen Wohnungen, indem ihr in Sünde und Feindschaft einander wider sie beistandet. Kommen sie aber als Gefangene zu euch, so löset ihr sie aus, wo es euch doch verwehrt war, sie zu vertreiben. Glaubt ihr denn nur einen Teil der Schrift und verleugnet einen andern? Wer aber solches unter euch tut, den trifft kein andrer Lohn als Schande in diesem Leben, und am Tag der Auferstehung werden sie der schwersten Strafe überantwortet werden; denn Allah ist nicht achtlos eures Tuns.

(86.) Sie sind die, welche das irdische Leben für das Jenseits erkaufen; deshalb soll ihre Strafe ihnen nicht erleichtert werden, und sie sollen keine Hilfe finden. (87.) Und dem Moses gaben wir die Schrift und ließen ihm Gesandte nachfolgen; und wir gaben Jesus, dem Sohn der Maria, die deutlichen Zeichen und stärkten ihn mit dem Heiligen Geist. Sooft euch aber ein Gesandter brachte, was euch nicht gefiel, wurdet ihr da nicht hoffärtig und ziehet einen Teil der Lüge und erschlugt andere? (88.) Und sie sprachen: »Unsre Herzen sind unbeschnitten.« Nein; verflucht hat sie Allah wegen ihres Unglaubens, und so glaubten nur wenige. (89.) Und als zu ihnen ein Buch von Allah kam, ihre frühere Offenbarung zu bestätigen – und zuvor hatten sie um Sieg über die Ungläubigen gefleht –, und als nun zu ihnen kam, was sie kannten, da verleugneten sie es. Drum Allahs Fluch auf die Ungläubigen!

(90.) Für einen schlechten Preis verkauften sie ihre Seelen, dass sie nicht glaubten an das, was Allah niedergesandt, aus Neid, dass Allah in seiner Huld, wem von seinen Dienern er will, offenbart. Zorn über Zorn haben sie sich zugezogen. Und die Ungläubigen trifft schändende Strafe. (91.) Und als man zu ihnen sprach: »Glaubet an das, was Allah (jetzt) auf euch niedersandte«, sprachen sie: »Wir glauben an das, was auf uns (früher) niedergesandt ward.« Sie glauben aber nicht an das Spätere, wiewohl es die Wahrheit ist, bestätigend, was sie besitzen. Sprich: »Und weshalb erschlugt ihr Allahs Propheten zuvor, so ihr Gläubige seid?«

(92.) Und es kam auch Moses mit den deutlichen Zeichen zu euch. Dann aber nahmt ihr euch das Kalb in seiner Abwesenheit und sündigtet. (93.) Und als wir den Bund mit euch schlossen und den Berg über euch hoben, (sprachen wir:) »Nehmet an, was wie euch brachten, mit Kräften und höret.« Sie sprachen: »Wir hören und rebellieren.« Und sie mussten um ihres Unglaubens willen das Kalb in ihre Herzen trinken. Sprich: »Schlimmes befahl euch euer Glaube, so ihr Gläubige seid.« (94.) Sprich: »Wenn eure künftige Wohnung bei Allah für euch besonders ist und nicht für die andern Menschen, so wünschet euch den Tod, wenn ihr wahrhaft seid.« (95.) Nimmer aber vermögen sie's zu wünschen wegen dessen, was ihre Hände vorausgesandt. Und Allah kennt die Frevler. (96.) Und fürwahr, du findest, dass sie noch gieriger am Leben hängen als die Götzendiener. Der eine von ihnen wünscht tausend Jahre zu leben; aber nicht brächte er sich fern von der Strafe, auch wenn er am Leben bliebe. Und Allah schaut ihr Tun.

(97.) Sprich: »Wer Gabriels Feind ist«, denn er ist's, der deinem Herzen mit Allahs Erlaubnis (den Koran) offenbarte, als eine Bestätigung des Früheren und eine Leitung und eine Heilsbotschaft für die Gläubigen: (98.) Wer ein Feind ist Allahs und seiner Engel und seiner Gesandten und Gabriels und Michaels, (den trifft Allahs Zorn,) denn siehe, Allah ist ein Feind der Ungläubigen. (99.) Und auch zu dir sandten wir deutliche Zeichen hernieder, und nur die Frevler glauben sie nicht.

(100.) Sooft sie einen Bund (mit dir) eingehen, will ihn ein Teil von ihnen verwerfen? Ja, die meisten von ihnen glauben nicht. (101.) Und als zu ihnen ein Gesandter von Allah kam, der das, was bei ihnen (den Juden an Offenbarung) war, bestätigte, da warf ein Teil jener, denen die Schrift gegeben war, Allahs Buch hinter ihren Rücken, als ob sie es nicht kenneten. (102.) Und sie folgten dem, was die Satane wider Salomos Reich lehrten; nicht dass Salomo ungläubig war, vielmehr waren die Satane ungläubig, indem sie die Leute Zauberei lehrten und was den beiden Engeln in Babel, dem Harut und Marut, offenbart war. Doch lehrten sie keinen, bevor sie nicht sprachen: »Wir sind nur eine Verführung; sei daher kein Ungläubiger.« Von ihnen lernte man, womit man Zwietracht zwischen Mann und Frau stiftet; doch konnten sie niemand ohne Allahs Erlaubnis damit Schaden tun. Und sie lernten, was ihnen schadete und nichts nützte; und sie wussten wohl, dass, wer solches erkaufte, keinen Teil hätte am Jenseits. Und fürwahr, um Schlimmes verkauften sie ihre Seelen. O dass sie es wüssten!

(103.) Hätten sie aber geglaubt und wären gottesfürchtig gewesen, so hätten sie bessern Lohn von Allah erhalten. Hätten sie das doch gewusst! (104.) O ihr, die ihr glaubt, sprechet nicht: »Raina«, sondern sprechet: »Unzurna« und gehorchet; denn den Ungläubigen wird schmerzliche Strafe zuteil. (105.) Die Ungläubigen unter dem Volk der Schrift -und den Götzendienern wünschen nicht, dass irgend etwas Gutes von euerm Herrn auf euch herabgesandt wird. Allah aber erwählt für seine Barmherzigkeit, wen er will, denn Allah ist voll großer Huld. (106.) Was wir auch an Versen aufheben oder in Vergessenheit bringen, wir bringen bessere oder gleiche dafür. Weißt du nicht, dass Allah über alle Dinge Macht hat? (107.) Weißt du nicht, dass Allahs ist die Herrschaft der Himmel und der Erde und dass ihr außer Allah keinen Schützer noch Helfer habt?

(108.) Oder wollt ihr euern Gesandten fragen, wie Moses zuvor gefragt ward? Wer aber den Glauben mit dem Unglauben vertauscht hat, der ist schon abgeirrt vom ebenen Weg. (109.) Viele vom Volke der Schrift möchten euch, nachdem ihr gläubig geworden, wieder ungläubig machen, aus dem Neid ihrer Seelen, nachdem ihnen die Wahrheit deutlich kundgetan ward. Vergebt ihnen und meidet sie, bis Allah mit seinem Befehl kommt. Siehe, Allah hat Macht über alle Dinge.

(110.) Und verrichtet das Gebet und zahlt die Armenspende; und was ihr Gutes für eure Seelen voraussendet, das werdet ihr finden bei Allah. Siehe, Allah schaut euer Tun. (111.) Und sie sprechen: »Nimmer geht ein ins Paradies ein andrer denn Juden oder Nazarener.« Solches sind ihre Wünsche. Sprich: »Bringt her euern Beweis, so ihr wahrhaft seid.« (112.) Nein; wer sein Angesicht Allah hingibt und Gutes tut, der hat seinen Lohn bei seinem Herrn, und keine Furcht kommt über sie, und nicht werden sie traurig sein. (113.) Und es sprechen die Juden: »Die Nazarener (fußen) auf nichts«; und es sprechen die Nazarener: »Die Juden (fußen) auf nichts.« Und doch lesen sie die Schrift. Ebenso sprechen gleich ihren Worten die, so da keine Kenntnis haben. Allah aber wird richten unter ihnen am Tag der Auferstehung über das, worin sie uneins sind. (114.) Und wer ist sündiger als wer verhindert, dass in Allahs Moscheen sein Name genannt wird, und sich beeifert, sie zu zerstören? Jene können sie nicht anders als in Furcht betreten. Hinieden trifft sie Schande und im Jenseits schmerzliche Strafe. (115.) Und Allahs ist der Westen und der Osten, und wohin ihr euch daher wendet, dort ist Allahs Angesicht. Siehe, Allah ist weit (und breit) und wissend.

(116.) Und sie sprechen: »Allah hat einen Sohn erzeugt.« Preis Ihm! Nein; was in den Himmeln und auf Erden, alles gehorcht ihm. (117.) Der Schöpfer der Himmel und der Erde, und so er ein Ding beschließt, spricht er nur zu ihm »Sei!«, und es ist. (118.) Und es sprechen die, welche kein Wissen haben: »Wenn doch Allah zu uns spräche oder du uns ein Zeichen brächtest!« So sprachen auch gleich ihren Worten die Früheren; ihre Herzen sind einander ähnlich; schon zeigten wir deutlich die Zeichen für Leute von Glauben. (119.) Siehe, wir entsandten dich mit der Wahrheit als einen Freudenboten und einen Warner; und nicht wirst du nach den Bewohnern des Höllenpfuhls befragt werden.

(120.) Nicht werden die Juden und die Nazarener mit dir zufrieden sein, es sei denn, du folgtest ihrer Religion. Sprich: »Siehe, Allahs Leitung, das ist die Leitung.« Und fürwahr, folgtest du nach dem, was dir von der Kenntnis zuteil ward, ihren Gelüsten, so würdest du bei Allah keinen Schützer noch Helfer finden. (121.) Die, denen wir die Schrift gaben und die sie richtig lesen, die glauben an sie; wer aber nicht an sie glaubt, das sind die Verlorenen. (122.) O ihr Kinder Israel, gedenket meiner Gnade, mit der ich euch begnadete, und dass ich euch vorzog vor aller Welt. (123.) Und fürchtet einen Tag, an dem eine Seele für die andre nichts leisten kann, an dem kein Lösegeld von ihr angenommen wird, an dem ihr keine Fürbitte frommt, und an dem sie keine Hilfe finden. – (124.) Und als Abraham von seinem Herrn durch Gebote, die er erfüllte, geprüft ward, sprach er: »Siehe, ich mache dich zu einem Imam für die Menschen.« Er sprach: »Und von meiner Nachkommenschaft?« Er (Allah) sprach: »Meinen Bund erlangen nicht die Ungerechten.«

(125.) Und als wir das Haus zu einem Versammlungsort für die Menschen und einem Asyl machten und (sprachen:)

»Nehmt Abrahams Stätte als Bethaus an«, und wir Abraham und Ismael verpflichteten: »Reinigt mein Haus für die es Umwandelnden und darin Verweilenden und die sich Beugenden und Niederwerfenden!« (126.) Und als Abraham sprach: »Mein Herr, mache dieses Land sicher und versorge sein Volk mit Früchten, wer da glaubet von ihnen an Allah und an den Jüngsten Tag«, sprach er: »Und wer nicht glaubt, dem will ich wenig geben; alsdann will ich ihn stoßen in die Feuerspein; und schlimm ist die Fahrt (dorthin).« (127.) Und als Abraham und Ismael die Fundamente des Hauses legten, (sprachen sie:) »O unser Herr, nimm es an von uns; siehe, du bist der Hörende, der Wissende. (128.) O unser Herr, und mache uns dir zu Muslimen und von unsrer Nachkommenschaft eine Gemeinde von Muslimen. Und zeige uns unsre Riten und kehre dich zu uns, denn siehe, du bist der Vergebende, der Barmherzige. (129.) O unser Herr, und erwecke unter ihnen einen Gesandten, der ihnen deine Zeichen verkündet und sie lehret die Schrift und die Weisheit und sie reiniget; siehe, du bist der Mächtige, der Weise.«

(130.) Und wer, außer dem, dessen Seele töricht ist, verschmähte die Religion Abrahams? Fürwahr, wir erwählten ihn hinieden, und siehe, wahrlich, im Jenseits gehört er zu den Rechtschaffenen.
(131.) Als sein Herr zu ihm sprach: »Werde Muslim«, sprach er: »Ich ergebe mich völlig dem Herrn der Welten.«
(132.) Und Abraham legte es seinen Kindern ans Herz, und Jakob (sprach:) »O meine Kinder, siehe, Allah hat euch eine Religion erwählt; so sterbet nicht, ohne Muslime geworden zu sein.« (133.) Oder wäret ihr Augenzeugen, als der Tod Jakob nahte? Da er sprach zu seinen Söhnen: »Was werdet ihr nach mir anbeten?« Sie sprachen: »Anbeten werden wir deinen Gott und den Gott deiner Väter Abraham und Ismael und Isaak, einen einigen Gott, und ihm sind wir völlig ergeben.«

(134.) Jenes Volk ist nun dahingefahren; ihm ward nach seinem Verdienst, und euch wird nach euerm Verdienst. Und nicht werdet ihr nach ihrem Tun befragt werden.
(135.) Und sie sprechen: »Werdet Juden oder Nazarener, auf dass ihr geleitet seid.« Sprich: »Nein; die Religion Abrahams, der den rechten Glauben bekannte und kein Götzendiener war, (ist unsre Religion.)«
(136.) Sprecht: »Wir glauben an Allah und was er zu uns niedersandte, und was er niedersandte zu Abraham und Ismael und Isaak und Jakob und den Stämmen, und was gegeben ward Moses und Jesus, und was gegeben ward den Propheten von ihrem Herrn. Keinen Unterschied machen wir zwischen einem von ihnen; und wahrlich, wir sind Muslime.« (137.) Glauben sie demnach, was ihr glaubt, so sind sie geleitet; wenden sie sich jedoch ab, dann sind sie Abtrünnige, und Allah wird dir wider sie genügen, denn er ist der Hörende, der Wissende. (138.) Die Taufe Allahs (haben wir), und was ist besser als Allahs Taufe? Und wahrlich, ihm dienen wir.
(139.) Sprich: »Wollt ihr mit uns rechten über Allah, wo er unser Herr und euer Herr ist? Wir haben unsre Werke, und ihr habt eure Werke, und wir sind aufrichtig zu ihm.«

(140.) Oder wollt ihr sprechen: »Siehe, Abraham und Ismael und Isaak und Jakob und die Stämme waren Juden oder Nazarener?« Sprich: »Wisst ihr es besser oder Allah? Und wer ist sündiger, als wer ein Zeugnis verbirgt, das er von Allah hat? Aber Allah ist nicht achtlos eures Tuns.«
(141.) Jenes Volk ist nun von hinnen gefahren. Ihm ward nach Verdienst, und euch wird nach Verdienst; und nicht werdet ihr befragt werden nach ihrem Tun.
(142.) Sprechen werden die Toren unter dem

Volk: »Was wendet er sie ab von ihrer Kibla, die sie früher hatten?« Sprich: »Allahs ist der Westen und der Osten; er leitet, wen er will, auf den rechten Pfad.«

(143.) Und so machten wir euch zu einem Volk in der Mitte, auf dass ihr Zeugen seid in betreff der Menschen; und der Gesandte wird in betreff eurer Zeuge sein. Und wir setzten die Kibla ein, die du früher hattest, allein um zu wissen, wer dem Gesandten folgte und wer sich auf seiner Ferse umkehrt. Wahrlich, ein schweres Ding ist's, doch nicht für die, welche Allah geleitet hat. Und nicht lässt Allah euern Glauben verlorengehen. Siehe, Allah ist wahrlich gütig und barmherzig gegen die Menschen. (144.) Wir sahen dich dein Antlitz in den Himmel kehren, aber wir wollen dich zu einer Kibla wenden, die dir gefallen soll. Wende dein Angesicht nach der Richtung der heiligen Moschee, und wo immer ihr seid, wendet eure Angesichter nach der Richtung zu ihr; und siehe jene, denen das Buch gegeben ward, wissen wahrlich, dass dies die Wahrheit von ihrem Herrn ist. Und Allah ist nicht achtlos ihres Tuns.

(145.) Brächtest du denen, welchen die Schrift gegeben ward, jegliches Zeichen, so würden sie doch deiner Kibla nicht folgen; und auch du sollst ihrer Kibla nicht folgen; die einen von ihnen folgen nicht der Kibla der andern. Und wahrlich, folgtest du ihren Gelüsten nach dem, was dir von der Kenntnis zuteil ward, siehe, wahrlich dann wärest du einer der Ungerechten.
(146.) Sie, denen wir die Schrift gaben, kennen sie (die Schrift), wie sie ihre Kinder kennen; und siehe wahrlich, ein Teil von ihnen verbirgt die Wahrheit, wiewohl sie sie kennen. (147.) Die Wahrheit ist von deinem Herrn, sei daher keiner der Zweifler.
(148.) Und jeder hat eine Richtung, nach der er sich kehrt; wetteifert daher nach dem Guten; wo immer ihr seid, Allah wird euch

zusammenbringen; siehe, Allah hat Macht über alle Dinge. (149.) Von wannen du immer herauskommst, kehre dein Angesicht in der Richtung der heiligen Moschee; denn siehe, wahrlich es ist die Wahrheit von deinem Herrn, und Allah ist nicht achtlos eures Tuns.

(150.) Von wannen du immer herauskommst, kehre dein Antlitz in der Richtung der heiligen Moschee, und wo ihr immer seid, kehret euer Angesicht in der Richtung zu ihr, damit die Leute keinen Streitgrund wider euch haben, außer wider die Ungerechten unter ihnen. Fürchtet sie nicht, sondern fürchtet mich; und ich will meine Gnade gegen euch vollenden, und vielleicht werdet ihr geleitet.
(151.) Demgemäß entsandten wir zu euch einen Gesandten aus euch, euch unsre Zeichen zu verlesen und euch zu reinigen und euch das Buch und die Weisheit zu lehren und euch zu lehren, was ihr nicht wusstet.

(152.) Drum gedenket mein, dass ich eurer gedenke, und danket mir und seid nicht undankbar gegen mich. (153.) O ihr, die ihr glaubt, suchet Hilfe in Standhaftigkeit und Gebet; siehe, Allah ist mit den Standhaften. (154.) Und sprechet nicht von denen, die erschlagen wurden in Allahs Pfad: »Sie sind tot.« Nein, (sprechet:) »Sie sind lebendig.« Doch ihr versteht es nicht.
(155.) Und wahrlich, prüfen werden wir euch mit Furcht und Hunger und Verlust an Gut und Seelen und Früchten; aber Heil verkünde den Standhaften: (156.) Ihnen, die da, so ein Unheil sie trifft, sprechen: »Siehe, wir sind Allahs, und siehe, zu ihm kehren wir heim.«

(157.) Sie – Segnungen über sie von ihrem Herrn und Barmherzigkeit! Und sie, sie sind die Geleiteten. (158.) Siehe, Safa und Merwah sind auch Heiligtümer Allahs; drum, wer immer nach dem Hause (Allahs) pilgert oder in ihm einkehrt, der begeht keine Sünde, wenn er beide umwandelt. Wer aber aus freien Stücken Gutes tut, siehe, so ist Allah dankbar und wissend. (159.) Siehe, sie, die etwas verbergen von dem, was wir herabsandten an deutlichen Zeichen und Leitung, nach dem, was wir deutlich kundtaten den Menschen in der Schrift, verfluchen wird sie Allah, und verfluchen werden sie die Fluchenden: (160.) Außer denen, die da umkehren und sich bessern und deutlich (die Zeichen) kundtun; zu ihnen kehre ich mich um, denn ich bin der Vergebende, der Barmherzige. (161.) Siehe, wer ungläubig ist und als Ungläubiger stirbt, sie, über sie der Fluch Allahs und der Engel und der Menschen insgesamt! (162.) Ewig verweilen sie in ihm; nicht wird ihnen erleichtert die Strafe, und nicht werden sie angeschaut.

(163.) Und euer Gott ist ein einiger Gott; es gibt keinen Gott außer ihm, dem Erbarmer, dem Barmherzigen. (164.) Siehe, in der Schöpfung der Himmel und der Erde, und in dem Wechsel der Nacht und des Tages, und in den Schiffen, welche das Meer durcheilen mit dem, was den Menschen nützt, und was Allah vom Himmel niedersendet an Wasser, womit er die Erde belebt nach ihrem Tode, und was er auf ihr ausbreitete an allerlei Getier, und in dem Wechsel der Winde und der Wolken, die fronen müssen dem Himmel und der Erde, wahrlich, darinnen sind Zeichen für ein Volk von Verstand!

(165.) Und doch gibt es Leute, die neben Allah Götzen setzen und sie lieben, wie man Allah lieben soll. Aber die Gläubigen sind stärker in der Liebe zu Allah; obgleich die Frevler sehen werden, wenn sie die Strafe sehen, dass die Stärke Allahs ist allzumal und dass Allah streng im Strafen ist: (166.) Wenn sich einst die Anführer von den Verführten lossagen, nachdem sie die Strafe

sahen, und die Stricke zwischen ihnen zerschnitten sind: (167.) Und die Verführten sprechen: »O wäre uns doch eine Rückkehr, dann würden wir uns von ihnen lossagen, wie sie sich von uns lossagten!« Also wird Allah ihnen ihre Werke zeigen. Seufzen wird über sie kommen, und nicht entrinnen sie dem Feuer. (168.) O ihr Menschen, esset von dem, was auf Erden erlaubt und gut ist, und folget nicht den Fußstapfen des Satans; siehe, er ist euch ein offenkundiger Feind. (169.) Er heißt euch nur Übles und Schändliches, und dass ihr gegen Allah sprechet, was ihr nicht wisset.

(170.) Und wenn man zu ihnen spricht: »Befolget, was Allah herabgesandt hat«, sprechen sie: »Nein, wir befolgen, was wir an unsren Vätern erschauten.« Wie? Obgleich ihre Väter nichts wussten und nicht geleitet waren? (171.) Die Ungläubigen gleichen dem, der da anruft, was nichts hört als einen Ruf oder eine Stimme. Taub, stumm, blind, so haben sie keinen Verstand. (172.) O ihr, die ihr glaubt, esset von den guten Dingen, mit denen wir euch versorgten, und danket Allah, so ihr ihm dienet. (173.) Verwehrt hat er euch nur Krepiertes und Blut und Schweinefleisch und das, über dem ein andrer als Allah angerufen ward. Wer aber dazu gezwungen wird, ohne Verlangen danach und ohne sich zu vergehen, auf dem sei keine Sünde; siehe Allah ist verzeihend und barmherzig.

(174.) Siehe die, welche die Schrift verbergen, die Allah herabgesandt hat, und sie für einen winzigen Preis verkaufen, die werden nichts anders in ihre Bäuche fressen als das Feuer, und Allah wird nicht sprechen zu ihnen am Tag der Auferstehung und wird sie nicht für rein erklären; und für sie ist schmerzliche Strafe. (175.) Sie sind's, welche die Leitung für den Irrtum verkauften und die Verzeihung für die Strafe. Drum, wie werden sie leiden im

Feuer! (176.) Dies, dieweil Allah herniedersandte das Buch mit der Wahrheit; und siehe, wer uneins ist über das Buch, wahrlich, die sind in großer Abtrünnigkeit. (177.) Nicht besteht die Frömmigkeit darin, dass ihr eure Angesichter gen Westen oder Osten kehret; vielmehr ist fromm, wer da glaubt an Allah und den Jüngsten Tag und die Engel und die Schrift und die Propheten, und wer sein Geld aus Liebe zu Ihm ausgibt für seine Angehörigen und die Waisen und die Armen und den Sohn des Weges und die Bettler und die Gefangenen; und wer das Gebet verrichtet und die Armensteuer zahlt; und die, welche ihre Verpflichtungen halten, wenn sie sich verpflichtet haben, und standhaft sind in Unglück, Not und Drangsalszeit; sie sind's, die da lauter sind, und sie, sie sind die Gottesfürchtigen.

(178.) O ihr, die ihr glaubt, vorgeschrieben ist euch die Wiedervergeltung im Mord: Der Freie für den Freien, der Sklave für den Sklaven, und die Frau für die Frau! Der aber, dem von seinem Bruder etwas verziehen wird, bei dem lasse man Güte walten; doch Entschädigung sei ihm reichlich. Dies ist eine Erleichterung von euerm Herrn und eine Barmherzigkeit. Und wer sich nach diesem vergeht, den treffe schmerzliche Strafe. (179.) Und in der Wiedervergeltung liegt Leben für euch, o ihr Leute von Verstand; vielleicht werdet ihr gottesfürchtig.

(180.) Vorgeschrieben ist euch, wenn einem von euch der Tod naht und er Gut hinterlässt, für die Eltern und die Verwandten in Billigkeit zu verfügen; eine Pflicht für die Gottesfürchtigen!
(181.) Und wer die Verfügung ändert, nachdem er sie hörte, dann trifft die Schuld die, welche sie ändern. Siehe, Allah ist hörend und wissend. (182.) Wer aber vom Erblasser eine Unbill oder Sünde befürchtet und zwischen ihnen Frieden stiftet, der

begeht keine Sünde; siehe, Allah ist verzeihend und barmherzig. (183.) O ihr, die ihr glaubt, vorgeschrieben ist euch das Fasten, wie es den Früheren vorgeschrieben ward; vielleicht werdet ihr gottesfürchtig. (184.) Gezählte Tage! Wenn aber einer unter euch krank ist oder auf Reisen, (der faste die gleiche) Anzahl von andern Tagen; und sie, die es vermöchten (und nicht fasten), sollen zur Sühne einen Armen speisen. Und wer aus freien Stücken Gutes tut, dem soll Gutes werden; und dass ihr fastet, ist euch gut, wenn ihr es begreift.

(185.) Der Monat Ramadan, in welchem der Koran herabgesandt wurde als eine Leitung für die Menschen und als Zeugnis der Leitung und Unterscheidung – wer von euch den Mond sieht, der beginne das Fasten in ihm. Wer jedoch krank ist oder auf einer Reise, der (faste) eine (gleiche) Anzahl andrer Tage. Allah wünscht es euch leicht und nicht schwer zu machen, und dass ihr die Zahl (der Tage) erfüllt und Allah dafür, dass er euch leitet, preist; und vielleicht seid ihr dankbar. (186.) Und wenn dich meine Diener nach mir fragen, siehe, so bin ich nahe; ich will antworten dem Ruf des Rufenden, so er mich ruft; doch sollen sie auch auf mich hören und sollen an mich glauben; vielleicht wandeln sie recht.

(187.) Erlaubt ist euch, zur Nacht des Fastens eure Frauen heimzusuchen. Sie sind euch ein Kleid, und ihr seid ihnen ein Kleid. Allah weiß, dass ihr euch selbst betrogt; doch kehrt er sich zu euch und vergibt euch. Und jetzt ruhet bei ihnen und trachtet nach dem, was Allah euch vorschrieb. Und esset und trinket, bis ihr einen weißen Faden von einem schwarzen Faden in der Morgenröte unterscheidet. Alsdann haltet streng das Fasten bis zur Nacht und ruhet nicht bei ihnen, sondern verweilet in den Moscheen. Dies sind die Schranken Allahs; kommt ihnen nicht zu nahe. Also deutet Allah seine

Zeichen den Menschen; vielleicht werden sie gottesfürchtig. (188.) Und verzehrt nicht euer Gut unter euch unnütz und bestechet nicht damit die Richter, auf dass ihr einen Teil des Gutes der Leute sündhaft verzehrt, wiewohl ihr es wisset. (189.) Sie werden dich nach den Neumonden befragen. Sprich: »Sie sind Zeitbestimmungen für die Menschen und die Pilgerfahrt.« Und Frömmigkeit ist's nicht, dass ihr von hinten in eure Häuser geht, sondern Frömmigkeit besteht in Gottesfurcht. Drum betretet eure Häuser durch die Türen und fürchtet Allah; vielleicht ergeht es euch wohl.

(190.) Und bekämpft in Allahs Pfad, wer euch bekämpft; doch übertretet nicht; siehe, Allah liebt nicht die Übertreter.(191.) Und erschlagt sie, wo immer ihr auf sie stoßt, und vertreibt sie, von wannen sie euch vertrieben; denn Verführung ist schlimmer als Totschlag. Bekämpft sie jedoch nicht bei der heiligen Moschee, es sei denn, sie bekämpften euch in ihr. Greifen sie euch jedoch an, dann schlagt sie tot. Also ist der Lohn der Ungläubigen. (192.) So sie jedoch ablassen, siehe, so ist Allah verzeihend und barmherzig. (193.) Und bekämpfet sie, bis die Verführung aufgehört hat, und der Glauben an Allah da ist. Und so sie ablassen, so sei keine Feindschaft, außer wider die Ungerechten.

(194.) Der heilige Monat – für den heiligen Monat und (für) die heiligen Stätten Vergeltung! Wenn sich einer wider euch erhebt, erhebet euch wider ihn, so wie er sich wider euch erhob, und fürchtet Allah und wisset, dass Allah mit den Gottesfürchtigen ist. (195.) Und spendet in Allahs Weg und stürzt euch nicht mit eigner Hand ins Verderben; und tut Gutes, denn siehe, Allah liebt die Gutes Tuenden. (196.) Und vollziehet die Pilgerfahrt und den Besuch um Allahs willen; und so ihr behindert seid, dann bringt ein kleines

Opfer dar. Und schert eure Häupter nicht eher, als bis das Opfer seine Opferstätte erreicht hat. Und wer von euch krank ist oder einen Schaden am Haupt hat, der leiste Ersatz dafür mit Fasten, einem Almosen oder einem Opfer. Und so ihr in Sicherheit seid – und wer dann (erst) die Gelegenheit benützt zum Besuch (außer) der Pilgerfahrt, bringe ein kleines Opfer dar. Wer aber nichts findet, der faste drei Tage während der Pilgerfahrt, und sieben, wenn ihr zurückkehrt; das sind zehn im ganzen. Solches tue auch der, dessen Familie nicht die heilige Moschee aufsuchte. Und fürchtet Allah und wisset, dass Allah streng straft.

(197.) Die (Zeit der) Pilgerfahrt (sind) die bekannten Monate. Wer sich in ihnen der Pilgerfahrt unterzieht, der enthalte sich des Beischlafs und des Unrechts und des Streites auf der Pilgerfahrt. Und was ihr Gutes tut, Allah weiß es. Und versorgt euch mit Zehrung; aber die beste Zehrung ist die Gottesfurcht. Und fürchtet mich, ihr Verständigen. (198.) Es ist keine Sünde, dass ihr Gewinn von euerm Herrn begehrt. Und wenn ihr herabeilt vom Arafat, so gedenket Allahs an dem heiligen Ort und gedenket sein, wie er euch geleitet hat, wiewohl ihr zuvor Verirrte waret. (199.) Alsdann hastet weiter, von wannen die Leute hasten, und bittet Allah um Nachsicht; siehe, Allah ist verzeihend und barmherzig.

(200.) Und wenn ihr eure Riten beendet habt, dann gedenket Allahs, wie ihr eurer Väter gedenket oder mit noch innigerem Gedenken. Unter den Leuten sprechen wohl einige: »Unser Herr, gib uns hienieden!« Aber solcher soll am Jenseits keinen Teil haben. (201.) Andre unter ihnen sprechen: »Unser Herr, gib uns hienieden Gutes und im Jenseits Gutes und hüte uns vor der Strafe des Feuers.« (202.) Jene sollen ihren Teil haben nach Verdienst, und Allah ist schnell im Rechnen. (203.) Und gedenket

Allahs in (den) bestimmten Tagen. Und wer sich (damit) in zwei Tagen beeilt, der begeht keine Sünde, und wer länger verweilt, auch der begeht keine Sünde, wenn er gottesfürchtig ist. Und fürchtet Allah und wisset, dass ihr zu ihm versammelt werdet.

(204.) Unter den Leuten ist einer, dessen Rede über das irdische Leben dich wundernimmt, und er nimmt Allah zum Zeugen für das, was in seinem Herzen ist, wiewohl er der streitsüchtigste im Disput ist. (205.) Und wenn er den Rücken kehrt, dann beeifert er sich, im Lande Unheil zu stiften und Acker und Saat zu verwüsten; Allah aber liebt nicht das Verderben. (206.) Spricht man zu ihm: »Fürchte Allah«, so ergreift ihn sündiger Stolz. Drum ist sein Lohn Dschehannam, und wahrlich schlimm ist der Pfühl! (207.) Und unter den Leuten ist auch einer, der seine Seele verkauft im Trachten nach Allahs Wohlgefallen; und Allah ist gütig gegen seine Diener. (208.) O ihr, die ihr glaubt, tretet ein in das Heil insgesamt und folget nicht den Fußstapfen des Satans; siehe, er ist euch ein offenkundiger Feind. (209.) Und so ihr strauchelt, nachdem die deutlichen Zeichen zu euch gekommen sind, so wisset, dass Allah mächtig und weise ist.

(210.) Erwarten sie (etwas andres), als dass Allah zu ihnen kommt in den Schatten der Wolken und Engel? Und der Befehl ist vollzogen, und zu Allah kehren die Dinge zurück. (211.) Frage die Kinder Israel, wie viele deutliche Zeichen wir ihnen gaben. Wer aber die Gnade Allahs vertauscht, nachdem sie zu ihm gekommen – dann, siehe, ist Allah streng im Strafen. (212.) Ausgeputzt ist den Ungläubigen das irdische Leben, und sie verspotten die Gläubigen; aber die Gottesfürchtigen werden über ihnen sein am Tag der Auferstehung; und Allah wird versorgen, wen er will, ohne Maß.

(213.) Die Menschen waren eine Gemeinde; und dann entsandte Allah Propheten als Freudenboten und Mahner und sandte mit ihnen die Schrift mit der Wahrheit hinab, damit sie unter den Menschen richtete in dem, worin sie uneins waren. Uneins aber waren nur jene, denen sie gegeben ward, nachdem ihnen die deutlichen Beweise geworden, aus Neid aufeinander. Und so leitete Allah die Gläubigen zu der Wahrheit, über die sie mit seiner Erlaubnis uneins gewesen waren; denn Allah leitet, wen er will, auf einen rechten Pfad.

(214.) Oder wähnt ihr einzutreten in das Paradies, ohne dass zu euch das gleiche kam wie zu den Früheren? Es traf sie Unglück und Drangsal, und sie wurden so hin und her geschüttelt, dass der Gesandte und seine Gläubigen sprachen: »Wann kommt Allahs Hilfe?« Ist aber nicht Allahs Hilfe nahe? (215.) Sie werden dich befragen, was sie ausgeben sollen (als Almosen). Sprich: »Was ihr ausgebt an Gutem, das sei für die Eltern und die Verwandten und die Waisen und Armen und den Sohn des Weges; und was ihr tut an Gutem, siehe, Allah weiß es.« (216.) Vorgeschrieben ist euch der Kampf, Doch ist er euch ein Abscheu. Aber vielleicht verabscheut ihr ein Ding, das gut für euch ist, und vielleicht liebt ihr ein Ding, das schlecht für euch ist; und Allah weiß, ihr aber wisset nicht.

(217.) Sie werden dich befragen nach dem Kampf im heiligen Monat. Sprich: »Kämpfen in ihm ist schlimm; aber Abwendigmachen von Allahs Weg und Ihn und die heilige Moschee verleugnen und sein Volk daraus vertreiben, ist schlimmer bei Allah; und Verführung ist schlimmer als Totschlag.« Und sie werden nicht eher aufhören, euch zu bekämpfen, als bis sie euch von euerm Glauben abtrünnig machten, so sie dies vermögen. Wer sich aber von euch von seinem Glauben abtrünnig machen lässt und als Ungläubiger stirbt, deren Werke sind vergeblich hienieden und im Jenseits, und des Feuers Gefährten sind sie und verweilen ewig darinnen.

(218.) Siehe sie, die da glauben und auswandern und streiten in Allahs Weg, sie mögen hoffen auf Allahs Barmherzigkeit, denn Allah ist verzeihend und barmherzig. (219.) Sie werden dich befragen nach dem Wein und dem Spiel. Sprich: »In beiden liegt große Sünde und Nutzen für die Menschen. Die Sünde in ihnen ist jedoch größer als ihr Nutzen.« Und sie werden dich befragen, was sie ausgeben sollen (als Almosen). Sprich: »Den Überfluss.« So macht euch Allah die Zeichen klar. Vielleicht denkt ihr nach (220.) über die irdische Welt und das Jenseits. Und sie werden dich nach den Waisen befragen. Sprich: »Ihnen förderlich sein ist gut.« Und macht ihr euch mit ihnen zu schaffen, so sind sie eure Brüder; und Allah unterscheidet den Missetäter vom Gerechten; und, wenn Allah wollte, wahrlich, er stürzte euch in Bedrängnis! Siehe, Allah ist mächtig und weise.

(221.) Und heiratet nicht eher Heidinnen, als sie gläubig geworden sind; wahrlich, eine gläubige Sklavin ist besser als eine Heidin, auch wenn sie euch gefällt. Und verheiratet (eure Töchter) nicht eher an Heiden, als sie gläubig wurden; und wahrlich, ein gläubiger Sklave ist besser als ein Heide, auch wenn er euch gefällt. Sie laden ein zum Feuer, Allah aber ladet ein zum Paradies und zur Verzeihung, wenn er will, und macht seine Zeichen den Menschen klar; vielleicht nehmen sie's zu Herzen. (222.) Und sie werden dich über die Reinigung befragen. Sprich: »Sie ist ein Schaden.« Enthaltet euch daher eurer Frauen während der Reinigung und nahet ihnen nicht eher, als bis sie rein sind. Sind sie jedoch rein, so suchet sie heim, wie Allah es euch geboten hat. Siehe, Allah

liebt die sich Bekehrenden und liebt die sich Reinigenden.

(223.) Eure Frauen sind euch ein Acker. Gehet zu euerm Acker, von wannen ihr wollt; aber schicket (etwas) zuvor für eure Seelen und fürchtet Allah und wisset, dass ihr ihm begegnen werdet. Und verkünde Freude den Gläubigen. (224.) Und machet Allah nicht zum Ziel für eure Schwüre, dass ihr fromm und gottesfürchtig sein wollt und Frieden stiftend unter den Menschen. Allah ist hörend und wissend.

(225.) Allah wird euch nicht strafen für ein Unbedachtes in euern Schwüren; jedoch wird er euch bestrafen für eurer Herzen Absicht. Allah ist verzeihend und milde. (226.) Für die, welche schwören, sich von ihren Frauen zu trennen, seien vier Monate Wartezeit festgesetzt. Geben sie dann ihr Vorhaben auf, siehe, so ist Allah verzeihend und barmherzig. (227.) Und so sie zur Scheidung entschlossen sind, siehe, so ist Allah hörend und wissend. (228.) Und die geschiedenen Frauen sollen warten, bis sie dreimal die Reinigung gehabt haben, und es ist ihnen nicht erlaubt, zu verheimlichen, was Allah in ihren Schößen erschaffen hat, so sie an Allah glauben und an den Jüngsten Tag. Und geziemender ist es für ihre Eheherren, sie in diesem Zustande zurückzunehmen, so sie sich aussöhnen wollen. Und sie sollen (gegen ihre Gatten) verfahren, wie (jene) gegen sie in Güte; doch haben die Männer den Vorrang vor ihnen; und Allah ist mächtig und weise.

(229.) Die Scheidung ist zweimal (erlaubt); dann aber müsst ihr sie in Güte behalten oder mit Gut entlassen. Und es ist euch nicht erlaubt, etwas von dem, was ihr ihnen gabt, zu nehmen, außer es fürchteten beide, nicht Allahs Gebote halten zu können. Und so ihr fürchtet, dass beide Allahs Gebote nicht halten können, so begehen beide keine Sünde, wenn sie sich mit etwas loskauft.

Dies sind Allahs Gebote; übertretet sie daher nicht; denn wer Allahs Gebote übertritt, das sind Ungerechte.

(230.) Und so er sie (ein drittes Mal) entlässt, so ist sie ihm nicht mehr erlaubt, ehe sie nicht einen andern Gatten geheiratet hat. Wenn dieser sie entlässt, so begehen beide keine Sünde, wenn sie wieder zueinander zurückkehren, im Glauben, Allahs Gebote erfüllen zu können. Und dies sind die Gebote Allahs, die er verständigen Leuten klarmacht. (231.) Und so ihr euch von euern Frauen scheidet und sie ihre Frist erreicht haben, so haltet sie fest in Güte oder entlasset sie in Güte; und haltet sie nicht fest mit Gewalt, so dass ihr euch vergeht. Wer dieses tut, der sündigt wider sich. Und treibt nicht Spott mit Allahs Zeichen und gedenket der Gnade Allahs gegen euch und des Buches und der Weisheit, die er zu euch hinabsandte, euch damit zu ermahnen. Und fürchtet Allah, und wisset, dass Allah jedes Ding weiß.

(232.) Wenn ihr euch von euern Frauen scheidet und sie ihre Frist erreicht haben, so hindert sie nicht, ihre Gatten zu heiraten, so sie sich in Billigkeit geeinigt haben. Dies ist eine Mahnung für denjenigen unter euch, der an Allah glaubt und an den Jüngsten Tag. Dies ist das Lauterste und Reinste für euch. Und Allah weiß, doch ihr wisset nicht. (233.) Und die (geschiedenen) Mütter sollen ihre Kinder zwei volle Jahre stillen, so jemand will, dass die Stillung vollständig sei; und dem Vater soll ihre Versorgung und Kleidung nach Billigkeit obliegen. Niemand soll über Vermögen bemüht werden. Eine Mutter soll nicht wegen ihres Kindes bedrängt werden und ebenso auch der Vater nicht wegen seines Kindes; und dasselbe gilt für den Erben. Wenn sie jedoch beide nach gegenseitigem Einvernehmen und Beratung das Kind entwöhnen wollen, so begehen sie keine Sünde. Und so ihr euer Kind stillen lassen wollt, so begeht ihr keine Sünde, wofern ihr den ausbedungenen Lohn nach Billigkeit gebt. Und fürchtet Allah und wisset, dass Allah euer Tun schaut.

(234.) Und diejenigen von euch, welche verscheiden und Gattinnen hinterlassen – so müssen diese vier Monate und zehn Tage warten. Haben sie aber ihre Frist erreicht, so trifft euch keine Sünde für das, was sie mit sich selber nach Billigkeit tun; und Allah weiß euer Tun. (235.) Und ihr begeht keine Sünde, wenn ihr den Frauen den Vorschlag zur Verlobung macht oder euch (diese Absicht) vornehmt. Gott weiß, dass ihr ihrer gedenken werdet. Jedoch versprechet euch nicht heimlich mit ihnen, es sei denn, ihr sprächet geziemende Worte. Und beschließet den Ehebund nicht eher als nach Ablauf der bestimmten Frist; und wisset, dass Allah weiß, was in euern Herzen ist; hütet euch deshalb vor ihm und wisset, dass Allah verzeihend und mild ist.
(236.) Ihr begeht keine Sünde, wenn ihr euch von euern Frauen scheidet, bevor ihr sie berührt oder ihnen eine Mitgift festgesetzt habt. Und sorget für sie – der Bemittelte nach Vermögen und der Unbemittelte nach Vermögen – in Billigkeit; dies ist Pflicht für die Rechtschaffenen.

(237.) Scheidet ihr euch jedoch von ihnen, bevor ihr sie berührt habt, und habt ihnen bereits eine Mitgift festgesetzt, so sei es die Hälfte von dem, was ihr festsetztet, es sei denn, sie ließen ab, oder er, in dessen Hand das Eheband ist, ließe ab. Und Ablassen steht der Gottesfurcht näher. Und vergesset nicht der Güte gegeneinander; siehe, Allah schaut euer Tun. (238.) Beobachtet das Gebet und (besonders) das mittlere Gebet und steht vor Gott in Ehrfurcht. (239.) Und so ihr in Furcht seid, (betet) zu Fuß oder Pferd; und so ihr sicher seid, so gedenket Allahs, wie er euch lehrte, was ihr nicht wusstet.

(240.) Und diejenigen von euch, welche verscheiden und Gattinnen hinterlassen, sollen ihren Gattinnen Versorgung für ein Jahr testieren, ohne sie aus (dem Hause) zu weisen. Gehen sie aber hinaus, so trifft euch keine Schuld für das, was sie mit sich selber nach Billigkeit tun. Und Allah ist mächtig und weise. (241.) Und den Geschiedenen sei eine Versorgung nach Billigkeit festgesetzt; dies ist eine Pflicht für die Gottesfürchtigen. (242.) So macht euch Allah seine Zeichen klar, auf dass ihr verstehet. (243.) Sahest du nicht auf die, welche ihre Wohnungen verließen, ihrer Tausende, aus Todesfurcht? Und es sprach Allah zu ihnen: »Sterbet!« Alsdann machte er sie lebendig. Siehe, Allah ist wahrlich voll Güte gegen die Menschen; jedoch danken ihm die meisten Menschen nicht. (244.) Und kämpfet in Allahs Weg und wisset, dass Allah hörend und wissend ist. (245.) Wer ist's, der Allah ein schönes Darlehen leiht? Er wird's ihm verdoppeln um viele Male. Und Allah schließt und öffnet (die Hand), und zu ihm müsst ihr zurück.

(246.) Schautest du nicht auf die Angesehenen der Kinder Israel nach Moses (Tod), als sie zu ihrem Propheten sprachen: »Erwecke uns einen König; wir wollen kämpfen in Allahs Weg.« Er sprach: »Ist's nicht vielleicht, wenn euch vorgeschrieben wird zu kämpfen, kämpfet ihr nicht?« Sie sprachen: »Und warum sollten wir nicht kämpfen in Allahs Weg, wo wir aus unsern Wohnungen vertrieben sind und von unsern Kindern?« Und als ihnen nun der Kampf vorgeschrieben ward, kehrten sie den Rücken mit Ausnahme weniger von ihnen. Und Allah kennt die Ungerechten. (247.) Und es sprach zu ihnen ihr Prophet: »Siehe, Allah hat euch den Saul zum König erweckt.« Sie sprachen: »Woher soll ihm sein das Königreich über uns, wo wir würdiger sind des Königreiches denn er, und ihm nicht Fülle des Gutes gegeben ward?« Er sprach: »Siehe, Allah hat ihn erwählt über euch und hat ihn gemehrt an Größe des Wissens und Leibes. Und Allah gibt sein Königreich, wem er will, und Allah ist weit (und breit) und wissend.«

(248.) Und es sprach zu ihnen ihr Prophet: »Siehe, das Zeichen seines Königstums ist, dass die Lade zu euch kommen wird, in der eine Gegenwart ist von euerm Herrn und ein Rest des Nachlasses des Hauses Moses und des Hauses Aaron; die Engel werden sie tragen. Siehe, hierin ist wahrlich ein Zeichen für euch, so ihr Gläubige seid.« (249.) Und als nun Saul mit seinen Scharen abzog, sprach er: »Siehe, Allah wird euch mit einem Bach prüfen. Drum, wer von ihm trinkt, gehört nicht zu mir, und wer nicht von ihm schmeckt, der gehört zu mir, es sei denn, wer mit seiner Hand eine Handvoll schöpft.« Und sie tranken von ihm mit Ausnahme weniger. Und als er an ihm vorübergegangen war, er und die Gläubigen bei ihm, sprachen sie: »Wir haben heute keine Kraft wider Goliath und seine Scharen.« Da sprachen die, welche glaubten Allah zu begegnen: »Wie oft hat ein kleiner Haufen einen großen Haufen mit Allahs Willen besiegt! Und Allah ist mit den Standhaften.«

(250.) Und als sie wider Goliath und seine Scharen auf den Plan traten, sprachen sie: »Unser Herr, gieße Standhaftigkeit über uns aus und festige unsre Füße und hilf uns wider das Volk der Ungläubigen.« (251.) Und so schlugen sie sie mit Allahs Willen, und es erschlug David den Goliath; und Allah gab ihm das Königtum und die Weisheit und lehrte ihn, was er wollte. Und so nicht Allah in Schranken hielte die Menschen, die einen durch die andern, wahrlich, die Erde wäre verdorben. Aber Allah ist voll Güte gegen alle Welt. (252.) Solches sind Allahs Zeichen; wir verkünden sie dir in Wahrheit, denn siehe, wahrlich du bist einer der Entsendeten.

(253.) Jene Gesandten – die einen von ihnen bevorzugten wir vor den andern; zu einigen von ihnen sprach Allah und erhöhte andere um Stufen. Und wir gaben Jesus, dem Sohn der Maria, die deutlichen Zeichen und stärkten ihn mit dem Heiligen Geist, und so Allah wollte, so hätten die Spätern nicht gestritten, nachdem zu ihnen die deutlichen Beweise kamen; aber sie waren uneins, und die einen von ihnen glaubten und die andern waren ungläubig. Und so Allah wollte, hätten sie nicht gestritten, jedoch tut Allah, was er will. (254.) O ihr, die ihr glaubt, spendet von dem, womit wir euch versorgten, bevor ein Tag kommt, an dem kein Verkaufen ist und keine Freundschaft und keine Fürbitte. Und die Ungläubigen sind Ungerechte.

(255.) Allah! Es gibt keinen Gott außer ihm, dem Lebendigen, dem Ewigen! Nicht ergreift ihn Schlummer und nicht Schlaf. Sein ist, was in den Himmeln und was auf Erden. Wer ist's, der da Fürsprache einlegt bei ihm ohne seine Erlaubnis? Er weiß, was zwischen ihren Händen ist und was hinter ihnen, und nicht begreifen sie etwas von seinem Wissen, außer was er will. Weit reicht sein Thron über die Himmel und die Erde, und nicht beschwert ihn beider Hut. Denn er ist der Hohe, der Erhabene.

(256.) Es sei kein Zwang im Glauben. Klar ist nunmehr unterschieden das Rechte vom Irrtum; und wer den Taghut verleugnet und an Allah glaubt, der hält sich an der stärksten Handhabe, in der kein Spalt ist; und Allah ist hörend und wissend.
(257.) Allah ist der Schützer der Gläubigen; er führt sie aus den Finsternissen zum Licht. Die Ungläubigen aber – ihre Schützer sind die Taghut; sie führen sie aus dem Licht in die Finsternisse; jene sind des Feuers Gefährten und verweilen ewig in ihm.

(258.) »Sahest du nicht auf den, der mit Abraham wegen seines Herrn stritt, dass Allah ihm das Königreich gegeben?« Da sprach Abraham: »Mein Herr ist der, welcher lebendig macht und tötet.« Er sprach: »Ich bin's, der lebendig macht und tötet.« Sprach Abraham: »Siehe, Allah bringt die Sonne vom Osten, so bring du sie vom Westen.« Da ward der Ungläubige verwirrt, denn Allah leitet nicht die Ungerechten.

(259.) Oder wie der, welcher an einer Stadt vorüberging, die wüst in Trümmern lag. Er sprach: »Wie wird Allah diese nach ihrem Tode wieder lebendig machen?« Da ließ ihn Allah hundert Jahre gestorben sein; alsdann erweckte er ihn und sprach: »Wie lange bist du verweilt?« Er sprach: »Ich verweilte einen Tag oder den Teil eines Tages.« Er sprach: »Nein; du verweiltest hundert Jahre; schau nach deiner Speise und deinem Trank; sie sind nicht verdorben. Und schau nach deinem Esel, denn wir wollen dich machen zu einem Zeichen für die Menschen; und schau zu den Gebeinen (des Esels), wie wir sie zusammenlegen und alsdann mit Fleisch bekleiden.« Und als ihm dies gezeigt war, sprach er: »Ich weiß, dass Allah über alle Dinge mächtig ist.«

(260.) Und als Abraham sprach: »Mein Herr, zeig mir, wie du die Toten lebendig machst«, sprach er: »Glaubst du etwa noch nicht?« Er sprach: »Ja; doch möchte mein Herz sicher sein.« Er sprach: »So nimm vier Vögel und ziehe sie zu dir. Alsdann lege auf jeden Berg ein Stück von ihnen; dann rufe sie, und sie werden eilends zu dir kommen. Und wisse, dass Allah mächtig und weise ist.«
(261.) Die da ihr Gut ausgeben in Allahs Weg, gleichen einem Korn, das in sieben Ähren schießt, in deren jeder Ähre hundert Körner sind. Und Allah gibt doppelt, wem er will, und Allah ist umfassend und wissend.

(262.) Die da ausgeben ihr Gut in Allahs Weg und dann ihren Gaben nicht folgen lassen Vorhalten der Gabe und Unrecht, die finden ihren Lohn bei ihrem Herrn; keine Furcht wird über sie kommen, und nicht werden sie trauern. (263.) Gütige Rede und Verzeihung ist besser als ein Almosen, dem Unrecht folgt; und Allah ist reich und milde. (264.) O ihr, die ihr glaubt, vereitelt nicht eure Almosen durch Vorhalten und Unrecht, gleich dem, der sein Gut ausgibt, um von den Leuten gesehen zu werden, und nicht an Allah glaubt und an den Jüngsten Tag. Das Gleichnis jenes ist das Gleichnis eines Felsens mit Erdreich darüber; und es trifft ihn ein Platzregen und lässt ihn hart. Sie richten nichts aus mit ihrem Verdienst; denn Allah leitet nicht das ungläubige Volk.

(265.) Das Gleichnis jener aber, welche ihr Gut ausgeben im Trachten nach Allahs Wohlgefallen und aus Seelenstärke, ist das Gleichnis eines Gartens auf einem Hügel; es trifft ihn ein Platzregen, und da bringt er seine Speise zwiefältig. Und so ihn kein Platzregen trifft, so doch Tau. Und Allah schaut euer Tun. (266.) Wünscht einer von euch, dass ihm ein Garten sei von Palmen und Reben, durcheilt von Bächen, in dem er allerlei Früchte hat, und dass ihn das Alter trifft, während er schwache Sprösslinge hat, und da trifft ihn ein feuriger Wirbelsturm und er verbrennt? So erklärt euch Allah die Zeichen; vielleicht beherzigt ihr sie.

(267.) O ihr, die ihr glaubt, spendet von dem Guten, das ihr erwarbt, und von dem, was wir für euch der Erde entsteigen lassen, und suchet nicht das Schlechte darunter aus zum Spenden, das ihr selber nicht nähmet oder ihr drücktet dabei ein Auge zu; und wisset, Allah ist reich und gepriesen.
(268.) Der Satan droht euch Armut an und befiehlt euch Schändliches, Allah aber verheißt euch seine Vergebung und Huld. Und Allah ist umfassend und wissend.

(269.) Er gibt die Weisheit, wem er will, und wem da Weisheit gegeben ward, dem ward hohes Gut gegeben; aber keiner beherzigt es außer den Verständigen.

(270.) Und was ihr spendet als Spende oder gelobet als Gelübde, siehe, Allah weiß es, und die Ungerechten finden keine Retter. (271.) Wenn ihr die Almosen öffentlich gebt, so ist's schön, und so ihr sie verbergt und sie den Armen gebt, so ist's besser für euch und sühnt eure Missetaten. Und Allah kennt euer Tun. (272.) Nicht liegt dir ihre Leitung ob, doch Allah leitet, wen er will. Und was ihr an Gut spendet, das ist für eure Seelen. Und nicht spendet, es sei denn im Trachten nach Allahs Angesicht; und was ihr spendet an Gut, soll euch wiedergegeben werden, und nicht soll euch Unrecht geschehen (273.) für die Armen, die behindert sind durch Allahs Weg und nicht vermögen das Land zu durchwandern. Der Tor hält sie für reich wegen ihrer Bescheidenheit; du erkennst sie an (diesen) ihren Zeichen: Sie bitten die Leute nicht in lästiger Weise. Und was ihr spendet an Gutem, siehe, Allah weiß es.

(274.) Die, welche ihr Gut spenden bei Nacht und Tag und im Verborgenen und öffentlich, die haben ihren Lohn bei ihrem Herrn; nicht soll Furcht über sie kommen, und nicht sollen sie traurig sein. (275.) Die, welche Wucher verzehren, sollen nicht anders auferstehen, als wie einer aufersteht, den der Satan durch Berührung geschlagen hat. Solches darum, dass sie sprechen: »Verkauf ist nur das gleiche wie Wucher.« Und Allah hat das Verkaufen erlaubt, aber den Wucher verwehrt; und wer Ermahnung von seinem Herrn bekommt und sich enthält, dem wird (Vergebung) für das Vergangene, und seine Sache ist bei Allah; wer es aber von neuem tut, die sind des Feuers Gefährten und werden ewig darinnen verweilen.

(276.) Auswischen wird Allah den Wucher, und vermehren wird er die Almosen, und Allah liebt keinen Ungläubigen und Sünder. (277.) Siehe, wer da glaubt und das Rechte tut und das Gebet verrichtet und die Armenspende zahlt, deren Lohn ist bei ihrem Herrn, und keine Furcht soll über sie kommen, und nicht sollen sie traurig sein. (278.) O ihr, die ihr glaubt, fürchtet Allah und lasset den Rest des Wuchers fahren, so ihr Gläubige seid. (279.) Tut ihr's jedoch nicht, so vernehmt Krieg von Allah und seinem Gesandten. So ihr aber umkehrt, sollt ihr euer Kapital haben. Tuet nicht Unrecht, auf dass ihr nicht Unrecht erleidet.

(280.) Wenn jemand in (Zahlungs-)Schwierigkeit ist, so übt Nachsicht, bis es ihm leichtfällt; schenkt ihr's jedoch als Almosen, so ist's besser für euch, so ihr es wisset. (281.) Und fürchtet einen Tag, an dem ihr zu Allah zurückkehren müsset. Alsdann erhält jede Seele ihren Lohn nach Verdienst, und es soll ihnen nicht Unrecht geschehen.

(282.) O ihr, die ihr glaubt, wenn ihr euch mit einer Schuld auf einen benannten Termin verschuldet, so schreibet ihn auf, und es schreibe zwischen euch ein Schreiber wie es Rechtens ist. Und nicht weigere sich ein Schreiber zu schreiben, wie Allah es ihn gelehrt hat. Er schreibe, und der Schuldner diktiere, und er fürchte Allah, seinen Herrn, und schreibe nicht zuwenig auf. Ist aber der Schuldner einfältig und krank, oder vermag er nicht zu diktieren, so diktiere sein Sachwalter für ihn, wie es Rechtens ist, und nehmet von euern Leuten zwei zu Zeugen. Sind nicht zwei Mannspersonen da, so sei es ein Mann und zwei Frauen, die euch zu Zeugen passend erscheinen, dass, wenn die eine von beiden irrt, die andere sie erinnern kann. Und nicht sollen sich die Zeugen weigern, wenn sie gerufen werden. Und verschmähet es nicht, sie niederzuschreiben, ob klein oder groß, mit ihrem Termin. Dies ist für euch gerechter vor Allah und bestätigt das Zeugnis besser und hütet euch sicherer vor Zweifel. Ist aber die Ware da und gebt ihr sie einer dem andern, so begeht ihr keine Sünde, wenn ihr nichts schriftlich macht. Und nehmt Zeugen bei euern Geschäften, und nicht geschehe dem Schreiber oder Zeugen Eintrag. Tut ihr's, so ist's eine Sünde von euch. Und fürchtet Allah, denn Allah lehrt euch, und Allah weiß alle Dinge.

(283.) Und wenn ihr auf einer Reise seid und keinen Schreiber findet, so seien Pfänder angenommen. Und so einer von euch dem andern anvertraut, so gebe der, dem das Unterpfand anvertraut ist, es wieder zurück und fürchte Allah, seinen Herrn. Und verhehlt nicht das Zeugnis; wer es verhehlt, siehe, dessen Herz ist böse; und Allah weiß euer Tun.

(284.) Allahs ist, was in den Himmeln und was auf Erden; und ob ihr offenbart, was in euern Seelen ist, oder es verbergt, Allah wird euch dafür zur Rechenschaft ziehen; und er verzeiht, wem er will, und straft, wen er will; und Allah ist mächtig über alle Dinge. (285.) Es glaubt der Gesandte an das, was zu ihm herabgesandt ward von seinem Herrn, und die Gläubigen alle glauben an Allah und seine Engel und seine Schriften und seine Gesandten. Wir machen keinen Unterschied zwischen einem seiner Gesandten. Und sie sprechen: »Wir hören und wir gehorchen; deine Vergebung, unser Herr! Und zu dir ist die Heimkehr!«

(286.) Nicht belastet Allah eine Seele über Vermögen. Ihr wird, was sie verdient, und auf sie kommt nach Verdienst. Unser Herr, strafe uns nicht für Vergesslichkeit oder Sünde! Unser Herr, lege uns nicht auf eine Last, wie du sie den Früheren auflegtest! Unser Herr, und lass uns nicht tragen, wozu unsre Kraft nicht ausreicht; und vergib uns und verzeihe uns und erbarme dich unser!

Du bist unser Beschützer. Und hilf uns
wider das ungläubige Volk!

3. Sure - Das Haus Imran

Geoffenbart zu Medina

*Im Namen Allahs, des Erbarmers, des
Barmherzigen!*

(1.) A. L. M. (2.) Allah – es gibt keinen Gott
außer ihm, dem Lebendigen, dem Ewigen.
(3.) Herabgesandt hat er auf dich das Buch
in Wahrheit, bestätigend, was ihm
vorausging. Und herab sandte er die Tora
und das Evangelium (4.) zuvor als eine
Leitung für die Menschen und sandte (nun)
die Unterscheidung. Siehe die, welche
Allahs Zeichen verleugnen, für sie ist
strenge Strafe. Und Allah ist mächtig, ein
Rächer. (5.) Siehe Allah – nicht ist ihm
verborgen ein Ding auf Erden und im
Himmel. (6.) Er ist's, der euch bildet in den
Mutterschößen, wie er will. Es gibt keinen
Gott außer ihm, dem Mächtigen, dem
Weisen! (7.) Er ist's, der auf dich
herabsandte das Buch. In ihm sind evidente
Verse, sie, die Mutter des Buches, und andre
mehrdeutige. Diejenigen nun, in deren
Herzen Neigung zum Irren ist, die folgen
dem Mehrdeutigen in ihm, im Trachten nach
Spaltung und im Trachten nach seiner
Deutung. Seine Deutung weiß jedoch
niemand als Allah. Und die Festen im
Wissen sprechen: »Wir glauben es; alles ist
von unserm Herrn.« Aber nur die
Verständigen beherzigen es. (8.) Unser Herr,
lass unsere Herzen nicht mehr irregehen,
nachdem du uns leitetest, und gib uns von
dir her Barmherzigkeit! Siehe, du bist der
Geber. (9.) Unser Herr, siehe, du
versammelst die Menschen an einem Tage,

an dem kein Zweifel ist; siehe, Allah bricht
nicht das Versprechen.

(10.) Siehe die Ungläubigen – nimmer hilft
ihnen ihr Gut noch ihre Kinder etwas wider
Allah; und sie sind die Speise des Feuers.
(11.) Nach dem Brauch des Volkes Pharaos
und derer, die vor ihnen waren, ziehen sie
unsere Zeichen Lügen. Und Allah ergriff sie
in ihren Sünden, denn Allah ist streng im
Strafen. (12.) Sprich zu den Ungläubigen:
»Ihr sollt übermocht und zu Dschehannam
versammelt werden; und schlimm ist der
Pfühl!« (13.) Es ward euch ein Zeichen in
zwei Haufen, die aufeinanderstießen. Ein
Haufen kämpfte in Allahs Weg, und der
andre war ungläubig. Sie sahen sie als
zweimal soviel als sie selber mit sehendem
Auge. Und Allah stärkt mit seiner Hilfe, wen
er will. Siehe, hierin ist wahrlich eine Lehre
für die Verständigen. (14.) Verlockend ist
den Menschen gemacht die Liebe für die
Freuden an Frauen und Kindern und
aufgespeicherten Talenten von Gold und
Silber und Rassepferden und Herden und
Ackerland. Solches ist der Nießbrauch des
Lebens hienieden; aber Allah – bei ihm ist
die schönste Heimstatt.

(15.) Sprich: »Soll ich euch besseres als dies
verkünden?« Die Gottesfürchtigen finden
bei ihrem Herrn Gärten, durcheilt von
Bächen, ewig darinnen zu verweilen, und
reine Gattinnen und Allahs Wohlgefallen.
Und Allah schaut seine Diener, (16.) welche
sprechen: »Unser Herr, siehe wir glauben;
drum vergib uns unsre Sünden und hüte
uns vor der Feuerspein«,
(17.) die Standhaften und die Wahrhaften
und die Andachtsvollen und die
Spendenden und die im Morgengrauen um
Verzeihung Flehenden. (18.) Bezeugt hat
Allah, dass es keinen Gott gibt außer ihm;
und die Engel und die Wissenden, stehend
in Gerechtigkeit (verkünden:) »Es gibt
keinen Gott außer ihm, dem Mächtigen,

dem Weisen.« (19.) Siehe, die (wahre) Religion bei Allah ist der Islam. Und die, denen die Schrift gegeben ward, waren nicht eher uneins, als nachdem das Wissen zu ihnen gekommen war – aus Neid aufeinander. Und wer die Zeichen Allahs verleugnet – siehe, Allah ist schnell im Rechnen.

(20.) Und so sie mit dir streiten, so sprich: »Ich habe mein Angesicht ergeben in Allah, und so, wer mir nachfolgt.« Und sprich zu jenen, denen die Schrift gegeben ward, und zu den Unbelehrten: »Werdet ihr Muslime?« Und so sie Muslime werden, sind sie geleitet; kehren sie sich jedoch ab, so liegt dir nur die Predigt ob. Und Allah schaut seine Diener. (21.) Siehe jene, die nicht an Allahs Zeichen glauben und die Propheten ohne Grund morden und von den Menschen morden, wer ihnen Rechtschaffenheit befiehlt ihnen verkünde schmerzliche Strafe. (22.) Sie sind's, deren Werke nichtig sind hienieden und im Jenseits; und nicht finden sie Helfer. (23.) Sähest du nicht auf jene, denen ein Teil von der Schrift gegeben ward, als sie aufgefordert wurden zum Buch Allahs, dass es richte zwischen ihnen? Alsdann kehrte ein Teil von ihnen den Rücken und wendete sich ab.

(24.) Solches, dieweil sie sprachen: »Nimmer wird uns das Feuer berühren, es sei denn gezählte Tage.« Und es betrog sie in ihrem Glauben, was sie selber erdachten.
(25.) Aber wie, wenn wir sie versammeln für einen Tag, an dem kein Zweifel ist, und jeder Seele nach Verdienst vergolten wird, und sie nicht Unrecht erleiden sollen?
(26.) Sprich: »O Allah, König des Königtums, du gibst das Königtum, wem du willst, und nimmst das Königtum, wem du willst; und du ehrest, wen du willst, und demütigst, wen du willst. In deiner Hand ist das Gute; siehe, du hast Macht über alle Dinge. (27.) Du lassest die Nacht übergehen in den Tag und lassest den Tag übergehen in die Nacht; und du lassest erstehen das Lebendige aus dem Toten und lassest das Tote aus dem Lebendigen erstehen, und versorgst, wen du willst, ohne Maß.«
(28.) Nicht sollen sich die Gläubigen die Ungläubigen zu Beschützern nehmen, unter Verschmähung der Gläubigen. Wer solches tut, der findet von Gott in nichts Hilfe außer ihr fürchtet euch vor ihnen. Beschützen aber wird euch Allah selber, und zu Allah geht die Heimkehr. (29.) Sprich: »Ob ihr verbergt, was in eurer Brust ist, oder ob ihr es kundtut, Allah weiß es; er weiß, was in den Himmeln und was auf Erden; und Allah hat Macht über alle Dinge.«

(30.) An einem Tage wird jede Seele bereit finden, was sie an Gutem getan; und was sie an Bösem getan – wünschen wird sie, dass zwischen ihr und ihm ein weiter Raum sei. Und behüten wird euch Allah selber; und Allah ist gütig gegen seine Diener.
(31.) Sprich: »So ihr Allah liebet, so folget mir. Lieben wird euch Allah und wird euch eure Sünden verzeihen, denn Allah ist verzeihend und barmherzig.«
(32.) Sprich: »Gehorchet Allah und dem Gesandten; denn wenn ihr den Rücken kehrt – siehe, Allah liebt nicht die Ungläubigen.«
(33.) Siehe, Allah erwählte Adam und Noah und das Haus Abraham und das Haus Imran vor allen Menschen; (34.) eins des andern Samen, und Allah ist hörend und wissend. (35.) (Gedenke,) da die Frau Imrans betete: »Mein Herr, siehe, ich gelobe dir, was in meinem Schoße ist, zu eigen; so nimm es von mir an; siehe, du bist der Hörende, der Wissende.«

(36.) Und als sie es geboren hatte, sprach sie: »Mein Herr, siehe, ich habe es als Mägdlein geboren.« Und Allah wusste wohl, was sie geboren hatte, denn ein Knabe ist kein Mägdlein. »Und ich habe es Maria genannt, und siehe, ich befehle sie und ihren Samen in deine Hut vor dem Satan, dem zu Steinigenden.« (37.) Und so nahm sie Allah von ihr huldreich an und ließ sie wachsen in holdem Wachstum, und es pflegte sie Zacharias. Sooft Zacharias zu ihr in die Zelle trat, fand er Speise bei ihr. Da sprach er: »O Maria, woher ist dir dies?« Sie sprach: »Es ist von Allah; siehe Allah versorgt, wen er will, ohne zu rechnen.« (38.) Dort rief Zacharias zu seinem Herrn und sprach: »Mein Herr, gib mir von dir her guten Samen; siehe du bist der Gebetserhörer.« (39.) Und da riefen ihm die Engel, während er zum Gebete in der Zelle stand, zu: »Allah verheißt dir Johannes, den Bestätiger eines Wortes von Allah, einen Herrn, einen Asketen und Propheten von den Rechtschaffenen.«

(40.) Er sprach: »Mein Herr, woher soll mir ein Knabe werden, wo mich das Alter überkommen hat und meine Frau unfruchtbar ist?« Er sprach: »Also tut Allah, was er will.« (41.) Er sprach: »Mein Herr, gib mir ein Zeichen.« Er sprach: »Dein Zeichen ist, dass du drei Tage lang zu den Leuten nicht sprechen wirst außer durch Winken. Und gedenke deines Herrn häufig und preise ihn am Abend und am Morgen.« (42.) Und (gedenke,) da die Engel sprachen: »O Maria, siehe, Allah hat dich auserwählt und hat dich gereinigt und hat dich erwählt vor den Frauen aller Welt. (43.) O Maria, sei andachtsvoll zu deinem Herrn und wirf dich nieder und beuge dich mit den sich Beugenden.« (44.) Dies ist eine der Verkündigungen des Verborgenen, die wir dir offenbaren. Denn nicht warst du bei ihnen, als sie ihre Rohre warfen, wer von ihnen Maria pflegen sollte. Und nicht warst du bei ihnen, als sie miteinander stritten.

(45.) (Gedenke,) da die Engel sprachen: »O Maria, siehe, Allah verkündet dir ein Wort von ihm; sein Name ist der Messias Jesus, der Sohn der Maria, angesehen hienieden und im Jenseits und einer der (Allah) Nahen. (46.) Und reden wird er mit den Menschen in der Wiege und in der Vollkraft, und er wird einer der Rechtschaffenen sein.« (47.) Sie sprach: »Mein Herr, woher soll mir ein Sohn werden, wo mich kein Mann berührte?« Er sprach: »Also schafft Allah, was er will; wenn er ein Ding beschlossen hat, spricht er nur zu ihm: ›Sei!‹, und es ist.« (48.) Und er wird ihn lehren das Buch und die Weisheit und die Tora und das Evangelium (49.) und wird ihn entsenden zu den Kindern Israel. (Sprechen wird er:) »Siehe, ich komme zu euch mit einem Zeichen von euerm Herrn. Siehe, ich will euch erschaffen aus Ton die Gestalt eines Vogels und will in sie hauchen, und sie soll werden ein Vogel mit Allahs Erlaubnis; und ich will heilen den Mutterblinden und Aussätzigen und will die Toten lebendig machen mit Allahs Erlaubnis, und ich will euch verkünden, was ihr essen und was ihr aufspeichern sollt in euern Häusern. Siehe, hierin ist wahrlich ein Zeichen für euch, so ihr gläubig seid.

(50.) Und als ein Bestätiger (komme ich) von der Tora, die vor mir war, und um euch zu erlauben einen Teil von dem, was euch verwehrt war; und ich komme zu euch mit einem Zeichen von euerm Herrn. So fürchtet Allah und gehorchet mir; siehe, (51.) Allah ist mein Herr und euer Herr, drum dienet ihm. Dies ist ein rechter Weg.« (52.) Und als Jesus ihren Unglauben wahrnahm, sprach er: »Welches sind meine Helfer zu Allah hin?« Es sprachen die Jünger: »Wir sind Allahs Helfer; wir glauben an Allah, und bezeugen, dass wir Muslime sind. (53.) Unser Herr, wir glauben an das, was du hinabgesandt hast, und folgen dem Gesandten. Drum schreib uns unter die Bezeugenden.« (54.) Und sie schmiedeten Listen, und Allah schmiedete Listen; und Allah ist der beste Listenschmied.

(55.) (Gedenke,) da Allah sprach: »O Jesus, siehe, ich will dich verscheiden lassen und will dich erhöhen zu mir und will dich von den Ungläubigen säubern und will deine Nachfolger über die Ungläubigen setzen bis zum Tag der Auferstehung. Alsdann ist zu mir eure Wiederkehr, und ich will richten zwischen euch über das, worin ihr uneins seid. (56.) Was aber die Ungläubigen anlangt, so werde ich sie peinigen mit schwerer Pein hienieden und im Jenseits; und nicht werden sie Helfer finden.«

(57.) Was aber die Gläubigen und die das Rechte Tuenden anlangt, so wird er ihnen ihren Lohn heimzahlen. Und Allah liebt nicht die Ungerechten. (58.) Solches verlesen wir dir von den Zeichen und der weisen Ermahnung. (59.) Siehe, Jesus ist vor Allah gleich Adam; er erschuf ihn aus Erde, alsdann sprach er zu ihm: »Sei!«, und er ward.

(60.) Die Wahrheit von deinem Herrn! Drum sei keiner der Zweifler. (61.) Und wer sich über sie mit dir streitet, nachdem das Wissen zu dir kam, so sprich: »Kommt herzu, lasst uns rufen unsre Söhne und eure Söhne, unsre Frauen und eure Frauen und unsre Seelen und eure Seelen. Alsdann wollen wir zu Allah flehen und mit Allahs Fluch die Lügner belegen.« (62.) Siehe, dies ist eine wahre Geschichte, und es gibt keinen Gott außer Allah, und siehe Allah, wahrlich er ist der Mächtige, der Weise. (63.) Und so ihr den Rücken kehrt, siehe, so kennt Allah die Missetäter. (64.) Sprich: »O Volk der Schrift, kommt herbei zu einem gleichen Wort zwischen uns, dass wir nämlich Allah allein dienen und nichts neben ihn stellen und dass nicht die einen von uns die andern zu Herren annehmen neben Allah.« Und so sie den Rücken kehren, so sprechet: »Bezeuget, dass wir Muslime sind.«

(65.) O Volk der Schrift, warum streitet ihr über Abraham, wo die Tora und das Evangelium erst nach ihm herabgesandt ward? Habt ihr denn nicht Verstand? (66.) Streitet doch über das, wovon ihr Wissen habt; weshalb aber streitet ihr über das, wovon ihr kein Wissen habt? Allah weiß, ihr aber wisset nicht. (67.) Abraham war weder Jude noch Christ; vielmehr war er lauteren Glaubens, ein Muslim, und keiner derer, die Gott Gefährten geben. (68.) Siehe diejenigen Menschen, die Abraham am nächsten stehen, sind wahrlich jene, die ihm folgen, und das sind der Prophet und die Gläubigen. Und Allah ist der Gläubigen Hort. (69.) Ein Teil vom Volk der Schrift möchte euch verführen, doch verführen sie nur sich selber und wissen es nicht.

(70.) O Volk der Schrift, weshalb verleugnet ihr die Zeichen Allahs, wo ihr sie doch bezeugt? (71.) O Volk der Schrift, weshalb kleidet ihr die Wahrheit in Lüge und verbergt die Wahrheit wider euer Wissen? (72.) Und es sprach ein Teil vom Volk der Schrift: »Glaubet an das, was hinabgesandt ward zu den Gläubigen, bei Tagesanbruch, und leugnet es ab bei seinem Ende; vielleicht kehren sie um; (73.) und glaubet nur denen, die eure Religion befolgen.« Sprich: »Siehe, die (wahre) Leitung ist Allahs Leitung, dass (auch) einem (andern) gegeben würde, was euch gegeben ward.« Oder so sie mit euch vor euerm Herrn streiten, so sprich: »Siehe, die Huld ist in Allahs Hand, er gewährt sie, wem er will. Und Allah ist umfassend und wissend. (74.) Er erkürt für seine Barmherzigkeit, wen er will, denn Allah ist voll großer Huld.«

(75.) Und unter dem Volk der Schrift gibt's solche – vertraust du ihnen ein Talent an, geben sie's dir wieder, und auch solche – vertraust du ihnen einen Dinar an, geben sie ihn dir nicht wieder, so du nicht stets hinter ihm her bist. Solches, darum dass sie sprechen: »Uns liegt gegen die Unbelehrbaren keine Pflicht ob.« Und sie sprechen eine Lüge wider Allah und wissen es. (76.) Wer jedoch seiner Verpflichtung nachkommt und gottesfürchtig ist – siehe, Allah liebt die Gottesfürchtigen.

(77.) Siehe, diejenigen, welche ihren Bund mit Allah und ihre Eidschwüre um geringen Preis verkaufen, die haben keinen Anteil am Jenseits, und nicht spricht Allah mit ihnen, und nicht schaut er zu ihnen am Tag der Auferstehung, und nicht reinigt er sie, und ihnen wird schmerzliche Strafe.

(78.) Und siehe, wahrlich ein Teil ist unter ihnen, der mit seinen Zungen die Schrift verkehrt, damit ihr es für einen Teil der Schrift haltet, während es nicht zur Schrift gehört. Und sie sprechen: »Es ist von Allah«; jedoch ist es nicht von Allah, und sie sprechen eine Lüge wider Allah, obwohl sie es wissen. (79.) Nicht geziemt es einem Menschen, dass Allah ihm gibt die Schrift und die Weisheit und das Prophetentum und dass er alsdann zu den Leuten spräche: »Seid meine Diener neben Allah.« Vielmehr: »Seid Gottesgelehrte, darum dass ihr die Schrift lerntet und studiertet.«

(80.) Und nicht gebietet er euch, dass ihr euch die Engel oder die Propheten zu Herren annehmt. Sollte er euch den Unglauben gebieten, nachdem ihr Muslime geworden? (81.) Und da Allah mit den Propheten den Bund schloß, (sprach er:) »Wahrlich, dies ist das Buch und die Weisheit, die ich euch gebe; alsdann wird zu euch kommen ein Gesandter, bestätigend, was ihr habt. Wahrlich, ihr sollt ihm glauben und sollt ihm helfen.« Er sprach: »Seid ihr einverstanden und nehmt ihr unter dieser Bedingung das Bündnis mit mir an?« Sie sprachen: »Wir sind einverstanden.« Er sprach: »So bezeuget es, und ich will mit euch ein Zeuge sein.« (82.) Wer darum nach diesem den Rücken kehrt, jenes sind die Frevler. (83.) Verlangen sie etwa eine andre als Allahs Religion? Ihm ergibt sich, was in den Himmeln und auf Erden, gehorsam oder wider Willen, und zu ihm müssen sie zurück.

(84.) Sprich: »Wir glauben an Allah und was auf uns herabgesandt ward, und was herabgesandt ward auf Abraham und Ismael und Isaak und Jakob und die Stämme, und was gegeben ward Moses und Jesus und den Propheten von ihrem Herrn; wir machen keinen Unterschied zwischen einem von ihnen, und ihm sind wir ergeben.« (85.) Und wer eine andre Religion als den Islam begehrt, nimmer soll sie von ihm angenommen werden, und im Jenseits wird er verloren sein. (86.) Wie soll Allah ein Volk leiten, das ungläubig ward nach seinem Glauben und bezeugte, dass der Gesandte wahrhaft sei, und nachdem die deutlichen Beweise zu ihnen kamen? Aber Allah leitet nicht das ungerechte Volk. (87.) Sie – ihr Lohn ist, dass über sie der Fluch Allahs und der Engel und der Menschen insgesamt kommt. (88.) Ewig bleiben sie in ihm; nicht wird ihnen erleichtert die Strafe und nicht werden sie angeschaut: (89.) Außer denen, die nach diesem umkehren und sich bessern. Denn siehe, Allah ist verzeihend und barmherzig.

(90.) Siehe, wer ungläubig wird nach seinem Glauben und dann zunimmt an Unglauben – nimmer wird ihre Umkehr angenommen, und sie, sie sind die Irrenden. (91.) Siehe, wer da ungläubig ist und im Unglauben stirbt – nimmer wird von einem angenommen der Erde Fülle an Gold, auch wenn er sich damit loskaufen wollte. Sie – ihnen wird schmerzliche Strafe, und nicht finden sie Helfer. (92.) Nimmer erlangt ihr die Gerechtigkeit, ehe ihr nicht spendet von dem, was ihr liebt; und was immer ihr spendet, siehe, Allah weiß es. (93.) Alle Speise war erlaubt den Kindern

Israel, außer was Israel sich selber verwehrte, bevor, die Tora herabgesandt ward. Sprich: »So bringt die Tora und leset sie, so ihr wahrhaft seid.« (94.) Und wer nach diesem eine Lüge wider Allah erdichtet, das sind die Ungerechten. (95.) Sprich: »Wahrhaft ist Allah. So folget der Religion Abrahams, des Lautern im Glauben, der neben Allah keine Götter setzte.

(96.) Siehe, das erste Haus, gegründet für die Menschen, wahrlich, das war das in Bekka – ein gesegnetes und eine Leitung für alle Welt. (97.) In ihm sind deutliche Zeichen – die Stätte Abrahams. Und wer es betritt, ist sicher. Und der Menschen Pflicht gegen Allah ist die Pilgerfahrt zum Hause, wer da den Weg zu ihm machen kann. Wer aber ungläubig ist – siehe, Allah ist reich ohne alle Welt.« (98.) Sprich: »O Volk der Schrift, weshalb verleugnet ihr die Zeichen Allahs, wo Allah Zeuge eures Tuns ist?« (99.) Sprich: »O Volk der Schrift, warum wendet ihr ab von Allahs Weg die Gläubigen? Ihr trachtet ihn krumm zu machen, wo ihr ihn doch bezeugt. Doch Allah ist nicht achtlos eures Tuns.«

(100.) O ihr, die ihr glaubt, wenn ihr einem Teile jener, denen die Schrift gegeben ward, gehorcht, so werden sie euch wieder nach euerm Glauben ungläubig machen. (101.) Wie aber werdet ihr ungläubig werden, wo euch die Zeichen Allahs verlesen werden und unter euch sein Gesandter ist? Und wer an Allah festhält, der ist geleitet auf den rechten Pfad. (102.) O ihr, die ihr glaubt, fürchtet Allah in geziemender Furcht und sterbet nicht anders denn als Muslime. (103.) Und haltet fest an Allahs Seil insgesamt und zerfallet nicht und gedenket der Gnaden Allahs gegen euch, da ihr Feinde waret und er eure Herzen so zusammenschloß, dass ihr durch seine Gnade Brüder wurdet: Und da ihr am Rand einer Feuergrube waret und er euch ihr entriß. Also macht auch Allah seine Zeichen klar, auf dass ihr euch leiten lasset (104.) und dass aus euch eine Gemeinde werde, einladend zum Guten und gebietend, was Rechtens ist, und verbietend das Unrecht; und jene – ihnen wird's wohl ergehen.

(105.) Und seid nicht wie jene, die gespalten und uneins sind, nachdem die deutlichen Zeichen zu ihnen kamen; jene – ihnen wird schmerzliche Strafe, (106.) an einem Tag, da weiß werden Gesichter und schwarz werden Gesichter. Und was jene anlangt, deren Gesichter schwarz wurden, (sprechen wird Allah zu ihnen:) »Wurdet ihr ungläubig nach euerm Glauben? So schmecket die Strafe, darum dass ihr ungläubig wurdet.« (107.) Und was jene anlangt, deren Angesichter weiß wurden, die sollen sein in Allahs Barmherzigkeit, und ewig sollen sie drinnen verweilen. (108.) Dies sind die Zeichen Allahs; wir verkünden sie dir in Wahrheit. Und Allah will nicht Ungerechtigkeit gegen die Welt. (109.) Und Allahs ist, was in den Himmeln und was auf Erden, und zu Allah kehren die Dinge zurück.

(110.) Ihr seid die beste Gemeinde, die für die Menschen erstand. Ihr heißet, was Rechtens ist, und ihr verbietet das Unrechte und glaubet an Allah. Und wenn das Volk der Schrift geglaubt hätte, wahrlich, es wäre gut für sie gewesen! Unter ihnen sind Gläubige, aber die Mehrzahl von ihnen sind Frevler. (111.) Nimmer werden sie euch ein Leid zufügen, es sei denn ein (geringer) Schaden, und so sie wider euch kämpfen, werden sie euch den Rücken kehren; alsdann werden sie nicht errettet werden. (112.) Mit Schmach werden sie geschlagen, wo immer sie getroffen werden, außer sie seien in der Fessel Allahs und in der Fessel der Menschen. Und sie ziehen sich Zorn von

Allah zu und werden mit Armut geschlagen. Solches darum, dass sie Allahs Zeichen verleugneten und die Propheten ungerechterweise ermordeten. Solches darum, dass sie rebellierten und Übertreter waren.

(113.) Nicht sind sie (alle) gleich. Unter dem Volk der Schrift ist eine (fest-) stehende Gemeinde, welche die Zeichen Allahs zur Zeit der Nacht liest und sich niederwirft. (114.) Diese glauben an Allah und an den Jüngsten Tag und heißen, was Rechtens ist, und verbieten das Unrechte und wetteifern in den guten Werken; und sie gehören zu den Rechtschaffenen. (115.) Und was sie Gutes tun, nimmer wird es ihnen bestritten; und Allah kennt die Gottesfürchtigen. (116.) Siehe die Ungläubigen, nimmer sollen ihnen Gut und Kinder etwas vor Allah helfen; und jene sind des Feuers Gefährten, und ewig sollen sie darinnen verweilen. (117.) Das Gleichnis dessen, was sie spenden in diesem irdischen Leben, ist das Gleichnis des Windes, in dem Eiseshauch ist, welcher den Acker von Leuten trifft, die wider sich selber sündigten. Und so vernichtet er ihn, und nicht war Allah wider sie ungerecht, sondern wider sich selber waren sie ungerecht.

(118.) O ihr, die ihr glaubt, schließet keine Freundschaft außer mit euch. Sie werden nicht zaudern, euch zu verderben, und wünschen euern Untergang. Schon ward offenkund Hass aus ihrem Mund, aber was ihre Brust verbirgt, ist schlimmer. Schon machten wir euch die Zeichen klar, so ihr Verstand besitzet. (119.) Sieh da! Ihr seid's, die ihr sie liebt, doch lieben sie nicht euch; und ihr glaubet an das ganze Buch. Und so sie euch begegnen, sprechen sie: »Wir glauben«; sind sie jedoch allein, so beißen sie wider euch aus Grimm die Fingerspitzen. Sprich: »Sterbt an euerm Grimm.« Siehe, Allah kennt das Innerste der Brust. (120.) Wenn euch ein Gutes trifft, empfinden sie's übel, und so euch ein Übel trifft, so freuen sie sich dessen. Aber so ihr standhaft und gottesfürchtig seid, wird ihre List euch kein Leid antun. Siehe, Allah ist rings um ihr Tun. (121.) Und (gedenke,) als du deine Familie in der Morgenfrühe verließest, um den Gläubigen ein Lager zu bereiten zum Kampf; und Allah hörte und wusste es: (122.) Als zwei Haufen von euch besorgten, den Mut zu verlieren und Allah beider Hort war. Und auf Allah drum wahrlich sollen die Gläubigen bauen. (123.) Und auch bei Badr half euch Allah, als ihr verächtlich erschienet; drum fürchtet Allah; vielleicht seid ihr dankbar. (124.) Als du zu den Gläubigen sprachst: »Genügt es euch denn nicht, dass euer Herr euch mit dreitausend herniedergesendeten Engeln hilft?«

(125.) »Ja, wenn ihr standhaft und gottesfürchtig seid und sie über euch kommen in wilder Hast, wird euer Herr euch helfen mit fünftausend gezeichneten Engeln.« (126.) Und dies machte Allah allein als Freudenbotschaft für euch, und auf dass eure Herzen in Ruhe wären – denn nur von Allah, dem Mächtigen, dem Weisen, kommt der Sieg, (127.) und damit er abschnitte ein Glied von den Ungläubigen oder sie niederwürfe, dass sie zuschanden gemacht umkehrten. (128.) Dich geht es gar nichts an, ob er sich wieder zu ihnen kehrt oder ob er sie straft, denn sie sind Ungerechte. (129.) Und Allahs ist, was in den Himmeln und was auf Erden; er verzeiht, wem er will, und straft, wen er will, und Allah ist verzeihend und barmherzig. (130.) O ihr, die ihr glaubt, fresset nicht den Wucher in doppelter Verdoppelung, sondern fürchtet Allah; vielleicht ergeht es euch wohl. (131.) Und fürchtet das Feuer, das für die Ungläubigen bereitet ward, (132.) und gehorchet Allah und dem Gesandten; vielleicht findet ihr Barmherzigkeit;

(133.) und wetteilet nach der Verzeihung eures Herrn und einem Garten, dessen Land (weit ist wie) die Himmel und die Erde, bereitet für die Gottesfürchtigen,
(134.) die da spenden in Freud und in Leid und den Zorn verhalten und den Menschen vergeben. Und Allah liebt die Gutes Tuenden.

(135.) Und diejenigen, die, wenn sie etwas Schändliches getan oder wider sich gesündigt haben, Allahs gedenken und für ihre Sünden um Verzeihung flehen – und wer vergibt die Sünden, wenn nicht Allah? – und nicht beharren in dem, was sie wissentlich taten; (136.) sie – ihr Lohn ist Verzeihung von ihrem Herrn und Gärten, durcheilt von Bächen, ewig darinnen zu verweilen; und herrlich ist der Lohn der Wirkenden. (137.) Schon vor euch sind Verordnungen (zur Strafe) ergangen. So durchwandert die Erde und schauet, wie der Ausgang derer war, welche (die Wahrheit) der Lüge ziehen. (138.) Dies (der Koran) ist eine Klarlegung für die Menschen und eine Leitung und eine Ermahnung für die Gottesfürchtigen. (139.) Und seid nicht verzagt und traurig; ihr werdet obsiegen, so ihr gläubig seid. (140.) Wenn euch eine Wunde betroffen hat, so hat eine Wunde gleich ihr schon (andre) Leute betroffen. Und diese Tage (des Sieges und der Niederlage) lassen wir wechseln unter den Menschen, damit Allah die Gläubigen erkennt und sich aus ihnen Märtyrer erwählt. – Und Allah liebt nicht die Ungerechten – (141.) und damit Allah die Gläubigen heimsucht und die Ungläubigen vertilgt.

(142.) Oder wähnt ihr, einzugehen in das Paradies, ohne dass Allah die Glaubensstreiter unter euch und die Standhaften erkannte? (143.) Und ihr wünschtet doch auch den Tod, bevor ihr ihm begegnet. Nun sahet ihr ihn, und ihr werdet

ihn schauen. (144.) Und Mohammed ist nur ein Gesandter; schon vor ihm gingen die Gesandten dahin. Und so, ob er stirbt oder fällt, werdet ihr umkehren auf euern Fersen? Und wer umkehrt auf seinen Fersen, nimmer schadet er Allah etwas; aber Allah wird wahrlich die Dankbaren belohnen.
(145.) Und niemand stirbt ohne Allahs Erlaubnis gemäß dem Termine setzenden Buch. Und wer den Lohn der Welt begehrt, dem geben wir von ihr, und wer den Lohn des Jenseits begehrt, dem geben wir von ihm; wahrlich, wir belohnen die Dankbaren.
(146.) Und wie viele Propheten kämpften wider (einen Feind,) bei dem viele Myriaden waren! Aber nicht verzagten sie bei dem, was sie in Allahs Weg betraf, und nicht wurden sie schwach und nicht demütigten sie sich. Und Allah liebt die Standhaften.
(147.) Und nicht war ihr Wort ein andres, als dass sie sprachen: »Unser Herr, verzeihe uns unsre Sünden und unsre Vergehen in unserer Sache; und festige unsre Füße und hilf uns wider das ungläubige Volk.«
(148.) Und Allah gab ihnen den Lohn der Welt und den schönsten Lohn des Jenseits. Und Allah liebt die Gutes Tuenden.
(149.) O ihr, die ihr glaubt, so ihr den Ungläubigen gehorcht, kehren sie euch um auf euern Fersen, und ihr kehret um das Verlorene.

(150.) Nein, Allah ist euer Herr, und er ist der beste der Helfer. (151.) Wahrlich, wir werden in die Herzen der Ungläubigen Schrecken werfen, darum dass sie neben Allah Götter setzten, wozu er keine Ermächtnis niedersandte; und ihre Wohnstätte wird sein das Feuer, und schlimm ist die Herberge der Ungerechten.
(152.) Und wahrlich, schon hatte Allah euch sein Versprechen gehalten, als ihr sie mit seiner Erlaubnis vernichtet, bis dass ihr verzagtet und über den Befehl strittet und rebelliertet, nachdem er euch hatte sehen lassen, was ihr wünschtet. Einige von euch

verlangten nach dieser Welt und andere verlangten nach dem Jenseits. Alsdann kehrte er euch von ihnen ab (zur Flucht), um euch zu prüfen; und wahrlich, jetzt hat er euch vergeben, denn Allah ist voll Huld wider die Gläubigen.

(153.) Als ihr hinaufstieget und auf niemand sahet, während der Prophet hinter euch her rief, da belohnte er euch mit Kummer über Kummer, damit ihr nicht über das euch Verlorengegangene bekümmert und über das, was euch befiel. Und Allah kennt euer Tun. (154.) Alsdann sandte er auf euch nach dem Kummer Sicherheit nieder. Müdigkeit überkam einen Teil von euch; ein andrer Teil aber – ihre Seelen regten sie auf, ungerecht von Allah zu denken in heidnischem Denken. Sie sprachen: »Haben wir irgend etwas von der Sache?« Sprich: »Siehe, die ganze Sache ist Allahs.« Sie verbargen in ihren Seelen, was sie dir nicht kundtaten, indem sie sprachen: »Hätten wir etwas von der Sache gehabt, wären wir hier nicht erschlagen!« Sprich: »Wäret ihr auch in euern Häusern gewesen, wahrlich, hinaus wären jene gezogen, denen der Tod verzeichnet war, zu ihren Ruhestätten – und damit Allah prüfte, was in eurer Brust ist, und, was in euerm Herzen, erforschte. Und Allah kennt das Innerste der Brust.

(155.) Siehe, diejenigen von euch, welche am Tage des Zusammenstoßes der beiden Scharen den Rücken kehrten, der Satan nur machte sie straucheln für etwas von ihrem Tun. Aber wahrlich, nunmehr hat Allah ihnen vergeben; siehe, Allah ist verzeihend und milde. (156.) O ihr, die ihr glaubt, seid nicht gleich den Ungläubigen, die da sprechen von ihren Brüdern, da sie das Land durchwanderten oder auf Kriegszug waren: »Wären sie bei uns geblieben, sie wären nicht gestorben und nicht erschlagen.« Allah bestimmte dies als Kummer für ihre Herzen. Und Allah macht

lebendig und tot, und Allah schaut euer Tun. (157.) Und wahrlich, so ihr im Wege Allahs erschlagen werdet oder sterbet, wahrlich, Verzeihung von Allah und Barmherzigkeit ist besser, als was ihr zusammenscharrt. (158.) Und wahrlich, wenn ihr sterbet oder erschlagen werdet, werdet ihr zu Allah versammelt.
(159.) Und um der Barmherzigkeit Allahs willen warst du lind zu ihnen; wärest du aber rauh und harten Herzens gewesen, so hätten sie sich von rings um dich zerstreut. Drum vergib ihnen und bete für sie um Verzeihung und ziehe sie zu Rate in der Sache; und so du entschlossen bist, dann vertrau auf Allah; siehe, Allah liebt die auf ihn Trauenden.

(160.) Wenn euch Allah hilft, so gibt's keinen, der euch übermag; wenn er euch aber im Stich lässt, wer könnte euch da helfen ohne ihn? Drum wahrlich, auf Allah mögen die Gläubigen vertrauen.
(161.) Und nicht ist's des Propheten Sache zu unterschlagen. Und wer unterschlägt, soll, was er unterschlagen, am Tag der Auferstehung bringen. Alsdann wird jeder Seele nach Verdienst vergolten, und es soll ihnen nicht Unrecht geschehen.
(162.) Und ist's denn, dass der, welcher dem Wohlgefallen Allahs nachging, sei wie der, welcher sich Zorn von Allah zuzog und dessen Asyl Dschehannam ist? Und schlimm ist die Fahrt (dorthin).
(163.) Sie sind in verschiedenem Rang bei Allah, und Allah schaut ihr Tun.
(164.) Wahrlich, huldreich war Allah gegen die Gläubigen, da er unter ihnen einen Gesandten von ihnen erweckte, ihnen seine Zeichen zu verlesen und sie zu reinigen und das Buch und die Weisheit zu lehren, denn siehe, sie waren zuvor in offenkundigem Irrtum. (165.) Und da euch ein Unglück betraf, nachdem ihr das Doppelte erlangtet, sprecht ihr da etwa: »Woher dies?« Sprich: »Es kommt von euch selber.« Siehe, Allah

hat Macht über alle Dinge. (166.) Und was euch betraf am Tage des Zusammenstoßes der beiden Haufen, das geschah mit Allahs Erlaubnis, und damit er die Gläubigen erkennete und auch erkennete die Heuchler. Und gesprochen ward zu ihnen: »Heran! Kämpfet in Allahs Weg!« oder: »Wehrt ab!« Sie aber sprachen: »Wenn wir wüssten zu kämpfen, wahrlich, wir wären euch gefolgt!« Einige von ihnen waren an jenem Tage dem Unglauben näher als dem Glauben.

(167.) Sie sprachen mit ihrem Munde, was nicht in ihren Herzen war; und Allah weiß sehr wohl, was sie verbergen: (168.) Sie, die da von ihren Brüdern sprachen, während sie daheim geblieben: »Hätten sie uns gehorcht, wären sie nicht erschlagen.« Sprich: »So wehret von euch den Tod ab, so ihr wahrhaft seid.« (169.) Und wähnet nicht die in Allahs Weg Gefallenen für tot; nein, lebend bei ihrem Herrn, werden sie versorgt: (170.) Freudig über das, was Allah von seiner Huld ihnen gab, und von Freude erfüllt über die hinter ihnen, die sie noch nicht eingeholt, dass keine Furcht über sie kommen wird und sie nicht trauern werden: (171.) Von Freude erfüllt über die Gnaden von Allah und Huld, und dass Allah den Lohn der Gläubigen nicht verlorengehen lässt. (172.) Die da Allah und dem Gesandten nach der Wunde, die sie erlitten, entsprachen, für die von ihnen, welche Gutes taten und gottesfürchtig waren, ist großer Lohn (bestimmt): (173.) Die da, als die Leute zu ihnen sprachen: »Siehe, die Leute haben sich bereits wider euch geschart; fürchtet sie drum!« – nur stärker wurden im Glauben und sprachen: »Unser Genüge ist Allah, und trefflich ist der Beschützer!« (174.) Sie kehrten daher mit Gnade von Allah und Huld zurück, ohne dass sie ein Übel getroffen hätte, und sie gingen dem Wohlgefallen Allahs nach; und Allah ist voll großer Huld.

(175.) Das ist der Satan! Er will bloß seine Helfer gefürchtet machen; fürchtet sie aber nicht, sondern fürchtet mich, so ihr Gläubige seid. (176.) Und lass dich nicht von jenen betrüben, die um die Wette dem Unglauben nacheilen; siehe, nimmer können sie Allah etwas zuleide tun. Allah wird ihnen keinen Anteil am Jenseits geben, und für sie ist große Strafe. (177.) Siehe, wer den Glauben für den Unglauben verkauft, nimmer vermögen sie Allah etwas zuleide zu tun, und für sie ist schmerzliche Strafe. (178.) Und nicht sollen die Ungläubigen wähnen, dass, was wir ihnen an Frist gewähren, für ihre Seelen gut ist; wir schenken ihnen nur langes Leben, dass sie wachsen in Sünde. Und für sie ist schändende Strafe. (179.) Und Allah gedenkt die Gläubigen nur so lange in der Lage zu belassen, in welcher ihr seid, bis dass er die Schlechten von den Guten gesondert hat. Und Allah gedenkt nicht, euch das Verborgene zu offenbaren, sondern Allah erkiest von seinen Gesandten, wen er will; so glaubet an Allah und seine Gesandten; und so ihr glaubet und gottesfürchtig seid, so wird euch großer Lohn sein.

(180.) Und nicht sollen diejenigen, die da geizig sind mit dem, was Allah ihnen gab in seiner Huld, wähnen, es diene ihnen zum Guten; nein, zum Bösen soll es ihnen dienen. Als Halskette sollen sie tragen, womit sie geizig waren, am Tag der Auferstehung! Und Allahs ist das Erbe der Himmel und der Erde, und Allah kennt euer Tun. (181.) Wahrlich, gehört hat Allah das Wort jener, die da sprachen: »Siehe, Allah ist arm und wir sind reich.« Niederschreiben wollen wir ihre Worte und ihr ungerechtes Ermorden der Propheten und wollen sprechen: »Schmecket des Brennens Strafe! (182.) Dies für das, was eure Hände vorausschickten, und dieweil Allah nicht ungerecht gegen seine Diener ist.« (183.) Die da sprechen: »Siehe, Allah hat uns verpflichtet, keinem Gesandten zu glauben, bevor er uns ein Opfer bringt, welches das Feuer (vom Himmel) verzehrt!« (Zu jenen) sprich: »Schon kamen zu euch Gesandte vor mir mit den deutlichen Zeichen und mit dem, wovon ihr sprecht. Weshalb denn ermordetet ihr sie, so ihr wahrhaft seid?«

(184.) Und so sie dich der Lüge zeihen, so sind schon vor dir Gesandte der Lüge geziehen, wiewohl sie mit den deutlichen Zeichen, den Schriften und dem erleuchtenden Buch kamen. (185.) Jede Seele soll den Tod schmecken, und ihr sollt nur euern Lohn empfangen am Tag der Auferstehung; und wer da dem Feuer entnommen und ins Paradies geführt wird, der soll glückselig sein. Und das irdische Leben ist nur ein trügerischer Nießbrauch. (186.) Wahrlich, geprüft sollt ihr werden in euerm Gut und an euch selber, und wahrlich, hören sollt ihr viel Leid von denen, welchen die Schrift vor euch gegeben ward, und von denen, die Allah Gefährten geben. So ihr jedoch standhaft seid und gottesfürchtig – siehe, dieses ist der Dinge Ratschluss. (187.) Und als Allah den Bund schloß mit denen, welchen die Schrift gegeben ward, (und sprach:) »Wahrlich, tut sie den Menschen kund und verberget sie nicht« – da warfen sie dieselbe hinter ihre Rücken und verkauften sie für winzigen Preis. Und schlimm ist, was sie erkauften! (188.) Wähne nicht, dass die, welche sich ihrer Tat freuen und gerühmt zu werden wünschen für das, was sie nicht taten, wähne nicht, sie seien entronnen der Strafe. Ihnen wird schmerzliche Strafe.
(189.) Und Allahs ist das Reich der Himmel und der Erde, und Allah ist mächtig über alle Dinge.

(190.) Siehe, in der Schöpfung der Himmel und der Erde und in dem Wechsel der Nacht und des Tages sind wahrlich Zeichen für die Verständigen: (191.) Die da Allahs gedenken im Stehen und Sitzen und (Liegen) auf ihren Seiten und nachdenken über die Schöpfung der Himmel und der Erde (und sprechen:) »Unser Herr, nicht umsonst hast du dieses erschaffen. Preis dir! Hüte uns vor der Feuerspein! (192.) Unser Herr, siehe, wen du ins Feuer führst, den stürzest du in Schande, und die Ungerechten haben keine Helfer. (193.) Unser Herr, siehe, wir hörten einen Rufer, der zum Glauben rief (und sprach:) ›Glaubet an euern Herrn!‹, und so glaubten wir. Unser Herr, und vergib uns drum unsre Sünden und bedecke unsre Missetaten und lass uns abscheiden mit den Frommen. (194.) Unser Herr, und gib uns, was du uns verheißen durch deine Gesandten, und stürze uns nicht in Schande am Tag der Auferstehung. Siehe, du brichst nicht dein Versprechen.«

(195.) Und es antwortet ihnen ihr Herr: »Siehe, ich lasse nicht verlorengehen das Werk des Wirkenden unter euch, sei es Mann oder Frau; die einen von euch sind von den andern. Und diejenigen, die da auswanderten und aus ihren Häusern vertrieben wurden und in meinem Wege litten und kämpften und fielen – wahrlich, bedecken will ich ihre Missetaten, und wahrlich, führen will ich sie in Gärten, durcheilt von Bächen: Als Lohn von Allah; und Allah – bei ihm ist der schönste Lohn. (196.) lass dich nicht trügen durch den Wandel der Ungläubigen im Lande. (197.) Ein winziger Nießbrauch dann ist ihr Heim Dschehannam, und schlimm ist der Pfühl! (198.) Wer jedoch seinen Herrn fürchtet, denen werden Gärten sein, durcheilt von Wasserbächen, ewig darinnen zu verweilen; eine Aufnahme von Allah und was bei Allah ist, ist gut für die Frommen. (199.) Und siehe, unter dem Volk der Schrift, wahrlich, da gibt es solche, die an Allah glauben und an das, was zu euch hinabgesandt ward, und was hinabgesandt ward zu ihnen, sich zu Allah demütigend und nicht um winzigen Preis die Zeichen Allahs verkaufend. Jene – ihr Lohn ist bei ihrem Herrn; siehe, Allah ist schnell im Rechnen. (200.) O ihr, die ihr glaubt, duldet und wetteifert in Geduld und haltet aus und fürchtet Allah; vielleicht ergeht es euch wohl.«

4. Sure - Die Frauen
Geoffenbart zu Medina

Im Namen Allahs, des Erbarmers, des Barmherzigen!

(1.) O ihr Menschen, fürchtet euern Herrn, der euch erschaffen aus einem Wesen, und aus ihm erschuf seine Gattin, und aus ihnen viele Männer und Frauen entstehen ließ. Und fürchtet Allah, in dessen Namen ihr einander bittet, und eurer Mutter Schoß. Siehe, Allah wacht über euch. (2.) Und gebet den Waisen ihr Gut und tauschet nicht (euer) Schlechtes mit (ihrem) Gutem ein und verzehrt nicht ihr Gut zu dem eurigen hinzu; siehe, das ist ein großes Verbrechen. (3.) Und so ihr fürchtet, nicht Gerechtigkeit gegen die Waisen zu üben, so nehmt euch zu Frauen, die euch gutdünken, (nur) zwei oder drei oder vier; und so ihr (auch dann) fürchtet, nicht billig zu sein, heiratet nur eine oder was eure Rechte (an Sklavinnen) besitzt. Solches schützt euch eher vor Ungerechtigkeit. (4.) Und gebet den Frauen ihre Morgengabe freiwillig. Und so sie euch gern etwas davon erlassen, so genießet es bekömmlich und zum Wohlsein. (5.) Und gebet nicht den Idioten euer Gut, das Allah euch gegeben hat zum Unterhalt. Versorget sie mit ihm und kleidet sie und sprechet zu ihnen mit freundlichen Worten. (6.) Und prüfet die Waisen, bis sie die Ehereife erreicht haben; und so ihr in ihnen Vernünftigkeit wahrnehmet, so händigt ihnen ihr Gut ein. Und verzehrt es nicht verschwenderisch und in Eile, bevor sie großjährig werden. Der reiche (Vormund) enthalte sich sein, und der arme zehre von ihm nach Billigkeit. Und so ihr ihnen ihr Gut einhändigt, nehmt Zeugen wider sie. Allah nimmt ebenfalls genügende Rechenschaft.

(7.) Die Männer sollen einen Teil von der Hinterlassenschaft ihrer Eltern und Verwandten empfangen, und ebenfalls sollen die Frauen einen Teil von der Hinterlassenschaft ihrer Eltern und Verwandten empfangen. Sei es wenig oder viel, sie sollen einen bestimmten Teil haben. (8.) Und so die Verwandten und die Waisen und Armen bei der Teilung zugegen sind, so schenket ihnen etwas davon und sprechet freundliche Worte zu ihnen. (9.) Und fürchten sollen sich die, (den Minderjährigen Unrecht anzutun,) welche, so sie schwache Nachkommen hinterließen, für sie bangen würden; Allah sollen sie fürchten und sollen geziemende Worte sprechen.

(10.) Siehe, wer der Waisen Gut ungerecht auffisst, der frisst sich Feuer in seinen Bauch und wird in der Flamme brennen. (11.) Allah schreibt euch vor hinsichtlich eurer Kinder, dem Knaben zweier Mädchen Anteil zu geben. Sind es aber (nur) Mädchen, mehr als zwei, sollen sie zwei Dritteile der Hinterlassenschaft erhalten. Ist's nur ein Mädchen, soll sie die Hälfte haben. Und die Eltern sollen ein jeder von ihnen den sechsten Teil der Hinterlassenschaft haben, so er ein Kind hat; hat er jedoch kein Kind, und seine Eltern beerben ihn, soll seine Mutter den dritten Teil haben. Und so er Brüder hat, soll seine Mutter den sechsten Teil nach Bezahlung eines etwa gemachten Legats oder einer Schuld haben. Eure Eltern und eure Kinder, ihr wisset nicht, wer von beiden euch an

Nutzen nähersteht. (Dies ist) ein Gebot von Allah; siehe, Allah ist wissend und weise.

(12.) Und euch sei die Hälfte dessen, was eure Gattinnen hinterlassen, so sie kein Kind haben; haben sie jedoch ein Kind, so sollt ihr den vierten Teil haben von ihrer Hinterlassenschaft, nach Abzug eines etwa gemachten Legats oder einer Schuld. Und sie sollen den vierten Teil eurer Hinterlassenschaft haben, so ihr kein Kind habt; habt ihr jedoch ein Kind, so sollen sie den achten Teil eurer Hinterlassenschaft haben nach Abzug eines von ihnen etwa gemachten Vermächtnisses oder einer Schuld. Und so ein Mann oder eine Frau entfernte Verwandten zu Erben einsetzen, und er hat einen Bruder oder eine Schwester, so soll ein jeder von ihnen den sechsten Teil empfangen. Sind aber mehrere vorhanden, so sollen sie sich in den dritten Teil teilen nach Abzug eines von ihm etwa gemachten Vermächtnisses oder einer Schuld, ohne Benachteiligung. (Dies ist) eine Verordnung Allahs, und Allah ist wissend und weise.

(13.) Dies sind Allahs Verordnungen; und wer Allah und seinem Gesandten gehorcht, den führt er ein in Gärten, durcheilt von Bächen, ewig darinnen zu verweilen; und dies ist die große Glückseligkeit.
(14.) Wer aber wider Allah und seinen Gesandten rebelliert und seine Gebote übertritt, den führt er ein in ein Feuer, ewig darinnen zu verweilen, und es trifft ihn schändende Strafe. (15.) Und wer von euern Frauen eine Hurerei begeht, so nehmet vier von euch zu Zeugen wider sie. Und so sie es bezeugen, so schließet sie ein in die Häuser, bis der Tod ihnen naht oder Allah ihnen einen Weg gibt. (16.) Und diejenigen, die es von euch begehen, strafet beide. Und so sie bereuen und sich bessern, so lasset ab von ihnen. Siehe, Allah ist vergebend und barmherzig.

(17.) Vergebung ist nur bei Allah für diejenigen, welche in Unwissenheit Übles taten und in Bälde bereuten; diesen vergibt Allah; und Allah ist wissend und weise.
(18.) Aber keine Vergebung ist für jene, welche das Üble taten, bis dass, wenn der Tod einem von ihnen naht, sie sprechen: »Siehe, ich bekehre mich jetzt«; und auch nicht für jene, die als Ungläubige sterben. Für jene bereiteten wir schmerzliche Strafe.
(19.) O ihr, die ihr glaubt, nicht ist euch erlaubt, Frauen wider ihren Willen als Erbe zu erhalten. Und hindert sie nicht an der Verheiratung mit einem andern, um einen Teil von dem, was ihr ihnen gabt, ihnen zu nehmen, es sei denn, sie hätten offenkundig Hurerei begangen. Verkehrt in Billigkeit mit ihnen; und so ihr Abscheu wider sie empfindet, empfindet ihr vielleicht Abscheu wider etwas, in das Allah reiches Gut gelegt hat.

(20.) Und so ihr eine Gattin gegen eine andere eintauschen wollt und ihr habt der einen ein Talent gegeben, so nehmt nichts von ihm fort. Wolltet ihr es etwa fortnehmen in Verleumdung und offenbarer Sünde?
(21.) Und wie könntet ihr es fortnehmen, wo ihr einander bereits beiwohntet und sie von euch einen festen Bund empfingen?
(22.) Und heiratet nicht Frauen, die eure Väter geheiratet hatten, es sei denn bereits zuvor geschehen. Siehe, es ist eine Schande und ein Abscheu und ein übler Weg.
(23.) Verwehrt sind euch eure Mütter, eure Töchter, eure Schwestern, eure Vatersschwestern und Mutterschwestern, eure Bruderstöchter und Schwestertöchter, eure Nährmütter und Milchschwestern und die Mütter eurer Frauen und eure Stieftöchter, die in eurem Schutze sind, von euern Frauen, die ihr heimsuchtet. Habt ihr sie jedoch noch nicht heimgesucht, so ist's keine Sünde. Ferner die Ehefrauen eurer Söhne aus euern Lenden; und nicht sollt ihr zwei Schwestern zusammen haben, es sei

denn bereits geschehen. Siehe, Allah ist verzeihend und barmherzig.

(24.) Und (verwehrt sind euch) verheiratete Frauen außer denen, die eure Rechte besitzt. Dies ist Allahs Vorschrift für euch. Und erlaubt ist euch außer diesem, dass ihr mit euerm Geld Frauen begehrt zur Ehe und nicht in Hurerei. Und gebet denen, die ihr genossen habt, ihre Morgengabe. Dies ist eine Vorschrift; doch soll es keine Sünde sein, wenn ihr über die Vorschrift hinaus miteinander Übereinkunft trefft. Siehe, Allah ist wissend und weise.

(25.) Und wer von euch nicht vermögend genug ist, gläubige Frauen zu heiraten, der heirate von den gläubigen Sklavinnen, die seine Rechte besitzt; und Allah kennt sehr wohl euern Glauben. Ihr seid einer vom andern. Drum heiratet sie mit Erlaubnis ihrer Herren und gebet ihnen ihre Morgengabe nach Billigkeit. Sie seien jedoch keusch und sollen nicht Hurerei treiben und sich keine Geliebten halten. Sind sie aber verheiratet und begehen Ehebruch, so treffe sie die Hälfte der Strafe der verheirateten (freien) Frauen. (Diese Verordnung ist) für den von euch, der die Sünde fürchtet; doch besser ist's für euch, davon abzustehen. Und Allah ist verzeihend und barmherzig.

(26.) Allah will euch dies kundtun und will euch nach der Weise derer, die vor euch lebten, leiten und sich zu euch kehren. Und Allah ist wissend und weise. (27.) Und Allah will sich zu euch kehren; jene aber, die den Lüsten folgen, wünschen, dass ihr abweichet in großem Abweichen. (28.) Allah will es euch leicht machen, und der Mensch ward schwach erschaffen. (29.) O ihr, die ihr glaubt, verzehrt nicht euer Gut unter euch in Nichtigkeiten, es sei denn im Handel nach gegenseitiger Übereinkunft; und begeht nicht Selbstmord; siehe, Allah ist barmherzig gegen euch.

(30.) Und wer dieses tut in Feindschaft und Frevel, wahrlich, den werden wir brennen lassen im Feuer; denn dies ist Allah ein leichtes. (31.) So ihr die großen Sünden meidet, die euch verboten sind, so bedecken wir eure Vergehen und führen euch ein in Ehren. (32.) Und begehret nicht das, womit Allah den einen von euch vor dem andern auszeichnete. Den Männern soll sein ein Anteil nach Verdienst, und den Frauen ein Anteil nach Verdienst; und bittet Allah um seine Huld; siehe, Allah weiß alle Dinge. (33.) Einem jeden haben wir Verwandte gegeben, was die Eltern oder Angehörigen oder diejenigen, mit denen ihr eure Rechte verbunden, hinterlassen, zu erben. So gebet ihnen ihren Anteil; siehe, Allah ist von allen Dingen Zeuge.

(34.) Die Männer sind den Frauen überlegen wegen dessen, was Allah den einen vor den andern gegeben hat, und weil sie von ihrem Vermögen (für die Frauen) auslegen. Die rechtschaffenen Frauen sind gehorsam und sorgsam in der Abwesenheit (ihrer Gatten), wie Allah für sie sorgte. Diejenigen aber, für deren Widerspenstigkeit ihr fürchtet – warnet sie, verbannt sie aus den Schlafgemächern und schlagt sie. Und so sie euch gehorchen, so suchet keinen Weg wider sie; siehe, Allah ist hoch und groß. (35.) Und so ihr einen Bruch zwischen beiden befürchtet, dann sendet einen Schiedsrichter von ihrer Familie und einen Schiedsrichter von seiner Familie. Wollen sie sich aussöhnen, so wird Allah Frieden zwischen ihnen stiften. Siehe, Allah ist wissend und weise. (36.) Und dienet Allah und setzet ihm nichts an die Seite; und seid gut gegen die Eltern, die Verwandten, die Waisen, die Armen, den Nachbar, sei er verwandt oder aus der Fremde, gegen den vertrauten Freund, den Sohn des Weges und den Besitz eurer Rechte. Siehe, Allah liebt nicht den Hochmütigen, den Prahler. (37.) Die da geizig sind und den Leuten

gebieten, geizig zu sein, und verbergen, was
Allah ihnen in seiner Huld gab; und den
Ungläubigen haben wir schändende Strafe
bereitet: (38.) Und jenen, die da ihr Gut
spenden vor den Augen der Leute und nicht
glauben an Allah und an den Jüngsten Tag;
und wer den Satan zum Nächsten hat – ein
schlimmer Nächster! (39.) Was aber käme
über sie, so sie an Allah glaubten und an
den Jüngsten Tag und spendeten von dem,
was Allah ihnen bescherte? Und Allah kennt
sie.

(40.) Siehe, Allah, nicht tut er unrecht im
Gewicht eines Stäubchens, und so da ist eine
gute Tat, wird er sie verdoppeln und wird
geben von sich her großen Lohn.
(41.) Und wie (wird es mit den Ungläubigen
stehen,) wenn wir von jedem Volk einen
Zeugen bringen, und wenn wir dich wider
sie zum Zeugen bringen? (42.) An jenem
Tage werden die Ungläubigen, die wider
den Gesandten rebellierten, wünschen, dass
sie dem Boden gleichgemacht würden, und
werden nichts vor Allah verbergen.
(43.) O ihr, die ihr glaubt, nähert euch nicht
trunken dem Gebet (sondern wartet,) bis ihr
wisset, was ihr sprechet, und auch nicht von
Samen befleckt, es sei denn, ihr zöget des
Weges, bis ihr euch gewaschen habt. Seid ihr
krank oder auf einer Reise, oder es kommt
einer von euch vom Abort, oder ihr habt die
Frauen berührt und findet kein Wasser, so
nehmt dafür guten Sand und reibet euer
Gesicht und eure Hände ab; siehe, Allah ist
nachsichtig und verzeihend.
(44.) Schautest du nicht auf jene, denen ein
Teil von der Schrift gegeben ward? Sie
verkaufen den Irrtum und wünschen, dass
ihr vom Weg abirrt. (45.) Aber Allah kennt
sehr wohl eure Feinde, und Allah genügt als
Beschützer, und Allah genügt als Helfer.

(46.) Unter den Juden gibt's welche, die die
Stellung der Wörter verkehren und sagen:
»Wir haben vernommen und rebellieren«;
und »höre du, ohne zu vernehmen«, und
»sieh uns an«. Es ist ein Umbiegen mit ihren
Zungen und ein Stechen in den Glauben.
Und wenn sie sprächen: »Wir hören und
gehorchen«, und »höre du« und »schau uns
an«, so wäre es besser für sie und richtiger.
Jedoch hat sie Allah für ihren Unglauben
verflucht; und nur wenige von ihnen
glauben. (47.) O ihr, denen die Schrift
gegeben ward, glaubet an das, was wir
hinabsandten, bestätigend, was ihr habt,
bevor wir (eure) Gesichter auswischen und
sie ihren Hinterteilen D. h., sie vorn wie
hinten machen. Gleichmachen oder euch
verfluchen, wie wir die Sabbatgesellen
verfluchten. Und Allahs Befehl ward
vollzogen. (48.) Siehe, Allah vergibt nicht,
dass man ihm Götter beigesellt; doch
verzeiht er, was außer diesem ist, wem er
will. Und wer Allah Götter beigesellt, der
hat eine gewaltige Sünde ersonnen. Der
Polytheismus oder Götzendienst ist die
größte Sünde im Islam. (49.) Sahest du nicht
auf die, welche sich selber für rein erachten?
Allah aber erklärt für rein, wen er will; und
es soll euch nicht um ein Fädchen am
Dattelkern unrecht geschehen. D. h. beim
Jüngsten Gericht.

(50.) Schau, wie sie Lüge wider Allah
ersinnen; und dies genügt als offenkundige
Sünde. (51.) Sahest du nicht auf die, denen
ein Teil von der Schrift gegeben ward? Sie
glauben an den Dschibt und den Taghut
Zwei (dem Äthiopischen entlehnte)
Götzenbezeichnungen. Der Vers soll sich auf
die antimuslimische Koalition der
medinischen Juden mit den heidnischen
Quraischiten beziehen. und sprechen von
den Ungläubigen: »Sie sind des Weges
besser geleitet als die Gläubigen.«
(52.) Diese sind es, welche Allah verflucht
hat; und wen Allah verflucht hat, wahrlich,
nimmer findet er einen Helfer.
(53.) Sollen sie etwa einen Anteil am
Königreich empfangen, wo sie selbst dann

den Menschen nicht einmal ein Keimgrübchen im Dattelkern geben würden? (54.) Beneiden sie etwa die Leute um das, was Allah ihnen in seiner Huld schenkte? Wir gaben dem Hause Abraham die Schrift und die Weisheit und gaben ihnen ein gewaltiges Königreich.
(55.) Und einige von ihnen glauben an ihn, Allah oder Mohammed; es sind die Gläubigen unter den Juden gemeint. andre aber kehrten sich von ihm ab; und Dschehannam genügt (ihnen) als Flamme.

(56.) Siehe, wer da unsre Zeichen verleugnet, den werden wir im Feuer brennen lassen. Sooft ihre Haut gar ist, geben wir ihnen eine andre Haut, damit sie die Strafe schmecken. Siehe, Allah ist mächtig und weise.
(57.) Diejenigen aber, die da glauben und das Rechte tun, die werden wir einführen in Gärten, durcheilt von Bächen, darinnen zu verweilen ewig und immerdar; und reine Gattinnen sollen ihnen darinnen sein, und führen werden wir sie in überschattenden Schatten. (58.) Siehe, Allah gebietet euch, wiederzugeben die Unterpfänder ihren Besitzern, und so ihr unter den Leuten richtet, in Billigkeit zu richten. Siehe, Allah – wie herrlich ist das, wozu er euch mahnt! Siehe, Allah hört und sieht. (59.) O ihr, die ihr glaubt, gehorchet Allah und gehorchet dem Gesandten und denen, die Befehl unter euch haben. Und so ihr in etwas uneins seid, so bringet es vor Allah und den Gesandten, so ihr an Allah glaubt und an den Jüngsten Tag. Dies ist die beste und die schönste Auslegung.

(60.) Sahest du nicht auf die, welche behaupten, sie glaubten an das, was auf dich hinabgesandt ward und hinabgesandt ward vor dir? Sie wollen sich richten lassen vor dem Taghut, wiewohl ihnen befohlen ward, nicht an ihn zu glauben. Und es will sie der Satan in tiefer Abirrung irreführen.
(61.) Und so zu ihnen gesprochen wird:

»Heran zu dem, was Allah offenbarte, und zum Gesandten!« Dann siehst du die Heuchler sich schroff von dir abwenden. (62.) Wie aber, wenn sie ein Unheil betrifft für das, was ihre Hände zuvor taten? Dann kommen sie zu dir, schwörend bei Allah: »Siehe, wir wünschen nur Gutes und Versöhnung.« (63.) Allah weiß, was in ihren Herzen ist. Drum wende dich ab von ihnen und ermahne sie und sprich zu ihnen in ihre Seelen dringende Worte. (64.) Und wir entsandten Gesandte nur, dass ihnen gehorcht würde mit Allahs Erlaubnis. Und wenn sie, nachdem sie wider sich gesündigt, zu dir kämen und Allah um Verzeihung bäten, und der Gesandte für sie um Verzeihung bäte, wahrlich, sie würden Allah vergebend und barmherzig erfinden.

(65.) Aber nein, bei deinem Herrn, nicht eher werden sie glauben, bis sie dich zum Richter über ihre Streitsachen einsetzen. Alsdann werden sie in ihren Herzen keine Schwierigkeit finden in deinem Entscheid und sich in Ergebung ergeben. (66.) Und so wir ihnen vorgeschrieben hätten: »Tötet euch selber oder verlasset eure Wohnungen«, so hätten es nur wenige von ihnen getan. Hätten aber sie getan, wozu sie aufgefordert wurden, es wäre besser für sie gewesen und bekräftigender (für ihren Glauben).
(67.) Und alsdann hätten wir ihnen wahrlich von uns her gewaltigen Lohn gegeben, (68.) und wahrlich, wir hätten sie auf den rechten Weg geleitet. (69.) Und wer Allah gehorcht und dem Gesandten, die sollen sein bei denen von den Propheten und den Gerechten und den Märtyrern und den Frommen, denen Allah gnädig gewesen; das ist eine schöne Kameradschaft!

(70.) Solches ist die Huld von Allah; und Allahs Wissen genügt. (71.) O ihr, die ihr glaubt, seid auf eurer Hut und rücket in Trupps aus oder rücket aus in Masse. (72.) Und wahrlich, unter euch gibt's welche, die zurückbleiben; und so euch ein Unglück trifft, sprechen sie: »Uns ist Allah gnädig gewesen, dass wir nicht bei ihnen waren.« (73.) So euch aber eine Huld von Allah zuteil wird, wahrlich, dann sprechen sie – wiewohl zwischen euch und ihnen keine Freundschaft war –: »Ach wäre ich doch bei ihnen gewesen, dann hätte ich großes Glück davongetragen!« (74.) Und so soll kämpfen in Allahs Weg, wer das irdische Leben verkauft für das Jenseits. Und wer da kämpft in Allahs Weg, falle er oder siege er, wahrlich, dem geben wir gewaltigen Lohn. (75.) Und was ist euch, dass ihr nicht kämpfet in Allahs Weg und für die schwachen unter den Männern und die Frauen und Kinder, die da sprechen: »Unser Herr, führe uns hinaus aus dieser Stadt voll tyrannischer Bewohner, und gib uns von dir her einen Beschützer, und gib uns von dir her einen Helfer«?

(76.) Wer da glaubt, kämpft in Allahs Weg, und wer da nicht glaubt, kämpft im Weg des Taghut. So bekämpfet des Satans Freunde. Siehe, des Satans List ist schwach. (77.) Sahst du nicht auf die, zu denen gesprochen ward: »Hemmet eure Hände (vom Kampf) und verrichtet das Gebet und zahlet die Armenspende«? Doch wenn ihnen der Kampf vorgeschrieben wird, dann fürchtet ein Teil von ihnen die Menschen, wie sie Allah fürchten, ja noch mehr, und sprechen: »Unser Herr, warum schriebst du uns den Kampf vor und verziehst nicht mit uns bis zum nahen Termin?« Sprich: »Der Nießbrauch der Welt ist winzig, und das Jenseits ist besser für den Gottesfürchtigen; und nicht sollt ihr um eines Dattelkerns Fädchen Unrecht erleiden.« (78.) Wo immer ihr seid, einholen wird euch der Tod, auch wenn ihr wäret in ragenden Türmen. Und so ihnen ein Gutes widerfährt, sprechen sie: »Dieses ist von Allah.« Und so ihnen ein Übles widerfährt, sprechen sie: »Dieses ist von dir.« Sprich: »Alles ist von Allah.« Was

aber ist diesem Volk, dass sie kaum ein Wort verstehen? (79.) Was immer Gutes dir widerfährt, ist von Allah, und was immer Böses dir widerfährt, ist von dir selber. Und wir entsandten dich zu den Menschen als einen Gesandten, und Allah genügt als Zeuge. (80.) Wer dem Gesandten gehorcht, der gehorcht Allah, und wer den Rücken kehrt,... so haben wir dich nicht entsandt zum Hüter über sie.

(81.) Und sie sprechen: »Gehorsam!« Sobald sie jedoch von dir heraustreten, brütet ein Teil von ihnen des Nachts über etwas andres als deine Worte nach. Allah aber schreibt auf, worüber sie brüten. Drum wende dich ab von ihnen und vertrau auf Allah, und Allah genügt als Beschützer. (82.) Ist's nicht, dass sie den Koran studieren? Und so er von einem andern als Allah wäre, wahrlich, sie fänden in ihm viele Widersprüche. (83.) Und wenn zu ihnen eine Sache kommt, die Sicherheit oder Furcht einflößt, verbreiten sie dieselbe. Wenn sie dieselbe aber dem Gesandten oder denen, die Befehl unter ihnen haben, hinterbrächten, so würden es diejenigen erfahren, die es von ihnen herausbringen wollen. Und ohne Allahs Huld gegen euch und seine Barmherzigkeit wäret ihr sicher bis auf wenige dem Satan gefolgt. (84.) So kämpf in Allahs Weg; nur du sollst (dazu) gezwungen werden; und sporne die Gläubigen an. Vielleicht hemmt Allah die Kühnheit der Ungläubigen, denn Allah ist gewaltiger an Kühnheit und gewaltiger an Züchtigen.

(85.) Wer Fürsprache einlegt für eine gute Sache, der soll seinen Anteil an ihr haben; und wer Fürsprache einlegt für eine schlechte Sache, der soll ein Gleiches von ihr haben. Und Allah wacht über alle Dinge. (86.) Und so ihr gegrüßt werdet mit einem Gruß, so grüßet mit schönerem wieder oder gebet ihn zurück. Siehe, Allah nimmt Rechenschaft von allen Dingen.

(87.) Allah, es gibt keinen Gott außer ihm; wahrlich, er wird euch versammeln zum Tag der Auferstehung; kein Zweifel ist daran; und wessen Wort ist zuverlässiger als Allahs? (88.) Und weshalb seid ihr hinsichtlich der Heuchler zwei Parteien, wo Allah sie für ihr Tun umgekehrt hat? Wollt ihr recht leiten, wen Allah irregeführt hat? Und wen Allah irreführt, nimmer findest du für ihn einen Weg. (89.) Sie wünschen, dass ihr ungläubig werdet, wie sie ungläubig sind, und dass ihr (ihnen) gleich seid. Nehmet aber keinen von ihnen zum Freund, ehe sie nicht auswanderten in Allahs Weg. Und so sie den Rücken kehren, so ergreifet sie und schlagt sie tot, wo immer ihr sie findet; und nehmet keinen von ihnen zum Freund oder Helfer:

(90.) Außer denen, die zu einem Volke kommen, mit dem ihr ein Bündnis habt, oder zu euch kommen, dieweil ihre Brust beklommen war, wider euch zu kämpfen oder ihr eigenes Volk zu bekämpfen. So Allah es wollte, wahrlich, er hätte ihnen Macht über euch gegeben, und sicherlich hätten sie wider euch gekämpft. Wenn sie jedoch von euch scheiden, ohne euch zu bekämpfen, und euch Frieden anbieten, so gibt euch Allah keinen Weg wider sie. (91.) Andre werdet ihr finden, welche mit euch und mit ihrem Volke in Frieden leben wollen. Sooft diese in Empörung zurückfallen, sollen sie in ihr umgekehrt werden. Und so sie sich nicht von euch trennen noch euch Frieden anbieten und ihre Hände hemmen, so nehmet sie und schlagt sie tot, wo immer ihr auf sie stoßet. Und über sie haben wir euch offenkundige Macht gegeben. (92.) Ein Gläubiger darf keinen Gläubigen töten, es sei denn aus Versehen; und wer einen Gläubigen aus Versehen tötet, der soll einen gläubigen Nacken befreien, und das Sühngeld soll seiner Familie gezahlt werden, es sei denn, sie schenken es als Almosen. Und so er ein

Gläubiger ist aus einem euch feindlichen Volk, so befreie er einen gläubigen Nacken; ist er aber aus einem mit euch verbündeten Volk, so zahle er das Sühngeld an seine Familie und befreie einen gläubigen Nacken. Und wer nicht (die Mittel) findet, der faste zwei Monate hintereinander. Dies ist eine Buße von Allah, und Allah ist wissend und weise. (93.) Und wer einen Gläubigen mit Vorsatz tötet, dessen Lohn ist Dschehannam; ewig soll er darin verweilen, und Allah zürnt ihm und verflucht ihn und bereitet für ihn gewaltige Strafe.

(94.) O ihr, die ihr glaubt, so ihr auszieht in Allahs Weg, so machet einen Unterschied und sprechet nicht zu jedem, der euch Frieden anbietet: »Du bist kein Gläubiger«, in euerm Trachten nach dem Gewinn des irdischen Lebens. Bei Allah ist reiche Beute. Also waret ihr zuvor, doch Allah war gnädig gegen euch. Drum machet einen Unterschied; siehe Allah kennt euer Tun. (95.) Und nicht sind diejenigen Gläubigen, welche (daheim) ohne Bedrängnis sitzen, gleich denen, die in Allahs Weg streiten mit Gut und Blut. Allah hat die, welche mit Gut und Blut streiten, im Rang über die, welche (daheim) sitzen, erhöht. Allen hat Allah das Gute versprochen; aber den Eifernden hat er vor den (daheim)sitzenden hohen Lohn verheißen.

(96.) Rangstufen von ihm und Vergebung und Barmherzigkeit; denn Allah ist nachsichtig und barmherzig. (97.) Siehe, diejenigen, welche wider sich gesündigt hatten, nehmen die Engel fort und sprechen zu ihnen: »Wozu gehört ihr?« Sie sprechen: »Wir sind die Schwachen im Land.« Sie sprechen: »Ist nicht Allahs Land weit genug, dass ihr hättet auswandern können in dasselbe?« Und diese... ihre Behausung ist Dschehannam, und schlimm ist die Fahrt (dorthin): (98.) Außer den Schwachen unter den Männern und Frauen

und Kindern, die sich nicht zu helfen
vermögen und nicht des Weges geleitet sind.
(99.) Ihnen verzeiht Allah vielleicht, denn
Allah ist nachsichtig und verzeihend.

(100.) Und wer auswandert in Allahs Weg,
wird auf der Erde manche Zuflucht und
Hilfsmittel finden. Und wer sein Haus
verlässt und zu Allah und seinem
Gesandten auswandert, und der Tod ereilt
ihn dann, dessen Lohn fällt Allah zu; und
Allah ist verzeihend und barmherzig.
(101.) Und so ihr das Land durchzieht, so
begeht ihr keine Sünde, wenn ihr das Gebet
abkürzt aus Furcht, die Ungläubigen
könnten euch überfallen. Siehe, die
Ungläubigen sind euch ein offenkundiger
Feind. (102.) Und wenn du unter ihnen bist
und mit ihnen das Gebet verrichtest, so soll
ein Teil mit dir stehen, doch sollen sie ihre
Waffen ergreifen. Und wenn sie sich
niedergeworfen haben, so sollen sie hinter
euch treten, und es soll eine andre Abteilung
kommen, die noch nicht gebetet hat, und
soll mit dir beten; doch sollen sie auf der
Hut sein und ihre Waffen ergreifen. Die
Ungläubigen hätten es gern, dass ihr eure
Waffen und eure Sachen außer acht ließet,
um euch dann auf einmal zu überfallen.
Und ihr begehet keine Sünde, wenn euch
der Regen Schaden zufügt oder wenn ihr
krank seid, eure Waffen fortzulegen. Seid
jedoch auf eurer Hut. Siehe, Allah hat für
die Ungläubigen schändende Strafe bereitet.

(103.) Und wenn ihr das Gebet beendet habt,
dann gedenket Allahs, sei es stehend,
sitzend oder auf euern Seiten (liegend). Und
wenn ihr in Sicherheit seid, so verrichtet das
Gebet; siehe, das Gebet ist für die Gläubigen
eine Vorschrift, die für bestimmte Zeiten
festgesetzt ist. (104.) Und erlahmet nicht in
der Verfolgung des Volks; leidet ihr, siehe,
so leiden sie, wie ihr leidet. Ihr aber erhoffet
von Allah, was sie nicht erhoffen; und Allah
ist wissend und weise.

(105.) Siehe, wir haben zu dir das Buch mit
der Wahrheit hinabgesandt, damit du
zwischen den Menschen richtest, wie dir
Allah Einsicht gegeben. Sei den Verrätern
kein Anwalt. (106.) Und bitte Allah um
Verzeihung (für sie); siehe, Allah ist
verzeihend und barmherzig.
(107.) Und verwende dich nicht für die,
welche einander betrügen; siehe, Allah liebt
nicht einen Verräter und Sünder.
(108.) Sie verbergen sich vor den Menschen,
doch können sie sich nicht vor Allah
verbergen; und er ist bei ihnen, wenn sie des
Nachts besprechen, was ihm nicht gefällt.
Allah überschaut all ihr Tun.
(109.) Ihr verteidiget sie wohl in diesem
Leben; wer aber wird sie vor Gott am Tag
der Auferstehung verteidigen oder wer wird
ihr Schützer sein?

(110.) Und wer eine Missetat tut oder wider
sich sündigt und dann Allah um Verzeihung
bittet, wird Allah verzeihend und
barmherzig finden. (111.) Und wer eine
Sünde begeht, begeht sie nur gegen sich
selber; und Allah ist wissend und weise.
(112.) Und wer ein Vergehen oder eine
Sünde begeht und sie auf einen
Unschuldigen legt, der beladet sich mit
Verleumdung und offenbarer Sünde.
(113.) Und ohne Allahs Huld und
Barmherzigkeit gegen dich hätte wahrlich
ein Teil von ihnen versucht, dich
irrezuführen; aber nur sich selber führen sie
irre, ohne dir das geringste zu schaden. Und
hinabgesandt hat Allah die Schrift und die
Weisheit und hat dich gelehrt, was du nicht
wusstest; und Allahs Huld war groß gegen
dich. (114.) Nichts Gutes ist in einem großen
Teil ihrer geheimen Reden, es sei denn,
wenn einer Almosen oder was Rechtens ist
oder Frieden unter den Menschen gebietet.
Und wer solches tut im Trachten nach Allahs
Huld, wahrlich, dem werden wir gewaltigen
Lohn geben.

(115.) Wer sich aber von dem Gesandten trennt, nachdem ihm die Leitung offenkund getan und einen andern Weg als den der Gläubigen befolgt, dem wollen wir den Rücken kehren, wie er den Rücken gekehrt hat, und wollen ihn in Dschehannam brennen lassen; und schlimm ist die Fahrt dorthin. (116.) Siehe, Allah vergibt es nicht, dass ihm Götter zur Seite gesetzt werden, doch vergibt er alles außer diesem, wem er will. Wer Allah Götter zur Seite setzt, der ist weit abgeirrt. (117.) Siehe, sie rufen außer ihm Frauen an, ja sie rufen einen rebellischen Satan an! (118.) Verflucht hat ihn Allah, und er sprach: »Wahrlich, nehmen will ich einen bestimmten Teil deiner Diener (119.) und will sie in die Irre führen und sie lüstern machen und ihnen befehlen, dass sie den Tieren die Ohren abschneiden, und ihnen befehlen, die Schöpfung Allahs zu verändern.« Und wer sich den Satan zum Beschützer nimmt und Allah verwirft, der ist offenbar verloren.

(120.) Er macht ihnen Versprechungen und weckt ihre Lüste; aber der Satan macht ihnen nur Versprechungen in Trug. (121.) Sie – ihre Behausung ist Dschehannam, und nicht finden sie ein Entkommen aus ihr. (122.) Wer aber glaubt und das Rechte tut, wahrlich jene führen wir ein in Gärten, durcheilt von Bächen, darinnen zu verweilen ewig und immerdar. Das ist eine wahre Verheißung von Allah; und wessen Wort ist wahrhafter als Allahs? (123.) Nicht nach euern Wünschen und den Wünschen des Volkes der Schrift. Wer Böses getan, dem wird es vergolten, und nicht findet er außer Allah einen Schützer oder Helfer. (124.) Wer aber Rechtes tut, sei es Mann oder Frau, und er ist gläubig – jene sollen eingehen ins Paradies und sollen nicht um ein Keimgrübchen im Dattelkern Unrecht erleiden. (125.) Und wer hätte einen schöneren Glauben, als wer sein Angesicht Allah ergibt und das Gute tut und die Religion Abrahams, des Lautern im Glauben, befolgt; und Allah nahm sich Abraham zum Freund. (126.) Und Allahs ist, was in den Himmeln und was auf Erden, und Allah ist rings um alle Dinge.

(127.) Und sie werden dich über die Frauen befragen. Sprich: »Allah hat euch über sie belehrt und hat euch in der Schrift verkündet in betreff verwaister Mädchen, denen ihr nicht gebt, was euch vorgeschrieben, und die ihr nicht heiraten wollt; ebenso betreffs schwacher Kinder, und dass ihr gegen die Waisen Gerechtigkeit üben sollt. Und was ihr Gutes tut, siehe, Allah weiß es.« (128.) Und so eine Frau von ihrem Ehemann rohe Behandlung oder Abneigung befürchtet, so begehen sie keine Sünde, wenn sie sich versöhnen, denn Versöhnung ist das beste. Die Seelen sind dem Geiz zugänglich; doch so ihr Gutes tut und gottesfürchtig seid, siehe, so kennt Allah euer Tun. (129.) Nimmer ist es euch möglich, in (gleicher) Billigkeit gegen eure Frauen zu verfahren, auch wenn ihr danach trachtetet. Doch wendet euch nicht gänzlich (von der einen oder andern) ab, so dass ihr sie wie in der Schwebe lasset. Söhnet ihr euch aus und fürchtet ihr Allah, siehe, so ist Allah verzeihend und barmherzig.

(130.) Wenn sie sich jedoch trennen, so kann Allah beide aus seinem Reichtum entschädigen, denn Allah ist umfassend und weise. (131.) Und Allahs ist, was in den Himmeln und was auf Erden. Wir haben bereits denen, welchen vor euch die Schrift gegeben ward, und euch eingeschärft, Allah zu fürchten. Und so ihr ungläubig seid – siehe, Allahs ist, was in den Himmeln und auf Erden, und Allah ist reich und rühmenswert. (132.) Und Allahs ist, was in den Himmeln und was auf Erden, und Allah genügt als Beschützer. (133.) So er es will, nimmt er euch fort, ihr Menschen, und setzt andre hin; Allah ist hierzu mächtig.

(134.) Wer den Lohn der Welt will, so ist bei Allah der Lohn hienieden und im Jenseits; und Allah ist hörend und schauend.

(135.) O ihr, die ihr glaubt, bleibt fest in der Gerechtigkeit, so ihr Zeugnis ablegt zu Gott, und sei es auch wider euch selber oder eure Eltern und Verwandten, handle es sich um arm oder reich, denn Allah steht näher als beide. Und folget nicht der Leidenschaft, dass ihr abweichet (vom Recht). Ob ihr euch auch hin- und herwendet und abkehret, siehe, Allah weiß, was ihr tut.
(136.) O ihr, die ihr glaubt, glaubet an Allah und seinen Gesandten und an das Buch, das er auf seinen Gesandten herabgesandt hat, und die Schrift, die er zuvor herabkommen ließ. Wer nicht glaubt an Allah und seine Engel und die Schriften und seine Gesandten und an den Jüngsten Tag, der ist weit abgeirrt. (137.) Siehe, diejenigen, welche glauben und hernach ungläubig werden, dann wieder glauben und dann noch zunehmen an Unglauben, denen verzeiht Allah nicht und nicht leitet er sie des Weges. (138.) Verkündige den Heuchlern, dass ihnen schmerzliche Strafe bestimmt ist.
(139.) Wer sich die Ungläubigen zu Freunden nimmt vor den Gläubigen, suchen sie etwa Ehre bei ihnen? Siehe, die Macht ist Allahs allein.

(140.) Und bereits sandte er auf euch in dem Buch (das Wort) hernieder: »So ihr die Zeichen Allahs hört, wird man sie nicht glauben, sondern verspotten.« Sitzet drum nicht mit ihnen, ehe sie nicht zu einem andern Gespräch übergehen. Siehe, ihr würdet dann ihnen gleich werden. Siehe, Allah versammelt die Heuchler und Ungläubigen allzumal in Dschehannam:
(141.) Die euch belauern und, so euch ein Sieg von Allah ward, sprechen: »Waren wir nicht mit euch?« Hatten aber die Ungläubigen Erfolg, sprechen sie: »Trugen wir nicht den Sieg über euch davon und

schützten euch vor den Gläubigen?« Drum wird Allah richten zwischen euch am Tag der Auferstehung, und nimmer wird Allah den Ungläubigen gegen die Gläubigen einen Weg geben.

(142.) Siehe, die Heuchler wollen Allah betrügen, doch betrügt er sie; und so sie zum Gebet dastehen, stehen sie nachlässig da, um von den Leuten gesehen zu werden, und gedenken Allahs nur wenig: (143.) Hin und her schwankend zwischen diesem, weder zu diesen noch jenen gehörend: Und wen Allah irreführt, nimmer findest du einen Weg für ihn. (144.) O ihr, die ihr glaubt, nehmt nicht die Ungläubigen zu Freunden vor den Gläubigen. Wollt ihr etwa Allah offenkundige Gewalt über euch geben? (145.) Siehe, die Heuchler sollen sein in der untersten Feuerstiefe; und nimmer findest du einen Helfer für sie:
(146.) Außer für die, welche umkehren und sich bessern und ihre Zuflucht zu Allah nehmen und lautern Glaubens zu Allah sind; diese sollen sein mit den Gläubigen, und wahrlich, geben wird Allah den Gläubigen gewaltigen Lohn. (147.) Warum sollte Allah euch strafen, wenn ihr dankbar seid und glaubt? Denn Allah ist dankbar und wissend. (148.) Nicht liebt Allah öffentliche Rede vom Bösen, es sei denn jemandem Unrecht geschehen; und Allah ist hörend und wissend. (149.) Ob ihr Gutes kundtut oder verbergt oder Böses vergebt, siehe, Allah ist nachsichtig und mächtig.

(150.) Siehe die, welche nicht an Allah glauben und an seine Gesandten und einen Unterschied machen wollen zwischen Allah und seinen Gesandten und sprechen: »Wir glauben an einige und glauben an andre nicht«, und einen Weg dazwischen einschlagen wollen: (151.) Jene sind die wahren Ungläubigen, und den Ungläubigen haben wir schändende Strafe bereitet.
(152.) Die aber an Allah glauben und an

seine Gesandten und zwischen keinem von ihnen einen Unterschied machen, wahrlich, jenen werden wir ihren Lohn zahlen; und Allah ist verzeihend und barmherzig.
(153.) Verlangen wird das Volk der Schrift von dir, ihnen ein Buch vom Himmel hinabzusenden. Aber etwas Größeres als dies verlangten sie schon von Moses. Und sie sprachen: »Zeig uns Allah deutlich!« Da erfasste sie das Wetter für ihre Sünde. Alsdann nahmen sie sich das Kalb, nachdem die deutlichen Zeichen zu ihnen gekommen waren; aber wir vergaben ihnen dies und gaben Moses offenkundige Gewalt.

(154.) Und wir hoben den Berg über sie, als wir den Bund mit ihnen schlossen, und sprachen zu ihnen: »Tretet ein durch das Tor, euch niederwerfend«; und wir sprachen zu ihnen: »Übertretet nicht den Sabbat.« Und wir schlossen ein festes Bündnis mit ihnen. (155.) Und darum, dass sie das Bündnis zerrissen und Allahs Zeichen verleugneten und die Propheten ungerechterweise ermordeten und sprachen: »Unsere Herzen sind unbeschnitten« – aber Allah hat sie wegen ihres Unglaubens versiegelt, so dass nur wenige glauben – (156.) und weil sie ungläubig waren und wider Maria eine große Verleumdung aussprachen, (157.) und weil sie sprachen: »Siehe, wir haben den Messias Jesus, den Sohn der Maria, den Gesandten Allahs, ermordet« – doch ermordeten sie ihn nicht und kreuzigten ihn nicht, sondern einen ihm ähnlichen –... (darum verfluchten wir sie). Und siehe, diejenigen, die über ihn uneins sind, sind wahrlich im Zweifel in betreff seiner. Sie wissen nichts von ihm, sondern folgen nur Meinungen; und nicht töteten sie ihn in Wirklichkeit, (158.) sondern es erhöhte ihn Allah zu sich; und Allah ist mächtig und weise. (159.) Und wahrlich, vom Volke der Schrift wird jeder an ihn glauben vor seinem Tode; und am Tag der Auferstehung wird er wider sie Zeuge sein.

(160.) Und wegen der Sünde der Juden haben wir ihnen gute Dinge verwehrt, die ihnen erlaubt waren, wie auch wegen ihres Abwendens vieler von Allahs Weg, (161.) und weil sie Zins nahmen, wiewohl er ihnen verboten war, und das Gut der Leute in unnützer Weise aufzehrten. Und für die Ungläubigen unter ihnen haben wir schmerzliche Strafe bereitet. (162.) Aber denen unter ihnen, welche fest stehen im Wissen, und den Gläubigen, die da glauben an das, was zu dir hinabgesandt ward und hinabgesandt ward vor dir, und das Gebet verrichten und die Armenspende zahlen und an Allah glauben und an den Jüngsten Tag, wahrlich, jenen werden wir gewaltigen Lohn geben. (163.) Siehe, wir haben dir Offenbarung gegeben, wie wir Noah Offenbarung gaben und den Propheten nach ihm, und Offenbarung gaben Abraham und Ismael und Isaak und Jakob, und den Stämmen und Jesus und Hiob und Jonas und Aaron und Salomo; und wir gaben David den Psalter.

(164.) Und von (einigen) Gesandten haben wir dir zuvor erzählt und von (andern) Gesandten haben wir dir nicht erzählt – und es redete Allah mit Moses in Rede – (165.) und von Gesandten, Freudenverkündern und Warnern, damit die Menschen nach den Gesandten vor Allah keine Entschuldigung hätten. Und Allah ist mächtig und weise. (166.) Aber Allah bezeugt, was er zu dir hinabgesandt hat; nach seinem Wissen hat er es hinabgesandt, und die Engel bezeugen es; und Allah genügt als Zeuge. (167.) Siehe, diejenigen, welche ungläubig sind und abwendig machen von Allahs Weg, sind abgeirrt in weitem Irrtum. (168.) Siehe diejenigen, welche nicht glauben und Unrecht tun, nicht wird Allah ihnen verzeihen und nicht leitet er sie des Weges, (169.) es sei denn des Weges nach Dschehannam, darinnen zu verweilen ewig und immerdar. Dieses ist Allah leicht.

(170.) O ihr Menschen, gekommen ist zu euch der Gesandte mit der Wahrheit von eurem Herrn, drum glaubet; gut ist's für euch. So ihr aber ungläubig seid, siehe, so ist Allahs, was in den Himmeln und auf Erden, und Allah ist wissend und weise.
(171.) O Volk der Schrift, überschreitet nicht euern Glauben und sprechet von Allah nur die Wahrheit. Der Messias Jesus, der Sohn der Maria, ist der Gesandte Allahs und sein Wort, das er in Maria legte, und Geist von ihm. So glaubet an Allah und an seinen Gesandten und sprechet nicht: »Drei.« Stehet ab davon, gut ist's euch. Allah ist nur ein einziger Gott; Preis Ihm, dass ihm sein sollte ein Sohn! Sein ist, was in den Himmeln und was auf Erden, und Allah genügt als Beschützer. (172.) Nimmer ist der Messias zu stolz, ein Diener Allahs zu sein, und nicht auch die nahestehenden Engel. Und wer zu stolz ist, ihm zu dienen und voll Hoffart ist, versammeln wird er sie zu sich insgesamt.

(173.) Was aber diejenigen anlangt, die da glauben und das Rechte tun, zahlen wird er ihnen ihren Lohn und mehren aus seiner Huld. Was aber die Stolzen und Hoffärtigen anlangt, strafen wird er sie mit schmerzlicher Strafe. Und nicht werden sie finden für sich außer Allah einen Schützer oder Helfer. (174.) O ihr Menschen, gekommen ist nunmehr zu euch ein Beweis von euerm Herrn, und hinabgesandt haben wir zu euch ein deutliches Licht.
(175.) Was nun anlangt die, welche glauben und an Allah sich halten, wahrlich, führen wird er sie in seine Barmherzigkeit und Huld und wird sie leiten zu sich eines rechten Weges. (176.) Sie werden dich um Auskunft fragen. Sprich: Allah unterweist euch in betreff entfernter Verwandtschaft. So ein Mann kinderlos stirbt, aber eine

Schwester hat, so soll sie die Hälfte von dem haben, was er hinterlässt; und er soll sie beerben, wenn sie kein Kind hat. Sind aber zwei Schwestern da, sollen sie zwei Dritteile von seiner Hinterlassenschaft haben. Sind aber Brüder und Schwestern da, so soll der Mann den Anteil von zwei Frauen haben. Allah macht es euch klar, dass ihr nicht irrt; und Allah weiß alle Dinge.

5. Sure - Der Tisch
Geoffenbart zu Medina

Im Namen Allahs, des Erbarmers, des Barmherzigen!

(1.) O ihr, die ihr glaubt, haltet eure Verträge. Erlaubt ist euch (als Speise) das unvernünftige Vieh, außer dem, was euch (als verboten) verlesen wird, und außer der Jagd, während ihr auf der Pilgerfahrt seid. Siehe, Allah verordnet, was er will.
(2.) O ihr, die ihr glaubt, verletzet nicht die Wallfahrtsgebräuche Allahs noch den heiligen Monat noch das Opfertier und seinen Halsschmuck noch auch diejenigen, welche nach dem heiligen Hause ziehen im Verlangen nach der Huld und dem Wohlgefallen ihres Herrn. Habt ihr jedoch (den Pilgermantel) abgelegt, dann jaget. Und nicht verführe euch der Hass gegen Leute, die euch von der heiligen Moschee abhalten wollen, zur Übertretung; helfet einander zur Rechtschaffenheit und Gottesfurcht und helfet einander nicht zur Sünde und Feindschaft. Und fürchtet Allah; siehe, Allah ist streng im Strafen.

(3.) Verwehrt ist euch Krepiertes, Blut, Schweinefleisch und das, über dem ein andrer Name als Allahs (beim Schlachten) angerufen ward; das Erwürgte, das Erschlagene, das durch Sturz oder

Hörnerstoß Umgekommene, das von reißenden Tieren Gefressene, außer dem, was ihr reinigt, und das auf (Götzen-)Steinen Geschlachtete. Und durch Pfeillose zu verteilen ist Frevel. Verzweifeln wird an diesem Tage, wer euren Glauben verleugnet. Drum fürchtet sie nicht, sondern fürchtet mich. Heute habe ich euch vollendet euern Glauben und habe erfüllt an euch meine Gnade, und es ist mein Wille, dass der Islam euer Glauben ist. Und wenn einer ohne Hinneigung zur Sünde durch Hunger bedrängt wird, siehe, so ist Allah verzeihend und barmherzig.

(4.) Sie werden dich fragen, was ihnen denn erlaubt ist. Sprich: »Erlaubt sind euch die guten Dinge und (die Beute) wilder, (wie Hunde) abgerichteter Tiere, indem ihr sie lehrt, wie Allah euch belehrt hat. Esset von dem, was sie für euch fangen, und nennet Allahs Namen darüber und fürchtet Allah. Siehe, Allah ist schnell im Rechnen.«
(5.) Heute sind euch die guten Dinge erlaubt, und die Speise derer, denen die Schrift gegeben ward, ist euch erlaubt, wie eure Speise ihnen erlaubt ist. Und (erlaubt sind euch zu heiraten) züchtige Frauen, die gläubig sind, und züchtige Frauen von denen, welchen die Schrift vor euch gegeben ward, so ihr ihnen ihre Morgengabe gegeben habt und züchtig mit ihnen lebt ohne Hurerei und keine Konkubinen nehmt. Wer den Glauben verleugnet, dessen Werk ist fruchtlos, und im Jenseits ist er einer der Verlorenen.

(6.) O ihr, die ihr glaubt, wenn ihr hintretet zum Gebet, so waschet euer Gesicht und eure Hände bis zu den Ellbogen und wischet eure Häupter und eure Füße bis zu den Knöcheln ab. Und so ihr durch Samen befleckt seid, so reinigt euch. Und so ihr krank oder auf einer Reise seid oder einer von euch kommt vom Abtritt oder ihr habt die Frauen berührt und findet nicht Wasser,

so nehmet guten Sand und wischet euch das Gesicht und die Hände damit ab. Allah will euch keine Last auflegen, jedoch will er euch reinigen und seine Gnade an euch vollenden; vielleicht seid ihr dankbar.

(7.) Und gedenket der Gnade Allahs gegen euch und seines Bundes, den er mit euch schloss, als ihr spracht: »Wir hören und gehorchen«; und fürchtet Allah; siehe, Allah kennt das Innerste der Brust. (8.) O ihr, die ihr glaubt, steht fest in Gerechtigkeit, wenn ihr vor Allah Zeugen seid, und nicht verführe euch Hass gegen Leute zur Ungerechtigkeit. Seid gerecht, das ist näher der Gottesfurcht. Und fürchtet Allah; siehe, Allah kennt euer Tun. (9.) Verheißen hat Allah denen, die glauben und das Rechte tun, Verzeihung und gewaltigen Lohn.

(10.) Wer aber nicht glaubt und unsre Zeichen der Lüge zeiht, die sind Gefährten des Höllenpfuhls. (11.) O ihr, die ihr glaubt, gedenket der Gnade Allahs gegen euch, als ein Volk trachtete, seine Hände nach euch auszustrecken; er aber hemmte ihre Hände. Und fürchtet Allah, und auf Allah sollen die Gläubigen trauen. (12.) Und wahrlich, es schloss Allah einen Bund mit den Kindern Israel, und aus ihnen erweckten wir zwölf Führer, und es sprach Allah: »Siehe, ich bin mit euch. Fürwahr, wenn ihr das Gebet verrichtet und die Armenspende zahlt und an meine Gesandten glaubt und ihnen helft und Allah eine schöne Anleihe leiht, wahrlich, dann bedecken wir eure Missetaten, und wahrlich, dann führen wir euch ein in Gärten, durcheilt von Bächen. Drum wer nach diesem von euch nicht glaubt,- der ist abgeirrt von dem ebenen Weg.«

(13.) Und dieweil sie den Bund brachen, haben wir sie verflucht und haben ihre Herzen verhärtet. Sie vertauschten die Wörter an ihren Stellen und vergaßen einen Teil von dem, was ihnen gesagt ward. Und nicht sollst du ablassen, die Verräter unter ihnen zu entdecken, bis auf wenige. Und vergib ihnen und verzeih; siehe, Allah liebt die Gutes Tuenden. (14.) Und mit denen, welche sprechen: »Siehe, wir sind Nazarener«, schlossen wir einen Bund. Sie aber vergaßen einen Teil von dem, was ihnen gesagt ward; darum erregten wir Feindschaft und Hass unter ihnen bis zum Tag der Auferstehung. Und sicherlich wird Allah ihnen ansagen, was sie getan.

(15.) O Volk der Schrift, nunmehr ist unser Gesandter zu euch gekommen, euch vieles von der Schrift kundzutun, was ihr verbargt, und um vieles zu übergehen. Gekommen ist nunmehr zu euch von Allah ein Licht und ein klares Buch, (16.) mit dem Allah leitet, wer seinem Wohlgefallen nachgeht, zu Wegen des Heils, und sie herausführt aus den Finsternissen zum Licht mit seiner Erlaubnis und sie leitet auf einen rechten Pfad. (17.) Wahrlich, ungläubig sind, die da sprechen: »Siehe, Allah, das ist der Messias, der Sohn der Maria.« Sprich: »Und wer hätte über Allah Macht, so er den Messias, den Sohn der Maria, und seine Mutter und, wer auf der Erde allzumal, vernichten wollte?« Und Allahs ist das Reich der Himmel und der Erde und was dazwischen. Er erschafft, was er will, und Allah hat Macht über alle Dinge.

(18.) Und es sprechen die Juden und die Nazarener: »Wir sind Allahs Kinder und seine Geliebten.« Sprich: »Und weshalb straft er euch für eure Sünden?« Nein, ihr seid Menschen von denen, die er erschaffen. Er verzeiht, wem er will, und Allahs ist das Reich der Himmel und der Erde und was dazwischen, und zu ihm ist die Heimkehr. (19.) O Volk der Schrift, gekommen ist nunmehr zu euch unser Gesandter, euch aufzuklären über das Ausbleiben der Gesandten, damit ihr nicht sagt: »Zu uns kommt weder ein Freudenbote noch ein

Warner.« Und gekommen ist nun zu euch ein Freudenbote und ein Warner, und Allah hat Macht über alle Dinge.

(20.) Und (gedenke,) als Moses zu seinem Volk sprach: »O Leute, gedenket der Gnade Allahs gegen euch, da er unter euch Propheten erweckte und euch Könige einsetzte und euch gab, was er keinem von aller Welt gegeben. (21.) O Volk, betritt das heilige Land, das Allah euch bestimmte; und kehret nicht den Rücken, auf dass ihr nicht als Verlorene umkehrt.« (22.) Sie sprachen: »O Moses, siehe, darinnen ist ein Volk von Recken, und siehe, nimmer betreten wir es, ehe sie es nicht verlassen haben. So sie es verlassen, dann wollen wir es betreten.« (23.) Sprachen zwei Männer, welche (ihren Herrn) fürchteten, denen Allah gnädig gewesen war: »Gehet ein zu ihnen durch das Tor; und wenn ihr durch dasselbe eingetreten seid, siehe, dann werdet ihr obsiegen. Und auf Allah vertrauet, so ihr Gläubige seid.«

(24.) Sie sprachen: »O Moses, siehe, nimmer werden wir es betreten, solange sie darinnen sind. Gehe du und dein Herr und kämpfet; siehe, wir bleiben hier sitzen.« (25.) Er sprach: »Mein Herr, siehe, ich habe nur Macht über mich selber und meinen Bruder, mache drum eine Scheidung zwischen uns und diesem frevelhaften Volk.« (26.) Er sprach: »Siehe, verwehrt soll es ihnen sein vierzig Jahre lang; umherirren sollen sie auf der Erde. Bekümmere dich nicht um das frevelhafte Volk.« (27.) Und verkünde ihnen die Geschichte der beiden Söhne Adams der Wahrheit gemäß, als sie ein Opfer opferten. Angenommen ward es von dem einen von ihnen, und nicht angenommen von dem andern. Er sprach: »Wahrlich, ich schlage dich tot!« (Der andre) sprach: »Siehe, Allah nimmt nur von den Gottesfürchtigen an. (28.) Wahrlich, streckst du auch deine Hand zu mir aus, um mich totzuschlagen, so strecke ich doch nicht meine Hand zu dir aus, um dich zu erschlagen; siehe, ich fürchte Allah, den Herrn der Welten. (29.) Siehe, ich will, dass du meine und deine Sünde trägst und ein Gefährte des Feuers wirst; und dies ist der Lohn der Ungerechten.«

(30.) Da trieb ihn seine Seele an, seinen Bruder zu erschlagen, und so erschlug er ihn und ward einer der Verlorenen. (31.) Und es entsandte Allah einen Raben, dass er auf dem Boden scharrte, um ihm zu zeigen, wie er die Missetat an seinem Bruder verbergen könnte. Er sprach: »O weh mir, bin ich zu kraftlos, zu sein wie dieser Rabe und die Missetat an meinem Bruder zu verbergen?« Und so ward er reuig. (32.) Aus diesem Grunde haben wir den Kindern Israel verordnet, dass wer eine Seele ermordet, ohne dass er einen Mord oder eine Gewalttat im Lande begangen hat, soll sein wie einer, der die ganze Menschheit ermordet hat. Und wer einen am Leben erhält, soll sein, als hätte er die ganze Menschheit am Leben erhalten. Und es kamen zu ihnen unsre Gesandten mit den deutlichen Zeichen; dann aber waren viele von ihnen ausschweifend auf Erden.

(33.) Siehe, der Lohn derer, welche Allah und seinen Gesandten befehden und Verderben auf der Erde betreiben, ist nur der, dass sie getötet oder gekreuzigt oder an Händen und Füßen wechselseitig verstümmelt oder aus dem Lande vertrieben werden. Das ist ihr Lohn hienieden, und im Jenseits wird ihnen schmerzliche Strafe: (34.) Außer jenen, welche bereuen, bevor ihr sie in eurer Gewalt habt. Und wisset, dass Allah verzeihend und barmherzig ist. (35.) O ihr, die ihr glaubt, fürchtet Allah und trachtet nach Vereinigung mit ihm und streitet in Allahs Weg; vielleicht ergeht es euch wohl. (36.) Siehe, die Ungläubigen – hätten sie auch alles, was auf der ganzen

Erde ist, und das gleiche dazu, um sich damit von der Strafe des Auferstehungstages loszukaufen, nicht würde es von ihnen angenommen. Und ihnen wird schmerzliche Strafe. (37.) Sie möchten wohl dem Feuer entrinnen, doch entrinnen sie nicht aus ihm; und ihnen wird dauernde Strafe.

(38.) Und der Dieb und die Diebin, schneidet ihnen ihre Hände ab als Lohn für ihre Taten. (Dies ist) ein Exempel von Allah, und Allah ist mächtig und weise. (39.) Wer aber nach seiner Sünde umkehrt und sich bessert, siehe, zu dem kehrt sich auch Allah; siehe, Allah ist verzeihend und barmherzig. (40.) Weißt du nicht, dass Allahs das Reich der Himmel und der Erde ist? Er straft, wen er will, und verzeiht, wem er will, und Allah hat Macht über alle Dinge.

(41.) O du Gesandter, lass dich nicht durch die, welche miteinander im Unglauben wetteifern, betrüben von jenen, die da mit ihrem Munde sprechen: »Wir glauben«, doch glauben ihre Herzen nicht; und von den Juden – Horchern auf Lüge und Horchern auf andre –, nicht kommen sie zu dir. Sie vertauschen die Wörter an ihren Stellen und sprechen: »Wenn dies zu euch gebracht wird, so nehmet es an, und wenn es euch nicht gebracht wird, so hütet euch davor.« Wen Allah verführen will, für den vermagst du wider Allah nichts. Sie, deren Herzen Allah nicht reinigen will, empfangen hienieden Schande und im Jenseits gewaltige Strafe: (42.) Horcher auf Lüge, Verzehrer von Unerlaubtem – so sie zu dir kommen, richte zwischen ihnen oder wende dich von ihnen ab. Und so du dich von ihnen abwendest, nimmer werden sie dir etwas zuleide tun. Und so du richtest, richte zwischen ihnen in Gerechtigkeit. Siehe, Allah liebt die Gerechtigkeit Übenden.

(43.) Wie aber werden sie dich zu ihrem Richter machen, wo sie die Tora besitzen, in welcher Allahs Verordnung enthalten ist?

Nach diesem werden sie dir den Rücken kehren; und solches sind keine Gläubigen. (44.) Siehe, hinabgesandt haben wir die Tora, in der sich eine Leitung und ein Licht befinden, mit der die Propheten, welche Muslime waren, die Juden richteten; und die Rabbiner und Lehrer (richteten) nach dem vom Buche Allahs, was ihrer Hut anvertraut ward und das sie bezeugten. Drum fürchtet nicht die Menschen, sondern fürchtet mich und verkaufet nicht meine Zeichen um geringen Preis. Und wer nicht richtet nach dem, was Allah hinabgesandt hat – das sind Ungläubige.

(45.) Und wir schrieben ihnen darin vor: »Leben um Leben, Auge um Auge, Nase für Nase, Ohr für Ohr, Zahn für Zahn und Wiedervergeltung von Wunden.« Und wer es vergibt als ein Almosen, so ist's ihm eine Sühne. Wer aber nicht richtet nach dem, was Allah herniedergesandt hat, das sind die Ungerechten. (46.) Und in ihren Spuren ließen wir folgen Jesus, den Sohn der Maria, zu bestätigen die Tora, die vor ihm war, und wir gaben ihm das Evangelium, darinnen eine Leitung und ein Licht, bestätigend die Tora, die vor ihm war, eine Leitung und Ermahnung für die Gottesfürchtigen; (47.) und damit das Volk des Evangeliums richte nach dem, was Allah in ihm herabgesandt hat; und wer nicht richtet nach dem, was Allah hinabgesandt hat – das sind die Frevler.

(48.) Und wir sandten hinab zu dir das Buch mit der Wahrheit, bestätigend, was ihm an Schriften vorausging, und Amen darüber sprechend. Drum richte zwischen ihnen nach dem, was Allah hinabsandte, und folge nicht ihren Gelüsten, (abweichend) von der Wahrheit, die zu dir gekommen. Jedem von euch gaben wir eine Norm und eine Heerstraße. Und so Allah es wollte, wahrlich, er machte euch zu einer einzigen Gemeinde; doch will er euch prüfen in dem, was er euch gegeben. Wetteifert darum im Guten. Zu Allah ist eure Heimkehr allzumal, und er wird euch aufklären, worüber ihr uneins seid. (49.) Und so richte du unter ihnen nach dem, was Allah hinabgesandt, und folge nicht ihren Lüsten und hüte dich vor ihnen, dass sie dich verführen, (abzuweichen) von etwas von dem, was Allah zu dir hinabgesandt. Und wenn sie den Rücken kehren, so wisse, dass Allah sie für einen Teil ihrer Sünden treffen will. Und siehe, wahrlich viele der Menschen sind Frevler.

(50.) Wünschen sie etwa die Rechtsprechung der (Zeit der) Unwissenheit: Wer aber richtet besser als Allah für verständige Leute? (51.) O ihr, die ihr glaubt, nehmt nicht die Juden und Christen zu Freunden; einander nehmen sie zu Freunden, und wer von euch sie zu Freunden nimmt, siehe, der ist von ihnen. Siehe, Allah leitet nicht ungerechte Leute. (52.) Und so schaust du die, deren Herz krank ist, zu ihnen um die Wette laufen und sprechen: »Wir fürchten, es möchte uns ein Glückswechsel befallen.« Aber vielleicht, dass Allah den Sieg bringt oder eine Sache von sich, so dass sie bereuen, was sie in ihren Herzen geheim hielten. (53.) Und die Gläubigen werden sprechen: »Sind dies etwa die, welche bei Allah ihren heiligsten Eid schwuren, dass sie zu euch stehen?« Eitel sind ihre Werke, und sie werden verloren sein.

(54.) O ihr, die ihr glaubt, wenn sich einer von euch von seinem Glauben abkehrt, wahrlich, dann erhebt Allah ein Volk, das er liebt und das ihn liebt, demütig vor den Gläubigen, stolz wider die Ungläubigen, streitend in Allahs Weg und nicht fürchtend den Tadel des Tadelnden. Das ist Allahs Huld; er gibt sie, wem er will, und Allah ist weitumfassend und wissend. (55.) Siehe, euer Beschützer ist Allah und sein Gesandter und die Gläubigen, die das

Gebet verrichten und die Armenspende zahlen und sich vor ihm beugen.
(56.) Und wer Allah und seinen Gesandten und die Gläubigen zu Freunden annimmt, siehe, das ist Gottes Schar; sie sind die Obsiegenden.

(57.) O ihr, die ihr glaubt, nehmt nicht von denen, welchen die Schrift vor euch gegeben ward, diejenigen, die über euern Glauben spotten und scherzen, und auch nicht die Ungläubigen zu Freunden, und fürchtet Allah, so ihr Gläubige seid. (58.) (Und die,) so ihr zum Gebet ruft, ihren Spott und Scherz damit treiben; dies, dieweil sie unverständige Leute sind. (59.) Sprich: »O Volk der Schrift, verwerfet ihr uns etwa nur deshalb, weil wir an Allah glauben und an das, was er zu uns hinabsandte und zuvor hinabsandte, und weil die Mehrzahl von euch Frevler sind?«

(60.) Sprich: »Kann ich euch etwas Schlimmeres verkünden als das, was euer Lohn bei Allah ist? Wen Allah verflucht hat und wem er zürnt – und verwandelt hat er einige von ihnen zu Affen und Schweinen – und wer dem Thagut dient, die befinden sich in schlimmem Zustand und sind weit abgeirrt vom ebenen Pfad.« (61.) Und als sie zu euch kamen, sprachen sie: »Wir glauben«; doch kamen sie im Unglauben und gingen fort in ihm. Allah aber weiß sehr wohl, was sie verbergen. (62.) Und du schaust viele von ihnen Wettlaufen zur Sünde und Bosheit und zum Essen des Verbotenen. Wahrlich, schlimm ist ihr Tun. (63.) Warum untersagen ihnen nicht die Rabbiner und Lehrer ihre sündige Rede und ihr Verzehren des Verbotenen, wahrhaftig, ein schlimmes Handeln!

(64.) Und es sprechen die Juden: »Die Hand Allahs ist gefesselt.« Gefesselt werden ihre Hände und verflucht werden sie für ihre Worte. Nein, ausgestreckt sind seine beiden Hände. Er spendet, wie er will, und

wahrlich, viele von ihnen wird das, was auf dich herabgesandt ward von deinem Herrn, zunehmen lassen in Widerspenstigkeit und Unglauben, und werfen werden wir zwischen sie Feindschaft und Hass bis zum Tag der Auferstehung. Sooft sie anzünden ein Feuer zum Krieg, wird es Allah verlöschen. Und sie betreiben auf Erden Verderben, Allah aber liebt nicht die Verderben Stiftenden. (65.) Und wenn das Volk der Schrift glaubte und gottesfürchtig wäre, wahrlich, wir bedeckten ihre Missetaten, und wahrlich, wir führten sie in die Gärten der Wonne.

(66.) Und so sie erfülleten die Tora und das Evangelium und was zu ihnen von ihrem Herrn hinabgesandt ward, wahrlich, sie speisten von (dem, was) über ihnen und unter ihren Füßen. Unter ihnen ist eine Gemeinde, welche die rechte Mitte innehält; doch viele von ihnen – schlimm ist, was sie tun. (67.) O du Gesandter, verkünde alles, was hinabgesandt ward auf dich von deinem Herrn. Und so du es nicht tust, so hast du nicht verkündet seine Sendung. Und Allah wird dich schützen vor den Menschen; siehe, Allah leitet nicht die Ungläubigen.

(68.) Sprich: »O Volk der Schrift, ihr fußet auf nichts, ehe ihr nicht erfüllet die Tora und das Evangelium und was hinabgesandt ward zu euch von euerm Herrn.« Und wahrlich, vermehren wird vielen von ihnen, was hinabgesandt ward zu dir von deinem Herrn, die Widerspenstigkeit und den Unglauben; und betrübe dich nicht über die Ungläubigen. (69.) Siehe die Gläubigen und die Juden und die Sabier und die Nazarener – wer da glaubt an Allah und an den Jüngsten Tag und das Rechte tut –, keine Furcht soll über sie kommen, und nicht sollen sie traurig sein.

(70.) Wahrlich, wir schlossen mit den Kindern Israel einen Bund und schickten zu ihnen Gesandte. Sooft als zu ihnen ein Gesandter kam mit dem, was ihre Seelen nicht begehrten, ziehen sie die einen der Lüge und die andern ermordeten sie. (71.) Und sie gedachten, dass keine Strafe kommen würde, und so wurden sie blind und taub. Alsdann kehrte sich Allah zu ihnen; alsdann wurden (wieder) viele von ihnen blind und taub; aber Allah schaut ihr Tun. (72.) Wahrlich, ungläubig sind, welche sprechen: »Siehe, Allah, das ist der Messias, der Sohn der Maria.« Und es sprach doch der Messias: »O ihr Kinder Israel, dienet Allah meinem Herrn und euerm Herrn.« Siehe, wer Allah Götter an die Seite stellt, dem hat Allah das Paradies verwehrt, und seine Behausung ist das Feuer; und die Ungerechten finden keine Helfer.

(73.) Wahrlich, ungläubig sind, die da sprechen: »Siehe, Allah ist ein dritter von drei.« Aber es gibt keinen Gott denn einen einigen Gott. Und so sie nicht ablassen von ihren Worten, wahrlich, so wird den Ungläubigen unter ihnen schmerzliche Strafe. (74.) Wollen sie denn nicht umkehren zu Allah und ihn um Verzeihung bitten? Und Allah ist verzeihend und barmherzig. (75.) Nicht ist der Messias, der Sohn der Maria, etwas andres als ein Gesandter; vorausgingen ihm Gesandte, und seine Mutter war aufrichtig. Beide aßen Speise. Schau, wie wir ihnen die Zeichen deutlich erklären! Alsdann schau, wie sie sich abwenden.

(76.) Sprich: »Wollt ihr anbeten neben Allah, was euch weder schaden noch nützen kann?« Und Allah, er ist der Hörende, der Wissende. (77.) Sprich: »O Volk der Schrift, übertretet nicht in euerm Glauben die Wahrheit und folget nicht den Gelüsten von Leuten, die bereits zuvor abgeirrt sind und viele irregeführt haben und abirrten von dem ebenen Weg.« (78.) Verflucht sind die Ungläubigen unter den Kindern Israel durch

die Zunge Davids und Jesus, des Sohnes der Maria; solches, dieweil sie rebellisch waren und sich vergingen; (79.) sie verboten einander nicht das Verwerfliche, das sie begingen. Wahrlich, schlimm ist ihr Tun!

(80.) Du wirst viele von ihnen sich mit den Ungläubigen befreunden sehen. Wahrlich, schlimm ist, was ihre Seelen ihnen vorausschickten! Allah zürnt ihnen drob, und in der Strafe werden sie ewig verweilen. (81.) Und so sie an Allah geglaubt hätten und den Propheten und was hinabgesandt ward zu ihm, so hätten sie sich dieselben nicht zu Freunden genommen; jedoch sind viele von ihnen Frevler. (82.) Wahrlich, du wirst finden, dass unter allen Menschen die Juden und die, welche Allah Götter zur Seite stellen, den Gläubigen am meisten feind sind, und wirst finden, dass den Gläubigen diejenigen, welche sprechen: »Wir sind Nazarener«, am freundlichsten gegenüberstehen. Solches, dieweil unter ihnen Priester und Mönche sind, und weil sie nicht hoffärtig sind.

(83.) Und wenn sie hören, was hinabgesandt ward zum Gesandten, siehst du ihre Augen von Tränen überfließen infolge der Wahrheit, die sie darin erkennen, indem sie sprechen: »Unser Herr, wir glauben; so schreib uns ein unter jene, die es bezeugen. (84.) Und weshalb sollten wir nicht glauben an Allah und an die Wahrheit, die zu uns gekommen ist, und begehren, dass unser Herr uns einführt mit den Rechtschaffenen?« (85.) Und belohnt hat sie deshalb Allah für ihre Worte mit Gärten, durcheilt von Bächen, ewig darinnen zu verweilen; und solches ist der Lohn der Gutes Tuenden. (86.) Wer aber nicht glaubt und unsre Zeichen der Lüge zeiht, das sind die Gefährten des Höllenpfuhls. (87.) O ihr, die ihr glaubt, verwehret nicht die guten Dinge, die Allah euch erlaubt hat, und übertretet nicht; siehe, Allah liebt nicht die Übertreter. (88.) Und speiset von dem, was Allah euch bescherte als erlaubt und gut, und fürchtet Allah, an den ihr glaubt.

(89.) Nicht wird Allah euch strafen für ein unbedachtes Wort in euern Eiden; jedoch wird er euch strafen für das, was ihr mit Bedacht beschworen habt. Die Sühne dafür soll sein die Speisung von zehn Armen mit der Speise, die ihr gewöhnlich euern Familien gebt, oder ihre Bekleidung oder die Befreiung eines Nackens. Wer aber nicht (die Mittel dazu) findet, der faste drei Tage. Dies ist die Sühne eurer Eide, so ihr geschworen habt, und hütet eure Eide. Also macht euch Allah seine Zeichen klar; vielleicht seid ihr dankbar.

(90.) O ihr, die ihr glaubt, siehe, der Wein, das Spiel, die Opfersteine und die Pfeile sind ein Greuel von Satans Werk. Meidet sie; vielleicht ergeht es euch wohl.
(91.) Der Satan will nur zwischen euch Feindschaft und Hass werfen durch Wein und Spiel und euch abwenden von dem Gedanken an Allah und dem Gebet. Wollt ihr deshalb nicht davon ablassen?
(92.) Und gehorchet Allah und gehorchet dem Gesandten und seid auf eurer Hut. Und so ihr den Rücken kehrt, so wisset, dass unserm Gesandten nur eine offenkundige Predigt obliegt.

(93.) Diejenigen, welche gläubig sind und das Gute tun, haben keine Sünde in dem, was sie aßen, begangen, wenn sie nur gottesfürchtig sind und glauben und das Gute tun und weiter gottesfürchtig sind und glauben und weiter gottesfürchtig sind und Gutes tun. Und Allah liebt die Gutes Tuenden. (94.) O ihr, die ihr glaubt, wahrlich, Allah will euch versuchen mit dem Wild, das eure Hände oder eure Lanzen erlangen, damit Allah erkennt, wer ihn im Verborgenen fürchtet. Und wer sich nach diesem vergeht, dem soll schmerzliche Strafe sein.

(95.) O ihr, die ihr glaubt, tötet nicht das Wild, während ihr auf der Pilgerfahrt seid. Und wer es von euch vorsätzlich tötet, der soll es ersetzen durch ein Gleiches an Vieh nach dem Spruch von zwei redlichen Männern unter euch, und es soll als Opfer nach der Kaaba gebracht werden. Oder die Sühne sei die Speisung von zwei Armen, oder als Ersatz dafür faste er, damit er das Unheil seiner Tat schmecke. Es vergibt Allah, was vergangen; wer es aber wieder tut, an dem nimmt Allah Rache dafür. Und Allah ist mächtig und ein Rächer.
(96.) Erlaubt ist euch der Fisch im Meer und seine Speise als eine Versorgung für euch und für die Reisenden. Und verwehrt ist euch das Wild des Landes während der Pilgerfahrt; und fürchtet Allah, zu dem ihr versammelt werdet.

(97.) Gemacht hat Allah die Kaaba, das heilige Haus, zu einem Asyl für die Menschen und den heiligen Monat und das Opfer und die Zieraten (des Opfers), auf dass ihr wisset, dass Allah weiß, was in den Himmeln und was auf Erden ist, und dass Allah alle Dinge weiß. (98.) Wisset, dass Allah streng straft und dass Allah verzeihend und barmherzig ist.
(99.) Dem Gesandten liegt nur die Predigt ob, und Allah weiß, was ihr offenkund macht und was ihr verheimlicht.

(100.) Sprich: »Nicht ist gleich das Schlechte und das Gute, ob dir auch die Menge des Schlechten gefällt.« Drum fürchtet Allah, ihr Verständigen; vielleicht ergeht es euch wohl.
(101.) O ihr, die ihr glaubt, fragt nicht nach Dingen, die, so sie euch kund würden, euch würden wehe tun. Und so ihr nach ihnen fragt, wenn der (ganze) Koran hinabgesandt wird, werden sie euch kundgetan werden. Allah vergibt dies, denn Allah ist verzeihend und milde.

(102.) Nach ihnen fragten schon Leute vor euch, alsdann aber glaubten sie nicht hieran.

(103.) Allah hat nichts festgesetzt hinsichtlich Bahirah oder Saiba oder Wasila oder Hami, vielmehr ersinnen die Ungläubigen Lügen wider Allah, und die meisten von ihnen haben keinen Verstand. (104.) Und als zu ihnen gesprochen ward: »Kommt her zu dem, was Allah hinabgesandt hat, und zum Gesandten«, sprachen sie: »Uns genügt das, worin wir unsre Väter erfanden.« Aber ist's nicht, dass ihre Väter nichts wussten und nicht geleitet wurden?

(105.) O ihr, die ihr glaubt, nehmt euch in acht. Wer irrt, soll euch nicht schaden, so ihr geleitet seid. Zu Allah geht eure Heimkehr allzumal, und dann wird er euch verkünden, was ihr getan. (106.) O ihr, die ihr glaubt: Zeugnis sei unter euch, wenn einem von euch der Tod naht zur Zeit des Testierens. Zwei redliche Leute seien es von euch oder zwei andre, die nicht von euch sind, so ihr das Land durchzieht und euch das Unglück des Todes betrifft. Haltet sie nach dem Gebet zurück, und so ihr Zweifel hegt, sollen sie schwören bei Allah: »Wir verkaufen es nicht um einen Preis, und wäre es auch ein Glied unsrer Sippe; und nicht verbergen wir Allahs Zeugnis; siehe, dann wären wir wahrlich Sünder.«

(107.) Wenn es aber bekannt wird, dass beide sich versündigt haben, so sollen zwei andre von jenen, die sie für schuldig halten, die nächsten Anverwandten, an ihre Stelle treten und bei Allah schwören: »Wahrlich, unser Zeugnis ist wahrer als ihr Zeugnis, und nicht vergehen wir uns; siehe, dann wären wir Ungerechte.« (108.) Auf solche Weise ist es leichter, dass sie das Zeugnis wahrheitsgemäß ablegen oder fürchten, dass nach ihren (falschen) Eiden (andre) Eide geschworen werden. Und fürchtet Allah und höret, und Allah leitet nicht die Frevler. (109.) Eines Tages wird Allah versammeln die Gesandten und wird sprechen: »Was ward euch geantwortet?« Sie werden sprechen: »Uns ist kein Wissen (davon); siehe, du bist der Wisser der Geheimnisse.«

(110.) (Gedenke) als Allah sprach: »O Jesus, Sohn der Maria, gedenke meiner Gnade gegen dich und deine Mutter, als ich dich mit dem Heiligen Geist stärkte, auf dass du reden solltest zu den Menschen in der Wiege und als Erwachsener, und als ich dich lehrte die Schrift und die Weisheit und die Tora und das Evangelium, und als du aus Ton mit meiner Erlaubnis die Gestalt eines Vogels erschufst und in sie hineinhauchtest und sie ein Vogel ward mit meiner Erlaubnis; und als du die Blinden und Aussätzigen mit meiner Erlaubnis heiltest und die Toten herauskommen ließest mit meiner Erlaubnis; und als ich die Kinder Israel von dir zurückhielt, als du ihnen die deutlichen Beweise brachtest. Und da sprachen die Ungläubigen unter ihnen: ›Dies ist nichts als offenkundige Zauberei.‹

(111.) Und als ich den Jüngern inspirierte: ›Glaubet an mich und an meinen Gesandten.‹ Sie sprachen: ›Wir glauben, und sei du Zeuge, dass wir Muslime sind‹; (112.) und als die Jünger sprachen: ›O Jesus, Sohn der Maria, ist dein Herr imstande, zu uns einen Tisch vom Himmel herabzusenden?‹ Er sprach: ›Fürchtet Allah, so ihr gläubig seid.‹(113.) Sie sprachen: ›Wir wollen von ihm essen, und unsre Herzen sollen in Frieden sein, und wissen wollen wir, dass du uns tatsächlich die Wahrheit gesagt hast, und wollen ihre Zeugen sein.‹(114.) Da sprach Jesus, der Sohn der Maria: ›O Allah, unser Herr, sende zu uns einen Tisch vom Himmel herab, dass es ein Festtag für uns werde, für den ersten und letzten von uns, und ein Zeichen von dir; und versorge uns, denn du bist der beste Versorger.‹

(115.) Da sprach Allah: ›Siehe, ich sende ihn zu euch hinab, und wer hernach von euch ungläubig ist, siehe, den werde ich strafen mit einer Strafe, wie ich keinen von aller Welt strafen werde.‹« (116.) Und wenn Allah sprechen wird: »O Jesus, Sohn der Maria, hast du zu den Menschen gesprochen: ›Nehmet mich und meine Mutter als zwei Götter neben Allah an?‹« Dann wird er sprechen: »Preis sei dir! Es steht mir nicht zu, etwas zu sprechen, was nicht wahr ist. Hätte ich es gesprochen, dann wüsstest du es. Du weißt, was in meiner Seele ist, ich aber weiß nicht, was in deiner Seele ist. Siehe, du bist der Wisser der Geheimnisse.

(117.) Nichts andres sprach ich zu ihnen, als was du mich hießest, nämlich: ›Dienet Allah, meinem Herrn und euerm Herrn.‹ Und ich war Zeuge wider sie, solange ich unter ihnen weilte. Seitdem du mich aber zu dir nahmst, bist du ihr Wächter, und du bist aller Dinge Zeuge. (118.) Wenn du sie strafst, siehe, so sind sie deine Diener, und wenn du ihnen verzeihst, so bist du der Mächtige, der Weise.« (119.) Sprechen wird Allah: »An diesem Tage wird die Wahrhaftigkeit den Wahrhaftigen frommen; ihnen werden sein Gärten, durcheilt von Bächen, darinnen sie verweilen ewig und immerdar.« Wohlgefallen hat Allah an ihnen, und sie sollen Wohlgefallen finden an ihm; dies ist die große Glückseligkeit. (120.) Allahs ist das Reich der Himmel und der Erde und alles, was in ihnen ist; und er hat Macht über alle Dinge.

6. Sure - Das Vieh

Geoffenbart zu Mekka

Im Namen Allahs, des Erbarmers, des Barmherzigen!

(1.) Das Lob sei Allah, der erschaffen die Himmel und die Erde und gemacht die Finsternisse und das Licht; und doch setzen die Ungläubigen ihrem Herrn (andre) gleich. (2.) Er ist's, der euch erschuf aus Ton; alsdann bestimmte er einen Termin, und ein bestimmter Termin ist bei ihm. Ihr aber zweifelt daran. (3.) Und er ist Allah in den Himmeln und auf Erden. Er kennt euer Geheimnis und Öffentliches und weiß, was ihr verdient. (4.) Und nicht kam zu ihnen ein Zeichen von den Zeichen ihres Herrn, von dem sie sich nicht abwendeten. (5.) Und nun ziehen sie die Wahrheit der Lüge, als sie zu ihnen kam; aber bald wird zu ihnen kommen die Kunde von dem, was sie verspotteten.

(6.) Sehen sie denn nicht, wie viele Geschlechter wir vor ihnen vernichteten, denen wir auf der Erde Wohnung gegeben hatten wie ihnen nimmer? Und wir sandten den Himmel im Regenguss auf sie nieder und ließen die Flüsse unter ihnen eilen. Und so vertilgten wir sie in ihren Sünden und ließen nach ihnen andre Geschlechter entstehen. (7.) Und hätten wir auf dich herabgesandt eine Schrift auf Pergament, und hätten sie sie mit ihren Händen berührt, wahrlich, gesprochen hätten die Ungläubigen: »Dies ist nichts als offenkundige Zauberei.« (8.) Und sie sprechen: »Warum ist denn kein Engel zu ihm herabgesandt?« Aber wenn wir einen Engel hinabgesandt hätten, so wäre die Sache entschieden gewesen, und dann wäre er nicht mit ihnen verzogen. (9.) Und wenn wir ihn zu einem Engel gemacht hätten, wahrlich, wir hätten ihn zu einem Manne gemacht, und wahrlich, wir hätten ihnen verdunkelt, was sie verdunkeln.

(10.) Und wahrlich, verspottet wurden schon Gesandte vor dir, und es umgab die Lacher unter ihnen, was sie verspotteten.
(11.) Sprich: »Wandert durch das Land und schauet, wie der Ausgang derer war, welche der Lüge ziehen.« (12.) Sprich: »Wes ist, was

in den Himmeln und auf Erden?« Sprich: »Allahs.« Vorgeschrieben hat er sich die Barmherzigkeit. Wahrlich, versammeln wird er euch am Tag der Auferstehung, kein Zweifel ist daran. Diejenigen aber, welche sich selber verderben, die glauben nicht. (13.) Sein ist, was da wohnt in der Nacht und im Tage, und er ist der Hörende, der Wissende. (14.) Sprich: »Sollte ich einen andern als Allah zum Beschützer nehmen, den Bildner der Himmel und der Erde, der da Speise gibt und nicht Speise empfängt?« Sprich: »Siehe, mir ward geboten, der erste zu sein, der sich (Gott) ergibt und (dem befohlen ward:) »Nicht sei einer derer, die (Allah) Gefährten geben.«

(15.) Sprich: »Siehe, ich fürchte, wenn ich wider meinen Herrn rebelliere, die Strafe eines gewaltigen Tages,« (16.) Von wem sie abgewendet wird an jenem Tage, dem wird Barmherzigkeit zuteil; und das ist die offenkundige Glückseligkeit. (17.) Und so dich Allah mit einem Leid trifft, so kann er es allein fortnehmen; und so er dir Gutes gibt, so hat er Macht über alle Dinge. (18.) Und er ist der Zwingherr über seine Diener, und er ist der Weise, der Kundige. (19.) Sprich: »Was ist das größte Zeugnis?« Sprich: »Allah ist Zeuge zwischen mir und zwischen euch, und offenbart ward mir dieser Koran, euch damit zu warnen und jeden, zu dem er gelangt. Siehe, wollt ihr wirklich bezeugen, dass es neben Allah andre Götter gibt?« Sprich: »Ich bezeuge es nicht.« Sprich: »Siehe, er ist ein einiger Gott, und siehe, ich bin unschuldig an eurer Vielgötterei.«

(20.) Sie, denen wir die Schrift gaben, kennen ihn, wie sie ihre Kinder kennen; diejenigen, welche sich selber ins Verderben stürzen, die glauben nicht. (21.) Und wer ist sündiger, als wer wider Allah eine Lüge ersinnt oder seine Zeichen der Lüge zeiht? Siehe, den Sündern ergeht es nicht wohl.

(22.) Und eines Tages versammeln wir sie allzumal; alsdann werden wir zu denen, die Allah Gefährten geben, sprechen: »Wo sind eure ›Gefährten‹, die ihr (als vorhanden) behauptetet?« (23.) Alsdann werden sie keine andre Ausrede haben, als dass sie sprechen: »Bei Allah, unserm Herrn, wir gaben ihm keine Gefährten.« (24.) Schau, wie sie wider sich selber lügen und wie das, was sie ersannen, von ihnen schweift.

(25.) Und einige unter ihnen hören auf dich, doch haben wir auf ihre Herzen Hüllen gelegt, dass sie ihn nicht verstehen, und in ihre Ohren eine Schwere; und obwohl sie jedes Zeichen sehen, so glauben sie nicht daran, so dass, wenn sie zu dir kommen, um mit dir zu streiten, die Ungläubigen sprechen: »Siehe, das sind weiter nichts als Fabeln der Früheren.« (26.) Und sie verbieten es und entfernen sich davon. Sie aber vertilgen nur sich selber und wissen es nicht. (27.) Und sähest du nur, wie sie über das Feuer gestellt werden und dann sprechen: »Ach, dass wir doch zurückgebracht würden, wir würden dann nicht die Zeichen unsers Herrn der Lüge zeihen und würden gläubig sein!« (28.) Ja, dann ist ihnen klargeworden, was sie zuvor verheimlichten. Aber wenn sie auch zurückgebracht würden, sie würden doch wieder zu dem ihnen Verbotenen zurückkehren; denn siehe, sie sind wahrlich Lügner. (29.) Und sie sprechen: »Es gibt kein andres als unser irdisches Leben, und nicht werden wir auferweckt.«

(30.) Aber sähest du sie nur, wenn sie vor ihren Herrn gestellt werden! Er wird sprechen: »Ist dies nicht wirklich?« Sie werden sprechen: »Jawohl, bei unserm Herrn!« Er wird sprechen: »So schmecket die Strafe darum, dass ihr nicht glaubtet!« (31.) Verloren sind jene, welche die Begegnung mit Allah leugnen; bis plötzlich

die »Stunde« über sie kommt und sie
sprechen: »Weh uns über das, was wir
vernachlässigten!« Und sie werden ihre
Lasten auf ihrem Rücken tragen. Ist's nicht
schlimm, was sie tragen werden?
(32.) Und das irdische Leben ist nur ein Spiel
und ein Scherz; und wahrlich, das jenseitige
Haus ist besser für die Gottesfürchtigen.
Seht ihr das nicht ein? (33.) Wir wissen
nunmehr, dass dich ihre Worte in der Tat
betrüben; aber siehe, nicht dich zeihen sie
der Lüge, sondern die Ungerechten
verleugnen Allahs Zeichen.

(34.) Und schon vor dir wurden Gesandte
der Lüge geziehen, und sie ertrugen die
Beschuldigung der Lüge und das Leid, das
man ihnen zufügte, bis unsre Hilfe zu ihnen
kam. Und Allahs Worte ändert niemand ab,
und wahrlich, schon kam zu dir die Kunde
von den (früheren) Gesandten.
(35.) Und wenn dir ihre Abkehr schwerfällt
und wenn du imstande bist, einen Schacht in
der Erde zu finden oder eine Leiter in den
Himmel, auf dass du ihnen ein Zeichen
brächtest,... und so Allah wollte, so
versammelte er sie unter der Leitung; drum
sei keiner der Unwissenden. (36.) Er erhört
nur jene, die auf ihn hören; und die Toten,
erwecken wird sie Allah; alsdann kehren sie
zu ihm zurück. (37.) Und sie sprechen:
»Wenn nur ein Zeichen auf ihn herabgesandt
würde von seinem Herrn!« Sprich: »Siehe,
Allah ist mächtig, ein Zeichen
hinabzusenden, jedoch würde die Mehrzahl
von ihnen es nicht wissen.«

(38.) Kein Getier gibt's auf der Erde und
keinen Vogel, der mit seinen Schwingen
fliegt, die nicht wären Völker gleich euch.
Nichts haben wir in der Schrift übergangen,
alsdann werden sie zu ihrem Herrn
versammelt. (39.) Und jene, welche unsre
Zeichen der Lüge zeihen, sind taub und
stumm in Finsternissen. Wen Allah will,

leitet er irre, und wen er will, den führt er
auf einen rechten Pfad.

(40.) Sprich: »Was glaubt ihr? Wenn zu euch
kommt die Strafe von Allah, oder es kommt
zu euch ›die Stunde‹, werdet ihr zu einem
andern rufen als Allah, so ihr wahrhaftig
seid? (41.) Nein, zu ihm werdet ihr rufen,
und befreien wird er euch von dem, um
dessentwillen ihr zu ihm ruft, so er will, und
vergessen werdet ihr, was ihr ihm
beigeselltet.« (42.) Und wahrlich, schon
sandten wir zu Völkern vor dir und
erfassten sie mit Drangsal und Not, dass sie
vielleicht sich demütigten.

(43.) Aber hätten sie sich nur, als unsre Not
zu ihnen kam, gedemütigt! Jedoch, verhärtet
waren ihre Herzen und ausgeputzt hatte
ihnen der Satan ihr Tun. (44.) Und da sie die
Ermahnungen vergessen hatten, öffneten
wir ihnen die Pforten aller Dinge, bis dass,
als sie sich des ihnen Gegebenen erfreuten,
wir sie plötzlich erfassten, und da
verzweifelten sie. (45.) Und abgeschnitten
ward die Wurzel des ungerechten Volkes;
und das Lob sei Allah, dem Weltenherrn!
(46.) Sprich: »Was glaubt ihr? Nähme euch
Allah euer Gehör und Gesicht und
versiegelte eure Herzen, welcher Gott außer
Allah würde es euch wiedergeben?« Schau,
wie wir die Zeichen klarmachen, sie aber
wenden sich ab!

(47.) Sprich: »Was glaubt ihr? Wenn Allahs
Strafe unversehens über euch kommt oder
offenkund, werden andre vertilgt werden als
die Ungerechten?« (48.) Und wir entsandten
nur die Gesandten als Freudenverkünder
und Warner, und wer da glaubt und sich
bessert, keine Furcht kommt über sie und
nicht sollen sie trauern. (49.) Jene aber, die
unsre Zeichen der Lüge zeihen, treffen wird
sie die Strafe für ihre Freveltaten.

(50.) Sprich: »Nicht spreche ich zu euch: ›Bei
mir sind Allahs Schätze‹, und nicht: ›Ich

weiß das Verborgene.‹ Auch spreche ich nicht zu euch: ›Ich bin ein Engel‹; ich folge nur dem, was mir geoffenbart ward.« Sprich: »Ist etwa gleich der Blinde dem Sehenden? Wollt ihr denn nicht in euch gehen?«
(51.) Und warne damit jene, welche fürchten, versammelt zu werden zu ihrem Herrn, außer dem sie keinen Beschützer und Fürsprecher haben; vielleicht werden sie gottesfürchtig. (52.) Und verstoß nicht jene, welche ihren Herrn anrufen in der Frühe und am Abend, sein Angesicht verlangend. Nicht liegt dir's ob, sie in etwas zu beurteilen, und nicht liegt ihnen ob, dich irgendwie zu beurteilen. Und so du sie verstoßest, bist du einer der Ungerechten. (53.) Und also haben wir die einen durch die andern geprüft, auf dass sie sprechen: »Sind's diese, denen Allah unter uns gnädig war?« Kennt denn nicht Allah am besten die Dankbaren?

(54.) Und wenn jene, die da glauben an unsre Zeichen, zu dir kommen, so sprich: »Frieden sei auf euch! Vorgeschrieben hat sich selber euer Herr die Barmherzigkeit, so dass, wenn einer von euch in Unwissenheit etwas Böses tut und alsdann hernach umkehrt und sich bessert, so ist er nachsichtig und barmherzig.« (55.) Und also machen wir die Zeichen klar, auf dass der Weg der Übeltäter erkannt werde.
(56.) Sprich: »Verboten ward mir, zu dienen denen, die ihr neben Allah anruft.« Sprich: »Nicht folge ich euern Gelüsten, irren würde ich alsdann und nicht rechtgeleitet sein.«

(57.) Sprich: »Siehe, ich folge einem klaren Beweis von meinem Herrn; ihr aber zeihet sie der Lüge. Nicht vermag ich, was ihr zu beschleunigen wünschet; das Urteil ist allein Allahs. Verkünden wird er die Wahrheit; und er ist der beste Schlichter.«
(58.) Sprich: »Stünde in meiner Macht, was ihr zu beschleunigen wünschet, wahrlich, entschieden wäre die Sache zwischen mir

und zwischen euch. Allah aber kennt sehr wohl die Ungerechten.« (59.) Und bei ihm sind die Schlüssel des Verborgenen; er kennt sie allein; er weiß, was zu Land und Meer ist, und kein Blatt fällt nieder, ohne dass er es weiß; und kein Korn ist in den Finsternissen der Erde und nichts Grünes und nichts Dürres, das nicht stünde in einem deutlichen Buch.

(60.) Er ist's, der euch zu sich nimmt zur Nacht, und er weiß, was ihr schaffet am Tag. Alsdann erweckt er euch an ihm, auf dass ein bestimmter Termin erfüllet würde. Alsdann ist zu ihm eure Heimkehr, alsdann verkündet er euch eure Werke. (61.) Und er ist der Zwingherr über seine Diener, und er sendet über euch Wächter, so dass, wenn zu einem von euch der Tod kommt, unsre Gesandten (die Engel) ihn zu sich nehmen; und sie sind nicht lässig.
(62.) Alsdann werden sie zurückgebracht zu Allah, ihrem wahren Gebieter. Ist nicht sein das Urteil? Und er ist der schnellste Rechner.
(63.) Sprich: »Wer errettet euch aus den Finsternissen zu Land und Meer, so ihr zu ihm rufet in Demut und insgeheim: Wahrlich, wenn du uns hieraus errettest, wahrlich, dann sind wir dankbar?«
(64.) Sprich: »Allah errettet euch daraus und aus aller Trübsal; alsdann stellt ihr ihm Gefährten zur Seite.«

(65.) Sprich: »Er hat Macht dazu, auf euch eine Strafe zu senden von über euch oder von unter euern Füßen und euch in Sekten zu verwirren und dem einen des andern Gewalt zu schmecken zu geben.« Schau, wie wir die Zeichen klarmachen! Vielleicht werden sie verständig. (66.) Und es zieh ihn dein Volk der Lüge, und er ist die Wahrheit. Sprich: »Ich bin nicht euer Beschützer.
(67.) Jede Prophezeiung hat ihre bestimmte Zeit, und gewisslich werdet ihr's merken.«
(68.) Und wenn du jene siehst, welche über unsre Zeichen reden, so kehre dich ab von

ihnen, bis sie ein andres Gespräch beginnen. Und so dich der Satan dies vergessen lässt, so sitze nicht nach der Verwarnung mit dem Volk der Sünder. (69.) Und nicht haben die Gottesfürchtigen in etwas Rechenschaft über sie abzulegen; jedoch sei eine Warnung; vielleicht bleiben sie gottesfürchtig.

(70.) Und verlass jene, welche mit ihrem Glauben Scherz und Spott treiben und welche das irdische Leben betrogen hat, und ermahne sie damit, dass jede Seele nach Verdienst dem Verderben preisgegeben wird; außer Allah hat sie weder einen Beschützer noch Fürsprecher, und so sie auch jegliches Entgelt dar wägen wollte, nicht würde es von ihr angenommen werden. Jene, die nach Verdienst dem Verderben preisgegeben werden, ihnen soll sein ein Trunk aus siedendem Wasser und schmerzliche Strafe für ihren Unglauben.

(71.) Sprich: »Sollen wir anrufen außer Allah, was uns weder nützt noch schadet? Sollen wir auf unseren Fersen umkehren, nachdem uns Allah geleitet, gleich jenem, den die Satane verführten, dass er ratlos ward im Lande, wiewohl seine Gefährten ihn zur rechten Leitung rufen: Komm zu uns!?« Sprich: »Siehe, Allahs Leitung, das ist die Leitung, und geboten ward uns, uns zu ergeben dem Herrn der Welten:
(72.) Und dass ihr das Gebet verrichtet und ihn fürchtet, denn er ist's, zu dem ihr versammelt werdet.«

(73.) Und er ist's, der da schuf die Himmel und die Erde in Wahrheit, und am Tag, da er spricht: »Sei!«, so ist's. Sein Wort ist die Wahrheit, und sein ist das Reich an dem Tag, da in die Posaune gestoßen wird. Er kennt das Verborgene und Offenkundige, und er ist der Weise, der Kundige.
(74.) Und (gedenke,) als Abraham sprach zu seinem Vater Azar: »Nimmst du Bilder zu Göttern an? Siehe, ich sehe dich und dein Volk in offenkundigem Irrtum.«

(75.) Und ebenso zeigten wir Abraham das Königreich der Himmel und der Erde, damit er zu den Festen im Glauben gehöre.

(76.) Und da die Nacht ihn überschattete, sah er einen Stern. Er sprach: »Das ist mein Herr.« Als er aber unterging, sprach er: »Nicht liebe ich, was untergeht.«
(77.) Und als er den Mond aufgehen sah, sprach er: »Das ist mein Herr.« Und als er unterging, sprach er: »Wahrlich, wenn mich nicht mein Herr leitet, so bin ich einer der Irrenden.« (78.) Und als er die Sonne aufgehen sah, sprach er: »Das ist mein Herr; das ist das Größte.« Als sie jedoch unterging, sprach er: »O mein Volk, ich habe nichts mit euren Göttern zu schaffen.
(79.) Siehe, ich wende mein Angesicht lautern Glaubens zu dem, der die Himmel und die Erde erschaffen, und nicht gehöre ich zu denen, die (Gott) Gefährten geben.«

(80.) Und es stritt sein Volk mit ihm. Er sprach: »Wollt ihr mit mir über Allah streiten, wo er mich schon geleitet hat? Ich fürchte nicht die Gefährten, die ihr ihm gabt, (die mir nicht schaden,) es sei denn, dass mein Herr etwas will. Es umfasst mein Herr alle Dinge mit seinem Wissen. Wollt ihr euch denn nicht ermahnen lassen? (81.) Und wie sollte ich fürchten, was ihr ihm beigesellt, wo ihr nicht fürchtet, dass ihr Allah beigesellt habt, wozu er euch keine Vollmacht hinabsandte? Und welche der beiden Parteien ist der Sicherheit würdiger, so ihr begreift?«

(82.) Diejenigen, welche glauben und ihren Glauben nicht durch Ungerechtigkeit verdunkeln, denen ist die Sicherheit, und sie sind geleitet. (83.) Und dies ist unser Beweis, den wir Abraham wider sein Volk gaben. Wir erhöhen zu (den) Stufen (der Weisheit,) wen wir wollen; siehe, dein Herr ist weise und wissend. (84.) Und wir schenkten ihm Isaak und Jakob und leiteten beide; und Noah leiteten wir zuvor; und aus seinen

Nachkommen den David und Salomo und
Hiob und Joseph und Moses und Aaron;
und also lohnen wir denen, die Gutes tun.
(85.) Und den Zacharias und Johannes und
Jesus und Elias; alle waren Rechtschaffene;
(86.) Und Ismael und Elisa und Jonas und
Lot, alle begnadeten wir vor den
Geschöpfen; (87.) und einige ihrer Väter und
ihrer Brüder, und wir erlasen sie und
leiteten sie auf einen rechten Weg.

(88.) Das ist Allahs Leitung: Er leitet mit ihr,
wen er will von seinen Dienern; hätten sie
ihm aber Gefährten gegeben, wahrlich,
umsonst wäre ihr Tun gewesen.
(89.) Diese sind's, denen wir gaben die
Schrift, den Befehl und das Prophetentum.
Wenn aber diese (ihre Nachkommen) nicht
daran glauben, so haben wir diese (Gaben)
einem (anderen) Volke anvertraut, das diese
nicht verleugnet. (90.) Das sind jene, welche
Allah geleitet hat; drum strebe ihrer Leitung
nach. Sprich: »Nicht verlange ich von euch
einen Lohn hierfür; es ist nichts andres als
eine Ermahnung für alle Welt.«

(91.) Und nicht bewerten sie Allah mit
richtigem Wert, wenn sie sprechen: »Nicht
hat Allah auf einen Menschen etwas
herabgesandt.« Sprich: »Wer hat
hinabgesandt das Buch, das Moses brachte
als ein Licht und eine Leitung für die
Menschen, das ihr auf Pergamente schriebt,
es offenkund machend, doch viel
verbergend, wiewohl euch gelehrt ward, was
ihr nicht wusstet noch eure Väter?« Sprich:
»Allah.« Alsdann lass sie an ihrem
Geschwätz sich weiter vergnügen.
(92.) Und dieses Buch, das wir
hinabsandten, ist gesegnet; es bestätigt das
Frühere, und verwarnen sollst du (mit ihm)
die Mutter der Städte und wer rings um sie
(wohnt). Wer da glaubt an das Jenseits,
glaubt daran und gibt wohl acht auf seine
Gebete.

(93.) Wer ist aber sündiger, als wer wider
Allah eine Lüge ersinnt oder spricht: »Mir ist
offenbart«, wo ihm nichts offenbart ward,
und wer da spricht: »Hinabsenden werde
ich sicherlich, was Allah hinabgesendet
hat«? Aber schautest du nur die
Ungerechten in des Todes Schlünden,
während die Engel ihre Hände ausstrecken
(und sprechen:) »Gebt eure Seelen heraus!
Heute sollt ihr mit der Strafe der Schande
belohnt werden, darum dass ihr wider Allah
die Unwahrheit spracht und seine Zeichen
voll Hoffart verschmähtet! (94.) Und nun
seid ihr zu uns gekommen, allein, so wie wir
euch erschufen das erste Mal, und ihr ließet
hinter euch, was wir euch bescherten, und
nicht schauen wir bei euch eure Fürsprecher,
von denen ihr wähntet, sie seien unter euch
Gefährten (Allahs). Wahrlich, nun ist ein
Schnitt zwischen euch gemacht, und von
euch schweiften eure Wahngebilde.«

(95.) Siehe, Allah lässt keimen das Korn und
den Dattelkern, hervor bringt er das
Lebendige aus dem Toten und hervor das
Tote aus dem Lebendigen. Das ist Allah, und
wie seid ihr abgewendet? (96.) Anbrechen
lässt er den Morgen, und bestimmt hat er
die Nacht zur Ruhe und Sonne und Mond
zur Berechnung (der Zeit). Das ist die
Anordnung des Mächtigen, des Wissenden.
(97.) Und er ist's, der für euch die Sterne
gemacht hat, dass ihr von ihnen geleitet
werdet in den Finsternissen zu Land und
Meer! Deutlich haben wir die Zeichen
nunmehr erklärt für verständige Leute.
(98.) Und er ist's, der euch entstehen ließ aus
einem Menschen, und (er gab euch) eine
Stätte und einen Lagerraum. Deutlich haben
wir die Zeichen nunmehr erklärt für
einsichtige Leute.

(99.) Und er ist's, der da hinabsendet vom
Himmel Wasser, und wir bringen heraus
durch dasselbe die Keime aller Dinge; und
aus ihnen bringen wir Grünes hervor, aus

dem wir dichtgeschichtetes Korn
hervorbringen; und aus den Palmen, aus
ihrer Blütenscheide niederhängende
Fruchtbüschel; und Gärten von Reben und
Oliven und Granatäpfeln, einander ähnlich
und unähnlich. Schaut nach ihrer Frucht,
wenn sie sich bildet und reift. Siehe, hierin
sind wahrlich Zeichen für gläubige Leute.

(100.) Und doch gaben sie Allah zu
Gefährten die Dschinn, die er erschaffen,
und logen ihm in Unwissenheit Söhne und
Töchter an. Preis Ihm! Und erhaben ist er
über das, was sie ihm zuschreiben.
(101.) Der Schöpfer der Himmel und der
Erde, woher sollte er ein Kind haben, wo er
keine Gefährtin hat? Und erschaffen hat er
jedes Ding und er kennt jedes Ding.
(102.) Das ist Allah, euer Herr; es gibt keinen
Gott außer ihm, dem Schöpfer aller Dinge;
drum dienet ihm, und er ist aller Dinge
Hüter. (103.) Nicht erreichen ihn die Blicke,
er aber erreicht die Blicke; und er ist der
Scharfsinnige, der Kundige.
(104.) Gekommen sind nunmehr zu euch
Beweise von euerm Herrn; wer da schaut, so
ist's für ihn selber, und wer blind ist, so ist's
wider ihn selber, und nicht bin ich über euch
ein Wächter. (105.) Und also machen wir die
Zeichen klar, und damit sie sagen: »Du hast
studiert«, und damit wir ihn für Leute von
Verstand deutlich machen.

(106.) Folge dem, was dir offenbart ward von
deinem Herrn; es gibt keinen Gott außer
ihm; und wende dich ab von denen, die ihm
Gefährten geben. (107.) Und so Allah es
wollte, gäben sie ihm keine Gefährten; und
nicht machten wir dich zum Wächter über
sie, und nicht bist du ein Hüter über sie.
(108.) Und schmähet nicht diejenigen, die sie
statt Allah anrufen, dass sie Allah in
Feindschaft aus Unwissenheit schmähen. So
haben wir jedem Volke sein Tun
herausgeputzt; alsdann aber ist ihre
Heimkehr zu Allah, und verkünden wird er

ihnen, was sie getan. (109.) Und geschworen
haben sie bei Allah den heiligsten Eid, dass,
wenn ein Zeichen zu ihnen käme, wahrlich
dann würden sie daran glauben. Sprich:
»Allein bei Allah sind die Zeichen; doch was
tut euch kund, dass, wenn sie kommen, sie
nicht daran glauben?«

(110.) Und umkehren wollen wir ihre
Herzen und Blicke, sowie sie das erste Mal
nicht daran glaubten; und wir wollen sie in
ihrer Widerspenstigkeit irregehen lassen.
(111.) Und hätten wir auch die Engel zu
ihnen herniedergesandt und hätten die
Toten zu ihnen gesprochen, und hätten wir
alle Dinge vor ihnen in Scharen versammelt,
sie hätten nicht geglaubt, es sei denn, dass
Allah es gewollt; jedoch ist die Mehrzahl von
ihnen unwissend. (112.) Und also haben wir
jedem Propheten einen Feind gegeben, die
Satane der Menschen und der Dschinn;
einer gibt dem andern prunkende Rede ein
zum Trug. Und so dein Herr es gewollt,
hätten sie es nicht getan; darum verlaß sie
und was sie ersinnen. (113.) Und lass sich ihr
zuneigen die Herzen derer, die nicht an das
Jenseits glauben, und lass sie ihr
Wohlgefallen daran finden und lass sie
gewinnen, was sie gewinnen.

(114.) Sollte ich einen andern Richter als
Allah suchen, wo er es ist, der zu euch das
Buch als ein deutliches hinabgesandt hat?
Und diejenigen, denen wir die Schrift gaben,
wissen, dass es in Wahrheit von deinem
Herrn hinabgesandt ward. So sei keiner der
Zweifler. (115.) Und vollkommen ist das
Wort deines Herrn in Wahrhaftigkeit und
Gerechtigkeit. Niemand vermag seine Worte
zu ändern; und er ist der Hörende, der
Wissende. (116.) Und wenn du der Mehrzahl
derer auf Erden folgtest, sie würden dich
abirren lassen von Allahs Weg; sie folgen
nur einem Wahn, und siehe, sie lügen.
(117.) Siehe, dein Herr, er weiß sehr wohl,
wer von seinem Wege abirrt, und kennt sehr

wohl die Geleiteten. (118.) So esset das, worüber Allahs Name gesprochen ward, so ihr an seine Zeichen glaubt. (119.) Und was ist euch, dass ihr nicht esset von dem, worüber Allahs Name gesprochen ward, wo er euch schon erklärte, was er euch verwehrt hat, außer wozu ihr gezwungen werdet? Aber siehe, wahrlich viele führen euch irre mit ihren Gelüsten in Unwissenheit. Siehe, dein Herr kennt sehr wohl die Übertreter.

(120.) Und meidet das Äußere und Innere der Sünde. Siehe, diejenigen, welche Sünde begehen, werden sicherlich nach Verdienst belohnt werden. (121.) Und esset nicht von dem, worüber Allahs Name nicht gesprochen ward; denn siehe wahrlich, es ist Sünde. Und siehe wahrlich; die Satane werden ihren Freunden eingeben, mit euch zu streiten; doch, so ihr ihnen gehorchet, siehe wahrlich, dann seid ihr Götzendiener. (122.) Und soll etwa der, welcher tot war und den wir lebendig machten und dem wir ein Licht gaben, damit zu wandeln unter den Menschen, gleich sein jenem, der in den Finsternissen ist und nicht aus ihnen herausgehen kann? Also haben wir den Ungläubigen ihr Tun ausgeputzt. (123.) Und also haben wir in jede Stadt ihre größten Sünder gesetzt, damit sie in ihnen ihre Listen treiben, doch belisten sie sich nur selber und wissen es nicht. (124.) Und so ein Zeichen zu ihnen kommt, sprechen sie: »Nimmer glauben wir, ehe nicht zu uns kommt, was zu den Gesandten Allahs kam.« Allah weiß sehr wohl, wem er seine Sendung gibt. Wahrlich, treffen wird die Sünder Entehrung bei Allah und strenge Strafe für ihre Ränke.

(125.) Und wen Allah leiten will, dem weitet er seine Brust für den Islam, und wen er irreführen will, dem macht er die Brust knapp und eng, als wollte er den Himmel erklimmen. Also straft Allah die Ungläubigen. (126.) Und dies ist der rechte Weg deines Herrn. Nunmehr haben wir unsre Zeichen Leuten, die beherzigen, ausgelegt. (127.) Ihnen ist eine Wohnung des Friedens bei ihrem Herrn, und er ist ihr Schützer für ihr Tun. (128.) Und am Tag, da er sie allzumal versammelt, (spricht er:) »O Schar der Dschinn, ihr habt euch viel mit den Menschen zu schaffen gemacht!« Und es sprechen dann ihre Freunde unter den Menschen: »Unser Herr, wir hatten Nutzen voneinander, doch erreichten wir unsern Termin, den du uns setztest.« Er wird sprechen: »Das Feuer ist euere Herberge; ewig verweilet darinnen, es sei denn, was Allah will.« Siehe, dein Herr ist der Weise, der Wissende. (129.) Und also setzen wir die einen der Sünder über die andern um ihrer Werke willen.

(130.) »O Schar der Dschinn und Menschen, kamen nicht zu euch Gesandte von euch, euch meine Zeichen zu verkünden und euch das Eintreffen dieses eures Tages zu verkünden?« Sie werden sprechen: »Wir zeugen wider uns selber.« Betrogen hat sie das irdische Leben, und sie legen wider sich Zeugnis ab, dass sie Ungläubige waren. (131.) Solches, dieweil dein Herr die Städte nicht in ihrer Sünde vertilgt, während ihre Bewohner in Sorglosigkeit sind. (132.) Und für alle sind Grade je nach ihrem Tun; und dein Herr ist nicht achtlos eures Tuns. (133.) Und dein Herr ist der Reiche, der Barmherzige. So er will, kann er euch hinfort nehmen und kann euch nachfolgen lassen, wen er will, wie er euch entstehen ließ aus der Nachkommenschaft anderer. (134.) Siehe, was euch angedroht wird, wahrlich, es kommt, und ihr könnt es nicht vereiteln. (135.) Sprich: »O mein Volk, handelt nach euerm Vermögen, siehe, ich handele (nach meinem Befehl); und gewisslich werdet ihr wissen, wem der Ausgang der Wohnung sein wird. Siehe, nicht ergeht es den Ungerechten wohl.«

(136.) Und sie haben für Allah von dem, was er an Feldfrüchten und Vieh wachsen ließ, einen Anteil bestimmt und sprechen: »Dies ist für Allah« – in ihrer Meinung – »und dies ist für unsre ›Gefährten‹.« Was aber für ihre Gefährten ist, das kommt nicht zu Allah, und was Allahs ist, das kommt zu ihren Gefährten. Übel ist ihr Urteil!

(137.) Und ebenso haben ihre ›Gefährten‹ die Mehrzahl ihrer Anbeter verlockt, ihre Kinder zu morden, um sie zu verderben und ihren Glauben zu verdunkeln. Und so Allah es gewollt hätte, hätten sie es nicht getan; drum verlass sie und was sie ersinnen.

(138.) Und sie sprechen: »Dieses Vieh und diese Früchte sind verboten, wenn wir es nicht erlauben« – in ihrer Meinung – und: »Es gibt Vieh, dessen Rücken verboten ist.« Und es gibt Vieh, über das sie nicht Allahs Namen sprechen, es wider ihn erdichtend. Wahrlich, er wird ihnen lohnen für ihre Erdichtungen. (139.) Und sie sprechen: »Was im Schoß dieses Viehs ist, ist unsern Männern erlaubt und unsern Gattinnen verwehrt.« Ist's aber tot (geboren), so haben beide Anteil daran. Wahrlich, lohnen wird er ihnen ihre Behauptungen; siehe, er ist weise und wissend.

(140.) Verloren sind diejenigen, welche ihre Kinder töricht in ihrer Unwissenheit mordeten, und welche verwehrten, was Allah ihnen beschert, indem sie wider ihn (eine Lüge) erdichteten. Sie irrten und waren nicht geleitet. (141.) Und er ist's, welcher wachsen lässt Gärten mit Rebspalieren und ohne Rebspaliere und die Palmen und das Korn, dessen Speise verschieden ist, und die Oliven und die Granatäpfel, einander gleich und ungleich. Esset von ihrer Frucht, so sie Frucht tragen, und gebet die Gebühr davon am Tag der Ernte; und seid nicht verschwenderisch; siehe, er liebt nicht die Verschwender. (142.) Und unter den Kamelen gibt es Lasttiere und Schlachttiere; esset von dem, was euch Allah beschert, und

folget nicht den Fußstapfen des Satans; siehe, er ist euch ein offenkundiger Feind. (143.) (Ihr habt) acht zu Paaren: Von den Schafen zwei und von den Ziegen zwei. Sprich: »Hat er die beiden Männchen verwehrt oder die beiden Weibchen oder was der Mutterschoß der beiden Weibchen in sich schließt? Verkündet es mir mit Wissen, so ihr wahrhaft seid.«

(144.) Und von den Kamelen zwei und von den Rindern zwei. Sprich: »Hat er die beiden Männchen oder die beiden Weibchen verwehrt oder was der Mutterschoß der beiden Weibchen in sich schließt? Oder waret ihr Zeugen, als Allah euch dieses befohlen?« Wer aber ist sündiger als der, welcher wider Allah eine Lüge ersinnt, um Leute ohne Wissen irrezuführen? Siehe, Allah leitet nicht die Ungerechten. (145.) Sprich: »Ich finde nichts in dem, was mir offenbart ward, dem Essenden verboten zu essen, als Krepiertes oder vergossenes Blut oder Schweinefleisch – denn dies ist ein Greuel – oder Unheiliges, über dem ein andrer als Allah angerufen ward.« Wer aber gezwungen wird, ohne Begehr und ohne Ungehorsam (wider Allah), nun dann ist dein Herr verzeihend und barmherzig.

(146.) Den Juden haben wir alles (Vieh) mit Klauen verwehrt, und vom Rindvieh und Schafen verboten wir ihnen das Fett, außer was auf ihren Rücken oder ihren Eingeweiden oder am Knochen sitzt. Hiermit lohnten wir sie wegen ihrer Abtrünnigkeit; und siehe, wahrlich, wir sind wahrhaft. (147.) Und so sie dich der Lüge zeihen, so sprich: »Euer Herr ist voll weiter Barmherzigkeit; aber nicht soll abgewendet werden seine Strenge von den Sündern.« (148.) Gewisslich, sprechen werden die, welche (Allah) Gefährten geben: »Wenn es Allah gewollt, so hätten wir ihm keine Gefährten gegeben, wie auch nicht unsre Väter; und er hat uns auch nichts verwehrt.«

Also ziehen auch die, welche vor ihnen waren, der Lüge, bis sie unsre Strenge schmeckten. Sprich: »Habt ihr Wissen, so bringt es uns zum Vorschein. Ihr folgt nur einem Wahn, und ihr lügt nur.«
(149.) Sprich: »Allahs ist der überzeugende Beweis, und so er gewollt, er hätte euch insgesamt geleitet.«

(150.) Sprich: »Her mit euren Zeugen, zu bezeugen, dass Allah dieses verwehrt hat!« Und so sie es bezeugten, so leg du nicht Zeugnis mit ihnen ab und folge nicht den Gelüsten jener, welche unsre Zeichen der Lüge zeihen und die nicht glauben an das Jenseits und ihrem Herrn seinesgleichen geben. (151.) Sprich: »Kommet her, verkünden will ich, was euer Herr euch verboten: ihr sollt ihm nichts an die Seite stellen, und den Eltern sollt ihr Gutes tun; und nicht sollt ihr eure Kinder aus Armut töten, wir werden euch und sie versorgen; und nähert euch nicht Schändlichkeiten, den öffentlichen und geheimen; und tötet kein Leben, das Allah verwehrt hat, es sei denn mit gerechtem Grund. Das hat er euch geboten; vielleicht begreift ihr es.
(152.) Und kommt nicht dem Gut der Waise zu nahe, außer um es zu mehren, bis sie herangewachsen; und gebet Maß und Waage in Gerechtigkeit. Wir beladen keine Seele über Vermögen. Und im Spruch seid gerecht, wäre es auch gegen einen Anverwandten, und haltet den Bund Allahs. Solches gebot er euch, damit ihr es zu Herzen nähmet: (153.) Und »dies ist mein (rechter) Weg«; so folget ihm und folget nicht den Pfaden (andrer), damit ihr nicht von seinem Pfade getrennt werdet. Solches gebot er euch, auf dass ihr ihn fürchtetet.«

(154.) Alsdann gaben wir Moses die Schrift, vollkommen für den, der das Gute tut, und eine Klarlegung aller Dinge, und eine Leitung und Barmherzigkeit, damit sie an die Begegnung mit ihrem Herrn glauben.

(155.) Und dieses Buch, das wir hinabsandten, ist gesegnet. So folget ihm und seid gottesfürchtig, damit ihr Barmherzigkeit findet: (156.) Und dass ihr nicht sprächet: »Siehe, die Schrift ward nur auf zwei Gemeinden vor uns niedergesandt, und wahrlich, wir waren zu unwissend, um sie zu begreifen.«

(157.) Oder dass ihr sprächet: »Wäre die Schrift auf uns herabgesandt, wir hätten uns besser leiten lassen als sie.« Und nunmehr kam zu euch eine deutliche Lehre von euerm Herrn und eine Leitung und Barmherzigkeit. Und wer ist sündiger, als wer Allahs Zeichen der Lüge zeiht und sich von ihnen abkehrt? Wahrlich, lohnen werden wir jene, die sich von unsern Zeichen abkehren, mit schlimmer Strafe; dafür, dass sie sich abwendeten.
(158.) Können sie auf etwas andres ausschauen, als dass die Engel zu ihnen kommen oder dass dein Herr kommt oder einige der Zeichen deines Herrn kommen? Am Tage, an dem einige der Zeichen deines Herrn kommen, dann soll einer Seele ihr Glaube nichts frommen, die zuvor nicht glaubte noch Gutes tat in ihrem Glauben. Sprich: »Wartet! Siehe, wir warten.«
(159.) Siehe, diejenigen, die ihren Glauben spalteten und zu Parteien wurden, mit ihnen hast du nichts zu schaffen. Ihre Sache steht Allah anheim. Alsdann wird er ihnen verkünden, was sie getan.

(160.) Wer mit Gutem kommt, dem soll das Zehnfache werden, und wer mit Bösem kommt, der soll nur das gleiche als Lohn empfangen; und es soll ihnen nicht Unrecht geschehen. (161.) Sprich: »Siehe, mich hat mein Herr auf einen rechten Pfad geleitet, zu einem feststehenden Glauben, zur Religion des Abraham, des lautern (im Glauben), der (Allah) keine Gefährten gab.«
(162.) Sprich: »Siehe, mein Gebet, meine Verehrung und mein Leben und mein Tod

gehören Allah, dem Herrn der Welten.
(163.) Er hat keinen Gefährten, und solches
ist mir geheißen, und ich bin der erste der
Muslime.« (164.) Sprich: »Sollte ich einen
Herrn außer Allah begehren, welcher der
Herr aller Dinge ist?« Jede Seele schafft nur
für sich, und eine belastete (Seele) soll nicht
einer andern Last tragen. Alsdann ist zu
euerm Herrn eure Heimkehr, und dann
wird er euch verkünden, worüber ihr uneins
waret. (165.) Und er ist's, der euch zu
Nachfolgern auf der Erde machte und die
einen von euch über die andern um Stufen
erhöhte, auf dass er euch prüfte durch das,
was er euch gegeben. Siehe, dein Herr ist
schnell zur Strafe, und siehe, wahrlich, er ist
verzeihend und barmherzig.

7. Sure - Der Wall

Geoffenbart zu Mekka

*Im Namen Allahs, des Erbarmers, des
Barmherzigen!*

(1.) A. L. M. S. (2.) Ein Buch ward
hinabgesandt zu dir – und es sei in deiner
Brust keine Beängstigung darüber –, auf
dass du mit ihm warnest, und als eine
Mahnung für die Gläubigen. (3.) Folget dem,
was zu euch hinabgesandt ward von euerm
Herrn, und folget keinen andern
Beschützern neben ihm. Wenig aber lassen
sich mahnen. (4.) Und wie viele Städte
vertilgten wir, und es kam unsre Strafe des
Nachts über sie oder als sie den
Mittagsschlaf hielten. (5.) Und es war ihr
Rufen, da unsre Strafe zu ihnen kam, kein
andres als: »Siehe, wir waren Ungerechte.«
(6.) Und wahrlich, zur Rechenschaft ziehen
wollen wir diejenigen, zu denen wir
sandten, und wahrlich, zur Rechenschaft
ziehen wollen wir auch die Gesandten.

(7.) Und wahrlich, mit Wissen wollen wir
ihnen (ihre Handlungen) aufzählen, denn
nicht waren wir abwesend. (8.) Und das
Gewicht wird an jenem Tage die Wahrheit
sein, und wessen Waage schwer ist, denen
wird's wohl ergehen. (9.) Wessen Waage
aber leicht sein wird, das sind diejenigen,
die ihre Seelen verlieren, dieweil sie sich
wider unsre Zeichen versündigten.

(10.) Und wahrlich, wir gaben euch auf der
Erde eine Stätte und gaben euch auf ihr den
Lebensunterhalt. – Wie wenig seid ihr
dankbar! (11.) Und wahrlich, wir erschufen
euch; alsdann bildeten wir euch; alsdann
sprachen wir zu den Engeln: »Werfet euch
nieder vor Adam!« Und nieder warfen sie
sich außer Iblis; nicht gehörte er zu denen,
die sich niederwarfen. (12.) Er sprach: »Was
hinderte dich, dich niederzuwerfen, als ich
es dich hieß?« Er sprach: »Ich bin besser als
er. Du hast mich aus Feuer erschaffen, ihn
aber erschufst du aus Ton.« (13.) Er sprach:
»Hinab mit dir aus ihm! Nicht ist dir erlaubt,
hoffärtig in ihm zu sein. Drum hinaus mit
dir, siehe, du bist einer der Gedemütigten.«
(14.) Er sprach: »Gib mir Frist bis zum Tag
der Auferweckung.« (15.) Er sprach: »Siehe,
dir ward Frist gegeben.« (16.) Er sprach:
»Darum dass du mich in die Irre geführt
hast, will ich ihnen auflauern auf deinem
rechten Wege; (17.) alsdann will ich über sie
kommen von vorn und von hinten, von ihrer
Rechten und von ihrer Linken, und nicht
sollst du die Mehrzahl von ihnen dankbar
finden.« (18.) Er sprach: »Hinaus aus ihm,
verachtet und verstoßen! Wahrlich, wer von
ihnen dir folgt, mit euch allzumal erfülle ich
Dschehannam!« (19.) »Und, o Adam, wohne
du und dein Weib im Paradiese und esset,
wovon ihr wollt. Nähert euch jedoch nicht
diesem Baume, sonst seid ihr Ungerechte.«

(20.) Und es flüsterte ihnen der Satan ein,
dass er ihnen kundtun wolle, was ihnen
verheimlicht war – ihre Scham. Und er

sprach: »Euer Herr hat euch diesen Baum nur verboten, damit ihr nicht Engel würdet oder ewig lebtet.« (21.) Und er schwur ihnen: »Siehe, ich bin euch ein guter Berater.« (22.) Und er verführte sie durch List, und als sie von dem Baume geschmeckt hatten, ward ihnen offenbar ihre Scham, und sie hoben an, Blätter des Paradieses über sich zusammenzuheften. Und es rief sie ihr Herr: »Verbot ich euch nicht jenen Baum und sprach zu euch: ›Siehe, der Satan ist euch ein offenkundiger Feind?‹« (23.) Sie sprachen: »Unser Herr, wir haben wider uns selber gesündigt, und so du uns nicht verzeihst und dich unser erbarmst, wahrlich, dann sind wir verloren.«

(24.) Er sprach: »Hinab mit euch! Einer sei des andern Feind. Und es sei euch auf der Erde eine Stätte und ein Nießbrauch auf Zeit.« (25.) Er sprach: »Auf ihr sollt ihr leben, und auf ihr sollt ihr sterben, und aus ihr sollt ihr hervorgeholt werden. (26.) O Kinder Adams, hinab sandten wir auf euch Kleidung, eure Blöße zu bedecken, und Prunkgewandung; aber das Kleid der Gottesfurcht, das ist besser.« Dies ist eines der Zeichen Allahs; vielleicht lassen sie sich ermahnen. (27.) »O Kinder Adams, nicht verführe euch der Satan, wie er eure Eltern aus dem Paradies vertrieb, ihnen ihre Kleidung raubend, um ihnen ihre Blöße zu zeigen. Siehe, er sieht euch, er und seine Schar, wo ihr sie nicht sehet. Siehe, wir machten die Satane zu Beschützern der Ungläubigen.« (28.) Und so sie eine Schandbarkeit begehen, sprechen sie: »Wir fanden unsere Väter darin, und Allah hat es uns befohlen.« Sprich: »Siehe, Allah befiehlt keine Schandbarkeit. Wollt ihr wider Allah sprechen, was ihr nicht wisset?«
(29.) Sprich: »Mein Herr hat Gerechtigkeit befohlen.« So wendet euer Angesicht zu jeder Moschee und rufet ihn an in lauterem Glauben. Gleichwie er euch schuf, kehret ihr (zu ihm) zurück.

(30.) Einen Teil hat er geleitet und einen Teil nach Gebühr dem Irrtum übergeben. Siehe, sie haben sich die Satane neben Allah zu Beschützern angenommen und wähnen, sie seien geleitet. (31.) O Kinder Adams, leget euern Putz an bei jeder Moschee und esset und trinket und schweifet nicht aus; siehe, er liebt nicht die Ausschweifenden.
(32.) Sprich: »Wer hat den Putz Allahs verwehrt, den er erschaffen für seine Diener, und die guten Dinge des Unterhalts?« Sprich: »Sie sind für die Gläubigen im irdischen Leben, besonders am Tag der Auferstehung.« So machen wir die Zeichen den Verständigen klar.
(33.) Sprich: »Verwehrt hat mein Herr nur die Schandbarkeiten, die öffentlichen und geheimen, und die Sünde und ungerechte Gewalttat, und dass ihr Allah das an die Seite setzet, wozu er euch keine Vollmacht herabsandte, und dass ihr von Allah sprechet, was ihr nicht wisset.«

(34.) Und jede Gemeinde hat einen Termin; und so sein Termin gekommen ist, so können sie ihn um keine Stunde aufschieben oder beschleunigen. (35.) O Kinder Adams, wenn zu euch Gesandte aus euch kommen, die euch meine Zeichen verkünden, dann soll über die, die da gottesfürchtig sind und sich bessern, keine Furcht kommen, und nicht sollen sie traurig sein. (36.) Diejenigen aber, welche unsre Zeichen der Lüge zeihen und sich in Hoffart von ihnen abwenden, sie sind des Feuers Gefährten und sollen ewig darinnen verweilen. (37.) Und wer ist sündiger, als wer wider Allah eine Lüge ersinnt oder unsre Zeichen der Lüge zeiht? Jene soll erreichen ihr Teil aus dem Buch, bis unsre Boten zu ihnen kommen, sie mit sich zu nehmen, und sprechen: »Wo ist das, was ihr außer Allah anriefet?« Sie werden sprechen: »Sie sind von uns geschweift.« Und sie zeugen wider sich selber, dass sie Ungläubige waren.

(38.) Er wird sprechen: »Tretet ein mit den Scharen der Dschinn und Menschen, die vor euch lebten, ins Feuer.« Und sooft eine Schar eintritt, verflucht sie ihre Schwester, bis sie allzumal eingetreten sind, und die letzte von der ersten spricht: »Unser Herr, jene haben uns irregeführt; so gib ihnen die doppelte Feuerspein.« Er wird sprechen. »Jedem sei das Doppelte.« Doch versteht ihr dies nicht. (39.) Und es wird die erste (Schar) zu der letzten sprechen: »Was habt ihr für einen Vorzug vor uns? Schmecket die Strafe nach Verdienst.«

(40.) Siehe, diejenigen, die unsre Zeichen der Lüge zeihen und sich hoffärtig von ihnen abwenden, nicht werden ihnen geöffnet die Tore des Himmels, und nicht gehen sie ein ins Paradies, ehe denn ein Kamel durch ein Nadelöhr geht; und also belohnen wir die Missetäter. (41.) Ihnen sei Dschehannam der Pfühl, und über ihnen seien Decken (aus Feuer); und also belohnen wir die Sünder. (42.) Diejenigen aber, welche glauben und das Rechte tun – nicht belasten wir eine Seele über Vermögen –, jene sollen des Paradieses Gefährten sein und darinnen ewig verweilen. (43.) Und nehmen wollen wir aus ihrer Brust alles an Groll, eilen sollen unter ihnen Bäche, und sie sprechen: »Das Lob sei Allah, der uns hierhergeleitet hat! Nicht wären wir geleitet gewesen, hätte uns nicht Allah geleitet! Wahrlich, es kamen die Gesandten unseres Herrn mit der Wahrheit.« Und es soll ihnen zugerufen werden: »Dies ist das Paradies; ihr seid zu seinen Erben gemacht für eure Werke.«

(44.) Und rufen werden des Paradieses Gefährten zu den Gefährten des Feuers: »Nun haben wir, was unser Herr uns verheißen, als Wahrheit erfunden. Habt ihr auch, was euer Herr euch verhieß, als Wahrheit erfunden?« Sie werden sprechen: »Jawohl.« Und rufen wird unter ihnen ein Rufer: »Allahs Fluch über die Ungerechten,

(45.) die von Allahs Weg abtrünnig machen und ihn zu krümmen suchen und nicht an das Jenseits glauben!« (46.) Und zwischen ihnen ist ein Vorhang; und auf den Wällen sind Männer, die alle an ihren Merkmalen erkennen; und sie rufen den Paradiesesgefährten zu: »Frieden sei auf euch!« Sie können es aber nicht betreten, wiewohl sie es begehren.

(47.) Und so ihre Blicke zu den Gefährten des Feuers gewendet werden, sprechen sie: »Unser Herr, bring uns nicht zu den Ungerechten.« (48.) Und es rufen die Gefährten der Wälle zu Männern, die sie an ihren Merkmalen erkennen, und sprechen: »Was hat euch euer Sammeln (von Schätzen) und eure Hoffart gefrommt? (49.) Sind das jene, von denen ihr schwuret, dass Gott ihnen nicht Barmherzigkeit zuwenden würde? Gehet ein ins Paradies, keine Furcht soll über euch kommen, und nicht sollt ihr traurig sein.«

(50.) Und rufen werden die Gefährten des Feuers zu den Paradiesesgefährten: »Schüttet auf uns etwas Wasser oder etwas von dem, was euch Allah bescherte.« Sie sprechen: »Siehe, Allah hat beides für die Ungläubigen verwehrt; (51.) die mit ihrem Glauben ihren Scherz und Spott trieben und die das irdische Leben betrog.« Und heute vergessen wir sie, wie sie das Eintreffen dieses ihres Tages vergaßen und unsere Zeichen leugneten. (52.) Und wahrlich, nunmehr brachten wir ihnen ein Buch. Wir erklärten es mit Wissen als eine Leitung und Barmherzigkeit für Gläubige.

(53.) Warten sie etwa auf etwas andres als seine Deutung? Am Tag, da seine Deutung kommen wird, werden diejenigen, die sie sich zuvor aus dem Sinn geschlagen hatten, sprechen: »In der Tat kamen die Gesandten unseres Herrn mit der Wahrheit. Haben wir wohl Fürsprecher, für uns Fürsprache einzulegen, oder könnten wir zurückgebracht werden, dass wir anders handeln, denn wir zuvor handelten?« Aber sie haben sich selber ins Verderben gebracht, und ihre Erdichtungen schweiften von ihnen.

(54.) Siehe, euer Herr ist Allah, welcher die Himmel und die Erde in sechs Tagen erschuf; alsdann setzte er sich auf den Thron. Er lässet die Nacht den Tag verhüllen – sie verfolgt ihn schnell; und (er schuf) die Sonne, den Mond und die Sterne, die seinem Befehle fronen. Ist nicht sein die Schöpfung und der Befehl? Gesegnet sei Allah, der Herr der Welten! (55.) Rufet euern Herrn in Demut und im Verborgenen an; siehe, er liebt nicht die Übertreter. (56.) Und stiftet nicht Verderben auf Erden an, nachdem sie in Ordnung gebracht ward, und rufet ihn an in Furcht und Verlangen; siehe, Allahs Barmherzigkeit ist nahe denen, die Gutes tun.

(57.) Er ist's, der die Winde als Verheißung seiner Barmherzigkeit voraussendet, bis dass, wenn sie schwere Wolken aufgehoben haben, wir sie treiben zu einem toten Land und Wasser darauf herniedersenden, womit wir allerlei Früchte hervorbringen. Also bringen wir die Toten hervor. Vielleicht lasset ihr euch ermahnen. (58.) Und das gute Land bringt seine Pflanzen hervor mit der Erlaubnis seines Herrn, und das schlechte bringt nur wenig hervor. Also machen wir unsre Zeichen den Dankbaren klar.
(59.) Wahrlich, wir entsandten schon Noah zu seinem Volk, und er sprach: »O mein Volk, dienet Allah; ihr habt keinen andern Gott; siehe, ich fürchte für euch die Strafe eines gewaltigen Tages.«

(60.) Es sprachen die Häupter seines Volkes: »Siehe, wahrlich, wir sehen dich in offenkundigem Irrtum.« (61.) Er sprach: »O mein Volk, nicht ist an mir ein Irrtum, sondern ein Gesandter bin ich vom Herrn der Welten. (62.) Ich bestelle euch die

Sendung meines Herrn und rate euch gut und weiß von Allah, was ihr nicht wisset. (63.) Verwundert ihr euch etwa, dass da zu euch eine Mahnung von euerm Herrn kommt, durch einen Mann von euch, auf dass er euch warne, und dass ihr gottesfürchtig werdet und vielleicht Erbarmen findet?« (64.) Sie aber ziehen ihn der Lüge, doch erretteten wir ihn und die bei ihm waren in der Arche und ertränkten die, welche unsre Zeichen der Lüge ziehen; siehe, sie waren ein blindes Volk.
(65.) Und zu den Ad (sandten wir) ihren Bruder Hud. Er sprach: »O mein Volk, dienet Allah; ihr habt keinen Gott außer ihm. Wollt ihr (ihn) nicht fürchten?«

(66.) Es sprachen die Häupter der Ungläubigen seines Volkes: »Siehe, wahrlich, wir sehen dich in Torheit, und siehe, wahrlich, wir erachten dich für einen der Lügner.« (67.) Er sprach: »O mein Volk, es ist keine Torheit an mir, sondern ein Gesandter bin ich von dem Herrn der Welten. (68.) Ich bestelle euch die Sendung meines Herrn, und ich bin euch ein getreuer Berater. (69.) Verwundert ihr euch etwa, dass zu euch eine Mahnung von euerm Herrn kommt, durch einen Mann aus euch, auf dass er euch warne? Und gedenket, dass er euch eingesetzt hat als Nachfolger des Volkes Noahs und euch an Leibesgröße mehrte. Drum gedenket der Wohltaten Allahs; vielleicht ergeht es euch wohl.«

(70.) Sie sprachen: »Bist du zu uns gekommen, damit wir Allah allein dienen und verlassen, was unsre Väter anbeteten? So bring uns, was du uns androhst, so du wahrhaft bist.« (71.) Er sprach: »Überfallen wird euch Rache und Zorn von euerm Herrn. Wollt ihr mit mir streiten über Namen, mit denen ihr sie benanntet, ihr und eure Väter, und wozu euch Allah keine Vollmacht hinabsandte? So wartet, und siehe, ich warte mit euch.« (72.) Und wir

erretteten ihn und seine Anhänger in unsrer Barmherzigkeit; und wir schnitten ab die Wurzel derer, welche unsre Zeichen der Lüge ziehen und nicht glaubten.
(73.) Und zu Thamud (entsandten wir) ihren Bruder Salih. Er sprach: »O mein Volk, dienet Allah, ihr habt keinen Gott außer ihm. Schon kam zu euch ein deutlicher Beweis von unserm Herrn. Diese Kamelin Allahs ist euch ein Zeichen; drum lasset sie weiden in Allahs Land und rühret sie nicht an zum Bösen, oder es erfasst euch schmerzliche Strafe. (74.) Und gedenket, wie er euch zu Nachfolgern Ads machte und euch eine Stätte auf Erden gab, dass ihr in ihren Ebenen euch Schlösser erbautet und in die Berge euch Wohnungen grubt. Und gedenket der Wohltaten Allahs und stiftet auf der Erde kein Verderben an.«

(75.) Es sprachen die Häupter der Hoffärtigen seines Volks zu denen, die für schwach galten – zu denen, die da glaubten von ihnen: »Wisset ihr, dass Salih entsendet ward von seinem Herrn?« Sie sprachen: »Siehe, wir glauben an das, mit dem er entsandt ward.« (76.) Es sprachen die Hoffärtigen: »Siehe, wir glauben nicht an das, woran ihr glaubt.« (77.) Und so schnitten sie der Kamelin die Flechsen durch und trutzten dem Befehl ihres Herrn und sprachen: »O Salih, bring uns, was du uns drohst, so du ein Gesandter bist.« (78.) Und da erfasste sie das Erdbeben, und sie lagen am Morgen auf ihrer Brust da. (79.) Und so wendete er sich von ihnen und sprach: »O mein Volk, wahrlich, ich bestellte euch die Sendung meines Herrn und riet euch gut, ihr aber liebtet nicht die Berater.«

(80.) Und Lot (entsandten wir,) da er zu seinem Volke sprach: »Wollt ihr Schandbarkeiten begehen, wie keins der Geschöpfe sie zuvor beging?
(81.) Wahrlich, ihr kommt zu den Männern im Gelüst anstatt zu den Frauen! Ja, ihr seid ein ausschweifend Volk!« (82.) Und die Antwort seines Volkes war keine andre, als dass sie sprachen: »Treibet sie hinaus aus eurer Stadt, siehe, sie sind Leute, die sich rein stellen.« (83.) Und wir erretteten ihn und seine Familie außer seiner Frau, die sich versäumte. (84.) Und wir ließen einen Regen auf sie regnen. Und so schau, wie das Ende der Sünder war. (85.) Und zu Midian (entsandten wir) ihren Bruder Schu'aib. Er sprach: »O mein Volk, dienet Allah; ihr habt keinen Gott außer ihm. Schon ist ein deutlicher Beweis von euerm Herrn zu euch gekommen. So gebet volles Maß und Gewicht und schädigt die Leute nicht in ihren Sachen und stiftet auf der Erde nach ihrer Ordnung kein Verderben an. Das ist besser für euch, so ihr glaubt.

(86.) Und lauert nicht auf jedem Weg drohend und abwendend von Allahs Weg alle, die an ihn glauben, und suchet ihn nicht zu krümmen. Und gedenket, da ihr wenig waret und er euch vermehrte, und schauet, wie das Ende der Verderbenstifter war. (87.) Und so ein Teil von euch glaubt an das, womit ich gesendet bin, und ein Teil nicht glaubt, so wartet, bis Allah zwischen uns richtet, denn er ist der beste Richter.« (88.) Es sprachen die Häupter der Hoffärtigen seines Volkes: »Wahrlich, wir werden dich hinaustreiben, o Schu'aib, samt den Gläubigen, die bei dir sind, aus unsern Städten, oder ihr kehret zurück zu unsrer Religion.« Er sprach: »Etwa auch, wenn sie uns ein Greuel ist? (89.) Wir hätten ja wider Allah eine Lüge ersonnen, wenn wir zu eurer Religion zurückkehrten, nachdem uns Allah von ihr errettet. Wir kehren nicht zu ihr zurück, es sei denn, dass Allah, unser Herr, es will. Unser Herr umfasst alle Dinge mit Wissen. Auf Allah vertrauen wir. Unser Herr, öffne die Wahrheit zwischen uns und unserm Volk, du bist der beste Öffner.«

(90.) Und es sprachen die Häupter der
Ungläubigen in seinem Volk: »Wahrlich,
wenn ihr Schu'aib folgt, siehe, wahrlich,
dann seid ihr verloren.« (91.) Und es erfasste
sie das Erdbeben, und am Morgen lagen sie
in ihrem Haus auf der Brust da.
(92.) Diejenigen, die Schu'aib der Lüge
ziehen, wurden, als hätten sie nie darinnen
gewohnt. Diejenigen, die Schu'aib der Lüge
ziehen, waren die Verlorenen. (93.) Und so
kehrte er sich von ihnen ab und sprach: »O
mein Volk, wahrlich, ich bestellte euch die
Sendung meines Herrn und riet euch gut;
aber wie sollte ich mich bekümmern über
ein ungläubig Volk?« (94.) Und wir sandten
in keine Stadt einen Propheten, es sei denn,
dass wir ihre Bewohner mit Drangsal und
Leid erfassten, damit sie sich demütigten.

(95.) Alsdann vertauschten wir das Böse mit
Gutem, bis sie (diese Wohltaten) vergaßen
und sprachen: »Auch unsere Väter erfuhren
Leid und Freude.« Und so erfassten wir sie
unversehens, ohne dass sie es merkten.
(96.) Hätte aber das Volk der Städte geglaubt
und wäre gottesfürchtig gewesen, wahrlich,
wir hätten ihnen aufgetan Segnungen vom
Himmel und von der Erde. Sie aber ziehen
der Lüge, und so erfassten wir sie für ihr
Tun. (97.) Und waren denn die Bewohner
der Städte sicher, dass unser Zorn nicht über
sie käme zur Nachtzeit, während sie
schliefen? (98.) Oder waren die Bewohner
der Städte sicher, dass unser Zorn nicht über
sie käme am lichten Tag, während sie
spielten? (99.) Und waren sie denn sicher
vor der List Allahs? Aber sicher vor Allahs
List sind nur die Verlorenen.

(100.) Und sind denn nicht diejenigen, die
das Land nach seinen (früheren) Bewohnern
erbten, überzeugt, dass, wenn wir wollten,
wir sie treffen können für ihre Sünden und
ihre Herzen versiegeln, so dass sie nicht
hören? (101.) Was diese Städte anlangt, so
erzählen wir dir ihre Geschichten. Und

wahrlich, zu ihnen kamen ihre Gesandten
mit den deutlichen Zeichen, doch mochten
sie nicht an das glauben, was sie zuvor für
Lüge erklärt hatten. Also versiegelt Allah die
Herzen der Ungläubigen. (102.) Und wir
fanden nicht die Mehrzahl von ihnen dem
Bund getreu, sondern wahrlich, die
Mehrzahl von ihnen fanden wir als Frevler.
(103.) Alsdann entsandten wir nach ihnen
Moses mit unsern Zeichen zu Pharao und
seinen Häuptern. Sie aber versündigten sich
gegen sie, und schau, wie der Ausgang der
Verderbenstifter war. (104.) Und es sprach
Moses: »O Pharao, siehe, ich bin ein
Gesandter vom Herrn der Welten.
(105.) Es ziemt sich mir, nichts als die
Wahrheit von Allah zu sprechen.
Gekommen bin ich zu euch mit einem
deutlichen Beweis von euerm Herrn, drum
entlasse mit mir die Kinder Israel.«
(106.) Er sprach: »So du mit einem Zeichen
kamst, so gib es her, so du wahrhaft bist.«

(107.) Da warf er seinen Stab nieder, und
siehe, da ward er eine deutliche Schlange.
(108.) Und er zog seine Hand heraus, und
siehe, da war sie weiß für die Beschauer.
(109.) Es sprachen die Häupter vom Volke
Pharaos: »Siehe, wahrlich, dies ist ein
gelehrter Zauberer: (110.) Vertreiben will er
euch aus euerm Land, was befehlt ihr da?«
(111.) Sie sprachen: »Entlass ihn und seinen
Bruder und sende zu den Städten
Sammelnde, (112.) dir jeden gelehrten
Zauberer zu bringen.« (113.) Und es kamen
die Zauberer zu Pharao. Sie sprachen:
»Siehe, bekommen wir wirklich einen Lohn,
wenn wir die Obsiegenden sind?«
(114.) Er sprach: »Jawohl, und wahrlich, ihr
sollt mir nahestehen.« (115.) Sie sprachen:
»O Moses, entweder wirf du oder wir
werfen.« (116.) Er sprach: »Werfet.« Und da
sie geworfen hatten, bezauberten sie die
Augen der Leute und entsetzten sie und
kamen mit einem gewaltigen Zauber.
(117.) Und wir offenbarten Moses: »Wirf

deinen Stab!« Und da verschlang er ihren
Trug. (118.) So erwies sich die Wahrheit, und
nichtig ward ihr Werk. (119.) Und sie
wurden daselbst übermocht und kehrten
gedemütigt um.

(120.) Und es warfen sich die Zauberer
nieder in Anbetung (121.) und sprachen:
»Wir glauben an den Herrn der Welten,
(122.) den Herrn Mosis und Aarons.«
(123.) Es sprach Pharao: »Glaubt ihr an ihn,
bevor ich es euch erlaube? Siehe, diese List
habt ihr ersonnen wider die Stadt, um ihre
Bewohner daraus zu vertreiben. Aber ihr
sollt erfahren... (124.) Wahrlich, ab haue ich
euch wechselseitig Hand und Fuß; alsdann,
wahrlich, kreuzige ich euch insgesamt.«
(125.) Sie sprachen: »Siehe, zu unserm Herrn
kehren wir zurück. (126.) Und nur deshalb
nimmst du Rache an uns, weil wir an die
Zeichen unsers Herrn glauben, nachdem sie
zu uns gekommen. Unser Herr, gieße
Geduld über uns und nimm uns zu dir als
Muslime.« (127.) Und es sprachen die
Häupter von Pharaos Volk: »Willst du
zulassen, dass Moses und sein Volk im
Lande Verderben stiften und dich und deine
Götter verlassen?« Er sprach: »Wir wollen
ihre Söhne morden und ihre Töchter am
Leben lassen; und siehe, wir werden sie
bändigen.«

(128.) Es sprach Moses zu seinem Volk:
»Rufet zu Allah um Hilfe und bleibet
standhaft; siehe, die Erde ist Allahs, er gibt
sie zum Erbe, wem er will von seinen
Dienern, und der Ausgang ist für die
Gottesfürchtigen.« (129.) Sie sprachen: »Wir
litten, bevor du zu uns kamst und nach
deinem Kommen.« Er sprach: »Vielleicht
will euer Herr euern Feind vertilgen und
euch im Land zu seinen Nachfolgern
machen; und er will schauen, wie ihr euch
(in ihm) benehmt.«

(130.) Und schon hatten wir das Volk
Pharaos mit (Hunger-) Jahren und Mangel

an Früchten erfasst, dass sie sich mahnen
ließen; (131.) doch wenn das Gute zu ihnen
kam, sprachen sie: »Das gebührt uns.« Wenn
sie aber ein Übel befiel, so sahen sie in
Moses und den Seinigen ein Omen. Aber,
war nicht ihr Omen allein bei Allah? Jedoch
die meisten von ihnen erkannten es nicht.
(132.) Und sie sprachen: »Was auch immer
für ein Zeichen du uns bringen magst, uns
zu bezaubern, so glauben wir dir doch
nicht.« (133.) Und so sandten wir über sie
die Flut und die Heuschrecken und die
Läuse und die Frösche und das Blut als
deutliche Zeichen. Sie aber benahmen sich
hoffärtig und waren ein sündig Volk.
(134.) Und sobald die Plage sie traf, sprachen
sie: »O Moses, bete für uns zu deinem
Herrn, dieweil er ein Bündnis mit dir
geschlossen. Wahrlich, wenn du uns von der
Plage befreist, so glauben wir dir, und
wahrlich, wir entlassen mit dir die Kinder
Israel.«

(135.) Sobald wir aber die Plage von ihnen
genommen hatten und der Termin für sie
verstrichen war, dann brachen sie ihr Wort.
(136.) Und so nahmen wir Rache an ihnen
und ertränkten sie im Meer, darum dass sie
unsre Zeichen der Lüge ziehen und nicht
auf sie achteten. (137.) Und zum Erbe gaben
wir dem Volk, das für schwach erachtet war,
den Osten und Westen der Erde, die wir
gesegnet hatten, und erfüllt ward das
schöne Wort deines Herrn an den Kindern
Israel, darum dass sie standhaft geblieben.
Und wir zerstörten die Werke und Bauten
Pharaos und seines Volkes.
(138.) Und wir führten die Kinder Israel
durchs Meer, und sie kamen zu einem Volk,
das seinen Götzen ergeben war. Sie
sprachen: »O Moses, mach uns einen Gott,
wie sie Götter haben.« Er sprach: »Siehe, ihr
seid ein unwissend Volk: (139.) Siehe,
zugrunde gehen wird ihre Anbetung, und
eitel ist ihr Tun.«

(140.) Er sprach: »Soll ich euch einen andern Gott Suchen als Allah, der euch vor aller Welt bevorzugt?« (141.) Und (gedenket,) da wir euch vor dem Volke Pharaos erretteten, die euch mit schlimmer Pein bedrängten und eure Söhne töteten und (nur) eure Töchter am Leben ließen. Und hierin war eine gewaltige Prüfung von euerm Herrn. (142.) Und wir verabredeten uns mit Moses dreißig Nächte und vollendeten sie mit zehn (andern,) so dass die festgesetzte Zeit seines Herrn in vierzig Nächten erfüllt ward. Und Moses sprach zu seinem Bruder Aaron: »Sei mein Stellvertreter bei meinem Volk und verhalte dich wohl und folge nicht dem Weg der Verderbenstifter.«

(143.) Und als Moses zu der von uns festgesetzten Zeit kam und sein Herr mit ihm geredet hatte, sprach er: »Mein Herr, lass mich sehen, auf dass ich dich schaue.« Er sprach: »Nimmer siehst du mich; aber schau zu dem Berge, und so er an seiner Stätte bleibt, dann sollst du mich sehen.« Und als sich sein Herr dem Berg enthüllte, machte er ihn zu Staub. Und es stürzte Moses ohnmächtig nieder. Und als er zu sich kam, sprach er: »Preis dir! Ich bekehre mich zu dir, und ich bin der erste der Gläubigen.« (144.) Er sprach: »O Moses, siehe, ich habe dich erwählt vor den Menschen durch meine Sendung und meine Zwiesprache. So nimm, was ich dir gegeben, und sei einer der Dankbaren.«

(145.) Und wir schrieben für ihn auf die Tafeln eine Ermahnung in betreff aller Dinge und eine Erklärung für alle Dinge. »Und so nimm sie an mit Kräften und befiehl deinem Volke, das Schönste in ihnen anzunehmen. Zeigen will ich euch die Wohnung der Frevler. (146.) Abwenden aber will ich von meinen Zeichen diejenigen, die ohne Grund sich hoffärtig auf der Erde benehmen; und wenn sie auch alle Zeichen sehen, wahrlich, sie glauben nicht daran, und wenn sie auch

den rechten Weg sehen, so nehmen sie ihn nicht als Weg an; sehen sie aber den Weg des Irrtums, so nehmen sie ihn als Weg an. Solches, darum dass sie unsre Zeichen der Lüge ziehen und sich nicht um dieselben kümmerten.

(147.) Und sie, die unsre Zeichen und das Eintreffen des Jenseits als Lüge erklären, umsonst sind ihre Werke gewesen. Sollten sie anders belohnt werden als nach ihren Werken?« (148.) Und es machte das Volk Mosis während seiner Abwesenheit aus seinen Schmucksachen ein leibhaftiges Kalb, welches blökte. Und sahen sie nicht, dass es nicht mit ihnen sprechen und sie nicht des Weges leiten konnte? Sie nahmen es sich und wurden Ungerechte. (149.) Und als sie es bitterlich bereuten und sahen, dass sie geirrt hatten, sprachen sie: »Wahrlich, wenn sich unser Herr nicht unser erbarmt und uns verzeiht, wahrlich dann sind wir verloren!«

(150.) Und als Moses zu seinem Volke zurückkehrte, zornig und bekümmert, sprach er: »Schlimm ist, was ihr in meiner Abwesenheit begingt. Wollt ihr den Befehl eures Herrn beschleunigen?« Und er warf die Tafeln nieder und packte seinen Bruder bei seinem Haupt, ihn zu sich zerrend. Er sprach: »Sohn meiner Mutter, siehe, das Volk machte mich schwach und hätte mich fast ermordet. Drum lasse nicht die Feinde über mich frohlocken und setze mich nicht unter das Volk der Ungerechten.« (151.) Er sprach: »Mein Herr, vergib mir und meinem Bruder und lass uns eintreten in deine Barmherzigkeit; denn du bist der barmherzigste der Barmherzigen.« (152.) Siehe, diejenigen, die sich das Kalb nahmen, wahrlich, einholen wird sie Zorn von ihrem Herrn und Schande im irdischen Leben. Und also belohnen wir diejenigen, die (Lügen) erdichten. (153.) Diejenigen aber, welche das Böse taten und dann hernach umkehren und gläubig werden – siehe, dein

Herr wird wahrlich hernach verzeihend und barmherzig sein. (154.) Und als sich Mosis Zorn beruhigt hatte, nahm er die Tafeln, und in ihrer Schrift war eine Leitung und Barmherzigkeit für jene, die ihren Herrn fürchten.

(155.) Und es erwählte Moses aus seinem Volke siebzig Mann für die von uns bestimmte Zeit. Und da das Erdbeben sie erfasste, sprach er: »Mein Herr, hättest du es gewollt, du hättest sie zuvor vertilgt und mich. Willst du uns verderben ob dem, was die Toren von uns taten? Dies ist nur eine Versuchung von dir. Irreführen willst du mit ihr, wen du willst, und leiten, wen du willst. Du bist unser Beschützer, drum verzeihe uns und erbarme dich unser; und du bist der beste der Verzeihenden.

(156.) Und verzeichne uns Gutes in dieser Welt und im Jenseits; siehe, zu dir sind wir zurückgekehrt.« Er sprach: »Meine Strafe, ich treffe mit ihr, wen ich will, und meine Barmherzigkeit umfasst alle Dinge. Und wahrlich, verzeichnen will ich sie für jene, die gottesfürchtig sind und die Armenspende zahlen, und für die, welche an unsre Zeichen glauben:

(157.) Die da folgen dem Gesandten, dem heidnischen Propheten, von dem sie geschrieben finden bei sich in der Tora und dem Evangelium. Gebieten wird er ihnen, was Rechtens ist, und verbieten das Ungerechte, und wird ihnen gewähren die guten (Speisen) und verwehren die schlechten; und abnehmen wird er ihnen ihre Vertragslasten und ihre Fesseln, die auf ihnen waren. Und jene, die an ihn glauben und ihn stärken und ihm helfen und dem Licht v folgen, das mit ihm hinabgesandt ward, ihnen wird's wohl ergehen.«

(158.) Sprich: »O ihr Menschen, siehe, ich bin zu euch insgesamt ein Gesandter Allahs, des das Reich der Himmel und der Erde ist. Es gibt keinen Gott außer ihm; er macht lebendig und tot. Drum glaubet an Allah und seine Worte und folget ihm; vielleicht werdet ihr geleitet.« (159.) Und unter Mosis Volk ist eine Gemeinde, welche in der Wahrheit (andre) leitet und gerecht nach ihr handelt.

(160.) Und wir zerteilten sie in zwölf Stämme und Nationen und offenbarten Moses, als sein Volk von ihm Wasser zu trinken begehrte: »Schlag mit deinem Stab den Felsen.« Und es entströmten ihm zwölf Quellen. Jedermann erkannte seine Tränke. Und wir überschatteten sie mit Wolken und sandten hinab auf sie das Manna und die Wachteln. »Esset von dem Guten, das wir euch beschert.« Und nicht wider uns versündigten sie sich, sondern sie sündigten wider sich selber. (161.) Und als zu ihnen gesprochen ward: »Bewohnet diese Stadt und esset von ihr, was ihr wollt, und sprechet ›Hittatun‹, und gehet ein in das Tor unter Niederwerfung, dann vergeben wir euch eure Fehle – wahrlich, ein Mehr geben wir den Rechtschaffenen...«,

(162.) da vertauschten die Ungerechten unter ihnen das Wort mit einem andern, das nicht zu ihnen gesprochen ward. Drum sandten wir auf sie Strafe vom Himmel hernieder, darum, dass sie sündigten.

(163.) Und stell sie zur Rede über die Stadt, welche am Meer lag, als sie sich am Sabbat vergingen, als ihre Fische zu ihnen an ihrem Sabbattage sichtbarlich kamen, aber an dem Tage, da sie keinen Sabbat feierten, nicht kamen. Also prüften wir sie, darum dass sie Frevler waren. (164.) Und als eine Gemeinde unter ihnen sprach: »Warum warnet ihr ein Volk, das Allah vertilgen oder mit einer strengen Strafe strafen will?« Sie sprachen: »Als Entschuldigung (für uns) bei euerm Herrn; und vielleicht werden sie gottesfürchtig.«

(165.) Und als sie ihre Verwarnung vergaßen, retteten wir diejenigen, welche

das Böse untersagt hatten, und erfassten die
Ungerechten mit strenger Strafe, darum dass
sie frevelten. (166.) Und als sie sich trutzig
von dem Verbotenen abwendeten, sprachen
wir zu ihnen: »Seid verstoßene Affen!«
(167.) Und (gedenke,) da dein Herr
verkündete, er wolle wider sie bis zum Tage
der Auferstehung (Bedrücker) entsenden,
die sie mit schlimmer Pein plagen sollten.
Siehe, dein Herr ist wahrlich schnell im
Strafen, und siehe, wahrlich, er ist
verzeihend und barmherzig. (168.) Und wir
verteilten sie auf der Erde zu Nationen.
Unter ihnen sind rechtschaffene und solche,
die es nicht sind, und wir suchten sie heim
mit Gutem und Bösem, auf dass sie
zurückkehrten. (169.) Und es folgten ihnen
Nachkommen, welche die Schrift erbten;
doch greifen sie nur nach den Gütern dieser
Welt und sprechen: »Gewisslich wird uns
verziehen.« Und wenn sich ihnen ein
ähnlicher Gewinn bietet, greifen sie wieder
danach. Aber wurden sie nicht durch die
Schrift in Bündnis genommen, nur die
Wahrheit von Allah auszusagen? Und sie
studieren, was in ihr steht! Aber die
Behausung des Jenseits ist besser für die
Gottesfürchtigen. Haben sie denn keine
Einsicht?

(170.) Und die, welche festhalten an der
Schrift und das Gebet verrichten – siehe,
nicht lassen wir den Lohn der
Rechtschaffenen verlorengehen.
(171.) Und da wir den Berg über ihnen
schüttelten, als wäre es ein Schatten, und sie
glaubten, dass er über sie fallen würde,
(sprachen wir:) »Nehmet an, was wir euch
geben, mit Kräften und beherzigt seinen
Inhalt; vielleicht seid ihr gottesfürchtig.«
(172.) Und als dein Herr aus den Rücken der
Kinder Adams ihre Nachkommenschaft zog
und wider sich selber zu Zeugen nahm (und
sprach:) »Bin ich nicht euer Herr?« sprachen
sie: »Jawohl, wir bezeugen es.« (Dies taten
wir,) damit sie nicht am Tag der

Auferstehung sprächen: »Siehe, wir waren
dessen achtlos!« (173.) Oder sprächen:
»Siehe, unsre Väter gaben (Allah) Gefährten
zuvor, und wir sind ihre
Nachkommenschaft. Willst du uns etwa
vertilgen ob dem, was Nichtiges tuende
taten?«

(174.) So machen wir unsre Zeichen klar;
vielleicht kehren sie zurück.
(175.) Und verlies ihnen die Geschichte
dessen, dem wir unsre Zeichen gaben, doch
ließ er sie beiseite, und so folgte ihm der
Satan, und er ward einer der Verführten.
(176.) Und hätten wir es gewollt, wahrlich,
wir hätten ihn dadurch erhöht; jedoch neigte
er sich der Erde zu und folgte seinem
Gelüst. Und sein Gleichnis ist das Gleichnis
eines Hundes; stürzest du auf ihn los, die
Zunge lässt er heraushängen, und lässest du
ihn zufrieden, die Zunge lässt er
heraushängen. Also ist das Gleichnis der
Leute, die unsre Zeichen der Lüge zeihen.
Drum erzähle ihnen die Geschichte,
vielleicht bedenken sie es. (177.) Schlimm ist
das Gleichnis der Leute, die unsre Zeichen
der Lüge zeihen und wider sich selber
sündigen. (178.) Wen Allah leitet, der ist der
Geleitete, und wen er irreführt, das sind die
Verlorenen. (179.) Und wahrlich, wir
erschufen für Dschehannam viele der
Dschinn und Menschen. Herzen haben sie,
mit denen sie nicht verstehen, Augen haben
sie, mit denen sie nicht sehen, und Ohren
haben sie, mit denen sie nicht hören; sie sind
wie das Vieh, ja gehen noch mehr irre; sie
sind die Achtlosen.

(180.) Und Allahs sind die schönsten
Namen. Drum rufet ihn an mit ihnen und
verlasset jene, welche seine Namen
verketzern. Wahrlich, belohnt sollen sie
werden für ihr Tun! (181.) Und unter denen,
die wir erschufen, ist ein Volk, welches in
der Wahrheit leitet und durch sie gerecht
handelt. (182.) Diejenigen aber, welche unsre

Zeichen der Lüge zeihen, wollen wir Stufe
für Stufe strafen, von wannen sie's nicht
wissen. (183.) Und verziehe ich auch mit
ihnen, siehe, meine List ist sicher.
(184.) Und wollen sie denn nicht bedenken,
dass ihr Gefährte nicht besessen ist? Er ist
nichts als ein offenkundiger Warner.
(185.) Und wollen sie denn nicht schauen zu
dem Reich der Himmel und der Erde und
zu allen Dingen, die Allah erschaffen, (und
erkennen,) dass ihr Termin schon genaht ist?
Und an welche Kunde nach dieser wollen sie
glauben?

(186.) Wen Allah irreführt, der hat keinen
Leiter; und er lässt sie in ihrer
Widerspenstigkeit irregehen.
(187.) Und sie werden dich nach der
»Stunde« befragen, auf wann sie festgesetzt
ist. Sprich: »Von ihr weiß allein mein Herr,
und er allein wird sie zu ihrer Zeit
bekanntmachen. Schwer lastet sie auf die
Himmel und die Erde; nicht anders als
unversehens überkommt sie euch.« Sie
werden dich fragen, als ob du über sie
unterrichtet wärest. Sprich: »Allein Allah
weiß von ihr; jedoch weiß es die Mehrzahl
der Menschen nicht.« (188.) Sprich: »Ich
vermag nichts über das, was mir frommt
oder schadet, es sei denn, wie Allah will.
Und wüsste ich das Verborgene, wahrlich,
des Guten hätte ich in Menge, und nicht
berührte mich Schlimmes. Ich bin nur ein
Warner und ein Freudenverkünder für ein
gläubig Volk.« (189.) Er ist's, der euch
erschuf von einem Wesen, und von ihm
machte er seine Frau, auf dass er ihr
beiwohne. Und da er bei ihr geruht hatte,
trug sie eine leichte Last und ging umher
mit ihr. Und da sie schwer ward, riefen sie
zu Allah, ihrem Herrn: »Wahrlich, wenn du
uns ein fehlerloses (Kind) gibst, wahrlich,
dann werden wir dankbar sein!«

(190.) Als er ihnen jedoch ein fehlerloses
gegeben hatte, gaben sie ihm Gefährten

Lohn) für seine Gabe. Aber erhaben ist Allah
über das, was sie ihm beigesellen.
(191.) Wollen sie ihm etwa beigesellen, was
nichts erschaffen kann und selber erschaffen
ist, (192.) und was weder ihnen helfen kann
noch sich selber? (193.) Und so ihr sie zur
Leitung einladet, folgen sie euch nicht. Es ist
gleich, ob ihr sie einladet oder ob ihr
schweigt. (194.) Siehe jene, denen sie neben
Allah dienen, sind Diener gleich ihnen.
Rufet sie an und lasset sie euch antworten,
so ihr wahrhaft seid. (195.) Haben Sie etwa
Füße zum Gehen? Oder haben sie Hände
zum Greifen? Oder haben sie Augen zum
Sehen? Oder haben sie Ohren zum Hören?
Sprich: »Rufet eure Gefährten an, alsdann
schmiedet Listen wider mich und haltet
mich nicht hin.

(196.) Siehe, mein Beschützer ist Allah, der
das Buch hinabgesandt hat; und er beschützt
die Rechtschaffenen. (197.) Die aber, die ihr
neben ihm anrufet, vermögen weder euch zu
helfen noch sich selber.« (198.) Und so ihr sie
zur Leitung auffordert, so hören sie nicht,
und du siehst sie nach dir schauen, und
doch sehen sie nicht.
(199.) Gebrauche Nachsicht, gebiete das
Rechte und meide die Unwissenden.

(200.) Und wenn dich ein Reizen vom Satan
reizen will, so nimm deine Zuflucht zu
Allah; siehe, er ist hörend und wissend.
(201.) Siehe, die Gottesfürchtigen, so sie ein
Phantom vom Satan rührt, werden
eingedenk, und siehe, dann sehen sie.
(202.) Und ihre Brüder werden sie tiefer in
den Irrtum führen; alsdann werden sie nicht
davon abstehen. (203.) Und wenn du kein
Zeichen zu ihnen bringst, sprechen sie:
»Warum hast du es nicht eingesammelt?«
Sprich: »Ich folge nur dem, was mir von
meinem Herrn offenbart ward.« Dies sind
klare Beweise von deinem Herrn und eine
Leitung und Barmherzigkeit für gläubige
Leute. (204.) Und wenn der Koran rezitiert

wird, so höret zu und schweiget; vielleicht findet ihr Barmherzigkeit.
(205.) Und gedenke deines Herrn in deiner Seele in Demut und Furcht und ohne laute Worte am Abend und Morgen. Und sei keiner der Achtlosen. (206.) Siehe, diejenigen, die bei deinem Herrn sind, sind nicht zu hoffärtig, ihm zu dienen, und preisen ihn und werfen sich vor ihm nieder.

8. Sure - Die Beute

Geoffenbart zu Medina

Im Namen Allahs, des Erbarmers, des Barmherzigen!

(1.) Sie werden dich über die Beutestücke fragen. Sprich: »Die Beute gehört Allah und dem Gesandten.« Drum fürchtet Allah und ordnet dies in Eintracht; und gehorchet Allah und seinem Gesandten, so ihr gläubig seid. (2.) Siehe, nur das sind Gläubige, deren Herzen, wenn Allah genannt wird, in Furcht erbeben, und deren Glauben wächst, so ihnen unsre Zeichen vorgelesen werden, und die auf Allah vertrauen; (3.) die das Gebet beobachten und von dem, was wir ihnen beschert, spenden; (4.) das sind die wahren Gläubigen. Rangstufen sind ihnen bei ihrem Herrn und Verzeihung und großmütige Versorgung.

(5.) (Gedenke,) wie dich dein Herr aus deinem Hause für die Wahrheit ziehen ließ, und siehe, ein Teil der Gläubigen hatte fürwahr Widerwillen. (6.) Sie stritten mit dir über die Wahrheit, nachdem sie deutlich kundgeworden war, als würden sie zum Tode geführt und hätten ihn vor Augen; (7.) und als Allah euch verhieß, dass eine der beiden Scharen euer sein solle, und ihr wünschtet, dass es die unbewaffnete wäre. Allah aber wollte die Wahrheit seiner Worte bestätigen und die Wurzel der Ungläubigen abschneiden; (8.) auf dass er die Wahrheit bestätigte und das Nichtige als nichtig erwiese, auch wenn es die Sünder nicht wollten; (9.) als ihr zu eurem Herrn um Hilfe schriet und er euch antwortete: »Siehe, ich helfe euch mit tausend Engeln, einer hinter dem andern.«

(10.) Und Allah tat dies nur als Freudenbotschaft und um damit eure Herzen zu beruhigen; denn nur bei Allah ist die Hilfe; siehe, Allah ist mächtig und weise. (11.) (Gedenke,) als euch Schlaf überkam als eine Sicherheit von ihm und er vom Himmel Wasser auf euch hinabsandte, um euch damit zu reinigen und euch von der Befleckung des Satans zu befreien und eure Herzen zu gürten und die Füße damit zu festigen; (12.) als dein Herr den Engeln offenbarte: »Ich bin mit euch, festigt drum die Gläubigen. Wahrlich, in die Herzen der Ungläubigen werfe ich Schrecken. So haut ein auf ihre Hälse und haut ihnen jeden Finger ab.« (13.) Solches, darum dass sie gegen Allah und seinen Gesandten widerspenstig waren. Wer aber widerspenstig gegen Allah und seinen Gesandten ist – siehe, so ist Allah streng im Strafen. (14.) Dies ist für euch; schmecket es denn, und für die Ungläubigen ist die Feuerspein.

(15.) O ihr, die ihr glaubt, so ihr auf die schlachtbereiten Ungläubigen stoßet, so wendet ihnen nicht den Rücken. (16.) Und wer ihnen an jenem Tage den Rücken kehrt, außer er wende sich ab zum Kampf oder zum Anschluss zu einem Trupp, der hat sich Zorn von Allah zugezogen, und seine Herberge ist Dschehannam, und schlimm ist die Fahrt (dorthin). (17.) Und nicht erschlugt ihr sie, sondern Allah erschlug sie; und nicht warfst du, als du warfst, sondern Allah warf. Und prüfen wollte er die Gläubigen mit einer schönen Prüfung von ihm. Siehe, Allah ist hörend und wissend. (18.) Solches geschah, damit Allah die List der Ungläubigen schwächte. (19.) So ihr eine Entscheidung haben wollt, die Entscheidung ist schon zu euch gekommen. Und so ihr abstehet, so ist's besser für euch. Kehrt ihr jedoch wieder um, so kehren auch wir um; und nicht soll euch eure Schar etwas frommen, soviel auch ihrer sind, denn Allah ist mit den Gläubigen.

(20.) O ihr, die ihr glaubt, gehorchet Allah und seinem Gesandten und kehret euch nicht von ihm ab, wo ihr (den Koran) höret. (21.) Und seid nicht wie jene, welche sprechen: »Wir hören«, und doch hören sie nicht. (22.) Siehe, schlimmer als das Vieh sind bei Allah die Tauben und Stummen, die nicht begreifen. (23.) Und hätte Allah etwas Gutes in ihnen gekannt, wahrlich, er hätte sie hören lassen. Aber hätte er sie auch hören lassen, wahrlich, sie hätten sich abgekehrt und weggewendet. (24.) O ihr, die ihr glaubt, antwortet Allah und seinem Gesandten, wenn sie euch einladen zu dem, was euch Leben gibt. Und wisset, dass Allah zwischen den Mann und sein Herz kommt und dass ihr zu ihm versammelt werdet.

(25.) Und hütet euch vor Aufruhr; nicht trifft er die Ungerechten unter euch vornehmlich; und wisset, dass Allah streng im Strafen ist. (26.) Und gedenket, da ihr wenige und unterdrückt wart im Lande und da ihr fürchtetet, von den Leuten hinfortgerafft zu werden. Er aber nahm euch auf und stärkte euch mit seiner Hilfe und versorgte euch mit guten Dingen; vielleicht seid ihr dankbar. (27.) O ihr, die ihr glaubt, betrügt nicht Allah und den Gesandten und übt nicht Treulosigkeit wider Wissen. (28.) Und wisset, dass euer Gut und eure Kinder nur eine Versuchung sind und dass bei Allah gewaltiger Lohn ist. (29.) O ihr, die ihr glaubt, so ihr Allah fürchtet, wird er euch Erlösung geben und wird euch eure

Missetaten vergeben und euch verzeihen; und Allah ist voll großer Huld.

(30.) Und (gedenke,) als die Ungläubigen wider dich Listen schmiedeten, um dich festzunehmen oder dich zu ermorden oder dich zu vertreiben. Und Listen schmiedeten sie, und Allah schmiedete Listen; und Allah ist der beste der Listenschmiede. (31.) Und als ihnen unsre Zeichen verlesen wurden, sprachen sie: »Wir haben gehört; wollten wir, so sprächen wir das gleiche; siehe, dies sind nichts als die Fabeln der Früheren.« (32.) Und als sie sprachen: »O Allah, wenn dieses die Wahrheit von dir ist, so regne auf uns Steine vom Himmel oder bringe schmerzliche Strafe über uns.« (33.) Allah aber wollte sie nicht strafen, während du unter ihnen warst; auch wollte er sie nicht strafen, da sie ihn um Verzeihung baten. (34.) Nichts aber steht dem im Wege, dass Allah sie dafür straft, wenn sie (die Gläubigen) von der heiligen Moschee abhalten, ohne deren Beschützer zu sein. Siehe, ihre Beschützer sind allein die Gottesfürchtigen. Jedoch weiß es die Mehrzahl von ihnen nicht. (35.) Und ihr Gebet bei dem (Gottes-)Haus ist nichts anderes als Pfeifen und Händeklatschen. So schmecket die Strafe für euern Unglauben.

(36.) Siehe, die Ungläubigen geben ihr Gut aus, um (die Gläubigen) von Allahs Weg abzuwenden. Sie sollen es nur ausgeben; alsdann kommt Seufzen über sie, alsdann werden sie übermocht. Und die Ungläubigen, zu Dschehannam sollen sie versammelt werden, (37.) damit Allah die Bösen von den Guten trennt und die Bösen übereinandertut und aus allen einen Haufen macht und sie in Dschehannam wirft. Jenes sind die Verlorenen. (38.) Sprich zu den Ungläubigen: So sie abstehen, wird ihnen das Frühere verziehen; tun sie's aber wieder, so ist schon die Strafe der Früheren dagewesen. (39.) Und kämpfet wider sie, bis kein Bürgerkrieg mehr ist und bis alles an Allah glaubt. Stehen sie ab, siehe, so sieht Allah ihr Tun; (40.) und so sie den Rücken kehren, so wisset, dass Allah euer Beschützer ist, der beste Beschützer und der beste Helfer. (41.) Und wisset, wenn ihr etwas erbeutet, so gehört der fünfte Teil davon Allah und dem Gesandten und (seinen) Verwandten und den Waisen und Armen und dem Sohn des Weges, so ihr an Allah glaubt und an das, was wir auf unsern Diener hinabsandten am Tag der Entscheidung, dem Tag der Begegnung der beiden Scharen. Und Allah hat Macht über alle Dinge. (42.) Als ihr auf dem diesseitigen Talrand wäret und sie auf dem jenseitigen und die Karawane unter euch, da würdet ihr, hättet ihr euch auch verabredet, doch uneins über die Verabredung gewesen sein. Aber (der Kampf fand statt,) damit Allah eine Sache entschiede, die geschehen sollte; auf dass, wer da umkäme, unter deutlichem Beweis umkäme, und wer da am Leben bliebe, unter deutlichem Beweis am Leben bliebe. Und siehe wahrlich, Allah ist hörend und wissend.

(43.) (Gedenke,) als Allah sie dir in deinem Traume als wenig zeigte. Und hätte er sie dir als viele gezeigt, wahrlich, ihr wäret kleinmütig gewesen und hättet über die Sache miteinander gehadert. Allah aber bewahrte euch (davor); siehe, er kennt das Innerste der Brust. (44.) Und als er sie euch beim Zusammentreffen in euren Augen als wenig erscheinen ließ und euch in ihren Augen verkleinerte, damit Allah eine Sache vollendete, die geschehen sollte. Und zu Allah kehren die Dinge zurück.

(45.) O ihr, die ihr glaubt, so ihr auf eine Schar treffet, stehet fest und gedenket häufig Allahs; vielleicht ergeht es euch wohl. (46.) Und gehorchet Allah und seinem Gesandten und hadert nicht miteinander, damit ihr nicht kleinmütig werdet und euer

Sieg euch verlorengeht. Und seid standhaft; siehe, Allah ist mit den Standhaften. (47.) Und seid nicht gleich jenen, welche übermütig aus ihren Wohnungen kamen, um von den Leuten gesehen zu werden, und sie machen abwendig von Allahs Weg, und Allah überschaut ihr Tun; (48.) und als der Satan ihnen ihr Tun verlockend machte und sprach: »Kein Mensch wird euch heute überwinden; und siehe, ich bin euch nahe.« Als aber die beiden Scharen einander sahen, wich er zurück auf seinen Fersen und sprach: »Siehe, ich bin eurer los und ledig; siehe, ich sehe, was ihr nicht sehet; siehe, ich fürchte Allah; und Allah ist streng im Strafen.« (49.) Als die Heuchler und diejenigen, in deren Herzen Krankheit, sprachen: »Betrogen hat jene ihr Glauben.« Wer aber auf Allah traut siehe, so ist Allah mächtig und weise.

(50.) Sähest du nur die Engel die Ungläubigen zu sich nehmen, wie sie ihnen ihr Gesicht und den Rücken schlagen und (sprechen:) »Schmecket die Strafe des Verbrennens! (51.) Solches für das, was eure Hände voraussandten!« Und weil Allah nicht ungerecht ist gegen seine Diener. (52.) Sie gleichen dem Volke Pharaos und denen, die vor ihnen waren, die Allahs Zeichen verleugneten, und da erfasste sie Allah in ihren Sünden; siehe, Allah ist stark und streng im Strafen. (53.) Solches, dieweil Allah seine Gnade nicht ändert, mit der er ein Volk begnadet, ehe sie nicht ändern, was in ihren Seelen ist. Und siehe, Allah ist hörend und wissend.

(54.) Sie gleichen dem Volke Pharaos und denen, die vor ihnen waren, welche die Zeichen ihres Herrn der Lüge ziehen. Und da vertilgten wir sie in ihren Sünden und ertränkten das Volk Pharaos; und alle waren Ungerechte. (55.) Siehe, schlimmer als das Vieh sind bei Allah die Ungläubigen, die nicht glauben: (56.) Die, so du einen Bund mit ihnen machst, jedes Mal den Bund brechen und nicht gottesfürchtig sind. (57.) Und so du sie im Krieg gefangen nimmst, verscheuche mit ihnen ihr Gefolge; vielleicht lassen sie sich mahnen. (58.) Und so du Verräterei von deinem Volke befürchtest, erweise ihm das gleiche. Siehe, Allah liebt nicht die Verräter. (59.) Und denke nicht, dass die Ungläubigen gewinnen; sie vermögen (Allah) nicht zu schwächen.

(60.) So rüstet wider sie, was ihr vermögt an Kräften und Rossehaufen, damit in Schrecken zu setzen Allahs Feind und euern Feind und andre außer ihnen, die ihr nicht kennt, Allah aber kennt. Und was ihr auch spendet in Allahs Weg, er wird es euch wiedergeben, und es soll euch kein Unrecht geschehen. (61.) Sind sie aber zum Frieden geneigt, so sei auch du ihm geneigt und vertrau auf Allah; siehe, er ist der Hörende, der Wissende. (62.) Und so sie dich betrügen wollen, so ist Allah dein Genüge. Er ist's, der dich mit seiner Hilfe stärkt und mit den Gläubigen, (63.) und der ihre Herzen verbunden hat. Hättest du auch alles auf Erden dahingegeben, du hättest ihre Herzen nicht verbunden; aber Allah verband sie; siehe, er ist mächtig und weise.

(64.) O du Prophet, dein Genüge ist Allah und wer dir folgt von den Gläubigen. (65.) O du Prophet, feuere die Gläubigen zum Kampfe an; sind auch nur zwanzig Standhafte unter euch, sie überwinden zweihundert, und so unter euch hundert sind, so überwinden sie tausend der Ungläubigen, dieweil sie ein Volk ohne Einsicht sind. (66.) Nunmehr hat es euch Allah leicht gemacht, denn er weiß, dass in euch Schwachheit ist. Und so unter euch hundert Standhafte sind, überwinden sie zweihundert; und so unter euch tausend sind, überwinden sie zweitausend mit Allahs Erlaubnis. Und Allah ist mit den Standhaften. (67.) Noch vermochte kein Prophet Gefangene zu machen, ehe er nicht auf Erden gemetzelt. Ihr wollt die Güter dieser Welt, Allah aber will das Jenseits, und Allah ist mächtig und weise. (68.) Wäre nicht eine Vorschrift von Allah zuvorgekommen, so hätte euch für das, was ihr nahmt, gewaltige Strafe betroffen. (69.) So esset von dem, was ihr erbeutetet, was erlaubt ist und gut. Und fürchtet Allah; siehe, Allah ist nachsichtig und barmherzig.

(70.) O du Prophet, sprich zu den Gefangenen in euern Händen: »So Allah Gutes in euern Herzen erkennt, wird er euch Besseres geben, als was euch genommen, und wird euch verzeihen. Denn Allah ist verzeihend und barmherzig.« (71.) Und so sie Verrat an dir üben wollen, so haben sie schon zuvor an Allah Verrat geübt. Er gab sie deshalb in eure Gewalt, und Allah ist wissend und weise. (72.) Siehe, diejenigen, welche glauben und ausgewandert sind und mit Gut und Blut Allahs Weg stritten und die (ihnen) Herberge und Hilfe gewährten, die sollen sein einer des andern Verwandter. Und jene, welche glauben, aber nicht auswanderten, die sollen in nichts in Verwandtschaft mit euch stehen, ehe sie nicht ausgewandert sind. So sie euch aber in Sachen des Glaubens um Hilfe angehen, so liegt es euch ob, ihnen zu helfen, außer gegen ein Volk, zwischen dem und euch ein Bündnis besteht. Und Allah schaut euer Tun.

(73.) Und die Ungläubigen sind (auch) einer des andern Verwandter; so ihr dies nicht tut, entsteht Aufruhr im Land und großes Verderben. (74.) Die Gläubigen aber, welche auswanderten und in Allahs Weg stritten und die (ihnen) Herberge und Hilfe gewährten, das sind die Gläubigen in Wahrheit. Ihnen gebührt Verzeihung und großmütige Versorgung. (75.) Und die, welche hernach gläubig wurden und auswanderten und mit euch stritten, auch diese gehören zu euch. Und die Blutsverwandten sind einer des andern nächste Verwandten. (Dies ist) in Allahs Buch; siehe, Allah weiß alle Dinge.

9. Sure - Die Reue
Geoffenbart zu Medina

(1.) Schuldlosigkeit sei von Allah und seinem Gesandten denjenigen von den Götzendienern, mit denen ihr einen Vertrag geschlossen habt. (2.) Ziehet deshalb im Lande vier Monate lang umher und wisset, dass ihr Allah nicht zuschanden machen könnt und dass Allah die Ungläubigen zuschanden macht. (3.) Und eine Ankündigung sei von Allah und seinem Gesandten an die Menschen am Tag der größern Pilgerfahrt, dass Allah los und ledig der Götzendiener ist, ebenso wie sein Gesandter. Und so ihr Buße tut, so ist's besser für euch, kehrt ihr jedoch den Rücken, so wisset, dass ihr Allah nicht zuschanden machen könnt. Und verheiße den Ungläubigen schmerzliche Strafe. (4.) Ausgenommen sind jedoch diejenigen der Götzendiener, mit denen ihr einen Vertrag geschlossen habt und die es hernach in nichts fehlen ließen und noch keinem wider euch beistanden. Ihnen gegenüber müsst ihr den Vertrag bis zu der (ihnen bewilligten) Frist halten. Siehe, Allah liebt die Gottesfürchtigen.

(5.) Sind aber die heiligen Monate verflossen, so erschlaget die Götzendiener, wo ihr sie findet, und packet sie und belagert sie und lauert ihnen in jedem Hinterhalt auf. So sie jedoch bereuen und das Gebet verrichten und die Armensteuer zahlen, so lasst sie ihres Weges ziehen. Siehe, Allah ist verzeihend und barmherzig.

(6.) Und so einer der Götzendiener dich um Zuflucht angeht, so gewähre ihm Zuflucht, auf dass er Allahs Wort vernimmt. Alsdann lass ihn die Stätte seiner Sicherheit erreichen. Solches, weil sie ein unwissend Volk sind. (7.) Wie können aber die Götzendiener mit Allah und seinem Gesandten in ein Bündnis treten, außer jenen, mit denen ihr bei der heiligen Moschee einen Vertrag schlosset? Und solange sie euch treu bleiben, so haltet ihnen Treue. Siehe, Allah liebt die Gottesfürchtigen. (8.) Wie, wo sie, wenn sie euch besiegten, weder Blutsbande noch Bündnis halten würden? Mit ihrem Munde stellen sie euch zufrieden, ihre Herzen jedoch sind (euch) abgeneigt, und die Mehrzahl von ihnen sind Frevler. (9.) Sie verkaufen Allahs Zeichen um einen winzigen Preis und machen von Allahs Weg abwendig; siehe, böse ist ihr Tun.

(10.) Sie halten einem Gläubigen gegenüber weder Blutsbande noch Bündnis; und sie, sie sind die Übertreter. (11.) So sie jedoch bereuen und das Gebet verrichten und die Armensteuer zahlen, so sind sie eure Brüder im Glauben. Und wir machen die Zeichen klar für ein verständig Volk. (12.) Und so sie nach dem Vertrag ihren Eid brechen und euern Glauben höhnen, so bekämpfet die Führer Imame. des Unglaubens. Siehe, in ihnen ist keine Treue. Vielleicht stehen sie ab. (13.) Wollt ihr nicht kämpfen wider ein Volk, das seinen Eid brach und das da plant, den Gesandten zu vertreiben, und die zuerst mit euch (den Streit) angefangen haben? Fürchtet ihr sie etwa? Doch Allah ist würdiger, von euch gefürchtet zu werden, so ihr gläubig seid. (14.) Bekämpfet sie; Allah wird sie strafen durch eure Hände und sie mit Schmach bedecken und wird euch Sieg über sie verleihen und wird heilen die Herzen eines gläubigen Volks;
(15.) und hinwegnehmen wird er den Zorn

ihrer Herzen. Und Allah kehrt sich, zu wem er will, und Allah ist wissend und weise.

(16.) Oder wähnt ihr, ihr würdet verlassen sein, und dass Allah noch nicht diejenigen kennt, die da stritten von euch und außer Allah und seinem Gesandten und den Gläubigen keinen zum Freund annahmen? Und Allah kennt euer Tun.
(17.) Den Götzendienern kommt es nicht zu, die Moscheen Allahs zu besuchen, durch ihren Unglauben wider sich selber zeugend. Sie – umsonst sind ihre Werke, und im Feuer werden sie ewig verweilen. (18.) Besuchen nur soll die Moscheen Allahs, wer da glaubt an Allah und an den Jüngsten Tag und das Gebet verrichtet und die Armensteuer zahlt und Allah allein fürchtet. Und vielleicht ist's, dass jene zu den Geleiteten gehören.
(19.) Setzt ihr etwa das Tränken des Pilgers und den Besuch der heiligen Moscheen gleich dem, der da glaubt an Allah und an den Jüngsten Tag, und der da eifert in Allahs Weg? Nicht sind sie gleich vor Allah; und Allah leitet nicht das sündige Volk.

(20.) Diejenigen, welche gläubig wurden und auswanderten und in Allahs Weg eiferten mit Gut und Blut, nahmen die höchste Stufe bei Allah ein. Und sie, sie sind die Glückseligen. (21.) Es verheißet ihnen ihr Herr Barmherzigkeit von ihm und Wohlgefallen, und Gärten sind ihnen, in denen beständige Wonne. (22.) Verweilen sollen sie in ihnen ewig und immerdar. Siehe, Allah bei ihm ist gewaltiger Lohn.
(23.) O ihr, die ihr glaubt, sehet weder in euren Vätern noch euren Brüdern Freunde, so sie den Unglauben dem Glauben vorziehen; und wer von euch sie zu Freunden nimmt, das sind Ungerechte.
(24.) Sprich: »So eure Väter und eure Söhne und eure Brüder und eure Frauen und eure Sippe und das Gut, das ihr erworben, und die Ware, deren Unverkäuflichkeit ihr befürchtet, und die Wohnungen, die euch

Wohlgefallen, euch lieber sind als Allah und sein Gesandter und das Eifern in seinem Weg, so wartet, bis Allah mit seinem Befehl kommt.« Und Allah leitet nicht die Frevler.

(25.) Wahrlich, schon half euch Allah auf vielen Kampfgefilden und am Tag von Honein, als ihr stolz wäret auf eure Menge. Doch sie frommte euch nichts; und eng ward euch die Erde bei ihrer Weite; alsdann kehrtet ihr den Rücken zur Flucht.
(26.) Alsdann sandte Allah seine Gegenwart auf seinen Gesandten und auf die Gläubigen nieder und sandte Heerscharen hernieder, die ihr nicht sähet, und strafte die Ungläubigen. Und das ist der Lohn der Ungläubigen. (27.) Alsdann kehrt sich Allah hernach, zu wem er will, denn Allah ist verzeihend und barmherzig. (28.) O ihr, die ihr glaubt, siehe, die Götzendiener sind unrein. Drum sollen sie sich nicht nach diesem ihrem Jahr der heiligen Moschee nähern. Und so ihr dadurch Armut befürchtet, so wird euch Allah sicherlich, so er will, aus seinem Überfluss versorgen; siehe, Allah ist wissend und weise.
(29.) Kämpfet wider jene von denen, welchen die Schrift gegeben ward, die nicht glauben an Allah und an den Jüngsten Tag und nicht verwehren, was Allah und sein Gesandter verwehrt haben, und nicht bekennen das Bekenntnis der Wahrheit, bis sie den Tribut aus der Hand gedemütigt entrichten.

(30.) Und es sprechen die Juden: »Esra ist Allahs Sohn.« Und es sprechen die Nazarener: »Der Messias ist Allahs Sohn.« Solches ist das Wort ihres Mundes. Sie führen ähnliche Reden wie die Ungläubigen von zuvor. Allah, schlag sie tot! Wie sind sie verstandeslos! (31.) Sie nehmen ihre Rabbiner, und Mönche neben Allah und den Messias, den Sohn der Maria, zu Herren an, wo ihnen doch allein geboten ward, einem einzigen Gott zu dienen, außer dem es

keinen Gott gibt. Preis ihm, (er steht hoch)
über dem, was sie neben ihn setzen.
(32.) Verlöschen wollen sie Allahs Licht mit
ihrem Munde; aber Allah will allein sein
Licht vollenden, auch wenn es den
Ungläubigen zuwider ist.

(33.) Er ist's, der entsandt hat seinen
Gesandten mit der Leitung und der Religion
der Wahrheit, um sie sichtbar zu machen
über jede andre Religion, auch wenn es den
Ungläubigen zuwider ist. (34.) O ihr, die ihr
glaubt, siehe, wahrlich viele der Rabbiner
und Mönche fressen das Gut der Leute
unnütz und machen abwendig von Allahs
Weg. Aber wer da Gold und Silber
aufspeichert und es nicht spendet in Allahs
Weg, ihnen verheiße schmerzliche Strafe.
(35.) An einem Tage soll es an
Dschehannams Feuer glühend gemacht
werden, und gebrandmarkt werden sollen
damit ihre Stirnen, Seiten und Rücken: »Das
ist's, was ihr aufspeichertet für eure Seelen;
so schmecket, was ihr aufspeichertet.«

(36.) Siehe, die Anzahl der Monate bei Allah
sind zwölf Monate, in dem Buche Allahs, an
dem Tage, da er die Himmel und die Erde
erschuf. Von ihnen sind vier heilig. Das ist
der wahrhafte Glauben. Drum versündigt
euch nicht in ihnen und bekämpfet die
Götzendiener insgesamt, wie sie euch
bekämpfen insgesamt, und wisset, dass
Allah mit den Gottesfürchtigen ist.
(37.) Siehe, der Schaltmonat ist eine
Mehrung des Unglaubens. Die Ungläubigen
sind hierdurch irregeführt. Sie erlauben es in
einem Jahr und verwehren es in einem
andern Jahr, damit sie die Anzahl der von
Allah geheiligten (Monate) ausgleichen und
so erlauben, was Allah verwehrt hat.
Ausgeputzt ist ihnen das Böse ihres Tuns;
aber Allah leitet nicht die Ungläubigen.
(38.) O ihr, die ihr glaubt, was war euch,
dass, als zu euch gesprochen ward: »Ziehet
hinaus in Allahs Weg«, ihr euch schwer zu

Erde neigtet? Habt ihr mehr Wohlgefallen
am irdischen Leben als am Jenseits? Aber
der Nießbrauch des irdischen Lebens ist
gegenüber dem Jenseits nur ein winziger.
(39.) So ihr nicht ausziehet, wird er euch
strafen mit schmerzlicher Strafe und ein
andres Volk an eure Stelle setzen; und ihr
schadet ihm in nichts, denn Allah hat Macht
über alle Dinge.

(40.) Wenn ihr ihm nicht helfet, so hat ihm
zuvor Allah geholfen, als ihn die
Ungläubigen vertrieben, selbzweit, als beide
in der Höhle waren und er zu seinem
Gefährten sprach: »Traure nicht; siehe, Allah
ist mit uns.« Und da sandte Allah seine
Gegenwart auf ihn nieder und stärkte ihn
mit Heerscharen, die ihr nicht sähet, und
erniedrigte das Wort der Ungläubigen und
erhöhte Allahs Wort. Und Allah ist mächtig
und weise. (41.) Ziehet aus, leicht und
schwer, und eifert mit Gut und Blut in
Allahs Weg. Solches ist besser für euch, so
ihr es begreifet. (42.) Wäre ein naher Gewinn
und eine bequeme Fahrt gewesen, wahrlich,
sie wären dir gefolgt. Aber weit war ihnen
der Abstand. Und doch schwören sie bei
Allah: »Hätten wir es vermocht, wir wären
mit euch ausgezogen.« Sie vertilgen sich
selber. Und Allah weiß es wahrlich, dass sie
Lügner sind. (43.) Allah vergebe dir! Warum
gewährtest du es ihnen, bevor dir die
Wahrhaften offenkundig wurden und du die
Lügner erkanntest? (44.) Nicht werden dich
um Erlaubnis bitten die, welche an Allah
glauben und an den Jüngsten Tag, nicht zu
eifern mit Gut und Blut; und Allah kennt die
Gottesfürchtigen.

(45.) Um Erlaubnis bitten dich nur jene, die
nicht an Allah glauben und an den Jüngsten
Tag und deren Herzen noch zweifeln und
die in ihrem Zweifel hin und her
schwanken. (46.) Und so sie zum Ausmarsch
gewillt gewesen wären, so hätten sie für ihn
gerüstet. Aber Allah wollte nicht ihr

Ausziehen, und so machte er sie schlaff, und es ward gesprochen: »Sitzet (daheim) mit den Sitzenden!« (47.) Wären sie mit euch ausgezogen, so würden sie euch nur zur Last gewesen sein und hätten, zwischen euch umherlaufend, euch zum Aufruhr gereizt, und manche von euch hätten auf sie gehört. Aber Allah kennt die Ungerechten. (48.) Wahrlich, schon zuvor trachteten sie nach Aufruhr und verkehrten deine Angelegenheiten, bis die Wahrheit kam und Allahs Befehl erschien, wiewohl er ihnen zuwider war. (49.) Einige von ihnen sprechen zu dir: »Gewähre es mir und versuche mich nicht.« Sind sie nicht schon in Versuchung gefallen? Und siehe wahrlich, Dschehannam wird umfassen die Ungläubigen.

(50.) Trifft dich etwas Schönes, so betrübt es sie; trifft dich ein Unheil, so sprechen sie: »Wir haben uns schon zuvor gesichert.« Und sie kehren vergnügt den Rücken.
(51.) Sprich: »Nimmer trifft uns ein andres, als was Allah uns verzeichnet. Er ist unser Beschützer, und auf Allah sollen alle Gläubigen vertrauen.«
(52.) Sprich: »Erwartet ihr etwa, dass uns nicht eins der beiden schönsten Dinge treffen wird?« Und wir erwarten von euch, dass euch Allah mit einer Strafe treffen wird, sei es von ihm oder durch unsre Hand. Und so wartet; siehe, wir warten mit euch.
(53.) Sprich: »Spendet willig oder unwillig, nimmer wird es von euch angenommen. Siehe, ihr seid ein Volk von Frevlern.«
(54.) Und nichts anderes verhindert die Annahme ihrer Spenden, als dass sie nicht glauben an Allah und an seinen Gesandten und nur mit Trägheit das Gebet verrichten und nur widerwillig spenden. (55.) lass dich deshalb ihr Gut und ihre Kinder nicht wundernehmen. Siehe, Allah will sie damit nur im irdischen Leben strafen, und damit ihre Seelen zugrunde gehen, während sie ungläubig sind. (56.) Und sie schwören bei

Allah, dass sie wahrlich zu euch gehören; jedoch sind sie ein furchtsam Volk.

(57.) Fänden sie nur einen Zufluchtsort oder Höhlen oder einen Schlupfwinkel, sie würden sich zu ihm wenden in wilder Hast. (58.) Und einige unter ihnen lästern dich in betreff der Almosen. So ihnen von ihnen gegeben wird, sind sie zufrieden, und so ihnen nicht von ihnen gegeben wird, dann sind sie verdrossen. (59.) Und wären sie doch zufrieden mit dem, was ihnen Allah gibt und sein Gesandter, und sprächen: »Unser Genüge ist Allah. Fürwahr, Allah wird uns geben aus seinem Überfluss und (ebenso) sein Gesandter; siehe, zu Allah beten wir in Inbrunst.«

(60.) Die Almosen sind nur für die Armen und Bedürftigen und die, welche sich um sie bemühen, und die, deren Herzen gewonnen sind, und für die Gefangenen und die Schuldner und den Weg Allahs und den Sohn des Weges. (Das ist) eine Vorschrift von Allah; siehe, Allah ist wissend und weise. (61.) Und einige unter ihnen gibt's, welche den Propheten kränken und sprechen: »Er ist Ohr.« Sprich: »Ein Ohr des Guten für euch. Er glaubt an Allah und glaubt den Gläubigen und ist eine Barmherzigkeit gegen die Gläubigen unter euch.« Wer aber den Gesandten Allahs kränkt, denen soll sein schmerzliche Strafe. (62.) Sie schwören euch bei Allah, um euch zu gefallen. Aber Allah und sein Gesandter sind würdiger, dass sie ihm gefallen, so sie Gläubige sind. (63.) Wissen sie nicht, dass für den, der Allah und seinen Gesandten befehdet, Dschehannams Feuer ist, ewig darinnen zu verweilen? Das ist die gewaltige Schande. (64.) Es fürchten die Heuchler, es möchte eine Sure auf sie hinabgesandt werden, die ihnen ankündet, was in ihren Herzen ist. Sprich: »Spottet nur; siehe, Allah bringt zum Vorschein, wovor ihr euch fürchtet.«

(65.) Und wahrlich, wenn du sie fragst, wahrlich, dann sprechen sie: »Wir plauderten nur und scherzten.« Sprich: »Verspottet ihr etwa Allah und seine Zeichen und seinen Gesandten?« (66.) Entschuldigt euch nicht. Ungläubig wurdet ihr nach euerm Glauben. Wenn wir auch einem Teile von ihnen vergeben, so strafen wir einen andern Teil, darum dass sie sich versündigten. (67.) Heuchler und Heuchlerinnen sind die einen wie die andern. Sie gebieten das Unrechte und verbieten das Rechte und schließen ihre Hände. Vergessen haben sie Allah, und so hat er sie vergessen. Siehe, die Heuchler sind Frevler.

(68.) Verheißen hat Allah den Heuchlern und Heuchlerinnen und den Ungläubigen Dschehannams Feuer, ewig darinnen zu verweilen. Das ist ihr Genüge. Und verflucht hat sie Allah, und für sie ist ewige Strafe. (69.) (Ihr seid) gleich denen, die vor euch waren. Sie waren mächtiger denn ihr an Kraft und reicher an Gut und Kindern, und sie erfreuten sich ihres Anteils. So erfreut ihr euch eures Anteils gleich denen, die sich vor euch ihres Anteils erfreuten, und schwätzet wie jene schwatzten. Sie – umsonst sind ihre Werke hienieden und im Jenseits, und sie, sie sind die Verlorenen.

(70.) Kam nicht die Kunde derer, die vor ihnen waren, zu ihnen? Vom Volke des Noah, von Ad, von Thamud und vom Volke Abrahams und den Bewohnern Midians und der umgekehrten (Städte)? Es kamen zu ihnen ihre Gesandten mit den deutlichen Zeichen, und Allah wollte ihnen kein Unrecht tun, doch taten sie sich selber Unrecht. (71.) Und die Gläubigen, Männer und Frauen, sind einer des andern Freunde; sie gebieten das Rechte und verbieten das Unrechte und verrichten das Gebet und zahlen die Armensteuer und gehorchen Allah und seinem Gesandten. Sie – wahrlich,

Allah erbarmt sich ihrer; siehe, Allah ist mächtig und weise.

(72.) Verheißen hat Allah den Gläubigen, Männern und Frauen, Gärten, durcheilt von Bächen, ewig darinnen zu verweilen, und gute Wohnungen in Edens Gärten. Aber Wohlgefallen bei Allah ist besser als dies. Das ist die große Glückseligkeit.
(73.) O du Prophet, streite wider die Ungläubigen und Heuchler und verfahre hart mit ihnen. Und ihre Herberge ist Dschehannam, und schlimm ist die Fahrt (dorthin). (74.) Sie schwören bei Allah, sie hätten es nicht gesprochen, jedoch sprachen sie wahrlich des Unglaubens Wort und wurden ungläubig nach ihrem Islam und planten, was ihnen nicht gelang. Und sie missbilligten es nur, weil Allah und sein Gesandter sie aus Seiner Huld reich gemacht hatte. Und so sie sich bekehren, ist's besser für sie; wenden sie sich jedoch (wieder) ab, so wird Allah sie strafen mit schmerzlicher Strafe hienieden und im Jenseits, und sollen auf Erden weder Beschützer noch Helfer finden.
(75.) Und unter ihnen haben einige einen Bund mit Allah geschlossen, (indem sie sprachen:) »Wahrlich, wenn er uns aus seiner Huld gibt, wahrlich, dann wollen wir Almosen geben, und wahrlich, dann wollen wir rechtschaffen sein.«

(76.) Da er ihnen aber aus seiner Huld gegeben hatte, geizten sie damit und kehrten den Rücken im Abfall. (77.) Und so ließ er Heuchelei in ihren Herzen nachfolgen bis zum Tag, da sie mit ihm zusammentreffen, darum dass sie Allah nicht gehalten, was sie ihm versprachen, und weil sie gelogen.
(78.) Wissen sie denn nicht, dass Allah ihr Verborgenes kennt und ihr geheimes Gespräch, und dass Allah die Geheimnisse kennt? (79.) Diejenigen, welche solche Gläubige verhöhnen, die aus freien Stücken Almosen geben, und die, welche nichts

finden als ihr Erarbeitetes, und über sie spotten – Allah spottet über sie, und ihnen wird sein schmerzliche Strafe. (80.) Bitte um Verzeihung für sie oder bitte nicht um Verzeihung für sie; ob du auch siebzig Mal um Verzeihung für sie bätest, so wird ihnen doch Allah nimmer verzeihen. Solches, darum dass sie nicht glaubten an Allah und seinen Gesandten; und Allah leitet nicht die Frevler. (81.) Es freuten sich die in ihren Wohnungen Zurückgebliebenen, dem Gesandten Allahs zuwidergehandelt zu haben, und hatten keine Lust, mit Gut und Blut in Allahs Weg zu eifern, und sprachen: »Ziehet nicht aus in der Hitze.« Sprich: »Dschehannams Feuer ist heißer.« O dass sie es doch begriffen! (82.) Und so mögen sie wenig lachen und viel weinen zum Lohn für ihr Tun.

(83.) Und so dich Allah heimkehren lässt zu einer Anzahl von ihnen und sie dich um Erlaubnis bitten, hinauszuziehen, so sprich: »Nimmerdar sollt ihr mit mir ausziehen und nimmerdar sollt ihr mit mir wider einen Feind kämpfen. Siehe, es gefiel euch das erste Mal, (daheim) zu sitzen, und so sitzet (daheim) mit den Dahintenbleibenden.« (84.) Und nimmerdar bete über einen von ihnen, wenn er starb, und stehe nicht bei seinem Grabe. Siehe, sie glaubten nicht an Allah und seinen Gesandten und starben als Frevler. (85.) Und lass dich nicht wundernehmen ihr Gut und ihre Kinder; siehe, Allah will sie damit nur strafen hienieden, dass ihre Seelen abscheiden, während sie ungläubig sind. (86.) Und da eine Sure hinabgesandt ward (des Inhalts:) »Glaubet an Allah und streitet mit seinem Gesandten«, baten dich die Begüterten unter ihnen und sprachen: »Laß uns bei den (Daheim-) Sitzenden.« (87.) Es gefiel ihnen, bei den Dahinterbleibenden zu sein, und es wurden ihre Herzen versiegelt, so dass sie nicht begreifen. (88.) Jedoch der Gesandte und die Gläubigen bei ihm eifern mit Gut und Blut, und sie – das Gute wird ihnen (zum Lohn), und sie – ihnen wird's wohl ergehen. (89.) Bereitet hat Allah für sie Gärten, durcheilt von Bächen, ewig darinnen zu verweilen. Das ist die große Glückseligkeit.

(90.) Und es kamen Ausflüchte machend einige der (Steppen-) Araber, auf dass ihnen Erlaubnis würde, (daheim zu bleiben). Und sitzen bleiben (daheim) diejenigen, die Allah und seinen Gesandten belogen hatten. Wahrlich, treffen wird die Ungläubigen unter ihnen schmerzliche Strafe. (91.) Nicht versündigen sich die Schwachen und die Kranken und die, welche nichts zum Ausgeben finden, (dasssie zu Hause bleiben,) so sie es nur mit Allah und seinem Gesandten treu meinen. Gegen die Rechtschaffenen gibt es keinen Weg; und Allah ist verzeihend und barmherzig. (92.) Auch nicht gegen die, zu denen du, als sie zu dir kamen, dass du sie ausrüstetest, sprachst: »Ich finde nichts, um euch damit auszurüsten.« Da kehrten sie um, während ihren Augen Tränen vor Trauer darüber entströmten, dass sie nichts fanden zum Ausgeben.

(93.) Nur gegen die ist der Weg, die dich um Erlaubnis bitten (daheim zu bleiben), wiewohl sie reich sind. Es gefällt ihnen, bei den Dahintenbleibenden zu sein. Versiegelt hat Allah ihre Herzen, und so verstehen sie nicht. (94.) Sie werden sich bei euch entschuldigen, so ihr zu ihnen zurückgekehrt. Sprich: »Entschuldigt euch nicht: nimmer glauben wir euch. Allah hat uns schon über euer Verhalten benachrichtigt. Wahrlich, schauen wird Allah und sein Gesandter euer Tun. Alsdann werdet ihr zurückgebracht werden zum Wisser des Verborgenen und Offenbaren, und ankündigen wird er euch, was ihr getan.«

(95.) Wahrlich, beschwören werden sie euch bei Allah, wenn ihr zu ihnen zurückgekehrt seid, dass ihr von ihnen abstehet. So stehet ab von ihnen! Siehe, sie sind ein Greuel, und ihre Herberge ist Dschehannam als Lohn für ihr Tun. (96.) Sie werden euch beschwören, mit ihnen zufrieden zu sein. Aber so ihr auch mit ihnen zufrieden seid, so ist Allah doch nicht zufrieden mit einem Volk von Frevlern. (97.) Die (Steppen-)Araber sind verstockt in Unglauben und Heuchelei, und es ist sehr wahrscheinlich, dass sie die Vorschriften, welche Allah auf seinen Gesandten herniedergesendet hat, nicht kennen. Und Allah ist wissend und weise.

(98.) Und unter den (Steppen-) Arabern sind welche, die ihre Spenden als erzwungene Schuld ansehen und auf die Wechsel (eures Glückes) lauern. Über sie wird ein Unheilswechsel kommen; denn Allah ist hörend und wissend. (99.) Aber etliche unter den (Steppen-)Arabern glauben auch an Allah und den Jüngsten Tag und betrachten ihre Spenden als Annäherungen zu Gott und den Gebeten des Gesandten. Und ist's nicht, dass sie eine Annäherung (zu Gort) für sie sind? Wahrlich, einführen wird sie Allah in seine Barmherzigkeit! Siehe, Allah ist verzeihend und barmherzig.

(100.) Und jene, die da vorauszogen, die ersten der Auswandrer und die Helfer, und jene, die ihnen folgten in schönem Tun, Wohlgefallen hat Allah an ihnen, und Wohlgefallen haben sie an ihm, und bereitet hat er ihnen Gärten, durcheilt von Bächen, ewig und immerdar darinnen zu weilen. Das ist die große Glückseligkeit.
(101.) Und unter denen der (Steppen-)Araber, die rings um euch sind, gibt es Heuchler; und auch unter dem Volke Medinas gibt's hartnäckige Heuchler. Nicht kennst du sie, (o Mohammed;) wir kennen sie; wahrlich, strafen wollen wir sie zwiefältig; alsdann sollen sie überantwortet werden gewaltiger Strafe.
(102.) Und andre haben ihre Sünden bekannt; sie vermischten eine rechtschaffene Handlung mit einer andern bösen. Vielleicht dass Allah sich wieder zu ihnen kehrt; siehe, Allah ist verzeihend und barmherzig.
(103.) Nimm von ihrem Gut als Almosen, damit du sie dadurch reinigst und heiligst; und bete für sie; siehe, deine Gebete bringen Beruhigung, und Allah ist hörend und wissend. (104.) Wissen sie denn nicht, dass Allah die Buße seiner Diener annimmt, und dass er die Almosen empfängt, und dass Allah der Vergebende, der Barmherzige ist?

(105.) Und sprich: »Wirket!« Und wahrlich, schauen wird Allah euer Werk und sein Gesandter und die Gläubigen. Und wahrlich, zurück sollt ihr gebracht werden zu dem Wisser des Verborgenen und Offenbaren, und ankündigen wird er euch euer Tun. (106.) Und andre warten auf Allahs Befehl, ob er sie strafen oder ob er sich zu ihnen kehren wird. Und Allah ist wissend und weise. (107.) Andre haben eine Moschee erbaut, um Unheil und Unglauben und Spaltungen zwischen den Gläubigen anzustiften und zu einem Hinterhalt für den, welcher zuvor Allah und seinen Gesandten bekriegte. Und wahrlich, sie schwören: »Wir bezwecken nur Gutes.« Aber Allah ist Zeuge, dass sie Lügner sind.
(108.) Stehe nimmerdar in ihr. Wahrlich, es gibt eine Moschee, gegründet auf Frömmigkeit vom ersten Tag an; geziemender ist's, dass du in ihr stehst. In ihr sind Leute, die sich zu reinigen wünschen, und Allah liebt die sich Reinigenden. (109.) Ist nun etwa der besser, der sein Gebäude auf Gottesfurcht und auf Allahs Huld gegründet hat, oder der, welcher sein Gebäude gegründet hat auf den Rand fortgespülten Schwemmsandes, der mit ihm in Dschehannams Feuer gespült wird? Und Allah leitet nicht die Ungerechten.

(110.) Ihr Gebäude, das sie erbaut, wird nicht aufhören, Zweifel in ihren Herzen zu erregen, als bis ihre Herzen zerschnitten sind, und Allah ist wissend und weise. (111.) Siehe, Allah hat von den Gläubigen ihr Leben und ihr Gut für das Paradies erkauft. Sie sollen kämpfen in Allahs Weg und töten und getötet werden. Eine Verheißung hierfür ist gewährleistet in der Tora, im Evangelium und im Koran; und wer hält seine Verheißung getreuer als Allah? Freut euch daher des Geschäfts, das ihr abgeschlossen habt; und das ist die große Glückseligkeit. (112.) Die sich Bekehrenden, die (Allah) Dienenden, die Lobpreisenden, die Fastenden, die sich Beugenden, die sich Niederwerfenden, die das Rechte Gebietenden und das Unrechte Verbietenden, die Allahs Gebote Beobachtenden... und Heil verkünde den Gläubigen. (113.) Nicht kommt es dem Propheten und den Gläubigen zu, für die Götzendiener um Verzeihung zu bitten, und wären es auch Angehörige, nachdem ihnen deutlich kundgetan, dass sie des Höllenpfuhls Gefährten sind.

(114.) Und auch Abraham betete nur um Verzeihung für seinen Vater infolge eines Versprechens, das er ihm gegeben. Als ihm aber offenkund ward, dass er ein Feind Allahs war, sagte er sich los von ihm. Siehe, Abraham aber war wahrlich mitleidsvoll und milde. (115.) Und nicht leitet Allah Leute irre, nachdem er sie recht geleitet, als bis er ihnen deutlich gezeigt, was sie zu fürchten haben. Siehe, Allah weiß alle Dinge. (116.) Siehe, Allah, sein ist das Reich der Himmel und der Erde, er macht lebendig und tot, und außer Allah ist euch kein Schützer und Helfer. (117.) Wahrlich, gekehrt hat sich Allah zum Propheten und den Ausgewanderten und den Helfern, die ihm folgten in der Stunde der Drangsal, nachdem fast die Herzen eines Teiles von ihnen abgewichen wären. Alsdann kehrte er sich zu ihnen; siehe, er ist gütig zu ihnen und barmherzig. (118.) Auch zu jenen drei (kehrte er sich), die zurückgeblieben waren, bis dass die Erde ihnen bei ihrer Weite eng ward; und ihre Seelen wurden ihnen so eng, dass sie einsahen, dass es vor Allah keine Zuflucht gäbe als bei ihm. Alsdann kehrte er sich zu ihnen, damit sie sich bekehrten. Siehe, Allah ist der Vergebende, der Barmherzige. (119.) O ihr, die ihr glaubt, fürchtet Allah und seid mit den Wahrhaften.

(120.) Keinen Grund hatten die Bewohner Medinas und ihre Umwohner von den (Steppen-)Arabern, hinter dem Gesandten Allahs zurückzubleiben und ihr Leben dem seinigen vorzuziehen. Solches, darum dass sie weder Durst noch Mühsal, noch Hunger in Allahs Weg betroffen hätte. Und nicht treten sie einen Tritt, der die Ungläubigen erzürnt, und nicht tut ein Feind ihnen etwas an, ohne dass es ihnen als gutes Werk aufgeschrieben wird. (121.) Und sie spenden auch keine Spende, sei es eine kleine oder große, und durchqueren kein Wadi, das ihnen nicht aufgezeichnet wird, auf dass Allah das beste ihrer Werke ihnen lohne. (122.) Und nicht sollen die Gläubigen insgesamt ausziehen. Von jeder Schar von ihnen soll eine Abteilung nicht ausziehen, um einander in der Religion zu belehren und um ihr Volk, wenn es zu ihnen heimkehrt, zu warnen, auf der Hut zu sein.

(123.) O ihr, die ihr glaubt, kämpfet wider die Ungläubigen an euern Grenzen, und wahrlich, lasset sie Härte in euch verspüren. Und wisset, dass Allah mit den Gottesfürchtigen ist. (124.) Und wenn da eine Sure herabgesandt wird, so sprechen einige von ihnen: »Wer von euch ist durch sie im Glauben gestärkt?« Was aber die Gläubigen anlangt, so stärkt sie dieselben im Glauben, und sie freuen sich. (125.) Was aber jene anlangt, in deren Herzen Krankheit ist, so fügt sie Zweifel zu

ihrem Zweifel hinzu, und sie sterben als
Ungläubige. (126.) Sehen sie denn nicht,
dass sie in jedem Jahre einmal oder zweimal
geprüft werden? Doch darauf bekehren sie
sich nicht und lassen sich nicht mahnen.
(127.) Und wenn da eine Sure herabgesandt
wird, schauen sie einander an (und
sprechen:) »Sieht euch jemand?« Alsdann
kehren sie sich ab. Allah wendet ihre Herzen
ab, dieweil sie ein unverständig Volk sind.
(128.) Wahrlich, nunmehr kam zu euch ein
Gesandter von euch; schwer liegen auf ihm
eure Missetaten. Fürsorglich ist er für euch,
gegen die Gläubigen gütig und barmherzig.
(129.) Und so ihr den Rücken kehrt, so
sprich: »Mein Genüge ist Allah! Es gibt
keinen Gott außer ihm. Auf ihn traue ich,
und er ist der Herr des herrlichen Thrones.«

10. Sure - Jonas

Geoffenbart zu Mekka

*Im Namen Allahs, des Erbarmers, des
Barmherzigen!*

(1.) A. L. R. Dieses sind die Zeichen des
weisen Buches. (2.) Ist es den Menschen
wunderbar, dass wir einem Manne von
ihnen offenbarten: »Warne die Menschen
und verheiße denen, die da glauben, dass sie
bei ihrem Herrn den Lohn für ihre
Lauterkeit finden?« Die Ungläubigen
sprechen: »Siehe, dies ist wahrlich ein
offenkundiger Zauberer.« (3.) Siehe, Allah ist
euer Herr, der erschaffen die Himmel und
die Erde in sechs Tagen. Alsdann setzte er
sich auf den Thron, um den Befehl zu
führen. Keinen Fürbitter gibt es ohne seine
Erlaubnis. Das ist Allah, euer Herr; und so
dienet ihm. Wollt ihr das nicht bedenken?
(4.) Zu ihm ist eure Heimkehr allzumal;
Allahs Verheißung ist wahrhaftig. Siehe, er

bringt das Geschöpf hervor; alsdann lässt er
es zurückkehren, auf dass er belohne, die da
glauben und in Gerechtigkeit das
Rechtschaffene tun. Und die Ungläubigen –
ihnen wird sein ein siedender Trunk und
schmerzliche Strafe, darum dass sie nicht
glaubten.

(5.) Er ist's, der gemacht die Sonne zu einer
Leuchte und den Mond zu einem Licht; und
verordnet hat er ihm Wohnungen, auf dass
ihr wisset die Anzahl der Jahre und die
Berechnung (der Zeit). Und erschaffen hat
Allah dies allein zur Wahrheit. Klar macht er
die Zeichen für ein begreifend Volk.
(6.) Siehe, in dem Wechsel der Nacht und
des Tages und in allem, was Allah erschaffen
in den Himmeln und auf der Erde, sind
wahrlich Zeichen für gottesfürchtige Leute.
(7.) Siehe, diejenigen, welche nicht hoffen,
uns zu begegnen und an dem irdischen
Leben Wohlgefallen finden und sich dabei
beruhigen und unserer Zeichen achtlos sind:
(8.) Sie – ihre Herberge ist das Feuer für ihr
Tun. (9.) Siehe, diejenigen, welche glauben
und das Rechte tun, leiten wird sie ihr Herr
um ihres Glaubens willen. Eilen werden
unter ihnen Bäche in Gärten der Wonne.

(10.) Ihr Gebet wird sein in ihnen: »Preis dir,
o Allah!« und ihr Gruß in ihnen: »Frieden!«
Und das Ende ihres Gebetes: »Das Lob sei
Allah dem Weltenherrn!« (11.) Und so Allah
den Menschen das Schlimme beschleunigte,
wie sie das Gute beschleunigen möchten,
wahrlich, entschieden wäre ihr Termin. Und
so lassen wir die, welche nicht hoffen, uns
zu begegnen, in ihrer Übertretung
irregehen. (12.) Und so dem Menschen ein
Unglück widerfährt, so ruft er uns an, auf
der Seite (liegend), sitzend oder stehend.
Haben wir aber sein Unglück von ihm
fortgenommen, so geht er weiter, als hätte er
uns nicht angerufen wider das Unheil, das
ihm widerfahren. Also ist ausgeputzt den
Übertretern ihr Tun. (13.) Und wahrlich,

schon vertilgten wir die Geschlechter vor euch, nachdem sie gesündigt und nicht an ihre Gesandten, die zu ihnen kamen mit den deutlichen Zeichen, geglaubt. Also lohnen wir den Sündern.

(14.) Alsdann machten wir euch zu ihren Nachfolgern auf der Erde, um zu schauen, wie ihr handeln würdet. (15.) Und so ihnen die Zeichen als (deutliche) Beweise verkündet werden, sprechen diejenigen, welche auf unsre Begegnung nicht hoffen: »Bring uns einen andern Koran als diesen oder ändre ihn ab.« Sprich: »Nicht steht es mir frei, ihn abzuändern aus eignem Antrieb. Ich folge nur dem, was mir offenbart ward. Siehe, ich fürchte, wenn ich wider meinen Herrn mich empöre, die Strafe eines gewaltigen Tages.«
(16.) Sprich: »Hätte Allah es gewollt, so hätte ich ihn euch nicht verlesen und euch nicht damit belehrt. Und ich verweilte doch schon unter euch ein Menschenleben vor ihm.« Begreift ihr denn nicht? (17.) Und wer ist sündiger, als wer wider Allah eine Lüge ersinnt oder seine Zeichen der Lüge zeiht? Siehe, den Sündern ergeht es nicht wohl.
(18.) Und sie dienen neben Allah dem, was ihnen weder schaden noch nützen kann; und sie sprechen: »Dies sind unsre Fürsprecher bei Allah.« Sprich: »Wollt ihr Allah ansagen, was er nicht kennt in den Himmeln und auf der Erde? Preis ihm! Und erhaben ist er ob dem, was ihr ihm beigesellt.« (19.) Und die Menschen waren nur eine Gemeinde. Und sie wurden uneins, und wäre nicht ein Wort von deinem Herrn vorausgegangen, entschieden wäre zwischen ihnen das, worüber sie uneins sind.

(20.) Und sie sprechen: »Warum ist kein Zeichen von seinem Herrn auf ihn herabgesandt?« Drum sprich: »Das Verborgene ist nur Allahs. Drum wartet; siehe, ich warte mit euch.« (21.) Und als wir

die Leute unsre Barmherzigkeit schmecken ließen, nachdem sie ein Unglück betroffen, siehe, da machten sie einen Anschlag wider unsre Zeichen. Sprich: »Schneller im Anschlag ist Allah.« Siehe, unsre Gesandten schreiben eure Anschläge auf. (22.) Er ist's, der euch reisen lässet zu Land und Meer, so dass, wenn ihr auf den Schiffen seid – und sie mit ihnen mit gutem Wind dahineilen und sich dessen freuen, überkommt sie plötzlich ein Sturmwind, und über sie kommen die Wogen von allen Seiten, und sie glauben, dass sie rings von ihnen umschlossen sind; dann rufen sie zu Allah in lauterm Glauben: »Wahrlich, wenn du uns hieraus errettest, dann sind wir dir gewisslich dankbar.« (23.) Wenn wir sie jedoch errettet haben, dann üben sie wieder Gewalt auf der Erde ohne Grund. O ihr Menschen, die Vergewaltigung eures eignen Selbst ist nur ein Nießbrauch des irdischen Lebens. Alsdann ist eure Heimkehr zu uns, und ansagen werden wir euch, was ihr getan.

(24.) Siehe, das Gleichnis des irdischen Lebens ist nur wie das Wasser, das wir von dem Himmel hinabsenden; und es wird aufgenommen vom Gewächs der Erde, von dem Menschen und Vieh sich nähren, bis dass, wenn die Erde empfangen ihren Flitter und sich geputzt hat, und ihre Bewohner glauben, sie hätten Macht über sie, dann kommt zu ihr unser Befehl in der Nacht oder am Tag, und wir machen sie abgemäht, gleich als ob sie gestern nicht reich gewesen. Also machen wir die Zeichen klar für ein nachdenkend Volk. (25.) Und Allah ladet ein zur Wohnung des Friedens und leitet, wen er will, auf einen rechten Pfad.

(26.) Denen, die Gutes taten, wird Gutes und noch mehr. Nicht sollen ihre Angesichter bedeckt werden von Schwärze oder Schmach. Sie sind des Paradieses Gefährten und werden ewig darinnen verweilen.

(27.) Denen aber, die Böses taten, wird Böses
in gleichem Maß, und bedecken soll sie
Schmach. Keinen Schützer sollen sie haben
wider Allah, und es soll sein, als ob ihre
Angesichter mit einem finstern Stück der
Nacht verhüllt wären. Sie sind des Feuers
Gefährten und sollen ewig darinnen
verweilen. (28.) Eines Tages versammeln wir
sie allzumal; alsdann sprechen wir zu
denen, die (Allah) Gefährten gaben: »An
euern Platz, ihr und eure ›Gefährten‹!« Und
dann machen wir einen Zwischenraum
zwischen ihnen, und sprechen werden ihre
›Gefährten‹: »Nicht dientet ihr uns.
(29.) Und es genügt Allah als Zeuge
zwischen uns und euch. Siehe, wahrlich, wir
waren achtlos auf eure Anbetung.«

(30.) Daselbst soll jede Seele prüfen, was sie
vorausgeschickt, und zurückgebracht
werden sie zu Allah, ihrem wahren Herrn,
und schweifen wird von ihnen, was sie
ersonnen. (31.) Sprich: »Wer versorgt euch
vom Himmel und von der Erde her? Oder
wer hat Gewalt über Gehör und Gesicht?
Und wer bringt das Lebendige aus dem
Toten hervor, und bringt hervor das Tote aus
dem Lebendigen? Und wer führt den
Befehl?« Und wahrlich, sprechen werden sie:
»Allah.« So sprich: »Wollt ihr ihn denn nicht
fürchten?« (32.) Und dieser Gott ist euer
wahrer Herr; und was bliebe ohne die
Wahrheit als der Irrtum? Wie seid ihr so
verkehrt? (33.) So bewahrheitet sich das
Wort deines Herrn wider die Frevler, dieweil
sie nicht glaubten.

(34.) Sprich: »Gibt es unter euern
›Gefährten‹ einen, der das Geschöpf
hervorbringt und es wieder zurückkehren
lasset?« Sprich: »Allah bringt das Geschöpf
hervor, alsdann lässt er es wieder
zurückkehren.« Und wie seid ihr so
abgekehrt? (35.) Sprich: »Gibt es etwa unter
euern ›Gefährten‹ einen, der zur Wahrheit
leitet?« Sprich: »Allah leitet zur Wahrheit.«

Und ist nun der, welcher zur Wahrheit leitet,
würdiger, dass man ihm nachfolge, oder wer
nicht leitet, es sei denn, er werde geleitet?
Und was fehlt euch, dass ihr so urteilt?
(36.) Und die Mehrzahl von ihnen folgt nur
einer Meinung. Aber die Meinung nützt
nichts gegenüber der Wahrheit. Siehe, Allah
kennt ihr Tun. (37.) Und dieser Koran konnte
nicht ohne Allah ersonnen werden.
Vielmehr ist er eine Bestätigung dessen, was
ihm vorausging, und eine Erklärung der
Schrift kein Zweifel ist daran – vom Herrn
der Welten. (38.) Oder sprechen sie: »Er hat
ihn ersonnen?« Sprich: »So bringet eine
gleiche Sure; und rufet an, wen ihr vermögt,
außer Allah, so ihr wahrhaft seid.«
(39.) Aber der Lüge ziehen sie, was sie mit
ihrem Wissen nicht umfassten, wiewohl
seine Deutung noch nicht zu ihnen
gekommen. Also ziehen auch jene, die vor
ihnen lebten, der Lüge. Und schau, wie das
Ende der Ungerechten war.

(40.) Und einige von ihnen glauben daran,
während andre von ihnen nicht daran
glauben. Und dein Herr kennt sehr wohl die
Verderbenstifter. (41.) Und so sie dich der
Lüge zeihen, so sprich: »Mein Tun ist für
mich und euer Tun ist für euch. Ihr seid los
und ledig meines Tuns und ich bin los und
ledig eures Tuns.« (42.) Und einige von
ihnen hören dir zu; kannst du aber die
Tauben hörend machen, wenn sie nicht
Verstand haben? (43.) Und andre von ihnen
schauen auf dich. Kannst du aber die
Blinden leiten, wenn sie nicht sehen?
(44.) Siehe, Allah fügt den Menschen kein
Unrecht zu, vielmehr fügen die Menschen
sich selber Unrecht zu. (45.) Und an dem
Tage, an dem er sie versammelt, wird es
ihnen sein, als hätten sie nur eine Stunde
vom Tage gesäumt. Sie werden einander
erkennen. Dann sind jene verloren, welche
die Begegnung mit Allah leugneten und
nicht geleitet waren. (46.) Ob wir dich
schauen lassen einen Teil von dem, was wir

ihnen androhten, oder ob wir dich zu uns
nehmen, zu uns ist ihre Heimkehr. Alsdann
wird Allah Zeuge sein für ihr Tun.
(47.) Und jedes Volk hat seinen Gesandten.
Und als ihr Gesandter kam, ward zwischen
ihnen in Gerechtigkeit entschieden, und sie
litten nicht Unrecht. (48.) Und sie sprechen:
»Wann (tritt ein) diese Drohung, so ihr
wahrhaft seid?« (49.) Sprich: »Ich habe keine
Macht über mein eigen Weh und Wohl ohne
Allahs Willen. Jedes Volk hat seinen Termin.
Wenn sein Termin gekommen ist, so können
sie keine Stunde (von ihm) verschieben oder
beschleunigen.«

(50.) Sprich: »Was meint ihr? Wenn seine
Strafe zu euch kommt bei Nacht oder bei
Tag, was werden dann die Sünder von ihr
beschleunigen? (51.) Werdet ihr dann, wenn
sie eintrifft, an sie glauben? Und doch
wolltet ihr sie beschleunigen.«
(52.) Alsdann wird zu den Sündern
gesprochen: »Schmecket die Strafe der
Ewigkeit! Wollt ihr einen andern Lohn
empfangen, als was ihr verdientet?«
(53.) Und sie werden Auskunft von dir
verlangen, ob dies wahr ist. Sprich: »Ja, bei
meinem Herrn, es ist die Wahrheit! Und ihr
vermögt (ihn) nicht schwach zu machen.«
(54.) Und wenn dann eine jede sündige Seele
alles, was auf Erden ist, besäße, wahrlich, sie
möchte sich damit lösen. Und offen werden
sie die Reue kundtun, wenn sie die Strafe
gesehen. Und es wird in Gerechtigkeit
zwischen ihnen entschieden werden, und
nicht sollen sie Unrecht leiden.

(55.) Siehe, ist nicht Allahs, was in den
Himmeln und auf Erden? Siehe, ist nicht
Allahs Verheißung Wahrheit? Jedoch die
meisten von ihnen wissen es nicht.
(56.) Er macht lebendig und tot, und zu ihm
kehrt ihr zurück. (57.) O ihr Menschen,
nunmehr kam eine Mahnung zu euch von
euerm Herrn und eine Heilung für das, was
in eurer Brust, und eine Leitung und

Barmherzigkeit für die Gläubigen.
(58.) Sprich: »Durch die Huld Allahs und
seine Barmherzigkeit! Und hieran mögen sie
sich freuen; das ist besser als all ihr
Sammeln. (59.) Sprich: »Was meint ihr von
der Nahrung, die Allah euch hinabsandte
und von der ihr das eine verwehrt, das
andre erlaubt gemacht habt?« Sprich: »Hat
Allah euch Erlaubnis gegeben oder erdichtet
ihr wider Allah?«

(60.) Was aber wird das Denken jener, die
wider Allah Lügen ersannen, am Tag der
Auferstehung sein? Siehe, wahrlich, Allah ist
voll Huld gegen die Menschen, jedoch sind
die meisten von ihnen nicht dankbar.
(61.) Du sollst kein Geschäft eingehen und
sollst aus dem Koran nichts verlesen, und
ihr sollt kein Werk betreiben, ohne dass wir
Zeugen sind, wie ihr euch darin einlasset.
Und nicht ist deinem Herrn das Gewicht
eines Stäubchens auf Erden und im Himmel
verborgen; und nichts ist kleiner oder größer
als dies, das nicht in einem offenkundigen
Buch stünde. (62.) Ist's nicht, dass über
Allahs Freunde keine Furcht kommt und
dass sie nicht trauern werden?
(63.) Diejenigen, welche glauben und
gottesfürchtig waren, (64.) ihnen wird frohe
Botschaft sein im irdischen Leben und im
Jenseits. Unabänderlich sind Allahs Worte.
Das ist die große Glückseligkeit.

(65.) Und lass dich nicht ihr Reden betrüben.
Siehe, die Macht ist Allahs insgesamt; er ist
der Hörende, der Wissende. (66.) Siehe, ist
nicht Allahs alles, was in den Himmeln und
was auf Erden? Und wem folgen denn jene,
welche neben Allah ›Gefährten‹ anrufen?
Siehe, sie folgen nur einem Wahn, und siehe,
sie sind nichts als Lügner. (67.) Er ist's, der
für euch die Nacht gemacht, auf dass ihr in
ihr ruhet, und den Tag zum Sehen. Siehe,
hierin sind wahrlich Zeichen für ein hörend
Volk. (68.) Sie sprechen: »Erzeugt hat Allah
einen Sohn.« Preis Ihm! Er ist der Reiche.

Sein ist, was in den Himmeln und was auf Erden. Habt ihr Bürgschaft hierfür? Oder sprecht ihr wider Allah, was ihr nicht wisset? (69.) Sprich: »Siehe, diejenigen, welche wider Allah Lügen ersinnen, ihnen wird's nicht wohl ergehen.«

(70.) Ein Nießbrauch in der Welt! Alsdann ist ihre Heimkehr zu uns; alsdann geben wir ihnen zu schmecken die strenge Strafe, darum dass sie nicht glaubten.
(71.) Und verlies ihnen die Geschichte Noahs, da er sprach zu seinem Volke: »O mein Volk, wenn euch auch lästig ist mein Wohnen (unter euch) und mein Ermahnen mit Allahs Zeichen, so vertraue ich auf Allah. Bestellt nur eure Sache und eure Gefährten, und (bestellt sie) nicht im Dunkeln; alsdann entscheidet über mich und wartet nicht. (72.) Und so ihr den Rücken kehrt, so verlange ich keinen Lohn von euch. Siehe, mein Lohn ist allein bei Allah, und befohlen ward mir, ein Muslim zu sein.« (73.) Sie aber ziehen ihn der Lüge; und so retteten wir ihn und die Seinigen in die Arche und machten sie zu Nachfolgern und ertränkten jene, die unsre Zeichen der Lüge ziehen. Und schau, wie das Ende der Gewarnten war.

(74.) Alsdann schickten wir nach ihm Gesandte zu ihren Völkern, und sie brachten ihnen die deutlichen Beweise. Sie aber wollten nicht glauben, was sie zuvor der Lüge geziehen. Also versiegeln wir die Herzen der Übertreter.
(75.) Alsdann schickten wir nach ihnen Moses und Aaron zu Pharao und seinen Häuptern mit unsern Zeichen. Sie aber waren hoffärtig und waren ein sündig Volk. (76.) Und da die Wahrheit von uns zu ihnen kam, sprechen sie: »Siehe, dies ist wahrlich ein offenkundiger Zauber.« (77.) Es sprach Moses: »Sprechet ihr von der Wahrheit, nachdem sie zu euch gekommen: ›Ist dies Zauberei?‹ Aber den Zauberern ergeht es

nicht wohl.« (78.) Sie sprachen: »Bist du zu uns gekommen, um uns abwendig zu machen von dem, bei dem wir unsre Väter erfanden, und dass euch beiden werde die Macht im Land? Und wir glauben nicht an euch.« (79.) Und es sprach Pharao: »Bringt mir alle kundigen Zauberer.«

(80.) Und da die Zauberer kamen, sprach Moses zu ihnen: »Werfet, was ihr zu werfen habt.« (81.) Und da sie geworfen hatten, sprach Moses: »Den Zauber, den ihr vorgebracht habt, siehe wahrlich, Allah wird ihn vereiteln. Siehe, Allah lässt das Werk der Verderbenstifter nicht gedeihen.
(82.) Und bewahrheiten wird Allah die Wahrheit durch seine Worte, auch wenn es den Sündern mißfällt.« (83.) Und niemand glaubte an Moses außer einer Sippe seines Volkes, aus Furcht vor Pharao und seinen Häuptern, dass sie sie straften. Und siehe wahrlich, Pharao war erhaben im Lande, und siehe wahrlich, er war einer der Ausschweifenden. (84.) Und es sprach Moses: »O mein Volk, so ihr an Allah glaubt, so vertraut auf ihn, so ihr Muslime seid.« (85.) Und sie sprachen: »Auf Allah vertrauen wir. Unser Herr, lass das ungerechte Volk uns nicht versuchen, (86.) und errette uns durch deine Barmherzigkeit vor dem ungläubigen Volk.«

(87.) Und wir offenbarten Moses und seinem Bruder: »Bereitet euerm Volk in Ägypten Häuser und machet in den Häusern eine Qibla und verrichtet das Gebet und verkündet Freude den Gläubigen.« (88.) Und es sprach Moses: »Unser Herr, siehe, du hast Pharao und seinen Häuptern Pracht gegeben und Güter im irdischen Leben. Unser Herr, auf dass sie abirren von deinem Wege! Unser Herr, vertilge ihre Güter und verhärte ihre Herzen, dass sie nicht glauben, bis sie die schmerzliche Strafe sehen.« (89.) Er sprach: »Euer Gebet ist erhört. Verhaltet euch wohl und folget nicht dem Weg der Unwissenden.«

(90.) Und wir führten die Kinder Israel durchs Meer; und es folgte ihnen Pharao mit seinen Heerscharen, bis dass, als sie am Ertrinken waren, er sprach: »Ich glaube, dass es keinen Gott gibt als den, an welchen die Kinder Israel glauben, und ich bin einer der Muslime.« (91.) »Jetzt; und zuvor rebelliertest du und warst einer der Verderbenstifter. (92.) Und so wollen wir dich heute erretten mit deinem Leibe, damit du für die Spätern ein Zeichen seiest.« Und siehe wahrlich, viele der Menschen achten nicht auf unsre Zeichen. (93.) Und wir bereiteten den Kindern Israel eine zuverlässige Wohnung und versorgten sie mit dem Guten. Und nicht eher wurden sie uneins, als bis das Wissen zu ihnen kam. Siehe, dein Herr wird unter ihnen entscheiden am Tag der Auferstehung in betreff dessen, worüber sie uneins sind. (94.) Und so du in Zweifel bist über das, was wir zu dir hinabsandten, so frage diejenigen, welche die Schrift vor dir lasen. Wahrlich, gekommen ist zu dir die Wahrheit von deinem Herrn; drum sei keiner der Zweifler. (95.) Und sei auch nicht von jenen, welche Allahs Zeichen der Lüge zeihen, sonst bist du einer der Verlorenen.

(96.) Siehe, diejenigen, wider welche das Wort deines Herrn gefällt ist, werden nicht glauben, (97.) auch wenn alle Zeichen zu ihnen kämen, bis sie die schmerzliche Strafe sehen. (98.) Und wenn nicht – einer Stadt, die geglaubt, hätte doch ihr Glauben gefrommt. Aber nur das Volk des Jonas befreiten wir, als es geglaubt, von der Strafe der Schande in der irdischen Welt und gewährten ihm einen Nießbrauch für eine Zeit. (99.) Und wenn dein Herr gewollt hätte, so würden alle auf der Erde insgesamt gläubig werden. Willst du etwa die Leute zwingen, gläubig zu werden?

(100.) Und keine Seele kann gläubig werden ohne Allahs Erlaubnis; und seinen Zorn wird er über die senden, welche nicht begreifen. (101.) Sprich: »Schaut, was da in den Himmeln und auf Erden ist.« Doch nützen weder Zeichen noch Warner bei einem ungläubigen Volk.
(102.) Und erwarten sie etwa anderes als Tage wie die derer, die vor ihnen dahingingen? Sprich: »Wartet nur, siehe, ich warte mit euch.« (103.) Alsdann werden wir unsre Gesandten und die Gläubigen erretten. Also ist es unsre Pflicht, die Gläubigen zu erretten. (104.) Sprich: »O ihr Menschen, so ihr in Zweifel über meine Religion seid, so diene ich nicht denen, welchen ihr neben Allah dienet, sondern ich diene Allah, der euch zu sich nehmen wird; und geboten ward mir, einer der Gläubigen zu sein.«

(105.) Und: »Richte dein Angesicht zu der (wahren) Religion in lauterm Glauben und gehöre nicht zu jenen, die (Allah) Gefährten geben.« (106.) Und rufe nicht außer Allah an, was dir weder nützen noch schaden kann; denn, tust du es, siehe, alsdann gehörst du zu den Ungerechten.
(107.) Und so dich Allah mit einem Übel trifft, so ist keiner, der es hinfortnimmt, außer ihm; und so er dir Gutes plant, so kann niemand seine Huld abwenden. Er trifft damit, wen er will von seinen Dienern, und er ist der Verzeihende, der Barmherzige. (108.) Sprich: »O ihr Menschen, nunmehr kam zu euch die Wahrheit von euerm Herrn. Und wer da geleitet ist, der ist nur zu seinem eigenen Besten geleitet; und wer irregeht, der geht nur zu seinem eigenen Schaden irre. Und ich bin nicht euer Hüter.« (109.) Und folge dem, was dir geoffenbart ward; und harre aus, bis Allah richtet; und er ist der beste der Richter.

11. Sure - Hud

Geoffenbart zu Mekka

Im Namen Allahs, des Erbarmers, des Barmherzigen!

(1.) A. L. R. Ein Buch, dessen Verse wohl gefügt, alsdann erklärt sind, von einem Weisen, einem Kundigen, (2.) auf dass ihr allein Allah dienet. Siehe, ich bin zu euch von ihm (entsandt) als ein Warner und Freudenverkünder, (3.) und dass ihr euern Herrn um Verzeihung bittet und euch dann zu ihm bekehrt. Er versorgt euch mit schönen Dingen bis zu einem bestimmten Termin und wird jedem, der Huld verdient, seine Huld gewähren. Kehrt ihr euch jedoch ab, so fürchte ich für euch die Strafe eines großen Tages. (4.) Zu Allah ist eure Heimkehr, und er hat Macht über alle Dinge. (5.) Ist's nicht, dass sie ihre Brust zusammenfalten, um sich vor ihm zu verbergen? Aber, ob sie sich auch in ihre Kleider hüllten, weiß er denn nicht, was sie verbargen und was sie zeigen? Siehe, er kennt das Innerste der Brust.

(6.) Kein Kriechtier auf Erden gibt's, dessen Versorgung nicht ihm obläge, und er kennt seine Stätte und seinen Ruheplatz. Alles ist in einem offenkundigen Buch (verzeichnet).

(7.) Er ist's, der erschaffen die Himmel und die Erde in sechs Tagen, und es war sein Thron auf dem Wasser, damit er euch prüfte, wer von euch an Werken der beste wäre. Und wahrlich, wenn du sprichst: »Siehe, erweckt werdet ihr nach dem Tode«, wahrlich, dann sprechen die Ungläubigen: »Siehe, dies ist nichts als offenkundiger Zauber.« (8.) Und wahrlich, wenn wir die Strafe auf eine berechnete Frist verschieben, wahrlich, dann sprechen sie: »Was hält sie zurück?« Wird sie nicht eines Tages zu ihnen kommen, wo keiner sie von ihnen abwehren wird, und umringen wird sie, was sie verspotteten. (9.) Und wahrlich, wenn wir dem Menschen von uns Barmherzigkeit zu schmecken geben und sie dann von ihm fortnehmen, siehe wahrlich, dann verzweifelt er und ist undankbar.

(10.) Und wahrlich, wenn wir ihm nach Drangsal, die ihn betroffen, Gnade zu schmecken geben, wahrlich, dann spricht er: »Von mir gewichen ist das Übel.« Siehe wahrlich, er ist freudig und prahlt; (11.) außer jenen, welche standhaft sind und das Rechte tun; für sie ist Verzeihung und großer Lohn. (12.) Und vielleicht möchtest du einen Teil von dem, was dir offenbart ward, zurückhalten, und deine Brust ist darüber beklommen, dass sie sprechen: »Warum ward nicht ein Schatz auf ihn herabgesandt oder kam ein Engel mit ihm?« Du aber bist nur ein Warner, und Allah hat Macht über alle Dinge. (13.) Oder sie sprechen: »Er hat ihn ersonnen.« Sprich: »So bringt zehn gleiche Suren her, (von euch) erdichtet, und rufet an, wen ihr vermögt, außer Allah, so ihr wahrhaft seid.«

(14.) Und wenn sie euch nicht erhören, so wisset, dass er nur in Allahs Weisheit hinabgesandt wurde und dass es keinen Gott außer ihm gibt. Seid ihr nun Muslime? (15.) Wer das irdische Leben begehrt und seine Pracht, dem wollen wir seine Werke in ihm lohnen, und sie sollen in ihm nicht verkürzt werden. (16.) Sie sind es, für die es im Jenseits nichts gibt als das Feuer, und umsonst ist all ihr Tun hienieden gewesen und eitel ihre Werke.

(17.) (Ist ihnen etwa der gleich,) der einem deutlichen Beweis von seinem Herrn folgt und dem ein Zeuge von ihm (den Koran) vorliest und dem das Buch Mosis vorausging als Vorbild und Barmherzigkeit? Diese glauben daran, und wer ihn verleugnet und zu der Rotte (der Ungläubigen) gehört, dem ist das Feuer verheißen. Sei daher ohne Zweifel über ihn. Siehe, er ist die Wahrheit von deinem Herrn;

jedoch glauben die meisten Menschen nicht. (18.) Und wer ist sündiger, als wer wider Allah eine Lüge ersinnt? Sie werden vor ihren Herrn gestellt werden, und sprechen werden die Zeugen: »Diese sind es, die wider ihren Herrn logen.« Soll nicht Allahs Fluch die Sünder treffen, (19.) welche von Allahs Pfad abwendig machen und ihn zu krümmen suchen und nicht an das Jenseits glauben?

(20.) Sie vermochten auf der Erde (Allahs Macht) nicht zu schwächen, und außer Allah haben sie keinen Beschützer. Verdoppelt soll ihnen die Strafe werden! Sie vermochten nicht zu hören und sahen nicht. (21.) Sie sind's, die ihre Seelen ins Verderben stürzten, und von ihnen schweifte, was sie ersonnen. (22.) Ohne Zweifel sind sie im Jenseits am tiefsten verloren.
(23.) Siehe, diejenigen, die da glauben und das Rechte tun und sich vor ihrem Herrn demütigen, sie sind des Paradieses Gefährten, ewig darinnen zu verweilen. (24.) Das Gleichnis der beiden Parteien ist wie der Blinde und Taube und der Sehende und Hörende. Sind diese Exempel wohl einander gleich? Wollt ihr euch denn nicht ermahnen lassen?

(25.) Und wahrlich, wir entsandten den Noah zu seinem Volk: »Siehe, ich (komme) zu euch als ein offenkundiger Warner, (26.) dass ihr keinen anbetet außer Allah. Siehe, ich fürchte für euch die Strafe eines schmerzlichen Tages.« (27.) Und es sprachen die Häupter seines Volkes, die nicht glaubten: »Wir sehen in dir nur einen Menschen gleich uns, und wir sehen dir nur die niedrigsten unter uns folgen in übereiltem Entschluss, und wir sehen auch keinen Vorzug in euch über uns, sondern erachten euch für Lügner.« (28.) Er sprach: »O mein Volk, was meint ihr? Wenn ich einen deutlichen Beweis von meinem Herrn habe und er mir Barmherzigkeit von sich gegeben hat, gegen die ihr blind seid, sollen wir sie euch da aufzwingen, wo ihr sie nicht wollt? (29.) Und, o mein Volk, ich verlange dafür kein Geld von euch; mein Lohn ist allein bei Allah, und ich verstoße nicht die Gläubigen. Siehe, begegnen werden sie ihrem Herrn, jedoch sehe ich, dass ihr ein unwissend Volk seid.

(30.) Und, o mein Volk, wer hülfe mir wider Allah, wenn ich sie verstoße? Wollt ihr euch denn nicht ermahnen lassen? (31.) Und nicht spreche ich zu euch: ›Bei mir sind Allahs Schätze‹; auch nicht: ›Ich weiß das Verborgene‹; auch spreche ich nicht: ›Ich bin ein Engel.‹ Und ich spreche nicht von denen, die eure Augen verachten: ›Nimmer wird Allah ihnen Gutes geben.‹ Allah weiß sehr wohl, was in ihren Seelen ist; siehe, sonst gehörte ich wahrlich zu den Sündern.«
(32.) Sie sprachen: »O Noah, schon hast du mit uns gestritten und viel des Streitens mit uns gemacht. So bring uns, was du uns androhst, so du zu den Wahrhaften gehörst.« (33.) Er sprach: »Bringen wird es euch Allah nur, wann er will, und ihr könnet ihn nicht schwächen. (34.) Und nicht frommte euch mein Rat, wollte ich euch raten, wenn Allah euch irreführen will. Er ist euer Herr, und zu ihm müsst ihr zurückkehren.«

(35.) Oder sprechen sie: »Er hat ihn ersonnen?« Sprich: »Habe ich ihn ersonnen, so komme auf mich meine Schuld; ich aber habe nichts mit eurer Verschuldung zu schaffen.« (36.) Und geoffenbart ward Noah: »Nimmer wird von deinem Volke glauben, als wer schon gläubig geworden. Und betrübe dich nicht über ihr Tun.
(37.) Und baue dir die Arche vor unsern Augen und nach unsrer Offenbarung, und sprich mir nicht weiter von den Ungerechten; siehe, sie sollen ertrinken.«
(38.) Und er machte die Arche, und sooft die Häupter seines Volkes an ihm

vorübergingen, verspotteten sie ihn. Er sprach: »Verspottet ihr uns, siehe, so werden wir über euch spotten, wie ihr spottet. Und wahrlich, dann werdet ihr wissen,
(39.) zu wem eine Strafe kommt, die ihn mit Schande bedeckt, und auf wen eine immerwährende Strafe niederfährt.«

(40.) (So begab es sich,) bis dass unser Befehl kam und der Ofen siedete. Wir sprachen: »Bring von allem ein Pärchen hinein und deine Familie, mit Ausnahme dessen, über den der Spruch zuvor erging, und die Gläubigen.« Mit ihm aber glaubten nur wenige. (41.) Und er sprach: »Steiget in sie hinein. Im Namen Allahs sei ihre Fahrt und ihre Landung! Siehe, mein Herr ist wahrlich nachsichtig und barmherzig.« (42.) Und sie zog mit ihnen einher in Wogen gleich Bergen. Und Noah rief zu seinem Sohn, der sich abseits hielt: »Mein Söhnchen, steig mit uns ein und sei nicht einer der Ungläubigen.« (43.) Er sprach: »Ich will mich auf einen Berg begeben, der mich vor dem Wasser schützen wird.« Er sprach: »Keiner ist heute vor Allahs Befehl geschützt außer dem, dessen er sich erbarmt hat.« Und eine Woge trennte beide, und er ertrank. (44.) Und es ward gesprochen: »O Erde, verschlinge dein Wasser, und, o Himmel, halt ein!« Und es nahm ab das Wasser, und die Ordnung wurde (wieder)hergestellt, und sie hielt an auf ElDschudi. Und es ward gesprochen: »Fort mit dem Volk der Ungerechten!« (45.) Und es rief Noah zu seinem Herrn und sprach: »Mein Herr, siehe, mein Sohn gehörte zu meiner Familie, und siehe, deine Verheißung ist die Wahrheit und du bist der gerechteste Richter!«

(46.) Er sprach: »O Noah, siehe, er gehörte nicht zu deiner Familie; siehe, dies ist ein unrechtschaffenes Benehmen. Frag mich nicht nach dem, von dem dir kein Wissen ward. Siehe, ich warne dich, nicht einer der

Toren zu werden.« (47.) Er sprach: »Mein Herr, siehe, ich nehme meine Zuflucht zu dir, dass ich dich nicht nach etwas frage, von dem ich kein Wissen habe; und wenn du mir nicht verzeihst und dich meiner erbarmst, bin ich einer der Verlorenen.«
(48.) Gesprochen ward: »O Noah, steig hinunter mit unserm Frieden und unsern Segnungen auf dir und auf einem Teile von den Gemeinden, die bei dir sind. Andre Gemeinden aber wollen wir (hienieden) versorgen; alsdann trifft sie von uns schmerzliche Strafe. (49.) Dies ist eine der geheimen Geschichten; wir offenbaren sie dir; nicht wusstest du sie noch dein Volk zuvor. Und sei standhaft; siehe der (gute) Ausgang ist den Gottesfürchtigen.«

(50.) Und zu den Ad (sandten wir) ihren Bruder Hud. Er sprach: »O mein Volk, dienet Allah; ihr habt keinen andern Gott als ihn. Ihr seid nichts als Erdichter.
(51.) O mein Volk, ich verlange dafür keinen Lohn von euch; siehe, mein Lohn ist bei dem, der mich erschuf. Begreift ihr denn nicht? (52.) Und, o mein Volk, bittet euern Herrn um Verzeihung für euch; alsdann bekehret euch zu ihm. Niedersenden wird er auf euch den Himmel in Regengüssen und wird eure Kraft mehren mit Kraft; und wendet euch nicht ab in Sünden.«
(53.) Sie sprachen: »O Hud, nicht kamst du mit einem deutlichen Zeichen zu uns, und wir wollen unsre Götter nicht auf dein Wort verlassen, und wir glauben dir nicht.
(54.) Wir können nur sagen, dass dich einer unsrer Götter mit einem Übel heimgesucht hat.« Er sprach: »Siehe, ich nehme Allah zu Zeugen, und bezeuget es selber, dass ich nichts zu schaffen habe mit den Götzen,
(55.) die ihr neben ihn setzet. So planet wider mich allzumal; alsdann wartet nicht.

(56.) Siehe, ich vertraue auf Allah, meinen Herrn und euern Herrn. Kein Tier ist auf Erden, das er nicht an seiner Stirnlocke hielte. Siehe, mein Herr ist auf rechtem Wege. (57.) Und wenn ihr den Rücken kehrt, so habe ich euch (die Botschaft) überbracht, mit der ich zu euch entsandt ward, und nachfolgen lassen wird euch mein Herr ein ander Volk; und ihr könnt ihm nichts schaden; siehe, mein Herr gibt acht auf alle Dinge.« (58.) Und als unser Befehl kam, erretteten wir Hud und diejenigen, die mit ihm glaubten, durch unsre Barmherzigkeit; und wir erretteten sie von harter Strafe. (59.) Und jene Aditen verleugneten die Zeichen ihres Herrn und rebellierten wider seine Gesandten und folgten dem Befehl eines jeden widerspenstigen Gewaltigen.

(60.) Und es folgte ihnen in dieser Welt Fluch; und am Tag der Auferstehung (wird zu ihnen gesprochen:) »Ist's nicht, dass Ad seinen Herrn verleugnete? Ist's nicht, (dass gesprochen ward:) ›Fort mit Ad, dem Volke Huds‹?« (61.) Und zu Thamud (entsandten wir) ihren Bruder Salin. Er sprach: »O mein Volk, dienet Allah, ihr habt keinen andern Gott als ihn. Er hat euch aus der Erde hervorgebracht und hat euch auf derselben Wohnung gegeben. Drum bittet ihn um Verzeihung, alsdann bekehret euch zu ihm; siehe, mein Herr ist nahe und erhört.« (62.) Sie sprachen: »O Salih, wir hatten unsre Hoffnung zuvor auf dich gesetzt. Willst du uns verbieten, zu verehren, was unsre Väter verehrten? Und siehe, wir sind in starkem Zweifel über das, wozu du uns aufforderst.« (63.) Er sprach: »O mein Volk, was meint ihr? Wenn ich einen deutlichen Beweis von meinem Herrn habe und er mir seine Barmherzigkeit erwiesen hat, wer würde mich da vor Allah erretten, wenn ich wider ihn rebellierte? Und so bringt ihr nur größeres Verderben über mich.

(64.) Und, o mein Volk, diese Kamelin Allahs ist euch ein Zeichen; lasst sie daher in Allahs Land weiden und tut ihr kein Leid an, sonst erfasst euch nahe Strafe.«

(65.) Sie aber zerschnitten ihr die Flechsen; und er sprach: »Ergötzet euch in euern Wohnungen noch drei Tage. Dies ist eine Verheißung ohne Falsch.« (66.) Und da unser Befehl kam, erretteten wir Salih und die Gläubigen, die bei ihm waren, in unsrer Barmherzigkeit von der Schande jenes Tages. Siehe, dein Herr, er ist der Starke, der Mächtige. (67.) Und die Sünder erfasste der Schrei, und sie lagen in ihren Wohnungen auf der Brust da, (68.) als hätten sie nicht in ihnen gewohnt. Ist's nicht, (dass gesprochen ward:) »Siehe, Thamud verleugnete seinen Herrn?« Ist's nicht, (dassgesprochen ward:) »Fort mit Thamud!« (69.) Und wahrlich, es kamen unsre Gesandten zu Abraham mit der Verheißung. Sie sprachen: »Frieden!« Er sprach: »Frieden!« Und er säumte nicht, ihnen ein gebratenes Kalb zu bringen.

(70.) Und da er sah, dass sie nicht ihre Hände daran legten, schöpfte er Verdacht wider sie und fürchtete sich vor ihnen. Sie sprachen: »Fürchte dich nicht, siehe, wir sind zum Volke Lots entsandt.« (71.) Und seine Frau stand da und lachte. Und wir verkündeten ihr Isaak und nach Isaak Jakob. (72.) Sie sprach: »Ach, weh mir! Soll ich gebären, wo ich eine alte Frau bin und dieser mein Ehgemahl ein Greis ist? Siehe, das ist ein wundersam Ding.« (73.) Sie sprachen: »Wunderst du dich über Allahs Befehl? Die Barmherzigkeit Allahs und seine Segnungen kommen auf euch, o Volk des Hauses! Siehe, er ist gepriesen und gerühmt.«

(74.) Und als die Furcht von Abraham gewichen und zu ihm die Verheißung gekommen war, stritt er mit uns über das Volk Lots. (75.) Siehe wahrlich, Abraham war milde, mitleidig und weichherzig: (76.) »O Abraham, steh ab hiervon, siehe, schon ist deines Herrn Befehl gekommen, und über sie bricht unabwendbare Strafe herein.« (77.) Und als unsre Gesandten zu

Lot kamen, bekümmerte er sich über sie, und sein Arm war machtlos für sie, und er sprach: »Dies ist ein böser Tag!«
(78.) Und es kam sein Volk zu ihm geeilt, und sie hatten zuvor Böses verübt. Er sprach: »O mein Volk, diese meine Töchter sind reiner für euch; drum fürchtet Allah und bringt nicht Schande über mich in meinen Gästen. Ist kein rechtschaffener Mann unter euch?« (79.) Sie sprachen: »Du weißt doch, dass wir keinen Anspruch auf deine Töchter erheben; und wahrlich, du weißt, was wir wollen.«

(80.) Er sprach: »Hätte ich doch Stärke wider euch, oder könnte ich zu einer starken Stütze meine Zuflucht nehmen!« (81.) Sie sprachen: »O Lot, wir sind Gesandte deines Herrn; nimmermehr werden sie zu dir gelangen. So mach dich auf mit deiner Familie in der dunkelsten Nacht, und keiner von euch wende sich um! Nur deine Frau – siehe, treffen wird sie, was die andern trifft. Siehe, was ihnen angedroht ist, (erfüllt sich) am Morgen. Ist nicht der Morgen schon nahe?« (82.) Und da unser Befehl gekommen war, kehrten wir ihr das Oberste zuunterst und ließen auf sie Backsteine hageldicht niederregnen, (83.) gezeichnet von deinem Herrn; und sie ist nicht fern von den Frevlern. (84.) Und zu Midian (entsandten wir) ihren Bruder Schu'aib. Er sprach: »O mein Volk, dienet Allah; ihr habt keinen andern Gott als ihn; und verkürzet nicht Maß und Gewicht. Siehe, ich sehe, dass es euch wohl ergeht, aber ich fürchte für euch die Strafe eines allumfassenden Tages.
(85.) Und, o mein Volk, gebt rechtes Maß und Gewicht und verkürzt nicht die Leute in ihrem Gut und richtet kein Unheil an auf Erden durch Verderbenstiften.
(86.) Allahs Rest ist das beste für euch, so ihr gläubig seid. Und ich bin kein Hüter über euch.« (87.) Sie sprachen: »O Schu'aib, befiehlt dir dein Gebet, dass wir aufgeben sollen, was unsre Väter anbeteten, und dass

wir mit unserm Gut nicht schalten sollen nach Belieben? Siehe, wahrlich du bist der Milde und Gerechte!«

(88.) Er sprach: »O mein Volk, was meint ihr? Wenn ich einen deutlichen Beweis von meinem Herrn habe und er mich mit einer schönen Versorgung von sich versorgt hat, und wenn ich euch nicht folgen will zu dem, was ich mir selber verwehrt habe, will ich da etwas anderes als eure Besserung, soweit ich's vermag? Und mein Gelingen ist allein bei Allah. Auf ihn vertraue ich, und zu ihm kehre ich mich. (89.) Und, o mein Volk, eure Widersetzlichkeit gegen mich verführe euch nicht, dass euch das gleiche trifft wie das, was das Volk Noahs oder das Volk Huds oder das Volk Salihs getroffen hat. Und ihr seid nicht fern von dem Volke Lots.

(90.) Und bittet euern Herrn um Verzeihung, alsdann kehrt euch zu ihm; siehe, mein Herr ist barmherzig und liebevoll.«
(91.) Sie sprachen: »O Schu'aib, wir verstehen nicht viel von dem, was du sprichst, und siehe, wir sehen dich schwach unter uns. Und wären nicht deine Leute, so steinigten wir dich, und du wärest machtlos wider uns.« (92.) Er sprach: »O mein Volk, haben meine Leute mehr Wert bei euch als Allah, und werfet ihr ihn geringschätzig hinter euch? Siehe, mein Herr übersieht euer Tun. (93.) Und, o mein Volk, handelt nach euerm Vermögen, siehe, auch ich handle. Wahrlich, wissen werdet ihr, wen eine Strafe treffen wird, die ihn schändet, und wer ein Lügner ist. Und wartet; siehe, ich warte mit euch.«

(94.) Und da unser Befehl kam, retteten wir Schu'aib und die Gläubigen, die bei ihm waren, in unsrer Barmherzigkeit, und die Ungerechten erfasste der Schrei, und sie lagen in ihren Wohnungen auf der Brust da, (95.) als hätten sie nie in ihnen gewohnt. War's nicht, (dass gesprochen ward:) »Fort mit Midian, wie Thamud fortgerafft ward?«

(96.) Und wahrlich, Moses hatten wir entsandt mit unsern Zeichen und offenbarer Macht (97.) zu Pharao und seinen Großen. Und sie folgten Pharaos Befehl, und Pharaos Befehl war nicht gerecht.
(98.) Vorangehen soll er seinem Volk am Tag der Auferstehung und sie hinabführen ins Feuer; und schlimm ist der hinabzusteigende Abstieg. (99.) Es folgte ihnen hienieden Fluch, und am Tag der Auferstehung – schlimm ist die Gabe, die (ihnen) gegeben wird.

(100.) Dies ist von der Kunde der Städte; wir erzählen es dir; einige von ihnen stehen, und (andre) sind niedergemäht. (101.) Und wir taten ihnen nicht unrecht, sondern sie taten sich selber Unrecht an, und ihre Götter nützten ihnen nichts, die sie außer Allah anriefen, als deines Herrn Befehl kam; sie vermehrten nur ihr Verderben.
(102.) Also war die Strafe deines Herrn, als er die ungerechten Städte strafte. Siehe, seine Strafe ist schmerzlich und streng.
(103.) Siehe, hierin ist wahrlich ein Zeichen für den, der die Strafe des Jenseits fürchtet. Das ist ein Tag, an dem die Menschen versammelt werden sollen, und das ist ein Tag, der bezeugt ist.
(104.) Und wir verschieben ihn nur bis zu einem festgesetzten Termin.

(105.) Wenn jener Tag kommt, dann wird keine Seele sprechen, es sei denn mit seiner Erlaubnis, und die einen von ihnen sollen elend sein und (die andern) glückselig.
(106.) Was die Elenden anlangt, so sollen sie ins Feuer kommen und drinnen seufzen und stöhnen. (107.) Ewig sollen sie darinnen verbleiben, solange die Himmel und die Erde dauern, es sei denn, dass dein Herr es anders wolle; siehe, dein Herr tut, was er will. (108.) Was aber die Glückseligen anlangt, so sollen sie ins Paradies kommen und ewig darinnen verweilen, solange die Himmel und Erde dauern, es sei denn, dass

dein Herr es anders wolle – eine ununterbrochene Gabe. (109.) Und sei nicht im Zweifel über das, was diese verehren; sie verehren nur, was ihre Väter zuvor verehrten. Siehe, wahrlich, wir wollen ihnen ihr Teil unverkürzt geben.

(110.) Und wahrlich, wir gaben dem Moses die Schrift, und es entstand Uneinigkeit über sie. Und wäre nicht ein Wort von deinem Herrn zuvor ergangen, wahrlich, es wäre unter ihnen entschieden. Und siehe, wahrlich, sie sind in starkem Zweifel über sie. (111.) Und siehe, wahrlich, dein Herr wird allen nach ihren Werken lohnen; siehe, er kennt ihr Tun. (112.) Darum verhalte dich wohl, wie dir geheißen ward, und wer sich mit dir bekehrt hat, und widersetzet euch nicht. Siehe, er schaut euer Tun.
(113.) Und neiget euch nicht zu den Ungerechten, sonst erfasst euch das Feuer, und außer Allah habt ihr keinen Beschützer, und ihr findet keinen Helfer.
(114.) Und verrichte das Gebet an den beiden Tagesenden und in der ersten Wache der Nacht. Siehe, die guten Werke vertreiben die bösen. Dies ist eine Ermahnung für die Bedenkenden. (115.) Und sei standhaft; und siehe, Allah lässt nicht den Lohn der Rechtschaffenen verlorengehen.
(116.) Und waren nicht unter den Geschlechtern, die vor euch lebten, die Tugendhaften, welche den Missetaten auf Erden wehrten, nur wenige von denen, die wir erretteten? Aber die Ungerechten führten ihr üppiges Leben weiter fort und sündigten.

(117.) Und dein Herr hätte die Städte nicht ungerechterweise vertilgt, wären ihre Bewohner rechtschaffen gewesen.
(118.) Und so dein Herr es gewollt, wahrlich, er hätte alle Menschen zu einer einzigen Gemeinde gemacht; (119.) aber nur diejenigen werden aufhören, uneins zu sein, derer sich dein Herr erbarmt. Und dazu hat

er sie erschaffen. Denn erfüllt soll werden das Wort deines Herrn: »Wahrlich, erfüllen will ich Dschehannam mit den Dschinn und Menschen insgesamt.« (120.) Und alles, was wir dir von den Geschichten der Gesandten erzählen, festigen wollen wir dein Herz damit, und gekommen ist hierin zu dir die Wahrheit und eine Ermahnung und Erinnerung für die Gläubigen.

(121.) Und sprich zu denen, die nicht glauben: »Handelt nach euerm Vermögen, siehe, wir handeln auch; (122.) und wartet, siehe, wir warten mit euch.«

(123.) Und Allahs ist das Verborgene in den Himmeln und der Erde, und zu ihm kehren alle Dinge zurück. Drum diene ihm und vertrau auf ihn, und dein Herr ist nicht achtlos eures Tuns.

12. Sure - Joseph

Geoffenbart zu Mekka

Im Namen Allahs, des Erbarmers, des Barmherzigen!

(1.) A. L. R. Dies sind die Zeichen des deutlichen Buches. (2.) Siehe, wir haben es hinabgesandt als einen arabischen Koran; vielleicht begreift ihr (es).

(3.) Erzählen wollen wir dir die schönste der Geschichten durch die Offenbarung dieses Korans; siehe, zuvor warst du achtlos (auf sie). (4.) Als Joseph zu seinem Vater sprach: »O mein Vater, siehe, ich sah elf Sterne, und die Sonne und den Mond, ich sah sie, wie sie sich vor mir niederwarfen« – (5.) sprach Jakob: »Mein Söhnchen, erzähle dein Gesicht nicht deinen Brüdern, sonst möchten sie dir eine List planen; siehe, der Satan ist den Menschen ein offenkundiger Feind. (6.) Und gemäß diesem wird dich dein Herr erlesen und wird dich lehren die Deutung der Geschichten und wird seine Gnade an dir vollenden und an dem Hause Jakobs, gleichwie er sie vollendete an deinen Vätern zuvor, an Abraham und Isaak. Siehe, dein Herr ist wissend und weise.«,

(7.) Wahrlich, in Joseph und seinen Brüdern waren Zeichen für die Fragenden: (8.) Da sie sprachen: »Wahrlich, Joseph und sein Bruder sind unserm Vater lieber als wir, wiewohl wir eine Schar sind. Siehe, unser Vater ist wahrlich in offenkundigem Irrtum; (9.) tötet Joseph oder treibt ihn in die Ferne. Eures Vaters Angesicht wird euch dann wieder gehören, und nach seiner Entfernung werdet ihr rechtschaffene Leute sein.«

(10.) Einer unter ihnen aber sprach: »Tötet Joseph nicht, sondern werft ihn in die Tiefe der Zisterne. Eine der Karawanen wird ihn dann herausziehen, so ihr es tut.« (11.) Sie sprachen: »O unser Vater, warum vertraust du uns nicht Joseph an? Siehe wahrlich, wir meinen es gut mit ihm. (12.) Schicke ihn morgen mit uns, damit er sich erfreue und spiele; und siehe wahrlich, wir wollen ihn hüten!« (13.) Er sprach: »Siehe wahrlich, mich betrübt es, dass ihr ihn wegnehmen wollt. Und ich fürchte, der Wolf möchte ihn fressen, wenn ihr nicht acht auf ihn gebt.« (14.) Sie sprachen: »Wahrlich, wenn ihn der Wolf fräße, wo wir eine Schar sind, siehe wahrlich, dann soll es uns übel ergehen!« (15.) Und als sie mit ihm abgezogen waren und sich geeinigt hatten, ihn in die Tiefe der Zisterne zu werfen, da offenbarten wir ihm: »Wahrlich, verkünden wirst du ihnen diese ihre Handlung, ohne dass sie dich erkennen.«

(16.) Und des Abends kamen sie weinend zu ihrem Vater. (17.) Sie sprachen: »O unser Vater, siehe, wir liefen um die Wette fort und ließen Joseph bei unsern Sachen zurück, und da fraß ihn der Wolf. Du aber glaubst uns doch nicht, auch wenn wir die Wahrheit sprächen.« (18.) Und sie brachten sein Hemd mit falschem Blut. Er sprach: »Nein; erdichtet habt ihr euch etwas; also (gilt) geziemende Geduld und die Anrufung Allahs um Hilfe wider euern Bericht.« (19.) Und es kam eine Karawane, und sie schickten ihren Wasserschöpfer aus, und er ließ seinen Eimer hinab. Da rief er: »O Glück! Hier ist ein Jüngling!« Und sie verbargen ihn als Ware, Allah aber wusste ihr Tun.

(20.) Und sie verkauften ihn für einen winzigen Preis, für ein paar Dirhem, denn sie verabscheuten ihn. (21.) Und es sprach sein Käufer, ein Ägypter, zu seiner Frau: »Mach seine Wohnung geehrt, vielleicht nützt er uns oder nehmen wir ihn als Sohn an.« Und so gaben wir Joseph eine Stätte im Lande und lehrten ihn die Deutung der Geschichten. Und Allah ist seiner Sache gewachsen, jedoch wissen es die meisten Menschen nicht. (22.) Und als er seine Vollkraft erreicht hatte, gaben wir ihm Weisheit und Wissen; und also belohnen wir die Rechtschaffenen. (23.) Und sie, in deren Haus er war, stellte ihm nach und verriegelte die Türen und sprach: »Komm her!« Er sprach: »Allah verhüte es! Siehe, mein Herr hat mir eine gute Wohnung gegeben. Siehe, den Ungerechten ergeht es nicht wohl.«

(24.) Und sie verlangte nach ihm; und auch er hätte nach ihr verlangt, wenn er nicht eine Erleuchtung von seinem Herrn gesehen hätte. Also (taten wir,) um Schlechtigkeit und Schändlichkeit von ihm abzuwehren. Siehe, er war einer unserer lautern Diener. (25.) Und sie liefen beide zur Tür, und sie zerriss sein Hemd von hinten; und sie trafen auf ihren Herrn bei der Tür. Sie sprach: »Was ist der Lohn dessen, der gegen deine Familie Böses im Schilde führt, das Gefängnis oder schmerzliche Strafe?« (26.) Er sprach: »Sie stellte mir nach.« Und es bezeugte ein Zeuge aus ihrer Familie: »Wenn sein Hemd vorn zerrissen ist, so hat sie die Wahrheit

gesprochen, und er ist ein Lügner. (27.) Ist sein Hemd jedoch hinten zerrissen, so hat sie gelogen, und er hat die Wahrheit gesprochen.« (28.) Und da er sein Hemd hinten zerrissen sah, sprach er: »Siehe, das ist eine eurer Listen! Siehe, eure List ist groß! (29.) Joseph, wende dich ab hiervon, und du, (o Frau,) bitte ihn für deine Schuld um Verzeihung; siehe, du hast gesündigt.«

(30.) Und es sprachen die Frauen in der Stadt: »Die Frau des Hochmögenden hat ihrem Burschen nachgestellt. Er hat sie zur Liebe entflammt; siehe wahrlich, wir sehen sie in offenkundigem Irrtum.« (31.) Und als sie von ihrer Bosheit vernahm, schickte sie zu ihnen und bereitete ihnen ein Gelage und gab einer jeden von ihnen ein Messer und sprach (zu Joseph:) »Komm heraus zu ihnen.« Und da sie ihn sahen, rühmten sie ihn und schnitten sich in die Hände und sprachen: »Allah behüte! Das ist kein Mensch, das ist ein edler Engel!« (32.) Sie sprach: »Und dieser ist’s, um dessentwillen ihr mich tadeltet. Und wahrlich, ich stellte ihm nach, doch widerstand er. Und wahrlich, wenn er nicht nach meinem Geheiß tut, soll er ins Gefängnis geworfen und verächtlich behandelt werden.«

(33.) Er sprach: »Mein Herr, das Gefängnis ist mir lieber als das, wozu sie mich einladen. Und wenn du nicht von mir ihre List abwendest, gebe ich ihnen in meiner Jugend nach und werde einer der Toren.« (34.) Und es erhörte ihn sein Herr und wendete ihre List von ihm ab. Siehe, er ist der Hörende, der Wissende. (35.) Alsdann beliebte es ihnen, nachdem sie die Zeichen (seiner Unschuld) gesehen hatten, ihn für eine Zeit einzusperren. (36.) Und mit ihm kamen zwei Jünglinge ins Gefängnis. Einer derselben sprach: »Siehe, ich sah mich Wein auspressen.« Und der andre sprach: »Siehe, ich sah mich auf meinem Haupte Brot tragen, von dem die Vögel fraßen. Verkünde uns die Deutung hiervon. Siehe, wir sehen, dass du einer der Rechtschaffenen bist.« (37.) Er sprach: »Ehe euch noch das Essen gebracht wird, mit dem ihr versorgt werdet, will ich euch die Deutung hiervon sagen. Dies ist etwas von dem, was mich mein Herr gelehrt hat. Siehe, ich verließ die Religion der Leute, die nicht an Allah glauben und das Jenseits leugnen, (38.) und ich folge der Religion meiner Väter Abraham, Isaak und Jakob. Und ist es nicht erlaubt, etwas Allah bei zugesellen. Dies ist von Allahs Huld gegen uns und gegen die Menschen; jedoch sind die meisten Menschen nicht dankbar. (39.) O ihr beiden Kerkergenossen, sind Herren, geteilt untereinander, besser als Allah, der Einige, der Allmächtige?

(40.) Ihr verehret außer ihm nichts als Namen, die ihr selber erfunden habt und eure Väter, und wozu Allah euch keine Vollmacht gab. Das Gericht ist allein Allahs. Befohlen hat er, dass ihr ihm allein dienet. Das ist der wahrhafte Glauben, jedoch wissen es die meisten Menschen nicht. (41.) O ihr beiden Kerkergenossen, was den einen von euch anlangt, so wird er seinem Herrn Wein kredenzen, der andre aber wird gekreuzigt werden, und fressen werden die Vögel von seinem Haupt. Beschlossen ist die Sache, über die ihr mich um Aufschluss fragt.« (42.) Und er sprach zu dem von den beiden, dessen Befreiung er annahm: »Gedenke meiner bei deinem Herrn.« Und so ließ Satan ihn das Gedenken seines Herrn vergessen, so dass er noch einige Jahre im Gefängnis blieb. (43.) Und es sprach der König: »Siehe, ich sah sieben fette Kühe, es fraßen sie sieben magere – und sieben grüne Ähren und (sieben) andre dürre. O ihr Großen, gebt mir Aufschluss über mein Gesicht, so ihr das Gesicht auslegen könnt.«

(44.) Sie sprachen: »Traumphantasien sind's, und wir wissen nichts von Traumdeutung.«

(45.) Und es sprach der, welcher von den beiden freigelassen war, denn er gedachte (Josephs) nach (langer) Zeit: »Ich will euch seine Deutung ansagen; entsendet mich.« (46.) »Joseph, o du Wahrhafter, gib uns Aufschluss über sieben fette Kühe, die von sieben magern gefressen werden, und von sieben grünen und andern dürren Ähren, auf dass ich zu den Leuten zurückkehre, damit sie es wissen.« (47.) Er sprach: »Ihr werdet sieben Jahre säen wie üblich. Und was ihr schneidet, lasset es in seinen Ähren bis auf weniges, von dem ihr esset. (48.) Alsdann kommen nach diesem sieben harte (Jahre,) welche verzehren werden, was ihr zuvor für sie eingebracht habt, bis auf weniges von dem, was ihr bewahrt. (49.) Alsdann kommt nach diesem Jahr ein Jahr, in welchem die Menschen Regen haben und in dem sie (Wein) pressen.«

(50.) Und es sprach der König: »Bringt ihn mir.« Und als der Bote zu ihm kam, sprach er: »Kehre zurück zu deinem Herrn und frag ihn, was die Frauen vorhatten, die sich in die Hände schnitten. Siehe, mein Herr kennt ihre List.« (51.) Er sprach: »Was war eure Absicht, als ihr dem Joseph nachstelltet?« Sie sprachen: »Allah behüte! Wir wissen nichts Böses von ihm.« Da sprach die Frau des Hochmögenden: »Nunmehr ist die Wahrheit offenkund. Ich stellte ihm nach, und siehe wahrlich, er gehört zu den Rechtschaffenen.« (52.) »Dies, (so sprach Joseph,) damit (mein Herr) wüsste, dass ich nicht während seiner Abwesenheit Verrat wider ihn übte und dass Allah nicht die List der Verräter leitet. (53.) Und nicht rechtfertige ich mich selber; siehe, die Seele ist geneigt zum Bösen, es sei denn, dass sich mein Herr erbarmt; siehe, mein Herr ist verzeihend, barmherzig.« (54.) Und es sprach der König: »Bringt mir ihn, ich will ihn für mich haben.« Und als er mit ihm geredet hatte, sprach er: »Siehe, von heute an bist du bei uns in Amt und Vertrauen.«

(55.) Er sprach: »Setze mich über die Speicher des Landes; siehe, ich bin ein kluger Hüter.« (56.) Und also gaben wir Joseph eine Stätte im Land, um in ihm zu wohnen, wo er wollte. Wir treffen mit unsrer Barmherzigkeit, wen wir wollen, und lassen nicht verlorengehen den Lohn der Rechtschaffenen. (57.) Und wahrlich, der Lohn des Jenseits ist besser für die, welche glauben und gottesfürchtig sind.

(58.) Und es kamen Josephs Brüder und traten bei ihm ein, und er erkannte sie, sie aber erkannten ihn nicht. (59.) Und als er sie mit ihrem Proviant verproviantiert hatte, sprach er: »Bringt mir euern Bruder von euerm Vater. Seht ihr nicht, dass ich volles Maß gebe und dass ich der beste Gastgeber bin?

(60.) Und wenn ihr mir ihn nicht bringt, sollt ihr kein Maß bei mir haben und sollt mir nicht nahen.« (61.) Sie sprachen: »Wir wollen ihn von unserm Vater begehren, und siehe, wir tun es gewisslich.« (62.) Und er sprach zu seinen Dienern: »Stecket ihr Geld in ihre Lasten; vielleicht bemerken sie es, wenn sie zu ihren Familien heimgekehrt sind, und kommen vielleicht zurück.« (63.) Und als sie zu ihrem Vater zurückgekehrt waren, sprachen sie: »O unser Vater, das Maß ist uns verwehrt; so schicke unsern Bruder mit uns, dass wir Maß erhalten. Und siehe, wir hüten ihn gewisslich.«

(64.) Er sprach: »Kann ich ihn euch etwa anders anvertrauen, als wie ich euch zuvor seinen Bruder anvertraute? Allah aber ist der beste Hüter, und er ist der barmherzigste Erbarmer.« (65.) Und als sie ihre Habe öffneten, fanden sie ihr Geld wieder. Sie sprachen: »O unser Vater, was wünschen wir mehr? Unser Geld ist uns wiedergegeben, und so wollen wir für unsre Familien Getreide einkaufen und unsern Bruder hüten und werden eine Kamels Last mehr nehmen. Das ist ein leichtes Maß.«

(66.) Er sprach: »Nimmermehr sende ich ihn mit euch, es sei denn, ihr gelobet mir vor Allah, ihn mir gewisslich wiederzubringen, falls ihr nicht rings umschlossen seid.« Und als sie es ihm gelobt hatten, sprach er: »Allah ist Bürge für unsre Worte.«

(67.) Und er sprach: »O meine Söhne, tretet nicht ein durch ein Tor; tretet ein durch verschiedene Tore. Und ich kann euch nichts gegen Allah helfen. Der Spruch ist allein Allahs, auf ihn traue ich, und vertrauen sollen auf ihn alle Vertrauenden.«

(68.) Und als sie eingetreten waren, wie ihr Vater es ihnen befohlen hatte, nützte ihnen dieses nichts gegen Allah, außer dass es ein Verlangen in Jakobs Seele erfüllte. Und siehe, wahrlich, er besaß Wissen, das wir ihn gelehrt hatten; jedoch wissen es die meisten Menschen nicht. (69.) Und als sie bei Joseph eingetreten waren, nahm er seinen Bruder bei sich auf. Er sprach: »Siehe, ich bin dein Bruder, betrübe dich nicht über das, was sie getan.«

(70.) Und als er sie mit ihrem Proviant verproviantiert hatte, steckte er seinen Becher in den Kamelsattel seines Bruders. Alsdann rief ein Ausrufer: »O ihr Reisende, wahrlich, ihr seid Diebe.« (71.) Sie sprachen, indem sie sich zu ihnen wandten: »Was vermisset ihr denn?« (72.) Sie sprachen: »Wir vermissen den Becher des Königs, und wer ihn wiederbringt, soll eine Kamels Last (Getreide) erhalten; und ich verbürge mich dafür.« (73.) Sie sprachen: »Bei Gott, wahrlich, ihr wisset, dass wir nicht gekommen sind, um Verderben im Land zu stiften; und wir sind keine Diebe.« (74.) Sie sprachen: »Und was soll sein Lohn sein, so ihr Lügner seid?« (75.) Sie sprachen: »Der, in dessen Kamelsattel er gefunden wird, soll zum Lohn dafür sein Entgelt sein; also lohnen wir den Ungerechten.«

(76.) Und er begann mit ihren Säcken vor dem Sack seines Bruders; alsdann zog er ihn aus dem Sack seines Bruders. Also gaben wir dem Joseph die List ein. Nicht wäre es ihm nach des Königs Gesetz erlaubt gewesen, seinen Bruder festzunehmen, wenn es nicht Allah beliebt hätte. Wir erhöhen um Stufen, wen wir wollen, und über jedem Wissenden ist Er der Wissende. (77.) Sie sprachen: »Wenn er stahl, so hat sein Bruder zuvor gestohlen.« Joseph aber hielt es bei sich verborgen und offenbarte es ihnen nicht. Er sprach (jedoch bei sich:) »Ihr seid in übler Lage; und Allah weiß sehr wohl, was ihr redet.« (78.) Sie sprachen: »O Hochmögender, siehe, er hat einen Vater, einen alten Scheich; so nimm einen von uns an seiner Statt; siehe, wir sehen, dass du rechtschaffen bist.« (79.) Er sprach: »Das verhüte Allah, dass wir einen andern festnehmen, als bei dem wir unser Eigentum fanden; siehe, sonst wären wir gewisslich Sünder.«

(80.) Und da sie an ihm verzweifelten, gingen sie abseits, sich zu beraten. Es sprach ihr Ältester: »Wisset ihr nicht, dass euer Vater von euch ein Gelöbnis vor Allah abnahm und wie ihr euch zuvor gegen Joseph verginget? Nimmermehr drum verlasse ich das Land, ehe mein Vater es mir nicht erlaubt oder Allah für mich richtet; denn er ist der beste Richter. (81.) Kehret zurück zu euerm Vater und sprechet: ›0 unser Vater, siehe, dein Sohn hat gestohlen; und wir bezeugen nur, was wir wissen, und nicht können wir das Verborgene abwehren. (82.) Frag nur in der Stadt, in der wir gewesen, und die Karawane, mit der wir angekommen sind, und siehe, wahrlich, wir sprachen die Wahrheit.‹« (83.) Er sprach: »Nein, erdichtet habt ihr euch etwas; und so (gilt) geziemende Geduld. Vielleicht bringt mir sie Allah alle (beide) wieder. Siehe, er ist der Wissende, der Weise.« (84.) Und er kehrte ihnen den Rücken und sprach: »O mein Kummer um Joseph!« Und es wurden seine Augen weiß vor Kümmernis, denn er war gramerfüllt.

(85.) Sie sprachen: »Bei Allah, du hörst nicht auf, an Joseph zu denken, bis du hinfällig geworden bist und umkommst.«
(86.) Er sprach: »Siehe, ich klage nur meinen Kummer und Gram zu Allah, und ich weiß von Allah, was ihr nicht wisset.
(87.) O meine Söhne, ziehet aus und suchet Kunde von Joseph und seinem Bruder und verzweifelt nicht an Allahs Erbarmen; siehe, an Allahs Erbarmen verzweifeln nur die Ungläubigen.« (88.) Und als sie bei ihm eintraten, sprachen sie: »O Hochmögender, wir und unsre Familie sind von Not heimgesucht, und wir bringen (nur) wenig Geld. So gib uns volles Maß und schenke uns Almosen; siehe, Allah belohnt die Almosenspendenden.« (89.) Er sprach: »Wisset ihr, was ihr Joseph und seinem Bruder in eurer Torheit antatet?«

(90.) Sie sprachen: »Siehe, bist du fürwahr etwa Joseph?« Er sprach: »Ich bin Joseph, und dies ist mein Bruder. Allah ist gnädig gegen uns gewesen. Siehe, wenn einer gottesfürchtig und standhaft ist, siehe, so lässt Allah den Lohn der Rechtschaffenen nicht verlorengehen.« (91.) Sie sprachen: »Bei Allah, wahrlich, erwählt hat dich Allah vor uns, und siehe, wir waren wahrlich Sünder.« (92.) Er sprach: »Kein Tadel treffe euch heute! Allah verzeiht euch, und er ist der Barmherzigste der Erbarmer.
(93.) Nehmet dieses mein Hemd mit euch und legt es auf das Antlitz meines Vaters, dann wird er sehend werden. Und bringt alle eure Familien zu mir.«

(94.) Und als die Karawane aufgebrochen war, sprach ihr Vater: »Siehe, wahrlich, ich spüre Josephs Geruch, auch wenn ihr sagt, dass ich fasele.« (95.) Sie sprachen: »Bei Allah, siehe, wahrlich, du bist in deinem alten Irrtum.« (96.) Und als nun der Freudenbote kam, warf er es über sein

Gesicht, und da ward er wiedersehend. Er sprach: »Sprach ich nicht zu euch: Siehe, ich weiß von Allah, was ihr nicht wisset?« (97.) Sie sprachen: »O unser Vater, verzeihe uns unsre Sünden, siehe, wir waren Sünder.« (98.) Er sprach: »Fürwahr, ich will euern Herrn um Verzeihung für euch bitten; siehe, er ist der Verzeihende, Barmherzige.« (99.) Und da sie bei Joseph eingetreten waren, nahm er seine Eltern bei sich auf und sprach: »Tretet ein in Ägypten, so Allah will, in Sicherheit!«

(100.) Und er setzte seine Eltern auf den Thron, und sie warfen sich ehrfürchtig vor ihm nieder. Und er sprach: »O mein Vater, dies ist die Deutung meines früheren Gesichts. Nunmehr hat mein Herr es Wahrheit werden lassen und hat mir wohlgetan, da er mich aus dem Gefängnis nahm und euch aus der Wüste herbrachte, nachdem der Satan zwischen mir und meinen Brüdern Zwietracht gestiftet. Siehe, mein Herr ist gütig, zu wem er will; siehe, er ist der Wissende, der Weise. (101.) Mein Herr, du gabst mir Herrschaft und lehrtest mich der Geschichten Deutung. Schöpfer der Himmel und der Erde, du bist mein Hort in dieser Welt und in der nächsten; lass mich zu dir abscheiden als Muslim und vereine mich mit den Gerechten.« (102.) Dies ist eine der verborgenen Geschichten, die wir dir offenbaren. Du warst nicht zugegen, als sie sich verbanden und Listen schmiedeten.

(103.) Und die meisten Menschen, wie sehr du es auch begehrst, glauben nicht. (104.) Und du sollst auch keinen Lohn hierfür von ihnen verlangen; dies ist nur eine Ermahnung für die Geschöpfe. (105.) Und wie viele Zeichen sind nicht in den Himmeln und auf Erden, an denen sie vorübergehen, indem sie sich von ihnen abwenden. (106.) Und die meisten von ihnen glauben nicht an Allah, indem sie ihm nicht

auch Gefährten geben.
(107.) Glauben sie denn nicht, dass der Tag des Gerichts mit der Strafe Allahs über sie kommt und dass die Stunde plötzlich über sie kommen wird, ohne dass sie sich's versehen? (108.) Sprich: »Dies ist mein Weg; ich rufe zu Allah auf Grund eines Beweises, ich und wer mir folgt. Und Preis sei Allah, und ich bin keiner derer, die ihm Gefährten geben.« (109.) Und auch vor dir entsandten wir nur Männer von den Bewohnern der Städte, denen wir Offenbarungen gaben. Wollen sie denn nicht das Land durchwandern und schauen, wie der Ausgang derer war, die vor ihnen lebten? Und wahrlich, die Wohnung des Jenseits ist besser für die Gottesfürchtigen. Begreifet ihr denn nicht?

(110.) Erst wenn die Gesandten verzweifelten und glaubten, dass sie belogen würden, kam unsre Hilfe zu ihnen; und wir erretteten, wen wir wollten; und unsre Strafe ward nicht abgewendet von dem Volk der Sünder. (111.) Wahrlich, in ihren Geschichten ist eine Lehre für die Verständigen. Nicht ist er eine ersonnene Geschichte, sondern eine Bestätigung dessen, was ihm vorausging, und eine Erklärung aller Dinge und eine Leitung und Barmherzigkeit für ein gläubig Volk.

13. Sure - Der Donner

Geoffenbart zu Mekka

Im Namen Allahs, des Erbarmers, des Barmherzigen!

(1.) A. L. M. R. Dies sind die Zeichen des Buches; und was herabgesandt ward zu dir von deinem Herrn, ist die Wahrheit, jedoch glauben die meisten Menschen nicht. (2.) Allah ist's, der die Himmel erhöht hat ohne Säulen, die ihr seht; alsdann setzte er sich auf den Thron und zwang zum Frondienst Sonne und Mond. Alles eilt zu einem bestimmten Termin. Er lenkt alle Dinge; er macht die Zeichen klar. Vielleicht glaubt ihr an die Begegnung mit euerm Herrn. (3.) Und er ist's, der die Erde ausbreitete und festgegründete (Berge) und Flüsse in sie setzte; und von allen Früchten schuf er auf ihr zwei Arten. Er lasset die Nacht den Tag bedecken. Siehe, hierin sind wahrlich Zeichen für nachdenkende Leute. (4.) Und auf der Erde sind dicht beieinander (verschiedene) Stücke und Rebengärten und Korn und Palmen, zu mehreren und einzeln aus der Wurzel. Getränkt von einem Wasser, machten wir doch die einen als Speise vorzüglicher als die andern. Siehe, hierin sind wahrlich Zeichen für ein verständig Volk.

(5.) Und wenn du dich verwunderst, so ist wunderbar ihr Wort: »Wenn wir zu Staub geworden sind, sollen wir dann wirklich neu erschaffen werden?« Das sind die, welche ihren Herrn verleugnen, und die, auf deren Nacken die Joche sein werden. Und sie werden des Feuers Gefährten sein und ewig darinnen verweilen. (6.) Und sie werden dich eher das Üble als das Gute beschleunigen heißen. Aber schon vor ihnen waren Exempel; und siehe, dein Herr ist wahrlich voll Verzeihung gegen die Menschen trotz ihrer Sünden; und siehe, dein Herr ist wahrlich streng im Strafen. (7.) Und es sprechen die Ungläubigen: »Warum ward nicht auf ihn ein Zeichen von seinem Herrn herabgesandt?« Du bist nur ein Warner, und jegliches Volk hat einen Führer. (8.) Allah weiß, was jede Frau (im Schoße) trägt und um was sich die Schöße verengen und ausdehnen. Und jedes Ding hat bei ihm sein Maß. (9.) Der Wisser des Verborgenen und Offenbaren, der Große, der Erhabene!

(10.) Gleich ist ihm, wer von euch sein Wort verbirgt oder äußert, wer sich in der Nacht verbirgt und hervortritt am Tage. (11.) Er hat vor sich und hinter sich (Engel), die (ihm) folgen und ihn behüten auf Allahs Geheiß. Siehe, Allah verändert nicht sein Verhalten zu einem Volk, ehe es nicht seiner Seelen Gedanken verändert; und so Allah Böses mit einem Volke vorhat, so kann es niemand abwehren, und außer ihm haben sie keinen Beschützer. (12.) Er ist's, der euch sehen lasset den Blitz in Furcht und Verlangen und der die schweren Wolken hervorbringt. (13.) Und der Donner lobpreist ihn und die Engel, aus Furcht vor ihm. Und er entsendet seine Blitze und trifft mit ihnen, wen er will, während sie über Allah streiten; und er ist der an Macht Gewaltige. (14.) Ihm gebührt die Anrufung; und jene, die sie außer ihm anrufen, erhören sie nicht anders, als dass sie jenem gleichen, der seine Hände zum Wasser reckt, damit es seinen Mund erreicht, wo es ihn doch nicht erreichen kann. Das Gebet der Ungläubigen geschieht nur im Irrtum. (15.) Und vor Allah wirft sich nieder, was in den Himmeln und auf Erden ist, willig und widerwillig; selbst ihre Schatten am Morgen und am Abend.

(16.) Sprich: »Wer ist der Herr der Himmel und der Erde?« Sprich: »Allah.« Sprich: »Habt ihr euch denn außer ihm Beschützer angenommen, die selbst sich selber weder nützen noch schaden können?« Sprich: »Ist etwa der Blinde und der Sehende gleich? Oder sind etwa die Finsternisse und das Licht gleich? Oder haben sie Allah Gefährten gegeben, die erschaffen haben, wie er erschuf, so dass ihre Schöpfung ihnen gleich (der seinigen) vorkommt?« Sprich: »Allah ist der Schöpfer aller Dinge; und er ist der Einige, der Allmächtige.«

(17.) Hinab sendet er vom Himmel Wasser, und es strömen die Bäche nach ihrem Vermögen, und der Wildstrom trägt aufschwellenden Schaum; und ein gleicher Schaum entsteht aus dem, was man im Feuer schmilzt im Verlangen nach Schmuck und Gerät. In dieser Weise zeigt Allah Wahrheit und Irrtum. Was den Schaum anlangt, so vergeht er wie Blasen, das aber, was den Menschen nützt, bleibt auf der Erde: Also macht Allah Gleichnisse. (18.) Diejenigen, welche auf ihren Herrn hören, sollen das Beste erhalten; die aber nicht auf ihn hören auch wenn sie alles auf Erden besäßen und noch einmal soviel dazu, würden sich damit nicht loskaufen können. Übel ist ihre Abrechnung, und ihre Herberge ist Dschehannam, und schlimm ist der Pfühl! (19.) Und soll etwa der, welcher weiß, dass das, was zu dir von deinem Herrn hinabgesandt ward, die Wahrheit ist, gleich dem Blinden sein? Nur die Verständigen lassen sich ermahnen.

(20.) Sie, die den Bund Allahs halten und den Pakt nicht brechen, (21.) und die, welche verbinden, was Allah zu verbinden befohlen hat, und die ihren Herrn fürchten und Furcht haben vor dem Übel der Abrechnung, (22.) und die standhaft bleiben, im Verlangen nach dem Angesicht ihres Herrn, und das Gebet verrichten und von dem, was er ihnen beschert, im Verborgenen und öffentlich spenden und das Böse durch das Gute abweisen – für diese ist der Lohn der Wohnung – (23.) Edens Gärten, in die sie eintreten sollen nebst den Rechtschaffenen von ihren Vätern, ihren Frauen und ihrer Nachkommenschaft; und die Engel sollen eintreten zu ihnen von allen Toren (und sprechen:) (24.) »Frieden sei auf euch, darum dass ihr standhaft bliebet!« Und schön ist der Lohn der Wohnung. (25.) Diejenigen aber, welche den Bund Allahs brechen nach Eingehung des Paktes und zerreißen, was Allah zu verbinden geheißen hat, und Verderben auf der Erde anstiften, sie erwartet der Fluch und eine üble Wohnung.

(26.) Allah versorgt reichlich, wen er will, und bemisst. Und sie freuen sich des irdischen Lebens, doch ist das irdische Leben im Vergleich zum Jenseits nur ein Nießbrauch. (27.) Und es sprechen die Ungläubigen: »Warum ist kein Zeichen von seinem Herrn auf ihn hinabgesandt?« Sprich: »Siehe, Allah führt irre, wen er will, und leitet zu sich, wer sich bekehrt, (28.) die, welche glauben und deren Herzen in Frieden sind im Gedenken an Allah. Sollten auch nicht im Gedenken an Allah die Herzen in Frieden sein? (29.) Diejenigen, welche glauben und das Rechte tun, Heil erwartet sie und eine schöne Heimstatt.«

(30.) Also entsandten wir dich in eine Gemeinde, der Gemeinden vorausgingen, damit du ihnen verläsest, was wir dir offenbarten. Doch sie glauben nicht an den Erbarmer. Sprich: »Er ist mein Herr; es gibt keinen Gott außer ihm; auf ihn vertraue ich, und zu ihm bekehre ich mich.« (31.) Und gäbe es auch einen Koran, mit dem die Berge versetzt oder die Erde zerrissen oder mit den Toten geredet werden könnte... (sie glaubten doch nicht.) Aber Allahs ist der Befehl allzumal. Und wissen denn etwa die Gläubigen nicht, dass, wenn Allah wollte, er die Menschen allzumal rechtleitete? Und das Unheil soll nicht ablassen, die Ungläubigen zu treffen oder sich nahe bei ihren Wohnungen niederzulassen, bis Allahs Drohung sich erfüllt. Siehe, Allah bricht nicht sein Versprechen. (32.) Und schon vor dir wurden Propheten verspottet, und ich verzog lange mit den Ungläubigen. Alsdann erfasste ich sie, und wie war meine Strafe! (33.) Und wer ist es denn, der über jeder Seele steht, um ihr Tun (aufzuschreiben?) Und dennoch geben sie Allah Gefährten. Sprich: »Nennet sie!« Oder wollt ihr ihm etwas verkünden, was er auf der Erde nicht kennt? Oder sind es nicht nur hohle Namen? Aber den Ungläubigen sind ihre Anschläge ausgeschmückt, und sie wichen ab vom

Weg. Wen aber Allah irreführt, der findet keinen Leiter.

(34.) Sie erhalten schon im irdischen Leben Strafe; aber wahrlich, die Strafe des Jenseits ist härter, und sie finden keinen Beschützer vor Allah. (35.) Das Bild des Paradieses, das den Gottesfürchtigen verheißen ward: durcheilt ist es von Bächen, und dauernd ist seine Speise und sein Schatten. Das ist der Lohn der Gottesfürchtigen; und der Lohn der Ungläubigen ist das Feuer.
(36.) Und sie, denen wir die Schrift gaben, freuen sich über das, was zu dir hinabgesandt ward, doch gibt es Gruppen, die einen Teil davon ableugnen. Sprich: »Geheißen ward mir, allein Allah zu dienen und ihm keine Gefährten zu geben. Zu ihm bete ich, und zu ihm ist meine Rückkehr.«
(37.) Und demgemäß sandten wir ihn als eine Vorschrift in arabischer Sprache nieder. Und wahrlich, wenn du ihrem Gelüste folgtest, nachdem das Wissen zu dir gekommen, so fändest du vor Allah weder einen Beschützer noch Behüter.
(38.) Und wahrlich, schon vor dir entsandten wir Gesandte und gaben ihnen Gattinnen und Nachkommenschaft. Kein Gesandter aber konnte ohne Allahs Erlaubnis ein Zeichen bringen. Jeder Termin hat eine (schriftlich festgehaltene) Bestimmung.

(39.) Allah löscht aus und bestätigt, was er will, und bei ihm ist die Mutter der Schrift. (40.) Und ob wir dich einen Teil sehen lassen von dem, was wir ihnen androhten, oder ob wir dich zu uns abscheiden lassen, dir liegt nur die Predigt ob und uns die Abrechnung. (41.) Sehen sie denn nicht, dass wir in ihr Land kommen und ihre Grenzen enger machen? Und Allah richtet, und niemand kann sein Urteil hemmen; und er ist schnell im Rechnen. (42.) Und Listen schmiedeten schon die Früheren; Allahs aber ist die List allzumal. Er weiß, was jede Seele tut, und wahrlich, die Ungläubigen werden schon

sehen, wem der Lohn der (letzten) Wohnung sein wird. (43.) Und es sprechen die Ungläubigen: »Du bist kein Entsandter.« Sprich: »Allah genügt mir als Zeuge zwischen mir und euch, und jeder, bei dem das Wissen der Schrift ist.«

14. Sure - Abraham
Geoffenbart zu Mekka

Im Namen Allahs, des Erbarmers, des Barmherzigen!

(1.) A. L. R. (Dieses) Buch, wir haben es zu dir hinabgesandt, auf dass du die Menschen aus den Finsternissen zum Lichte führest, mit deines Herrn Erlaubnis, auf den Pfad des Mächtigen, des Rühmenswerten, (2.) Allahs, des ist, was in den Himmeln und was auf Erden, und weh ob der strengen Strafe der Ungläubigen, (3.) welche das irdische Leben mehr lieben als das Jenseits und abwendig machen von Allahs Weg und ihr. zu krümmen trachten; sie sind in tiefem Irrtum. (4.) Und nicht entsandten wir einen Gesandten, es sei denn mit der Sprache seines Volkes, um ihnen (unsre Offenbarung) deutlich zu machen. Und Allah führt irre, wen er will, und leitet recht, wen er will; und er ist der Mächtige, der Weise. (5.) Und wahrlich, wir entsandten schon Moses mit unsern Zeichen (und sprachen zu ihm:) »Führe dein Volk aus den Finsternissen zum Licht und erinnere sie an die Tage Allahs.« Siehe, hierin sind wahrlich Zeichen für alle Standhaften und Dankbaren.

(6.) Und (gedenke,) da Moses zu seinem Volke sprach: »Gedenket der Gnade Allahs gegen euch, als er euch errettete vor dem Volke Pharaos, das euch mit schlimmer Strafe heimsuchte und eure Söhne schlachtete und (nur) eure Töchter leben ließ.« Und hierin lag eine gewaltige Prüfung von euerm Herrn. (7.) Und als euer Herr ankündigen ließ: »Wahrlich, so ihr dankbar seid, will ich euch mehren. Seid ihr jedoch undankbar, siehe, dann ist meine Strafe gewisslich streng.« (8.) Und es sprach Moses: »Wenn ihr auch undankbar seid, ihr und wer sonst auf Erden allzumal, siehe, so ist Allah doch reich und des Lobes wert.« (9.) Kam nicht zu euch die Kunde von jenen, die vor euch waren, von dem Volke Noahs und Ads und Thamuds und von denen, die nach ihnen lebten? Nur Allah allein kennt sie. Zu ihnen kamen ihre Gesandten mit den deutlichen Zeichen, doch sie steckten ihre Hände in den Mund und sprachen: »Siehe, wir glauben nicht an eure Sendung, und siehe, wir sind wahrlich in starkem Zweifel über das, wozu ihr uns einladet.«

(10.) Es sprachen ihre Gesandten: »Ist etwa ein Zweifel an Allah, dem Schöpfer der Himmel und der Erde? Er ruft euch, euch eure Sünden zu vergeben und mit euch bis zu einem bestimmten Termin zu säumen.« Sie sprachen: »Ihr seid nur Menschen wie wir, ihr wollet uns abwendig machen von dem, was unsre Väter verehrten. Bringt uns eine offenkundige Vollmacht.« (11.) Es sprachen ihre Gesandten zu ihnen: »Wir sind nur Menschen wie ihr, jedoch ist Allah gnädig gegen wen er will von seinen Dienern, und nicht steht es bei uns, euch eine Vollmacht zu bringen, es sei denn mit Allahs Erlaubnis; und auf Allah sollen alle Gläubigen vertrauen. (12.) Und warum sollten wir nicht auf Allah vertrauen, wo er uns in unsern Wegen bereits geleitet hat? Und wahrlich, ertragen wollen wir, was ihr uns an Leid zufügt. Und auf Allah sollen die Vertrauenden vertrauen.«

(13.) Und es sprachen die Ungläubigen zu ihren Gesandten: »Wahrlich, wir vertreiben euch aus unserm Land oder ihr kehrt zurück zu unsrer Religion.« Und es offenbarte ihnen ihr Herr: »Wahrlich, wir werden die Sünder vertilgen (14.) und werden euch gewisslichnach ihnen das Land bewohnen lassen. Solches für den, welcher meine Stätte und meine Drohungen fürchtet.« (15.) Und sie riefen um eine (richterliche) Entscheidung, und zuschanden ging jeder widerspenstige Gewalttätige. (16.) Vor ihm liegt Dschehannam, und getränkt soll er werden mit Eiterfluss. (17.) Er soll ihn hinunterschlucken und kaum unter die Gurgel bringen, und kommen soll der Tod zu ihm von allen Seiten, ohne dass er sterben könnte; und vor ihm ist harte Strafe. (18.) Das Gleichnis derer, die nicht an ihren Herrn glauben, ist: Ihre Werke sind gleich Asche, welche der Wind an einem Tag des Sturms zerstreut. Ihre Werke sollen ihnen nichts frommen. Das ist der tiefe Irrtum. (19.) Siehst du denn nicht, dass Allah in Wahrheit die Himmel und die Erde erschaffen? Wollte er es, er raffte euch hinfort und brächte eine neue Schöpfung,

(20.) und dies fiele Allah nicht schwer. (21.) Und vor Allah werden sie treten allzumal. Und sprechen werden die Schwachen zu den Hoffärtigen: »Siehe, wir folgten euch nach; wollt ihr nun nicht einen Teil der Strafe Allahs an unsrer Stelle übernehmen?« Sie werden sprechen: »Hätte uns Allah rechtgeleitet, so hätten wir euch auch geleitet. Nun ist es gleich für uns, ob wir missmutig oder standhaft ertragen; uns ist kein Entrinnen.« (22.) Und sprechen wird der Satan, wenn der Spruch gefällt ist: »Siehe, Allah verhieß euch eine wahrhaftige Verheißung. Ich verhieß euch auch, aber ich hinterging euch. Doch hatte ich keine Gewalt über euch, sondern ich rief euch nur, und ihr antwortetet mir; tadelt mich deshalb nicht, tadelt euch selber. Ich kann euch nicht Hilfe bringen, und ihr könnt mir nicht helfen. Siehe, ich leugne es, dass ihr mich früher (Allah) beigesellt habt.« Siehe, die Sünder trifft schmerzliche Strafe.

(23.) Aber jene, die da glaubten und das Rechte taten, werden geführt in Gärten, durcheilt von Bächen, ewig darinnen zu verweilen mit der Erlaubnis ihres Herrn. Ihr Gruß in ihnen ist: »Frieden!« (24.) Siehst du nicht, wie Allah ein Gleichnis prägte: Ein gutes Wort ist gleich einem guten Baum, dessen Wurzel fest ist und dessen Zweige in den Himmel reichen (25.) und der seine Speise zu jeder Zeit gibt mit seines Herrn Erlaubnis. Und Allah macht die Gleichnisse für die Menschen, dass sie sich ermahnen lassen. (26.) Und das Gleichnis eines schlechten Worts ist ein schlechter Baum, der aus der Erde entwurzelt ist und keine Festigkeit hat. (27.) Festigen wird Allah die Gläubigen durch das festigende Wort vom irdischen Leben und im Jenseits; und Allah führt die Ungerechten irre; und Allah tut, was er will. (28.) Sahst du nicht jene, welche Allahs Gnade mit dem Unglauben vertauschten und ihr Volk hinab ins Haus des Verderbens brachten,
(29.) in Dschehannam? Brennen sollen sie in ihr, und schlimm ist die Stätte!

(30.) Und sie gaben Allah seinesgleichen, um von seinem Weg in die Irre zu führen. Sprich: »Vergnügt euch nur, eure Fahrt geht doch ins Feuer.« (31.) Sprich zu meinen Dienern, welche gläubig sind, sie sollen das Gebet innehalten und spenden von dem, was wir ihnen bescherten, insgeheim und öffentlich, bevor ein Tag kommt, an dem weder Handel noch Freundschaft ist.
(32.) Allah ist's, der die Himmel und die Erde erschuf, und er sendet vom Himmel Wasser hernieder und lockt durch dasselbe Früchte hervor zu eurer Versorgung. Und er hat euch dienstbar gemacht die Schiffe, dass sie auf seinen Befehl das Meer durcheilen. Und dienstbar machte er euch die Flüsse;
(33.) und er machte euch dienstbar die

Sonne und den Mond in rastlosem Wandel. Und dienstbar machte er euch die Nacht und den Tag. (34.) Und er gibt euch von allem, um was ihr ihn bittet, und so ihr aufzählen wolltet die Gnadenerweisungen Allahs, ihr könntet sie nicht berechnen. Siehe, der Mensch ist wahrlich ungerecht und undankbar. (35.) Und (gedenke,) da Abraham sprach: »Mein Herr, mache dieses Land sicher und wende mich und meine Kinder von der Anbetung der Götzen ab.

(36.) Mein Herr, siehe, irre führten sie viele Menschen, aber wer mir folgt, siehe, der gehört zu mir, und wer sich wider mich empört - siehe, so bist du der Verzeihende, Barmherzige. (37.) Unser Herr, siehe, ich habe einen Teil meiner Nachkommenschaft in einem unfruchtbaren Tal bei deinem heiligen Hause angesiedelt. Unser Herr, mögen sie das Gebet innehalten! Und erfülle die Herzen der Menschen mit Liebe zu ihnen und versorge sie mit Früchten; vielleicht sind sie dir dankbar.
(38.) Unser Herr, siehe, du weißt, was wir verbergen und was wir offenkund tun, und nichts ist verborgen vor Allah auf Erden und im Himmel. (39.) Gelobt sei Allah, der mir in meinem Alter Ismael und Isaak schenkte! Siehe, mein Herr ist wahrlich des Gebetes Erhörer!

(40.) Mein Herr, mache, dass ich und mein Samen das Gebet innehalten. Unser Herr, und nimm mein Gebet an. (41.) Unser Herr, vergib mir und meinen Eltern und den Gläubigen am Tag der Rechenschaft.«
(42.) Und wähne nicht, dass Allah achtlos ist des Tuns der Ungerechten. Siehe, er säumt nur mit ihnen bis zum Tage, an dem die Blicke stier werden.
(43.) Herbeigeeilt kommen sie gereckten Hauptes mit stierem Aug' und ödem Herzen. (44.) Drum warne die Menschen vor dem Tag, an dem sie die Strafe ereilt. Und sprechen werden die Sünder: »Unser Herr,

verzieh mit uns noch um eine kurze Frist;
(45.) antworten wollen wir dann deinem Ruf
und folgen den Gesandten.« Aber schwöret
ihr nicht zuvor, dass euch kein Untergang
treffen würde?

(46.) Ihr wohntet in den Wohnungen derer,
die wider sich selber sündigten, und es
ward euch kundgetan, wie wir mit ihnen
verfuhren, und wir gaben euch (an ihnen)
Exempel. Sie planten ihre Listen, aber ihre
List ist bei Allah, und wäre sie auch
imstande, Berge zu versetzen.
(47.) Und wähne nicht, dass Allah die
Verheißung, die er seinen Gesandten
gegeben, nicht hält. Siehe, Allah ist mächtig
und ein Rächer. (48.) An jenem Tage, an
welchem die Erde und die Himmel
verwandelt werden und sie vor Allah treten,
den Einigen, den Allmächtigen,
(49.) an jenem Tage wirst du die Sünder in
Fesseln zusammengekoppelt sehen,
(50.) in Kleidern von Pech, und das Feuer
wird über ihre Angesichter schlagen,
(51.) damit Allah jeder Seele nach Verdienst
lohnt. Siehe, Allah ist schnell im Rechnen.
(52.) Dies ist eine Ankündigung für die
Menschen und diene als Warnung für sie,
und sie sollen hieraus erkennen, dass es nur
einen einigen Gott gibt, und die
Verständigen sollen es bedenken.

15. Sure - El-Hidschr

Geoffenbart zu Mekka

*Im Namen Allahs, des Erbarmers, des
Barmherzigen!*

(1.) A.L.R. Dies sind die Zeichen des Buches
und eines klaren Korans. (2.) Oftmals
werden die Ungläubigen wünschen,
Muslime gewesen zu sein. (3.) lass sie nur
schmausen und genießen und sich in

Hoffnung ergehen. Wahrlich, sie sollen
schon sehen. (4.) Und wir zerstörten keine
Stadt ohne niedergeschriebenen Termin.
(5.) Keine Gemeinde kann ihren Termin
beschleunigen oder verschieben. (6.) Und sie
sprechen: »O du, auf den die Warnung
herabgesandt ist, siehe, wahrlich, du bist
besessen. (7.) Warum bringst du uns nicht
die Engel, so du wahrhaft bist?«
(8.) Wir senden die Engel nicht nieder, es sei
denn, wenn es notwendig, und auch dann
fänden sie keine Nachsicht. (9.) Siehe, wir
sandten die Warnung herab, und siehe, wir
wollen sie hüten.

(10.) Und wahrlich, schon vor dir entsandten
wir (Gesandte) zu den Sekten der Früheren.
(11.) Aber nie kamen Gesandte zu ihnen, die
sie nicht verspottet hätten.
(12.) Gleiches lassen wir (jetzt) in die Herzen
der Frevler einziehen. (13.) Sie glauben nicht
an ihn, wiewohl die Strafe der Früheren
stattfand. (14.) Wenn wir ihnen auch ein Tor
vom Himmel öffneten, beim Hinaufsteigen
(15.) würden sie doch sprechen: »Unsre
Blicke sind berauscht; ja, wir sind ein
verzaubert Volk.« (16.) Wahrlich, wir setzten
in den Himmel Türme und schmückten sie
aus für die Beschauer, (17.) und wir
schützten sie vor jedem gesteinigten Satan,
(18.) außer dem verstohlenen Lauscher; dem
folgt ein leuchtender Feuerbrand.
(19.) Und die Erde, wir breiteten sie aus und
warfen auf sie die festgegründeten (Berge)
und ließen allerlei Dinge in ihr sprießen in
abgewogenem Maß.

(20.) Und wir gaben euch in ihr
Nahrungsmittel und denen, die ihr nicht
versorgt. (21.) Und es gibt kein Ding, dessen
Speicher nicht bei uns sind, und wir senden
es nur in bestimmtem Maß hinab.
(22.) Und wir entsenden die schwangern
Winde und entsenden Wasser vom Himmel
und geben es euch zu trinken; und nicht ihr
seid es, die es aufspeichern; (23.) und siehe,

wir sind es, die Leben und Tod geben, und wir sind die Erbenden. (24.) Und wahrlich, wir kennen unter euch diejenigen, die vorangehen, und kennen auch die, welche zurückbleiben. (25.) Und siehe, dein Herr wird sie versammeln; siehe, er ist weise und wissend. (26.) Und wahrlich, erschaffen haben wir den Menschen aus trocknem Lehm, aus geformtem Schlamm;
(27.) und die Dschinn erschufen wir zuvor aus dem Feuer des Samum.
(28.) Und (gedenke,) da dein Herr zu den Engeln sprach: »Siehe, ich erschaffe einen Menschen aus trocknem Lehm, aus geformtem Schlamm: (29.) Und wenn ich ihn gebildet und ihm von meinem Geiste eingehaucht habe, so fallet anbetend vor ihm nieder.«

(30.) Und nieder fielen alle die Engel insgesamt, (31.) außer Iblis; der wollte nicht niederfallen. (32.) Er sprach: »O Iblis, was ist dir, dass du nicht niedergefallen bist?«
(33.) Er sprach: »Nimmer werde ich niederfallen vor einem Menschen, den du aus trocknem Lehm erschufst, aus geformtem Schlamm.« (34.) Er sprach: »Hinaus aus ihm! Siehe, du bist der zu Steinigende; (35.) und siehe, auf dir soll der Fluch sein bis zum Tag des Gerichts.«
(36.) Er sprach: »Mein Herr, verzieh mit mir bis zum Tag der Erweckung.«
(37.) Er sprach: »Siehe, so soll dir Verzug sein, (38.) bis zum Tag der festgesetzten Zeit.« (39.) Er sprach: »Mein Herr, dieweil du mich irreführtest, wahrlich, so will ich ihnen auf Erden (die Dinge) ausschmücken und will sie verführen allzumal,

(40.) außer deinen Dienern unter ihnen, den lauteren.« (41.) Er sprach: »Das ist ein Weg bei mir, ein rechter. (42.) Siehe, meine Diener, nicht ist dir Macht über sie, es sei über die Verführten, die dir folgen.«
(43.) Und siehe, Dschehannam ist wahrlich verheißen ihnen insgesamt.

(44.) Ihr sind sieben Tore, und für jedes Tor ist ein besonderer Teil. (45.) Siehe, die Gottesfürchtigen kommen in Gärten und Quellen: (46.) »Tretet ein in Frieden, sicher.«
(47.) Und nehmen wollen wir aus ihrer Brust, was dort ist an Groll, als Brüder sitzend auf Polstern einander gegenüber.
(48.) Nicht soll sie rühren in ihnen Müdigkeit, und nimmer sollen sie aus ihnen getrieben werden. (49.) Verkünde meinen Dienern, dass ich bin der Verzeihende, der Barmherzige,

(50.) und dass meine Strafe eine schmerzliche Strafe ist. (51.) Und verkünde ihnen von Abrahams Gästen.
(52.) Als sie eintraten bei ihm und sprachen: »Frieden!« sprach er: »Siehe, wir fürchten uns vor euch.« (53.) Sie sprachen: »Fürchte dich nicht; siehe, wir verheißen dir einen klugen Sohn.« (54.) Er sprach: »Verheißet ihr mir dies, wo mich schon das Alter berührt hat? Was verheißet ihr mir da?«
(55.) Sie sprachen: »Wir verheißen dir in Wahrheit; drum gib nicht die Hoffnung auf.« (56.) Er sprach: »Wer gibt die Hoffnung auf seines Herrn Barmherzigkeit auf, wenn nicht die Irrenden?« (57.) Er sprach: »Und was ist euer Geschäft, ihr Entsandten?«
(58.) Sie sprachen: »Siehe, wir sind entsandt zu einem frevelnden Volk. (59.) Nur das Haus Lots, retten wollen wir es insgesamt,

(60.) außer seiner Frau; wir beschlossen ihr Zaudern.« (61.) Und als die Boten zum Hause Lots kamen, (62.) sprach er: »Siehe, ihr seid fremde Leute.« (63.) Sie sprachen: »Nein; wir kommen zu dir in dem, was sie bezweifeln. (64.) Und wir bringen dir die Wahrheit, und wahrlich, wir sind wahrhaft. (65.) So mache dich fort mit deiner Familie im Stockdunkel der Nacht und geh hinterdrein. Und niemand von euch wende sich um, sondern gehet, wohin ihr geheißen seid.« (66.) Und wir gaben ihm diesen Befehl, weil jene mit Stumpf und Stiel

abgeschnitten werden sollten am Morgen.
(67.) Und es kam das Volk der Stadt
frohlockend an. (68.) Er sprach: »Siehe, dies
sind meine Gäste; drum entehret mich nicht;
(69.) und fürchtet Allah und tut mir nicht
Schande an.«

(70.) Sie sprachen: »Haben wir dir nicht alle
Welt verboten?« (71.) Er sprach: »Fürwahr,
hier sind meine Töchter, so ihr es tun wollt.«
(72.) Bei deinem Leben, siehe wahrlich, in
ihrer Trunkenheit gingen sie irre!
(73.) Und da kam über sie der Schrei am
Sonnenaufgang, (74.) und wir kehrten ihr
Oberstes zuunterst und ließen auf sie
gebrannte Steine niederregnen.
(75.) Siehe, hierin sind wahrlich Zeichen für
Einsichtige. (76.) Und siehe wahrlich, sie
sind auf einem Weg, der noch vorhanden ist.
(77.) Siehe, hierin ist wahrlich ein Zeichen
für die Gläubigen. (78.) Und siehe, die Leute
(Bewohner) des Dickichts waren auch
Sünder. (79.) Und wir nahmen Rache an
ihnen, und wahrlich, beide wurden ein
offenkundiges Exempel.

(80.) Und wahrlich, auch das Volk von El-
Hidschr Zieh die Gesandten der Lüge.
(81.) Und wir brachten ihnen unsre Zeichen,
doch wendeten sie sich ab von ihnen.
(82.) Und sie höhlten sich sichere
Wohnungen in den Bergen aus,
(83.) und da überkam sie der Schrei am
Morgen, (84.) und all ihr Tun frommte ihnen
nichts. (85.) Und wir erschufen die Himmel
und die Erde und was zwischen beiden nur
zur Wahrheit, und wahrlich, die ›Stunde‹
kommt. Drum vergib (o Muhammad) in
schöner Vergebung. (86.) Siehe, dein Herr, er
ist der Schöpfer, der Wissende.
(87.) Und wahrlich, schon gaben wir dir die
sieben von den Erzählungen und den
erhabenen Koran. (88.) Richte deine Augen
nicht auf das, was wir einigen von ihnen
gaben. Betrübe dich auch nicht über sie.
Senke deine Fittiche über die Gläubigen,

(89.) und sprich: »Siehe, ich bin nur der
deutliche Warner.«

(90.) (Wir wollen eine Strafe auf sie
hinabsenden,) wie wir sie hinabsandten auf
die, welche Teile machten, (91.) die den
Koran zerstücken. (92.) Und bei deinem
Herrn! Wahrlich zur Rechenschaft ziehen
wollen wir sie insgesamt (93.) für ihr Tun.
(94.) So tue kund, was dir geheißen ward,
und kehre dich ab von den Götzendienern.
(95.) Siehe, wir schützen dich gegen die
Spötter, (96.) welche neben Allah noch einen
andern Gott setzen. Aber sie werden schon
sehen! (97.) Wahrlich, wir wissen, dass deine
Brust beklommen ist über ihre Worte.
(98.) Aber lobpreise deinen Herrn und falle
nieder vor ihm. (99.) Und diene deinem
Herrn, bis die Gewißheit zu dir kommt.

16. Sure - Die Bienen

Geoffenbart zu Mekka

*Im Namen Allahs, des Erbarmers, des
Barmherzigen!*

(1.) Eintrifft Allahs Befehl, drum wünscht
ihn nicht herbei. Preis Ihm! Und erhaben ist
er über das, was sie ihm beigesellen.
(2.) Er sendet die Engel mit dem Geist aus
seinem Logos herab auf wen er will von
seinen Dienern (und spricht:) »Kündet an,
dass es keinen Gott gibt außer mir; drum
fürchtet mich.« (3.) Erschaffen hat er die
Himmel und die Erde zur Wahrheit.
Erhaben ist er über das, was sie ihm
beigesellen. (4.) Erschaffen hat er den
Menschen aus einem Samentropfen; und
siehe, er ist ein offenkundiger Krittler.
(5.) Und die Tiere, er erschuf sie für euch; sie
liefern euch warme Kleidung und bringen
euch Nutzen; und ihr esset von ihnen;
(6.) und eine Zierde sind sie euch, wenn ihr

sie abends eintreibt und morgens austreibt;
(7.) und sie tragen eure Lasten zu Ländern,
die ihr nicht hättet erreichen können ohne
Mühsal der Seelen. Siehe, euer Herr ist
wahrlich gütig und barmherzig.

(8.) Und (er erschuf) die Pferde und die
Kamele und die Esel, auf dass ihr auf ihnen
reitet, und zum Schmuck. Und er erschuf,
was ihr nicht kennet. (9.) Und Allahs ist es,
den Weg zu zeigen, und einige weichen von
ihm ab. Und so er gewollt, wahrlich, er hätte
euch allesamt rechtgeleitet. (10.) Er ist's, der
euch von dem Himmel Wasser
herniedersendet. Von ihm ist der Trank und
von ihm sind die Bäume, unter denen ihr
weidet. (11.) Aufsprießen lässt er euch durch
dasselbe die Saat und den Ölbaum und die
Palme und die Reben und allerlei Früchte.
Siehe, hierin ist wahrlich ein Zeichen für
nachdenkende Leute. (12.) Und dienstbar
machte er euch die Nacht und den Tag; und
die Sonne, der Mond und die Sterne sind
(euch) dienstbar auf sein Geheiß. Siehe,
hierin ist wahrlich ein Zeichen für
einsichtige Leute. (13.) Und was er euch
erschuf auf Erden, verschieden an Farbe,
siehe, ein Zeichen ist wahrlich darin für
Leute, die sich warnen lassen.

(14.) Und er ist's, der das Meer (euch)
dienstbar machte, dass ihr frisches Fleisch
daraus esset und Schmuck daraus
hervorholet, ihn anzulegen. Und du siehst
die Schiffe es durchpflügen, und auf dass ihr
suchet nach (den Gaben) seiner Huld, und
dass ihr vielleicht dankbar seid.
(15.) Und in die Erde warf er die
festgegründeten (Berge), dass sie nicht
schwanke mit euch, und Flüsse und Pfade,
zu eurer Leitung (16.) und Wegmarken; und
durch die Sterne sind sie (auch) geleitet.
(17.) Und ist denn etwa der, welcher erschuf,
gleich dem, der nicht erschuf? Bedenkt ihr
denn nicht? (18.) Und so ihr aufzählen
wollet die Gnaden Allahs, ihr berechnet sie

nicht. Siehe, Allah ist wahrlich verzeihend
und barmherzig. (19.) Und Allah weiß, was
ihr verbergt und was ihr offenkund macht.
(20.) Aber jene, die sie außer Allah anrufen,
erschaffen nichts, sondern sind erschaffen.
(21.) Tot sind sie, ohne Leben; und sie
wissen nicht, wann sie erweckt werden.
(22.) Euer Gott ist ein einiger Gott, und jene,
die nicht glauben ans Jenseits, deren Herzen
verleugnen, und sie sind hoffärtig.
(23.) Zweifellos kennt Allah, was sie
verbergen und was sie offenkund tun. Siehe,
er liebt nicht die Hoffärtigen. (24.) Und wird
zu ihnen gesprochen: »Was hat euer Herr
herabgesandt?«, so sprechen sie: »Die Fabeln
der Früheren.«

(25.) Dafür sollen sie am Tag der
Auferstehung ihre Lasten voll und ganz
tragen und von den Lasten derer, die sie
irreführten in ihrer Unwissenheit. Wird ihre
Last nicht schlimm sein? (26.) Schon die,
welche vor ihnen lebten, schmiedeten
Ränke, doch packte Allah ihr Gebäude an
den Fundamenten, und das Dach stürzte auf
sie von oben, und die Strafe kam über sie,
von wannen sie dieselbe nicht erwarteten.
(27.) Alsdann wird er sie am Tag der
Auferstehung zuschanden machen und wird
zu ihnen sprechen: »Wo sind meine
Gefährten, um derentwillen ihr
auseinandergeraten?« Die, denen das
Wissen gegeben, werden dann sprechen:
»Siehe, Schande und Übel trifft heute die
Ungläubigen.« (28.) Die Sünder wider sich
selber, welche von den Engeln getötet
werden, werden den Frieden anbieten (und
sprechen:) »Wir haben nichts Böses getan.«
Nein! Siehe, Allah weiß, was ihr tatet.
(29.) »So tretet ein in Dschehannams Tore,
ewig darinnen zu verweilen, und wahrlich,
schlimm ist die Wohnung der Hoffärtigen.«

(30.) Aber gesprochen wird zu denen,
welche gottesfürchtig waren: »Was hat euer
Herr hinabgesandt?« Sie werden sprechen:

»Gutes.« Diejenigen, die Gutes tun, erhalten Gutes hienieden; aber die Wohnung des Jenseits ist besser, und wahrlich, herrlich ist die Wohnung der Gottesfürchtigen.
(31.) Die Gärten Edens, sie treten in sie ein, die durcheilt sind von Bächen; sie erhalten in ihnen, was sie wollen. Also lohnt Allah den Gottesfürchtigen. (32.) Zu den Rechtschaffenen sprechen die Engel, wenn sie dieselben zu sich nehmen: »Frieden sei auf euch! Tretet ein ins Paradies für euer Tun.«

(33.) Was können (die Ungläubigen) anders erwarten, als dass die Engel (des Todes) zu ihnen kommen, oder dass deines Herrn Befehl zu ihnen ergeht? So taten auch die, welche vor ihnen lebten. Allah war nicht ungerecht wider sie, vielmehr waren sie ungerecht gegen sich selber. (34.) Und es traf sie das Böse, das sie taten, und es umgab sie rings, was sie verspotteten.
(35.) Und es sprechen die, welche (Allah) Gefährten geben: »So Allah gewollt, so hätten wir außer ihm nichts angebetet, weder wir noch unsre Väter, und hätten nichts ohne ihn verboten.« Also taten auch die, welche vor ihnen lebten. Aber liegt den Gesandten etwas andres ob als öffentliche Predigt? (36.) Und wahrlich, wir entsandten zu jedem Volke einen Gesandten (zu predigen:) »Dienet Allah und meidet den Taghut.« Und einige von ihnen leitete Allah recht, und andern war der Irrtum bestimmt. Aber wandert durch das Land und schauet, wie das Ende derer war, die der Lüge ziehen. (37.) Wenn du (o Mohammed) auch ihre Leitung begehrst, siehe, so leitet Allah doch die, welche er irreführen will, und sie finden keinen Helfer. (38.) Und sie schwören bei Allah den heiligsten Eid: »Nicht erweckt Allah den, der gestorben ist.« Nein! Seine Verheißung ist wahr – jedoch wissen es die meisten Menschen nicht –, (39.) auf dass er ihnen klarmacht, worüber sie uneins sind, und damit die Ungläubigen wissen, dass sie Lügner waren.

(40.) Unser Wort zu einem Ding, so wir es wollen, ist nur, dass wir zu ihm sprechen: »Sei!«, und so ist's. (41.) Und die, welche Allahs wegen, nachdem sie Gewalt erlitten, ihr Land verließen, wahrlich, hienieden wollen wir ihnen eine schöne Wohnung geben, und der Lohn des Jenseits ist noch größer. Wüssten es nur (42.) jene, die standhaft sind und auf ihren Herrn vertrauen! (43.) Und vor dir entsandten wir nur Menschen, denen wir Offenbarung gegeben; fragt nur das Volk der Ermahnung, so ihr es nicht wisset. (44.) (Wir entsandten sie) mit den deutlichen Beweisen und den Schriften; und zu dir sandten wir die Ermahnung hinab, auf dass du den Menschen erklärest, was zu ihnen hinabgesandt ward, und dass sie es bedenken.

(45.) Sind denn etwa die, welche Übles planten, sicher davor, dass Allah sie nicht in die Erde versinken lässt oder dass er die Strafe nicht über sie bringt, von wannen sie es nicht erwarten? (46.) Oder dass er sie nicht in ihren Beschäftigungen ergreift, ohne dass sie etwas wider ihn vermögen? (47.) Oder dass er sie nicht nach und nach erfasst? Und siehe, euer Herr ist wahrlich gütig und barmherzig. (48.) Haben sie denn nicht gesehen, dass alles, was Allah erschaffen, seinen Schatten zur Rechten und Linken wendet, sich niederwerfend vor Allah und sich demütigend? (49.) Und vor Allah wirft sich nieder, was in den Himmeln und was auf Erden ist, die Tiere und die Engel, und sie sind nicht zu stolz.

(50.) Sie fürchten ihren Herrn, der über ihnen ist, und tun, was ihnen geheißen. (51.) Und gesprochen hat Allah: »Nehmt euch nicht zwei Götter – er ist ein einiger Gott; drum verehret nur mich.« (52.) Und sein ist, was in den Himmeln und

auf Erden, und ihm gebührt ewiger Kult.
Wollt ihr einen andern als Allah fürchten?
(53.) Und ihr habt keine Gabe, die nicht von
Allah wäre. Alsdann, wenn euch ein Übel
trifft, fleht ihr zu ihm um Hilfe.
(54.) Alsdann, wenn er euch von dem Übel
befreit hat, siehe, dann gibt ein Teil von euch
seinem Herrn Gefährten, (55.) so dass sie
undankbar sind für das, was wir ihnen
gaben. Genießet es nur, ihr werdet schon
sehen! (56.) Und sie bestimmen für das, was
sie nicht kennen, einen Teil von dem, womit
wir sie versorgten. Bei Allah, wahrlich, zur
Rechenschaft sollt ihr gezogen werden für
eure Erdichtungen! (57.) Und sie geben
Allah Töchter – Preis Ihm! – und sich, was
sie begehren. (58.) Und wenn einem von
ihnen eine Tochter angekündigt wird, dann
bedeckt ein schwarzer Schatten sein Gesicht,
und er grollt. (59.) Er verbirgt sich vor dem
Volk wegen der üblen Nachricht: Soll er es
zur Schande behalten oder im Staub
vergraben? Ist nicht ihr Urteil falsch?

(60.) Diejenigen, welche nicht glauben ans
Jenseits, sind mit dem Schlechtesten zu
vergleichen, Allah aber mit dem Höchsten,
und er ist der Mächtige, der Weise.
(61.) Und so Allah die Menschen für ihre
Sünde strafte, so würde er nichts, was sich
regt, auf der Erde lassen; jedoch verzieht er
mit ihnen bis zu einem bestimmten Termin.
Und wenn ihr Termin gekommen ist, so
können sie ihn weder für eine Stunde
verschieben noch beschleunigen.
(62.) Und sie geben Allah, was ihnen
mißfällt, und ihre Zungen lügen, (wenn sie
sprechen,) dass für sie das Beste (als Lohn)
ist. Zweifellos ist für sie das Feuer, und sie
sollen in dasselbe gejagt werden.
(63.) Bei Allah, schon vor dir schickten wir
Gesandte zu den Gemeinschaften, und der
Satan putzte ihnen ihre Werke aus; und
heute ist er ihr Beschützer, doch wird sie
schmerzliche Strafe treffen.

(64.) Und wir sandten nur das Buch zu dir,
auf dass du ihnen das klarmachst, worüber
sie uneins sind, und als eine Leitung und
Barmherzigkeit für gläubige Leute.
(65.) Und Allah sendet vom Himmel Wasser
hinab und belebt damit die Erde nach ihrem
Tod. Siehe, hierin ist wahrlich ein Zeichen
für hörende Leute. (66.) Und siehe, am Vieh
habt ihr wahrlich eine Lehre. Wir tränken
euch mit dem, was in ihren Leibern ist in der
Mitte zwischen Mist und Blut, mit lauterer
Milch, die den Trinkenden so leicht durch
die Kehle gleitet. (67.) Und unter den
Früchten die Palmen und Reben, von denen
ihr berauschenden Trank und gute Speise
habt. Siehe, hierin ist wahrlich ein Zeichen
für einsichtige Leute. (68.) Und es lehrte
dein Herr die Biene: »Suche dir in den
Bergen Wohnungen und in den Bäumen und
in dem, was sie erbauen.
(69.) Alsdann speise von jeglicher Frucht
und ziehe die bequemen Wege deines
Herrn.« Aus ihren Leibern kommt ein Trank
verschieden an Farbe, in dem eine Arznei ist
für Menschen. Siehe, hierin ist wahrlich ein
Zeichen für nachdenkende Menschen.

(70.) Und Allah hat euch erschaffen; alsdann
nimmt er euch zu sich, doch lässt er einige
von euch das hinfälligste Alter erreichen,
dass sie nichts mehr von dem, was sie
gewusst, wissen. Siehe, Allah ist wissend
und mächtig. (71.) Und Allah hat den einen
von euch vor dem andern in der Versorgung
bevorzugt. Und doch geben die Bevorzugten
von ihrer Versorgung nichts zurück an die
(Sklaven,) die ihre Rechte besitzt, auf dass
sie hierin gleich seien. Wollen sie denn
Allahs Gnade verleugnen? (72.) Und Allah
gab euch aus euch selber Gattinnen und gab
euch von euern Gattinnen Söhne und Enkel
und versorgte euch mit Gutem. Wollen sie
da an das Nichtige glauben und Allahs
Gnade verleugnen? (73.) Und sie verehren
außer Allah, was ihnen weder vom Himmel
noch von der Erde etwas zur Versorgung zu

geben vermag und machtlos ist. (74.) Darum machet Allah keine Gleichnisse; siehe, Allah weiß, doch ihr wisset nicht.

(75.) Ein Gleichnis macht Allah: Ein leibeigener Sklave, der über nichts Gewalt hat, und jemand, den wir mit schöner Versorgung versorgten, und der davon spendet insgeheim und öffentlich, sind diese einander gleich? Gelobt sei Allah! Jedoch verstehen es die meisten Menschen nicht. (76.) Und Allah macht (noch) ein Gleichnis: Es sind zwei Männer da, von denen der eine stumm ist und nichts vermag und eine Last seinem Herrn ist, der, wohin er ihn auch wenden mag, nichts Gutes bringt; ist der etwa gleich einem, der befiehlt, was Rechtens ist, und sich auf dem rechten Weg befindet? (77.) Und Allahs ist das Verborgene in den Himmeln und auf der Erde. Und das Geschäft der ›Stunde‹; ist nur wie ein Augenblick oder noch kürzer. Siehe, Allah hat Macht über alle Dinge. (78.) Und Allah hat euch aus den Leibern eurer Mütter hervorgebracht als Unwissende. Und er gab euch Gehör und Gesicht und Herzen, auf dass ihr dankbar wäret. (79.) Sehen sie nicht die Vögel, wie sie ihm Untertan sind im Himmelsraum? Niemand hält sie in Händen außer Allah. Siehe, hierin ist wahrlich ein Zeichen für gläubige Leute.

(80.) Und Allah hat euch Behausungen gegeben zur Wohnung; und er gab euch die Häute des Viehs zu Behausungen, auf dass ihr sie leicht erfindet am Tag eures Aufbruchs und am Tag eures Halts; und ihre Wolle und ihren Pelz und ihre Haare (gab er euch) zu Gebrauchsgegenständen und Geräten für (gewisse) Zeit. (81.) Und Allah gab euch Schatten von dem, was er erschuf, und gab euch die Berge zu Asylen und gab euch Kleidung zum Schutz gegen die Hitze und Kleider zum Schutz im Kampf. Also vollendet er seine Gnade gegen euch, auf

dass ihr Muslime werdet. (82.) Und so sie den Rücken kehren, dir liegt nur die öffentliche Predigt ob. (83.) Sie erkennen Allahs Gnade und leugnen sie hernach ab, und die meisten von ihnen sind ungläubig. (84.) Und eines Tages erwecken wir aus allen Völkern einen Zeugen; alsdann wird den Ungläubigen keine Erlaubnis gegeben werden, (sich zu entschuldigen,) und ihre Bitten um Gnade sollen nicht angenommen werden.

(85.) Und wenn die Ungerechten die Strafe sehen, so soll sie ihnen nicht gelindert werden, und sie sollen nicht Nachsicht finden. (86.) Und wenn diejenigen, welche (Allah) Gefährten gaben, ihre ›Gefährten‹ sehen, werden sie sprechen: »Unser Herr, dies sind unsre ›Gefährten‹, die wir außer dir anriefen.« Und sie sollen ihnen das Wort entgegnen: »Siehe, ihr seid wahrlich Lügner.« (87.) Und an jenem Tage werden sie Allah Frieden bieten, und von ihnen schweifen ihre Erdichtungen. (88.) Und diejenigen, die nicht glaubten und von Allahs Weg abwendig machten, sollen von uns Strafe über Strafe erhalten, dafür dass sie Verderben stifteten. (89.) Und erwecken werden wir eines Tages in jedem Volk einen Zeugen wider sie aus ihrer Mitte, und wir wollen dich als Zeugen wider diese bringen. Wir sandten auf dich das Buch hernieder als eine Erklärung für alle Dinge und eine Rechtleitung und Barmherzigkeit und Heilsbotschaft für die Muslime.

(90.) Siehe, Allah gebietet Gerechtigkeit zu üben, Gutes zu tun und die Verwandten zu beschenken, und verbietet das Schändliche und Schlechte und Gewalttat. Er ermahnt euch, auf dass ihr es zu Herzen nehmet. (91.) Und haltet den Bund Allahs, so ihr ihn eingegangen seid, und brechet nicht eure Eide, nachdem ihr sie bekräftigt; denn nun habt ihr Allah zum Bürgen für euch gemacht. Siehe, Allah weiß, was ihr tut. (92.) Und seid nicht wie jene, die ihr Gespinst in Strähnen auflöste, nachdem sie es festgesponnen, indem ihr, weil die eine Partei stärker als die andre ist, die Eide nur zu gegenseitigem Betrug leistet. Siehe, Allah prüft euch hierin, und wahrlich, am Tag der Auferstehung wird er euch klarmachen, worüber ihr uneins seid. (93.) Und so Allah es gewollt, hätte er euch zu einer einzigen Gemeinde gemacht; jedoch führt er irre, wen er will, und leitet recht, wen er will; und wahrlich, zur Rechenschaft gezogen werdet ihr für euer Tun.

(94.) Darum legt nicht Eide ab zu gegenseitigem Betrug, damit nicht der Fuß ausgleite, nachdem er fest hingesetzt, und ihr das Übel schmecket, dieweil ihr abwendig machtet von Allahs Weg, und euch schwere Strafe trifft. (95.) Und verkaufet nicht den Bund Allahs um einen geringen Preis, denn nur bei Allah ist das, was besser für euch ist, so ihr es versteht. (96.) Was bei euch ist, vergeht, und was bei Allah ist, besteht; und wahrlich, belohnen werden wir die Standhaften mit ihrem Lohn für ihre besten Werke. (97.) Wer das Rechte tut, sei es Mann oder Frau, wenn er nur gläubig ist, den wollen wir lebendig machen zu einem guten Leben und wollen ihn belohnen für seine besten Werke. (98.) Und so du den Koran vorträgst, so nimm deine Zuflucht zu Allah vor dem gesteinigten Satan. (99.) Siehe, keine Macht hat er über die, welche gläubig sind und auf ihren Herrn vertrauen;

(100.) siehe, seine Macht reicht nur über die, welche sich von ihm abkehren und ihm Gefährten geben. (101.) Und wenn wir einen Vers mit einem andern vertauschen – und Allah weiß am besten, was er hinabsendet –, sprechen sie: »Du bist nur ein Erdichter.« Aber die meisten von ihnen sind ohne Einsicht. (102.) Sprich: »Herabgesandt hat

ihn der Heilige Geist von deinem Herrn in Wahrheit, um die Gläubigen mit ihm zu stärken, und als eine Leitung und Heilsbotschaft für die Muslime. (103.) Und wahrlich, wir wissen auch, dass sie sprechen: ›Siehe, ein Mensch lehrt ihn.‹ Die Sprache dessen, den sie meinen, ist barbarisch, und dies ist offenkundig die arabische Sprache.« (104.) Siehe, jene, die nicht an Allahs Zeichen glauben, Allah leitet sie nicht, und ihnen wird schmerzliche Strafe.

(105.) Lügen ersinnen jene, die an Allahs Zeichen nicht glauben, und sie – sie sind Lügner. (106.) Wer Allah verleugnet, nachdem er an ihn geglaubt, es sei denn, er sei dazu gezwungen und sein Herz sei fest im Glauben –, jedoch, wer seine Brust dem Unglauben öffnet – auf sie soll kommen Zorn von Allah, und ihnen soll sein schwere Strafe. (107.) Solches, darum dass sie das irdische Leben mehr liebten als das Jenseits, und weil Allah die Ungläubigen nicht leitet. (108.) Diese sind's, deren Herzen und Gehör und Gesicht Allah versiegelt hat, und sie – sie sind die Achtlosen. (109.) Ohne Zweifel sind sie im Jenseits die Verlorenen.

(110.) Alsdann wird dein Herr jenen, welche nach Prüfungen auswanderten und alsdann kämpften und standhaft waren – siehe, dein Herr wird hernach wahrlich verzeihend und barmherzig sein. (111.) Eines Tages wird jede Seele kommen und für sich selber rechten, und jeder Seele wird vergolten ihr Tun, und nicht soll ihnen unrecht geschehen. (112.) Und Allah macht ein Gleichnis: Eine Stadt war sicher und in Frieden, zu der ihre Versorgung in Hülle und Fülle von allen Orten kam. Und sie war undankbar gegen Allahs Gnaden, und da ließ Allah sie schmecken das Gewand des Hungers und der Furcht für ihr Tun. (113.) Und wahrlich, es kam zu ihnen ein Gesandter aus ihnen, und sie ziehen ihn der Lüge, und da erfasste

sie die Strafe, dieweil sie Sünder waren.
(114.) Esset von dem, was euch Allah bescherte, das Erlaubte und Gute, und danket der Gnade Allahs, so ihr ihm dienet.

(115.) Verwehrt hat er euch nur das Krepierte und Blut und Schweinefleisch und das, worüber (beim Schlachten) ein andrer als Allah angerufen ward. Und wenn jemand gezwungen wird, ohne danach zu verlangen oder in (absichtlicher) Übertretung, siehe, so ist Allah verzeihend und barmherzig. (116.) Und sprechet nicht mit lügnerischer Zunge: »Das ist erlaubt und das ist verboten«, um wider Allah eine Lüge zu ersinnen; siehe, denjenigen, die wider Allah Lügen ersinnen, ergeht es nicht wohl. (117.) Ein geringer Genuß, und dann trifft sie schmerzliche Strafe.
(118.) Und den Juden verboten wir das, was wir dir zuvor angaben. Und wir waren nicht ungerecht gegen sie, vielmehr waren sie gegen sich selber ungerecht.
(119.) Alsdann wird dein Herr gegen die, welche das Böse taten in Unwissenheit und hernach sich bekehrten und besserten – siehe, hernach wird dein Herr wahrlich verzeihend und barmherzig sein.

(120.) Siehe, Abraham war ein Imam, gehorsam gegen Allah und lauter im Glauben, und war keiner der Götzendiener. (121.) Er war dankbar für seine Gnaden, und er erwählte ihn und leitete ihn auf einen rechten Pfad. (122.) Und wir gaben ihm hienieden Gutes, und siehe, im Jenseits gehört er zu den Gerechten. (123.) Alsdann offenbarten wir dir: »Folge der Religion Abrahams, des Lautern im Glauben, der kein Götzendiener war.« (124.) Der Sabbat ward nur verordnet für die, welche über ihn uneins waren, und siehe, dein Herr wird gewisslich richten zwischen ihnen am Tag der Auferstehung über das, worüber sie uneins sind.

(125.) Lade ein zum Weg deines Herrn mit Weisheit Und schöner Ermahnung; und streite mit ihnen in bester Weise. Siehe, dein Herr weiß am besten, wer von seinem Wege abgeirrt ist, und er kennet am besten die Rechtgeleiteten. (126.) Und so ihr euch rächen wollt, so rächt euch in gleichem Maße, als euch Böses zugefügt ward. Und so ihr duldet, so ist dies besser für die Duldenden. (127.) Und du trage in Geduld. Und deine Geduld kommt nur von Allah. Und betrübe dich nicht über sie, und bekümmere dich nicht über ihre Anschläge. (128.) Siehe, Allah ist mit denen, die ihn fürchten und die Gutes tun.

17. Sure - Die Nachtfahrt

Geoffenbart zu Mekka

Im Namen Allahs, des Erbarmers, des Barmherzigen!

(1.) Preis dem, der seinen Knecht des Nachts von dem heiligen Gebetsplatz zu dem weitentfernten Gebetsplatz reisen ließ, dessen Umgebung wir gesegnet haben, um ihm unsre Zeichen zu zeigen. Siehe, er ist der Hörende, der Schauende. (2.) Und wir gaben Moses die Schrift und bestimmten sie zu einer Leitung für die Kinder Israel (und sprachen:) »Nehmet keinen außer mir zum Beschützer.« (3.) Eine Nachkommenschaft derer, die wir mit Noah (in der Arche) trugen; siehe er war ein dankbarer Diener. (4.) Und wir bestimmten für die Kinder Israel in der Schrift: »Wahrlich, zweimal werdet ihr auf der Erde Verderben anstiften und werdet euch in großer Hoffart erheben.« (5.) Und wenn die Drohung für das erste Mal eintrifft, da entsenden wir wider euch unsre Diener, begabt mit gewaltiger Macht, und sie werden das Innerste eurer

Wohnungen durchsuchen, und es wird die Drohung vollzogen.

(6.) Alsdann gaben wir euch wiederum die Macht über sie und mehrten euch an Gut und Kindern und machten euch zu einer zahlreichen Schar. (7.) (Und wir sprachen:) »So ihr Gutes tut, tut ihr Gutes für euch, so ihr Böses tut, ist's wider euch.« Und wenn die Drohung für das andre Mal eintrifft, (da entsenden wir unsre Diener,) um euere Angesichter zu kränken und euere Moschee zu betreten, wie sie dieselbe das erste Mal betraten, und, was sie erobert, von Grund aus zu zerstören. (8.) Vielleicht, dass euer Herr sich euer erbarmt! Aber tut ihr's wieder, so tun auch wir es wieder, und bestimmt haben wir Dschehannam als Gefängnis für die Ungläubigen.
(9.) Siehe, dieser Koran leitet zum Richtigsten und verheißt den Gläubigen, die das Rechte tun, großen Lohn; (10.) aber denen, die nicht ans Jenseits glauben, (verheißt er,) dass wir ihnen schmerzliche Strafe bereitet haben. (11.) Und es bittet der Mensch um Schlimmes, wie Wenn er um Gutes bäte; denn der Mensch ist voreilig.

(12.) Und wir machten die Nacht und den Tag zu zwei Zeichen. Und wir löschten das Zeichen der Nacht aus und machten das Zeichen des Tages sichtbar, auf dass ihr trachtet nach der Huld eures Herrn und dass ihr wisset die Zahl der Jahre und die Berechnung (der Zeit). Und jedes Ding, wir haben es klar erklärt. (13.) Und jeden Menschen befestigt haben wir ihm sein Los an seinem Hals, und heraus wollen wir für ihn holen am Tag der Auferstehung ein Buch, das ihm geöffnet vorgelegt werden soll, (und wir werden zu ihm sprechen:) (14.) »Lies dein Buch; du selber sollst heute Rechenschaft wider dich ablegen.«

(15.) Wer rechtgeleitet ist, der ist nur rechtgeleitet zu seinem eigenen Besten, und wer irregeht, der geht irre allein zu seinem eigenen Schaden; und nicht soll tragen eine beladene (Seele noch) eine andre Last. Und wir straften nicht eher, als wir einen Gesandten schickten. (16.) Und so wir eine Stadt zerstören wollten, erging unser Gebot an die Üppigen darinnen. Und sie frevelten darinnen, und so erfüllte sich an ihr das Wort, und wir zerstörten sie von Grund aus. (17.) Und wie viele Geschlechter vertilgten wir nach Noah! Denn dein Herr weiß und schaut die Sünden seiner Diener zur Genüge. (18.) Wer diese Vergänglichkeit begehrt – schnell geben wir in ihr, was wir wollen, dem, der uns beliebt. Alsdann bestimmen wir Dschehannam für ihn, in der er brennen soll, in Schanden und verstoßen. (19.) Wer aber das Jenseits begehrt und nach ihm eifert in geziemendem Eifer und gläubig ist – denen wird ihr Eifer gedankt.

(20.) Alle wollen wir versorgen, diese und jene, von den Gaben deines Herrn, und deines Herrn Gaben sollen nicht versagt werden. (21.) Schau, wie wir die einen vor den andern bevorzugten! Doch das Jenseits soll größere Rangstufen haben und größere Auszeichnungen. (22.) Setze nicht neben Allah einen anderen Gott, dass du nicht dasitzest, mit Schimpf bedeckt und hilflos. (23.) Und bestimmt hat dein Herr, dass ihr ihm allein dienet und dass ihr gegen eure Eltern gütig seid, sei es, dass der eine von ihnen oder beide bei dir ins Alter kommen. Drum sprich nicht zu ihnen: »Pfui!« und schilt sie nicht, sondern führe zu ihnen ehrfürchtige Rede. (24.) lass zu ihnen den Fittich der Unterwürfigkeit hängen aus Barmherzigkeit und sprich: »Mein Herr, erbarme dich beider, so wie sie mich aufzogen, da ich klein war.«

(25.) Euer Herr weiß sehr wohl, was in euern Seelen ist, ob ihr rechtschaffen seid; und siehe, er ist gegen die Bußfertigen verzeihend. (26.) Und gib dem Verwandten, was ihm gebührt, und den Armen und dem

Sohn des Weges; doch verschwende nicht in Verschwendung. (27.) Siehe, die Verschwender sind die Brüder der Satane, und der Satan ist seinem Herrn undankbar. (28.) Und so du dich abwendest von ihnen, im Trachten nach deines Herrn Barmherzigkeit, auf die du hoffst, so sprich doch zu ihnen freundliche Worte. (29.) Und lass deine Hand nicht an deinen Hals gefesselt sein, und öffne sie nicht, soweit du vermagst, so dass du getadelt und verarmt dasitzest.

(30.) Siehe, dein Herr gibt reichlich den Unterhalt und bemessen, wem er will. Siehe, er kennt und schaut seine Diener. (31.) Tötet nicht eure Kinder aus Furcht vor Verarmung; wir wollen sie und euch versorgen. Siehe, ihr Töten ist eine große Sünde. (32.) Und bleibt fern der Hurerei; siehe, es ist eine Schändlichkeit und ein übler Weg. (33.) Und tötet keinen Menschen, den euch Allah verwehrt hat, es sei denn um der Gerechtigkeit willen. Ist aber jemand ungerechterweise getötet, so geben wir seinem nächsten Anverwandten Gewalt. Doch sei er nicht maßlos im Töten; siehe, er findet Hilfe. (34.) Und bleibt fern dem Gut der Waise, außer zu ihrem Besten, bis sie das Alter der Reife erlangt hat. Und haltet den Vertrag. Siehe, über Verträge werdet ihr zur Rechenschaft gezogen. (35.) Und gebet volles Maß, wenn ihr messet, und wäget mit richtiger Waage; so ist's besser und förderlicher zur Erledigung. (36.) Und fuße nicht auf dem, wovon du kein Wissen hast; siehe, Gehör, Gesicht und Herz, alles wird dafür zur Rechenschaft gezogen. (37.) Und schreite nicht auf der Erde stolz einher; siehe, du kannst die Erde nicht spalten noch die Berge an Höhe erreichen. (38.) Alles dies ist übel vor deinem Herrn und verhasst. (39.) Dies ist von dem, was dir dein Herr an Weisheit offenbarte; und setze neben Allah keinen andern Gott, sonst wirst du in Dschehannam geworfen, getadelt und verstoßen.

(40.) Hat euch denn euer Herr gerade für euch Söhne erwählt und sich von den Engeln Töchter angenommen? Siehe, ihr sprechet wahrlich ein erschreckliches Wort aus. (41.) Siehe, wir haben in diesem Koran mannigfaltige Beweise gegeben, sie zu verwarnen; aber es vermehrt nur ihren Widerwillen. (42.) Sprich: »Gäbe es neben ihm noch Götter, wie sie sprechen, alsdann müssten sie doch nach einem Weg trachten, dem Herrn des Thrones beizukommen.« (43.) Preis Ihm! Und erhaben ist er hoch über ihre Behauptung! (44.) Es preisen ihn die sieben Himmel und die Erde und wer darinnen. Und kein Ding ist, das ihn nicht lobpreist. Doch versteht ihr nicht ihre Lobpreisung. Siehe, er ist milde und verzeihend.

(45.) Wenn du den Koran vorträgst, so machen wir zwischen dir und denen, die nicht ans Jenseits glauben, einen verhüllenden Vorhang; (46.) und wir legen auf ihre Herzen Decken, dass sie ihn nicht verstehen; und machen ihre Ohren schwerhörig. Und wenn du deinen Herrn im Koran als einen Einigen erwähnst, wenden sie ihren Rücken zur Flucht. (47.) Wir wissen sehr wohl, warum sie darauf hören, wenn sie dir zuhören. Und wenn sie insgeheim miteinander reden, dann sprechen die Ungerechten: »Ihr folgt nur einem verzauberten Mann.« (48.) Schau, was sie für Gleichnisse mit dir anstellen! Aber sie irren sich und vermögen keinen Weg zu finden. (49.) Und sie sprechen: »Wenn wir Gebeine geworden sind und Staub, sollen wir dann etwa zu einer neuen Schöpfung erstehen?«

(50.) Sprich: »Wäret ihr auch Stein oder Eisen (51.) oder sonst welches Erschaffene, das euch schwer dünkt (erweckt zu werden)...« Und sie werden sprechen: »Wer wird uns zurückbringen?« Sprich: »Er, der

euch das erste Mal erschuf.« Und dann
werden sie das Haupt wider dich schütteln
und sprechen: »Wann geschieht's?« Sprich:
»Vielleicht geschieht's bald.«
(52.) Eines Tages wird er euch rufen, und ihr
werdet ihm antworten mit Lobpreisung und
werdet glauben, ihr hättet nur ein wenig
verweilt. (53.) Und sprich zu meinen
Dienern, sie sollen aufs freundlichste reden.
Siehe, der Satan sucht Streit unter ihnen zu
stiften; siehe, der Satan ist den Menschen ein
offenkundiger Feind. (54.) Euer Herr kennt
euch sehr wohl; wenn er will, erbarmt er
sich euer, und wenn er will, straft er euch,
und nicht haben wir dich entsandt, ihr
Beschützer zu sein. (55.) Und dein Herr
kennt jeden, der in den Himmeln und auf
Erden ist. Und wahrlich, wir bevorzugten
die einen der Propheten vor den andern,
und wir gaben David die Psalmen.

(56.) Sprich: »Rufet nur jene an, die ihr
neben ihm (als Götter) annehmt, sie
vermögen doch nicht, euch von dem Übel zu
befreien oder es abzuwenden.
(57.) Jene, die sie anrufen, trachten selbst
nach Vereinigung mit ihrem Herrn, ihm am
nächsten zu stehen, und hoffen auf seine
Barmherzigkeit und fürchten seine Strafe.
Siehe, die Strafe deines Herrn ist zu
fürchten. (58.) Und es gibt keine Stadt, die
wir nicht vernichten wollen vor dem Tag der
Auferstehung oder doch mit strenger Strafe
strafen wollen; das ist in dem Buch
verzeichnet. (59.) Und nichts hinderte uns,
(dich) mit Zeichen zu entsenden, wenn nicht
die Früheren sie der Lüge geziehen hätten.
Und wir gaben Thamud die Kamelin
sichtbarlich, und sie versündigten sich wider
sie. Und wir entsenden nur mit Zeichen, um
Furcht zu erwecken.

(60.) Und (gedenke,) als wir zu dir sprachen:
»Siehe, dein Herr umgibt die Menschen.«
Und wir bestimmten das Gesicht, das wir
dich sehen ließen, nur zu einer Versuchung

für die Menschen, und (ebenso) den
verfluchten Baum im Koran; und wir
erfüllen sie mit Furcht, und es wird sie nur
stärken in großer Ruchlosigkeit.
(61.) Und da wir zu den Engeln sprachen:
»Werfet euch nieder vor Adam!« Da warfen
sich alle nieder bis auf Iblis. Er sprach: »Soll
ich mich niederwerfen vor einem, den du
aus Ton erschaffen?« (62.) Er sprach: »Was
dünkt dir von diesem, den du höher ehrtest
als mich? Wahrlich, wenn du mit mir bis
zum Tag der Auferstehung verziehst, will
ich seine Nachkommenschaft bis auf wenige
ausrotten.«

(63.) Er sprach: »Hinfort! Und wer dir von
ihnen folgt, siehe, so soll Dschehannam euer
Lohn sein, ein reicher Lohn.
(64.) Verführe nun von ihnen, wen du
vermagst, mit deiner Stimme und bedränge
sie mit deinen Reitern und Mannen und sei
ihr Teilhaber an ihrem Gut und ihren
Kindern und mach ihnen Versprechungen.
Aber was ihnen der Satan verspricht, ist nur
Trug. (65.) Siehe, meine Diener, über sie hast
du keine Gewalt, und dein Herr genügt als
Beschützer.« (66.) Euer Herr ist es, der euch
die Schiffe auf dem Meere treibt, auf dass ihr
trachtet nach seinem Überfluss. Siehe, er ist
gegen euch barmherzig. (67.) Und wenn
euch ein Unheil auf dem Meere trifft, dann
sind jene, die ihr außer ihm anruft, in weiter
Ferne. Hat er euch aber ans Land gerettet,
dann wendet ihr euch ab; und der Mensch
ist undankbar. (68.) Seid ihr denn sicher
davor, dass er euch in die Erde versinken
lässet oder wider euch einen Sandsturm
entsendet? Alsdann findet ihr keinen
Beschützer für euch. (69.) Oder seid ihr
sicher davor, dass er euch nicht noch ein
andermal aufs Meer hinausführt und wider
euch eine Windsbraut entsendet und euch
für eure Undankbarkeit ertränkt? Alsdann
findet ihr keinen Helfer wider mich.

(70.) Und wahrlich, wir zeichneten die Kinder Adams aus und trugen sie zu Land und Meer und versorgten sie mit guten Dingen und bevorzugten sie hoch vor vielen unsrer Geschöpfe. (71.) Eines Tages werden wir alle Menschen rufen mit ihren Führern; und jene, denen ihr Buch in ihre Rechte gegeben wird, die sollen es lesen und sollen nicht um einen Faden Unrecht erleiden. (72.) Und wer hienieden blind gewesen, der soll auch im Jenseits blind sein und noch mehr vom Weg abirren. (73.) Und siehe, fast hätten sie dich von dem, was wir dir offenbarten, abwendig gemacht, dass du etwas anderes wider uns erdichtetest, und alsdann hätten sie dich wahrlich zum Freund angenommen. (74.) Und wenn wir dich nicht gefestigt hätten, so hättest du dich beinahe ihnen um ein weniges zugeneigt.

(75.) Alsdann hätten wir dich wahrlich das Doppelte (an Strafe) im Leben und im Tode schmecken lassen, und dann hättest du keinen Helfer wider uns gefunden. (76.) Und wahrlich, fast hätten sie dich zum Verlassen des Landes bewogen, um dich daraus zu vertreiben; aber dann hätten sie nur noch ein weniges nach dir darinnen verweilt. (77.) (So war unser) Verfahren mit denen von unsern Gesandten, die wir vor dir entsandten, und nicht sollst du eine Änderung in unserm Verfahren finden. (78.) Verrichte das Gebet bei Sonnenuntergang bis zum Dunkel der Nacht und die Morgenlesung. Die Morgenlesung wird bezeugt. (79.) Bring mit ihr (der Rezitation aus dem Koran) etwas von der Nacht wach zu; das dient dir als Überschuss; vielleicht erweckt dich dein Herr zu einem preislichen Rang (im Jenseits).

(80.) Und sprich: »Mein Herr, lass meinen Eingang und meinen Ausgang wahrhaftig sein und gewähre mir deine helfende Macht.« (81.) Und sprich: »Gekommen ist die Wahrheit und vergangen das Nichtige.

Siehe, das Nichtige ist vergänglich.« (82.) Und wir senden hinab vom Koran, was eine Heilung ist und eine Barmherzigkeit für die Gläubigen; den Sündern aber mehrt er nur das Verderben. (83.) Und wenn wir dem Menschen Gnade erweisen, wendet er sich ab und geht beiseite; und so ihn ein Übel trifft, verzweifelt er. (84.) Sprich: »Jeder handelt nach seiner Weise, und euer Herr weiß sehr wohl, wer auf den besten Weg geleitet ist.«

(85.) Und sie werden dich über den Geist befragen. Sprich: »Der Geist ist auf den Befehl meines Herrn (erschaffen); euch aber ist nur wenig Wissen (hiervon) gegeben.« (86.) Und wahrlich, wollten wir, so nähmen wir fort, was wir dir geoffenbart; alsdann fändest du für dich hierin wider uns keinen Beschützer, (87.) außer der Barmherzigkeit deines Herrn; siehe, seine Huld gegen dich ist groß. (88.) Sprich: »Wahrlich, wenn sich auch die Menschen und die Dschinn zusammentäten, um einen Koran gleich diesem hervorzubringen, sie brächten keinen gleichen hervor, auch wenn die einen den andern beiständen.« (89.) Und wahrlich, wir haben den Menschen in diesem Koran allerlei Beispiele klar aufgestellt, aber die meisten Menschen wollen ihn nicht, allein aus Unglauben.

(90.) Und sie sprechen: »Nimmer glauben wir dir, bis du uns aus der Erde eine Quelle hervorbrechen lassest; (91.) oder bis du einen Palmen und Rebengarten besitzest, in dessen Mitte du die Bäche hervorströmen lassest; (92.) oder bis du den Himmel in Stücken, wie du es behauptest, auf uns niederfallen lassest oder Allah und die Engel als Bürgschaft bringst; (93.) oder bis du ein Haus aus Gold besitzest oder in den Himmel steigst; und wir wollen nicht eher dein Hinaufsteigen glauben, als bis du uns ein Buch hinabgesendet hast, das wir lesen können.« Sprich: »Preis meinem Herrn! Bin

ich mehr als ein Mensch, ein Gesandter?«
(94.) Und nichts hindert die Menschen am
Glauben, wenn die Leitung zu ihnen
gekommen ist, als dass sie sprechen: »Hat
Allah nur einen Menschen entsandt?«

(95.) Sprich: »Wenn die Engel auf Erden
vertraulich wandelten, wahrlich, dann
hätten wir ihnen vom Himmel einen Engel
als Gesandten hinabgeschickt.«
(96.) Sprich: »Allah genügt als Zeuge
zwischen mir und zwischen euch; siehe, er
weiß und schaut seine Diener.« (97.) Und
wen Allah leitet, der ist der Rechtgeleitete;
und wen er irreführt, nimmer findest du
Helfer für sie außer ihm. Und versammeln
werden wir sie am Tag der Auferstehung auf
ihren Gesichtern, blind, stumm und taub.
Und ihre Herberge soll sein Dschehannam.
Sooft sie erlöscht, wollen wir die Flamme
wieder anzünden. (98.) Solches ist ihr Lohn,
darum dass sie nicht an unsre Zeichen
glaubten und sprachen: »Wenn wir Gebeine
und Staub geworden sind, sollen wir dann
wieder zu einem neuen Geschöpf erstehen?«
(99.) Aber sehen sie denn nicht, dass Allah,
der die Himmel und die Erde erschaffen hat,
imstande ist, ihresgleichen zu schaffen? Und
bestimmt hat er für sie einen Termin, an
dem kein Zweifel ist; aber die Sünder
verwerfen dies aus Unglauben.

(100.) Sprich: »Besäßet ihr die Schätze der
Barmherzigkeit meines Herrn, wahrlich, ihr
würdet sie festhalten aus Furcht, sie
auszugeben; denn der Mensch ist geizig.«
(101.) Und wahrlich, wir gaben Moses neun
deutliche Zeichen. Erkundige dich nur bei
den Kindern Israel. Und als er zu ihnen
kam, sprach Pharao zu ihm: »Siehe, o
Moses, ich halte dich für verzaubert.«
(102.) Er sprach: »Du weißt doch, dass
niemand anders diese (Zeichen)
herabgesandt hat als der Herr der Himmel
und der Erde als sichtbare Beweise. Und
wahrlich, ich halte dich, o Pharao, für

verloren.« (103.) Da suchte Pharao sie aus
dem Lande zu treiben; aber wir ertränkten
ihn und die bei ihm waren allzumal.
(104.) Und wir sprachen nach seiner
Vernichtung zu den Kindern Israel:
»Bewohnet das Land, und wenn die
Verheißung des Jenseits eintrifft, dann
werden wir euch herzubringen in buntem
Haufen.«

(105.) Und in Wahrheit haben wir ihn
hinabgesandt, und in Wahrheit stieg er
hinab, und dich entsandten wir nur als
Freudenboten und Warner.
(106.) Und wir haben den Koran in
Abschnitte geteilt, damit du ihn den
Menschen mit Verzug vorträgst; und wir
sandten ihn nach und nach hinab.
(107.) Sprich: »Glaubt ihr daran oder glaubt
ihr nicht daran, siehe, jene, denen zuvor das
Wissen gegeben ward, fallen, wenn er ihnen
verlesen wird, anbetend auf ihr Antlitz
nieder und sprechen: (108.) ›Preis unserm
Herrn! Siehe, unsers Herrn Verheißung ist
wahrlich erfüllt!‹« (109.) Und sie fallen
weinend auf ihr Angesicht nieder, und er
erhöht ihre Demut.

(110.) Sprich: »Rufet ihn Allah an oder rufet
ihn an Er-Rahman – wie ihr ihn auch
anrufen mögt, sein sind die schönsten
Namen. Und bete nicht zu laut und auch
nicht zu leise, sondern halte den Weg
dazwischen inne.« (111.) Und sprich:
»Gelobt sei Allah, der weder einen Sohn
gezeugt noch einen Gefährten im Regiment
hat, noch einen Beschützer aus Schwäche.«
Und rühme seine Größe.

18. Sure - Die Höhle

Geoffenbart zu Mekka

Im Namen Allahs, des Erbarmers, des Barmherzigen!

(1.) Gelobt sei Allah, der das Buch auf seinen Knecht hinabsandte und es nicht gekrümmt machte, (2.) (sondern) gerade, um anzudrohen strenge Strafe von Ihm, und um den Gläubigen, die das Gute tun, schönen Lohn zu verheißen, (3.) verweilend in ihm immerdar, (4.) und um jene zu warnen, die da sprechen, Allah habe ein Kind gezeugt, (5.) wovon weder ihnen noch ihren Vätern Wissen ward. Ein schlimmes Wort, das aus ihrem Munde kommt! Sie sprechen nichts als Lüge. (6.) Vielleicht nimmst du dir auf ihren Spuren, so sie dieser (neuen) Geschichte nicht glauben, das Leben aus Gram. (7.) Siehe, wir erschufen, was auf Erden ist, als ihren Schmuck, auf dass wir prüfen, wer unter ihnen an Werken der beste ist. (8.) Und siehe wahrlich, verwandeln werden wir, was auf ihr ist, in dürren Staub. (9.) Glaubst du wohl, dass die Bewohner der Höhle und Er-Rakim zu unsern Wunderzeichen gehören?

(10.) Da die Jünglinge in die Höhle einkehrten, sprachen sie: »O unser Herr, gewähre uns Barmherzigkeit von dir und lenke unsre Sache zum besten.« (11.) Und wir schlugen sie auf die Ohren in der Höhle für viele Jahre. (12.) Alsdann erweckten wir sie, um zu wissen, wer von den beiden Parteien am besten den Zeitraum ihres Verweilens berechnete. (13.) Wir wollen dir ihre Geschichte der Wahrheit gemäß berichten. Siehe, es waren Jünglinge, die an ihren Herrn glaubten, und wir hatten sie gemehrt an Leitung, (14.) und hatten ihre Herzen gestärkt, als sie sich erhoben und sprachen: »Unser Herr ist der Herr der Himmel und der Erde, nimmer rufen wir außer ihm einen Gott an; wahrlich, wir sprächen dann eine große Lüge aus. (15.) Dieses unser Volk hat sich andre Götter außer ihm erwählt, ohne dass sie für sie einen deutlichen Beweis beibringen. Wer aber ist sündiger, als wer wider Allah eine Lüge ersinnt? (16.) Wenn ihr euch von ihnen und von dem, was sie außer Allah anbeten, getrennt habt, so kehrt in die Höhle ein; euer Herr wird seine Barmherzigkeit über euch ausbreiten und eure Sache zum besten leiten.«

(17.) Und du hättest die Sonne beim Aufgang sich von der Höhle zur Rechten wegneigen und sich beim Untergang zur Linken ausbiegen sehen können, während sie in ihrem Raum weilten. Dies ist eins der Zeichen Allahs. Wen Allah leitet, der ist rechtgeleitet, und wen er irreführt, für den findest du nimmer einen Beschützer noch Führer. (18.) Und du hättest sie für wach gehalten, wiewohl sie schliefen; und wir kehrten sie nach rechts und links. Und ihr Hund lag mit ausgestreckten Füßen auf der Schwelle. Wärest du auf sie gestoßen, du würdest dich vor ihnen zur Flucht gewendet haben und wärest mit Grausen vor ihnen erfüllt. (19.) Und so erweckten wir sie, damit sie einander fragten. Und einer von ihnen sprach: »Wie lange habt ihr verweilt?« Sie sprachen: »Wir verweilten einen Tag oder den Teil eines Tages.« Sie sprachen: »Euer Herr weiß am besten, wie lange ihr verweilt habt; so entsendet einen von euch mit diesem euren Geld zur Stadt, damit er schaut, wer die reinste Speise hat, und euch Kost von ihm bringt; und er muss freundliche Worte gebrauchen und euch keinem verraten.

(20.) Denn siehe, so sie euch finden, steinigen sie euch oder zwingen euch wieder zu ihrem Glauben, und nimmermehr wird es euch dann wohl ergehen.« (21.) Und also verrieten wir sie (ihnen), damit sie erkennten, dass Allahs Verheißung wahr ist und dass an der ›Stunde‹ kein Zweifel ist. Als sie nun untereinander über die Begebenheit mit ihnen stritten, sprachen sie: »Bauet ein Gebäude über sie; ihr Herr weiß sehr wohl, wie es mit ihnen steht.« Diejenigen aber, welche in ihrer Sache den Sieg davontrugen, sprachen: »Wir wollen eine Moschee über ihnen errichten.« (22.) Wahrlich, sie werden sprechen: »Sie waren ihrer drei, und der vierte von ihnen war ihr Hund.« Und (andre) werden sprechen: »Fünf, und der sechste war ihr Hund« – ein Hinundherraten über das Verborgene. Und sie werden sprechen: »Sieben, und der achte war ihr Hund.« Sprich: »Mein Herr kennt am besten ihre Zahl; nur wenige wissen sie.« Und äußere über sie im Disput nur eine klare Äußerung und erkundige dich hierüber bei keinem.

(23.) Und sprich von keiner Sache: »Siehe, ich will das morgen tun«, (24.) es sei denn (du setzest hinzu:) »So Allah will.« Und gedenke deines Herrn, wenn du es vergessen hast, und sprich: »Vielleicht leitet mich mein Herr, dass ich diesem (Ereignis) mit Richtigkeit nahekomme.«
(25.) Und sie verweilten in ihrer Höhle dreihundert Jahre und noch neun dazu. (26.) Sprich: »Allah weiß am besten, wie lange sie verweilten; er kennt das Geheimnis der Himmel und der Erde. Schau und höre auf ihn. Außer ihm haben sie keinen Beschützer, und in seinem Spruch gesellt er sich keinen bei.«

(27.) Verlies, was dir von dem Buch deines Herrn geoffenbart ward, dessen Wort niemand verändert, und nimmer findest du außer ihm ein Asyl. (28.) Gedulde dich mit denen, welche deinen Herrn anrufen des Morgens und Abends, im Trachten nach seinem Angesicht. Und wende deine Augen nicht von ihnen ab im Trachten nach dem Schmuck des irdischen Lebens; und gehorche nicht dem, dessen Herz wir achtlos des Gedenkens an uns machten und der seinem Gelüst folgt und dessen Treiben zügellos ist. (29.) Und sprich: »Die Wahrheit ist von euerm Herrn; und wer will, der glaube, und wer will, der glaube nicht. Siehe, für die Sünder haben wir ein Feuer bereitet, dessen Rauchwolke sie rings umgeben soll. Und wenn sie um Hilfe rufen, dann soll ihnen geholfen werden mit Wasser gleich flüssigem Erz, das ihre Gesichter röstet. Ein schlimmer Trank und ein übles Ruhebett!«

(30.) Siehe diejenigen, welche glauben und das Gute tun – siehe, nicht lassen wir verlorengehen den Lohn jener, deren Werke gut sind. (31.) Für jene sind Edens Gärten, durcheilt von Bächen. Geschmückt werden sie darinnen mit Armspangen von Gold und gekleidet in grüne Kleider von Seide und Brokat, sich lehnend darinnen auf Diwanen. Ein herrlicher Lohn und eine schöne Ruhestätte! (32.) Und stelle ihnen als Gleichnis zwei Männer auf, deren einem wir zween Rebengärten gaben und sie mit Palmen umzäunten und zwischen denen wir ein Saatfeld anlegten. (33.) Beide Gärten trugen ihre Speise und versagten in nichts. Und wir ließen mitten in ihnen einen Bach fließen. (34.) Und es ward ihm Frucht, und er sprach zu seinem Gefährten in der Unterhaltung: »Ich bin reicher an Gut als du und mächtiger an Leuten.«

(35.) Und er betrat seinen Garten, sich gegen sich selber versündigend, und sprach: »Nicht glaube ich, dass dieser je zugrunde geht. (36.) Und ich glaube nicht, dass sich die ›Stunde‹ erhebt; und wenn ich auch zu meinem Herrn zurückgeholt werde, wahrlich, dann finde ich einen bessern als Tausch.« (37.) Sprach sein Gefährte zu ihm in der Wechselrede: »Glaubst du etwa nicht an den, der dich erschaffen aus Staub, alsdann aus einem Samentropfen, alsdann dich gebildet zum Mann?

(38.) Jedoch ist Allah mein Herr, und ich stelle meinem Herrn niemand zur Seite. (39.) Und warum, als du deinen Garten betratest, sprachst du nicht: ›Was Allah will! Es gibt keine Kraft außer bei Allah!‹ Wiewohl du siehst, dass ich geringer bin denn du an Gut und Kindern,

(40.) so wird doch vielleicht mein Herr mir Besseres geben als deinen Garten und wird Unheil entsenden auf ihn vom Himmel, dass er zu dürrem Staub wird; (41.) oder sein Wasser versiegt, dass du nimmer imstande bist, es zu finden.« (42.) Und rings umgeben (von Allahs Strafgericht) ward seine Frucht, und am andern Morgen hob er an seine Hände zu verdrehen über die Ausgaben, die er gemacht. Denn (die Reben) waren zusammengebrochen mit ihren Stützen, und er sprach: »Ach, hätte ich doch meinem Herrn niemand beigesellt!« (43.) Und er hatte keine Schar zu seiner Hilfe außer Allah und konnte auch sich selber nicht helfen. (44.) In solchem Falle ist der Schutz von Allah, der Wahrheit. Bei ihm ist der beste Lohn und der beste Ausgang.
(45.) Und stelle ihnen ein Gleichnis auf vom irdischen Leben. Gleich ist's dem Wasser, das wir vom Himmel hinabsenden, und die Pflanzen der Erde nehmen es auf, und dann werden sie dürres Heu, das der Wind verstreut. Und Allah hat Macht über alle Dinge.

(46.) Und Gut und Kinder sind des irdischen Lebens Schmuck; das Bleibende aber, die guten Werke, sind besser bei deinem Herrn hinsichtlich des Lohnes und besser hinsichtlich der Hoffnung. (47.) Und eines Tages werden wir die Berge vergehen lassen, und schauen wirst du eben die Erde, und versammeln werden wir sie und keinen von ihnen übersehen. (48.) Und aufgestellt werden sie vor deinem Herrn in Reihen, (und er wird sprechen:) »Wahrlich, ihr seid zu uns gekommen, wie wir euch erschaffen

zum ersten mal; ihr aber glaubtet, wir würden nimmer unser Versprechen halten.«
(49.) Und hingelegt wird das Buch, und schauen wirst du die Sünder in Ängsten über seinen Inhalt, und sie werden sprechen: »Wehe uns! Was bedeutet dieses Buch! Es ließ nicht die kleinste und nicht die größte (Sünde) unaufgeschrieben.« Und finden werden sie ihre Taten zur Stelle, und keinem wird dein Herr unrecht tun.

(50.) Und da wir zu den Engeln sprachen: »Werfet euch nieder vor Adam«, da warfen sie sich nieder außer Iblis welcher von den Dschinn war und wider seines Herrn Befehl frevelte. Und wollet ihr denn ihn und seine Nachkommenschaft eher denn mich zu Beschützern nehmen, die euch feind sind? Ein schlimmer Tausch für die Sünder!
(51.) Ich nahm sie nicht zu Zeugen bei der Schöpfung des Himmels und der Erde noch auch bei ihrer eignen Schöpfung, und nicht nahm ich die Verführer zum Beistand.
(52.) Und eines Tages wird er sprechen: »Rufet meine ›Gefährten‹ herbei, die ihr ersannet.« Und sie werden sie rufen, doch werden sie ihnen nicht antworten; und wir werden zwischen sie ein Tal des Verderbens setzen. (53.) Und schauen werden die Sünder das Feuer und sollen ahnen, dass sie hineingeworfen werden und sollen kein Entrinnen daraus finden. (54.) Und wahrlich, wir stellten in diesem Koran den Menschen allerlei Gleichnisse auf; doch bestreitet der Mensch die meisten Dinge.

(55.) Und nichts hindert die Menschen, nachdem die Leitung zu ihnen kam, zu glauben und ihren Herrn um Verzeihung zu bitten, es sei denn (sie warten,) dass die Strafe der Früheren sie heimsucht oder die Marter öffentlich über sie kommt.
(56.) Und wir entsenden die Gesandten nur, um Freude zu verkünden und zu warnen; und die Ungläubigen bestreiten sie mit Nichtigem, um damit die Wahrheit zu

widerlegen, und treiben mit meinen Zeichen und den Warnungen, die ihnen gegeben werden, Spott. (57.) Wer ist aber sündiger als der, dem die Zeichen seines Herrn verkündet werden und der sich dann von ihnen abwendet und vergisst, was seine Hand zuvor begangen hat? Siehe, wir haben auf ihre Herzen Hüllen gelegt, damit sie ihn nicht verstehen, und ihre Ohren schwerhörig gemacht. Und so du sie einladest zur Leitung, so werden sie doch nimmermehr geleitet. (58.) Und dein Herr ist der Verzeihende, der Barmherzige. Hätte er sie nach Verdienst züchtigen wollen, so hätte er ihre Strafe beschleunigt. Jedoch ward ihnen eine Verheißung; nimmer finden sie außer ihm ein Asyl. (59.) Und jene Städte zerstörten wir, da sie sündig geworden, und wir gaben ihnen eine Ankündigung von ihrem Untergang.

(60.) Und da Moses zu seinem Diener sprach: »Ich will nicht eher rasten, als bis ich den Zusammenfluss der beiden Meere erreicht habe, und sollte ich hundert Jahre wandern.« (61.) Und als sie den Zusammenfluss erreicht hatten, vergaßen sie ihren Fisch, und er nahm seinen Weg ins Meer, indem er fortschwamm. (62.) Und da sie weitergewandert waren, sprach er zu seinem Diener: »Gib uns unser Mahl, denn wir sind von dieser unserer Reise ermattet.« (63.) Er sprach: »Sieh nur! Als wir beim Felsen einkehrten, da vergaß ich den Fisch, und nur der Satan ließ mich ihn vergessen, dass ich seiner nicht gedachte; und er nahm seinen Weg ins Meer auf wunderbare Weise.« (64.) Er sprach: »Das ist's, was wir suchten.« Da kehrten sie auf ihren Spuren wieder zurück. (65.) Und sie fanden einen unserer Diener, dem wir unsre Barmherzigkeit gegeben und unser Wissen gelehrt hatten. (66.) Sprach Moses zu ihm: »Soll ich dir folgen, damit du mich lehrest zur Leitung, was dir gelehrt ward?« (67.) Er sprach: »Siehe, du vermagst nimmer

bei mir auszuharren. (68.) Wie könntest du auch ausharren bei dem, was du nicht begreifst?« (69.) Er sprach: »Finden wirst du mich, so Allah will, standhaft, und nicht will ich mich deinem Befehl widersetzen.«

(70.) Er sprach: »Wenn du mir denn folgen willst, so frage mich nach nichts, bis ich es dir ansagen werde.« (71.) Und so schritten sie weiter, bis sie auf ein Schiff stiegen, in das er ein Loch machte. Sprach er: »Hast du ein Loch hineingemacht, damit du seine Mannschaft ertränkst? Ein sonderbares Ding hast du getan.« (72.) Er sprach: »Sprach ich nicht, dass du nicht bei mir auszuharren vermöchtest?« (73.) Er sprach: »Schilt mich nicht, dass ich es vergaß, und belaste mich nicht mit deinem Befehl zu schwer.« (74.) Und so schritten sie weiter, bis sie einen Jüngling trafen, den er erschlug. Sprach er: »Erschlugst du eine schuldlose Seele, frei von Mord? Wahrlich, du hast ein verwerflich Ding getan!« (75.) Er sprach: »Sprach ich nicht zu dir, du vermöchtest nicht bei mir auszuharren?«

(76.) Er sprach: »Wenn ich dich hernach noch nach etwas frage, so sei nicht länger mein Gefährte. Nun hast du meine Entschuldigung.« (77.) Und so schritten sie weiter, bis sie zum Volk einer Stadt gelangten. Sie verlangten Speise von ihrem Volk, doch weigerten sie sich, sie zu bewirten. Und sie fanden in ihr eine Mauer, die einstürzen wollte; und da richtete er sie auf. Sprach er: »Wenn du es gewollt, hättest du dafür Lohn empfangen.« (78.) Er sprach: »Hier scheide ich mich von dir; ich will dir jedoch die Deutung von dem geben, was du nicht ertragen konntest. (79.) Was das Schiff anlangt, so gehörte es armen Leuten, die auf dem Meere arbeiten, und ich wollte es beschädigen, da hinter ihnen ein König war, der jedes Schiff mit Gewalt nahm.

(80.) Und was den Jüngling anlangt, so waren seine Eltern gläubig, und wir besorgten, er könnte ihnen Gottlosigkeit und Unglauben aufbürden. (81.) Und so wünschten wir, dass ihr Herr ihnen zum Tausch einen reineren gäbe und einen liebevolleren. (82.) Was dann die Mauer anlangt, so gehörte sie zwei verwaisten Jünglingen in der Stadt. Unter ihr liegt ein Schatz für sie, und da ihr Vater rechtschaffen ist, wollte dein Herr, dass sie ihre Vollkraft erreichten und ihren Schatz höben, als Barmherzigkeit von deinem Herrn. Und nicht nach eignem Ermessen tat ich dies. Dies ist die Deutung dessen, was du nicht zu ertragen vermochtest.« (83.) Und sie werden dich nach Dhu'l-Qarnain befragen. Sprich: »Ich will euch eine Kunde von ihm verlesen.«

(84.) Siehe, wir festigten ihn auf Erden und gaben ihm zu allen Dingen einen Weg (zur Erfüllung seiner Wünsche), (85.) und er folgte seinem Weg, (86.) bis er die Stätte des Sonnenuntergangs erreichte; und er fand, dass sie in einem schlammigen Born unterging. Und er fand bei ihm ein Volk. Wir sprachen: »O Dhu'l-Qarnain, sei es, du strafst dies Volk oder du erweisest ihnen Gutes.« (87.) Er sprach: »Wer da gesündigt hat, den werden wir strafen; alsdann soll er zu seinem Herrn zurückkehren, dass er ihn hart straft. (88.) Wer aber glaubt und das Gute tut, der soll schönen Lohn empfangen, und ihm werden wir leichte Befehle erteilen.« (89.) Alsdann zog er des Weges, (90.) bis er zum Aufgang der Sonne gelangte und fand, dass sie über einem Volk aufging, dem wir keinen Schutz vor ihr gegeben hatten.

(91.) Also war's, doch umfassten wir mit Wissen, was bei ihm war (an Leuten). (92.) Alsdann zog er des Weges, (93.) bis er zwischen die beiden Berge gelangte, an deren Fuß er ein Volk fand, das kaum ein Wort verstehen konnte. (94.) Sie sprachen: »O Dhu'l-Qarnain, siehe, Gog und Magog stiften Verderben im Lande. Sollen wir dir Tribut entrichten daraufhin, dass du zwischen uns und ihnen einen Wall baust?« (95.) Er sprach: »Das, worin mich mein Herr gefestigt hat, ist besser (als euer Tribut). Und so helfet mir mit Kräften, und ich will zwischen euch und zwischen sie einen Grenzwall ziehen. (96.) Bringt mir Eisenstücke.« Und als er (die Kluft) zwischen ihnen ausgefüllt, sprach er: »Blaset.« Und da er es in Feuer gesetzt, sprach er: »Bringt mir flüssig Erz, damit ich es darauf gieße.« (97.) Und so waren sie nicht imstande, ihn zu übersteigen, und waren auch nicht imstande, ihn zu durchlöchern.

(98.) Er sprach: »Dies ist eine Barmherzigkeit von meinem Herrn; wenn aber meines Herrn Verheißung naht, wird er ihn zu einem Staubhaufen machen; und meines Herrn Verheißung ist Wahrheit.« (99.) Und an jenem Tage werden wir sie übereinanderwogen lassen; und gestoßen wird in die Posaune, und versammeln werden wir sie allzumal. (100.) Und stellen wollen wir Dschehannam an jenem Tage vor die Ungläubigen, (101.) deren Augen verhüllt waren vor meiner Warnung und die nicht zu hören vermochten. (102.) Wähnen etwa die Ungläubigen, sie könnten meine Diener zu Beschützern nehmen neben mir? Siehe, wir haben Dschehannam für die Ungläubigen bereitet als Herberge. (103.) Sprich: »Sollen wir euch ansagen, wer seine Werke verloren hat: (104.) Die, deren Eifer im irdischen Leben irreging, und die da glaubten, rechtschaffen zu handeln?

(105.) Das sind jene, die nicht glaubten an die Zeichen ihres Herrn und an die Begegnung mit ihm. Nichtig sind ihre Werke, und nicht werden wir ihnen Gewicht geben am Tag der Auferstehung. (106.) Dies soll sein ihr Lohn – Dschehannam –, darum dass sie ungläubig

waren und mit meinen Zeichen und Gesandten ihren Spott trieben.«
(107.) Siehe, jene, die da glauben und Gutes tun, denen werden des Paradieses Gärten zur Herberge. (108.) Ewig werden sie darinnen verweilen und werden keinen Wechsel begehren. (109.) Sprich: »Würde das Meer Tinte für meines Herrn Worte, wahrlich, versiegen würde das Meer vor den Worten meines Herrn, auch wenn wir noch ein gleiches zur Hilfe brächten.«
(110.) Sprich: »Ich bin nur ein Mensch wie ihr; geoffenbart ward mir, dass euer Gott ein einiger Gott ist. Und wer da hoffet, seinem Herrn zu begegnen, der wirke ein rechtschaffen Werk, und bete niemand neben seinem Herrn an.«

19. Sure - Maria
Geoffenbart zu Mekka

Im Namen Allahs, des Erbarmers, des Barmherzigen!

(1.) K.H.I.A.Z. (2.) Eine Erwähnung der Barmherzigkeit deines Herrn gegen seinen Diener Zacharias: (3.) Da er seinen Herrn im Verborgenen anrief, (4.) sprach er: »Mein Herr, siehe, mein Gebein ist schwach, und mein Haupt schimmert greis, und nie war mein Gebet zu dir erfolglos. (5.) Und siehe, ich fürchte für meine Sippe nach mir, denn meine Frau ist unfruchtbar. (6.) So gib mir von dir einen Nachfolger, der mich und das Haus Jakob beerbe, und mache ihn (dir), mein Herr, wohlgefällig.« (7.) »O Zacharias, siehe, wir verkünden dir einen Knaben, namens Johannes, wie wir zuvor noch keinen benannten.« (8.) Er sprach: »Mein Herr, woher soll mir ein Sohn werden, wo meine Frau unfruchtbar ist und ich alt und schwach geworden bin?«

(9.) Er sprach: »Also sei's! Gesprochen hat dein Herr: Das ist mir leicht, und auch dich schuf ich zuvor, da du nichts warst.«

(10.) Er sprach: »Mein Herr, gib mir ein Zeichen.« Er sprach: »Dein Zeichen sei, dass du, wiewohl gesund, drei Nächte lang nicht zu den Leuten redest.« (11.) Und er schritt hinaus zu seinem Volk aus dem Heiligtum und deutete ihnen an: »Preiset (den Herrn) morgens und abends.« (12.) (Und wir sprachen:) »O Johannes, nimm hin die Schrift in Kräften«; und wir gaben ihm Weisheit, da er ein Kind war, (13.) und Mitleid von uns und Reinheit; und er war fromm (14.) und voll Liebe gegen seine Eltern und war nicht hoffärtig und trutzig. (15.) Und Frieden auf ihn am Tag seiner Geburt und am Tag, da er starb, und am Tag seiner Erweckung zum Leben!
(16.) Und gedenke auch im Buche der Maria. Da sie sich von ihren Angehörigen an einen Ort gen Aufgang zurückzog (17.) und sich vor ihnen verschleierte, da sandten wir unsern Geist zu ihr, und er erschien ihr als vollkommener Mann. (18.) Sie sprach: »Siehe, ich nehme meine Zuflucht vor dir zum Erbarmer, so du ihn fürchtest.«
(19.) Er sprach: »Ich bin nur ein Gesandter von deinem Herrn, um dir einen reinen Knaben zu bescheren.«

(20.) Sie sprach: »Woher soll mir ein Knabe werden, wo mich kein Mann berührt hat und ich keine Dirne bin?« (21.) Er sprach: »Also sei's! Gesprochen hat dein Herr: ›Das ist mir ein leichtes‹; und wir wollen ihn zu einem Zeichen für die Menschen machen und einer Barmherzigkeit von uns. Und es ist eine beschlossene Sache.«
(22.) Und so empfing sie ihn und zog sich mit ihm an einen entlegenen Ort zurück.
(23.) Und es überkamen sie die Wehen an dem Stamm einer Palme. Sie sprach: »O dass ich doch zuvor gestorben und vergessen und verschollen wäre!«

(24.) Und es rief jemand unter ihr: »Bekümmere dich nicht; dein Herr hat unter dir ein Bächlein fließen lassen;
(25.) und schüttele nur den Stamm des Palmbaums zu dir, so werden frische reife Datteln auf dich fallen. (26.) So iss und trink und sei kühlen Auges, und so du einen Menschen siehst, so sprich: ›Siehe, ich habe dem Erbarmer ein Fasten gelobt; nimmer spreche ich deshalb heute zu irgendjemand.‹« (27.) Und sie brachte ihn zu ihrem Volk, ihn tragend. Sie sprachen: »O Maria, fürwahr, du hast ein sonderbares Ding getan! (28.) O Schwester Aarons, dein Vater war kein Bösewicht und deine Mutter keine Dirne.« (29.) Und sie deutete auf ihn. Sie sprachen: »Wie sollen wir mit ihm, einem Kind in der Wiege, reden?«

(30.) Er sprach: »Siehe, ich bin Allahs Diener. Gegeben hat er mir das Buch, und er machte mich zum Propheten. (31.) Und er machte mich gesegnet, wo immer ich bin, und befahl mir Gebet und Almosen, solange ich lebe, (32.) und Liebe zu meiner Mutter; und nicht machte er mich hoffärtig und unselig. (33.) Und Heil auf den Tag meiner Geburt und den Tag, da ich sterbe, und den Tag, da ich erweckt werde zum Leben!«
(34.) Dies ist Jesus, der Sohn der Maria – das Wort der Wahrheit, das sie bezweifeln.
(35.) Nicht steht es Allah an, einen Sohn zu zeugen. Preis Ihm! Wenn er ein Ding beschließt, so spricht er nur zu ihm: »Sei!«, und es ist. (36.) Und siehe, Allah ist mein Herr und euer Herr; so dienet ihm; dies ist ein rechter Weg. (37.) Doch die Sekten sind untereinander uneinig; und wehe den Ungläubigen vor der Zeugnisstätte eines gewaltigen Tages! (38.) Mache sie hören und schauen einen Tag, da sie zu uns kommen. Doch die Ungerechten sind heute in offenbarem Irrtum. (39.) Und warne sie vor dem Tag des Seufzens, wenn der Befehl vollzogen wird, während sie achtlos sind und nicht glauben.

(40.) Siehe, wir erben die Erde und alle, die auf ihr sind, und zu uns kehren sie zurück.
(41.) Und gedenke im Buche des Abraham. Siehe, er war aufrichtig, ein Prophet.
(42.) Da er zu seinem Vater sprach: »O mein Vater, warum verehrst du, was nicht hört und sieht und dir nichts nützt?
(43.) O mein Vater, siehe, nun ist zu mir ein Wissen gekommen, das nicht zu dir kam. So folge mir, dass ich dich auf den rechten Pfad leite. (44.) O mein Vater, diene nicht dem Satan; siehe, der Satan war ein Rebell wider den Erbarmer. (45.) O mein Vater, siehe, ich fürchte, dass dich Strafe vom Erbarmer trifft und du ein Kumpan des Satans wirst.«
(46.) Er sprach: »Verwirfst du meine Götter, o Abraham? Gibst du dies nicht auf, wahrlich, so steinige ich dich. Verlass mich für eine Weile.« (47.) Er sprach: »Frieden sei auf dir! Ich werde meinen Herrn um Verzeihung für dich anflehen; siehe, er ist gütig gegen mich. (48.) Und trennen will ich mich von euch und von dem, was ihr außer Allah anruft, und will meinen Herrn anrufen. Vielleicht rufe ich meinen Herrn nicht umsonst an.« (49.) Und da er sich von ihnen und von dem, was sie außer Allah anbeteten, getrennt hatte, da schenkten wir ihm Isaak und Jakob und machten beide zu Propheten.

(50.) Und wir bescherten ihnen von unsrer Barmherzigkeit und gaben ihnen die hohe Sprache der Wahrheit. (51.) Und gedenke im Buch des Moses. Siehe, er war lauter und war ein Gesandter, ein Prophet.
(52.) Und wir riefen ihn von der rechten Seite des Berges (Sinai) und zogen ihn in unsre Nähe zu geheimer Besprechung.
(53.) Und wir bescherten ihm aus unsrer Barmherzigkeit seinen Bruder Aaron, einen Propheten. (54.) Und gedenke im Buch des Ismael; siehe, er war getreu seinem Versprechen und war ein Gesandter, ein Prophet. (55.) Und er gebot seinem Volk Gebet und Almosen und war seinem Herrn

wohlgefällig. (56.) Und gedenke im Buch des Idris; siehe, er war aufrichtig, ein Prophet; (57.) und wir erhoben ihn zu einem hohen Ort. (58.) Dies sind jene unter den Propheten von der Nachkommenschaft Adams und von jenen, die wir mit Noah trugen, und von der Nachkommenschaft Abrahams und Israels und von denen, welche wir leiteten und erwählten, denen wir Gnade erwiesen. So ihnen die Zeichen des Erbarmers verlesen wurden, sanken sie anbetend und weinend nieder.

(59.) Aber es folgte ihnen ein Geschlecht, welches das Gebet unterließ und den Lüsten folgte. Doch wahrlich, dem Verderben gehen sie entgegen, (60.) außer denen, welche umkehren und glauben und rechtschaffen handeln. Jene werden ins Paradies eingehen und sollen in nichts Unrecht erleiden: (61.) In Edens Gärten, welche der Erbarmer seinen Dienern im Verborgenen verhieß. Siehe, seine Verheißung geht in Erfüllung. (62.) Nicht hören sie dorten Geschwätz, sondern allein »Frieden«; und sie finden dort ihre Speise des Morgens und Abends.

(63.) Dies sind die Gärten, welche wir den gottesfürchtigen unter unsern Dienern zum Erbe geben. (64.) Und wir kommen nur auf den Befehl deines Herrn hernieder. Ihm gehört, was vor uns und hinter uns ist und was zwischen beiden liegt; und dein Herr ist nicht vergesslich. (65.) Der Herr der Himmel und der Erde und was zwischen ihnen liegt. Drum diene ihm und beharre in seiner Anbetung. Weißt du etwa einen gleichen Namens? (66.) Und es spricht der Mensch: »Wenn ich einst gestorben bin, soll ich dann wieder zum Leben erstehen?« (67.) Gedenkt denn nicht der Mensch, dass wir ihn zuvor erschufen, da er nichts war? (68.) Und bei deinem Herrn, wahrlich, versammeln werden wir sie und die Satane; alsdann werden wir sie auf den Knien um Dschehannam setzen.

(69.) Alsdann werden wir aus jeder Partei diejenigen, welche am hochmütigsten wider den Erbarmer waren, herausnehmen.

(70.) Alsdann werden wir wissen, wer des Verbrennens am würdigsten ist. (71.) Und niemand unter euch ist, der nicht hinunter zu ihr stiege; so ist's bei deinem Herrn endgültig beschlossen. (72.) Alsdann wollen wir die Gottesfürchtigen erretten und wollen die Sünder in ihr auf den Knien lassen. (73.) Und wenn ihnen unsre Zeichen (Verse) als Beweise verlesen werden, sprechen die Ungläubigen zu den Gläubigen: »Welcher der beiden Teile befindet sich an besserem Ort und in besserer Gesellschaft?« (74.) Aber wie viele Geschlechter vertilgten wir vor ihnen, die besser waren an Reichtum und Schau?

(75.) Sprich: »Wer sich im Irrtum befindet, dem verlängert der Erbarmer die Tage, bis sie das, was ihnen angedroht, sehen, sei es die Strafe oder die ›Stunde‹, und dann erkennen, wer sich in schlechterer Lage befindet und schwächer an Streitern ist.« (76.) Und mehren wird Allah die Geleiteten an Leitung. Und das Bleibende, die guten Werke, sind besser bei deinem Herrn hinsichtlich des Lohnes und besser hinsichtlich der Vergeltung (als irdische Güter). (77.) Sähest du den, der unsre Zeichen verleugnete und sprach: »Wahrlich, ich werde Gut und Kinder erhalten?« (78.) Ist er etwa eingedrungen ins Verborgene oder hat er einen Bund mit dem Erbarmer geschlossen? (79.) Mitnichten. Wahrlich, niederschreiben wollen wir seine Worte und wollen ihm seine Strafe mehren.

(80.) Und erben lassen wollen wir ihn, was er sprach, und kommen soll er dann einsam zu uns. (81.) Und andre Götter haben sie sich außer Allah angenommen zum Ruhm. (82.) Mitnichten. Sie werden ihre Verehrung ableugnen und werden ihre Widersacher sein. (83.) Siehst du nicht, dass wir die Satane wider die Ungläubigen entsenden, um sie anzureizen? (84.) Darum beeile dich nicht wider sie; wir haben ihnen nur eine Zahl (von Tagen) zugezählt.

(85.) Eines Tages versammeln wir die Gottesfürchtigen zum Erbarmer in hohem Empfang. (86.) Und treiben die Missetäter nach Dschehannam wie eine Herde zur Tränke. (87.) Fürbitte soll dann nur der finden, der mit dem Erbarmer einen Bund schloss. (88.) Und sie sprechen: »Gezeugt hat der Erbarmer einen Sohn.« (89.) Wahrlich, ihr behauptet ein ungeheuerlich Ding.

(90.) Fast möchten die Himmel darob zerreißen, und die Erde möchte sich spalten, und es möchten die Berge stürzen in Trümmer, (91.) dass sie dem Erbarmer einen Sohn beilegen, (92.) dem es nicht geziemt, einen Sohn zu zeugen. (93.) Keiner in den Himmeln und auf Erden darf sich dem Erbarmer anders nahen wie als Sklave. (94.) Wahrlich, er hat sie berechnet und ihre Zahl gezählt. (95.) Und jeder soll am Tag der Auferstehung einsam zu ihm kommen. (96.) Siehe, diejenigen, die da glauben und Gutes tun, denen wird der Erbarmer Liebe erweisen. (97.) Und wir haben ihn leicht gemacht in deiner Sprache, damit du durch ihn den Gottesfürchtigen Freude verkündest und die Streitsüchtigen warnst. (98.) Und wie viele Geschlechter vertilgten wir vor ihnen! Spürst du noch einen von ihnen auf? Oder hörst du ein Flüstern von ihnen?

20. Sure - T. H.

Geoffenbart zu Mekka

Im Namen Allahs, des Erbarmers, des Barmherzigen!

(1.) T. H. (2.) Nicht haben wir den Koran auf dich herabgesandt, dass du elend würdest, (3.) sondern als Ermahnung für die Gottesfürchtigen, (4.) eine Hinabsendung von dem, der die Erde erschuf und die hohen Himmel. (5.) Der Erbarmer sitzt auf seinem Thron; (6.) ihm gehört, was in den Himmeln und was auf Erden und was zwischen ihnen und unter dem feuchten Grund. (7.) Und ob du deine Stimme erhebst, siehe, er kennt das Geheime und Verborgenste. (8.) Allah! Es gibt keinen Gott außer ihm, er hat die schönsten Namen. (9.) Und kam nicht Mosis Geschichte zu dir?

(10.) Da er ein Feuer sah und zu seiner Sippe sprach: »Verweilet; siehe, ich gewahre ein Feuer. Vielleicht bringe ich euch einen Brand von ihm oder ich finde durch das Feuer den rechten Pfad.« (11.) Und da er zu ihm kam, ward er gerufen: »O Moses! (12.) Siehe, ich bin dein Herr; drum zieh aus deine Schuhe; siehe, du bist im heiligen Tal Tuwan, (13.) und ich habe dich erwählt, und höre, was (dir) geoffenbart wird. (14.) Siehe, ich bin Allah. Es gibt keinen Gott außer mir, drum diene mir und verrichte das Gebet zu meinem Gedächtnis. (15.) Siehe, die ›Stunde‹ kommt – ich bin daran, sie zu offenbaren, dass jede Seele belohnt wird nach ihrem Bemühn. (16.) Und lass dich nicht abkehren von ihr durch den, der nicht an sie glaubt und seinem Gelüst folgt, damit du nicht umkommst. (17.) Und was ist jenes in deiner Rechten, o Moses?« (18.) Er sprach: »Es ist mein Stab, auf den ich mich stütze und mit dem ich Blätter abschlage für meine Herde; und er dient mir noch zu anderen Bedürfnissen.« (19.) Er sprach: »Wirf ihn hin, o Moses!«

(20.) Und da warf er ihn hin, und siehe, da ward er eine laufende Schlange.
(21.) Er sprach: »Nimm sie und fürchte dich nicht, wir werden sie in ihren früheren Zustand zurückbringen. (22.) Und lege deine Hand dicht an deine Seite; du wirst sie weiß herausziehen, ohne ein Übel – ein ander Zeichen, (23.) auf dass wir dich schauen lassen unsre großen Zeichen.
(24.) Geh zu Pharao, siehe, er überschreitet das Maß.« (25.) Er sprach: »Mein Herr, weite mir meine Brust (26.) und mache mir leicht mein Geschäft (27.) und löse den Knoten meiner Zunge, (28.) dass sie mein Wort verstehen. (29.) Und gib mir einen Wesir von meiner Sippe, (30.) Aaron, meinen Bruder. (31.) Stärke durch ihn meinen Rücken (32.) und mach ihn zum Gefährten in meinem Werk, (33.) dass wir dich oft preisen (34.) und oft deiner gedenken, (35.) denn siehe, du schaust uns.«

(36.) Er sprach: »Dir ist deine Bitte gewährt, o Moses; (37.) und schon begnadeten wir dich ein andermal, (38.) als wir deiner Mutter offenbarten, was offenbart ward: (39.) ›Wirf ihn in den Kasten und wirf ihn dann ins Meer, und das Meer wird ihn an den Strand schleudern, und nehmen wird ihn mein Feind und sein Feind.‹ Und geworfen habe ich meine Liebe auf dich, und dass du erzogen würdest unter meinem Auge, (40.) da deine Schwester ging und sprach: ›Soll ich euch jemand zeigen, ihn zu nähren?‹ Und so gaben wir dich deiner Mutter wieder, dass sie ihr Auge kühlte und sich nicht grämte. Und du erschlugst eine Seele, und wir erretteten dich aus der Trübsal und prüften dich mit Prüfungen. Und Jahre verweiltest du im Volke von Midian; alsdann kamst du nach einem Ratschluss (hierher), o Moses. (41.) Und ich habe dich für mich erwählt.

(42.) Geh du und dein Bruder mit meinen Zeichen und lasset nicht nach in meinem Gedenken. (43.) Gehet zu Pharao, siehe, er überschreitet das Maß; (44.) und sprechet zu ihm in sanfter Sprache; vielleicht lässt er sich mahnen oder er fürchtet sich.«
(45.) Sie sprachen: »Unser Herr, siehe, wir fürchten, dass er frech gegen uns wird und das Maß überschreitet.«
(46.) Er sprach: »Fürchtet euch nicht; siehe, ich bin bei euch, ich höre und sehe.
(47.) So gehet hin zu ihm und sprechet: ›Siehe, wir sind die Gesandten deines Herrn; so entsende mit uns die Kinder Israel und peinige sie nicht. Gekommen sind wir zu dir mit einem Zeichen von deinem Herrn, und Frieden auf jeden, welcher der Leitung folgt! (48.) Siehe, geoffenbart ward uns, dass die Strafe auf jeden kommt, welcher der Lüge zeiht und sich abkehrt.‹«
(49.) Er sprach: »Und wer ist euer Herr, o Moses?«

(50.) Er sprach: »Unser Herr ist der, welcher jedem Ding seine Natur gegeben und es leitet.« (51.) Er sprach: »Und wie steht's mit den früheren Geschlechtern?«
(52.) Er sprach: »Das Wissen von ihnen ist bei meinem Herrn in einem Buch. Nicht irrt mein Herr, und er vergisst nicht:
(53.) Der euch die Erde gemacht zu einem Lager und euch auf ihr in Wegen ziehen lasset und vom Himmel Wasser herniedersendet, durch das wir die Arten verschiedener Pflanzen hervorbringen:
(54.) ›Esset und weidet euer Vieh!‹ Siehe, hierin sind wahrlich Zeichen für Leute von Verstand. (55.) Aus ihr haben wir euch erschaffen und in sie lassen wir euch zurückkehren und aus ihr lassen wir euch erstehen ein andermal.«

(56.) Und wahrlich, wir zeigten ihm alle unsre Zeichen, doch zieh er (sie) der Lüge und weigerte sich (zu glauben).
(57.) Er sprach: »Bist du zu uns gekommen, uns aus unserm Lande zu treiben mit deiner Zauberei, o Moses? (58.) Aber wahrlich, wir

wollen dir mit gleicher Zauberei kommen. So setze zwischen uns und dir Zeit und Ort fest – wir wollen nicht verfehlen, und du auch nicht –, einen gleichen Platz (für beide).« (59.) Er sprach: »Am Festtag sei die Vereinbarung, und es seien die Leute am hellen Tag versammelt.«

(60.) Und so wendete sich Pharao ab und versammelte seine List; alsdann kam er. (61.) Sprach Moses zu ihnen: »Wehe euch, ersinnet wider Allah keine Lüge; sonst vernichtet er euch durch eine Strafe, denn verloren ging jeder, der (Lügen wider Allah) ersann.« (62.) Und sie besprachen ihre Sache untereinander und redeten insgeheim. (63.) Sie sprachen: »Siehe, diese beiden sind wahrlich Zauberer; sie wollen uns aus unserm Land mit ihrer Zauberei treiben und mit euern vornehmsten Häuptlingen von hinnen ziehen. (64.) So nehmet eure List zusammen; alsdann kommt der Reihe nach; wohl ergeht es heute dem, welcher obsiegt.«

(65.) Sie sprachen: »O Moses, willst du werfen oder sollen wir die ersten sein zum Werfen?« (66.) Er sprach: »Nein; werfet!« Und da kam es ihm durch ihre Zauberei vor, als ob ihre Stricke und Stäbe liefen. (67.) Da verspürte Moses Furcht in seiner Seele. (68.) Wir sprachen: »Fürchte dich nicht, siehe, du wirst obsiegen. (69.) Wirf nur, was in deiner Rechten ist, es wird verschlingen, was sie machten; sie brachten nur die List eines Zauberers hervor, und dem Zauberer ergeht es nicht wohl, von wannen er komme.«

(70.) Da warfen sich die Zauberer anbetend nieder und sprachen: »Wir glauben an den Herrn Aarons und Mosis.« (71.) Er sprach: »Glaubt ihr an ihn, bevor ich es euch erlaube? Siehe, er ist wahrlich euer Meister, der euch die Zauberei gelehrt hat. Und wahrlich, ich haue euch eure Hände und Füße wechselseitig ab und kreuzige euch an Palmenstämmen, und wahrlich, ihr sollt erfahren, wer von uns stärker und nachhaltiger straft.«

(72.) Sie sprachen: »Nimmer geben wir dir den Vorzug vor den deutlichen Zeichen, die zu uns kamen, oder vor unseren Schöpfer. Beschließe, was du beschließen magst, du vermagst nur über das irdische Leben zu beschließen. (73.) Siehe, wir glauben an unsern Herrn, dass er uns unsre Sünden verzeiht und die Zauberei, zu der du uns zwangst, und Allah ist besser und standhafter (als du).«

(74.) Siehe, wer zu seinem Herrn kommt, beladen mit Schuld, für den ist Dschehannam; nicht stirbt er in ihr und nicht lebt er. (75.) Und wer gläubig zu ihm kommt und das Gute getan hat, für die sind die höchsten Stufen: (76.) Edens Gärten, durcheilt von Wasserbächen; ewig sollen sie darinnen verweilen. Das ist der Lohn der Reinen. (77.) Und wahrlich, wir offenbarten Moses: »Mach dich auf des Nachts mit meinen Dienern und schlage ihnen einen trockenen Pfad im Meer. Fürchte keinen Überfall und sei unbesorgt.« (78.) Und es folgte ihnen Pharao mit seinen Heerscharen, und was sie vom Meer bedeckte, das bedeckte sie; (79.) denn Pharao führte sein Volk irre und nicht recht.

(80.) O ihr Kinder Israel, wir erretteten euch von euerm Feind und bestellten euch an die rechte Seite des Berges und sandten auf euch das Manna und die Wachteln nieder: (81.) »Esset von dem Guten, das wir euch bescherten, doch nicht ohne Maß, dass nicht mein Zorn auf euch niederfährt, der kommt zu Fall. (82.) Und siehe, wahrlich, ich bin verzeihend gegen den, der sich bekehrt und gläubig wird und das Gute tut und sich leiten lässet.« (83.) »Und was hat dich von deinem Volke fortgetrieben, o Moses?« (84.) Er sprach: »Sie folgen meiner Spur, und ich eilte zu dir, mein Herr, damit du Wohlgefallen (an mir) fändest.«

(85.) Er sprach: »Siehe, wir haben dein Volk nach deinem Fortgang geprüft, und Es-Samiri hat sie irregeführt.«

(86.) Da kehrte Moses zu seinem Volke zurück, zornig und bekümmert. Er sprach: »O mein Volk, hat euch nicht euer Herr eine schöne Verheißung verheißen? Währte euch etwa die Zeit zu lang oder wolltet ihr, dass Zorn von euerm Herrn auf euch niederführe, dass ihr das mir gegebene Versprechen bracht?«
(87.) Sie sprachen: »Wir haben das dir gegebene Versprechen nicht aus eigner Macht gebrochen, sondern wir wurden geheißen, Lasten von der Zierat des Volkes zu bringen; und so warfen wir sie (ins Feuer), und ebenso auch Es-Samiri.«
(88.) Und er brachte ihnen ein leibhaftiges blökendes Kalb heraus. Und sie sprachen: »Dies ist euer Gott und der Gott Mosis, der (ihn) vergaß.« (89.) Sehen sie denn nicht, dass er ihnen nicht Antwort gibt und ihnen weder schaden noch nützen kann?

(90.) Und doch hatte Aaron zuvor zu ihnen gesprochen: »O mein Volk, ihr werdet nur durch dasselbe geprüft, und siehe, euer Herr ist der Erbarmer. Drum folget mir und gehorchet meinem Befehl.«
(91.) Sie sprachen: »Nimmermehr lassen wir ab in seiner Anbetung, bis Moses zu uns zurückkehrt.« (92.) Er sprach: »O Aaron, was hinderte dich, als du sie irregehen sahst, mir zu folgen? (93.) Bist du rebellisch gegen meinen Befehl gewesen?«
(94.) Er sprach: »O Sohn meiner Mutter, packe mich nicht an meinem Bart und meinem Haupt. Siehe, ich fürchte, du sprichst: ›Du hast die Kinder Israel gespalten und hast nicht mein Wort beachtet.‹

(95.) Er sprach: »Und was war dein Geschäft, o Samiri?« (96.) Er sprach: »Ich sah, was sie nicht sahen; und ich nahm eine Handvoll (Staub) von der Spur des Gesandten und warf sie hin; und also gab es mir meine Seele ein.« (97.) Er sprach: »So gehe fort; und siehe, dir soll sein im Leben, dass du sprichst: ›Keine Berührung!‹ Und siehe, eine Drohung ist dir, der du nimmer entgehen wirst. Und schaue auf deinen Gott, den du so sehr verehrtest. Wahrlich, wir verbrennen ihn, alsdann zerstäuben wir ihn zu Staub ins Meer. (98.) Euer Gott ist allein Allah, außer dem es keinen Gott gibt; er umfasst alle Dinge mit Wissen.« (99.) Also erzählen wir dir von den Geschichten, was zuvor geschah; und wir gaben dir von uns eine Ermahnung.

(100.) Wer sich von ihr abwendet, wird tragen am Tage der Auferstehung eine Last. (101.) Ewig sollen sie unter ihr sein, und schlimm ist die Bürde für sie am Tag der Auferstehung. (102.) An jenem Tag wird in die Posaune gestoßen, und versammeln werden wir an jenem Tage die Missetäter mit blauen Augen. (103.) Zuflüstern werden sie einander: »Ihr verweiltet nur zehn (Tage).« (104.) Wir wissen sehr wohl, was sie sprechen, wenn ihr des Weges Fürnehmster spricht: »Nur einen Tag verweiltet ihr.«
(105.) Und sie werden dich wegen der Berge befragen. So sprich: »Zerstäuben wird sie mein Herr zu Staub, (106.) und er wird sie machen zu einem ebenen Plan.
(107.) Nicht sollst du schauen in ihnen Krümme noch Unebenheit. (108.) An jenem Tage werden sie folgen dem Rufer, in dem keine Krümme; und senken werden sie die Stimmen vor dem Erbarmer, und nichts hörst du als (der Füße) Tappen.
(109.) An jenem Tage frommt keine Fürbitte außer dessen, dem es der Erbarmer erlaubt und dessen Wort ihm wohlgefällig ist.

(110.) Er kennt, was vor ihnen und hinter ihnen, und nicht umfassen sie ihn mit Wissen. (111.) Und beschämt sollen die Angesichter sich neigen vor dem Lebendigen, dem Ewigen, und verloren ist,

wer Sünde trägt. (112.) Wer aber Rechtes tat und gläubig war, der fürchte weder Unrecht noch Einbuße.« (113.) Und demzufolge sandten wir ihn als arabischen Koran nieder und durchsetzten ihn mit Drohungen, auf dass sie gottesfürchtig würden oder dass er Gedenken in ihnen zeitigte.
(114.) Und erhaben ist Allah, der König, die Wahrheit! Und übereile dich nicht mit dem Koran, bevor dir seine Offenbarung vollendet, und sprich: »Mein Herr, mehre mich an Wissen.«

(115.) Und wahrlich, wir schlössen einen Bund mit Adam zuvor, doch er vergaß (ihn), und wir fanden in ihm keine Festigkeit.
(116.) Und da wir zu den Engeln sprachen: »Fallet nieder vor Adam«, da fielen sie nieder, und nur Iblis weigerte sich.
(117.) Und wir sprachen: »O Adam, siehe, dieser ist dir und deiner Frau ein Feind. Und nicht treibe er euch beide aus dem Paradies, dass du elend wirst. (118.) Siehe, dir ward, dass du nicht hungerst in ihm und nicht nackend bist; (119.) und dass du nicht dürstest in ihm und nicht Hitze erleidest.«

(120.) Und es flüsterte der Satan ihm zu und sprach: »O Adam, soll ich dich weisen zum Baume der Ewigkeit und des Reichs, das nicht vergeht?« (121.) Und sie aßen von ihm, und es erschien ihnen ihre Blöße, und sie begannen über sich zu nähen Blätter des Gartens, und Adam ward ungehorsam wider seinen Herrn und ging irre.
(122.) Alsdann erwählte ihn sein Herr und kehrte sich zu ihm und leitete ihn.
(123.) Er sprach: »Hinfort von hier allzumal, einer des andern Feind! Und wenn von mir Leitung zu euch kommt, wer dann meiner Leitung folgt, der soll nicht irregehen und nicht elend werden. (124.) Wer sich aber von meiner Ermahnung abkehrt, siehe, dem sei ein Leben in Drangsal, und erwecken wollen wir ihn am Tage der Auferstehung blind.«

(125.) Sprechen wird er: »Mein Herr, warum erwecktest du mich blind, wo ich doch sehend war?« (126.) Sprechen wird er: »Also sei's! Zu dir kamen unsre Zeichen, und du vergaßest sie, und also bist du heute vergessen.« (127.) Und also lohnen wir dem Übertreter, der nicht glaubt an die Zeichen seines Herrn, und wahrlich, die Strafe des Jenseits wird sehr hart sein und nachhaltig.
(128.) Beachten sie denn nicht, wie viele Geschlechter wir zuvor vertilgten, in deren Wohnsitzen sie wandeln? Siehe, hierin sind wahrlich Zeichen für Leute von Verstand!
(129.) Und wäre nicht zuvor ein Wort von deinem Herrn ergangen, wahrlich, erfolgt wäre eine ewige Pein! Aber ein Termin ist gesetzt.

(130.) So ertrag, was sie sprechen, und lobpreise deinen Herrn vor Sonnenaufgang und -untergang; und in den Stunden der Nacht preise ihn und an den Enden des Tages, auf dass du wohlgefällig wirst.
(131.) Und hefte deine Blicke nicht auf das, was wir einigen von ihnen gewährten – den Schimmer des irdischen Lebens, um sie damit zu prüfen. Denn deines Herrn Versorgung ist besser und bleibender.
(132.) Und gebiete deinem Hause das Gebet und verharre in ihm. Wir fordern nicht von dir, dass du dich versorgst, wir wollen dich versorgen, und der Ausgang ist der Frömmigkeit (entsprechend).

(133.) Und sie sprechen: »Warum kommt er uns nicht mit einem Zeichen von seinem Herrn?« Aber kam nicht zu ihnen der deutliche Beweis dessen, was in den früheren Schriften steht? (134.) Und hätten wir sie vor ihm vertilgt durch eine Strafe, dann wahrlich hätten sie gesprochen: »Unser Herr, warum entsandtest du nicht einen Gesandten zu uns? So wären wir deinen Zeichen gefolgt vor unsrer Demütigung und Schande.«
(135.) Sprich: »Ein jeder wartet. So wartet

ihr, und wissen werdet ihr, wer des ebenen Pfades Betreter war und rechtgeleitet ward.«

21. Sure - Die Propheten

Geoffenbart zu Mekka

Im Namen Allahs, des Erbarmers, des Barmherzigen!

(1.) Genaht ist den Menschen ihre Abrechnung, aber in Achtlosigkeit kehren sie sich ab. (2.) Die jüngste Ermahnung, die zu ihnen kam von ihrem Herrn, hören sie nur spottend an, (3.) spaßend in ihren Herzen. Und die Frevler sprechen insgeheim: »Ist dieser mehr als ein Mensch wie ihr? Wollt ihr etwa der Zauberei, wo ihr sie erkennt, nahetreten?«
(4.) Sprich: »Mein Herr kennt, was im Himmel und auf Erden gesprochen wird. Er ist der Hörende, der Wissende.«

(5.) Sie hingegen sprechen: »Es sind wirre Träume. Ja, er hat ihn erdichtet, er ist ja ein Dichter. Er bringe uns ein Zeichen, so wie die Früheren entsandt wurden.«
(6.) Nicht glaubte vor ihnen irgendeine Stadt, die wir zerstörten; würden sie denn glauben? (7.) Und vor dir entsandten wir nur Männer, denen wir uns geoffenbart. Fragt nur das Volk der Ermahnung, so ihr's nicht wisset. (8.) Und nicht gaben wir ihnen einen Leib, der keine Speise genoss, und nicht waren sie ewig.
(9.) Alsdann bewahrheiteten wir ihnen die Verheißung und erretteten sie und wen wir wollten und vertilgten die Übertreter.

(10.) Wahrlich, wir haben nun zu euch ein Buch hinabgesandt, in dem eure Warnung steht. Wollt ihr denn nicht einsehen?
(11.) Und wie viele Städte, die sündig waren, zerstörten wir von Grund aus und erweckten nach ihnen ein ander Volk!
(12.) Und da sie unsern Zorn verspürten, siehe, da flohen sie vor ihm. (13.) »Fliehet nicht, (so sprachen höhnend die Engel,) kehret zurück zu dem, das euch mit Übermut erfüllte, und zu euern Wohnungen; vielleicht fragt man euch.«

(14.) Sie sprachen: »O weh uns, wahrlich, wir waren Sünder!« (15.) Und dieser ihr Ruf hörte nicht eher auf, als bis wir sie zu Schwaden gemacht, verloschen.
(16.) Und nicht erschufen wir den Himmel und die Erde und was dazwischen im Scherz. (17.) Hätten wir uns ein Spiel bereiten wollen, wir hätten es in uns gefunden, wenn wir solches getan.
(18.) Vielmehr schleudern wir die Wahrheit wider die Lüge, und sie zerschmettert ihr Haupt, und siehe, da vergeht sie. Weh aber euch für eure Aussagen (von Gott). (19.) Sein ist, was in den Himmeln und was auf Erden, und wer bei ihm ist, ist nicht zu stolz, ihm zu dienen, und wird nicht müde.

(20.) Sie preisen ihn bei Nacht und Tag und ermatten nicht. (21.) Nehmen sie sich Götter von der Erde, die lebendig machen können?
(22.) Gäbe es in beiden Götter außer Allah, so wären beide verdorben. Doch Preis sei Allah, dem Herrn des Throns, (der erhaben ist) ob dem, was sie aussagen.
(23.) Nicht wird er befragt nach dem, was er tut, sie aber werden befragt. (24.) Nehmen sie sich etwa außer ihm Götter? Sprich: »Her mit euerm Beweis.« Dies ist die Ermahnung derer, die mit mir (leben), und die Ermahnung derer, die vor mir; aber die meisten von ihnen kennen die Wahrheit nicht und wenden sich ab.

(25.) Und nicht entsandten wir vor dir einen Gesandten, dem wir nicht offenbart: »Es gibt keinen Gott außer mir, so dienet mir.«
(26.) Und sie sprechen: »Der Erbarmer hat Kinder erzeugt.« Preis Ihm! Es sind nur geehrte Diener. (27.) Sie sprechen vor ihm

kein Wort und tun nach seinem Geheiß.
(28.) Er weiß, was vor ihnen ist und was hinter ihnen, und nicht können sie Fürsprache einlegen, außer für den, an dem er Wohlgefallen hat; und sie zagen vor Furcht. (29.) Und wer von ihnen spricht: »Siehe, ich bin ein Gott neben ihm« – solches lohnen wir mit Dschehannam. Also lohnen wir die Frevler.

(30.) Sehen denn nicht die Ungläubigen, dass die Himmel und die Erde eine feste Masse bildeten und wir sie dann spalteten und aus dem Wasser alles Lebendige machten? Glauben sie denn nicht?
(31.) Und wir setzten festgegründete (Berge) in die Erde, damit sie nicht schwankte mit ihnen, und wir machten auf ihr breite Täler zu Wegen, auf dass sie rechtgeleitet würden.
(32.) Und wir machten den Himmel zu einem behüteten Dach; und doch kehren sie sich ab von seinen Zeichen. (33.) Und er ist's, der die Nacht erschuf und den Tag und die Sonne und den Mond, die alle rollen in ihrer Sphäre. (34.) Und nicht geben wir einem Menschen vor dir Unsterblichkeit. Drum, wenn du stirbst, werden sie ewig leben?

(35.) Jede Seele schmeckt den Tod, und auf die Probe wollen wir euch stellen mit Bösem und Gutem, und zu uns kehrt ihr zurück.
(36.) Und wenn dich die Ungläubigen sehen, so empfangen sie dich nicht anders als mit Spott: »Ist das jener, der eure Götter erwähnt?« Und an die Ermahnung des Erbarmers glauben sie nicht.
(37.) Erschaffen ward der Mensch aus Übereilung. (Aber) wahrlich, zeigen werde ich euch meine Zeichen, und lasset sie mich nicht beschleunigen. (38.) Und sie werden sprechen: »Wann tritt diese Drohung ein, so ihr aufrichtig seid?« (39.) Wüssten nur die Ungläubigen die Zeit, da sie das Feuer nicht abwehren können von ihren Gesichtern und ihren Rücken, und wo sie nicht gerettet werden!

(40.) Aber kommen wird es unversehens über sie und wird sie verwirren, ohne dass sie es abwehren können; und nicht soll mit ihnen verzogen werden. (41.) Und verspottet wurden schon vor dir Gesandte, aber dann umgab die Spötter unter ihnen das, was sie verspotteten. (42.) Sprich: »Wer beschützt euch bei Nacht oder Tag vor dem Erbarmer?« Jedoch kehren sie sich von der Ermahnung ihres Herrn ab.
(43.) Oder haben sie Götter, die ihnen außer uns helfen? Sie vermögen nicht sich selber zu helfen noch sollen sie vor uns errettet werden. (44.) Ja, wir versorgten sie und ihre Väter, solange ihr Leben währte. Sehen sie denn nicht, dass wir in das Land kommen und es von allen Seiten einengen? Werden etwa sie obsiegen?

(45.) Sprich: »Ich warne euch nur mit der Offenbarung«, doch hören die Tauben nicht den Ruf, wenn sie gewarnt werden.
(46.) Aber wahrlich, wenn sie ein Hauch von der Strafe deines Herrn berührt, dann sprechen sie gewisslich: »O wehe uns, siehe, wir waren Sünder!« (47.) Und aufstellen werden wir gerechte Waagen zum Tag der Auferstehung, und keine Seele soll in etwas Unrecht erleiden. Und wäre es das Gewicht eines Senfkorns, wir brächten es herbei, und wir genügen als Rechner. (48.) Und wahrlich, wir gaben Moses und Aaron die Unterscheidung und ein Licht und eine Ermahnung für die Gottesfürchtigen,
(49.) welche ihren Herrn im Verborgenen fürchten und vor der ›Stunde‹ bangen.

(50.) Und auch dies ist eine gesegnete Ermahnung, die wir hinabgesandt haben. Wollt ihr sie etwa verleugnen?
(51.) Und wahrlich, dem Abraham gaben wir seine Rechtleitung zuvor, denn wir kannten ihn. (52.) Da er zu seinem Vater und seinem Volke sprach: »Was sind das für Bilder, die ihr verehrt?« (53.) Sie sprachen: »Wir fanden unsre Väter bereits ihnen dienen.«

(54.) Er sprach: »Wahrlich, ihr und eure
Väter seid in offenkundigem Irrtum.«
(55.) Sie sprachen: »Bist du mit der Wahrheit
zu uns gekommen oder scherzest du?«
(56.) Er sprach: »Mitnichten; euer Herr ist
der Herr der Himmel und der Erde, der sie
erschuf, und hiervon lege ich euch Zeugnis
ab. (57.) Und, bei Allah, wahrlich, ich will
eine List gegen eure Götzen ersinnen, wenn
ihr den Rücken gekehrt habt.« (58.) Und er
schlug sie in Stücke mit Ausnahme des
obersten von ihnen, damit sie es ihm
zuschrieben. (59.) Sie sprachen: »Wer hat
dies mit unsern Göttern getan? Siehe
wahrlich, das ist ein Frevler!«

(60.) Sie sprachen: »Wir hörten einen
Jüngling von ihnen reden, der Abraham
heißt.« (61.) Sie sprachen: »So bringt ihn vor
die Augen des Volks, vielleicht zeugen sie
(wider ihn).« (62.) Sie sprachen: »Hast du
dies getan mit unsern Göttern, o Abraham?«
(63.) Er sprach: »Mitnichten; getan hat dies
der oberste von ihnen. Fragt sie nur, so sie
reden können.« (64.) Da kamen sie wieder
zu sich und sprachen: »Siehe, ihr seid
Sünder.« (65.) Alsdann verkehrten sie sich
wieder (und sprachen:) »Wahrlich, du weißt,
dass diese nicht reden.«
(66.) Er sprach: »Verehrt ihr denn außer
Allah, was euch weder etwas nützen noch
schaden kann? (67.) Pfui über euch und über
das, was ihr außer Allah anbetet! Habt ihr
denn keine Einsicht?«
(68.) Sie sprachen: »Verbrennt ihn und helft
euern Göttern, so ihr handeln wollt.« (69.)
Wir sprachen: »O Feuer, sei kalt und ein
Frieden auf Abraham!«

(70.) Und sie planten eine List wider
Abraham, und wir machten sie zu
Verlorenen. (71.) Und wir erretteten ihn und
Lot zu dem Lande, durch das wir alle Welt
segneten. (72.) Und wir schenkten ihm Isaak
und Jakob obendrein und machten alle
rechtschaffen. (73.) Und wir machten sie zu

Vorbildern, nach unserm Geheiß
rechtzuleiten, und offenbarten ihnen das
Tun von Gutem und die Verrichtung des
Gebets und das Entrichten von Almosen,
und sie verehrten (uns). (74.) Und dem Lot
gaben wir Weisheit und Erkenntnis und
retteten ihn aus der Stadt, die Ruchloses
beging. Siehe, sie waren schlechte Leute,
Missetäter.

(75.) Und wir ließen ihn eingehen in unsre
Barmherzigkeit; siehe, er war einer der
Rechtschaffenen. (76.) Und zuvor erhörten
wir Noah, da er rief, und retteten ihn und
seine Familie von der großen Trübsal.
(77.) Und wir halfen ihm wider das Volk,
das unsre Zeichen der Lüge zieh. Sie waren
ein böses Volk, und wir ertränkten sie
allzumal. (78.) Und (gedenke) Davids und
Salomos, als sie über den Acker richteten, da
in ihm die Schafe der Leute zur Nachtzeit
weideten. Und wir waren Zeuge ihres
Spruchs. (79.) Und wir gaben Salomo
Einsicht hierin, und beiden gaben wir
Weisheit und Erkenntnis. Und wir machten
David die Berge und die Vögel dienstbar,
(mit ihm unsern) Preis zu verkünden. Und
wir taten es.

(80.) Und wir lehrten ihn die Kunst, Panzer
für euch zu verfertigen, dass sie euch
schützten vor eurer Gewalttat. Und seid ihr
wohl dankbar? (81.) Und Salomo (machten
wir dienstbar) die Windsbraut, zu eilen auf
sein Geheiß zum Land, das wir gesegnet.
Und wir wussten alle Dinge.
(82.) Und einige der Satane (machten wir
ihm dienstbar), die da für ihn (ins Meer)
tauchten und Werke außer diesem wirkten.
Und wir hüteten sie. (83.) Und (gedenke) des
Hiob, da er seinen Herrn rief: »Siehe, mich
hat die Plage berührt, doch du bist der
Barmherzigste der Barmherzigen.«

(84.) Da erhörten wir ihn und befreiten ihn
von seiner Plage und gaben ihm seine
Familie (wieder) und ebenso viele obendrein

als eine Barmherzigkeit von uns und eine
Ermahnung für die Diener (Allahs).
(85.) Und Ismael und Idris und Dhu'l-Kifl –
alle waren standhaft, (86.) und wir führten
sie ein in unsre Barmherzigkeit; siehe, sie
waren rechtschaffen. (87.) Und Dhu'n-Nun,
da er erzürnt fortging und wähnte, wir
hätten keine Macht über ihn. Und er rief in
den Finsternissen: »Es gibt keinen Gott
außer dir! Preis dir! Siehe, ich war einer der
Sünder!« (88.) Da erhörten wir ihn und
erretteten ihn aus der Trübsal; und also
erretteten wir die Gläubigen.
(89.) Und (gedenke) des Zacharias, da er zu
seinem Herrn rief: »O mein Herr, lasse mich
nicht kinderlos; doch bist du der beste der
Erben.«

(90.) Und da erhörten wir ihn und schenkten
ihm Johannes und setzten seine Gattin für
ihn instand. Siehe, sie wetteiferten im Guten
und riefen uns an mit Liebe und Ehrfurcht
und demütigten sich vor uns. (91.) Und sie,
die ihren Schoß keusch hielt, und in die wir
bliesen von unserm Geiste, und die wir
nebst ihrem Sohne zu einem Zeichen
machten für alle Welt. (92.) Siehe, diese eure
Gemeinschaft ist eine einige Gemeinschaft,
und ich bin euer Herr; so dienet mir.

(93.) Und sie zerrissen ihre Sache unter sich;
alle kehren zu uns zurück. (94.) Und wer das
Rechte tut und gläubig ist, dessen Eifer soll
nicht verleugnet werden; und siehe, wir
schreiben (ihn) auf für ihn.
(95.) Und ein Bann sei auf jeder Stadt, die
wir vertilgten, dass sie nicht wiederkehren,
(96.) bis Gog und Magog (den Weg) geöffnet
haben und sie von allen Höhen herbeieilen.
(97.) Und es naht die wahrhaftige Drohung.
Und siehe da, starr blicken die Augen der
Ungläubigen, (und sie rufen:) »O wehe uns,
wir waren dessen achtlos! Ja, wir waren
Sünder!« (98.) Siehe, ihr und was ihr anbetet
außer Allah, Dschehannams Brennstoff ist's;
hinab werdet ihr zu ihr steigen.

(99.) Wären dies Götter, nicht stiegen sie zu
ihr hinab. Und alle sollen ewig in ihr
bleiben.

(100.) Stöhnen sollen sie in ihr, und nicht
sollen sie in ihr (Trost) hören.
(101.) Siehe jene, denen wir zuvor das Gute
bestimmten, fern sollen sie von ihr sein.
(102.) Keinen Laut werden sie von ihr hören,
und in dem, was ihre Seelen begehrten,
werden sie ewig verweilen.
(103.) Nicht soll sie betrüben das größte
Grausen, und entgegen sollen ihnen die
Engel kommen (und sprechen:) »Dies ist
euer Tag, der euch verheißen ward.«
(104.) An jenem Tag werden wir den
Himmel zusammenrollen wie eine
Schriftrolle. Wie wir die erste Schöpfung
hervorbrachten, wollen wir sie wieder
hervorbringen. Diese Verheißung liegt uns
ob; siehe, wir führen sie aus.

(105.) Und wahrlich, wir schrieben in den
Psalmen nach (der Offenbarung) der
Ermahnung: »Erben sollen die Erde meine
gerechten Diener.« (106.) Siehe, hierin ist
wahrlich eine Predigt für ein Volk, das (Gott)
dient. (107.) Und wir entsandten dich nur als
eine Barmherzigkeit für alle Welt.
(108.) Sprich: »Mir ward nur offenbart, dass
euer Gott ein einiger Gott ist. Wollt ihr drum
Muslime sein?« (109.) Und so sie den
Rücken kehren, so sprich: »Ich habe euch
insgemein angekündigt, doch weiß ich nicht,
ob nahe oder fern, was euch angedroht
ward.

(110.) Siehe, er weiß eure laute Rede und
weiß, was ihr verheimlicht. (111.) Und ich
weiß nicht, ob es vielleicht eine Versuchung
für euch sei und ein Nießbrauch für eine
Weile.« (112.) Sprich: »Mein Herr, richte du
in Wahrheit!« Und unser Herr ist der
Erbarmer, der um Hilfe wider eure
Äußerungen Anzuflehende.

22. Sure - Die Pilgerfahrt

Geoffenbart zu Mekka

Im Namen Allahs, des Erbarmers, des Barmherzigen!

(1.) O ihr Menschen, D. h. die Mekkaner. fürchtet euern Herrn. Siehe, das Erdbeben der ›Stunde‹ ist ein gewaltig Ding.
(2.) An dem Tage, den ihr schauen werdet, wird jede Säugende vergessen ihres Säuglings, und ablegen wird jede Schwangere ihre Last, und schauen wirst du die Menschen als Trunkene, wiewohl sie nicht trunken sind; doch Allahs Strafe ist streng. (3.) Und unter den Menschen ist (manch) einer, der über Allah ohne Wissen streitet und jedem rebellischen Satan folgt.
(4.) Geschrieben ist wider ihn, dass er den, der ihn zum Beschützer nimmt, irreführen und zur Strafe der Flamme leiten soll.

(5.) O ihr Menschen, wenn ihr betreffs der Auferstehung in Zweifel seid, so haben wir euch erschaffen aus Staub, alsdann aus einem Samentropfen, alsdann aus geronnenem Blut, alsdann aus Fleisch, geformtem und ungeformtem, auf dass wir euch (unsre Allmacht) erwiesen. Und wir lassen ruhen in den Mutterschößen, was wir wollen, bis zu einem benannten Termin; alsdann lassen wir euch hervorgehen als Kinder; alsdann lassen wir euch eure Reife erreichen; und der eine von euch wird abberufen und der andre von euch bleibt zurück bis zum verächtlichsten Alter, dass er alles, was er wusste, vergaß. Und du sahst die Erde dürre; doch wenn wir Wasser auf sie herniedersenden, dann regt sie sich und schwillt an und lässt von jeglicher schönen Art sprießen.

(6.) Solches, dieweil Allah die Wahrheit ist, und weil er die Toten lebendig macht, und weil er Macht hat über alle Dinge:
(7.) Und weil die ›Stunde‹ zweifellos kommt, und weil Allah alle in den Gräbern erweckt.

(8.) Und unter den Menschen ist einer, der über Allah streitet, ohne Wissen, ohne Leitung und ohne erleuchtendes Buch.
(9.) (Hoffärtig) wendet er sich zur Seite, um von Allahs Weg abwendig zu machen. Schande soll ihm sein hienieden, und zu schmecken wollen wir ihm geben am Tag der Auferstehung die Strafe des Verbrennens.

(10.) »Solches für das, was deine Hände vorausgeschickt, und weil Allah nicht ungerecht ist gegen seine Diener.«
(11.) Und da gibt es (manch) einen Menschen, welcher Allah (nur) am Rande verehrt. Und so ihm Gutes zuteil wird, so verbleibt er darin, wird er jedoch von einer Versuchung heimgesucht, dann kehrt er sein Angesicht um unter Verlust des Diesseits und Jenseits. Solches ist das offenbare Verderben! (12.) Er ruft außer Allah an, was ihm weder schaden noch nützen kann; das ist ein tiefer Irrtum! (13.) Er ruft an, was ihm eher schadet als nützt; fürwahr, schlimm ist der Beschützer und schlimm der Gefährte!
(14.) Siehe, Allah führt jene, die glauben und das Rechte tun, in Gärten, durcheilt von Bächen; siehe, Allah tut, was er will.

(15.) Wer da glaubt, dass Allah ihm nimmer hilft hienieden und im Jenseits, der spanne ein Seil zum Himmel; alsdann schneide er es ab und schaue zu, ob seine List vernichten kann, was ihn erzürnt. (16.) Und also haben wir ihn als deutliche Zeichen hinabgesandt, und weil Allah leitet, wen er will.
(17.) Siehe, die Gläubigen und die Juden und die Sabier und die Christen und die Magier und die Polytheisten – Allah wird zwischen ihnen entscheiden am Tag der Auferstehung; siehe, Allah ist Zeuge aller Dinge. (18.) Siehst du nicht, dass alles, was in den Himmeln und auf Erden ist, sich vor Allah niederwirft, die Sonne, der Mond, die Sterne, die Berge, die Bäume und die Tiere und viele Menschen? Vielen aber gebührt

die Strafe; und wen Allah verächtlich macht,
der findet keinen, der ihn ehrt. Siehe, Allah
tut, was er will.

(19.) Diese beiden sind zwei Streitende, die
über ihren Herrn streiten. Aber für die
Ungläubigen sind Kleider aus Feuer
geschnitten; gegossen wird siedendes
Wasser über ihre Häupter, (20.) das ihre
Eingeweide und ihre Haut schmilzt;
(21.) und eiserne Keulen sind für sie
bestimmt. (22.) Sooft sie aus ihr vor Angst
zu entrinnen suchen, sollen sie in sie
zurückgetrieben werden und: »Schmecket
die Strafe des Verbrennens.«
(23.) Siehe, Allah führt jene, die glauben und
Gutes tun, in Gärten, durcheilt von Bächen.
Geschmückt sollen sie sein in ihnen mit
Armspangen von Gold und Perlen, und ihre
Kleidung darinnen soll aus Seide sein;
(24.) denn sie wurden geleitet zum besten
Wort und wurden geleitet zum gepriesenen
Pfad.

(25.) Siehe, diejenigen, welche nicht glauben
und abwendig machen von Allahs Weg und
der heiligen Moschee, die wir für die
Menschen bestimmten, in gleicher Weise für
den Einheimischen als für den Fremden,
und diejenigen, welche sie frevlerisch zu
entweihen suchen, denen geben wir von
einer schmerzlichen Strafe zu kosten.
(26.) Und (gedenke,) da wir Abraham die
Stätte des Hauses zur Wohnung gaben (und
zu ihm sprachen:) »Setze mir nichts an die
Seite und reinige mein Haus für die es
Umwandelnden und für die im Gebete
Stehenden oder sich Beugenden.
(27.) Und verkündige den Menschen die
Pilgerfahrt. lass sie zu dir kommen zu Fuß
und auf allen schlanken (Kamelen),
ankommend aus allen tiefen Talwegen:
(28.) Auf dass sie Zeugnis ablegen von den
Vorteilen, die sie dadurch haben, und den
Namen Allahs aussprechen an den
bestimmten Tagen über dem Vieh, mit dem

wir sie versorgten. So esset von ihm und
speiset den Armen und den Bettler.
(29.) Alsdann sollen sie ihre
Vernachlässigung erledigen und sollen ihre
Gelübde erfüllen und das alte Haus
umwandeln.«

(30.) So (sei's). Und wer Allahs Gebote ehrt,
dem wird es gut ergehen bei seinem Herrn.
Und erlaubt ist euch das Vieh (als Speise)
mit Ausnahme dessen, was euch angesagt
ward. Und so meidet den Götzengreuel und
meidet das Wort der Lüge (31.) als lauter
gegen Allah, ohne ihm Gefährten zu geben;
denn wer Allah Gefährten gibt, ist wie das,
was vom Himmel fällt und von den Vögeln
erhascht oder vom Wind zu einem fernen
Ort verweht wird. (32.) So (ist's). Wer aber
Allahs Gebräuche ehrt, der beweist
Herzensfrömmigkeit.

(33.) Ihr könnt sie bis zu einem bestimmten
Termin benutzen, alsdann aber ist ihr
Opferplatz bei dem alten Haus.
(34.) Und allen Gemeinschaften gaben wir
Opferzeremonien, auf dass sie Allahs
Namen aussprächen über dem Vieh, mit
dem wir sie versorgten. Und euer Gott ist
ein einiger Gott. Drum ergebt euch ihm; und
verkündige Freude denen, die sich (vor
Allah) demütigen, (35.) deren Herz bei
Allahs Erwähnung vor Ehrfurcht erbebt,
und denen, die standhaft alles, was sie trifft,
erdulden, und denen, die das Gebet
verrichten und von dem, was wir ihnen
bescherten, spenden.

(36.) Und die Kamele haben wir euch zu den
Opfergebräuchen Allahs bestimmt; ihr habt
Gutes in ihnen. Und so sprechet Allahs
Namen über sie aus, wenn sie gebunden
dastehen. Und wenn sie auf die Seite
gestürzt sind, so esset von ihnen und speiset
den demütig Bittenden und den
verschämten Armen. Also haben wir sie
euch dienstbar gemacht, auf dass ihr
dankbar seid. (37.) Nimmermehr erreicht ihr

Fleisch und ihr Blut Allah, jedoch erreicht ihn eure Frömmigkeit. Also hat er sie euch dienstbar gemacht, auf dass ihr Allah dafür preiset, dass er euch leitete; und verkündige Freude den Rechtschaffenen.
(38.) Siehe, Allah schirmt die Gläubigen; siehe, Allah liebt nicht den Treulosen, den Ungläubigen.

(39.) Gewähr, ist denen gegeben, die bekämpft wurden, dieweil ihnen Gewalt angetan ward; und siehe, wahrlich, Allah hat Macht, ihnen beizustehen: (40.) Jene, die schuldlos aus ihren Wohnungen vertrieben wurden, nur weil sie sprechen: »Unser ist Allah.« Und wofern nicht Allah den einen Menschen durch die andern wehrte, wahrlich, so wären Klöster, Kirchen, Bethäuser und Moscheen, in denen Allahs Name (so) häufig genannt wird, zerstört. Und wem Allah helfen will, dem hilft er wahrlich. Siehe, Allah ist stark und mächtig.

(41.) Denen (hilft er,) die, wenn wir ihnen im Lande Wohnung gegeben haben, das Gebet verrichten und die Armenspende entrichten und das Rechte gebieten und das Unrechte untersagen. Und Allahs ist der Ausgang der Dinge. (42.) Und wenn sie dich der Lüge zeihen, so hat schon vor ihnen das Volk Noahs und Ads und Thamuds (43.) und das Volk Abrahams und das Volk Lots (44.) und die Bewohner Midians (ihre Propheten) der Lüge geziehen. Und auch Moses ward der Lüge geziehen. Und ich verzog mit den Ungläubigen, alsdann erfasste ich sie, und wie war der Wechsel, den ich verursachte!

(45.) Und wie viele sündige Städte vertilgten wir, und sie liegen wüst auf ihren Fundamenten da! Wie viele Brunnen sind verlassen und wie viele hohe Burgen! (46.) Reisten sie denn nicht im Lande, und haben sie keine Herzen, zu begreifen, oder Ohren, zu hören? Und siehe, nicht sind ihre Augen blind, blind sind vielmehr ihre Herzen in ihrer Brust. (47.) Und sie werden dich heißen, die Strafe zu beschleunigen, aber nimmer bricht Allah sein Versprechen, und siehe, ein Tag ist bei deinem Herrn gleich tausend Jahren von denen, die ihr rechnet. (48.) Und mit wieviel Städten verzog ich, wiewohl sie sündig waren! Alsdann erfasste ich sie, und zu mir ist der Heimgang. (49.) Sprich: »O ihr Menschen, ich bin euch nur ein offenkundiger Warner; (50.) und diejenigen, welche glauben und das Rechte tun, denen ist Verzeihung und ehrenvolle Versorgung; (51.) und diejenigen, welche eifern, unsre Zeichen kraftlos zu machen, das sind des Höllenpfuhls Bewohner.«

(52.) Und nicht entsandten wir vor dir einen Gesandten oder Propheten, dem nicht, wenn er (etwas) wünschte, der Satan in seinen Wunsch (Falsches) warf; aber Allah vernichtet des Satans Einstreuungen. Alsdann wird Allah seine Zeichen bestätigen; und Allah ist wissend und weise: (53.) Auf dass er des Satans Einstreuung zu einer Versuchung für jene mache, in deren Herzen Krankheit ist und deren Herzen verhärtet sind. Und siehe, die Sünder sind in tiefem Irrtum.

(54.) Und auf dass diejenigen, denen das Wissen gegeben ward, erkennen, dass er die Wahrheit von deinem Herrn ist und dass sie an ihn glauben und ihre Herzen in ihm Frieden genießen. Und siehe, Allah leitet gewisslich die Gläubigen auf einen rechten Pfad. (55.) Und die Ungläubigen hören nicht auf, ihn zu bezweifeln, bis die ›Stunde‹ plötzlich über sie kommt oder über sie kommt die Strafe eines unheilvollen Tags.

(56.) Das Reich ist an jenem Tage Allahs; richten wird er unter ihnen, und diejenigen, welche glaubten und das Gute taten, werden eingehen in die Gärten der Wonne. (57.) Diejenigen aber, die ungläubig waren und unsre Zeichen der Lüge ziehen –

schändende Strafe wird sie treffen.
(58.) Und jene, welche in Allahs Weg
auswanderten und alsdann fielen oder
starben, wahrlich, die wird Allah mit
schöner Versorgung versorgen. Denn siehe,
Allah, wahrlich, er ist der beste Versorger.
(59.) Wahrlich, eingehen lassen wird er sie in
einem Eingang, der ihnen gefällt; und siehe,
Allah ist wahrlich wissend und gütig.

(60.) So (wird's sein). Und wer sich Recht
verschafft nach dem Maße des Unrechts, das
ihm angetan ward, und alsdann wieder
Gewalt erleidet, wahrlich, dem wird Allah
helfen. Siehe, Allah ist vergebend,
verzeihend. (61.) Also (wird's sein;) denn
Allah lässt die Nacht folgen auf den Tag und
den Tag folgen auf die Nacht, und Allah ist
hörend und schauend. (62.) Also (wird's
sein,) denn Allah ist die Wahrheit, und was
sie außer ihm anrufen, ist die Lüge, und
Allah ist der Erhabene, der Große.

(63.) Siehst du nicht, dass Allah Wasser vom
Himmel hinabsendet und dass die Erde
grün wird? Siehe, Allah ist wahrlich gütig
und kundig. (64.) Sein ist, was in den
Himmeln und was auf Erden, und siehe,
Allah ist wahrlich der Reiche, der
Rühmenswerte. (65.) Siehst du nicht, dass
Allah euch unterworfen hat, was auf Erden
ist, und die Schiffe, die das Meer auf sein
Geheiß durcheilen? Und er hält den
Himmel, dass er nicht auf die Erde falle, es
sei denn mit seiner Erlaubnis. Siehe, Allah
ist wahrlich gütig gegen die Menschen und
barmherzig. (66.) Und er ist's, der euch das
Leben gab; alsdann wird er euch sterben
lassen, alsdann wird er euch (wieder)
lebendig machen. Siehe, der Mensch ist
wahrlich undankbar.
(67.) Jeder Gemeinschaft gaben wir
Gebräuche, die sie beobachten; drum lass sie
nicht mit dir hierüber streiten und rufe (sie)
zu deinem Herrn. Siehe, du folgst wahrlich
der rechten Leitung. (68.) Streiten sie jedoch

mit dir, so sprich: »Allah kennt am besten
euer Tun. (69.) Allah wird richten zwischen
euch am Tag der Auferstehung über das,
worin ihr uneins seid.

(70.) Weißt du nicht, dass Allah kennt, was
im Himmel und auf Erden ist? Siehe, dies
steht in einem Buch; siehe, dies ist leicht für
Allah.« (71.) Und sie beten außer Allah an,
wofür er keine Vollmacht herabgesandt hat
und wovon ihnen kein Wissen ward; und
die Sünder haben keinen Helfer.
(72.) Und wenn ihnen unsre Zeichen als
deutliche Beweise verlesen werden, dann
erkennst du in den Angesichtern der
Ungläubigen Missfallen. Am liebsten fielen
sie her über die, welche ihnen unsre Zeichen
vorlesen. Sprich: »Soll ich euch Schlimmeres
als dies ankündigen? Das Feuer, das Allah
den Ungläubigen angedroht hat? Und
schlimm ist die Fahrt (dorthin)!«

(73.) O ihr Menschen, ein Gleichnis ward
gemacht; so höret es. Siehe jene, die ihr
außer Allah anruft, nimmer erschaffen sie
eine Fliege, auch wenn sie sich dazu
versammelten; und wenn ihnen die Fliege
etwas raubte, sie könnten es ihr nicht
entreißen. Schwach ist der Bittende und der
Gebetene. (74.) Nicht bewerten sie Allah
nach seinem wahren Wert. Siehe, Allah ist
wahrlich der Starke, der Mächtige.
(75.) Allah erwählt aus den Engeln Gesandte
und aus den Menschen. Siehe, Allah ist
hörend und schauend. (76.) Er weiß, was vor
ihnen ist und was hinter ihnen, und zu
Allah kehren die Dinge zurück.

(77.) O ihr, die ihr glaubt, beugt euch und
werfet euch nieder und dienet euerm Herrn
und tut das Gute; vielleicht ergeht es euch
wohl. (78.) Und eifert in Allahs Weg im
rechten Eifer. Er hat euch erwählt und hat
euch in der Religion nichts Schweres
auferlegt: Die Religion eures Vaters
Abraham. Er hat euch »Muslime« genannt,
zuvor und in diesem (Buch), damit der

Gesandte Zeuge sei wider euch und ihr Zeugen seid wider die Menschen. Drum verrichtet das Gebet und entrichtet die Armenspende und haltet fest an Allah. Er ist euer Gebieter, und herrlich ist der Gebieter und herrlich der Helfer!

23. Sure - Die Gläubigen

Geoffenbart zu Mekka

Im Namen Allahs, des Erbarmers, des Barmherzigen!

(1.) Wohl ergeht es den Gläubigen,
(2.) die sich demütigen in ihrem Gebet,
(3.) und die sich fernhalten von eitlem Geschwätz (4.) und die die Armenspende entrichten (5.) und die sich der Frauen enthalten – (6.) es sei denn ihrer Gattinnen oder derer, die ihre Rechte besitzt; denn siehe, (hierin) sind sie nicht zu tadeln.
(7.) Wer aber über dies hinaus begehrt, das sind die Übertreter – (8.) und die das ihnen anvertraute Gut und ihr Versprechen hüten (9.) und die ihre Gebete beobachten:
(10.) Das sind die Erben, (11.) welche das Paradies ererben, ewig darinnen zu weilen.

(12.) Und wahrlich, wir erschufen den Menschen aus reinstem Ton,
(13.) alsdann setzten wir ihn als Samentropfen in eine sichere Stätte;
(14.) alsdann schufen wir den Tropfen zu geronnenem Blut und schufen den Blutklumpen zu Fleisch und schufen das Fleisch zu Gebein und bekleideten das Gebein mit Fleisch; alsdann brachten wir ihn hervor als eine andre Schöpfung, und gesegnet sei Allah, der beste der Schöpfer!
(15.) Alsdann werdet ihr nach diesem wahrlich sterben. (16.) Alsdann werdet ihr am Tag der Auferstehung erweckt werden.
(17.) Und wahrlich, wir erschufen über euch sieben Himmel, und nicht sind wir achtlos der Schöpfung. (18.) Und wir senden Wasser vom Himmel herab nach Gebühr und geben ihm Wohnung in der Erde, und siehe, wir haben Macht, es wieder fortzunehmen.
(19.) Und wir lassen euch durch dasselbe Palmen- und Rebengärten sprießen, in denen ihr reiche Früchte habt und von denen ihr esset, (20.) und einen Baum, der auf dem Berge Sinai wächst und der Öl hervorbringt und einen Saft zum Essen.

(21.) Und siehe, in dem Vieh habt ihr wahrlich eine Lehre. Wir geben euch zu trinken von dem, was in ihren Leibern ist, und vielen Nutzen habt ihr in ihnen, und von ihnen esset ihr. (22.) Und auf ihnen und auf den Schiffen werdet ihr getragen.
(23.) Und wahrlich, wir entsandten Noah zu seinem Volk, und er sprach: »O mein Volk, dienet Allah. Ihr habt keinen andern Gott als ihn. Wollt ihr (ihn) nicht fürchten?«
(24.) Und es sprachen die Häupter der Ungläubigen seines Volks: »Dies ist nur ein Mensch gleich euch, der sich über euch erheben will. Und so Allah gewollt hätte, wahrlich, er hätte Engel entsandt. Wir hörten dies nicht von unseren Vorvätern.

(25.) Siehe, dies ist nur ein besessener Mann, drum wartet mit ihm eine Zeitlang.«
(26.) Er sprach: »Mein Herr, hilf mir wider ihre Beschuldigung der Lüge.«
(27.) Und so offenbarten wir ihm: »Mache die Arche unter unsern Augen und nach unsrer Offenbarung, und wenn unser Befehl ergeht und der Ofen siedet, dann bringe in sie von allen (Gattungen) ein Paar und deine Familie außer dem, über den das Wort zuvor erging; und rede nicht mit mir in betreff der Sünder, denn siehe, sie sollen ertränkt werden. (28.) Und wenn du und wer bei dir ist die Arche bestiegen haben, so sprich: »Das Lob sei Allah, der uns errettet hat von dem Volk der Sünder.« (29.) Und sprich: »Mein Herr, gib mir einen gesegneten

Ausgang, denn du bist der beste der Ausganggeber.«

(30.) Siehe, hierin sind wahrlich Zeichen, und siehe, wahrlich, wir stellen auf die Probe. (31.) Alsdann ließen wir nach ihnen andre Geschlechter erstehen. (32.) Und wir entsandten unter sie einen Gesandten von ihnen (mit der Botschaft:) »Dienet Allah, ihr habt keinen Gott außer ihm; wollt ihr (ihn) nicht fürchten?« (33.) Und es sprachen die Häupter seines Volkes, die nicht glaubten und welche die Begegnung des Jenseits für eine Lüge hielten und die wir im irdischen Leben reich versehen hatten: »Das ist nur ein Mensch gleich euch; er isset von dem, was ihr esset, und trinket von dem, was ihr trinket. (34.) Und wenn ihr einem Menschen gleich euch gehorchet, siehe, dann seid ihr wahrlich verloren.

(35.) Verkündet er euch, dass ihr, wenn ihr tot seid und Staub und Gebein worden, wieder erstehen werdet? (36.) Hinweg, hinweg mit dieser Verheißung! (37.) Es gibt nur unser irdisches Leben; wir sterben und wir leben und werden nicht erweckt. (38.) Es ist nur ein Mensch, der eine Lüge wider Allah ersonnen hat, und wir glauben ihm nicht.« (39.) Er sprach: »Mein Herr, errette mich vor ihrer Beschuldigung der Lüge.«

(40.) Er sprach: »Noch ein kleines, und wahrlich, sie werden es bereuen.« (41.) Alsdann erfasste sie der Schrei nach Gebühr, und wir machten sie zu Spreu. Hinfort drum mit dem sündigen Volk! (42.) Alsdann ließen wir nach ihnen andre Geschlechter erstehen, (43.) und kein Volk kann seinen Termin beschleunigen oder aufschieben. (44.) Alsdann entsandten wir unsre Gesandten, einen nach dem andern. Sooft ein Gesandter zu seinem Volke kam, ziehen sie ihn der Lüge; und so ließen wir ein Volk dem andern folgen und machten sie zum Exempel. Drum hinweg mit einem ungläubigen Volk!

(45.) Alsdann entsandten wir Moses und seinen Bruder Aaron mit unsern Zeichen und offenkundiger Vollmacht (46.) zu Pharao und seinen Häuptern; sie aber waren hoffärtig und ein hochmütig Volk. (47.) Und sie sprachen: »Sollen wir zwei Menschen gleich uns glauben, wo ihr Volk uns dienstbar ist?« (48.) Und sie ziehen beide der Lüge, und so wurden sie vernichtet. (49.) Und wahrlich, wir gaben Moses das Buch, auf dass sie geleitet würden.

(50.) Und wir machten den Sohn der Maria und seine Mutter zu einem Zeichen und gaben beiden eine Höhe zur Wohnung, eine Stätte der Sicherheit und eines Quells. (51.) »O ihr Gesandten, esset von den guten (Speisen) und tut das Rechte; siehe, ich weiß, was ihr tut. (52.) Und siehe, diese eure Gemeinde ist eine einige Gemeinde, und ich bin euer Herr; drum fürchtet mich.« (53.) Aber sie zerrissen ihre Sache untereinander in Sekten; jegliche Partei freut sich ihres Anteils. (54.) Drum lass sie in ihrem Wirrsal für eine Weile. (55.) Glauben sie etwa, dass das, was wir ihnen an Gut und Kindern bescheren, (56.) wir ihnen als gute Gaben eilig gewähren? Nein, sie verstehen es nicht. (57.) Siehe, jene, welche in Furcht vor ihrem Herrn erbeben, (58.) und jene, welche an die Zeichen ihres Herrn glauben, (59.) und jene, die ihrem Herrn keine Gefährten geben, (60.) und die da geben, was sie geben, mit zagendem Herzen, dieweil sie zu ihrem Herrn zurückkehren: (61.) Jene eilen um die Wette nach dem Guten und kommen einander danach zuvor.

(62.) Und wir belasten eine Seele nur nach Vermögen, und bei uns ist ein Buch, das die Wahrheit spricht; und es soll ihnen nicht Unrecht geschehen.

(63.) Aber ihre Herzen sind hierüber in tiefem Irrtum, und ihre Werke sind anders als diese, die sie ausüben, (64.) bis dass sie, wenn wir die Üppigen unter ihnen mit der Strafe erfassen, um Hilfe schreien.
(65.) »Schreiet nicht um Hilfe heute, denn ihr findet keine Hilfe bei uns. (66.) Meine Zeichen wurden euch verlesen, ihr aber kehrtet euch um auf euern Fersen,
(67.) hoffärtig dawider, und schwatztet Unsinn in nächtlichem Geplauder.«
(68.) Wollen sie denn nicht die Worte bedenken, ob zu ihnen kam, was nicht zu ihren Vorvätern kam? (69.) Oder erkennen sie nicht ihren Gesandten und verleugnen ihn deshalb?

(70.) Oder sprechen sie: »Er hat einen Dschinn?« Doch nein, gekommen ist er zu ihnen mit der Wahrheit, und die Mehrzahl von ihnen hat Abscheu wider die Wahrheit. (71.) Und wenn die Wahrheit ihren Lüsten gefolgt wäre, wahrlich zugrunde wären die Himmel und die Erde gegangen und was darinnen. Aber wir brachten ihnen ihre Warnung, doch kehren sie sich von ihrer Warnung ab. (72.) Oder verlangst du von ihnen einen Lohn? Aber der Lohn deines Herrn ist der beste, und er ist der beste Versorger.

(73.) Und siehe, du forderst sie wahrlich auf zu einem rechten Pfad, (74.) und siehe, jene, die nicht an das Jenseits glauben, weichen ab von dem Pfad. (75.) Und hätten wir uns ihrer erbarmt und sie von ihrer Drangsal befreit, wahrlich, sie hätten doch in ihrer Gottlosigkeit, in der sie verirrt sind, beharrt. (76.) Und wahrlich, wir hatten sie mit der Strafe erfasst, doch hatten sie sich nicht ihrem Herrn unterworfen und sich nicht gedemütigt. (77.) Bis dass, als wir ihnen das Tor strenger Strafe öffneten, sie zur Verzweiflung gebracht wurden.
(78.) Und er ist's, der euch Gehör, Gesicht und Herz gab; wenige sind's, die Dank wissen. (79.) Und er ist's, der euch auf Erden erschuf, und zu ihm werdet ihr versammelt.

(80.) Und er ist's, der lebendig macht und tötet, und von ihm rührt der Wechsel der Nacht und des Tages her. Begreift ihr denn nicht? (81.) Sie aber sprechen, wie die Früheren sprachen: (82.) Sie sprechen: »Wenn wir gestorben und Staub und Gebein worden sind, sollen wir dann wieder erweckt werden? (83.) Wahrlich, uns und unsern Vätern zuvor ist dies angekündigt worden; dies sind jedoch nur Fabeln der Früheren.« (84.) Sprich: »Wessen ist die Erde und was darinnen, so ihr es wisset?«

(85.) Wahrlich, sie werden sprechen: »Allahs.« Sprich: »Wollt ihr euch denn nicht ermahnen lassen?« (86.) Sprich: »Wer ist der Herr der sieben Himmel und der Herr des erhabenen Throns?« (87.) Wahrlich, sie werden sprechen: »Allah.« Sprich: »Wollt ihr ihn denn nicht fürchten?«
(88.) Sprich: »In wessen Hand ist das Reich aller Dinge, der beschützt und nicht beschützt wird – so ihr es wisset?«
(89.) Wahrlich, sie werden sprechen: »In Allahs.« Sprich: »Und wie seid ihr so verzaubert?«

(90.) Ja, wir haben ihnen die Wahrheit gebracht, und wahrlich, sie leugnen sie.
(91.) Allah hat keine Kinder erzeugt, und es ist kein Gott bei ihm; sonst würde jeder Gott an sich genommen haben, was er erschaffen, und einer hätte sich über den andern erhöht. Preis sei Allah! (Er ist erhaben) ob dem, was sie von ihm aussagen. (92.) Er kennt das Verborgene und das Offenkundige, und erhaben ist er ob dem, was sie ihm zur Seite stellen. (93.) Sprich: »Mein Herr, wenn du mich schauen lassen willst, was du ihnen ankündigest, (94.) mein Herr, so setze mich nicht unter das ungerechte Volk.«
(95.) Und siehe, wir haben Macht dazu, dir zu zeigen, was wir ihnen ankündigten.

(96.) Wende ab das Böse mit Gutem; wir wissen sehr wohl, was sie (von dir) aussagen. (97.) Und sprich: »Mein Herr, ich nehme meine Zuflucht zu dir vor den Einflüsterungen der Satane, (98.) und ich nehme meine Zuflucht zu dir, mein Herr, dass sie mir nicht zu nahe kommen.«
(99.) Erst wenn der Tod einem von ihnen naht, wird er sprechen: »Mein Herr, sende mich zurück, (100.) auf dass ich Gutes tue, was ich unterließ.« – »Keineswegs!« Siehe, dies ist das Wort, das er spricht. Und hinter ihnen ist eine Schranke bis zum Tag, da sie erweckt werden.

(101.) Und wenn in die Posaune gestoßen wird, dann soll an jenem Tage keine Verwandtschaft unter ihnen gelten, und sie sollen nicht einander befragen; (102.) und die, deren Waage schwer ist, ihnen wird's wohl ergehen. (103.) Deren Waage jedoch leicht ist, die werden ihre Seelen verlieren in Dschehannam für immerdar.
(104.) Verbrennen wird das Feuer ihre Angesichter, und die Zähne werden sie in ihm fletschen. (105.) »Wurden euch nicht meine Zeichen verlesen und ziehet ihr sie nicht der Lüge?«

(106.) Sie werden sprechen: »Unser Herr, unser Unglück obsiegte über uns, und wir waren ein irrend Volk. (107.) Unser Herr, führe uns heraus von hier, und wenn wir rückfällig sind, wahrlich, so sind wir Sünder.« (108.) Er wird sprechen: »Hinfort mit euch! Hinein (ins Feuer)! Und redet nicht mit mir.« (109.) Siehe, es war ein Teil meiner Diener, welche sprachen: »Unser Herr, wir glauben; drum vergib uns und habe Erbarmen mit uns, denn du bist der beste Erbarmer.«

(110.) Ihr aber nahmet sie mit Spott auf, bis dass sie euch meine Ermahnung vergessen ließen und ihr sie verlachtet.
(111.) Siehe, ich belohne sie heute für ihre Standhaftigkeit, und sie sollen glückselig

sein. (112.) Er wird sprechen: »Wieviel der Jahre verweiltet ihr auf Erden?«
(113.) Sie werden sprechen: »Wir verweilten einen Tag oder nur den Teil eines Tages; frag nur die Rechnungführenden.«
(114.) Er wird sprechen: »Ihr habt nur ein kleines verweilt, wenn ihr es nur wüsstet.«
(115.) Glaubtet ihr etwa, wir hätten euch zum Scherz erschaffen und dass ihr nicht zu uns zurückkehren müsstet?
(116.) Doch erhaben ist Allah, der König, die Wahrheit! Es gibt keinen Gott außer ihm, dem Herrn des edlen Thrones.
(117.) Und wer neben Allah einen andern Gott anruft, für den er keinen Beweis hat, der hat Rechenschaft vor seinem Herrn abzulegen. Siehe, den Ungläubigen ergeht es nicht wohl. (118.) Und sprich: »Mein Herr, vergib und habe Erbarmen, denn du bist der beste der Erbarmer.«

<u>24. Sure - Das Licht</u>

Geoffenbart zu Medina

Im Namen Allahs, des Erbarmers, des Barmherzigen!

(1.) Eine Sure, die wir herabsandten und zum Gesetz erhoben! Und wir sandten deutliche Zeichen in ihr herab, auf dass ihr euch ermahnen lasset (2.) Die Hure und den Hurer, geißelt jeden von beiden mit hundert Hieben; und nicht soll euch Mitleid erfassen zuwider dem Urteil Allahs, so ihr an Allah glaubt und an den Jüngsten Tag. Und eine Anzahl der Gläubigen soll Zeuge ihrer Strafe sein. (3.) Der Hurer soll nur eine Hure heiraten oder eine Heidin; und die Hure soll nur einen Hurer heiraten oder einen Heiden. Und verwehrt ist solches den Gläubigen.

(4.) Diejenigen, welche züchtige Frauen verleumden und hernach nicht vier Zeugen beibringen, die geißelt mit achtzig Hieben und nehmet nie mehr ihr Zeugnis an, denn es sind Frevler – (5.) außer jenen, welche hernach bereuen und sich bessern; denn siehe, Allah ist wahrlich verzeihend und barmherzig. (6.) Und diejenigen, welche ihre Gattinnen verleumden und keine Zeugen haben außer sich selber – viermal soll ein jeder sein Zeugnis vor Allah beteuern, dass er wahrhaftig ist, (7.) und zum fünften Mal, dass Allahs Fluch auf ihn komme, so er ein Lügner sei. (8.) Aber abwenden soll es die Strafe von ihr, wenn sie viermal vor Allah bezeugt, dass er ein Lügner ist, (9.) und das fünfte Mal, dass Allahs Zorn auf sie komme, wenn er die Wahrheit gesprochen.

(10.) Und ohne Allahs Huld und Barmherzigkeit gegen euch, und wäre Allah nicht vergebend und weise… (so hätte er sofortige Strafe verhängt).
(11.) Siehe, diejenigen, welche die Lüge aufbrachten, eine Anzahl von euch, erachten es nicht für ein Übel für euch; nein, es ist gut für euch. Jedem Manne von ihnen soll sein, was er verdient hat an Sünde, und derjenige, welcher es übernahm, sie zu vergrößern, soll gewaltige Strafe empfangen.
(12.) Warum, als ihr es hörtet, dachten nicht die gläubigen Männer und Frauen bei sich Gutes und sprachen: »Dies ist eine offenkundige Lüge?«

(13.) Warum brachten sie nicht vier Zeugen hierfür? Doch da sie die Zeugen nicht brachten, sind sie vor Allah Lügner.
(14.) Und ohne Allahs Huld zu euch und seine Barmherzigkeit hienieden und im Jenseits hätte euch für eure Ausstreuung eine gewaltige Strafe getroffen, (15.) als ihr es mit euern Zungen äußertet und mit euerm Munde spracht, wovon ihr kein Wissen hattet und es für ein leichtes hieltet, wo es vor Allah schwer ist.
(16.) Und warum, als ihr es hörtet, sprachet ihr nicht: »Es kommt uns nicht zu, hierüber

zu reden?« Preis dir! Dies ist eine gewaltige Verleumdung. (17.) Allah ermahnt euch, nie wieder ähnliches zu tun, so ihr gläubig seid. (18.) Und Allah macht euch die Zeichen klar, und Allah ist wissend und weise.

(19.) Siehe, diejenigen, welche Gefallen daran finden, dass Schändliches ruchbar wird von den Gläubigen, sollen schmerzliche Strafe empfangen, hienieden und im Jenseits; und Allah weiß, doch ihr wisset nicht. (20.) Und ohne Allahs Huld gegen euch und seine Barmherzigkeit, und wäre Allah nicht gütig und barmherzig, (hätte er euch sofort gestraft). (21.) O ihr, die ihr glaubt, folget nicht den Fußstapfen des Satans, denn wer den Fußstapfen des Satans folgt – siehe, er heißt euch Schandbares und Verbotenes. Und ohne Allahs Huld gegen euch und seine Barmherzigkeit würde kein einziger von euch rein sein. Jedoch reinigt Allah, wen er will, und Allah ist hörend und wissend. (22.) Und nicht sollen die Vermögenden und Begüterten unter euch schwören, nichts mehr ihren Verwandten und den Armen und denen, die in Allahs Weg ausgewandert sind, zu geben, sondern sie sollen vergeben und verzeihen. Wünschet ihr nicht, dass Allah euch vergebe? Und Allah ist vergebend und barmherzig. (23.) Siehe, diejenigen, welche züchtige Frauen, die unbedacht, aber doch gläubig sind, verleumden, sind verflucht hienieden und im Jenseits und empfangen gewaltige Strafe. (24.) Eines Tages werden ihre Zungen und ihre Hände und Füße wider sie zeugen für ihr Tun.

(25.) An jenem Tage wird Allah ihnen nach Gebühr zahlen, und sie sollen erfahren, dass Allah die offenkundige Wahrheit ist.
(26.) Schlechte Frauen für schlechte Männer und schlechte Männer für schlechte Frauen, und gute Frauen für gute Männer und gute Männer für gute Frauen. Diese werden rein sein von dem, was sie über sie sprechen –

Vergebung und eine hehre Versorgung! (27.) O ihr, die ihr glaubt, gehet nicht ein in Häuser, die nicht eure Häuser sind, bevor ihr um Erlaubnis gebeten und ihre Bewohner begrüßt habt. Solches ist besser für euch; vielleicht lasset ihr euch ermahnen. (28.) Und wenn ihr niemand darinnen findet, so tretet nicht eher ein, als bis euch Erlaubnis gegeben ward; und wenn zu euch gesprochen wird: »Kehret um!«, so kehret um; das ist reiner für euch. Und Allah weiß, was ihr tut. (29.) Es ist keine Sünde, wenn ihr unbewohnte Häuser betretet, in denen ihr Bequemlichkeit findet. Und Allah weiß, was ihr offen tut und was ihr verbergt.

(30.) Sprich zu den Gläubigen, dass sie ihre Blicke zu Boden schlagen und ihre Scham hüten. Das ist reiner für sie. Siehe, Allah kennt ihr Tun. (31.) Und sprich zu den gläubigen Frauen, dass sie ihre Blicke niederschlagen und ihre Scham hüten und dass sie nicht ihre Reize zur Schau tragen, es sei denn, was außen ist, und dass sie ihren Schleier über ihren Busen schlagen und ihre Reize nur ihren Ehegatten zeigen oder ihren Vätern oder den Vätern ihrer Ehegatten oder ihren Söhnen oder den Söhnen ihrer Ehegatten oder ihren Brüdern oder den Söhnen ihrer Brüder oder den Söhnen ihrer Schwestern oder ihren Frauen oder denen, die ihre Rechte besitzt, oder ihren Dienern, die keinen Trieb haben, oder Kindern, welche die Blöße der Frauen nicht beachten. Und sie sollen nicht ihre Füße zusammenschlagen, damit nicht ihre verborgene Zierat bekannt wird. Und bekehret euch zu Allah allzumal, o ihr Gläubigen; vielleicht ergeht es euch wohl.

(32.) Und verheiratet die Ledigen unter euch und eure braven Diener und Mägde. So sie arm sind, wird Allah sie reich machen aus seinem Überfluss, denn Allah ist allumfassend und wissend.
(33.) Und diejenigen, welche niemand zur Ehe finden, mögen keusch leben, bis Allah sie aus seinem Überfluss reich macht. Und diejenigen von denen, die eure Rechte besitzt, und die ein Schriftstück begehren – schreibt es ihnen, wenn ihr Gutes in ihnen wisset, und gebet ihnen von Allahs Gut, das er euch gegeben. Und zwingt nicht eure Sklavinnen zur Hurerei, so sie keusch leben wollen, im Trachten nach dem Gewinn des irdischen Lebens. Und wenn sie einer zwingt, siehe, so ist Allah, nachdem sie gezwungen wurden, vergebend und barmherzig.

(34.) Und wahrlich, wir sandten zu euch deutliche Zeichen und einen Fall, wie er sich ähnlich mit denen, die vor euch hingingen, zutrug, und eine Ermahnung für die Gottesfürchtigen. (35.) Allah ist das Licht der Himmel und der Erde. Sein Licht ist gleich einer Nische, in der sich eine Lampe befindet; die Lampe ist in einem Glase, und das Glas gleich einem flimmernden Stern. Es wird angezündet von einem gesegneten Baum, einem Ölbaum, weder vom Osten noch vom Westen, dessen Öl fast leuchtete, auch wenn es kein Feuer berührte – Licht über Licht! Allah leitet zu seinem Licht, wen er will, und Allah macht Gleichnisse für die Menschen, und Allah kennt alle Dinge.

(36.) In den Häusern, in denen Allah erlaubt hat, dass er erhöht und sein Name verkündet werde, preisen ihn des Morgens und Abends (37.) Männer, die weder Ware noch Handel abhält von dem Gedanken an Allah und der Verrichtung des Gebets und dem Entrichten der Armenspende, aus Furcht vor einem Tag, an dem sich die Herzen und die Blicke verdrehen, (38.) damit sie Allah belohne für ihre schönsten Werke und ihnen seine Huld mehre. Und Allah versorgt, wen er will, ohne Maß. (39.) Die Werke der Ungläubigen aber gleichen der Luftspiegelung in einer Ebene, die der Dürstende für Wasser hält, bis dass, wenn er zu ihr kommt, er nichts findet; doch findet er, dass Allah bei ihm ist, und Allah zahlt ihm seine Rechnung voll aus, denn Allah ist schnell im Rechnen.

(40.) Oder gleich den Finsternissen auf hoher See, die eine Woge deckt, über der eine Woge ist, über der sich Wolken befinden – Finsternisse, die einen über die andern –, wenn einer seine Hand ausstreckt, sieht er sie kaum. Und wem Allah kein Licht gibt, der hat kein Licht. (41.) Sahst du nicht, dass Allah – es preisen ihn alle in den Himmeln und auf Erden und die Vögel, ihre Schwingen breitend. Jedes kennt sein Gebet und seine Lobpreisung, und Allah weiß, was sie tun. (42.) Und Allahs ist das Reich der Himmel und der Erde, und zu Allah ist der Heimgang. (43.) Sahst du nicht, dass Allah die Wolken treibt und sie dann wieder versammelt und sie dann aufhäuft? Und du siehst den Regen mitten aus ihnen herauskommen. Und er sendet Berge vom Himmel hernieder, erfüllt mit Hagel, und er trifft damit, wen er will, und wendet sie ab, von wem er will. Der Glanz seines Blitzes raubt fast die Blicke!

(44.) Allah lässt wechseln die Nacht und den Tag; siehe, hierin ist wahrlich eine Lehre für die Verständigen. (45.) Und Allah erschuf alle Tiere aus Wasser; und unter ihnen sind einige, die auf ihrem Bauch und andre, die auf zwei Füßen und andre, die auf vieren gehen. Allah schafft, was er will; siehe, Allah hat Macht über alle Dinge.
(46.) Wahrlich, wir sandten deutliche Zeichen herab, und Allah leitet, wen er will, auf den rechten Pfad. (47.) Sie werden sprechen: »Wir glauben an Allah und an seinen Gesandten und gehorchen«; alsdann aber wendet sich ein Teil von ihnen ab, und dies sind keine Gläubigen. (48.) Und wenn sie zu Allah und seinem Gesandten eingeladen werden, dass er zwischen ihnen entscheide, dann kehrt sich ein Teil von

ihnen ab. (49.) Wäre aber die Wahrheit auf ihrer Seite, sie kämen zu ihm in Unterwürfigkeit.

(50.) Ist etwa in ihren Herzen Krankheit, oder zweifeln sie oder fürchten sie, dass Allah und sein Gesandter ungerecht gegen sie sein würden? Nein, sie sind es, die ungerecht handeln. (51.) Die Rede der Gläubigen, wenn sie zu Allah und seinem Gesandten eingeladen werden, dass er zwischen ihnen richte, ist nur, dass sie sprechen: »Wir hören und gehorchen.« Und sie sind's, denen es wohl ergeht.
(52.) Und wer Allah und seinem Gesandten gehorcht und Allah scheut und fürchtet – sie sind es, die glückselig sind. (53.) Und sie schworen bei Allah ihren heiligsten Eid, dass sie, wenn du ihnen Befehl gäbest, gewisslich ausziehen würden. Sprich: »Schwöret nicht; Gehorsam ist geziemend; siehe, Allah weiß, was ihr tut.«

(54.) Sprich: »Gehorchet Allah und gehorchet dem Gesandten.« Und wenn ihr den Rücken kehrt, so ruht auf ihm nur seine Bürde und auf euch eure Bürde; und so ihr ihm gehorchet, seid ihr rechtgeleitet, und dem Gesandten liegt nur die deutliche Predigt ob. (55.) Verheißen hat Allah denen von euch, die glauben und das Rechte tun, dass er sie zu Nachfolgern auf Erden einsetzen wird, wie er denen, die vor ihnen lebten, die Nachfolge gewährte, und dass er für sie ihre Religion, die er für sie gutgeheißen hat, befestigen will, und dass er ihnen nach ihrer Furcht Sicherheit zum Tausch geben will. »Sie sollen mir dienen; sie sollen mir nichts an die Seite stellen. Und wer nach diesem ungläubig ist, das sind die Missetäter.«

(56.) Und verrichtet das Gebet und entrichtet die Armenspende und gehorchet dem Gesandten; vielleicht findet ihr Barmherzigkeit. (57.) Wähne nicht, dass die Ungläubigen (Allah) auf Erden machtlos

machen können. Ihre Herberge ist das Feuer, und schlimm ist die Fahrt (dorthin).
(58.) O ihr, die ihr glaubt, lasset euch dreimal um Erlaubnis bitten (um Eintritt) von denen, die eure Rechte besitzt, und denen von euch, die noch nicht die Reife erlangt haben: vor dem Gebet der Morgenfrühe und zur Zeit, da ihr eure Kleider am Mittag ablegt, und nach dem Abendgebet - eure drei Blößen. Euch und sie trifft jedoch keine Sünde nach diesen (Zeiten), wo sich der eine von euch um den andern zu schaffen macht. Also macht euch Allah seine Zeichen klar, und Allah ist wissend und weise. (59.) Und wenn eure Kinder die Reife erlangt haben, so sollen sie euch um Erlaubnis bitten, wie die, welche vor ihnen waren, um Erlaubnis baten. Also macht euch Allah seine Zeichen klar, und Allah ist wissend und weise.

(60.) Und eure Matronen, die nicht mehr auf Heirat hoffen, begehen keine Sünde, wenn sie ihre Kleider ablegen, ohne ihre Zierde zu enthüllen. Doch ist es besser für sie, sich dessen zu enthalten; und Allah ist hörend und wissend. (61.) Es ist kein Vergehen für den Blinden und kein Vergehen für den Lahmen und kein Vergehen für den Kranken und für euch selber, in euern Häusern oder den Häusern eurer Väter oder den Häusern eurer Mütter oder den Häusern eurer Brüder oder den Häusern eurer Schwestern oder den Häusern eurer Vatersbrüder oder den Häusern eurer Vatersschwestern oder den Häusern eurer Mutterbrüder oder in denen, deren Schlüssel ihr besitzet, oder eures Freundes zu essen. Ihr begeht keine Sünde, ob ihr zusammen oder gesondert esset. Und wenn ihr in ein Haus tretet, so begrüßet einander mit einem Gruß von Allah, einem gesegneten, guten. Also macht euch Allah seine Zeichen klar, auf dass ihr begreifet.

(62.) Gläubige sind nur, die an Allah und seinen Gesandten glauben und, wenn sie bei ihm wegen einer Angelegenheit versammelt sind, nicht eher fortgehen, als bis sie ihn um Erlaubnis gefragt haben. Siehe, diejenigen, die dich um Erlaubnis fragen, das sind die, welche an Allah und an seinen Gesandten glauben. Und wenn sie dich um Erlaubnis zu einem ihrer Geschäfte bitten, so gib sie, wem du willst von ihnen, und bitte Allah für sie um Verzeihung. Siehe, Allah ist verzeihend und barmherzig.

(63.) Machet nicht die Anrede an den Gesandten unter euch gleich eurer Anrede untereinander. Allah kennt diejenigen unter euch, die sich unvermerkt davonmachen, (hinter andern) Schutz suchend. Und hüten sollen sich jene, die sich seinem Befehle widersetzen, dass sie nicht von Prüfung heimgesucht oder von schmerzlicher Strafe betroffen werden. (64.) Ist nicht Allahs, was in den Himmeln und auf Erden ist? Er kennet euern Zustand, und eines Tages werden sie zu ihm zurückgebracht, und er wird ihnen ankündigen, was sie getan. Und Allah weiß alle Dinge.

25. Sure - Die Rettung
Geoffenbart zu Mekka

Im Namen Allahs, des Erbarmers, des Barmherzigen!

(1.) Gesegnet sei der, welcher die Rettung hinabsandte auf seinen Diener, auf dass er aller Welt ein Warner sei: (2.) Des das Reich der Himmel und der Erde ist und der kein Kind erzeugte und der keinen Gefährten hat im Reich und der alle Dinge erschaffen und sie weislich geordnet hat.
(3.) Und sie nehmen außer ihm Götter an, die nichts erschaffen haben, sondern selber

erschaffen wurden. Und sie vermögen weder sich zu schaden noch zu nützen, noch haben sie Macht über Leben und Tod und Erweckung. (4.) Und es sprechen die Ungläubigen: »Dies ist nichts als eine Lüge, die er ersonnen hat, und geholfen haben ihm andere Leute«; doch äußern sie Ungerechtigkeit und Lüge.

(5.) Und sie sprechen: »Die Fabeln der Früheren (sind es,) die er aufgeschrieben hat, und sie wurden ihm diktiert am Morgen und Abend.« (6.) Sprich: »Herabgesandt hat ihn der, welcher das Verborgene im Himmel und auf Erden kennt; siehe, er ist verzeihend und barmherzig.« (7.) Und sie sprechen: »Was ist mir das für ein Gesandter! Er isset Speise und wandelt auf den Basaren. Wäre zu ihm nur ein Engel herabgesandt und wäre als Warner bei ihm, (8.) oder würde doch ein Schatz zu ihm herabgeworfen oder hätte er einen Garten, davon zu essen!« Und es sprechen die Ungerechten: »Ihr folgt keinem andern als einem verzauberten Mann.« (9.) Schau, wie sie Gleichnisse mit dir anstellen! Doch irren sie und finden nicht den Weg.

(10.) Gesegnet sei der, welcher, so er will, dir Besseres gibt als dies, Gärten, durcheilt von Bächen, und dir Schlösser gibt. (11.) Ja, und als Lüge erklären sie die ›Stunde‹. Aber bereitet haben wir für den, welcher die ›Stunde‹ leugnet, eine Glut. (12.) Wenn sie sie aus der Ferne sieht, dann hören sie ihr Rasen und Brüllen, (13.) und wenn sie in einen engen Ort von ihr geworfen werden, zusammengefesselt, dann werden sie um Vernichtung rufen. (14.) »Rufet heute nicht nach einer Vernichtung, sondern rufet nach vielen Vernichtungen.« (15.) Sprich: »Ist dies besser oder der Garten der Ewigkeit, welcher den Gottesfürchtigen verheißen ward, der ihnen Lohn ist und (Ziel der) Heimfahrt?«

(16.) Ihnen soll sein darinnen, was sie begehren, in ewigem Verweilen; es ist eine Verheißung, die zu fordern ist von deinem Herrn. (17.) Und eines Tages wird er sie und was sie außer Allah anbeteten, versammeln, und er wird sprechen: »Führtet ihr etwa diese meine Diener irre, oder irrten sie des Weges?« (18.) Sie werden sprechen: »Preis dir, es ziemt uns nicht, andre Beschützer als dich anzunehmen, jedoch versorgtest du sie und ihre Väter so reichlich, dass sie die Ermahnung vergaßen und ein verworfenes Volk wurden.« (19.) »Und nun haben sie euch in euern Worten der Lüge geziehen, und ihr könnet weder (die Strafe) abwenden noch (euch) helfen.« Und wer von euch sündig ist, dem geben wir große Strafe zu schmecken.

(20.) Und vor dir entsandten wir keine Gesandten, die nicht Speise aßen und auf den Basaren wandelten; und wir machten die einen von euch zur Versuchung der andern. Wollt ihr standhaft aushalten? Dein Herr ist sehend. (21.) Und es sprechen diejenigen, die nicht auf unsre Begegnung hoffen: »Wenn nicht die Engel zu uns herabgesandt werden oder wenn wir nicht unsern Herrn sehen...« Wahrlich, hoffärtig sind sie in ihren Seelen und vergehen sich schwer. (22.) Eines Tages, wenn sie die Engel sehen werden, an jenem Tage wird keine frohe Botschaft für die Sünder sein, und sie werden sprechen: »Fern, fern sei's!«
(23.) Und herantreten werden wir zu den Werken, die sie gewirkt, und wollen sie machen zu verstreutem Staub.
(24.) Die Bewohner des Paradieses werden an jenem Tage einen bessern Wohnort haben und eine schönere Mittagsruhe.

(25.) An jenem Tage werden sich die Himmel mit den Wolken spalten, und herabgesandt sollen die Engel werden.
(26.) Das Reich wird an jenem Tage, das wahrhaftige, des Erbarmers sein, und ein

Tag soll es sein für die Ungläubigen, ein harter. (27.) Und an jenem Tage wird der Sünder seine Hände beißen und sprechen: »O dass ich doch einen Weg mit dem Gesandten genommen hätte!
(28.) O weh, dass ich doch nicht den und den zum Freunde genommen hätte!
(29.) Wahrlich, er führte mich in die Irre abseits von der Warnung, nachdem sie an mich ergangen, denn der Satan ist des Menschen Verräter.«

(30.) Und es sprach der Gesandte: »Mein Herr, siehe, mein Volk hält diesen Koran für eitles Geschwätz.« (31.) Und also gaben wir jedem Propheten einen Feind aus den Frevlern; doch dein Herr genügt als Leiter und Helfer. (32.) Und es sprechen die Ungläubigen: »Warum ist nicht der Koran auf einmal auf ihn herabgesandt?« Also (geschah's,) damit wir dein Herz damit festigten, und wir trugen ihn langsam und deutlich vor. (33.) Und sie werden dir kein Gleichnis vorlegen, ohne dass wir dir die Wahrheit bringen und die beste Deutung.

(34.) Diejenigen, welche auf ihren Angesichtern versammelt werden zu Dschehannam, die werden die übelste Stätte haben und des Weges am verirrtesten sein. (35.) Und wahrlich, wir gaben Moses die Schrift und gaben ihm seinen Bruder Aaron zum Wesir. (36.) Und wir sprachen: »Gehet zum Volke derer, die unsre Zeichen der Lüge zeihen, denn vernichten wollen wir sie von Grund aus.« (37.) Und das Volk Noahs – als sie die Gesandten der Lüge ziehen, ertränkten wir sie und machten sie den Menschen zu einem Zeichen; und wir haben für die Ungerechten schmerzliche Strafe bereitet. (38.) Und Ad und Thamud und die Bewohner von Er-Raß und viele Geschlechter zwischen diesen...
(39.) Für alle machten wir Gleichnisse und alle vernichteten wir von Grund aus.

(40.) Und wahrlich, sie kamen vorüber an der Stadt, auf die ein Unheilsregen regnete. Sahen sie sie denn nicht? Aber sie hofften nicht auf die Erweckung. (41.) Und da sie dich sahen, trieben sie nur ihren Spott mit dir: »Ist dies der, den Allah als Gesandten entsendet hat? (42.) Er hätte uns wahrlich beinahe von unsern Göttern abtrünnig gemacht, wenn wir nicht an ihnen festgehalten hätten.« Aber wahrlich, wissen werden sie, wenn sie die Strafe sehen, wer des Weges am verirrtesten war.
(43.) Was meinst du wohl? Wer als seinen Gott sein Gelüst annimmt, willst du etwa dessen Beschützer sein?

(44.) Oder glaubst du, dass die Mehrzahl von ihnen hört oder Verstand hat? Sie sind nur wie das Vieh; nein, sie sind des Weges noch mehr verirrt. (45.) Sahst du nicht auf deinen Herrn, wie er den Schatten verlängert hat? Und wenn er es gewollt, er hätte ihn stehenlassen; alsdann machen wir die Sonne zu einem Weiser zu ihm.
(46.) alsdann ziehen wir ihn zu uns ein in leichter Weise. (47.) Und er ist's, der euch die Nacht gemacht hat zu einem Gewand und den Schlaf zur Ruhe, und der den Tag zum Auferstehen bestimmte. (48.) Und er ist's, der die Winde sendet als Freudenboten vor seiner Barmherzigkeit her; und wir senden vom Himmel reines Wasser herab,
(49.) auf dass wir mit ihm ein totes Land lebendig machen und es unsern Geschöpfen zu trinken geben, dem Vieh und den Menschen in Menge.

(50.) Und wahrlich, wir haben es unter ihnen verteilt, damit sie sich ermahnen lassen; doch die meisten Menschen lehnen es ab aus Undankbarkeit. (51.) Und so wir es gewollt, wir hätten in jede Stadt einen Warner entsandt. (52.) So gehorche nicht den Ungläubigen und eifere wider sie mit ihm in großem Eifer. (53.) Und er ist's, der die beiden Wasser losgelassen hat, das eine süß

und frisch, das andre salzig und bitter, und
zwischen beide hat er eine Scheidewand
gemacht und eine verbotene Schranke.
(54.) Und er ist's, der aus Wasser den
Menschen erschaffen, und er gab ihm
Blutsverwandtschaft und Schwägerschaft;
denn dein Herr ist mächtig.
(55.) Und sie verehren außer Allah, was
ihnen weder nützt noch schadet; und der
Ungläubige ist wider seinen Herrn ein
Helfer (des Satans). (56.) Und wir haben
dich nur als Freudenboten und Warner
entsandt.

(57.) Sprich: »Nicht verlange ich einen Lohn
dafür von euch, es sei denn, dass jeder, der
will, den Weg zu seinem Herrn ergreift.«
(58.) Und vertraue auf den Lebendigen, der
nicht stirbt, und lobpreise ihn – und er
kennet die Sünden seiner Diener zur
Genüge, (59.) der erschaffen hat die Himmel
und die Erde und was zwischen ihnen ist, in
sechs Tagen; alsdann setzte er sich auf den
Thron – der Erbarmer. Frag nach ihm einen
Kundigen.

(60.) Und wenn zu ihnen gesprochen wird:
»Werfet euch nieder vor dem Erbarmer«,
sprechen sie: »Und was ist der Erbarmer?
Sollen wir uns etwa niederwerfen vor dem,
was du uns befiehlst?« Und es vermehrt
ihren Abscheu. (61.) Gesegnet sei der,
welcher im Himmel Burgen machte und
eine Lampe in ihm machte und einen
leuchtenden Mond! (62.) Und er ist's, der die
Nacht und den Tag erschuf, einander zu
folgen für den, der sich ermahnen lassen
und dankbar sein will. (63.) Und die Diener
des Erbarmers sind diejenigen, welche auf
Erden sanftmütig wandeln; und, wenn die
Toren sie anreden, sprechen sie: »Frieden!«
(64.) Und jene, welche die Nacht verbringen,
vor ihrem Herrn sich niederwerfend und
stehend; (65.) und diejenigen, welche
sprechen: »Unser Herr, wende ab von uns
Dschehannams Strafe. Siehe, ihre Strafe ist

ewige Pein, (66.) siehe, schlimm ist sie als
Stätte und Wohnung.« (67.) Und diejenigen,
welche beim Spenden weder
verschwenderisch noch geizig sind; sondern
zwischen diesem stehen; (68.) und
diejenigen, welche neben Allah nicht einen
andern Gott anrufen und nicht die Seele
töten, die Allah verboten hat, es sei denn
nach Gebühr, und nicht huren; und wer
dieses tut, findet Strafe.

(69.) Verdoppelt soll ihm werden die Strafe
am Tag der Auferstehung, und er soll ewig
in ihr verweilen, entehrt; (70.) außer dem,
der sich bekehrt und glaubt und gerechtes
Werk wirkt. Umwandeln wird Allah ihr
Böses zu Gutem; denn Allah ist verzeihend
und barmherzig. (71.) Und wer sich bekehrt
und das Rechte tut, zu dem kehrt sich Allah;
(72.) und diejenigen, die nicht falsch Zeugnis
ablegen und die, wenn sie bei Geschwätz
vorübergehen, hochsinnig vorübergehen;
(73.) und diejenigen, die, wenn sie mit den
Zeichen ihres Herrn ermahnt werden, nicht
dabei niederfallen wie taub und blind;
(74.) und diejenigen, welche sprechen:
»Unser Herr, gib uns an unsern Gattinnen
und Sprößlingen Augentrost und mache uns
für die Gottesfürchtigen zu Vorbildern.«

(75.) Jene werden belohnt werden mit dem
Obergemach (des Paradieses) für ihre
Standhaftigkeit und sollen darinnen
empfangen werden mit Gruß und Frieden.
(76.) Ewig sollen sie darinnen verweilen eine
schöne Wohnung und Stätte!
(77.) Sprich: »Nicht kümmert sich mein Herr
um euch, wenn ihr ihn nicht anrufet. Ihr
habt (den Gesandten) der Lüge geziehen.
Aber wahrlich, ewige Pein wird euch
treffen.«

26. Sure - Die Dichter

Geoffenbart zu Mekka

*Im Namen Allahs, des Erbarmers, des
Barmherzigen!*

(1.) T. S. M. (2.) Das sind die Zeichen des
deutlichen Buches. (3.) Vielleicht härmst du
deine Seele zu Tode, dass sie nicht gläubig
werden. (4.) Wenn wir wollten, hinab
sendeten wir auf sie vom Himmel ein
Zeichen, und ihre Nacken beugten sich ihm
unterwürfig. (5.) Aber keine neue Mahnung
kommt zu ihnen vom Erbarmer, von der sie
sich nicht abwendeten (6.) und die sie nicht
der Lüge ziehen; aber wahrlich, kommen
wird zu ihnen eine Kunde von dem, was sie
verspotteten. (7.) Schauten sie denn nicht die
Erde an, wieviel wir auf ihr sprießen ließen
von jeglicher edlen Art? (8.) Siehe, hierin ist
wahrlich ein Zeichen, und doch sind die
meisten von ihnen nicht gläubig. (9.) Und
siehe, dein Herr, wahrlich, er ist der
Mächtige, der Barmherzige.

(10.) Und da dein Herr Moses rief: »Gehe zu
dem sündigen Volk, (11.) dem Volke
Pharaos, ob sie mich nicht fürchten«,
(12.) sprach er: »Mein Herr, ich fürchte, dass
sie mich der Lüge zeihen; (13.) und meine
Brust ist beengt, und meine Zunge ist
schwer. Drum schicke zu Aaron;
(14.) und auf mir lastet eine Schuld wider
sie, und ich fürchte, sie bringen mich um.«
(15.) Er sprach: »Keineswegs. Gehet nur
beide hin mit unsern Zeichen; siehe, wir
sind bei euch und hören auf euch.
(16.) Und gehet zu Pharao und sprechet:
›Siehe, wir sind die Gesandten des Herrn
der Welten, (17.) dass du mit uns die Kinder
Israel entsendest.‹« (18.) Er sprach: »Erzogen
wir dich nicht unter uns als Kind? Und du
verweiltest Jahre deines Lebens unter uns,
(19.) und tatest die Tat, die du getan! Du bist
ein Undankbarer!«

(20.) Er sprach: »Ich tat es wohl, doch war
ich ein Irrender. (21.) Und ich floh von euch,
da ich euch fürchtete; und es schenkte mir
mein Herr Weisheit und machte mich zu
einem der Gesandten. (22.) Und das ist die
Huld, die du mir erwiesest, dass du die
Kinder Israel knechtetest!«
(23.) Sprach Pharao: »Und was ist der Herr
der Welten?« (24.) Er sprach: »Der Herr der
Himmel und der Erde und was zwischen
beiden ist, so ihr dies glaubt.«
(25.) Er sprach zu denen, die um ihn waren:
»Hört ihr nicht?« (26.) Er sprach: »Euer Herr
und der Herr eurer Vorväter.«
(27.) Er sprach: »Euer Gesandter, der zu
euch entsandt ward, ist wahrlich besessen.«
(28.) Er sprach: »Der Herr des Ostens und
des Westens und was zwischen beiden ist, so
ihr begreift.« (29.) Er sprach: »Wahrlich,
wenn du einen andern Gott als mich
annimmst, so sperre ich dich ein.«

(30.) Er sprach: »Wie, wenn ich mit
offenkundiger Sache zu dir komme?«
(31.) Er sprach: »So gib sie her, so du
wahrhaftig bist.« (32.) Da warf er seinen Stab
hin, und siehe, da ward er eine offenkundige
Schlange. (33.) Und er zog seine Hand
heraus, und da war sie weiß für die
Zuschauer. (34.) Er sprach zu den Häuptern
um ihn: »Siehe, dies ist wahrlich ein
kundiger Zauberer. (35.) Er will euch aus
euerm Land mit seiner Zauberei treiben.
Was befehlt ihr da?«
(36.) Sie sprachen: »Halte ihn und seinen
Bruder hin und schicke in die Städte
Versammelnde, (37.) dir jeglichen kundigen
Zauberer zu bringen.« (38.) Da wurden die
Zauberer versammelt zu verabredeter Zeit
an festgesetztem Tag, (39.) und gesprochen
ward zu den Leuten: »Seid ihr versammelt?

(40.) Vielleicht folgen wir den Zauberern,
wenn sie die Obsiegenden sind.«
(41.) Und als die Zauberer kamen, sprachen
sie zu Pharao: »Siehe, werden wir einen

Lohn haben, wenn wir die Obsiegenden sind?« (42.) Er sprach: »Jawohl. Und siehe wahrlich, ihr sollt dann zu den Nahestehenden gehören.«

(43.) Es sprach Moses zu ihnen: »Werfet hin, was ihr zu werfen habt.« (44.) Da warfen sie hin ihre Stricke und ihre Stäbe und sprachen: »Bei Pharaos Macht, siehe, wahrlich, wir sind die Obsiegenden.« (45.) Da warf Moses seinen Stab hin, und da verschlang er ihren Trug. (46.) Da fielen die Zauberer anbetend nieder.

(47.) Sie sprachen: »Wir glauben an den Herrn der Welten, (48.) den Herrn Mosis und Aarons.« (49.) Er sprach: »Glaubt ihr an ihn, bevor ich es euch erlaube? Siehe, wahrlich, er ist euer Meister, der euch die Zauberei gelehrt hat; und wahrlich, ihr sollt (mich) kennenlernen! Wahrlich, ich haue euch eure Hände und Füße wechselseitig ab und kreuzige euch insgesamt.«

(50.) Sie sprachen: »Kein Leid! Siehe, zu unserm Herrn kehren wir zurück. (51.) Siehe, wir hoffen, dass uns unser Herr unsre Sünden verzeihen wird, da wir die ersten Gläubigen sind.« (52.) Und wir offenbarten Moses: »Zieh fort des Nachts mit meinen Dienern; siehe, ihr werdet verfolgt.« (53.) Und es schickte Pharao in die Städte Versammelnde: (54.) »Siehe, diese sind wahrlich ein winziger Haufen, (55.) und wahrlich, sie sind ergrimmt wider uns, (56.) aber wahrlich, wir sind eine Menge und auf der Hut.« (57.) So führten wir sie fort von Gärten und Quellen (58.) und Schätzen und edler Stätte. (59.) Also (geschah's), und wir gaben sie zum Erbe den Kindern Israel.

(60.) Und sie folgten ihnen um Sonnenaufgang. (61.) Und da die beiden Scharen einander sahen, sprachen Mosis Gefährten: »Siehe, wahrlich, wir sind eingeholt.« (62.) Er sprach: »Keineswegs; siehe, mit mir ist mein Herr; er wird mich

leiten.« (63.) Und da offenbarten wir Moses: »Schlag mit deinem Stabe das Meer.« Und da spaltete es sich, und jeder Teil ward gleich einem gewaltigen Berg. (64.) Und dann brachten wir die andern heran, (65.) und wir erretteten Moses und die mit ihm insgesamt. (66.) Alsdann ertränkten wir die andern. (67.) Siehe, hierin ist wahrlich ein Zeichen; doch die meisten von ihnen glaubten nicht. (68.) Und siehe, dein Herr – wahrlich, er ist der Mächtige, der Barmherzige. (69.) Und verlies ihnen die Geschichte Abrahams, (70.) da er zu seinem Vater und seinem Volke sprach: »Was betet ihr an?« (71.) Sie sprachen: »Wir beten Götzen an und dienen ihnen den ganzen Tag.«

(72.) Er sprach: »Hören sie euch, wenn ihr sie anruft? (73.) Oder nützen oder schaden sie euch?« (74.) Sie sprachen: »Nein, doch fanden wir unsre Väter desgleichen tun.« (75.) Er sprach: »Habt ihr auch wohl bedacht, was ihr anbetet, (76.) ihr und eure Vorväter? (77.) Denn siehe, sie sind mir Feinde, außer dem Herrn der Welten, (78.) der mich erschuf und mich leitet, (79.) und der mich speiset und tränkt; (80.) Und so ich krank bin, heilt er mich. (81.) Und der mich sterben lasset, alsdann wieder lebendig macht; (82.) und der, wie ich hoffe, mir meine Sünde verzeihen wird am Tag des Gerichts.

(83.) Mein Herr, gib mir Weisheit und lass mich zu den Rechtschaffenen kommen, (84.) und gib mir einen guten Namen unter den Spätern, (85.) und mache mich zu einem der Erben des Gartens der Wonne, (86.) und vergib meinem Vater; siehe, er ist einer der Irrenden. (87.) Und tue mir nicht Schande an am Tag der Auferweckung, (88.) am Tage, da weder Gut noch Söhne helfen, (89.) es sei denn, wer zu Allah kommt mit heilem Herzen.«

(90.) Und nahegebracht soll werden das Paradies den Gottesfürchtigen (91.) und sichtbar gemacht der Höllenpfuhl den Verirrten, (92.) und es soll zu ihnen gesprochen werden: »Wo ist das, was ihr anbetetet (93.) außer Allah? Werden sie euch helfen oder wird ihnen geholfen werden?« (94.) Und sie sollen häuptlings in sie hinabgestürzt werden, sie und die Verirrten (95.) und Iblis Scharen insgesamt. (96.) Sprechen werden sie, darinnen miteinander hadernd: (97.) »Bei Allah, siehe, wir waren wahrlich in offenkundigem Irrtum, (98.) als wir euch mit dem Herrn der Welten gleichsetzten; (99.) und allein die Sünder haben uns verführt.

(100.) Und wir haben niemand zum Fürsprecher (101.) und keinen warmen Freund; (102.) doch wäre uns eine Rückkehr, dann würden wir gläubig sein.«
(103.) Siehe, hierin ist wahrlich ein Zeichen, und doch glaubten die meisten nicht.
(104.) Und siehe, dein Herr – wahrlich, er ist der Mächtige, der Barmherzige.
(105.) Der Lüge zieh das Volk Noahs die Gesandten, (106.) da ihr Bruder Noah zu ihnen sprach: »Wollt ihr nicht gottesfürchtig sein? (107.) Siehe, ich bin euch ein getreuer Gesandter; (108.) so fürchtet Allah und gehorchet mir. (109.) Und ich verlange dafür keinen Lohn von euch; mein Lohn ist allein beim Herrn der Welten.

(110.) So fürchtet Allah und gehorchet mir.«
(111.) Sie sprachen: »Sollen wir dir etwa glauben, wo dir das Gesindel (allein) folgt?«
(112.) Er sprach: »Ich habe kein Wissen von ihrem Tun; (113.) siehe, ihre Abrechnung ist allein bei meinem Herrn; begriffet ihr es nur!
(114.) Und ich bin kein Verstoßer der Gläubigen; (115.) ich bin nichts als ein offenkundiger Warner.« (116.) Sie sprachen: »Wahrlich, wenn du nicht ein Ende machst, o Noah, so wirst du gesteinigt.«
(117.) Er sprach: »Mein Herr, siehe, mein

Volk zeiht mich der Lüge. (118.) Entscheide drum zwischen mir und ihnen und rette mich und die Gläubigen, welche bei mir sind.« (119.) Und so erretteten wir ihn und die, welche bei ihm waren, in der beladenen Arche; (120.) alsdann ertränkten wir den Rest der übrigen.

(121.) Siehe, hierin ist wahrlich ein Zeichen, und dennoch glaubten die meisten nicht.
(122.) Und siehe, dein Herr – wahrlich, er ist der Mächtige, der Barmherzige.
(123.) Der Lüge zieh Ad die Gesandten, (124.) da zu ihnen ihr Bruder Hud sprach: »Wollt ihr nicht gottesfürchtig sein? (125.) Siehe, ich bin euch ein getreuer Gesandter; (126.) so fürchtet Allah und gehorchet mir. (127.) Und nicht verlange ich dafür einen Lohn von euch: mein Lohn ist allein bei dem Herrn der Welten.
(128.) Bauet ihr auf jedem Hügel ein Wahrzeichen zur Spielerei (129.) und errichtet Bauten, dass ihr vielleicht unsterblich seid?

(130.) Und wenn ihr angreifet, greift ihr tyrannisch an? (131.) So fürchtet Allah und gehorchet mir, (132.) und fürchtet den, der euch reichlich versorgte mit dem, was ihr wisset, (133.) euch reichlich versorgte mit Vieh und Söhnen (134.) und Gärten und Quellen. (135.) Siehe, ich fürchte für euch die Strafe eines gewaltigen Tages.«
(136.) Sie sprachen: »Es ist uns gleich, ob du predigst oder nicht predigst, (137.) dies ist nichts andres als eine Erdichtung der Früheren, (138.) und wir werden keine Strafe erleiden.« (139.) Und so ziehen sie ihn der Lüge, und da vertilgten wir sie. Siehe, hierin war wahrlich ein Zeichen, und doch glaubten die meisten von ihnen nicht.

(140.) Und siehe, dein Herr – wahrlich, er ist der Mächtige, der Barmherzige.
(141.) Der Lüge zieh Thamud die Gesandten, (142.) da zu ihnen ihr Bruder Salih sprach: »Wollt ihr nicht gottesfürchtig sein?

(143.) Siehe, ich bin euch ein getreuer Gesandter; (144.) so fürchtet Allah und gehorchet mir, (145.) und ich verlange dafür keinen Lohn von euch; mein Lohn ist allein beim Herrn der Welten. (146.) Werdet ihr etwa in dem, was hier ist, sicher zurückbleiben? (147.) In Gärten und Quellen? (148.) Und in Saaten und Palmen mit zarter Blütenscheide? (149.) Und aus den Bergen haut ihr euch Wohnungen geschickt aus!

(150.) So fürchtet Allah und gehorchet mir, (151.) und gehorchet nicht dem Befehl der Übertreter, (152.) die auf Erden Verderben stiften und nicht Heil.« (153.) Sie sprachen: »Du bist nichts als ein Verzauberter. (154.) Du bist nur ein Mensch gleich uns; so gib ein Zeichen her, so du wahrhaftig bist.« (155.) Er sprach: »Diese Kamelin, sie soll einen Trunk haben, und ihr sollt einen Trunk haben an einem bestimmten Tag. (156.) Doch tuet ihr kein Böses an, oder euch erfasst die Strafe eines gewaltigen Tages.« (157.) Sie aber zerschnitten ihr die Flechsen und bereuten es am Morgen; (158.) und es erfasste sie die Strafe. Siehe, hierin lag wahrlich ein Zeichen, doch glaubten die meisten von ihnen nicht. (159.) Und siehe, dein Herr – wahrlich, er ist der Mächtige, der Barmherzige.

(160.) Der Lüge zieh das Volk Lots die Gesandten, (161.) da zu ihnen ihr Bruder Lot sprach: »Wollt ihr nicht (Gott) fürchten? (162.) Siehe, ich bin euch ein treuer Gesandter. (163.) So fürchtet Allah und gehorchet mir. (164.) Und nicht verlange ich dafür einen Lohn von euch, siehe, mein Lohn ist allein bei dem Herrn der Welten. (165.) Geht ihr zu den Männern aller Welt (166.) und lasset dahinten, was euch euer Herr an Frauen erschaffen? Ja, ihr seid ein übertretend Volk.« (167.) Sie sprachen: »Wahrlich, wenn du nicht ein Ende machst, o Lot, wahrlich, dann wirst du vertrieben.«

(168.) Er sprach: »Siehe, ich bin einer derer, die eure Werke verabscheuen. (169.) Mein Herr, errette mich und mein Volk von ihrem Tun.«

(170.) Und wir erretteten ihn und sein Volk insgesamt, (171.) mit Ausnahme einer Alten unter den Zögernden. (172.) Alsdann vertilgten wir die andern (173.) und ließen auf sie einen Regen regnen, und übel war der Regen der Gewarnten. (174.) Siehe, hierin war wahrlich ein Zeichen, doch glaubten die meisten von ihnen nicht. (175.) Und siehe, dein Herr – wahrlich, er ist der Mächtige, der Barmherzige. (176.) Der Lüge ziehen die Waldbewohner die Gesandten, (177.) da zu ihnen Schu'aib sprach: »Wollt ihr nicht (Gott) fürchten? (178.) Siehe, ich bin euch ein getreuer Gesandter; (179.) so fürchtet Allah und gehorchet mir.

(180.) Und nicht verlange ich dafür einen Lohn von euch, siehe, mein Lohn ist allein bei dem Herrn der Welten. (181.) Gebt rechtes Maß und vermindert es nicht. (182.) Und wäget mit richtiger Waage (183.) und betrügt nicht die Leute um ihr Gut und tuet nicht übel auf der Erde durch Verderbenstiften. (184.) Und fürchtet den, der euch erschuf und die früheren Geschlechter.« (185.) Sie sprachen: »Du bist nichts als einer der Verzauberten. (186.) Und du bist nichts als ein Mensch gleich uns, und siehe, wir halten dich wahrlich für einen Lügner. (187.) Und lass auf uns ein Stück vom Himmel herabfallen, so du wahrhaftig bist.« (188.) Er sprach: »Mein Herr kennt am besten euer Tun.« (189.) Und so ziehen sie ihn der Lüge, und da erfasste sie die Strafe des Tages der Wolke siehe, es war die Strafe eines gewaltigen Tages.

(190.) Siehe, hierin war wahrlich ein Zeichen, doch glaubten die meisten von ihnen nicht.

(191.) Und siehe, dein Herr, wahrlich, er ist
der Mächtige, der Barmherzige.
(192.) Und siehe, er ist eine Offenbarung des
Herrn der Welten. (193.) Hinab kam mit ihm
der getreue Geist (194.) auf dein Herz, damit
du einer der Warner seiest (195.) in
offenkundiger arabischer Zunge.
(196.) Und wahrlich, (verkündet) ist er in
den Schriften der Früheren.
(197.) Wird ihnen denn dies kein Zeichen
sein, dass ihn die Weisen der Kinder Israel
erkennen? (198.) Hätten wir ihn
hinabgesandt zu einem der Barbaren,
(199.) und hätte er ihn ihnen vorgetragen, sie
hätten nicht an ihn geglaubt.

(200.) Also haben wir es in die Herzen der
Sünder gefügt: (201.) Sie glauben nicht an
ihn, bis sie die schmerzliche Strafe
erschauen. (202.) Und kommen wird sie
unversehens über sie, ohne dass sie ihrer
gewahr werden. (203.) Und so werden sie
sprechen: »Wird uns eine Frist gegeben?«
(204.) Wollen sie denn etwa unsre Strafe
herbeiwünschen? (205.) Was meinst du
wohl? Wenn wir sie noch für Jahre in
Freuden leben ließen (206.) und dann zu
ihnen käme, was ihnen angedroht ward,
(207.) nicht nützten ihnen dann ihre
Freuden, die sie genossen. (208.) Und nicht
zerstören wir eine Stadt, die nicht Warner
gehabt hätte (209.) zur Ermahnung; denn
wir sind nicht ungerecht, (210.) und nicht
stiegen die Satane mit ihm herab;
(211.) nicht schickt es sich für sie, und nicht
vermögen sie es.

(212.) Denn wahrlich, sie sind vom Hören
fern. (213.) Und rufe nicht neben Allah einen
andern Gott an, auf dass du nicht gestraft
wirst. (214.) Und warne deine nächste Sippe,
(215.) und neige deinen Fittich zu denen, die
dir folgen von den Gläubigen.
(216.) Und wenn sie sich dir widersetzen, so
sprich: »Siehe, ich habe nichts mit euerm
Tun zu schaffen.«

(217.) Und vertraue auf den Mächtigen, den
Barmherzigen, (218.) der dich schaut zur
Zeit deines Aufstehens (219.) und wenn du
dich hin und her wendest unter denen, die
sich niederwerfen (beim Gebet).

(220.) Siehe, er ist der Hörende, der
Wissende. (221.) Soll ich euch künden von
denen, auf welche die Satane
herniedersteigen? (222.) Hernieder steigen
sie auf jeden sündigen Lügner.
(223.) Sie horchen am Himmel, doch die
meisten von ihnen lügen. (224.) Und die
Dichter, es folgen ihnen die Irrenden.
(225.) Schaust du nicht, wie sie in jedem
Wadi verstört umherlaufen?
(226.) Und wie sie sprechen, was sie nicht
tun? Außer denen, welche glauben und das
Rechte tun und oft an Allah denken
(227.) und sich verteidigen, wenn ihnen
Unrecht angetan ward. Und wissen werden
diejenigen, die Unrecht tun, in welcher
Weise sie (zu Allah) zurückkehren sollen.

27. Sure - Die Ameise

Geoffenbart zu Mekka

*Im Namen Allahs, des Erbarmers, des
Barmherzigen!*

(1.) T.S. Dies sind die Zeichen des Korans
und eines deutlichen Buches: (2.) Einer
Leitung und einer Freudenbotschaft für die
Gläubigen, (3.) die das Gebet verrichten und
die Armenspende entrichten und fest ans
Jenseits glauben. (4.) Siehe, diejenigen,
welche nicht ans Jenseits glauben,
ausgeputzt haben wir ihnen ihre Werke, und
sie sind in Verblendung.
(5.) Das sind die, derer eine schlimme Strafe
harrt, und im Jenseits sind sie am tiefsten
verloren. (6.) Und siehe, wahrlich, du

empfingst den Koran von einem Weisen, einem Wissenden.

(7.) Da Moses zu seiner Familie sprach: »Siehe, ich gewahre ein Feuer. Bringen will ich euch von ihm Kunde, oder ich bringe euch einen Feuerbrand, dass ihr euch wärmet.« (8.) Und da er zu ihm kam, ward zu ihm gerufen: »Gesegnet ist, der da ist im Feuer und der darum ist; und Preis sei Allah, dem Herrn der Welten!
(9.) O Moses, siehe, ich bin Allah, der Mächtige, der Weise. (10.) Und wirf hin deinen Stab!« Und da er ihn sich rütteln sah, als wäre er eine Schlange, kehrte er den Rücken zur Flucht und wendete sich nicht. »O Moses, fürchte dich nicht, siehe, bei mir fürchten sich nicht die Entsandten,
(11.) es sei denn, wer unrecht tat und hernach das Böse mit Gutem vertauscht. Denn siehe, ich bin verzeihend und barmherzig.

(12.) Und stecke deine Hand in deinen Busen; du wirst sie weiß herausziehen ohne ein Übel: eins von neun Zeichen für Pharao und sein Volk; siehe, sie sind ein frevelnd Volk.« (13.) Und da unsre Zeichen vor ihren Augen geschahen, sprachen sie: »Dies ist offenkundige Zauberei.«
(14.) Und sie verleugneten sie, wiewohl ihre Seelen von ihnen überzeugt waren, in Ungerechtigkeit und Hoffart. Und schau, wie der Ausgang der Missetäter war!
(15.) Und wahrlich, wir gaben David und Salomo Wissen, und sie sprachen: »Das Lob sei Allah, der uns erwählt vor vielen seiner gläubigen Diener!« (16.) Und Salomo beerbte David. Und er sprach: »O ihr Leute, gelehrt ward uns die Sprache der Vögel und gegeben ward uns von allen Dingen. Siehe, dies ist wahrlich offenkundige Huld.«

(17.) Und es versammelten sich zu Salomo seine Heerscharen von den Dschinn und Menschen und Vögeln, und sie waren in geschlossener Ordnung, (18.) bis, als sie zum Ameisental gelangten, eine Ameise sprach: »O ihr Ameisen, gehet hinein in eure Wohnungen, auf dass euch nicht Salomo und seine Heerscharen zermalmen, ohne dass sie's wissen.« (19.) Da lächelte er über ihre Worte und sprach: »Mein Herr, treibe mich an, deiner Gnade zu danken, mit der du mich und meine Eltern begnadet hast, und rechtschaffen zu handeln nach deinem Wohlgefallen. Und führe mich ein in deine Barmherzigkeit zu deinen rechtschaffenen Dienern.«

(20.) Und er musterte die Vögel und sprach: »Was sehe ich nicht den Wiedehopf? Ist er etwa abwesend? (21.) Wahrlich, ich strafe ihn mit strenger Strafe oder schlachte ihn, es sei denn, er bringe mir eine offenkundige Entschuldigung.« (22.) Und er säumte nicht lange und sprach: »Ich gewahrte, was du nicht gewahrtest, und ich bringe dir von Saba gewisse Kunde. (23.) Siehe, ich fand eine Frau über sie herrschend, der von allen Dingen gegeben ward, und sie hat einen herrlichen Thron. (24.) Und ich fand sie und ihr Volk die Sonne anbeten an Stelle Allahs; und ausgeputzt hat ihnen der Satan ihre Werke und hat sie abseits geführt vom Weg, und sie sind nicht rechtgeleitet.

(25.) Wollen sie nicht Allah anbeten, der zum Vorschein bringt das Verborgene in den Himmeln und auf Erden, und welcher weiß, was sie verbergen und offenkund tun?
(26.) Allah – es gibt keinen Gott außer ihm, dem Herrn des herrlichen Thrones.«
(27.) Er sprach: »Wir wollen schauen, ob du die Wahrheit sprachst oder logst.
(28.) Geh hinfort mit diesem meinem Brief und wirf ihn vor sie. Alsdann wende dich ab von ihnen und schau, was sie erwidern.«
(29.) Sie sprach: »O ihr Häupter, siehe, zu mir ward ein edler Brief geworfen.

(30.) Siehe, er ist von Salomo, und siehe, er ist im Namen Allahs, des Erbarmers, des Barmherzigen:

(31.) Erhebet euch nicht wider mich,
sondern kommt als Muslime zu mir.«
(32.) Sie sprach: »O ihr Häupter, ratet mir in
meiner Sache; ich entscheide keine Sache,
ehe ihr mir nicht Zeugnis ablegt.«
(33.) Sie sprachen: »Wir sind begabt mit
Kraft und starker Macht; der Befehl ist
jedoch der deine, und schau zu, was du
gebietest.« (34.) Sie sprach: »Siehe, wenn
Könige eine Stadt betreten, zerstören sie sie
und machen die mächtigsten ihrer
Bewohner zu den niedrigsten; also tun sie.

(35.) Und siehe, ich will zu ihnen ein
Geschenk senden und will warten, was die
Gesandten zurückbringen.« (36.) Und da er
zu Salomo kam, sprach er: »Wollt ihr etwa
mein Gut vermehren? Aber was mir Allah
gegeben, ist besser, als was er euch gab. Ihr
jedoch freut euch eures Geschenks.
(37.) Kehre heim zu ihnen, und wahrlich,
wir werden mit Heerscharen zu ihnen
kommen, denen sie nicht widerstehen
können, und wir werden sie in Schanden
und gedemütigt vertreiben.«
(38.) Er sprach: »O ihr Häupter, wer von
euch bringt mir ihren Thron, bevor sie zu
mir als Muslime kommen?«
(39.) Ein Ifrit von den Dschinn sprach: »Ich
bringe ihn dir, bevor du dich von deinem
Platze erhebst, denn siehe, wahrlich, ich bin
stark dafür und getreu.«

(40.) Da sprach der, bei dem Wissen von der
Schrift war: »Ich bringe ihn dir, bevor dein
Blick zu dir zurückkehrt.« Und da er ihn vor
sich stehen sah, sprach er: »Dies ist eine
Huld meines Herrn, mich zu prüfen, ob ich
dankbar oder undankbar sei. Und wer
dankbar ist, ist nur dankbar zu seinem
Besten, und wenn einer undankbar ist –
siehe, so ist mein Herr reich und
großmütig.« (41.) Er sprach: »Machet ihr
ihren Thron unkenntlich; wir wollen sehen,
ob sie rechtgeleitet ist oder nicht.«
(42.) Und da sie ankam, ward gesprochen:

»Ist also dein Thron?« Sie sprach: »Es ist so,
als ob er's wäre.« »Und uns ward Wissen
gegeben vor ihr, und wir wurden Muslime.
(43.) Aber was sie außer Allah verehrte,
führte sie abseits; siehe, sie gehörte zum
ungläubigen Volk.«

(44.) Gesprochen ward zu ihr: »Tritt ein in
die Burg.« Und da sie sie sah, hielt sie sie für
einen See und entblößte ihre Schenkel. Er
sprach: »Siehe, es ist eine Burg, getäfelt mit
Glas.« Sie sprach: »Mein Herr, siehe, ich
sündigte wider mich selber, und ich ergebe
mich mit Salomo Allah, dem Herrn der
Welten.« (45.) Und wahrlich, wir entsandten
zu Thamud ihren Bruder Salih: »Dienet
Allah.« Und siehe, sie wurden zwei
streitende Parteien. (46.) Er sprach: »O mein
Volk, warum suchet ihr das Böse vor dem
Guten herbeizuführen? Warum bittet ihr
nicht Allah um Verzeihung? Vielleicht findet
ihr Barmherzigkeit.« (47.) Sie sprachen: »Wir
ahnen Böses von dir und denen, die mit dir
sind.« Er sprach: »Euer Omen ist bei Allah;
ja, ihr seid ein Volk, das auf die Probe
gestellt wird.« (48.) Und es befanden sich in
der Stadt neun Glieder einer Familie, welche
im Lande Verderben anrichteten und nicht
das Rechte taten.
(49.) Sie sprachen: »Schwöret einander bei
Allah, dass wir ihn und seine Familie des
Nachts überfallen. Alsdann wollen wir zu
seinem nächsten Verwandten sagen: »Wir
waren nicht Zeugen des Untergangs seiner
Familie; und siehe, wir sind wahrlich
wahrhaft.«

(50.) Und sie planten eine List, und wir
planten eine List, ohne dass sie dessen
gewahr wurden. (51.) Und schau, wie das
Ende ihrer List war. Wir vernichteten sie
und ihr Volk insgesamt, (52.) und jene, ihre
Häuser wurden wüst für ihre Sünden; siehe,
hierin ist ein Zeichen für Leute von Wissen.
(53.) Und wir erretteten diejenigen, welche
glaubten und gottesfürchtig waren.

(54.) Und (gedenke) Lots, da er zu seinem Volke sprach: »Tretet ihr an die Schandbarkeit mit sehenden Augen heran?

(55.) Ist's, dass ihr euch in Lüsten den Männern naht anstatt den Frauen? Ja, ihr seid ein töricht Volk!« (56.) Und die Antwort seines Volkes war nur die, dass sie sprachen: »Vertreibt Lots Familie aus eurer Stadt; siehe, es sind Leute, die sich für rein halten.« (57.) Und wir retteten ihn und sein Volk mit Ausnahme seiner Frau, die nach unsrer Bestimmung zu den Säumenden gehörte. (58.) Und wir ließen einen Regen auf sie regnen, und schlimm war der Regen der Gewarnten. (59.) Sprich: »Das Lob ist Allahs, und Frieden auf seine Diener, die er erwählt hat! Ist Allah oder das, was ihr ihm beigesellt, besser?«

(60.) Wer hat denn erschaffen die Himmel und die Erde und sendet euch Wasser vom Himmel hernieder, durch das wir Gärten, erprangend in Schönheit, sprießen lassen? Nicht euch ist's gegeben, ihre Bäume sprießen zu lassen. Was? Ein Gott neben Allah? Nein; doch sie sind ein Volk, das (ihm Götter) gleichsetzt. (61.) Wer hat denn die Erde fest hingestellt und mitten in sie Bäche gesetzt und hat ihr festgegründete (Berge) gegeben und hat zwischen die beiden Wasser eine Schranke gesetzt? Was? Ein Gott neben Allah? Doch die meisten von ihnen haben kein Wissen.
(62.) Wer antwortet denn dem Bedrängten, wenn er ihn anruft, und nimmt das Übel hinfort, und macht euch zu Nachfolgern auf Erden? Was? Ein Gott neben Allah? Wenige sind's, die es zu Herzen nehmen.

(63.) Wer denn leitet euch in den Finsternissen zu Land und Meer? Und wer entsendet die Winde als Freudenboten seiner Barmherzigkeit voraus? Was? Ein Gott neben Allah? Erhaben ist Allah ob dem, was ihr ihm beigesellt! (64.) Wer schafft denn die Kreatur und wer lässt sie wieder erstehen? Und wer versorgt euch vom Himmel und von der Erde? Was? Ein Gott neben Allah? Sprich: »Her mit euerm Beweis, so ihr wahrhaftig seid.«
(65.) Sprich: »Keiner in den Himmeln und auf Erden kennt das Verborgene außer Allah, und sie wissen nicht die Zeit, da sie erweckt werden. (66.) Doch hat ihr Wissen etwas vom Jenseits erfasst, aber im Zweifel sind sie darüber; nein, blind sind sie in Bezug darauf.« (67.) Und es sprechen die Ungläubigen: »Wenn wir und unsre Väter Staub geworden sind, sollen wir dann etwa erstehen? (68.) Wahrlich, verheißen ward dies uns und unsern Vätern zuvor. Dies sind nur die Fabeln der Frühern.«

(69.) Sprich: »Wandert durch das Land und schauet, wie der Ausgang der Sünder war.« (70.) Und betrübe dich nicht um sie, und sei nicht bedrängt ob ihrer Listen. (71.) Und sie sprechen: »Wann tritt diese Verheißung ein, so ihr wahrhaftig seid?« (72.) Sprich: »Vielleicht ist etwas von dem, was ihr beschleunigen möchtet, dicht hinter euch.« (73.) Und siehe, dein Herr – wahrlich, er ist voll Huld gegen die Menschen, jedoch danken ihm die meisten nicht.
(74.) Und siehe, dein Herr weiß gewisslich, was eure Brust verbirgt und was sie offenkund tut. (75.) Und nichts Verborgenes ist im Himmel und auf Erden, das nicht in einem deutlichen Buche stünde.
(76.) Siehe, dieser Koran erzählt den Kindern Israel das meiste von dem, worüber sie uneins sind. (77.) Und siehe, er ist wahrlich eine Leitung und eine Barmherzigkeit für die Gläubigen.
(78.) Siehe, dein Herr wird unter ihnen in seiner Weisheit entscheiden, denn er ist der Mächtige, der Wissende. (79.) Und vertrau auf Allah; siehe, du stehst in der offenkundigen Wahrheit.

(80.) Siehe, nicht wirst du die Toten hörend machen und nicht wirst du machen, dass die

Tauben den Ruf hören, wenn sie den Rücken
kehren. (81.) Und nicht bist du ein Führer
der Blinden aus ihrem Irrtum. Du sollst nur
hörend machen den, der an unsre Zeichen
glaubt; und das sind Muslime.
(82.) Und wenn der Spruch auf sie fällt,
dann wollen wir ein Tier aus der Erde
erstehen lassen, das zu ihnen sprechen soll:
»Die Menschen trauten nicht unsern
Zeichen.«

(83.) Und eines Tages wollen wir aus jedem
Volke einen Trupp von denen versammeln,
welche unsre Zeichen der Lüge ziehen, und
sie sollen in Reih und Glied geordnet
marschieren, (84.) bis Er spricht, wenn sie
vor ihn gekommen sind: »Habt ihr meine
Zeichen der Lüge geziehen, ohne dass ihr sie
mit Erkenntnis umfasstet? Was ist's, das ihr
getan habt?« (85.) Und es fällt der Spruch
auf sie ob ihrer Sünden, und sie werden
nicht reden können.

(86.) Sahen sie denn nicht, dass wir die
Nacht machten, damit sie in ihr ruhten, und
den Tag zum Sehen? Siehe, hierin sind
wahrlich Zeichen für gläubige Leute.
(87.) Und eines Tages wird in die Posaune
gestoßen, und erschrecken werden alle in
den Himmeln und auf Erden; außer denen,
die Allah lieben. Und alle werden demütig
zu ihm kommen. (88.) Und die Berge, die du
für fest hältst, wirst du wie Wolken
dahingehen sehen: das Werk Allahs, der alle
Dinge ordnet! Siehe, er weiß, was er tut.
(89.) Wer da kommt mit Gutem, der soll
Gutes dafür erhalten, und sicher sollen sie
sein vor dem Grausen jenes Tages.

(90.) Wer aber mit Bösem kommt, die sollen
mit ihren Angesichtern ins Feuer gestürzt
werden. Sollt ihr anders belohnt werden als
nach eurem Tun? (91.) (Sprich:) Mir ist nur
geheißen, dem Herrn dieses Landes zu
dienen, der es geheiligt hat. Und sein sind
alle Dinge. Und geheißen ward mir, einer
der Muslime zu sein (92.) und den Koran zu

verlesen. Und wer geleitet ist, der ist nur zu
seinem Besten geleitet; und wenn einer irrt,
so sprich: »Ich bin nur einer der
Warnenden.« (93.) Und sprich: »Das Lob sei
Allah; er wird euch seine Zeichen zeigen,
und ihr werdet sie kennenlernen. Und nicht
ist dein Herr achtlos eures Tuns.«

28. Sure - Die Geschichte
Geoffenbart zu Mekka

*Im Namen Allahs, des Erbarmers, des
Barmherzigen!*

(1.) T. S. M. (2.) Dies sind die Zeichen des
deutlichen Buches. (3.) Wir verlesen dir
etwas von der Geschichte Mosis und
Pharaos der Wahrheit gemäß für ein gläubig
Volk. (4.) Siehe, Pharao war hoffärtig im
Land und machte sein Volk zu Parteien;
einen Teil von ihnen schwächte er, indem er
ihre Söhne schlachtete und nur die Mädchen
leben ließ. Siehe, er war einer der
Verderbenstifter. (5.) Und wir wollten unsre
Huld den Schwachen im Lande erweisen
und sie zu Vorbildern und zu Erben
machen; (6.) und wollten ihnen eine feste
Wohnung im Lande geben und Pharao und
Haman und ihren Heerscharen das zeigen,
wovor sie auf der Hut waren.

(7.) Und wir offenbarten Mosis Mutter:
»Säuge ihn. Und so du für ihn fürchtest, so
wirf ihn in den Strom und fürchte dich nicht
und betrübe dich nicht. Siehe, wir werden
ihn dir wiedergeben und werden ihn zu
einem der Gesandten machen.«
(8.) Und Pharaos Haus hob ihn auf, auf dass
er ihnen ein Feind und ein Kummer würde.
Siehe, Pharao und Haman und ihre
Heerscharen waren Sünder.
(9.) Und es sprach Pharaos Frau: »Er ist mir
und dir ein Augentrost. Tötet ihn nicht;

vielleicht, dass er uns nützt oder dass wir ihn als Sohn annehmen.« Und sie waren ahnungslos.

(10.) Und es ward das Herz der Mutter Mosis am Morgen leer, dass sie ihn fast verraten hätte, wenn wir nicht ihr Herz gebunden hätten, auf dass sie eine der Gläubigen würde. (11.) Und sie sprach zu ihrer Schwester: »Folge ihm.« Und sie schaute nach ihm aus in der Ferne, dass sie es nicht merkten. (12.) Und wir machten, dass er die Ammen zurückwies, bis sie sprach: »Soll ich euch zu Hausleuten führen, die ihn für euch pflegen und ihn sorgsam hüten werden?« (13.) Und so gaben wir ihn seiner Mutter zurück, damit ihr Auge getröstet würde und sie sich nicht grämte und damit sie wüsste, dass Allahs Verheißung wahr ist, wiewohl die meisten sie nicht kennen.

(14.) Und als er seine Mannbarkeit erreicht hatte und vollreif geworden war, gaben wir ihm Weisheit und Wissen; und also belohnen wir die Rechtschaffenen.
(15.) Und er betrat die Stadt zur Zeit, da ihre Bewohner es nicht beachteten, und er fand in ihr zwei Männer, die miteinander stritten, der eine von seiner Partei und der andere von seinen Feinden. Und da rief ihn der Mann seiner Partei zu Hilfe wider den, der von seinen Feinden war, und Moses gab ihm einen Faustschlag und machte ein Ende mit ihm. Da sprach er: »Das ist ein Werk des Satans, siehe, er ist ein irreführender offenkundiger Feind.«

(16.) Er sprach: »Mein Herr, siehe, ich habe wider mich selber gesündigt; so verzeihe mir.« Und er verzieh ihm, denn er ist der Verzeihende, der Barmherzige.
(17.) Er sprach: »Mein Herr, dieweil du mir gnädig warst, will ich nimmermehr ein Helfer der Missetäter sein.« (18.) Und am Morgen war er voll Furcht in der Stadt, ausspähend. Und siehe, jener, dem er gestern geholfen hatte, schrie ihm zu (um Hilfe). Da sprach Moses zu ihm; »Siehe, du bist wahrlich ein offenkundiger Händelsucher.« (19.) Und da er an ihren beiderseitigen Feind Hand anlegen wollte, sprach er: »O Moses, willst du mich etwa totschlagen, wie du gestern jemand totschlugst? Du willst nichts als ein Tyrann im Lande sein und willst nicht Frieden stiften.«

(20.) Und es kam ein Mann von dem Ende der Stadt herbeigeeilt und sprach: »O Moses, siehe, die Häupter bereden sich, dich zu töten. Drum gehe hinaus, siehe, ich bin dir ein guter Rater.« (21.) Da ging er in Furcht hinaus, umherspähend, und sprach: »Mein Herr, errette mich vor dem ungerechten Volk.« (22.) Und da er seinen Weg gen Midian nahm, sprach er: »Vielleicht leitet mich mein Herr auf den rechten Pfad.«
(23.) Und da er zum Wasser Midians hinabstieg, fand er bei ihm eine Schar Volks (ihr Vieh) tränken. Und neben ihnen fand er zwei Mädchen abseits mit ihrer Herde. Da sprach er: »Was ist eure Absicht?« Sie sprachen: »Wir können die Herde nicht eher tränken, als bis die Hirten fortgezogen sind; denn unser Vater ist ein alter Scheich.«

(24.) Da tränkte er ihnen (ihre Herde), worauf er sich in den Schatten zurückzog und sprach: »Mein Herr, siehe, ich bedarf des Guten, das du auf mich herabsendest.«
(25.) Und es kam eine der beiden zu ihm züchtigen Schrittes. Sie sprach: »Siehe, mein Vater ladet dich ein, damit er dir den Lohn dafür zahlt, dass du für uns (die Herde) getränkt hast.« Und als er zu ihm gekommen war und ihm seine Geschichte erzählt hatte, sprach er: »Fürchte dich nicht, du bist von dem sündigen Volk errettet.«

(26.) Da sprach eine der beiden: »O mein Vater, dinge ihn; siehe, der beste, den du dingen kannst, ist der Starke, der Getreue.«
(27.) Er sprach: »Siehe, ich will dich mit

einer von diesen meinen beiden Töchtern
verheiraten unter der Bedingung, dass du
mir acht Pilgerfahrten lang dienst. Und so
du zehn erfüllst, so steht es bei dir; denn ich
wünsche nicht, dich zu plagen. Sicherlich
wirst du mich, so Allah will, als einen der
Rechtschaffenen erfinden.«
(28.) Er sprach: »So sei's zwischen mir und
dir. Welchen der beiden Termine ich auch
erfülle, keine Ungerechtigkeit wird auf mir
lasten. Und Allah ist Bürge unsrer Worte.«
(29.) Und da Moses den Termin erfüllt hatte
und mit seiner Familie reiste, gewahrte er an
der Seite des Berges ein Feuer. Da sprach er
zu seiner Familie: »Bleibet hier; siehe, ich
gewahre ein Feuer; vielleicht bringe ich euch
Kunde von ihm oder doch einen
Feuerbrand, damit ihr euch wärmet.«

(30.) Und da er zu ihm kam, erscholl eine
Stimme zu ihm von der rechten Seite des
Wadis im gesegneten Tal aus dem Baume:
»O Moses, siehe, ich bin Allah, der Herr der
Welten. (31.) Wirf hin deinen Stab.« Und da
er ihn sich rütteln sah, als wäre es eine
Schlange, wendete er den Rücken zur Flucht
und kehrte nicht um. »O Moses, tritt herzu
und fürchte dich nicht, siehe, du bist sicher.
(32.) Stecke deine Hand in deinen Busen; sie
wird weiß herauskommen ohne Übel. Und
dann ziehe deinen Fittich ein zu dir ohne
Furcht. Dies sind zwei Erweise von deinem
Herrn an Pharao und seine Häupter. Siehe,
sie sind ein frevelnd Volk.«

(33.) Er sprach: »Mein Herr, siehe, ich
erschlug eine Seele von ihnen und fürchte,
sie töten mich. (34.) Und mein Bruder Aaron
ist beredter als ich an Zunge. So entsende
ihn mit mir als Beistand, mich zu
bekräftigen. Siehe, ich fürchte, dass sie mich
der Lüge zeihen.« (35.) Er sprach: »Stärken
wollen wir deinen Arm mit deinem Bruder,
und wir wollen euch beiden Macht geben,
dass sie nicht an euch reichen in unsern
Zeichen; und die, welche euch folgen, sollen

obsiegen.« (36.) Und als Moses mit unsern
deutlichen Zeichen zu ihnen kam, sprachen
sie: »Dies ist nichts als ein Zaubertrug, und
wir hörten dies nicht unter unsern
Vorvätern.« (37.) Und es sprach Moses:
»Mein Herr weiß am besten, wer mit der
Leitung von ihm kommt und wem die letzte
Wohnung (das Paradies) sein wird. Siehe,
nicht ergeht es den Ungerechten wohl.«
(38.) Und es sprach Pharao: »O ihr Häupter,
ich weiß keinen andern Gott für euch als
mich. Und brenne mir, o Haman, Ton und
mache mir einen Turm. Vielleicht steige ich
empor zum Gott Mosis; denn siehe, ich halte
ihn für einen Lügner.« (39.) Und er und
seine Heerscharen zeigten sich hoffärtig auf
Erden ohne Grund und glaubten, sie
müssten nicht zu uns zurückkehren.

(40.) Und so erfassten wir ihn und seine
Heerscharen und warfen sie ins Meer. Schau
drum, wie der Ausgang der Ungerechten
war. (41.) Und wir machten sie zu Führern
zum Feuer (der Hölle); und am Tag der
Auferstehung werden sie nicht errettet.
(42.) Wir ließen ihnen in dieser Welt einen
Fluch folgen, und am Tag der Auferstehung
sollen sie verabscheut sein.
(43.) Und wahrlich, wir gaben Moses die
Schrift, nachdem wir die früheren
Geschlechter vernichtet hatten, als Einsicht
für die Menschen und Leitung und
Barmherzigkeit Vielleicht lassen sie sich
ermahnen. (44.) Und nicht warst du auf der
westlichen Seite, als wir Moses den Befehl
erteilten, und warst auch keiner der Zeugen.

(45.) Jedoch ließen wir Geschlechter
erstehen, und langes Leben ward ihnen
gegeben. Auch wohntest du nicht unter dem
Volke Midians, ihnen unsre Zeichen
verlesend. Jedoch entsandten wir (dich).
(46.) Und nicht warst du an der Seite des
Berges, da wir riefen. Jedoch ist's eine
Barmherzigkeit von deinem Herrn, auf dass
du ein Volk warnest, zu denen vor dir kein

Warner kam; vielleicht lassen sie sich ermahnen. (47.) Und dass sie nicht, wenn sie ein Unfall für das, was ihre Hände vorausschickten, befiele, sprächen: »Unser Herr, warum sandtest du nicht einen Gesandten zu uns? Dann würden wir deinen Zeichen gefolgt sein und wären gläubig gewesen.«

(48.) Da aber die Wahrheit von uns zu ihnen kam, sprachen sie: »Warum ward (ihm) nicht das gleiche wie Moses gegeben?« Aber verleugneten sie nicht das, was Moses zuvor gegeben ward? Sie sprechen: »Zwei Zaubereien, die einander helfen.« Und sie sprechen: »Siehe, wir glauben an nichts von allem.« (49.) Sprich: »So bringet ein Buch von Allah her, das eine bessere Leitung als die beiden ist. Ich will ihm folgen, so ihr wahrhaftig seid.«

(50.) Und wenn sie dir nicht Antwort geben, so wisse, dass sie nur ihren Gelüsten folgen. Wer aber ist in größerem Irrtum, als wer seinem Gelüst ohne Leitung von Allah folgt? Siehe, Allah leitet nicht das ungerechte Volk. (51.) Und wahrlich, wir ließen das Wort zu ihnen gelangen, auf dass sie es zu Herzen nähmen. (52.) Diejenigen, denen wir die Schrift zuvor gaben, die glauben daran. (53.) Und wenn er (der Koran) ihnen vorgetragen wird, sprechen sie: »Wir glauben daran; es ist die Wahrheit von unserm Herrn. Siehe, wir waren Muslime, bevor es kam.« (54.) Jene werden ihren Lohn zwiefältig empfangen, darum dass sie ausharrten und das Böse mit Gutem zurückweisen und von dem, womit wir sie versorgten, spenden. (55.) Und wenn sie eitles Gerede hören, kehren sie sich von ihm ab und sprechen: »Für uns unsre Werke und für euch eure Werke. Frieden auf euch! Wir trachten nicht nach den Toren.«

(56.) Siehe, du kannst nicht leiten, wen du gerne möchtest; Allah aber leitet, wen er will, denn er kennt am besten die, welche sich leiten lassen. (57.) Und sie sprechen: »Wenn wir der Leitung, die du bringst, folgten, so würde uns unser Land entrissen werden.« Aber haben wir ihnen nicht ein sicheres Heiligtum zur Wohnung gegeben, zu dem die Früchte aller Dinge zusammengebracht werden, eine Versorgung von uns her? Jedoch die meisten wissen es nicht. (58.) Und wie viele Städte zerstörten wir, die auf ihren Überfluss pochten! Und jene, ihre Wohnungen wurden nach ihnen nur von wenigen bewohnt, und wir wurden ihre Erben. (59.) Aber dein Herr zerstörte die Städte nicht eher, als bis er zu ihrer Mutter(-stadt) einen Gesandten geschickt hatte, ihnen unsre Zeichen vorzutragen. Auch zerstörten wir nur die Städte, wenn ihre Bewohner ungerecht waren.

(60.) Und was euch an Dingen gegeben ward, ist nur die Versorgung des irdischen Lebens und sein Schmuck. Was aber bei Allah ist, ist besser und bleibender. Wollt ihr denn nicht begreifen? (61.) Soll etwa der, dem wir eine schöne Verheißung gaben, die ihm zuteil werden soll, gleich sein demjenigen, den wir mit den Gütern des irdischen Lebens ausstatteten und der am Tag der Auferstehung zu den (zur Verdammnis) Vorgeführten gehört? (62.) An jenem Tage wird er sie rufen und sprechen: »Wo sind meine Gefährten, die ihr (als vorhanden) behauptetet?«

(63.) Dann werden diejenigen, über die nach Gebühr der Spruch ergeht, sprechen: »Unser Herr, dies sind diejenigen, die wir irreführten. Wir leiteten sie irre, wie wir selber irregingen. Wir machen uns los (von ihnen und kehren uns) zu dir. Nicht uns dienten sie.« (64.) Und dann wird gesprochen werden: »Rufet eure Gefährten.« Und sie rufen sie, doch antworten sie ihnen nicht; und dann sehen sie die Strafe. O dass sie doch rechtgeleitet wären!

(65.) An jenem Tage wird er sie rufen und sprechen: »Was antwortetet ihr den Gesandten?« (66.) Und die Sache soll sie an jenem Tage blind (vor Verwirrung) machen, und sie sollen einander nicht befragen. (67.) Wer sich aber bekehrt und glaubt und das Rechte tut, dem ergeht es leichtlich wohl. (68.) Und dein Herr schafft, was er will, und erwählt; sie aber haben keine Wahl. Preis sei Allah, und erhaben ist er über das, was sie ihm beigesellen. (69.) Dein Herr weiß, was ihre Brüste verbergen und was sie offenkund tun.

(70.) Und er ist Allah, es gibt keinen Gott außer ihm; ihm ist das Lob im Anfang und Ende, und sein ist das Gericht, und zu ihm kehrt ihr zurück. (71.) Sprich: »Was meint ihr? Wenn Allah euch die Nacht ewig machte bis zum Tag der Auferstehung, welcher Gott außer Allah brächte euch Licht? Hört ihr denn nicht?«
(72.) Sprich: »Was meint ihr? Wenn euch Allah den Tag ewig machte bis zum Tag der Auferstehung, welcher Gott außer Allah brächte euch Nacht, in ihr zu ruhen? Seht ihr denn nicht?« (73.) Und in seiner Barmherzigkeit hat er euch die Nacht und den Tag gemacht, in ihr zu ruhen, und damit ihr nach seiner Huld trachtet und vielleicht dankbar wäret. (74.) Und eines Tages wird er sie rufen und sprechen: »Wo sind meine Gefährten, die ihr (vorhanden zu sein) behauptetet?« (75.) Und aus jedem Volke werden wir einen Zeugen hervorholen und werden sprechen: »Bringt euern Beweis her und wisset, dass die Wahrheit Allahs ist.« Und ihre Erdichtungen werden dann von ihnen fortschweifen.

(76.) Siehe, Korah war vom Volke Mosis, doch er vermaß sich wider sie, und wir gaben ihm an Schätzen, dass selbst ihre Schlüssel eine Schar kräftiger Leute beschwert hätten. Da sein Volk zu ihm sprach: »Frohlocke nicht; siehe, Allah liebt nicht die Frohlockenden; (77.) und suche mit dem, was dir Allah gegeben, die künftige Wohnung; und vergiss nicht deinen Anteil in dieser Welt und tue Gutes, so wie Allah dir Gutes tat, und trachte nicht nach Verderben auf Erden; siehe, Allah liebt nicht die Verderbenstifter.« (78.) Da sprach er: »Es ward mir nur gegeben um meines Wissens willen.« Aber wusste er nicht, dass Allah bereits vor ihm Geschlechter vernichtet hatte, die stärker als er waren an Kraft und mehr aufgehäuft hatten? Aber die Missetäter werden nicht nach ihren Sünden befragt.
(79.) Und er ging hinaus zu seinem Volke in seinem Schmuck. Jene nun, die sich das irdische Leben wünschten, sprachen: »O dass wir doch besäßen, was Korah gegeben ward! Siehe, er ist wahrlich gewaltigen Glückes Herr!«

(80.) Und es sprachen diejenigen, denen das Wissen gegeben war: »Wehe euch! Die Belohnung Allahs ist besser für den, der glaubt und das Rechte tut; und niemand gewinnt sie, außer den Standhaften.«
(81.) Und wir spalteten die Erde unter ihm und seinem Haus, und er fand keine Schar, ihm zu helfen, außer Allah, und er gehörte nicht zu den Erretteten. (82.) Und am andern Morgen sprachen jene, die sich tags zuvor an seine Stelle gewünscht hatten: »Ah sieh! Allah versorgt, wen er will von seinen Dienern, reichlich oder bemessen. Wäre Allah uns nicht gnädig gewesen, er hätte die Erde unter uns gespalten. Ah sieh, den Ungläubigen ergeht es nicht wohl.«
(83.) Jene zukünftige Wohnung, wir haben sie für diejenigen bestimmt, welche nicht hoffärtig auf Erden sein oder Verderben anrichten wollen. Und der Ausgang ist für die Gottesfürchtigen.

(84.) Wer mit Gutem kommt, soll Gutes dafür erhalten, und wer mit Bösem kommt – jene, die Böses tun, belohnen wir nur nach ihren Taten. (85.) Siehe, der, welcher dir den

Koran verordnet hat, bringt dich wahrlich
zurück zur Stätte der Wiederkehr. Sprich:
»Mein Herr weiß am besten, wer mit der
Leitung kommt und wer in offenkundigem
Irrtum ist.« (86.) Und nicht konntest du
hoffen, dass dir das Buch gegeben würde, es
sei denn aus Barmherzigkeit deines Herrn.
Drum sei kein Helfer der Ungläubigen.
(87.) Und lass dich nicht abwendig machen
von den Zeichen Allahs, nachdem sie zu dir
herabgesendet worden; sondern lade ein zu
deinem Herrn und sei keiner derer, die
(Allah) Gefährten geben.
(88.) Und rufe nicht neben Allah einen
andern Gott an. Es gibt keinen Gott außer
ihm. Alle Dinge vergehen außer seinem
Angesicht. Ihm ist das Gericht, und zu ihm
kehrt ihr zurück.

29. Sure - Die Spinne

Geoffenbart zu Mekka

*Im Namen Allahs, des Erbarmers, des
Barmherzigen!*

(1.) A. L. M. (2.) Wähnen wohl die
Menschen, in Frieden gelassen zu werden,
wenn sie sprechen: »Wir glauben« und nicht
versucht zu werden?
(3.) Aber wahrlich, wir versuchten
diejenigen, die vor ihnen lebten, und
wahrlich, Allah wird die Wahrhaften und
die Lügner erkennen. (4.) Oder glauben
diejenigen, die Böses tun, dass sie uns
entgehen können? Übel ist ihr Urteil.
(5.) Wer da hofft, Allah zu begegnen – siehe,
Allahs Termin trifft wahrlich ein, und er ist
der Hörende, der Wissende. (6.) Und wer da
eifert, der eifert zu seinem eigenen Besten.
Siehe, Allah bedarf wahrlich nicht der
Welten.

(7.) Und diejenigen, welche glauben und das
Rechte tun, wahrlich, nehmen wollen wir
von ihnen ihre Sünden und wollen sie nach
ihren besten Taten belohnen. (8.) Und wir
geboten dem Menschen Güte gegen seine
Eltern; doch wenn sie mit dir eifern, mir an
die Seite zu setzen, wovon du kein Wissen
hast, so gehorche ihnen nicht. Zu mir ist
eure Heimkehr, und ich will euch
verkünden, was ihr tatet.
(9.) Und diejenigen, welche glauben und das
Rechte tun, wahrlich, wir wollen sie
einführen unter die Rechtschaffenen.

(10.) Und unter den Menschen sprechen
einige: »Wir glauben an Allah.« Wenn sie
aber in Allahs Weg von Leiden betroffen
werden, betrachten sie die Heimsuchung
von den Menschen als eine Strafe von Allah.
Aber wenn Hilfe von deinem Herrn kommt,
wahrlich, dann sprechen sie: »Siehe, wir
waren mit euch.« Weiß aber nicht Allah sehr
wohl, was in den Brüsten aller Welt ist?
(11.) Und wahrlich, Allah kennt die
Gläubigen und kennt die Heuchler.
(12.) Und es sprechen die Ungläubigen zu
den Gläubigen: »Folget unserm Weg,
wahrlich, wir wollen eure Sünden tragen.«
Aber keineswegs könnten sie ihre Sünden
tragen; siehe, sie sind wahrlich Lügner.
(13.) Und wahrlich, tragen sollen sie ihre
Lasten und Lasten zu ihren Lasten. Und am
Tag der Auferstehung sollen sie gefragt
werden nach dem, was sie erdichteten.

(14.) Und wahrlich, wir entsandten Noah zu
seinem Volk, und er verweilte tausend Jahre
unter ihnen weniger fünfzig Jahre. Und es
erfasste sie die Sündflut in ihren Sünden.
(15.) Und wir retteten ihn und die Leute der
Arche; und wir machten sie zu einem
Zeichen für alle Welt. (16.) Und Abraham,
da er zu seinem Volke sprach: »Dienet Allah
und fürchtet ihn, dies ist besser für euch, so
ihr es wüsstet. (17.) Ihr dienet außer Allah
nur Götzenbildern und schufet eine Lüge.

Siehe, diejenigen, denen ihr außer Allah dienet, vermögen euch nicht zu versorgen. Drum begehret von Allah die Versorgung und dienet ihm und danket ihm; zu ihm kehrt ihr zurück. (18.) Und wenn ihr (dies) der Lüge zeihet, so ziehen schon Völker vor euch der Lüge, und den Gesandten liegt nichts ob als die offenkundige Predigt. (19.) Sahen sie denn nicht, wie Allah die Schöpfung hervorbringt und alsdann sie wieder zurückkehren lässet? Siehe, dies ist leicht für Allah.«

(20.) Sprich: »Wandert durch das Land und schauet, wie er die Schöpfung hervorbrachte. Alsdann wird Allah die andre Schöpfung entstehen lassen. Siehe, Allah hat Macht über alle Dinge. (21.) Er straft, wen er will, und erbarmt sich, wessen er will, und zu ihm werdet ihr zurückgeholt. (22.) Und nicht vermögt ihr euch (seiner Macht) auf Erden oder im Himmel zu entziehen, und nicht habt ihr außer Allah einen Beschützer oder Helfer. (23.) Und diejenigen, welche nicht glauben an die Zeichen Allahs und an die Begegnung mit ihm, die sollen an meiner Barmherzigkeit verzweifeln, und sie sollen schmerzliche Strafe erleiden.« (24.) Und die Antwort seines Volkes war nichts, als dass sie sprachen: »Tötet ihn oder verbrennt ihn.« Und Allah errettete ihn aus dem Feuer; siehe, hierin sind wahrlich Zeichen für ein gläubig Volk.

(25.) Und er sprach: »Ihr habt außer Allah Götzen angenommen in gegenseitiger Liebe im irdischen Leben. Alsdann am Tag der Auferstehung wird einer von euch den andern verleugnen, und der eine wird den andern verfluchen. Und eure Wohnung wird das Feuer sein, und ihr werdet keine Helfer finden.« (26.) Und es glaubte Lot an ihn und sprach: »Siehe, ich flüchte mich zu meinem Herrn, denn siehe, er ist der Mächtige, der Weise.« (27.) Und wir schenkten ihm Isaak und Jakob und gaben seiner Nachkommenschaft das Prophetentum und die Schrift; und wir gaben ihm seinen Lohn hienieden, und siehe, im Jenseits wird er zu den Rechtschaffenen gehören.

(28.) Und Lot (entsandten wir,) da er zu seinem Volke sprach: »Siehe, ihr begeht Schandbares, in dem euch niemand von aller Welt zuvorkam. (29.) Ist's, dass ihr euch Männern naht und auf dem Wege lauert und in eurer Versammlung Abscheuliches treibt?« Und die Antwort seines Volkes war nichts anders, als dass sie sprachen: »Bring uns Allahs Strafe, so du wahrhaftig bist.«

(30.) Er sprach: »Mein Herr, hilf mir wider das Volk der Verderbensstifter.« (31.) Und da unsre Gesandten zu Abraham mit der frohen Botschaft kamen, sprachen sie: »Siehe, wir wollen das Volk dieser Stadt vertilgen, denn ihre Bewohner sind Ungerechte.« (32.) Er sprach: »Siehe, in ihr ist Lot.« Sie sprachen: »Wir wissen sehr wohl, wer darinnen ist. Wahrlich, wir wollen ihn und seine Familie erretten mit Ausnahme seiner Frau, welche säumen wird.« (33.) Und da unsre Gesandten zu Lot kamen, ward er besorgt um sie, und sein Arm war machtlos für sie. Und sie sprachen: »Fürchte dich nicht und betrübe dich nicht. Siehe, wir werden dich und dein Volk erretten, mit Ausnahme deiner Frau, welche säumen wird.

(34.) Siehe, wir werden auf das Volk dieser Stadt Rache vom Himmel hinabsenden für ihre Missetaten.« (35.) Und wahrlich, wir ließen von ihr ein deutliches Zeichen für einsichtige Leute zurück. (36.) Und zu Midian (entsandten wir) ihren Bruder Schu'aib. Und er sprach: »O mein Volk, dienet Allah und hoffet auf den Jüngsten Tag und richtet nicht Unheil auf Erden durch Verderbensstiften an.« (37.) Und sie ziehen ihn der Lüge, und da erfasste sie das Erdbeben, und am Morgen lagen sie in ihren Häusern auf dem Angesicht da. (38.) Und Ad und Thamud – doch es ist euch klar ersichtlich aus ihren Wohnungen. Und der Satan putzte ihnen ihre Werke aus und machte sie abwendig vom Weg, wiewohl sie einsichtig waren. (39.) Und Korah und Pharao und Haman. Wahrlich, zu ihnen kam Moses mit den deutlichen Zeichen, doch waren sie hoffärtig im Land, aber sie entkamen nicht.

(40.) Und alle erfassten wir in ihren Sünden, und zu den einen von ihnen sandten wir einen Steine mit sich führenden Wind; andere erfasste der Schrei, und wieder andre verschlang die Erde, und andre ertränkten wir. Und nicht tat Allah ihnen Unrecht an, sondern sie selber übten Unrecht wider sich. (41.) Das Gleichnis jener, welche neben Allah Beschützer annehmen, ist das Gleichnis der Spinne, die sich ein Haus machte; und siehe, das gebrechlichste der Häuser ist wahrlich das Haus der Spinne; o dass sie doch dies wüssten! (42.) Siehe, Allah weiß alles, was sie neben ihm anrufen, und er ist der Mächtige, der Weise. (43.) Und diese Gleichnisse stellen wir für die Menschen auf, doch nur die Wissenden begreifen sie.

(44.) Erschaffen hat Allah die Himmel und die Erde in Wahrheit; siehe, hierin ist ein Zeichen für die Gläubigen. (45.) Verlies, was dir von dem Buche geoffenbart ward, und verrichte das Gebet. Siehe, das Gebet hütet vor Schandbarem und Verbotenem. Und wahrlich, die Erwähnung Allahs ist die höchste Pflicht; und Allah weiß, was ihr tut. (46.) Und streitet nicht mit dem Volk der Schrift, es sei denn in bester Weise, außer mit jenen von ihnen, die ungerecht handelten; und sprechet: »Wir glauben an das, was zu uns herabgesandt ward und herabgesandt ward zu euch; und unser Gott und euer Gott ist ein einiger Gott, und ihm sind wir ergeben.« (47.) Und also sandten wir zu dir das Buch hinab, und diejenigen,

denen wir die Schrift gaben, glauben daran; auch von diesen (Arabern) glauben manche daran, und nur die Ungläubigen bestreiten unsre Zeichen. (48.) Und nicht verlasest du vor ihm ein Buch und schriebst es nicht mit deiner Rechten; dann würden wahrlich diejenigen, die es für eitel halten, gezweifelt haben.

(49.) Vielmehr ist es ein deutliches Zeichen in der Brust derer, denen das Wissen gegeben ward, und nur die Ungerechten bezweifeln unsre Zeichen. (50.) Und sie sprechen: »Warum wurden nicht Zeichen von seinem Herrn auf ihn herabgesandt?« Sprich: »Siehe, die Zeichen sind allein bei Allah, und ich bin nur ein offenkundiger Warner.« (51.) Genügt es ihnen denn nicht, dass wir das Buch auf dich hinabsandten, ihnen verlesen zu werden? Siehe, hierin ist wahrlich eine Barmherzigkeit und eine Ermahnung für gläubige Leute.

(52.) Sprich: »Allah genügt zwischen mir und euch als Zeuge.« Er weiß, was in den Himmeln und auf Erden ist, und diejenigen, welche an das Eitle glauben und an Allah nicht glauben, das sind die Verlorenen. (53.) Und sie wünschen, dass du die Strafe beschleunigst, aber gäbe es nicht einen bestimmten Termin, wahrlich, über sie wäre die Strafe gekommen, und wahrlich, kommen wird sie unvermutet über sie, wenn sie es sich nicht versehen. (54.) Sie wünschen, dass du die Strafe beschleunigst, und siehe, wahrlich, Dschehannam wird die Ungläubigen rings einschließen. (55.) Eines Tages wird die Strafe über sie fallen, aus der Höhe und unter ihren Füßen, und sprechen wird er: »Schmecket euer Tun.« (56.) O meine Diener, die ihr geglaubt habt, siehe, weit ist mein Land, und mich, verehret mich.

(57.) Jede Seele wird den Tod schmecken; alsdann müsst ihr zu mir zurück.

(58.) Und diejenigen, welche glauben und das Rechte tun, wahrlich, wir wollen ihnen Behausung geben in Gärten mit Söllern, durcheilt von Bächen, ewig darinnen zu verweilen. Schön ist der Lohn der Wirkenden, (59.) die standhaft ausharren und auf ihren Herrn vertrauen.

(60.) Und wie viele Tiere gibt's, die nicht ihre Versorgung tragen! Allah versorgt sie und euch, und er ist der Hörende, der Wissende. (61.) Und wahrlich, wenn du sie fragst, wer die Himmel und die Erde erschaffen und die Sonne und den Mond dienstbar gemacht, dann sprechen sie: »Allah.« Wie können sie demnach Lügen erdichten?

(62.) Allah gewährt, wem er will von seinen Dienern, die Versorgung reichlich und bemessen. Siehe, Allah weiß alle Dinge. (63.) Und wahrlich, wenn du sie fragst: »Wer schickt von dem Himmel Wasser hinab und belebt damit die Erde nach ihrem Tode?«, dann sprechen sie: »Allah.« Sprich: »Das Lob sei Allah!« Jedoch verstehen es die meisten nicht. (64.) Und dieses irdische Leben ist nichts als ein Zeitvertreib und ein Spiel, und siehe, die jenseitige Wohnung ist wahrlich das Leben. Wenn sie es doch wüssten! (65.) Und wenn sie auf den Schiffen fahren, rufen sie Allah reinen Glaubens an. Hat er sie aber ans Land errettet, dann geben sie ihm Gefährten, (66.) um undankbar zu sein für unsre Gaben und um sich (der irdischen Güter) zu erfreuen. Aber sie sollen wissen!

(67.) Sahen sie denn nicht, dass wir eine sichere unverletzliche Stätte (zu Mekka) machten, während die Leute rings um ihnen geraubt werden? Wollen sie da an das Eitle glauben und Allahs Huld verleugnen? (68.) Und wer ist ungerechter als der, welcher eine Lüge wider Allah ersinnt oder die Wahrheit der Lüge zeiht, nachdem sie zu ihm gekommen? Gibt es denn keine Wohnung in Dschehannam für die Ungläubigen? (69.) Und diejenigen, welche für uns eiferten, wahrlich, leiten wollen wir sie auf unsern Wegen; siehe, Allah ist wahrlich mit denen, die recht handeln.

30. Sure - Die Griechen

Geoffenbart zu Mekka

Im Namen Allahs, des Erbarmers, des Barmherzigen!

(1.) A. L. M. (2.) Besiegt sind die Griechen (3.) im nächsten Land; aber nach ihrer Besiegung werden sie siegen (4.) in wenigen Jahren. Allahs ist die Entscheidung zuvor und hernach. Und an jenem Tage werden frohlocken die Gläubigen (5.) über Allahs Hilfe; er hilft, wem er will, denn er ist der Mächtige, der Barmherzige. (6.) Allahs Verheißung – nicht bricht Allah seine Verheißung, jedoch wissen es die meisten Menschen nicht. (7.) Sie kennen das Äußere des irdischen Lebens, aber des Jenseits sind sie achtlos.

(8.) Haben sie denn nicht bei sich bedacht, dass Allah die Himmel und die Erde und, was zwischen beiden ist, allein zur Wahrheit erschaffen hat und zu einem bestimmten Termin? Und siehe, viele der Menschen glauben wahrlich nicht an die Begegnung mit ihrem Herrn. (9.) Und wanderten sie denn nicht über Land und schauten sie nicht, wie der Ausgang derer, die vor ihnen lebten, war, die stärker als sie an Kraft waren und die Erde durchfurchten und bebauten, mehr als sie dieselbe bebauten? Und es kamen zu ihnen ihre Gesandten mit den deutlichen Zeichen; und nicht war es Allah, der ihnen Unrecht antat, sondern sich selber fügten sie Unrecht zu.

(10.) Alsdann war der Ausgang derer, die Übel taten, Übel, dieweil sie Allahs Zeichen der Lüge ziehen und sie verspotteten. (11.) Allah bringt die Schöpfung hervor, alsdann lässt er sie wiederkehren, alsdann müsst ihr zu ihm zurück. (12.) Und an dem Tage, da sich die ›Stunde‹ erhebt, werden die Sünder stumm vor Verzweiflung werden. (13.) Und unter ihren ›Gefährten‹ sollen sie keine Fürsprecher finden und sollen ihre Gefährten verleugnen. (14.) Und an dem Tag, da sich die Stunde erhebt, an jenem Tage sollen sie voneinander getrennt werden.

(15.) Und was jene anlangt, welche glaubten und das Rechte taten – in einer Aue sollen sie Freuden finden; (16.) was aber jene anlangt, welche ungläubig waren und unsre Zeichen und die Begegnung mit dem Jenseits der Lüge ziehen der Strafe sollen sie überantwortet werden. (17.) Und Preis sei Allah, so es euch Abend und Morgen ist. (18.) Und ihm sei das Lob in den Himmeln und auf Erden, und am Abend und zur Mittagszeit. (19.) Er lässt das Lebendige aus dem Toten erstehen und lässt das Tote aus dem Lebendigen erstehen, und er belebt die Erde nach ihrem Tode. Und demgemäß werdet ihr erstehen.

(20.) Und zu seinen Zeichen gehört es, dass er euch aus Staub erschaffen hat. Alsdann, siehe, wurdet ihr Menschen, die sich verbreiteten. (21.) Und zu seinen Zeichen gehört es, dass er euch von euch selber Gattinnen erschuf, auf dass ihr ihnen beiwohnet, und er hat zwischen euch Liebe und Barmherzigkeit gesetzt. Siehe, hierin sind wahrlich Zeichen für nachdenkende Leute. (22.) Und zu seinen Zeichen gehört die Schöpfung der Himmel und der Erde und die Verschiedenartigkeit eurer Zungen und eurer Farben. Siehe, hierin sind wahrlich Zeichen für alle Welt. (23.) Und zu seinen Zeichen gehört euer

Schlaf in der Nacht und am Tage und euer Trachten nach seiner Huld. Siehe, hierin sind wahrlich Zeichen für hörende Leute. (24.) Und zu seinen Zeichen gehört es, dass er euch den Blitz in Furcht und Hoffen zeigt und dass er Wasser vom Himmel hinabsendet und mit ihm die Erde nach ihrem Tode erweckt. Siehe, hierin sind wahrlich Zeichen für einsichtige Leute. (25.) Und zu seinen Zeichen gehört es, dass Himmel und Erde auf sein Geheiß (fest) stehen; alsdann, wenn er euch ruft, hervorruft aus der Erde, dann erstehet ihr.

(26.) Und sein ist, was in den Himmeln und auf Erden ist. Alles gehorcht ihm. (27.) Und er ist's, der die Schöpfung hervorbringt, alsdann wiederholt er sie (bei der Auferstehung der Toten), was ihm das leichteste ist. Und sein ist das erhabenste Gleichnis in den Himmeln und auf Erden, und er ist der Mächtige, der Weise. (28.) Er stellt euch ein Gleichnis auf von euch selber. Habt ihr unter dem, was eure Rechte besitzt, Teilhaber in dem, was wir euch bescherten, so dass ihr darin gleich seid? Fürchtet ihr sie, wie ihr einander fürchtet? Also erklären wir die Zeichen für einsichtige Leute. (29.) Aber die Ungerechten folgen ihren Lüsten ohne Wissen. Und wer leitet die, welche Allah irreführt? Und sie haben keinen Helfer.

(30.) Richte dein Angesicht als Hanif auf die (wahre) Religion, die (ursprüngliche) Form, in der Allah den Menschen erschaffen; es gibt keine Änderung in der Schöpfung Allahs; dies ist die rechte Religion, jedoch wissen es die meisten Menschen nicht. (31.) Bekehret euch zu ihm und fürchtet ihn und verrichtet das Gebet und setzet ihm keine Gefährten zur Seite, (32.) wie jene, die ihre Religion spalteten und in Sekten zerfielen, von denen sich jede Partei ihrer eigenen Meinung erfreut. (33.) Und wenn den Menschen ein Leid widerfährt, dann rufen sie ihren Herrn an, sich zu ihm kehrend; wenn er ihnen jedoch seine Barmherzigkeit zu schmecken gab, alsdann setzt ihm ein Teil Gefährten an die Seite, (34.) um undankbar für unsre Gaben zu sein. So erfreuet euch nur eures Lebens, ihr sollt schon wissen...

(35.) Oder sandten wir zu ihnen eine Vollmacht herab, die da spräche für das, was sie ihm an die Seite setzen? (36.) Und so wir die Menschen Barmherzigkeit schmecken ließen, freuen sie sich derselben; wenn sie aber ein Übel für das, was ihre Hände vorausschickten, trifft, dann verzweifeln sie. (37.) Sahen sie denn nicht, dass Allah reich oder bemessen versorgt, wen er will? Siehe, hierin sind wahrlich Zeichen für gläubige Leute. (38.) So gib dem, der von deiner Sippe ist, seine Gebühr, wie auch dem Armen und dem Sohn des Weges. Solches ist gut für jene, welche das Angesicht Allahs suchen; und sie – ihnen ergeht es wohl. (39.) Und was ihr auf Wucher ausleiht, um es zu vermehren mit dem Gut der Menschen, das soll sich nicht vermehren bei Allah. Und was ihr an Armenspende gebt, im Trachten nach Allahs Angesicht – sie sind es, denen es verdoppelt wird.

(40.) Allah ist's, der euch erschuf und alsdann versorgte. Alsdann lässt er euch sterben, alsdann macht er euch wieder lebendig. Gibt's etwa unter euern ›Gefährten‹ einen, der irgend etwas von diesem tut? Preis ihm! Und erhaben ist er ob dem, was ihr ihm beigesellt. (41.) Erschienen ist Verderben zu Land und Meer für das, was der Menschen Hände wirkten, auf dass es sie schmecken ließe einen Teil von ihrem Tun; vielleicht kehren sie um. (42.) Sprich: »Wandert durchs Land und schauet, wie der Ausgang derer war, die zuvor lebten; die meisten von ihnen waren Götzendiener.«

(43.) Drum wende dein Angesicht zur rechten Religion, bevor ein Tag von Allah kommt, der sich nicht abwenden lässt. An jenem Tage sollt ihr gespalten werden. (44.) Wer ungläubig ist, auf den soll sein Unglauben kommen, und wer das Rechte tut, die bereiten sich selber das Lager: (45.) Auf dass er aus seiner Huld jene belohnt, die da glaubten und das Rechte taten. Siehe, er liebt nicht die Ungläubigen. (46.) Und zu seinen Zeichen gehört es, dass er die Winde als frohe Boten entsendet, sowohl um euch von seiner Barmherzigkeit schmecken zu lassen, als auch damit die Schiffe eilen auf sein Geheiß und damit ihr von seiner Huld (Güter) erstrebt; und vielleicht seid ihr dankbar. (47.) Und wahrlich, schon vor dir schickten wir Gesandte zu ihrem Volk, und sie kamen zu ihnen mit den deutlichen Zeichen; und wir nahmen Rache an den Sündern, doch war es unsre Pflicht, den Gläubigen zu helfen.

(48.) Allah ist's, der die Winde entsendet und die Wolken aufhebt; und er breitet sie aus am Himmel, wie er will, und zerreißt sie in Stücke; und dann siehst du den Regen mitten aus ihnen hervorbrechen, und wenn er mit ihm, wen er will von seinen Dienern, trifft, alsdann begrüßen sie ihn freudig, (49.) wiewohl sie, bevor er auf sie niederfiel, stumm vor Verzweiflung waren. (50.) Drum schau auf die Spuren der Barmherzigkeit Allahs, wie er die Erde nach ihrem Tode lebendig macht; siehe, das ist wahrlich der Lebendigmacher der Toten, und er hat Macht über alle Dinge. (51.) Aber wahrlich, wenn wir einen Wind entsenden werden, und sie sähen (die Saat) gelb, dann würden sie hernach ungläubig bleiben.

(52.) Siehe, du vermagst drum nicht die Toten hörend zu machen und vermagst nicht zu bewirken, dass die Tauben den Ruf hören, wenn sie den Rücken zur Flucht wenden. (53.) Und nicht vermagst du die Blinden aus ihrem Irrtum zu leiten. Du machst nur hörend, die an unsre Zeichen glauben und Muslime sind. (54.) Allah ist's, der euch in Schwäche erschaffen hat, alsdann gab er euch nach der Schwäche Kraft; alsdann gab er euch nach der Stärke Schwäche und greises Haar. Er schafft, was er will, denn er ist der Wissende, der Mächtige. (55.) Und an dem Tage, da sich die ›Stunde‹ erhebt, werden die Sünder schwören, dass sie nur eine Stunde (auf Erden) verweilten. Also sind sie an die Lüge gewöhnt. (56.) Diejenigen aber, denen das Wissen und der Glauben gegeben ward, werden sprechen: »Wahrlich, ihr verweiltet nach dem Buche Allahs bis zum Tag der Erweckung, und dies ist der Tag der Erweckung, jedoch wusstet ihr es nicht.«

(57.) Und so wird an jenem Tage den Ungerechten ihre Entschuldigung nichts nützen, und nicht sollen sie aufgefordert werden, Wohlgefallen zu erlangen.
(58.) Und wahrlich, wir stellten für die Menschen in diesem Koran allerlei Gleichnisse auf; aber wahrlich, wenn du ihnen ein Zeichen bringst, dann sprechen die Ungläubigen: »Ihr folget nur Eitlem.«
(59.) Also versiegelt Allah die Herzen derer, die kein Wissen haben. (60.) Drum harre aus; siehe, Allahs Verheißung ist wahr; und lass dich nicht von jenen, die keine Gewissheit haben, ins Wanken bringen.

31. Sure - Loqman
Geoffenbart zu Mekka

Im Namen Allahs, des Erbarmers, des Barmherzigen!

(1.) A. L. M. (2.) Dies sind die Zeichen des weisen Buches, (3.) eine Leitung und eine Barmherzigkeit für die Rechtschaffenen, (4.) die das Gebet verrichten und die Armenspende entrichten und fest ans Jenseits glauben. (5.) Diese sind in der Leitung ihres Herrn, und ihnen ergeht es wohl.

(6.) Unter den Menschen gibt es gewisse, die (für ernste Geschichten) leichte Geschichten kaufen, um in die Irre zu führen von Allahs Weg, ohne Wissen, und darüber zu spotten. Solchen wird schändende Strafe.
(7.) Und wenn ihm unsre Zeichen vorgelesen werden, wendet er sich hoffärtig ab, als hätte er sie nicht gehört, als wenn seine Ohren schwerhörig wären; drum verkünde ihm schmerzliche Strafe. (8.) Siehe, diejenigen, welche glauben und das Rechte tun, für sie sind die Gärten der Wonne,
(9.) ewig darinnen zu verweilen. (Das ist) Allahs wahre Verheißung. Und er ist der Mächtige, der Weise.

(10.) Erschaffen hat er die Himmel ohne sichtbare Säulen, und er warf in die Erde die festgegründeten (Berge,) damit sie nicht wanke mit euch; und er verstreute über sie allerlei Getier, und vom Himmel senden wir Regen herab und lassen auf ihr allerlei edle Art sprießen. (11.) Dies ist Allahs Schöpfung, und nun zeigt mir, was jene (Götter) neben ihm erschufen? Nein, die Ungerechten sind in offenbarem Irrtum.
(12.) Und wahrlich, wir gaben Loqman Weisheit (und sprachen:) »Sei dankbar gegen Allah; denn wer dankbar ist, der ist nur zu seinem eigenen Besten dankbar. Und wer undankbar ist – siehe, so ist Allah reich und rühmenswert.«

(13.) Und (gedenke,) da Loqman zu seinem Sohne sprach, ihn ermahnend: »O mein Söhnlein, gib Allah keine Gefährten; siehe, Vielgötterei ist ein gewaltiger Frevel.«
(14.) Wir legten dem Menschen Güte gegen seine Eltern ans Herz. Seine Mutter trug ihn in Schwäche über Schwäche, und seine Entwöhnung ist binnen zwei Jahren. »Drum sei mir und deinen Eltern dankbar. Zu mir ist der Heimgang.«

(15.) Doch wenn sie mit dir eifern, dass du mir an die Seite setzest, wovon dir kein Wissen ward, so gehorche ihnen nicht; verkehre mit ihnen hienieden in Billigkeit, doch folge dem Weg derer, die sich zu mir bekehren. Alsdann ist eure Rückkehr zu mir, und verkünden will ich euch euer Tun.
(16.) »O mein Söhnlein, siehe, wäre es auch nur das Gewicht eines Senfkorns, und wäre es in einem Felsen oder in den Himmeln oder in der Erde, Allah bringt es (ans Licht). Siehe, Allah ist scharfsinnig und kundig.

(17.) O mein Söhnlein, verrichte das Gebet und gebiete, was Rechtens ist, und verbiete das Unrechte und ertrage standhaft, was dich trifft. Siehe, dies ist eins der beschlossenen Dinge.
(18.) Und verziehe nicht deine Wange gegen die Menschen und wandle nicht übermütig auf Erden. Siehe, Allah liebt keinen eingebildeten Prahler. (19.) Halte das rechte Maß in deinem Gang und sänftige deine Stimme. Siehe, die unangenehmste Stimme ist die Stimme der Esel.«

(20.) Sahet ihr denn nicht, dass euch Allah alles in den Himmeln und auf Erden unterwarf und über euch seine Gnade ausgoss, äußerlich und innerlich? Und doch streiten einige über Allah ohne Wissen und ohne Leitung und ohne erleuchtendes Buch.
(21.) Und wenn zu ihnen gesprochen wird: »Folget dem, was Allah hinabgesendet hat« – dann sprechen sie: »Nein, wir folgen dem, in dem wir unsre Väter erfanden.« Was!

Wiewohl sie der Satan zur Strafe der Feuersglut einladet? (22.) Wer aber sein Angesicht Allah ergibt und rechtschaffen handelt, der hat die festeste Handhabe ergriffen. Und zu Allah ist der Ausgang der Dinge.

(23.) Wer aber ungläubig ist, dessen Unglauben bekümmere dich nicht; zu uns ist ihre Rückkehr, und verkünden wollen wir ihnen ihr Tun. Siehe, Allah kennt das Innerste der Brust. (24.) Wir lassen ein Kleines des Lebens Freude genießen; alsdann treiben wir sie zu harter Strafe.
(25.) Und wahrlich, wenn du sie fragst, wer die Himmel und die Erde und was darinnen erschaffen, dann sprechen sie: »Allah.« Sprich: »Das Lob sei Allah!« Jedoch wissen es die meisten nicht. (26.) Allahs ist, was in den Himmeln und auf Erden. Siehe, Allah, er ist der Reiche, der Rühmenswerte.
(27.) Und wenn alle Bäume auf Erden Federn würden, und wüchse das Meer hernach zu sieben Meeren (von Tinte,) Allahs Worte würden nicht erschöpft. Siehe, Allah ist mächtig und weise.

(28.) Eure Schöpfung und eure Erweckung ist (ihm) nur (wie die) einer Seele. Siehe, Allah ist hörend und sehend. (29.) Siehst du denn nicht, dass Allah die Nacht auf den Tag folgen lässet und den Tag auf die Nacht und dass er die Sonne und den Mond dienstbar machte? dass alles zu einem bestimmten Termin läuft und dass Allah weiß, was ihr tut? (30.) Solches, dieweil Allah die Wahrheit ist, und weil alles, was ihr neben ihm anruft, Eitles ist, und weil Allah, der Hohe, der Große ist.

(31.) Siehst du denn nicht, dass die Schiffe auf dem Meere durch Allahs Gnade eilen, um euch etwas von seinen Zeichen zu zeigen? Hierin sind wahrlich Zeichen für jeden Standhaften und Dankbaren.
(32.) Und wenn sie eine Woge gleich Schatten bedeckt, dann rufen sie zu Allah in

lauterm Glauben. Hat er sie jedoch zum Strand errettet, dann schwanken einige hin und her. Unsre Zeichen aber bestreiten nur alle Treulosen und Undankbaren. O ihr Menschen, fürchtet euern Herrn und zaget vor dem Tag, wo der Vater nichts für den Sohn und der Sohn nichts für den Vater leisten kann.

(33.) Siehe, Allahs Verheißung ist wahr. Und lass dich nicht betrügen von dem irdischen Leben und nicht betrüge euch der Betrüger in betreff Allahs. (34.) Siehe, Allah – bei ihm ist das Wissen von der ›Stunde‹. Und er sendet den Regen herab, und er weiß, was in den Mutterschößen ist; und keine Seele weiß, was sie morgen gewinnen wird, und keine Seele weiß, in welchem Lande sie sterben wird. Siehe, Allah ist wissend und kundig.

32. Sure - Die Anbetung

Geoffenbart zu Mekka

Im Namen Allahs, des Erbarmers, des Barmherzigen!

(1.) A. L. M. (2.) Die Hinabsendung des Buches ist ohne Zweifel von dem Herrn der Welten. (3.) Sprechen sie da: »Er hat es erdichtet?« Doch es ist die Wahrheit von deinem Herrn, auf dass du warnest ein Volk, zu dem vor dir kein Warner kam. Vielleicht lassen sie sich leiten. (4.) Allah ist's, der die Himmel und die Erde, und was zwischen beiden ist, in sechs Tagen erschuf. Alsdann setzte er sich auf den Thron. Außer ihm habt ihr weder einen Beschützer noch Fürsprecher. Wollt ihr euch nicht ermahnen lassen?

(5.) Er befiehlt dem Logos vom Himmel zur Erde; alsdann steigt er (wieder) empor zu

ihm, an einem Tage, dessen Maß tausend Jahre sind von denen, die ihr zählt. (6.) Er kennt das Verborgene und das Sichtbare, der Mächtige, der Barmherzige, (7.) der alle Dinge gut erschaffen und der des Menschen Schöpfung aus Ton hervorgebracht. (8.) Alsdann bildete er seine Nachkommen aus Samen aus verächtlichem Wasser. (9.) Alsdann formte er ihn und blies in ihn von seinem Geiste und gab euch Gehör, Gesicht und Herzen. Wenig Dank stattet ihr ihm ab.

(10.) Und sie sprechen: »Wenn wir in der Erde verloren waren, sollen wir dann wieder neu erschaffen werden?« Ja, sie glauben nicht an die Begegnung mit ihrem Herrn. (11.) Sprich: »Fortnehmen wird euch der Engel des Todes, der mit euch betraut ist. Alsdann werdet ihr zu euerm Herrn zurückgebracht.« (12.) Sähest du dann nur die Sünder ihre Häupter vor ihrem Herrn niedersenken (und sprechen:) »Unser Herr, wir schauen und hören. lass uns zurückkehren, dass wir das Rechte tun. Siehe, wir haben (jetzt) festen Glauben.« (13.) Und hätten wir gewollt, wahrlich, wir hätten jeder Seele ihre Leitung gegeben; jedoch soll das Wort von mir wahr werden: »Wahrlich, erfüllen will ich Dschehannam mit Dschinn und Menschen allzumal.

(14.) So schmecket denn (die Strafe) dafür, dass ihr die Begegnung mit diesem euerm Tag vergaßet. Siehe, wir haben euch vergessen; schmecket denn die ewige Strafe für euer Tun.« (15.) Diejenigen nur glauben an unsre Zeichen (Verse), die bei ihrer Erwähnung in Anbetung niederfallen und das Lob ihres Herrn verkünden und nicht hoffärtig sind. (16.) Sie halten sich davon fern, ihre Seite aufs Lager zu legen, und rufen (statt dessen) ihren Herrn in Furcht und Verlangen an und spenden von unsern Gaben.

(17.) Keine Seele weiß, welcher Augentrost für sie verborgen ist als Belohnung für ihr Tun. (18.) Soll etwa der Gläubige gleich dem Gottlosen sein? Sie sollen nicht gleichgehalten sein. (19.) Was diejenigen anlangt, welche glauben und das Rechte tun, für die sollen die »Gärten der Wohnung« sein als Lohn für ihr Tun.

(20.) Was aber die Gottlosen anlangt – ihre Wohnung ist das Feuer. Sooft sie aus ihm herauswollen, sollen sie in dasselbe zurückgetrieben werden, und es soll zu ihnen gesprochen werden: »Schmecket die Feuerspein, die ihr als eine Lüge erklärtet.« (21.) Und wahrlich, wir wollen sie die nähere Strafe neben der größeren Strafe schmecken lassen, damit sie umkehren. (22.) Und wer ist ungerechter als der, dem die Zeichen seines Herrn vorgehalten sind und der sich dann von ihnen abkehrt? Siehe, wir rächen uns an den Sündern. (23.) Und wahrlich, wir gaben Moses die Schrift – drum sei nicht in Zweifel über die Begegnung mit ihm –, und wir machten sie zu einer Leitung für die Kinder Israel. (24.) Und wir gaben ihnen Führer aus ihrer Mitte, nach unserm Befehl zu leiten, nachdem sie sich standhaft erwiesen und fest an unsre Zeichen geglaubt hatten.

(25.) Siehe, dein Herr, entscheiden wird er zwischen ihnen am Tag der Auferstehung, worüber sie uneins sind. (26.) Ist es ihnen denn nicht bekannt, wie viele Geschlechter wir vor ihnen vertilgten, in deren Wohnungen sie wandeln? Siehe, hierin sind wahrlich Zeichen! Hört ihr denn nicht? (27.) Sehen sie denn nicht, dass wir das Wasser zum dürren Land treiben und durch dasselbe Korn hervorbringen, von dem ihr Vieh und sie selber essen? Sehen sie denn nicht? (28.) Und sie sprechen: »Wann trifft diese Entscheidung ein, so ihr wahrhaftig seid?« (29.) Sprich: »An dem Tag der Entscheidung soll den Ungläubigen ihr Glauben nicht frommen, und nicht sollen sie errettet werden. (30.) Drum kehre dich ab von ihnen und warte; siehe, sie warten auch.«

<u>33. Sure - Die Verbündeten</u>

Geoffenbart zu Medina

Im Namen Allahs, des Erbarmers, des Barmherzigen!

(1.) O Prophet, fürchte Allah und gehorche nicht den Ungläubigen und Heuchlern; siehe, Allah ist wissend und weise. (2.) Und folge dem, was dir von deinem Herrn offenbart ward; siehe, Allah weiß, was ihr tut. (3.) Und vertraue auf Allah, und Allah genügt als Schützer. (4.) Allah hat keinem Menschen zween Herzen in seinem Innern gegeben, noch hat er die Frauen, von denen ihr euch mit der Formel »Sei mir wie der Rücken meiner Mutter« scheidet, zu euern Müttern gemacht, noch auch eure Adoptivsöhne zu euern leiblichen Söhnen. Das sind eure Worte in euerm Mund; Allah aber spricht die Wahrheit, und er leitet auf den rechten Weg.

(5.) Nennt sie nach ihren Vätern; dies ist gerechter vor Allah. Wenn ihr jedoch ihre Väter nicht kennt, so seien sie doch eure Brüder im Glauben und eure Schützlinge. Und was ihr darinnen fehlt, ist euch keine Sünde, es sei denn, was eure Herzen mit Vorsatz tun. Und Allah ist verzeihend und barmherzig. (6.) Der Prophet steht den Gläubigen näher als sie sich selber, und seine Gattinnen sind ihre Mütter. Und Blutsverwandte sind einander nach dem Buche Allahs näher verwandt als die Gläubigen und die Ausgewanderten. Was nur an Gutem ihr euern Verwandten antut, das ist in dem Buch verzeichnet.

(7.) Und (gedenke,) da wir mit den Propheten den Bund eingingen, mit dir und mit Noah und Abraham und Moses und Jesus, dem Sohn der Maria; und wir gingen mit ihnen einen festen Bund ein, (8.) auf dass er die Wahrhaftigen nach ihrer Wahrhaftigkeit befragte; für die Ungläubigen aber hat er schmerzliche Strafe bereitet. (9.) O ihr, die ihr glaubt, gedenket der Gnade Allahs wider euch, da Heerscharen zu euch kamen und wir wider sie einen Wind und euch unsichtbare Heerscharen entsandten – und Allah schaute euer Tun; (10.) da sie zu euch kamen von oben und von unten her und die Blicke sich abkehrten und die Herzen in die Kehlen stiegen und ihr wider Allah Gedanken fasstet.

(11.) Daselbst wurden die Gläubigen geprüft und von mächtigem Zittern ergriffen. (12.) Und da die Heuchler und jene, in deren Herzen Krankheit war, sprachen: »Allah und sein Gesandter haben uns nur Trug verheißen.« (13.) Und da eine Anzahl von ihnen sprach: »Ihr Leute von Jathrib, (hier) ist kein Platz für euch, kehret drum zurück.« Und ein Teil von ihnen bat den Propheten um Erlaubnis (heimzukehren) und sprach: »Siehe, unsre Häuser sind schutzlos.« Doch waren sie nicht schutzlos, sondern sie wollten nur fliehen. (14.) Und wäre man von (allen) Seiten (der Stadt) auf sie eingedrungen, und wären sie zur Abtrünnigkeit aufgefordert, sie hätten es getan, und nur kurze Zeit hätten sie in ihr verweilt. (15.) Und wahrlich, sie hatten zuvor mit Allah einen Bund geschlossen, nicht den Rücken zur Flucht zu wenden; und der Bund mit Allah wird zur Rechenschaft gezogen.

(16.) Sprich: »Nimmermehr nützt euch die Flucht. Wäret ihr auch dem Sterben oder der Niedermetzelung entflohen, dann würdet ihr euch doch nur noch kurze Zeit des Lebens erfreuen.« (17.) Sprich: »Wer ist es, der euch vor Allah schützt, sei es, dass er euch Böses antun oder Barmherzigkeit erweisen will?« Außer Allah finden sie für sich weder Schützer noch Helfer. (18.) Allah kennt die Behinderer (andrer) unter euch und diejenigen, welche zu ihren Brüdern sprechen: »Kommt her zu uns«, und nur wenig Mut zeigen (19.) in ihrem Geiz gegen euch. Wenn die Furcht naht, dann siehst du sie auf dich schauen mit rollenden Augen wie einer, der vom Tod überkommen wird. Ist aber die Furcht vergangen, dann empfangen sie euch mit scharfen Zungen, habgierig nach dem besten (Anteil der Beute). Diese haben keinen Glauben; drum wird Allah ihre Werke zunichte machen, und dies ist Allah leicht.

(20.) Sie glaubten, dass die Gruppen (der Verbündeten) nicht abziehen würden; und kämen die Gruppen (der Verbündeten wiederum), dann würden sie lieber bei den Arabern in der Wüste leben wollen und Nachrichten von euch einziehen. Wären sie aber bei euch gewesen, nur wenig hätten sie gekämpft. (21.) Wahrlich, in dem Gesandten Allahs hattet ihr ein schönes Beispiel für jeden, der auf Allah und den Jüngsten Tag hofft und oft Allahs gedenkt.

(22.) Als die Gläubigen die Gruppen (der Verbündeten) sahen, sprachen sie: »Dies ist das, was uns Allah und sein Gesandter verheißen, und Allah und sein Gesandter sprachen wahr.« Und es mehrte nur ihren Glauben und ihre Ergebung. (23.) Unter den Gläubigen waren Männer, welche wahr machten, was sie Allah gelobt hatten. Einige von ihnen erfüllten ihr Gelübde, und andre warten noch darauf und wandelten sich nicht; (24.) auf dass Allah die Wahrhaftigen für ihre Wahrhaftigkeit belohne und die Heuchler bestrafe, so er es will, oder sich zu ihnen kehre. Siehe, Allah ist verzeihend und barmherzig.

(25.) Und es trieb Allah die Ungläubigen in ihrem Grimm zurück; sie erlangten keinen Vorteil; und Allah genügte den Gläubigen im Streit, denn Allah ist stark und mächtig. (26.) Und er veranlasste diejenigen vom Volke der Schrift, die ihnen halfen, von ihren Kastellen herabzusteigen, und warf Schrecken in ihre Herzen. Einen Teil erschlugt ihr und einen Teil nahmt ihr gefangen. (27.) Und er gab euch zum Erbe ihr Land und ihre Wohnungen und ihr Gut, und ein Land, das ihr nie betratet. Und Allah hat Macht über alle Dinge.

(28.) O Prophet, sprich zu deinen Gattinnen: »So ihr das irdische Leben begehrt mit seinem Schmuck, so kommet her; ich will euch ausstatten und will euch geziemend entlassen. (29.) Wenn ihr aber Allah begehrt und seinen Gesandten und die jenseitige Wohnung, so hat Allah für die tugendhaften unter euch gewaltigen Lohn bereitet.«

(30.) O Frauen des Propheten, wenn eine von euch eine offenkundige Schändlichkeit begeht, so soll ihre Strafe zwiefach verdoppelt werden, denn solches ist Allah leicht. (31.) Wer von euch jedoch Allah und seinem Gesandten gehorcht und rechtschaffen handelt, der geben wir zwiefältigen Lohn, und wir haben für sie eine edle Versorgung in Bereitschaft gesetzt. (32.) O Frauen des Propheten, ihr seid nicht wie eine der (andern) Frauen. Wenn ihr gottesfürchtig seid, so seid nicht entgegenkommend in der Rede, so dass der, in dessen Herz Krankheit ist, lüstern wird, sondern sprecht geziemende Worte.

(33.) Und sitzet still in euren Häusern und schmücket euch nicht wie in der früheren Zeit der Unwissenheit und verrichtet das Gebet und entrichtet die Armenspende und gehorchet Allah und seinem Gesandten.

Siehe, Allah will von euch als den Hausleuten den Greuel nehmen und euch völlig reinigen. (34.) Und gedenket dessen, was von den Zeichen Allahs und an Weisheit in euern Häusern verlesen wird. Siehe, Allah ist scharfsinnig und kundig.

(35.) Siehe, die muslimischen Männer und Frauen, die gläubigen, die gehorsamen, die wahrhaftigen, standhaften, demütigen, almosenspendenden, fastenden, ihre Scham hütenden und Allahs häufig gedenkenden Männer und Frauen, bereitet hat ihnen Allah Verzeihung und gewaltigen Lohn. (36.) Und nicht geziemt es einem gläubigen Mann oder einer gläubigen Frau, wenn Allah und sein Gesandter eine Sache entschieden hat, die Wahl in ihren Angelegenheiten zu haben. Und wer gegen Allah und seinen Gesandten aufsässig wird, der ist in offenkundigem Irrtum.

(37.) Und (gedenke,) da du zu dem sprachst, dem Allah Gnade erwiesen hatte und du: »Behalte deine Gattin für dich und fürchte Allah«, und du in deiner Seele verbargst, was Allah offenkund tun wollte, und die Menschen fürchtetest, wo Allah mehr verdient, gefürchtet zu werden. Und als Zaid die Sache mit ihr erledigt hatte, verheirateten wir dich mit ihr, damit es für die Gläubigen keine Sünde sei, die Gattinnen ihrer Adoptivsöhne zu heiraten, wenn sie die Sache mit ihnen erledigt haben. Und Allahs Befehl ist zu tun.

(38.) Der Prophet begeht keine Sünde in dem, was Allah ihm verordnet hat; das war der Brauch Allahs mit denen, die vor euch hingingen – und Allahs Befehl ist ein beschlossener Beschluss –, (39.) jene, welche Allahs Gesandtschaften ausrichteten und ihn fürchteten und niemand fürchteten außer Allah. Und Allah hält genügende Abrechnung.

(40.) Mohammed ist nicht der Vater eines eurer Männer, sondern Allahs Gesandter und das Siegel der Propheten: und Allah weiß alle Dinge.
(41.) O ihr Gläubigen, gedenket Allahs in häufigem Gedenken (42.) und preiset ihn morgens und abends. (43.) Er und seine Engel beten für euch, dass er euch aus den Finsternissen zum Licht führt; und er ist gegen die Gläubigen barmherzig.
(44.) Euer Gruß sei an dem Tage, da ihr ihm begegnet: »Frieden!« Und er hat für sie einen edlen Lohn bereitet.

(45.) O Prophet, wir haben dich entsendet als einen Zeugen und einen Freudenboten und Warner, (46.) und als einen, der da einladet zu Allah mit seiner Erlaubnis, und als eine leuchtende Lampe.
(47.) Und verkündige den Gläubigen, dass ihnen von Allah große Huld wird.
(48.) Und gehorche nicht den Ungläubigen und Heuchlern; lass ihre Schädigung und vertraue auf Allah. Und Allah genügt als Schützer. (49.) O ihr, die ihr glaubt, wenn ihr gläubige Frauen heiratet und euch von ihnen scheidet, bevor ihr sie berührt habt, so habt ihr keinen Termin in Bezug auf sie innezuhalten. Doch versorget sie und entlasset sie in geziemender Weise.

(50.) O Prophet, wir erlauben dir deine Gattinnen, denen du ihre Mitgift gabst, und (die Sklavinnen,) die deine Rechte besitzt von dem, was dir Allah an Beute gab, und die Töchter deines Oheims und deiner Tanten väterlicherseits sowie die Töchter deines Oheims und deiner Tanten mütterlicherseits, die mit dir auswanderten, und jede gläubige Frau, wenn sie sich dem Propheten schenkt, so der Prophet sie zu heiraten begehrt: ein besonderes Privileg für dich vor den Gläubigen. Wir wissen wohl, was wir für sie verordneten in betreff ihrer Gattinnen und (der Sklavinnen,) die ihre Rechte besitzt, auf dass du keine Sünde

begehst. Und Allah ist verzeihend und barmherzig.

(51.) Du kannst, wen du willst von ihnen, abweisen, und zu dir nehmen, wen du willst und nach wem du Verlangen trägst von jenen, die du verstießest; es soll keine Sünde auf dir sein. Solches dient mehr dazu, ihre Augen zu trösten, und dass sie sich nicht betrüben und zufrieden sind mit dem, was du einer jeden von ihnen gewährst. Und Allah weiß, was in euern Herzen ist, und Allah ist wissend und milde.
(52.) Dir sind hinfort keine Frauen mehr erlaubt, noch darfst du für sie andre Gattinnen eintauschen, wenn dir auch ihre Schönheit gefällt, es sei denn für (die Sklavinnen,) die deine Rechte besitzt. Und Allah wacht über alle Dinge.

(53.) O ihr, die ihr glaubt, tretet nicht ein in die Häuser des Propheten – es sei denn, dass er es euch erlaubt – für ein Mahl, ohne auf die rechte Zeit zu warten. Wenn ihr jedoch eingeladen seid, dann tretet ein. Und wenn ihr gespeist habt, so gehet auseinander und beginnt keine vertrauliche Unterhaltung. Siehe, dies würde dem Propheten Verdruss bereiten, und er würde sich eurer schämen; Allah aber schämt sich nicht der Wahrheit. Und wenn ihr sie um einen Gegenstand bittet, so bittet sie hinter einem Vorhang; solches ist reiner für eure und ihre Herzen. Und es geziemt euch nicht, dem Gesandten Allahs Verdruss zu bereiten noch nach ihm je seine Gattinnen zu heiraten. Siehe, solches wäre bei Allah ein gewaltig (Ding).

(54.) Ob ihr ein Ding an den Tag bringt oder es verbergt, siehe, Allah weiß alle Dinge.
(55.) Keine Sünde begehen sie, (wenn sie unverschleiert) mit ihren Vätern oder ihren Söhnen oder ihren Brüdern oder den Söhnen ihrer Brüder oder den Söhnen ihrer Schwestern oder ihren Frauen oder (den Sklaven,) die ihre Rechte besitzt, (sprechen). Und fürchtet Allah; siehe, Allah ist Zeuge

aller Dinge. (56.) Siehe, Allah und seine Engel beten für den Propheten. O ihr, die ihr glaubt, segnet ihn und begrüßet ihn mit dem Friedensgruß. (57.) Siehe, diejenigen, welche Allah und seinen Gesandten verletzen, verfluchen wird sie Allah in der Welt und im Jenseits, und bereitet hat er ihnen schändende Strafe.
(58.) Und diejenigen, welche die gläubigen Männer und Frauen unverdienterweise verletzen, die haben (die Schuld der) Verleumdung und offenkundiger Sünde zu tragen. (59.) O Prophet, sprich zu deinen Gattinnen und deinen Töchtern und den Frauen der Gläubigen, dass sie sich in ihren Überwurf verhüllen. So werden sie eher erkannt und werden nicht verletzt. Und Allah ist verzeihend und barmherzig.

(60.) Wahrlich, wenn die Heuchler und diejenigen, in deren Herzen Krankheit ist, und die Aufwiegler in Medina nicht aufhören, so werden wir dich gegen sie anspornen. Alsdann sollen sie nicht darinnen als deine Nachbarn wohnen, es sei denn nur für kurze Zeit.
(61.) Verflucht, wo immer sie gefunden werden, sollen sie ergriffen und niedergemetzelt werden. (62.) Das war Allahs Brauch mit denen, die zuvor hingingen, und nimmer findest du in Allahs Brauch einen Wandel. (63.) Die Menschen werden dich nach der ›Stunde‹ befragen. Sprich: »Das Wissen von ihr ist allein bei Allah, und was lässt dich wissen, dass die Stunde vielleicht nahe ist?«
(64.) Siehe, Allah hat die Ungläubigen verflucht und hat für sie die Flamme bereitet.

(65.) Ewig und immerdar werden sie in ihr verweilen und werden weder Schützer noch Helfer finden. (66.) Am Tage, da sie mit ihren Angesichtern ins Feuer gestürzt werden, werden sie sprechen: »O dass wir doch Allah gehorcht hätten und gehorcht

hätten dem Gesandten!« (67.) Und sprechen werden sie: »Unser Herr, siehe, wir gehorchten unsern Herren und Großen, und sie führten uns des Weges irre.
(68.) Unser Herr, gib ihnen die doppelte Strafe und verfluche sie mit einem großen Fluch.« (69.) O ihr, die ihr glaubt, seid nicht wie jene, welche Moses verletzten. Allah reinigte ihn von dem, was sie sprachen, und er war bei Allah hochgeachtet.

(70.) O ihr, die ihr glaubt, fürchtet Allah und sprecht aufrichtige Worte, (71.) dass er eure Werke für euch fördert und euch eure Sünden vergibt. Und wer Allah und seinem Gesandten gehorcht, hat hohe Glückseligkeit erlangt. (72.) Siehe, wir boten den Himmeln und der Erde und den Bergen das Unterpfand an, doch weigerten sie sich, es zu tragen, und schreckten davor zurück. Der Mensch lud es jedoch auf sich, denn er ist ungerecht und unwissend:
(73.) Auf dass Allah die Heuchler und Heuchlerinnen und die Götzendiener und Götzendienerinnen züchtige und sich zu den gläubigen Männern und Frauen kehre. Und Allah ist verzeihend und barmherzig.

34. Sure - Saba

Geoffenbart zu Mekka

Im Namen Allahs, des Erbarmers, des Barmherzigen!

(1.) Das Lob sei Allah, des alles in den Himmeln und auf Erden ist; und ihm sei das Lob im Jenseits, und er ist der Weise, der Kundige. (2.) Er weiß, was in die Erde eingeht und was aus ihr hervorkommt, und was vom Himmel herniederkommt und in ihn emporsteigt; und er ist der Barmherzige, der Verzeihende. (3.) Und es sprechen die Ungläubigen: »Nicht kommt die ›Stunde‹ zu

uns.« Sprich: »Nein fürwahr, bei meinem Herrn, sie kommt wahrlich zu euch. Dem, der da kennet das Verborgene, entgeht nicht das Gewicht eines Stäubchens in den Himmeln und auf Erden; noch gibt es etwas Kleineres oder Größeres als dieses, das nicht in einem offenkundigen Buch wäre;
(4.) auf dass er belohne diejenigen, welche glauben und das Rechte tun. Sie – Verzeihung ist für sie und ein edler Lohn.

(5.) Diejenigen aber, welche sich mühen, unsre Zeichen kraftlos zu machen, sie – eine Strafe schmerzlicher Pein ist für sie.
(6.) Und es sehen die, denen das Wissen gegeben ward, dass das, was zu dir von deinem Herrn herabgesandt ward, die Wahrheit ist und zum Pfad des Mächtigen, Rühmenswerten leitet. (7.) Und es sprechen die Ungläubigen: Sollen wir euch zu einem Manne leiten, der euch ansagt, dass ihr, wenn ihr kurz und klein in Stücke zerrissen seid, in neuer Schöpfung erstehen sollt?

(8.) Er hat eine Lüge wider Allah ersonnen oder er ist von einem Dschinn besessen.« Doch diejenigen, welche nicht ans Jenseits glauben, sind der Strafe verfallen und in tiefem Irrtum. (9.) Sahen sie denn nicht, was vor ihnen und hinter ihnen vom Himmel und der Erde ist? Wenn wir wollten, ließen wir sie in die Erde versinken oder ließen ein Stück vom Himmel auf sie fallen. Siehe, hierin ist wahrlich ein Zeichen für alle bereuenden Diener.

(10.) Und wahrlich, wir gaben David Gnade von uns: »O ihr Berge, lobpreiset mit ihm, und ihr Vögel!« Und wir erweichten für ihn das Eisen: (11.) »Mache Panzerhemden und füge gehörig die Maschen ineinander; und tut das Rechte; siehe, ich schaue euer Tun.«
(12.) Und Salomo (unterwarfen wir) den Wind; sein Morgen war ein Monat und sein Abend ein Monat, und wir ließen eine Quelle von geschmolzenem Messing für ihn fließen. Und von den Dschinn arbeiteten

einige vor ihm mit der Erlaubnis seines Herrn, und wer von ihnen von unserm Befehl abwich, dem gaben wir von der Strafe der »Flamme« zu schmecken.
(13.) Sie arbeiteten für ihn, was er wollte an Hallen, Bildnissen, Schüsseln gleich Wassertrögen und feststehenden Töpfen. »Wirket Dank, (dem) Haus Davids! Wenige meiner Diener sind dankbar.«

(14.) Und als wir den Tod für ihn beschlossen, zeigte ihnen nichts seinen Tod an als ein Wurm der Erde, welcher seinen Stab zerfraß. Und da er hinstürzte, erkannten die Dschinn, dass, wenn sie das Verborgene erkannt hätten, sie nicht in ihrer schändenden Strafe zu verweilen gebraucht hätten. (15.) Wahrlich, Saba hatte in ihren Wohnungen ein Zeichen: Zwei Gärten, (einen) zur Rechten und (einen) zur Linken. »Esset von der Gabe eures Herrn und danket ihm. Ein gutes Land und ein verzeihender Herr!« (16.) Sie aber wendeten sich ab, und da sandten wir über sie die Flut des Dammbruchs und vertauschten ihnen ihre beiden Gärten mit zwei Gärten von bitterer Speis und Tamariske und ein wenig Lotosbäumen.

(17.) Solches gaben wir ihnen zum Lohn für ihren Unglauben. Und belohnen wir nicht allein Undankbare (in dieser Weise)?
(18.) Und wir setzten zwischen sie und zwischen die Städte, die wir gesegnet hatten, bekannte Städte und maßen die Reise zu ihr aus: »Reiset zu ihr bei Nacht und Tag in Sicherheit.«
(19.) Und sie sprachen: »Unser Herr, mache die Stationen unserer Reise weiter auseinander.« Und sie sündigten wider sich selber, drum machten wir sie zu (einem Gegenstand von) Geschichten und zerrissen sie kurz und klein. Siehe, hierin sind wahrlich Zeichen für alle Standhaften und Dankbaren.

(20.) Und wahrlich, Iblis fand seine Meinung von ihnen bestätigt; und sie folgten ihm mit Ausnahme eines Teiles der Gläubigen.
(21.) Doch hatte er nur Macht über sie, weil wir wissen wollten, wer ans Jenseits glaubte und wer darüber in Zweifel wäre. Und dein Herr hütet alle Dinge. (22.) Sprich: »Rufet diejenigen, die ihr neben Allah annehmt; sie haben nicht Macht über das Gewicht eines Stäubchens in den Himmeln und auf Erden, noch haben sie einen Anteil an ihnen beiden, noch hat er unter ihnen einen Helfer.
(23.) Auch nützt Fürbitte bei ihm nur für den, für welchen er es erlaubt, so dass, wenn der Schrecken aus ihren Herzen gewichen ist, sie sprechen: »Was spricht euer Herr?« Sie sprechen: »Die Wahrheit, denn er ist der Hohe, der Große.«

(24.) Sprich: »Wer versorgt euch von den Himmeln und der Erde her?« Sprich: »Allah.« Und siehe, wir oder ihr seid in der Leitung oder in offenkundigem Irrtum.
(25.) Sprich: »Ihr sollt nicht befragt werden ob dem, was wir gesündigt, noch sollen wir nach euerm Tun befragt werden.«
(26.) Sprich: »Versammeln wird uns unser Herr, alsdann wird er in Wahrheit zwischen uns richten, denn er ist der Richter, der Wissende.« (27.) Sprich: »Zeigt mir jene, die ihr als Gefährten ihm hinzugefügt habt.« Keineswegs. Nein, er ist Allah, der Mächtige, der Weise. (28.) Und wir entsandten dich nur zur gesamten Menschheit als einen Freudenboten und Warner, jedoch wissen es die meisten Menschen nicht. (29.) Und sie sprechen: »Wann tritt diese Drohung ein, so ihr wahrhaftig seid?«

(30.) Sprich: »Euch ist ein Tag festgesetzt, von dem ihr keine Stunde hemmen noch beschleunigen könnt.« (31.) Und es sprechen die Ungläubigen: »Nimmer glauben wir an diesen Koran noch an das ihm Voraufgegangene.« Sähest du aber nur die Ungerechten, wenn sie vor ihren Herrn gestellt werden! Sie werden dann untereinander Worte wechseln, und die für schwach Erachteten werden dann zu den sich groß Dünkenden sprechen: »Wäret ihr nicht gewesen, wir würden geglaubt haben.«
(32.) Dann werden die sich groß Dünkenden zu den schwach Erachteten sprechen: »Waren wir es etwa, die euch von der Leitung abwendig machten, nachdem sie zu euch gekommen? Nein, ihr selber waret Sünder.«

(33.) Alsdann werden die Schwachen den Hochmütigen antworten: »Nein, das Ränkeschmieden bei Tag und Nacht, da ihr uns hießet, nicht an Allah zu glauben und ihm seinesgleichen zu geben, (hat uns verführt).« Und sie werden Reue bezeugen, nachdem sie die Strafe erschaut. Und wir werden Joche auf die Nacken der Ungläubigen legen. Sollen sie etwa anders als nach ihrem Tun belohnt werden?
(34.) Und wir entsandten keinen Warner zu einer Stadt, deren Üppige nicht gesprochen hätten: »Siehe, wir glauben nicht an eure Sendung.« (35.) Und sie sprachen: »Wir sind reicher an Gut und Kindern und werden nicht bestraft werden.«

(36.) Sprich: »Siehe, mein Herr gibt reiche und bemessene Versorgung, wem er will, jedoch wissen es die meisten Menschen nicht.« (37.) Und weder euer Gut noch eure Kinder ist das, was euch uns nahebringen soll. Nur diejenigen, welche glauben und das Rechte tun, die sollen doppelten Lohn für das, was sie taten, erhalten und sollen in den Söllern (des Paradieses) sicher sein.
(38.) Diejenigen aber, welche sich mühen, unsre Zeichen kraftlos zu machen, sollen der Strafe überantwortet werden.
(39.) Sprich: »Siehe, mein Herr versorgt, wen er will von seinen Dienern, im Überfluss und bemessen, und was ihr spendet, wird er

euch wiedergeben. Und er ist der beste Versorger.«

(40.) Und eines Tages wird er euch insgesamt versammeln; alsdann wird er zu den Engeln sprechen: »Dieneten euch etwa diese?« (41.) Sie werden sprechen: »Preis sei dir! Du bist unser Beschützer, nicht sie. Sie aber dienten den Dschinn, und die meisten von ihnen glaubten an sie.«
(42.) Aber an jenem Tage kann niemand dem andern nützen oder schaden, und wir werden zu den Ungerechten sprechen: »Schmecket die Strafe des Feuers, die ihr für eine Lüge erklärtet.«

(43.) Und wenn ihnen unsre deutlichen Zeichen verlesen werden, sprechen sie: »Dies ist weiter nichts als ein Mann, der euch abwendig machen will von dem, was eure Väter verehrten.« Und sie sprechen: »Dies ist nichts als eine erdichtete Lüge.« Und die Ungläubigen sprechen von der Wahrheit, nachdem sie zu ihnen gekommen: »Dies ist nichts als offenkundige Zauberei.« (44.) Und wir gaben ihnen nicht Bücher zu studieren und entsandten zu ihnen keinen Warner vor dir. (45.) Und der Lüge ziehen auch die, welche vor ihnen lebten, und sie erreichten nicht den zehnten Teil von dem, was wir ihnen gegeben. Und so ziehen sie meine Gesandten der Lüge, aber wie war meine Verwerfung!

(46.) Sprich: »Siehe, ich ermahne euch nur in einem, dass ihr vor Allah zu zwei und zwei oder einzeln hintretet; alsdann bedenket, dass in euerm Gefährten kein Dschinn ist. Er ist weiter nichts als euer Warner vor einer strengen Strafe.« (47.) Sprich: »Ich verlange keinen Lohn von euch; der ist für euch; mein Lohn ist allein bei Allah, und er ist Zeuge aller Dinge.« (48.) Sprich: »Siehe, mein Herr sendet aus die Wahrheit (in seine Gesandten,) der Wisser der verborgenen Dinge.« (49.) Sprich: »Gekommen ist die

Wahrheit, und das Eitle soll sich nicht mehr zeigen und nicht wiederkehren.«

(50.) Sprich: »Wenn ich irre, irre ich nur wider mich selber; und wenn ich geleitet bin, so ist's durch das, was mein Herr mir offenbart; siehe, er ist hörend und nahe.«
(51.) Sähest du nur, wenn sie zittern und kein Entrinnen finden und von einer nahe Stätte fortgenommen werden. (52.) Und sie sprechen: »Wir glauben daran.« Wie aber können sie (zum Glauben) kommen an einer fernen Stätte, (53.) wo sie zuvor ungläubig waren und das Verborgene aus der Entfernung beiseite warfen. (54.) Und es soll zwischen ihnen und dem, was sie ersehnen, eine Schranke gezogen werden, wie es mit den ihnen Ähnlichen zuvor geschah; siehe, sie waren in tiefem Zweifel.

35. Sure - Die Engel
Geoffenbart zu Mekka

Im Namen Allahs, des Erbarmers, des Barmherzigen!

(1.) Das Lob sei Allah, dem Schöpfer der Himmel und der Erde, der die Engel zu Boten macht, versehen mit Flügeln in Paaren, zu dritt und zu viert. Er fügt der Kreatur hinzu, was er will; siehe, Allah hat Macht über alle Dinge.
(2.) Was Allah auftut den Menschen an Barmherzigkeit, das kann niemand zurückhalten; und was er zurückhält, kann niemand nach ihm entsenden. Denn er ist der Mächtige, der Weise.
(3.) O ihr Menschen, gedenket der Gnade Allahs wider euch. Gibt es einen Schöpfer außer Allah, der euch vom Himmel und der Erde her versorgt? Es gibt keinen Gott außer ihm; wie könnt ihr da abgewendet sein?

(4.) Und wenn sie dich der Lüge zeihen, so wurden schon Gesandte vor dir der Lüge geziehen, und zu Allah kehrten die Dinge zurück.

(5.) O ihr Menschen, siehe, Allahs Verheißung ist wahr, drum betrüge euch nicht das irdische Leben, und der Betrüger betrüge euch nicht in betreff Allahs.
(6.) Siehe, der Satan ist euch ein Feind. So haltet ihn als einen Feind; er ladet nur seine Anhänger ein, um zu den Gesellen der »Flamme« zu gehören. (7.) Die Ungläubigen – eine strenge Strafe trifft sie. Diejenigen, aber, welche glauben und das Rechte tun – ihnen wird Verzeihung und großer Lohn. (8.) Soll etwa der, dessen böse Handlungen so ausgeputzt werden, dass er sie für gut ansieht, (gleich sein dem, der rechtgeleitet ist und die Wahrheit erkannt hat)? Siehe, Allah leitet irre, wen er will, und leitet recht, wen er will. lass drum deine Seele in Seufzern für sie nicht hinschwinden. Siehe, Allah weiß, was sie tun. (9.) Und Allah ist's, der die Winde entsendet, dass sie Wolken aufheben; und wir treiben sie zu einem toten Land und machen die Erde mit ihnen lebendig nach ihrem Tode. Also wird die Auferstehung sein.

(10.) Wer da Macht anstrebt, so ist Allahs die Macht allzumal. Zu ihm steigt das gute Wort empor, und die rechtschaffene Tat, er erhöht sie. Diejenigen jedoch, welche Böses planen, ihnen wird strenge Strafe, und die Ränke jener werden zugrunde gehen.
(11.) Und Allah hat euch erschaffen aus Staub, alsdann aus einem Samentropfen, alsdann machte er euch zu (zwei) Geschlechtern. Und keine Frau wird schwanger oder kommt nieder ohne sein Wissen, und kein Alternder altert oder nimmt ab an Alter, ohne dass es in einem Buch steht. Siehe, dieses ist Allah leicht.
(12.) Und nicht sind die beiden Wasser gleich. Das eine ist süß, frisch und angenehm zu trinken, und das andre salzig, bitter. Aus beiden esset ihr jedoch frisches Fleisch und holt Schmucksachen, die ihr tragt. Und du siehst die Schiffe es durchpflügen, in euerm Trachten nach seiner Huld; und vielleicht seid ihr dankbar.

(13.) Er lässet die Nacht folgen dem Tag und den Tag folgen der Nacht und machte dienstbar die Sonne und den Mond; alles läuft zu einem bestimmten Ziel. Solches ist Allah, euer Herr. Ihm ist das Reich, und diejenigen, die ihr außer ihm anruft, haben nicht Macht über das Häutchen eines Dattelkerns. (14.) Wenn ihr sie anruft, so hören sie nicht euern Ruf, und wenn sie auch hörten, sie antworteten euch nicht; und am Tag der Auferstehung werden sie es leugnen, dass ihr sie zu Gefährten (Allahs) machtet. Und niemand kann dich unterweisen gleich dem Kundigen.
(15.) O ihr Menschen, ihr seid die Armen zu Allah, und Allah ist der Reiche, der Rühmenswerte.

(16.) Wenn er will, nimmt er euch fort und bringt eine neue Schöpfung.
(17.) Und solches fällt Allah nicht schwer.
(18.) Und nicht wird eine beladene (Seele) die Last einer andern tragen, und so eine schwerbeladene um ihrer Last willen ruft, soll nichts von ihr getragen werden, auch nicht von einem Verwandten. Du sollst nur jene warnen, welche ihren Herrn im Verborgenen fürchten und das Gebet verrichten. Und wer sich reinigt, reinigt sich nur zu seinem eigenen Besten, und zu Allah ist der Heimgang. (19.) Und nicht ist der Blinde dem Sehenden gleich, (20.) noch auch Finsternisse (21.) und Licht und der Schatten und der Glutwind.

(22.) Ebenso wenig sind die Lebendigen und Toten gleich. Siehe, Allah macht hörend, wen er will, und dir liegt es nicht ob, die in den Gräbern hörend zu machen;
(23.) siehe, du bist nur ein Warner.

(24.) Siehe, wir entsandten dich in Wahrheit als einen Freudenboten und Warner, und es gibt kein Volk, in dem nicht ein Warner gelebt hätte. (25.) Und wenn sie dich der Lüge zeihen, so ziehen schon diejenigen, die vor ihnen lebten, ihre Gesandten der Lüge, die zu ihnen mit den deutlichen Beweisen, mit den Schriften und dem erleuchtenden Buch kamen. (26.) Alsdann erfasste ich die Ungläubigen, und wie war meine Verwerfung!

(27.) Siehst du nicht, dass Allah vom Himmel Wasser herniedersendet? Und mit ihm holen wir Früchte von mannigfacher Farbe heraus. Und in den Bergen finden sich weiße und rote Züge, bunt an Farbe und rabenschwarze; (28.) und Menschen, Tiere und Vieh von bunter Farbe. Und darum fürchten Allah von seinen Dienern nur die Wissenden. Siehe, Allah ist mächtig und verzeihend. (29.) Siehe, diejenigen, welche Allahs Buch lesen und das Gebet verrichten und von dem, womit wir sie versorgten, insgeheim und öffentlich spenden, dürfen auf eine Ware hoffen, die nicht untergehen soll.

(30.) Auf dass er ihnen ihren Lohn zahlt und ihnen aus seiner Huld hinzufügt. Siehe, er ist verzeihend und dankbar. (31.) Und was wir dir von dem Buche offenbarten, ist die Wahrheit, bestätigend das ihm Vorausgegangene. Siehe, Allah kennt und sieht wahrlich seine Diener.
(32.) Alsdann gaben wir das Buch jenen von unsern Dienern, die wir erwählten, zum Erbe, und die einen von ihnen sündigen wider sich selber, die andern halten die Mitte ein, und wieder andre wetteifern im Guten mit Allahs Erlaubnis. Das ist die große Huld.

(33.) Edens Gärten, eintreten werden sie in sie; geschmückt werden sie in ihnen sein mit Armbändern aus Gold und Perlen, und seiden sollen ihre Kleider darinnen sein.

(34.) Und sprechen werden sie: »Das Lob sei Allah, der die Kümmernis von uns nahm! Siehe, unser Herr ist wahrlich verzeihend und dankbar; (35.) der uns einkehren ließ in eine bleibende Wohnung in seiner Huld. Nicht wird uns treffen in ihr Plage, und nicht soll uns treffen in ihr Ermüdung.« (36.) Die Ungläubigen aber, für sie ist Dschehannams Feuer. Nicht wird das Sterben über sie verhängt und ihre Strafe ihnen nicht erleichtert. Also lohnen wir jedem Ungläubigen.

(37.) Und schreien werden sie darinnen: »Unser Herr, nimm uns hinaus. Wir wollen rechtschaffen handeln, nicht wie wir zuvor handelten.« Aber gewährten wir euch nicht langes Leben, dass jeder, der sich ermahnen lässt, Ermahnung annähme? Und der Warner kam zu euch. So schmecket (die Strafe,) denn die Ungerechten haben keinen Helfer. (38.) Siehe. Allah kennt das Verborgene in den Himmeln und auf Erden, siehe, er weiß das Innerste der Brust.
(39.) Er ist's, der euch zu Nachfolgern auf Erden gemacht hat, und wer ungläubig ist, auf den kommt sein Unglaube, und der Unglaube der Ungläubigen vermehrt nur den Hass ihres Herrn gegen sie, und der Unglauben der Ungläubigen vermehrt nur ihr Verderben.

(40.) Sprich: »Was meint ihr von euern ›Gefährten‹, die ihr außer Allah anruft? Zeigt mir, was sie von der Erde erschufen, oder ob sie einen Anteil an den Himmeln haben, oder ob wir ihnen ein Buch gaben, dass sie einen deutlichen Beweis dafür haben?« Nein, die Ungerechten versprechen einander nur Trug. (41.) Siehe, Allah hält die Himmel und die Erde, dass sie nicht untergehen, und wenn sie untergingen, so könnte sie nach ihm niemand halten. Siehe, er ist milde und verzeihend.
(42.) Sie schworen bei Allah den heiligsten Eid, dass, wenn ein Warner zu ihnen käme,

so würden sie sich mehr als irgendein ander
Volk leiten lassen. Da aber ein Warner zu
ihnen kam, nahmen sie nur an Abneigung
zu, (43.) in Hoffart auf Erden und im Planen
von Bösem. Aber das Planen von Bösem
fängt nur die Ränkeschmiede selber.
Erwarten sie etwa etwas andres als den Lauf
der Früheren? Nimmer wirst du in Allahs
Weise eine Änderung finden. Und nimmer
findest du in Allahs Weise einen Wechsel.

(44.) Wanderten sie denn nicht durchs Land
und sahen, wie der Ausgang derer war, die
vor ihnen lebten und die stärker an Kraft
waren als sie? Und Allah lässt sich durch
nichts in den Himmeln und auf Erden
machtlos machen. Siehe, er ist wissend und
mächtig. (45.) Und wenn Allah die
Menschen nach Verdienst strafte, so ließe er
auf ihrem Rücken kein Tier übrig. Jedoch
verzieht er mit ihnen bis zu einem
bestimmten Termin. Und wenn ihr Termin
kommt, siehe, so schaut Allah seine Diener.

36. Sure - J. S.

Geoffenbart zu Mekka

*Im Namen Allahs, des Erbarmers, des
Barmherzigen!*

(1.) J. S. (2.) Bei dem weisen Koran,
(3.) siehe, du bist wahrlich einer der
Gesandten (4.) auf einem rechten Pfad!
(5.) Die Offenbarung des Mächtigen, des
Barmherzigen, (6.) auf dass du ein Volk
warnest, deren Väter nicht gewarnt worden
und die sorglos sind. (7.) Wahrlich, nunmehr
ist der Spruch gerecht gegen die meisten von
ihnen, denn sie glauben nicht.
(8.) Siehe, gelegt haben wir Joche auf ihre
Hälse, die bis zu ihrem Kinn reichen, und
hochgezwängt ist ihr Haupt.
(9.) Und wir legten vor sie eine Schranke

und hinter sie eine Schranke, und wir
verhüllten sie, so dass sie nicht sehen.

(10.) Und es ist gleich für sie, ob du sie
warnest oder nicht warnest, sie glauben
nicht. (11.) Siehe, du warnst nur den,
welcher der Ermahnung folgt und den
Erbarmer im Verborgenen fürchtet. Ihm
verkünde Verzeihung und edlen Lohn.
(12.) Siehe, wir machen die Toten lebendig,
und wir schreiben auf, was sie zuvor taten,
und ihre Spuren und alle Dinge haben wir
aufgezählt in einem deutlichen Vorbild.
(13.) Und stelle ihnen auf das Gleichnis von
den Bewohnern der Stadt, da zu ihr die
Gesandten kamen.

(14.) Da wir zwei zu ihnen entsandten und
sie beide der Lüge ziehen, so dass wir sie
mit einem dritten stärkten. Und sie
sprachen: »Siehe, wir sind zu euch
entsendet.« (15.) Sie sprachen: »Ihr seid nur
Menschen gleich uns, und der Erbarmer hat
nichts herabgesandt. Ihr seid nichts als
Lügner.« (16.) Sie sprachen: »Unser Herr
weiß, dass wir gewisslich zu euch entsendet
sind. (17.) Und uns liegt allein die deutliche
Predigt ob.« (18.) Sie sprachen: »Wir haben
ein Omen in euch, und wenn ihr nicht ein
Ende macht, wahrlich, so steinigen wir euch,
und es trifft euch von uns schmerzliche
Strafe.« (19.) Sie sprachen: »Euer Omen ist
bei euch.« Was? Wenn ihr gewarnt seid...?
Nein, ihr seid ein übertretend Volk.

(20.) Und es kam vom Ende der Stadt ein
Mann geeilt. Er sprach: »O mein Volk, folget
den Gesandten. (21.) Folget denen, die
keinen Lohn von euch verlangen und die
rechtgeleitet sind. (22.) Und warum sollte
ich nicht dem dienen, der mich erschaffen
hat und zu dem ihr zurück müsst?
(23.) Soll ich etwa Götter neben ihm
annehmen? Wenn der Erbarmer mir ein
Leid zufügen will, so kann ihre Fürsprache
mir nichts frommen, und sie können mich
nicht befreien.

(24.) Siehe, ich wäre dann wahrlich in offenkundigem Irrtum. (25.) Siehe, ich glaube an euern Herrn; drum höret mich.« (26.) Gesprochen ward zu ihm: »Geh ein ins Paradies.« Er sprach: »O dass mein Volk es wüsste, (27.) dass mein Herr mir vergab und mich unter die Geehrten aufnahm!« (28.) Und wir sandten auf sein Volk nach seinem Tode kein Heer vom Himmel herab, noch was wir sonst herabzusenden pflegten; (29.) siehe, es war nur ein einziger Schrei, und da waren sie ausgelöscht.

(30.) Weh über meine Diener! Kein Gesandter kommt zu ihnen, den sie nicht verspotteten. (31.) Sahen sie denn nicht, wie viele Geschlechter wir vor ihnen vertilgten? dass sie zu ihnen nicht zurückkehren werden (32.) und dass alle vor uns versammelt werden sollen? (33.) Und ein Zeichen ist ihnen die tote Erde; wir beleben sie und bringen aus ihr Korn hervor, von dem sie essen. (34.) Und wir machen Gärten in ihr von Palmen und Reben und lassen Quellen in ihr entspringen; (35.) auf dass sie von ihren Früchten und der Arbeit ihrer Hände speisen. Wollen sie denn nicht dankbar sein?

(36.) Preis ihm, der erschaffen alle Arten von dem, was die Erde sprießen lässet, und von ihnen selber, und von dem, was sie nicht kennen. (37.) Und ein Zeichen ist ihnen die Nacht; wir ziehen den Tag von ihr fort, und siehe da, sie sind in Finsternis. (38.) Und die Sonne eilt zu ihrem Ruheplatz. Das ist die Anordnung des Mächtigen, des Wissenden. (39.) Und den Mond, wir bestimmten Stationen für ihn, bis er dem alten dürren Palmstiel gleicht.

(40.) Nicht geziemt es der Sonne, den Mond einzuholen, und nicht der Nacht, dem Tag zuvorzukommen, sondern alle schweben in (ihrer) Sphäre. (41.) Und ein Zeichen ist es ihnen, dass wir ihre Nachkommenschaft in der vollbeladenen Arche trugen.

(42.) Und ihnen gleiche (Schiffe) machten, die sie besteigen. (43.) Und wenn wir wollen, ertränken wir sie, und sie haben keinen Helfer und werden nicht errettet, (44.) es sei denn in unsrer Barmherzigkeit und zu einem Nießbrauch auf Zeit. (45.) Und wenn zu ihnen gesprochen wird: »Fürchtet, was vor euch und was hinter euch ist; vielleicht findet ihr Barmherzigkeit«, (46.) so bringst du ihnen doch keins der Zeichen deines Herrn, von dem sie sich nicht abwendeten.

(47.) Und wenn zu ihnen gesprochen wird: »Spendet von dem, womit Allah euch versorgte«, so sprechen die Ungläubigen zu den Gläubigen: »Sollen wir die speisen, die Allah, wenn er es wollte, speisen würde? Ihr seid sicherlich in offenkundigem Irrtum.« (48.) Und sie sprechen: »Wann trifft diese Drohung ein, so ihr wahrhaftig seid?« (49.) Sie mögen nur einen (Posaunen-)Stoß erwarten, der sie erfassen wird, wenn sie noch streiten; (50.) und sie sollen nicht imstande sein, ein Vermächtnis zu treffen, und sie werden nicht zu ihren Angehörigen zurückkehren. (51.) Und in die Posaune wird gestoßen werden, und siehe, aus ihren Gräbern sollen sie zu ihrem Herrn eilen.

(52.) Sie werden sprechen: »O wehe uns! Wer hat uns aus unserer Ruhestätte erweckt?« Das ist's, was der Erbarmer verhieß, und die Gesandten sprachen die Wahrheit. (53.) Nur ein einziger Stoß wird sein, und siehe da, alle sind vor uns gebracht. (54.) Und an jenem Tage soll keiner Seele in etwas Unrecht geschehen, und ihr sollt nur nach euerm Tun belohnt werden. (55.) Siehe, des Paradieses Bewohner werden sich in Geschäften ergötzen, (56.) sie und ihre Gattinnen, in Schatten auf Ruhebetten sich lehnend. (57.) Früchte werden ihnen darinnen sein, und was sie verlangen, (58.) »Frieden!« ein Wort von einem erbarmenden Herrn.

(59.) »Doch seid getrennt heute, ihr Sünder!

(60.) Machte ich nicht einen Bund mit euch, ihr Kinder Adams: Dienet nicht dem Satan, siehe, er ist euch ein offenkundiger Feind; (61.) sondern dienet mir, das ist ein rechter Pfad? (62.) Aber wahrlich, nun führte er eine große Schar von euch irre. Hattet ihr denn keine Einsicht?«
(63.) »Dies ist Dschehannam, die euch angedroht ward. (64.) Brennet heute in ihr, darum dass ihr ungläubig waret.«
(65.) Heute versiegeln wir ihren Mund, doch es sprechen ihre Hände zu uns, und ihre Füße bezeugen, was sie geschafft.

(66.) Und wenn wir es gewollt, wir hätten ihre Augen verlöschen können. Aber auch dann würden sie um die Wette auf dem Pfade rennen; und wie könnten sie sehen? (67.) Und wenn wir es gewollt, wir hätten sie auf ihrem Platze verwandeln können, so dass sie weder nach vorn oder hinten hätten gehen können. (68.) Und wem wir langes Leben geben, den beugen wir nieder in seiner Gestalt. Haben sie denn keine Einsicht? (69.) Und nicht lehrten wir ihn Poesie, noch geziemte sie ihm. Dies ist nichts als eine Ermahnung und ein deutlicher Koran,

(70.) die Lebendigen zu warnen und gerechten Spruch gegen die Ungläubigen zu fällen. (71.) Sahen sie denn nicht, dass wir unter dem, was unsre Hände erschufen, das Vieh machten, über das sie Herren sind? (72.) Und wir machten es ihnen unterwürfig, und auf den einen reiten sie, von den andern essen sie. (73.) Und sie haben Nutzen und Trank von ihnen. Sind sie denn nicht dankbar? (74.) Und doch nahmen sie sich Götter außer Allah, dass sie ihnen hülfen.

(75.) Sie vermögen ihnen nicht zu helfen; und doch sind sie ihnen ein (dienst-)bereites Heer. (76.) lass dich nicht durch ihre Worte betrüben; siehe, wir wissen, was sie verbergen und offenkund tun.
(77.) Will denn der Mensch nicht einsehen, dass wir ihn aus einem Samentropfen erschufen? Und siehe da, er ist ein offenkundiger Bestreiter. (78.) Und er macht uns ein Gleichnis und vergisst seine Schöpfung. Er spricht: »Wer belebt die Gebeine, wenn sie verfault sind?«

(79.) Sprich: »Leben wird ihnen der geben, welcher sie zum ersten Mal erschuf, denn er kennt jegliche Schöpfung; (80.) der für euch aus dem grünen Baum Feuer machte, und siehe, ihr macht Feuer mit ihm an.
(81.) Ist nicht der, welcher die Himmel und die Erde erschuf, mächtig genug, euresgleichen zu erschaffen? Ja, er ist der wissende Schöpfer. (82.) Sein Befehl ist nur, wenn er ein Ding will, dass er zu ihm spricht ›Sei!‹, und es ist. (83.) Und Preis dem, in dessen Hand die Herrschaft aller Dinge ist! Und zu ihm kehrt ihr zurück.«

37. Sure - Die sich Reihenden

Geoffenbart zu Mekka

Im Namen Allahs, des Erbarmers, des Barmherzigen!

(1.) Bei den in Reihen sich Reihenden
(2.) und den in Abwehr Wehrenden
(3.) und den die Mahnung Verlesenden,
(4.) siehe, euer Gott ist wahrlich einer,
(5.) der Herr der Himmel und der Erde und was zwischen beiden, und der Herr der Osten. (6.) Siehe, wir schmückten den niederen Himmel mit dem Schmuck der Sterne (7.) und zur Hut vor jedem aufsässigen Satan, (8.) auf dass sie nicht belauschen den obersten Rat (der Engel) und dass sie beworfen werden von allen Seiten, (9.) fortgetrieben; und ihnen wird ewige Strafe.

(10.) Wer aber ein Wort aufschnappt, dem
folgt eine leuchtende Schnuppe.
(11.) Drum frage sie, ob sie die stärkere
Schöpfung sind oder sie, die wir erschufen?
Siehe, wir erschufen sie aus klebendem Ton.
(12.) Ja, du verwunderst dich, und sie
spotten. (13.) Werden sie ermahnt, so lassen
sie sich nicht ermahnen, (14.) und wenn sie
ein Zeichen schauen, so spotten sie (15.) und
sprechen: »Dies ist nichts als offenkundige
Zauberei. (16.) Wenn wir tot sind und Staub
und Gebein worden, sollen wir dann etwa
wieder erweckt werden? (17.) Und etwa
auch unsre Vorväter?« (18.) Sprich: »Jawohl;
und ihr sollt gedemütigt sein.«

(19.) Und siehe, nur ein einziger Schrei, und
dann werden sie ausschauen (20.) und
sprechen: »O wehe uns, dies ist der Tag des
Gerichts. (21.) Dies ist der Tag der
Entscheidung, den ihr als Lüge erklärtet.«
(22.) »Versammelt die Ungerechten und ihre
Gefährten und was sie anbeteten (23.) außer
Allah, und leitet sie zum Pfad der Hölle,
(24.) und stellet sie hin, siehe, sie sollen zur
Rechenschaft gezogen werden.«
(25.) »Warum helfen sie denn nicht
einander?« (26.) Doch an jenem Tage sollen
sie sich unterwerfen (27.) und sollen sich
einer zum andern wenden, einander
befragend, (28.) und sollen sprechen: »Ihr
kamet zu uns von der Rechten her.«

(29.) Sie werden sprechen: »Nein, ihr waret
nicht Gläubige, (30.) und wir hatten keine
Macht über euch, vielmehr waret ihr ein
übertretend Volk. (31.) Gerecht ist deshalb
der Spruch unsers Herrn über uns; wahrlich,
wir werden ihn schmecken!
(32.) Und wir verführten euch, denn siehe,
wir waren selber Irrende.« (33.) Und siehe,
an jenem Tage werden sie gemeinschaftlich
die Strafe erleiden. (34.) Siehe, also verfahren
wir mit den Sündern. (35.) Siehe, wenn zu
ihnen gesprochen ward: »Es gibt keinen Gott
außer Allah« – dann waren sie hoffärtig

(36.) und sprachen: »Sollen wir wirklich
unsre Götter um eines besessenen Dichters
willen aufgeben?« (37.) Aber er kam mit der
Wahrheit und bestätigte die Gesandten.
(38.) Siehe, ihr werdet wahrlich die
schmerzliche Strafe schmecken (39.) und
werdet nur nach euerm Tun den Lohn
empfangen.

(40.) Aber die lautern Diener Allahs,
(41.) die sollen eine festgesetzte Versorgung
erhalten: (42.) Früchte; und geehrt sollen sie
sein (43.) in den Gärten der Wonne, (44.) auf
Polstern einander gegenüber. (45.) Kreisen
soll unter ihnen ein Becher aus einem Born,
(46.) weiß, süß den Trinkenden;
(47.) kein Schwindel soll in ihm sein, und
nicht sollen sie von ihm berauscht werden.
(48.) Und bei ihnen sollen sein züchtig
blickende, großäugige (Mädchen),
(49.) gleich einem versteckten Ei.

(50.) Und wenden werden sie sich
zueinander, einer den andern befragend;
(51.) und einer von ihnen wird sprechen:
»Siehe, ich hatte einen Gesellen, (52.) der da
sprach: Bist du wirklich einer der
Glaubenden? (53.) Wenn wir gestorben sind,
und Staub und Gebein worden, sollen wir
dann etwa gerichtet werden?«
(54.) Dann wird er sprechen: »Schaut ihr
wohl hinab?« (55.) Und dann wird er
hinabschauen und wird ihn sehen inmitten
der Hölle. (56.) Dann wird er sprechen: »Bei
Allah, siehe, fast hättest du mich wahrlich
ins Verderben gestürzt, (57.) und ohne
meines Herrn Gnade wäre ich unter den
Überantworteten.« (58.) »Sollten wir etwa
sterben? (59.) Eines andern Todes noch als
unsers ersten? Und werden wir nicht
bestraft?«

(60.) Siehe, das ist wahrlich die hehre
Glückseligkeit! (61.) Für solches wie dies
sollten die Wirkenden wirken!
(62.) Ist dies eine bessere Bewirtung oder der
Baum Zaqqum? (63.) Siehe, wir machten ihn

zu einer Versuchung für die Ungerechten,
(64.) siehe, er ist ein Baum, der aus dem
Grunde der Hölle herauskommt.
(65.) Seine Frucht gleicht Satansköpfen.
(66.) Und siehe, wahrlich, sie essen von ihm
und füllen sich die Bäuche mit ihm an.
(67.) Alsdann sollen sie darauf eine
Mischung von siedendem Wasser erhalten;
(68.) alsdann soll ihre Rückkehr zur Hölle
sein.

(69.) Siehe, sie fanden ihre Väter im Irrtum
vor, (70.) und sie folgten eilends in ihren
Spuren. (71.) Und wahrlich, es irrten vor
ihnen die meisten der Früheren, (72.) und
wahrlich, wir schickten Warner zu ihnen.
(73.) Und schau, wie der Ausgang der
Gewarnten war, (74.) mit Ausnahme der
reinen Diener Allahs. (75.) Und wahrlich,
Noah rief zu uns, und wahrlich, schön war
unsre Antwort, (76.) und wir erretteten ihn
und seine Familie aus der großen Trübsal.
(77.) Und wir ließen seine Sprößlinge
überleben, (78.) und wir hinterließen ihm
unter den Späteren: (79.) »Frieden auf Noah
in aller Welt!«

(80.) Siehe, also lohnen wir den
Rechtschaffenen; (81.) siehe, er war einer
unsrer gläubigen Diener. (82.) Alsdann
ertränkten wir die andern. (83.) Und siehe,
zu seiner Gemeinde gehörte Abraham,
(84.) da er zu seinem Herrn mit heilem
Herzen kam, (85.) da er zu seinem Vater und
seinem Volke sprach: »Was verehrt ihr da?
(86.) Wollt ihr eine Lüge, Götter außer
Allah? (87.) Und was ist eure Meinung von
dem Herrn der Welten?« (88.) Und er warf
einen Blick zu den Sternen (89.) und sprach:
»Siehe, ich bin krank.«

(90.) Da kehrten sie ihm den Rücken und
flohen. (91.) Und er wandte sich ihren
Göttern zu und sprach: »Esset ihr nicht?
(92.) Was fehlt euch, dass ihr nicht redet?«
(93.) Er wandte sich ihnen zu und schlug sie
mit der Rechten. (94.) Da kamen sie zu ihm

geeilt. (95.) Er sprach: »Dienet ihr dem, was
ihr aushauet, (96.) und Allah erschuf euch
und was ihr macht?« (97.) Sie sprachen:
»Bauet ihm einen Bau und werfet ihn in den
Feuerpfuhl.« (98.) Und sie wollten Ränke
wider ihn schmieden, wir aber erniedrigten
sie aufs tiefste. (99.) Und er sprach: »Siehe,
ich gehe fort zu meinem Herrn, der mich
leiten wird.«

(100.) »Mein Herr, gib mir (einen Sohn) von
den Rechtschaffenen.« (101.) Und wir
verkündeten ihm einen milden Sohn.
(102.) Und da er das Alter erreicht hatte, mit
ihm zu arbeiten, sprach er: »O mein
Söhnlein, siehe, ich sah im Traum, dass ich
dich opfern müsste. Nun schau, was du
meinst.« Er sprach: »O mein Vater, tu, was
dir geheißen ward, du wirst mich, so Allah
will, standhaft erfinden.«
(103.) Und da beide ergeben waren und er
ihn auf seine Stirn niedergeworfen hatte,
(104.) da riefen wir ihm zu: »O Abraham,
(105.) du hast das Gesicht erfüllt. Siehe, also
lohnen wir den Rechtschaffenen.«
(106.) Siehe, dies war wahrlich eine
deutliche Prüfung. (107.) Und wir lösten ihn
aus durch ein herrliches Opfer, (108.) und
hinterließen ihm unter den Späteren:
(109.) »Frieden auf Abraham!«

(110.) Also lohnen wir den Rechtschaffenen.
(111.) Siehe, er gehörte zu unsern gläubigen
Dienern. (112.) Und wir verkündeten ihm
Isaak, einen Propheten von den
Rechtschaffenen; (113.) und wir segneten ihn
und Isaak, und unter seinen Nachkommen
war der eine rechtschaffen und der andre
gegen sich selber ungerecht.
(114.) Und wahrlich, wir waren gnädig
gegen Moses und Aaron (115.) und
erretteten beide und ihr Volk aus der
gewaltigen Trübsal, (116.) und wir halfen
ihnen, und sie waren die Obsiegenden,
(117.) und wir gaben beiden das deutliche
Buch, (118.) und wir leiteten beide auf den

rechten Weg, (119.) und wir hinterließen
ihnen unter den Späteren:
(120.) »Frieden auf Moses und Aaron!«
(121.) Siehe, also lohnen wir den
Rechtschaffenen. (122.) Siehe, sie gehörten
zu unsern gläubigen Dienern.
(123.) Und siehe, Elias war wahrlich einer
der Gesandten, (124.) da er zu seinem Volke
sprach: »Wollt ihr nicht gottesfürchtig sein?
(125.) Rufet ihr Baal an und verlasset den
besten Schöpfer, (126.) Allah euern Herrn
und den Herrn eurer Vorväter?«

(127.) Und sie ziehen ihn der Lüge, und
siehe, wahrlich, sie sollen überantwortet
werden, (128.) außer Allahs reinen Dienern.
(129.) Und wir hinterließen ihm unter den
Späteren: (130.) »Frieden auf Elias!«
(131.) Siehe, also lohnen wir den
Rechtschaffenen. (132.) Siehe, er gehörte zu
unsern gläubigen Dienern. (133.) Und siehe,
Lot war wahrlich einer der Gesandten,
(134.) da wir ihn erretteten und seine
Familie insgesamt, (135.) außer einer Alten
unter den Säumenden. (136.) Alsdann
vertilgten wir die andern.

(137.) Und siehe, wahrlich, ihr gehet an
ihnen vorüber des Morgens (138.) und des
Nachts; habt ihr denn keine Einsicht?
(139.) Und siehe, Jonas war wahrlich einer
der Gesandten: (140.) Da er zum beladenen
Schiff floh; (141.) und er loste und ward
verdammt, (142.) und es verschlang ihn der
Fisch, denn er war tadelnswert.
(143.) Und hätte er (uns) nicht gepriesen,
(144.) wahrlich, in seinem Bauche wäre er
geblieben bis zum Tag der Erweckung.
(145.) Und wir warfen ihn auf den öden
Strand, und er war krank. (146.) Und wir
ließen über ihn einen Kürbisbaum wachsen.
(147.) Und wir entsandten ihn zu
hunderttausend und mehr, (148.) und sie
glaubten, und so ließen wir sie eine Zeitlang
weiterleben. (149.) Drum frage sie, ob dein
Herr Töchter hat und sie Söhne.

(150.) Haben wir etwa die Engel weiblich
erschaffen? Und waren sie Zeugen?
(151.) Ist's nicht eine Lüge, wenn sie
sprechen: (152.) »Allah hat gezeugt«?
Wahrlich, sie sind Lügner.
(153.) Hat er Töchter Söhnen vorgezogen?
(154.) Was fehlt euch? Wie urteilt ihr?
(155.) Wollt ihr euch denn nicht ermahnen
lassen? (156.) Oder habt ihr einen
offenkundigen Beweis? (157.) »So bringt
euer Buch her, wenn ihr wahrhaftig seid.«
(158.) Und sie setzen zwischen ihm und den
Dschinn Verwandtschaft; aber die Dschinn
wissen, dass sie überantwortet werden
sollen, (159.) Preis sei Allah ob dem, was sie
aussagen! (160.) Außer Allahs reinen
Dienern.

(161.) »Siehe, ihr und was ihr anbetet,
(162.) ihr sollt niemand verführen,
(163.) außer dem, der im Feuerpfuhl
brennen soll. (164.) Und keiner von uns ist,
der nicht einen bestimmten Platz hat,
(165.) und siehe, wahrlich, wir reihen uns
auf, (166.) und siehe, wahrlich, wir
lobpreisen.« (167.) Und wahrlich, sie
sprechen: (168.) »Hätten wir eine Mahnung
von den Früheren, (169.) wahrlich, wir
wären Allahs reine Diener gewesen.«

(170.) Sie aber glauben nicht an ihn, doch sie
sollen wissen... (171.) Und wahrlich, unser
Wort erging zuvor zu unsern entsandten
Dienern, (172.) dass ihnen geholfen werden
(173.) und dass unsre Heerschar für sie
obsiegen sollte. (174.) Drum kehre dich ab
von ihnen für eine Weile (175.) und schau
auf sie, und auch sie werden schauen.
(176.) Wünschen sie etwa unsre Strafe
herbei? (177.) Aber wenn sie hinabsteigt in
ihren Hof, übel wird dann sein der Morgen
der Gewarnten. (178.) Und wende dich ab
von ihnen für eine Weile (179.) und schau,
und auch sie werden schauen.
(180.) Preis sei deinem Herrn, dem Herrn
der Macht, ob dem, was sie aussagen!

(181.) Und Frieden auf die Gesandten,
(182.) und das Lob sei Allah, dem Herrn der
Welten!

38. Sure - S.

Geoffenbart zu Mekka

*Im Namen Allahs, des Erbarmers, des
Barmherzigen!*

(1.) S. Bei dem Koran voll Ermahnung!
(2.) Doch die Ungläubigen sind in Stolz und
Feindseligkeit. (3.) Wie viele Geschlechter
vertilgten wir vor ihnen! Und sie riefen,
doch war es nicht mehr die Zeit, zu
entrinnen. (4.) Und sie verwundern sich,
dass zu ihnen ein Warner von ihnen kommt,
und die Ungläubigen sprechen: »Dies ist ein
Zauberer, ein Lügner. (5.) Macht er etwa die
Götter zu einem Gott? Siehe, dies ist
wahrlich ein wunderbarlich Ding.«

(6.) Und ihre Häupter gingen fort (und
sagten:) »Geht und haltet fest an euren
Göttern; siehe, dies ist ein Ding, das
bezweckt ist. (7.) Wir hörten hiervon nicht in
der letzten Religion; siehe, dies ist nichts als
eine Erdichtung. (8.) Ward etwa auf ihn
unter uns die Ermahnung herabgesandt?«
Ja, im Zweifel sind sie über meine
Ermahnung; ja wahrlich, noch schmeckten
sie nicht meine Strafe. (9.) Besitzen sie etwa
die Schätze der Barmherzigkeit deines
Herrn, des Mächtigen, des Gebers?

(10.) Oder ist ihnen das Reich der Himmel
und der Erde und was zwischen beiden ist?
Dann wahrlich mögen sie an den Stricken
(des Himmels) emporklimmen.
(11.) Jegliches Heer der Verbündeten soll
hier in die Flucht geschlagen werden.
(12.) Der Lüge zieh vor ihnen das Volk
Noahs und Ads und Pharaos, des Herrn der

Pfähle. (13.) Und Thamud und das Volk Lots
und die Waldbewohner, sie waren
Verbündete.

(14.) Alle taten nichts, als dass sie die
Gesandten der Lüge ziehen; drum war
meine Strafe gerecht. (15.) Und diese
erwarten nichts als einen einzigen
(Posaunen-)Stoß, für den es keinen
Aufschub gibt. (16.) Und sie sprechen:
»Unser Herr, beschleunige uns unsern
Spruch vor dem Tag der Abrechnung.«
(17.) Ertrag, was sie sprechen, und gedenke
unsers Dieners David, des Herrn der Macht;
siehe, er war bußfertig. (18.) Siehe, wir
zwangen die Berge, mit ihm den Preis
anzustimmen am Abend und Morgen;
(19.) und die Vögel, die versammelten, von
denen ein jeder zu ihm sich kehrte.

(20.) Und wir festigten sein Reich und gaben
ihm Weisheit und entscheidende Rede.
(21.) Und kam die Kunde der Rechtenden zu
dir, da sie in das Gemach klommen?
(22.) Da sie bei David einstiegen und er sich
entsetzte, sprachen sie: »Fürchte dich nicht,
wir sind zwei Rechtende, von denen der
eine sich gegen den andern vergangen hat.
So richte zwischen uns in Wahrheit und sei
nicht ungerecht und leite uns auf den
richtigen Weg. (23.) Siehe, dieser mein
Bruder hat neunundneunzig Mutterschafe
und ich ein einziges, und er sprach:
›Übergib es meiner Hut‹; und er übermochte
mich in der Rede.«

(24.) Er sprach: »Wahrlich, er war ungerecht
gegen dich, dass er dich um dein
Mutterschaf zu seinen Mutterschafen bat.
Und siehe, viele, die sich miteinander in
Geschäfte einlassen, vergehen sich
gegeneinander, außer denen, die da glauben
und das Rechte tun, und ihrer sind wenig.«
Und es merkte David, dass sie ihn
versuchten, und er bat seinen Herrn um
Verzeihung und stürzte nieder, sich
beugend, und bereute.

(25.) Und so vergaben wir ihm dies, und siehe, ihm ist bei uns wahrlich eine Nähe und eine schöne Einkehr.

(26.) »O David, siehe, wir machten dich zu einem Stellvertreter auf Erden; so richte zwischen den Menschen in Wahrheit und folge nicht dem Gelüst, denn es führt dich abseits von Allahs Weg. Siehe, diejenigen, welche von Allahs Weg abirren, ihnen wird strenge Strafe, darum dass sie des Tages der Abrechnung vergaßen.

(27.) Und nicht erschufen wir den Himmel und die Erde, und was zwischen ihnen ist, umsonst. Solches ist das Wähnen der Ungläubigen. Drum weh den Ungläubigen vor dem Feuer! (28.) Sollen wir etwa diejenigen, welche glauben und das Rechte tun, halten wie die Verderbenstifter auf Erden, oder sollen wir die Gottesfürchtigen halten gleich den Frevlern?

(29.) Ein gesegnetes Buch sandten wir auf dich herab, auf dass sie seine Verse betrachten, und dass die Verständigen sich ermahnen lassen.«

(30.) Und wir gaben David den Salomo, einen trefflichen Diener; siehe, er war bußfertig. (31.) Da zur Abendzeit die stampfenden Rosse vorgeführt wurden, (32.) sprach er: »Siehe, geliebt habe ich das Gute (der Welt) ob dem Gedächtnis meines Herrn, bis sie sich hinter dem Schleier verbarg; (33.) bringt sie zurück zu mir.« Und er begann die Schenkel und Hälse zu zerhauen. (34.) Und wahrlich, wir versuchten Salomo und setzten auf seinen Thron eine Gestalt. Alsdann tat er Buße. (35.) Er sprach: »Mein Herr, vergib mir und gib mir ein Reich, das keinem nach mir geziemt; siehe, du bist der Geber.«

(36.) Und so machten wir ihm den Wind dienstbar, sanft zu eilen nach seinem Geheiß, wohin er wollte, (37.) und die Satane, alle die Erbauer und Taucher, (38.) und andre, gebunden in Fesseln:

(39.) »Dies (so sprachen wir) ist unsre Gabe; drum sei gütig oder versage ohne Berechnung.«

(40.) Und siehe, ihm ist bei uns wahrlich eine Nähe und eine schöne Einkehr.

(41.) Und gedenke unsers Dieners Hiob, da er zu seinem Herrn rief: »Siehe, berührt hat mich der Satan mit Plage und Pein.«

(42.) »Stampfe (so sprachen wir) mit deinem Fuß. Dies ist ein kühler Badeort und ein Trank.« (43.) Und wir gaben ihm seine Familie (wieder) und ebenso viele obendrein als eine Barmherzigkeit von uns und eine Ermahnung für die Verständigen.

(44.) Und (wir sprachen:) »Nimm in deine Hand ein Bündel (Ruten) und schlage damit (deine Frau) und versündige dich nicht (mit Worten).« Siehe, wir erfanden ihn standhaft; ein trefflicher Diener; siehe, er war bußfertig. (45.) Und gedenke unserer Diener Abraham und Isaak und Jakob, Leute von Macht und Einsicht. (46.) Siehe, wir wählten sie besonders aus, da sie der Wohnung (des Paradieses) gedachten. (47.) Und siehe, sie waren bei uns wahrlich von den Auserwählten, den Besten.

(48.) Und gedenke des Ismael und Elisa und Dhu'l-Kifl, denn alle gehörten zu den Besten. (49.) Dies ist eine Ermahnung; und siehe, für die Gottesfürchtigen ist wahrlich eine schöne Einkehr:

(50.) Edens Gärten – geöffnet stehen ihnen die Tore, (51.) rückgelehnt darinnen rufen sie in ihnen nach Früchten in Menge und Trank; (52.) und bei ihnen sind züchtig blickende (Jungfrauen), Altersgenossinnen. (53.) »Dies ist's, was euch verheißen ward für den Tag der Rechenschaft.«

(54.) Siehe, dies ist wahrlich unsre Versorgung; sie nimmt kein Ende.

(55.) So ist's. Und siehe, für die Ungerechten ist wahrlich eine böse Einkehr:

(56.) Dschehannam, in der sie brennen werden; und schlimm ist der Pfühl.

(57.) So ist's; so mögen sie sie schmecken!
Siedend Wasser und Jauche, (58.) und
anderes der Art dazu. (59.) »So eine (andere)
Schar soll mit euch zusammen kopfüber
hineingestürzt werden. Keinen Willkomm
ihnen! Siehe, brennen sollen sie im Feuer.«

(60.) Sie werden sprechen: »Doch ihr, keinen
Willkomm euch! Ihr brachtet es über uns,
und schlimm ist die Stätte.« (61.) Sie werden
sprechen: »Unser Herr, wer dieses über uns
gebracht, mehre ihm die Strafe doppelt im
Feuer.« (62.) Und sie werden sprechen: »Was
ist uns, dass wir nicht die Männer sehen, die
wir zu den Bösen zählten? (63.) Die wir zum
Gespött hielten? Oder schweifen die Blicke
von ihnen ab?« (64.) Siehe, dies ist
gewisslich wahr – der Streit der Leute des
Feuers. (65.) Sprich: »Ich bin nur ein Warner,
und es gibt keinen Gott außer Allah, dem
Einigen, dem Allmächtigen, (66.) dem Herrn
der Himmel und der Erde und dem, was
zwischen beiden ist, dem Mächtigen, dem
Vergebenden.«

(67.) Sprich: »Es ist eine gewaltige Kunde,
(68.) von der ihr euch abwendet.«
(69.) Kein Wissen war mir von den hohen
Häuptern, da sie miteinander stritten –
(70.) Geoffenbart ward es mir nur, weil ich
ein offenkundiger Warner bin – (71.) Da dein
Herr zu seinen Engeln sprach: »Siehe, ich
schaffe den Menschen aus Ton.
(72.) Drum, wenn ich ihn geformt und in ihn
von meinem Geiste geblasen habe, so fallet
anbetend vor ihm nieder.« (73.) Und alle die
Engel warfen sich nieder insgesamt:
(74.) Außer Iblis. Er war hoffärtig und einer
der Ungläubigen.

(75.) Er sprach: »O Iblis, was hinderte dich,
dich niederzuwerfen vor dem, was ich mit
meinen Händen erschuf? Bist du etwa
hoffärtig oder einer der Hochmütigen?«
(76.) Er sprach: »Ich bin besser als er; du
erschufst mich aus Feuer und hast ihn aus
Ton erschaffen.« (77.) Er sprach: »So gehe

hinaus aus ihm, denn siehe, du bist mit
Steinen vertrieben; (78.) und siehe, auf dir ist
mein Fluch bis zum Tag des Gerichts.«
(79.) Er sprach: »Mein Herr, so verzieh mit
mir bis zum Tag der Erweckung.«

(80.) Er sprach: »Siehe, mit dir wird
verzogen (81.) bis zum Tag der bestimmten
Zeit.« (82.) Er sprach: »Drum, bei deiner
Macht, wahrlich, verführen will ich sie
insgesamt, (83.) außer deinen Dienern unter
ihnen, den lautern.« (84.) Er sprach: »Drum
die Wahrheit ist's, und die Wahrheit spreche
ich. Wahrlich, (85.) erfüllen will ich
Dschehannam mit dir und mit denen, die
dir folgen insgesamt.«
(86.) Sprich: »Ich verlange dafür keinen
Lohn von euch, und ich lade mir nicht zu
viel auf.« (87.) Er ist nichts als eine
Mahnung für alle Welt. (88.) Und wahrlich,
erkennen werdet ihr seine Kunde nach einer
Weile.

39. Sure - Die Scharen
Geoffenbart zu Mekka

*Im Namen Allahs, des Erbarmers, des
Barmherzigen!*

(1.) Die Hinabsendung des Buches von
Allah, dem Mächtigen, dem Weisen!
(2.) Siehe, hinabgesandt haben wir zu dir
das Buch in Wahrheit, drum diene Allah
lauteren Glaubens. (3.) Gebührt nicht Allah
der lautere Glaube? Diejenigen aber, welche
außer ihm sich Schützer annahmen,
(sprechend:) »Wir dienen ihnen nur, damit
sie uns Allah nahebringen« – siehe, Allah
wird richten unter ihnen über das, worin sie
uneins waren. Siehe, Allah leitet nicht den,
der da ist ein Lügner, ein Ungläubiger.

(4.) Hätte Allah einen Sohn haben wollen, wahrlich, erwählt hätte er sich von dem, was er erschaffen, was er will. Preis ihm, er ist Allah, der Einige, der Allmächtige.
(5.) Erschaffen hat er die Himmel und die Erde in Wahrheit. Er faltet die Nacht über den Tag und faltet den Tag über die Nacht, und er hat dienstbar gemacht die Sonne und den Mond; jedes eilt zu einem bestimmten Ziel. Ist er nicht der Mächtige, der Vergebende?

(6.) Erschaffen hat er euch von einer Seele; alsdann machte er von ihr ihre Gattin und sandte euch hinab acht gepaart. Er schafft euch in den Schößen eurer Mütter, eine Schöpfung nach einer Schöpfung in drei Finsternissen. Solches ist Allah euer Herr; ihm ist das Reich, keinen Gott gibt's außer ihm; wie wendet ihr euch drum ab?
(7.) Wenn ihr undankbar seid, siehe, so bedarf Allah euer nicht; und er findet nicht Wohlgefallen am Unglauben seiner Diener, doch wenn ihr ihm danket, findet er Gefallen an euch. Und keine beladene (Seele) soll die Last einer andern tragen. Alsdann ist zu euerm Herrn eure Heimkehr, und verkünden wird er euch euer Tun. Siehe, er kennt das Innerste der Brust.

(8.) Und wenn den Menschen ein Unheil trifft, ruft er seinen Herrn an, sich reuig zu ihm kehrend; alsdann, wenn er ihm eine Gnade von sich gewährt hat, vergisst er, was er zuvor angerufen hat, und gibt Allah seinesgleichen, um andre in die Irre zu führen von seinem Weg. Sprich: »Genieße ein kleines deinen Unglauben, siehe, du gehörst zu den Gesellen des Feuers.«
(9.) Soll der, welcher die Stunden der Nacht in Andacht verbringt, in Niederwerfung oder stehend, das Jenseits in acht nehmend und hoffend auf seines Herrn Barmherzigkeit, (dem gleich sein, der nur auf das Diesseits bedacht ist)? Sprich: »Sind etwa gleich diejenigen, welche wissen, und jene, welche nicht wissen? Nur die Verständigen lassen sich warnen.«

(10.) Sprich: »O meine Diener, die ihr glaubt, fürchtet euern Herrn. Für diejenigen, welche in dieser Welt Gutes tun, Gutes, und Allahs Erde ist weit. Belohnt werden nur die Standhaften; ihr Lohn wird ohne Maß sein.«
(11.) Sprich: »Siehe, mir ward geheißen, Allah zu dienen in lauterm Glauben,
(12.) und geheißen ward mir, der erste der Muslime zu sein.« (13.) Sprich: »Siehe, ich fürchte, wenn ich wider meinen Herrn aufsässig bin, die Strafe eines gewaltigen Tages.« (14.) Sprich: »Allah will ich dienen, lauter in meinem Glauben.« (15.) Und so verehret, was ihr wollt, außer ihm. Sprich: »Siehe, die Verlierenden sind diejenigen, welche ihre Seelen und ihre Angehörigen verloren haben am Tag der Auferstehung. Ist dies nicht der offenkundige Verlust?«

(16.) Über sich sollen sie Schatten von Feuer haben und unter sich Schatten (von Feuer). Mit solchem setzt Allah seine Diener in Furcht. O meine Diener, so fürchtet mich.
(17.) Diejenigen aber, welche sich von der Anbetung des Taghut abwenden und sich reuig zu Allah kehren, ihnen ist die frohe Kunde. (18.) Und so verkündige Freude jenen meiner Diener, welche auf das Wort hören und dem besten von ihm folgen. Diese sind es, welche Allah leitet, und sie sind die Verständigen. (19.) Den, gegen den das Strafurteil gerecht ist – kannst du etwa den, der im Feuer ist, befreien?

(20.) Diejenigen jedoch, welche ihren Herrn fürchten, für sie sind Söller, über denen Söller erbaut sind und unter denen die Bäche fließen. Allahs Verheißung! Allah bricht das Versprechen nicht. (21.) Siehst du denn nicht, dass Allah Wasser vom Himmel herabgesendet hat und es als Quellen in die Erde leitet? Alsdann lässt er durch dasselbe Korn in mannigfacher Farbe sprießen, alsdann verwelkt es, und du siehst es gelb.

Alsdann macht er es zu Krümeln. Siehe, hierin ist wahrlich eine Ermahnung für die Verständigen. (22.) Ist etwa der, dessen Brust Allah für den Islam ausgedehnt hat, und der ein Licht von seinem Herrn hat, (dem gleich, der ungläubig und verstockt ist)? Drum wehe denen, deren Herzen verhärtet sind gegen das Gedenken an Allah! Jene sind in offenkundigem Irrtum.

(23.) Allah hat die schönste Geschichte hinabgesandt, ein (in seinen Stücken) gleichmäßiges Buch, (ausgestattet mit) Erzählungen. Vor ihm schrumpft die Haut derer zusammen, die ihren Herrn fürchten. Alsdann glättet sich ihre Haut und ihr Herz bei dem Gedenken Allahs. Das ist Allahs Leitung, mit welcher er leitet, wen er will, und wen Allah irreführt, der hat keinen, der ihn leitet. (24.) Und wer etwa schützt sein Angesicht vor dem Übel der Strafe am Tage der Auferstehung? Und zu den Ungerechten wird gesprochen werden: »Schmecket, was ihr verdientet.«

(25.) Der Lüge ziehen auch die, welche vor ihnen lebten, und da kam zu ihnen die Strafe, von wannen sie sich's nicht versahen. (26.) Und Allah gab ihnen die Schande zu schmecken im irdischen Leben. Und wahrlich, die Strafe im Jenseits ist größer. O dass sie es doch wüssten!
(27.) Und wahrlich, wir haben den Menschen in diesem Koran allerlei Gleichnisse aufgestellt, dass sie sich vielleicht ermahnen ließen:
(28.) Einen arabischen Koran, in dem nichts Krummes ist; vielleicht werden sie gottesfürchtig. (29.) Als Gleichnis stellte Allah einen Mann auf, der Gefährten hat, die im Widerspruch miteinander stehen, und einen Mann, gänzlich ergeben einem andern Mann. Sind diese etwa einander gleich? Gelobt sei Allah! Doch die meisten von ihnen wissen es nicht.

(30.) Siehe, du bist sterblich, und siehe, sie sind sterblich; (31.) alsdann, am Tag der Auferstehung, werdet ihr vor euerm Herrn miteinander rechten. (32.) Und wer ist ungerechter, als wer wider Allah lügt und die Wahrheit der Lüge zeiht, da sie zu ihm kommt? Ist nicht in Dschehannam eine Wohnung für die Ungläubigen?
(33.) Und derjenige, der mit der Wahrheit kommt, und der, welcher an sie glaubt, das sind die Gottesfürchtigen. (34.) Ihnen ist, was immer sie begehren, bei ihrem Herrn; solches ist der Lohn der Rechtschaffenen:
(35.) Auf dass Allah ihre übelsten Taten ihnen hinfort nimmt und ihnen ihren Lohn gibt für ihr schönstes Tun. (36.) Genügt denn nicht Allah für seinen Diener? Und doch wollen sie dich in Furcht setzen mit jenen neben ihm! Wen aber Allah irreführt, der hat keinen, der ihn leitet.

(37.) Wen aber Allah leitet, der hat keinen, der ihn irreführt. Ist Allah denn nicht mächtig, der Herr der Rache?
(38.) Und wahrlich, wenn du sie fragst, wer die Himmel und die Erde erschaffen, wahrlich, so sprechen sie: »Allah.« Sprich: »Was meint ihr? Was ihr außer Allah anruft, so Allah mir ein Leid (zufügen) will, vermögen sie etwa sein Leid zu entfernen? Oder wenn er barmherzig gegen mich sein will, können sie etwa seine Barmherzigkeit hemmen?« Sprich: »Meine Genüge ist Allah, auf ihn trauen die Vertrauenden.«
(39.) Sprich: »O mein Volk, handelt nach euerm Vermögen, siehe, ich handle (nach meinem Vermögen,) und ihr werdet schließlich wissen, (40.) auf wen eine Strafe kommt, den sie schänden wird, und auf wen eine ewige Strafe niederfahren wird.
(41.) Siehe, hinabgesandt haben wir auf dich das Buch für die Menschen in Wahrheit, und wer geleitet ist, der ist es zu seinem eigenen Besten, und wer irregeht, der geht irre wider sein eigenes Bestes, und du bist nicht ihr Schützer.

(42.) Allah nimmt die Seelen zu sich zur Zeit ihres Todes, und diejenigen, welche nicht sterben, in ihrem Schlaf. Und diejenigen, über die er den Tod verhängt hat, behält er zurück, und sendet die andern zurück bis zu einem bestimmten Termin. Siehe, hierin sind wahrlich Zeichen für nachdenkende Leute. (43.) Nehmen sie etwa außer Allah Fürsprecher an? Sprich: »Etwa auch, wenn sie unvermögend sind und keinen Verstand haben?« (44.) Sprich: »Allahs ist die Fürsprache allzumal. Sein ist das Reich der Himmel und der Erde. Alsdann müsst ihr zu ihm zurück.« (45.) Und wenn Allah der Einige genannt wird, dann krampfen sich die Herzen derer zusammen, die nicht ans Jenseits glauben; wenn aber jene neben ihm genannt werden, alsdann sind sie erfreut.

(46.) Sprich: »O Gott, Schöpfer der Himmel und der Erde, der du das Geheime und Offenkundige kennst, du wirst richten zwischen deinen Dienern über das, worin sie uneins sind.« (47.) Und wenn auch die Ungerechten alles, was auf Erden ist, besäßen, und ebenso viel dazu, wahrlich, sie würden sich damit loskaufen von der schlimmen Strafe am Tag der Auferstehung! Aber es wird ihnen von Allah erscheinen, was sie nie in Rechnung gezogen.
(48.) Und erscheinen werden ihnen ihre üblen Taten, und umgeben soll sie, was sie verspotteten. (49.) Und wenn den Menschen ein Unheil trifft, so ruft er uns an. Alsdann, wenn wir ihm Gnade von uns gewähren, spricht er: »Es ward mir nur gegeben auf Grund von Wissen.« Nein, es ist eine Versuchung, jedoch wissen es die meisten nicht.

(50.) Dasselbe sprachen diejenigen, die vor ihnen lebten, aber ihr Schaffen frommte ihnen nichts. (51.) Und es traf sie das Böse, das sie geschafft. Und die Ungerechten von diesen, treffen wird sie das Böse, das sie geschafft, und nicht vermögen sie (Allah) zu schwächen. (52.) Wissen sie denn nicht, dass Allah, wem er will, reichlich oder bemessen Versorgung gibt? Siehe, hierin sind wahrlich Zeichen für gläubige Leute.

(53.) Sprich: »O meine Diener, die ihr euch gegen euch selber vergangen habt, verzweifelt nicht an Allahs Barmherzigkeit; siehe, Allah verzeiht die Sünden allzumal; siehe, er ist der Vergebende, der Barmherzige. (54.) Und kehrt euch reuig zu euerm Herrn und ergebet euch ihm, bevor zu euch die Strafe kommt. Alsdann werdet ihr nicht gerettet. (55.) Und folget dem besten von dem, was zu euch herabgesandt ward von euerm Herrn, bevor euch die Strafe plötzlich überkommt, ehe ihr's euch verseht: (56.) dass eine Seele spricht: »Weh mir über meine Versäumnis (der Pflichten) gegen Allah, denn siehe, wahrlich, ich war einer der Spötter.«

(57.) Oder dass sie spricht: »Wenn mich Allah geleitet hätte, wahrlich, ich wäre einer der Gottesfürchtigen gewesen!«
(58.) Oder dass sie spricht, wenn sie die Strafe sieht: »Wäre mir eine Wiederkehr, ich würde einer der Rechtschaffenen sein.«
(59.) »Nein! Meine Zeichen kamen zu dir, und du ziehest sie der Lüge und warst hoffärtig und einer der Ungläubigen.«
(60.) Und am Tage der Auferstehung wirst du diejenigen, welche wider Allah logen, mit geschwärzten Gesichtern sehen. Ist denn nicht in Dschehannam eine Wohnung für die Hoffärtigen? (61.) Und retten wird Allah diejenigen, die ihn fürchten, zur Stätte ihres Entrinnens. Kein Übel wird sie berühren, noch sollen sie traurig sein.

(62.) Allah ist der Schöpfer aller Dinge, und er ist aller Dinge Schützer. (63.) Sein sind die Schlüssel der Himmel und der Erde, und diejenigen, welche an die Zeichen Allahs nicht glauben – sie sind die Verlorenen.
(64.) Sprich: »Heißet ihr mich etwa etwas andres als Allah anbeten, ihr Toren?«

(65.) Und wahrlich, geoffenbart war dir und denen vor dir: »Wahrlich, wenn du (Allah) Gefährten gibst, dann soll dein Tun vereitelt werden, und du sollst einer der Verlorenen sein.« (66.) Nein, so diene Allah und sei einer der Dankbaren.

(67.) Und nicht bewerten sie Allah nach seinem wahren Wert, denn die ganze Erde wird ihm nur eine Handvoll sein am Tag der Auferstehung, und die Himmel werden zusammengerollt sein in seiner Rechten. Preis ihm! Und erhaben ist er ob dem, was sie ihm beigesellen. (68.) Und gestoßen wird in die Posaune, und ohnmächtig sollen alle in den Himmeln und auf Erden werden, außer denen, welche Allah belieben. Alsdann wird ein andermal in sie gestoßen, und siehe, sie stehen auf und schauen aus. (69.) Und leuchten wird die Erde von dem Licht ihres Herrn, und hingelegt wird das Buch und gebracht werden die Propheten und die Märtyrer, und entschieden wird zwischen ihnen in Wahrheit, und es wird ihnen nicht Unrecht geschehen.

(70.) Und vergolten wird jeder Seele nach ihrem Tun, denn er weiß am besten, was sie tun. (71.) Und getrieben werden die Ungläubigen in Scharen zu Dschehannam, bis dass, wenn sie dorthin gelangt sind, ihre Tore geöffnet werden und ihre Hüter zu ihnen sprechen: »Kamen nicht zu euch Gesandte aus euch, die euch die Zeichen eures Herrn verlasen und euch vor der Begegnung mit diesem eurem Tag warnten?« Sie werden sprechen: »Jawohl.« Jedoch ist das Strafurteil gerecht gegen die Ungläubigen. (72.) Dann wird gesprochen: »Gehet ein in die Pforten Dschehannams, ewig darinnen zu verweilen; und schlimm ist die Wohnung der Hoffärtigen.«

(73.) Und getrieben werden diejenigen, welche ihren Herrn fürchten, in Scharen ins Paradies, bis dass sie zu ihm gelangen und ihre Tore geöffnet werden und ihre Hüter zu

ihnen sprechen: »Frieden sei auf euch, ihr waret gut gewesen! So tretet ein für immerdar.« (74.) Und sie werden sprechen: »Das Lob sei Allah, der uns seine Verheißung wahr gemacht und uns erben ließ die Erde, auf dass wir hausen können im Paradiese, wo immer wir wollen. Und herrlich ist der Lohn der Wirkenden.« (75.) Und sehen wirst du die Engel kreisend rings um den Thron, den Preis ihres Herrn verkündend, und entschieden wird zwischen ihnen in Wahrheit und gesprochen wird: »Das Lob sei Allah, dem Herrn der Welten!«

40. Sure - Der Gläubige

Geoffenbart zu Mekka

Im Namen Allahs, des Erbarmers, des Barmherzigen!

(1.) H. M. (2.) Die Hinabsendung des Buches von Allah, dem Mächtigen, dem Wissenden, (3.) dem, der die Sünde vergibt und die Reue annimmt, der streng im Strafen ist, dem Langmütigen. Es gibt keinen Gott außer ihm, zu ihm ist die Heimkehr. (4.) Die Zeichen Allahs bestreiten nur die Ungläubigen, doch lass dich nicht betrügen durch ihr Aus- und Eingehen im Lande. (5.) Der Lüge zieh vor ihnen das Volk Noahs und die Verbündeten nach ihnen, und es plante jedes Volk wider seinen Gesandten, ihn zu ergreifen. Und sie stritten mit Falsch, die Wahrheit dadurch zu widerlegen. Drum erfasste ich sie, und wie war meine Züchtigung! (6.) Und also ward das Wort deines Herrn wider die Ungläubigen bewahrheitet, dass sie des Feuers Gesellen werden würden.

(7.) Diejenigen, welche den Thron tragen, und die, welche ihn umgeben, lobpreisen ihren Herrn und glauben an ihn und erbitten Verzeihung für die Gläubigen: »Unser Herr, du umfassest alle Dinge in Barmherzigkeit und Wissen; so vergib denen, die sich bekehren und deinen Pfad befolgen, und schütze sie vor der Strafe des Höllenpfuhls. (8.) Unser Herr, und führe sie ein in Edens Gärten, die du ihnen verheißen hast, und den Rechtschaffenen von ihren Vätern und ihren Gattinnen und Nachkommen. Siehe, du bist der Mächtige, der Weise. (9.) Und schütze sie vor dem Bösen, denn, wen du schützest vor dem Bösen an jenem Tage, dessen hast du dich erbarmt, und das ist die große Glückseligkeit.«

(10.) Siehe, den Ungläubigen wird zugerufen werden: »Wahrlich, Allahs Hass ist größer als euer Hass gegen euch selber, da ihr zum Glauben gerufen wurdet und ungläubig waret.« (11.) Sie werden sprechen: »Unser Herr, du hast uns zweimal den Tod gegeben und uns zweimal lebendig gemacht, drum bekennen wir unsre Sünden. Gibt's denn keinen Weg zum Entkommen?«
(12.) »Solches (ist eure Strafe,) dieweil ihr, als Allah, der Einige, verkündet ward, ungläubig waret; doch wenn ihm Gefährten gegeben wurden, dann glaubtet ihr. Doch das Gericht ist Allahs, des Hohen, des Großen.« (13.) Er ist's, der euch seine Zeichen zeigt und euch vom Himmel Versorgung hinabsendet. Aber ermahnen lässt sich nur, wer sich reuig bekehrt.

(14.) So rufet Allah an lauter im Glauben, auch wenn es den Ungläubigen zuwider ist.
(15.) Der Erhabene der Stufen, der Herr des Thrones, sendet den Geist aus seinem Logos auf wen er will von seinen Dienern, um zu warnen vor dem Tag der Begegnung:
(16.) Vor ihrem Tage, an dem sie heraustreten und an dem Allah nichts von ihnen verborgen ist. Wes ist das Reich an jenem Tage? Allahs, des Einigen, des

Allmächtigen. (17.) An jenem Tage wird jede Seele nach Verdienst belohnt werden; keine Ungerechtigkeit an jenem Tage! Siehe, Allah ist schnell im Rechnen. (18.) Und warne sie vor dem schnell heraneilenden Tage, da die Herzen ihre Kehlen würgen. Nicht sollen die Ungerechten (dann) einen Freund oder Fürsprecher haben, dem gehorcht wird. (19.) Er kennet das Heuchlerische der Augen und was die Brust verbirgt.

(20.) Und Allah wird in Wahrheit entscheiden; diejenigen aber, die sie außer ihm anrufen, werden nichts entscheiden. Siehe, Allah, er ist der Hörende, der Sehende. (21.) Reisten sie denn nicht im Lande und sahen, wie der Ausgang derer war, die vor ihnen lebten? Sie waren stärker an Kraft als sie und bleibender ihre Spuren im Land. Und es erfasste sie Allah in ihren Sünden, und keinen Schützer hatten sie wider Allah. (22.) Solches, dieweil ihre Gesandten zu ihnen kamen mit den deutlichen Zeichen und sie nicht glaubten, und da erfasste sie Allah. Siehe, er ist der Starke, der Strenge im Strafen.
(23.) Und wahrlich, wir entsandten Moses mit unsern Zeichen und mit offenkundiger Vollmacht.

(24.) Zu Pharao und Haman und Qarun; und sie sprachen: »Er ist ein Zauberer, ein Lügner.« (25.) Und da er zu ihnen mit der Wahrheit von uns kam, sprachen sie: »Tötet die Knaben derer, die mit ihm glauben, und lasset (nur) ihre Mädchen leben.« Aber die List der Ungläubigen ist nur im Irrtum.
(26.) Und es sprach Pharao: »Lasset mich Moses töten, und wahrlich, dann rufe er seinen Herrn! Siehe, ich fürchte, er ändert euern Glauben oder er lässet Verderben im Lande erstehen.« (27.) Und es sprach Moses: »Siehe, ich nehme meine Zuflucht zu meinem Herrn und euerm Herrn vor jeglichem Hoffärtigen, der nicht glaubt an den Tag der Rechenschaft.«

(28.) Und es sprach ein gläubiger Mann von Pharaos Haus, der seinen Glauben verbarg: »Wollet ihr einen Mann töten, weil er spricht: ›Mein Herr ist Allah‹, wo er zu euch kam mit den deutlichen Zeichen von euerm Herrn? Wenn er ein Lügner ist, so komme seine Lüge auf ihn; ist er jedoch wahrhaftig, so wird euch ein Teil von dem, was er euch androht, treffen. Siehe, Allah leitet keinen Übertreter und Lügner. (29.) O mein Volk, euer ist das Königreich heute, sichtbar wie ihr seid auf Erden; wer aber rettet uns vor Allahs Zorn, wenn er zu uns kommt?« Pharao sprach: »Ich will euch nur sehen lassen, was ich sehe, und will euch nur auf den richtigen Pfad leiten.«

(30.) Und es sprach der Gläubige: »O mein Volk, siehe, ich fürchte für euch einen Tag gleich dem der Verbündeten, (31.) das gleiche, das Noahs Volk und Ad und Thamud widerfuhr und denen, die nach ihnen lebten; denn Allah will keine Ungerechtigkeit gegen seine Diener. (32.) Und, o mein Volk, siehe, ich fürchte für euch den Tag des Zurufs, (33.) den Tag, an dem ihr eure Rücken kehren und keinen Schirmer wider Allah haben werdet. Denn der, den Allah irreführt, hat keinen Leiter. (34.) Und wahrlich, es kam Joseph zuvor zu euch mit den deutlichen Zeichen, ihr aber hörtet nicht auf zu bezweifeln, was er euch brachte, so dass ihr, als er unterging, sprächet: ›Nimmermehr wird Allah nach ihm einen Gesandten schicken.‹ Also führt Allah die Übertreter und Zweifler irre.

(35.) Diejenigen, welche Allahs Zeichen bestreiten, ohne dass eine Vollmacht (hierzu) zu ihnen kam, stehen in großem Hass bei Allah und bei den Gläubigen. Also versiegelt Allah jedes hoffärtige, trotzige Herz.« (36.) Und es sprach Pharao: »O Haman, baue mir einen Turm, auf dass ich erreiche die Pfade, (37.) die Pfade der Himmel, und hinaufsteige zum Gott Mosis,

denn siehe, ich halte ihn wahrlich für einen Lügner.« Und also ward Pharao sein übles Tun ausgeputzt, und er ward abgeleitet vom (rechten) Pfad. Aber Pharaos List führte nur zum Verderben. (38.) Und es sprach der Gläubige: »O mein Volk, folget mir, ich leite euch auf den richtigen Pfad. (39.) O mein Volk, dieses irdische Leben ist nur ein Nießbrauch, und siehe, das Jenseits, das ist die Stätte des Bleibens.

(40.) Wer Böses getan hat, dem soll nur mit Gleichem gelohnt werden, und wer das Rechte getan hat, sei es Mann oder Frau, wofern sie gläubig waren, die treten ein ins Paradies, in dem sie ohne Maß versorgt werden sollen. (41.) Und, o mein Volk, was lade ich euch ein zum Heil, und ihr ladet mich ein zum Feuer? (42.) Ihr ladet mich ein, Allah zu verleugnen und ihm beizugesellen, wovon mir kein Wissen ward, und ich lade euch ein zum Mächtigen, dem Vergebenden. (43.) Es ist kein Zweifel, dass das, wozu ihr mich einladet, keine Anrufung in der Welt und im Jenseits hat und dass unsre Rückkehr zu Allah ist und dass die Übertreter des Feuers Gesellen sind.

(44.) Dann werdet ihr euch dessen, was ich zu euch spreche, erinnern, und ich stelle meine Sache Allah anheim; siehe, Allah schaut seine Diener.« (45.) Und so schützte ihn Allah vor dem Übel, das sie planten, und der Strafe Übel umgab Pharaos Haus. (46.) Das Feuer, ihm sollen sie ausgesetzt werden morgens und abends, und am Tag, da sich ›die Stunde‹ erhebt, (wird gesprochen werden:) »Führet ein das Haus Pharaos in die strengste Strafe.« (47.) Und wenn sie miteinander im Feuer rechten und die Schwachen zu den Hoffärtigen sprechen: »Siehe, wir folgten euch nach, könnt ihr uns nun nicht einen Teil vom Feuer abnehmen?«, (48.) dann werden die Hoffärtigen sprechen: »Siehe, wir sind alle in ihm; siehe, Allah hat unter

seinen Dienern gerichtet.«
(49.) Und es werden diejenigen, die im Feuer sind, zu Dschehannams Hütern sprechen: »Rufet euern Herrn an, dass er uns einen Tag von der Pein Erleichterung schafft.«

(50.) Sie werden sprechen: »Kamen denn nicht eure Gesandten mit den deutlichen Zeichen zu euch?« Sie werden sprechen: »Jawohl.« Sie werden sprechen: »So rufet.« Aber der Ruf der Ungläubigen ist im Irrtum.
(51.) Siehe, wahrlich, helfen werden wir unsern Gesandten und den Gläubigen im irdischen Leben und am Tag, da sich die Zeugen erheben: (52.) Am Tag, da den Ungerechten ihre Entschuldigung nicht frommt, sondern der Fluch ist für sie, und für sie ist eine üble Wohnung.
(53.) Und wahrlich, wir gaben Moses die Leitung und ließen die Kinder Israel die Schrift erben, (54.) eine Leitung und Ermahnung für die Verständigen.
(55.) Drum sei standhaft; siehe, Allahs Verheißung ist wahr. Und bitte um Verzeihung für deine Sünde und lobpreise deinen Herrn am Abend und Morgen.

(56.) Siehe, diejenigen, welche Allahs Zeichen bestreiten, ohne dass eine Vollmacht zu ihnen kam, haben in ihrer Brust nichts als Hoffart; doch sollen sie es nicht erreichen. Drum nimm deine Zuflucht zu Allah; siehe, er ist der Hörende, der Sehende. (57.) Wahrlich, die Schöpfung der Himmel und der Erde ist größer als die Schöpfung der Menschen, jedoch wissen es die meisten nicht. (58.) Und nicht ist gleich der Blinde dem Sehenden, und diejenigen, welche glauben und das Rechte tun, dem Übeltäter. Wie wenige lassen sich ermahnen!
(59.) Siehe, die ›Stunde‹ kommt gewisslich, kein Zweifel ist daran; jedoch glauben es die meisten Menschen nicht.

(60.) Und es spricht euer Herr: »Rufet mich an, ich will euch erhören; diejenigen aber, welche sich hoffärtig von meiner Anbetung abwenden, werden eintreten in Dschehannam, gedemütigt.«
(61.) Allah ist's, der für euch die Nacht gemacht hat, auf dass ihr in ihr ruhet, und den Tag zum Sehen. Siehe, Allah ist wahrlich voll Huld gegen die Menschen, jedoch danken die meisten Menschen nicht.
(62.) Das ist Allah, euer Herr, der Schöpfer aller Dinge. Es gibt keinen Gott außer ihm; wie könnt ihr euch drum (von ihm) abwenden? (63.) Also wenden sich diejenigen ab, welche Allahs Zeichen leugnen. (64.) Allah ist's, der euch die Erde zu einer festen Stätte gab und den Himmel zu einem Gewölbe und der euch formte und eure Form schön machte und euch mit Gutem versorgte. Das ist Allah, euer Herr, drum sei gesegnet Allah, der Herr der Welten!

(65.) Er ist der Lebendige, es gibt keinen Gott außer ihm, drum rufet ihn an in lauterm Glauben. Das Lob sei Allah, dem Herrn der Welten! (66.) Sprich: »Siehe, mir ward verboten, denen zu dienen, die ihr außer Allah anruft, nachdem die deutlichen Zeichen von meinem Herrn zu mir kamen; und geboten ward mir, mich zu ergeben dem Herrn der Welten.«
(67.) Er ist's, der euch erschuf aus Staub, alsdann aus einem Samentropfen, alsdann aus geronnenem Blut; alsdann lässt er euch als Kindlein hervorgehen. Alsdann lässt er euch die Vollkraft erreichen, alsdann Greise werden – doch einige von euch werden zuvor fortgenommen – und einen bestimmten Termin erreichen; und vielleicht habt ihr Einsicht. (68.) Er ist's, der lebendig macht und tötet, und wenn er ein Ding beschlossen hat, so spricht er nur zu ihm: »Sei!«, und es ist. (69.) Siehst du nicht diejenigen, die Allahs Zeichen bestreiten, wie sie abgewendet werden?

(70.) Diejenigen, welche das Buch und das, womit wir unsre Gesandten entsandten, als

Lüge erklären, sie sollen wissen (was mit ihnen geschieht). (71.) Wenn die Joche auf ihrem Nacken sind und die Fesseln, (72.) und sie ins siedende Wasser geschleift werden und im Feuer brennen, (73.) dann wird zu ihnen gesprochen werden: »Wo ist das, was ihr Allah an die Seite setztet?« (74.) Sie werden sprechen: »Sie schweiften fort von uns. Ja, wir riefen zuvor ein Nichts an.« Also führt Allah die Ungläubigen irre. (75.) »Solches, dieweil ihr euch im Lande ohne Grund freutet und übermütig waret. (76.) Gehet ein in Dschehannams Pforten, ewig in ihr zu verweilen. Und schlimm ist die Wohnung der Hoffärtigen.«

(77.) Drum sei standhaft; siehe, Allahs Verheißung ist wahr; sei es, dass wir dich einen Teil von dem, was wir ihnen androhten, sehen lassen oder dass wir dich fortnehmen, zu uns kehren sie zurück. (78.) Und wahrlich, wir entsandten unsre Gesandten schon vor dir; von einigen von ihnen erzählten wir dir, und von andern erzählten wir dir nicht; und keinem Gesandten war es gegeben, mit einem Zeichen zu kommen, es sei denn mit Allahs Erlaubnis. Wenn aber Allahs Befehl ergeht, dann wird in Wahrheit entschieden werden, und verloren sind diejenigen, die es für eitel hielten. (79.) Allah ist's, der für euch das Vieh machte, auf dass ihr auf den einen rittet und von den andern speistet.

(80.) Und ihr habt Nutzen in ihnen, und auf dass ihr auf ihnen eine Angelegenheit, die ihr in eurer Brust habt, erreicht; und auf ihnen und auf den Schiffen werdet ihr getragen. (81.) Und er zeigt euch seine Zeichen; welches der Zeichen Allahs wollt ihr drum leugnen? (82.) Sind sie denn nicht im Land gereist und schauten sie nicht, wie der Ausgang derer war, die vor ihnen lebten? Sie waren zahlreicher als sie und stärker an Kraft, und (bleibender waren ihre) Spuren im Land; doch frommte ihnen nichts, was sie geschafft hatten.

(83.) Und da zu ihnen ihre Gesandten mit den deutlichen Zeichen kamen, freuten sie sich des Wissens, das sie besaßen; und es umgab sie, was sie verspottet hatten. (84.) Und da sie unsern Zorn sahen, sprachen sie: »Wir glauben an Allah, den Einigen, und leugnen ab, was wir ihm beigesellten.« (85.) Doch nützte ihnen ihr Glauben nichts, nachdem sie unsern Zorn gesehen hatten; (das war) der Brauch Allahs zuvor mit seinen Dienern, und dort war's um die Ungläubigen geschehen.

41. Sure - Erklärt

Geoffenbart zu Mekka

Im Namen Allahs, des Erbarmers, des Barmherzigen!

(1.) H. M. (2.) Eine Hinabsendung von dem Erbarmer, dem Barmherzigen. (3.) Ein Buch, dessen Verse erklärt sind, ein arabischer Koran, für Leute von Wissen, (4.) ein Freudenbote und ein Warner; doch die meisten von ihnen kehren sich ab und hören nicht. (5.) Und sie sprechen: »Unsre Herzen sind in Hüllen gegen das, wozu du uns einladest, und in unsern Ohren ist Schwere, und zwischen uns und dir ist ein Vorhang. So handle; siehe, auch wir handeln.«

(6.) Sprich: »Ich bin nur ein Mensch wie ihr; geoffenbart ward mir, dass euer Gott ein einiger Gott ist. So verhaltet euch wohl gegen ihn und bittet ihn um Verzeihung; und wehe den Götzendienern, (7.) welche nicht die Armenspende entrichten und ans Jenseits nicht glauben.« (8.) Siehe, diejenigen, welche glauben und das Rechte tun, ihnen wird ein unverminderter Lohn.

(9.) Sprich: »Verleugnet ihr etwa den, der die Erde in zwei Tagen erschuf, und gebt ihm seinesgleichen? Das ist der Herr der Welten.« (10.) Und er setzte in sie die festgegründeten (Berge, ragend) über sie; und er segnete sie und verteilte in ihr ihre Nahrung in vier Tagen gleich für alle, die danach verlangen.

(11.) Alsdann machte er sich an den Himmel, welcher Rauch war, und sprach zu ihm und zur Erde: »Kommet in Gehorsam oder wider Willen.« Sie sprachen: »Wir kommen gehorsam.« (12.) Und so vollendete er sie zu sieben Himmeln in zwei Tagen und offenbarte jedem Himmel sein Amt; und wir schmückten den untern Himmel mit Lampen und einer Hut. Dies ist die Anordnung des Mächtigen, des Wissenden.

(13.) Und wenn sie sich abwenden, so sprich: »Ich warne euch vor einem Donnerschlag, gleich dem Donnerschlag der Ad und Thamud.« (14.) Da die Gesandten zu ihnen kamen von vorn und hinten (und sprachen:) »Dienet allein Allah« – sprachen sie: »Wenn unser Herr gewollt, wahrlich, Engel hätte er hinabgesandt. Siehe, wir glauben nicht an das, womit ihr gesandt seid.«

(15.) Und was die Ad anlangt, so waren sie hoffärtig im Land ohne Grund und sprachen: »Wer ist stärker an Kraft als wir?« Sehen sie denn nicht, dass Allah es ist, der sie erschaffen hat? Er ist stärker als sie an Kraft; doch sie verleugneten unsre Zeichen. (16.) Und so entsandten wir wider sie einen pfeifenden Wind an unseligen Tagen, um ihnen zu schmecken zu geben die Strafe der Schmach in dieser Welt. Aber wahrlich, die Strafe des Jenseits ist schmählicher, und es soll ihnen nicht geholfen werden. (17.) Und was die Thamud anlangt, so leiteten wir sie, sie aber liebten die Blindheit über der Leitung, und es erfasste sie der Donnerschlag der Strafe der Erniedrigung für ihr Schaffen.

(18.) Und wir erretteten diejenigen, die gläubig und gottesfürchtig waren. (19.) Und eines Tages werden die Feinde Allahs zum Feuer versammelt werden, vorwärts getrieben: (20.) bis dass, wenn sie zu ihm gekommen sind, ihre Ohren und Augen und ihre Haut Zeugnis wider sie ablegen für ihr Tun. (21.) Und sprechen werden sie zu ihrer Haut: »Warum zeugst du wider uns?« Sie wird sprechen: »Rede gab uns Allah, welcher jedem Ding Rede gab. Er hat euch zum erstenmal erschaffen, und zu ihm müsst ihr zurück. (22.) Und ihr konntet euch nicht verbergen, dass euer Gehör und euer Gesicht und eure Haut nicht Zeugnis wider euch ablegte; jedoch wähntet ihr, dass Allah nicht viel von euerm Tun wüsste. (23.) Und dieses euer Wähnen, das ihr von euerm Herrn wähntet, verdarb euch, und ihr wurdet Verlorene.«

(24.) Und halten sie auch aus, so ist doch das Feuer ihre Wohnung, und wenn sie um Gnade bitten, so sollen sie doch nicht begnadet werden. (25.) Und wir haben ihnen Genossen bestimmt, denn sie putzten ihnen aus, was vor ihnen und was hinter ihnen war. Und so war gerecht gegen sie der Spruch, der Völker von den Dschinn und Menschen, die vor ihnen hingingen, traf: Siehe, sie sind Verlorene. (26.) Und es sprechen die Ungläubigen: »Höret nicht auf diesen Koran, sondern schwatzet in ihn, vielleicht obsiegt ihr.«

(27.) Aber wahrlich, schmecken lassen wollen wir die Ungläubigen strenge Strafe, und belohnen wollen wir sie mit dem Übelsten von ihrem Tun. (28.) Solches ist der Lohn der Feinde Allahs – das Feuer. Ihnen ist eine ewige Wohnung darinnen, darum dass sie unsre Zeichen verleugneten.

(29.) Und sprechen werden die Ungläubigen: »Unser Herr, zeige uns diejenigen von den Dschinn und Menschen, die uns irreführten; wir wollen sie unter unsre Füße legen, damit sie zu den am tiefsten Erniedrigten gehören.«

(30.) Siehe, diejenigen, welche sprechen: »Unser Herr ist Allah« und dann sich wohl verhalten, auf die steigen die Engel hernieder: »Fürchtet euch nicht und seid nicht traurig, sondern vernehmt die Freudenbotschaft vom Paradies, das euch verheißen ward. (31.) Wir sind eure Schützer im irdischen Leben und im Jenseits, und euch wird sein in ihm, was eure Seelen begehren, und ihr sollt haben in ihm, wonach ihr rufet, (32.) eine Aufnahme von einem Vergebenden, Barmherzigen!«
(33.) Und wer führt schönere Rede, als wer zu Allah einladet und das Rechte tut und spricht: »Ich bin einer der Muslime?«
(34.) Und nicht ist gleich das Gute und das Böse. Wehre (das Böse) ab mit dem Bessern, und siehe, der, zwischen dem und dir Feindschaft war, wird sein gleich einem warmen Freund.

(35.) Aber dies sollen nur diejenigen erreichen, die standhaft sind, und nur die Hochbeglückten erreichen es.
(36.) Und wenn dich ein Anreiz vom Satan reizt, so nimm deine Zuflucht zu Allah; siehe, er ist der Hörende, der Wissende.
(37.) Und zu seinen Zeichen gehört die Nacht und der Tag und die Sonne und der Mond. Werfet euch weder vor der Sonne nieder noch vor dem Mond, sondern werfet euch nieder vor Allah, der sie erschaffen, so ihr ihm dienet. (38.) Und wenn sie (zu) hoffärtig sind, so preisen diejenigen, die bei deinem Herrn sind, ihn Nacht und Tag und werden nicht müde. (39.) Und zu seinen Zeichen gehört es, dass du die Erde öde siehst. Und wenn wir Wasser auf sie hinabsenden, rührt sie sich und schwillt an;

siehe, er, der sie belebt, ist der Lebendigmacher der Toten. Siehe, er hat Macht über alle Dinge.

(40.) Siehe, diejenigen, welche sich von unsern Zeichen abneigen, sind uns nicht verborgen. Ist etwa der besser, der ins Feuer geworfen wird, oder wer sicher naht am Tag der Auferstehung? Tut, was ihr wollt, siehe, er schaut euer Tun. (41.) Siehe, diejenigen, welche nicht an die Ermahnung glauben, nachdem sie zu ihnen gekommen ist, (sind verblendet,) und siehe, es ist wahrlich ein herrliches Buch! (42.) Nicht soll zu ihm kommen das Eitle, weder von vorn noch von hinten – eine Hinabsendung von einem Weisen, einem Rühmenswerten.
(43.) Nicht ward etwas andres zu dir gesprochen, als was zu den Gesandten vor dir gesprochen ward. Siehe, dein Herr ist wahrlich Herr der Verzeihung und Herr schmerzlicher Züchtigung.

(44.) Und hätten wir ihn gemacht zu einem fremdsprachigen Koran, so hätten sie gesprochen: »Wenn seine Zeichen nicht erklärt sind, (so können wir sie – die Verse – nicht verstehen).« Etwa in fremder Sprache, und (er), ein Araber? Sprich: »Er ist für die Gläubigen eine Leitung und eine Arznei; doch in den Ohren der Ungläubigen ist eine Schwere, und er ist Blindheit für sie. Diese werden gerufen (wie) von fernem Ort.«

(45.) Und wahrlich, wir gaben Moses die Schrift, und man war uneins darüber; und wäre nicht ein Wort von deinem Herrn zuvor ergangen, wahrlich, entschieden wäre zwischen ihnen. Denn siehe, sie waren in tiefem Zweifel darüber. (46.) Wer das Rechte tut, der tut es zu seinem Besten, und wer Böses tut, ihm zuwider; und dein Herr ist nicht ungerecht gegen seine Diener.
(47.) Ihm allein ist vorbehalten das Wissen von der ›Stunde‹, und keine Früchte kommen heraus aus ihren Hüllen, und keine Frau trägt und kommt nieder außer mit

seinem Wissen. Und des Tages, da er zu
ihnen ruft: »Wo sind meine Gefährten?«
werden sie sprechen: »Wir versichern dich,
wir haben keinen Zeugen unter uns.«
(48.) Und abgeschweift ist von ihnen, was sie
zuvor anriefen, und sie sehen ein, dass
ihnen kein Entrinnen ist.
(49.) Nicht ermüdet der Mensch, um Gutes
zu bitten, und wenn ihn das Böse trifft, so ist
er verzweifelt und verzagt.

(50.) Aber wahrlich, wenn wir ihm
Barmherzigkeit von uns zu schmecken
geben nach dem Leid, das ihn betroffen,
wahrlich, dann spricht er: »Das (gebührt)
mir, und nicht glaube ich, dass die ›Stunde‹
bevorsteht. Und wenn ich zurückgebracht
werde zu meinem Herrn, siehe, dann habe
ich wahrlich bei ihm das Beste.« Aber
wahrlich, ankündigen wollen wir den
Ungläubigen, was sie getan, und wahrlich,
schmecken werden wir sie lassen harte
Strafe. (51.) Und wenn wir dem Menschen
gnädig gewesen sind, so kehrt er sich ab und
wendet sich zur Seite. Wenn ihn aber Böses
trifft, dann betet er des breiten.

(52.) Sprich: »Was meint ihr?« Wenn es von
Allah ist und ihr es alsdann verleugnet, wer
ist dann in größerem Irrtum als der, welcher
in tiefer Abtrünnigkeit ist?
(53.) Zeigen werden wir ihnen unsre
Zeichen in den Landen und an ihnen selber,
bis es ihnen deutlich ward, dass er die
Wahrheit ist. Genügt es denn nicht, dass
dein Herr Zeuge aller Dinge ist?
(54.) Ist's nicht, dass sie in Zweifel sind über
die Begegnung mit ihrem Herrn? Ist's nicht,
dass er alle Dinge umgibt?

42. Sure - Die Beratung
Geoffenbart zu Mekka

*Im Namen Allahs, des Erbarmers, des
Barmherzigen!*

(1.) H. M. (2.) A. S. K. (3.) Also offenbart dir
und denen vor dir Allah, der Mächtige, der
Weise. (4.) Sein ist, was in den Himmeln und
was auf Erden, und er ist der Hohe, der
Gewaltige. (5.) Fast spalten sich die Himmel
in der Höhe (in Ehrfurcht), und die Engel
lobpreisen ihren Herrn und bitten um
Verzeihung für die, welche auf Erden sind.
Ist nicht Allah der Vergebende, der
Barmherzige? (6.) Und diejenigen, welche
außer ihm Schützer annehmen, Allah gibt
auf sie acht, und nicht bist du ihr Hüter.

(7.) Also haben wir dir einen arabischen
Koran geoffenbart, damit du warnest die
Mutter der Städte und alle ringsum, und sie
warnest vor dem Tag der Versammlung, an
dem kein Zweifel ist – ein Teil im Paradies
und ein Teil in der Flamme! (8.) Und so es
Allah gewollt, hätte er sie zu einer
Gemeinde gemacht; jedoch führt er in seine
Barmherzigkeit ein, wen er will, und die
Ungerechten haben weder Schützer noch
Helfer. (9.) Nehmen sie etwa außer ihm
Schützer an? Doch Allah, er ist der Schützer,
und er macht die Toten lebendig, und er hat
Macht über alle Dinge.

(10.) Und worüber ihr auch uneins seid, das
Urteil darüber ist bei Allah. Solches ist
Allah, mein Herr; auf ihn traue ich, und zu
ihm bekehre ich mich reuig.
(11.) Der Schöpfer der Himmel und der Erde
hat für euch Gattinnen gemacht von euch
selber, und von den Tieren Weibchen;
hierdurch vermehrt er euch. Nichts ist gleich
ihm, und er ist der Hörende, der Schauende.
(12.) Sein sind die Schlüssel der Himmel
und der Erde, er gibt Versorgung reich und
bemessen, wem er will; siehe, er weiß alle
Dinge.

(13.) Er hat euch den Glauben verordnet, den er Noah vorschrieb, und was wir dir offenbarten und Abraham und Moses und Jesus vorschrieben: »Haltet den Glauben und trennet euch nicht in ihm.« Groß ist für die Götzendiener das, wozu du sie einladest. Allah erwählt dazu, wen er will, und leitet dazu, wer sich reuig bekehrt.

(14.) Und nicht eher spalteten sie sich in gegenseitiger Streitsucht, als bis das Wissen zu ihnen gekommen war; und wäre nicht zuvor ein Wort von deinem Herrn ergangen, (das ihnen Aufschub gab) zu einem bestimmten Termin, wahrlich, es wäre zwischen ihnen entschieden. Und siehe, diejenigen, denen nach ihnen das Buch zum Erbe gegeben ward, sind wahrlich in betreff seiner in tiefem Zweifel.
(15.) Und darum lade du ein und verhalte dich wohl, wie dir geheißen ward, und folge nicht ihren Gelüsten und sprich: »Ich glaube an das von dem Buch, was Allah hinabgesandt hat, und geheißen ward mir, gerecht zwischen euch zu richten. Allah ist unser Herr und euer Herr; uns sind unsre Werke und euch eure Werke; kein Streit sei zwischen uns und euch. Allah wird uns versammeln, und zu ihm ist der Heimgang.«

(16.) Und diejenigen, welche über Allah streiten, nachdem er erhört worden, deren Grund ist falsch bei ihrem Herrn, und auf sie kommt Zorn und ihnen wird strenge Strafe. (17.) Allah ist's, der das Buch hinabgesandt hat in Wahrheit und die Waage. Und was lässt dich wissen, dass vielleicht die ›Stunde‹ nahe ist?
(18.) Herbei wünschen sie diejenigen, die nicht an sie glauben; die aber, welche an sie glauben, beben vor ihr und wissen, dass es die Wahrheit ist. Ist's nicht, dass die, welche über die ›Stunde‹ streiten, in tiefem Irrtum sind? (19.) Allah ist gütig gegen seine Diener; er versorgt, wen er will, denn er ist der Starke, der Mächtige.

(20.) Wer für das Jenseits säen will, dem wollen wir seine Saat mehren, und wer für die Welt säen will, dem geben wir von ihr, doch soll er am Jenseits keinen Anteil haben.
(21.) Haben sie etwa ›Gefährten‹, die ihnen vom Glauben etwas verordneten, was Allah nicht erlaubt? Und ohne den Spruch der Entscheidung wäre wahrlich zwischen ihnen gerichtet. Und siehe die Ungerechten, für sie ist eine schmerzliche Strafe.
(22.) Du siehst (dann) die Ungerechten beben vor dem, was sie geschafft, wenn es auf sie fällt; diejenigen aber, welche glauben und das Rechte tun, werden in Paradiesesauen sein und bei ihrem Herrn finden, was sie begehren. Das ist die große Huld! (23.) Das ist's, was Allah seinen Dienern verheißt, die da glauben und das Rechte tun. Sprich: »Ich verlange dafür keinen Lohn von euch, nur die Liebe der Verwandtschaft.« Und wer eine gute Tat begeht, den wollen wir dadurch mehren an Gutem. Siehe, Allah ist verzeihend und dankbar.

(24.) Oder sprechen sie: »Er hat wider Allah eine Lüge ersonnen?« Aber so Allah wollte, versiegelte er dein Herz; und Allah löscht das Eitle aus und bewahrheitet die Wahrheit durch seine Worte. Siehe, er kennt das Innerste der Brust. (25.) Er ist's, welcher die Reue von seinen Dienern annimmt und die Missetaten vergibt und weiß, was ihr tut.
(26.) Und er erhört diejenigen, welche glauben und das Rechte tun, und mehrt ihnen seine Huld; den Ungläubigen aber wird strenge Strafe.

(27.) Und wenn Allah seine Diener im Überfluss versorgte, so würden sie übermütig werden auf Erden. Jedoch sendet er mit Maßen hinab, was er will. Siehe, er kennt und schaut seine Diener.
(28.) Und er ist's, der den Regen hinabsendet, nachdem sie verzweifelten. Und er breitet aus seine Barmherzigkeit,

denn er ist der Beschützer, der Rühmenswerte. (29.) Und zu seinen Zeichen gehört die Schöpfung der Himmel und der Erde und was er in beiden an Getier verstreut hat. Und er ist mächtig, sie zu versammeln, so er will.

(30.) Und was euch an Unglück trifft, es ist für eurer Hände Schaffen; und er vergibt viel. (31.) Und nicht vermögt ihr ihn auf Erden zu schwächen, und außer Allah habt ihr weder Schützer noch Helfer. (32.) Und zu seinen Zeichen gehören die Schiffe im Meer gleich Bergen. (33.) Wenn er will, beruhigt er den Wind, und sie liegen bewegungslos auf seinem Rücken. Siehe, hierin sind wahrlich Zeichen für alle Standhaften und Dankbaren. (34.) Oder er lässt sie untergehen nach Verdienst, und er vergibt viel. (35.) Und wissen mögen diejenigen, welche über unsre Zeichen streiten, dass ihnen kein Entrinnen ist. (36.) Und was euch auch gegeben wird, es ist nur eine Versorgung für das irdische Leben; was aber bei Allah ist, ist besser und bleibender für diejenigen, welche glauben und auf ihren Herrn vertrauen, (37.) und welche die großen Sünden und Schandtaten meiden und, wenn sie zornig sind, vergeben, (38.) und die auf ihren Herrn hören und das Gebet verrichten und ihre Angelegenheiten in Beratung untereinander (erledigen) und von dem, womit wir sie versorgten, spenden, (39.) und die, wenn sie eine Unbill trifft, sich rächen.

(40.) Der Lohn für Böses sei aber (nur) Böses in gleichem Maße, und wer vergibt und Frieden macht, dessen Lohn ist bei Allah; siehe, er liebt nicht die Ungerechten. (41.) Und wahrlich, wer sich für eine Ungerechtigkeit rächt, wider die ist kein Weg; (42.) der Weg ist nur wider die, welche den Menschen Unrecht zufügen und auf Erden ohne Grund übermütig sind. Ihnen wird schmerzliche Strafe.

(43.) Und wahrlich, wer standhaft ist und verzeiht siehe, das ist eine beschlossene Sache. (44.) Und wen Allah irreführt, der hat nach ihm keinen Schützer. Und du wirst die Ungerechten sehen, wie sie, wenn sie die Strafe sahen, sprechen: »Gibt's zur Abwehr keinen Weg?« (45.) Und du wirst sie sehen, wie sie ihr überantwortet werden, erniedrigt in Schmach und verstohlen blickend. Und dann sprechen die Gläubigen: »Siehe, die Verlorenen sind diejenigen, welche sich selbst verloren und ihre Familien am Tag der Auferstehung.« Ist's nicht, dass die Ungerechten in beständiger Pein sein werden? (46.) Und sie werden keine Schützer haben, ihnen zu helfen, außer Allah; und wen Allah irreführt, für den ist kein Weg.

(47.) Höret auf euern Herrn, bevor ein Tag kommt, für den keine Abwehr ist seitens Allahs. Kein Asyl ist für euch an jenem Tag und keine Ableugnung für euch. (48.) Und wenn sie sich abwenden, so haben wir dich nicht zu einem Hüter über sie entsandt; dir liegt nur die Predigt ob. Und siehe, wenn wir dem Menschen Barmherzigkeit von uns zu schmecken geben, freut er sich über sie; wenn ihn jedoch ein Übel für das, was seine Hände zuvor taten, trifft, siehe, so ist der Mensch undankbar. (49.) Allahs ist das Reich der Himmel und der Erde; er schafft, was er will, er gibt, wem er will, Mädchen, und gibt, wem er will, Knaben.

(50.) Oder er paart ihnen Knaben und Mädchen und macht, wen er will, unfruchtbar. Siehe, er ist wissend und mächtig. (51.) Und nicht kommt es einem Menschen zu, dass Allah mit ihm sprechen sollte, es sei denn in Offenbarung oder hinter einem Vorhang. Oder er entsendet einen Gesandten, zu offenbaren mit seiner Erlaubnis, was er will. Siehe, er ist hoch und weise. (52.) Und so gaben wir dir (als

Offenbarungsmittler) einen Geist aus unserem Logos ein. Nicht wusstest du (vorher), was das Buch und der Glaube war. Jedoch machten wir es zu einem Licht, mit dem wir leiten, wen wir wollen von unsern Dienern. Und siehe, du sollst wahrlich auf einen rechten Weg leiten,

(53.) den Weg Allahs, des ist, was in den Himmeln und was auf Erden ist. Ist's nicht, dass zu Allah die Dinge heimkehren?

43. Sure - Der Goldputz

Geoffenbart zu Mekka

Im Namen Allahs, des Erbarmers, des Barmherzigen!

(1.) H. M. (2.) Bei dem deutlichen Buch, (3.) siehe, wir machten es zu einem arabischen Koran, auf dass ihr vielleicht begriffet. (4.) Und siehe, es ist in der Mutter der Schrift bei uns – wahrlich ein hohes, ein weises. (5.) Sollen wir denn von euch die Ermahnung abwenden, weil ihr ein übertretend Volk seid? (6.) Und wie viele Propheten entsandten wir unter die Früheren, (7.) doch kam kein Prophet zu ihnen, den sie nicht verspottet hätten. (8.) Deshalb vertilgten wir stärkere an Macht als sie; und zuvor erging das Beispiel der Früheren. (9.) Und wahrlich, wenn du sie fragst, wer die Himmel und die Erde erschaffen, so sprechen sie: »Erschaffen hat sie der Mächtige, der Wissende« – (10.) der für euch die Erde zu einem Bett gemacht und für euch Wege in ihr gemacht hat, auf dass ihr geleitet würdet.

(11.) Und der euch vom Himmel Wasser hinabsendet nach (gebührendem) Maß, durch das wir ein totes Land erwecken. Also sollt ihr (aus dem Grab) hervorgebracht werden. (12.) Und der alle Arten erschaffen hat und für euch die Schiffe und das Vieh machte, sie zu besteigen, (13.) auf dass ihr auf ihren Rücken sitzet und der Gnade eures Herrn gedenket, wenn ihr auf ihnen sitzet, und sprechet: »Preis dem, der uns dies untertänig gemacht! Wir wären hierzu nicht imstande gewesen; (14.) und siehe, zu. unserm Herrn kehren wir wahrlich zurück.«

(15.) Und doch geben sie ihm einen Teil seiner Diener zur Nachkommenschaft. Siehe, der Mensch ist wahrlich offenkundig undankbar.

(16.) Sollte er etwa von dem, was er schuf, Töchter für sich angenommen und euch Söhne zuerteilt haben? (17.) Doch wenn einem von ihnen das, was er dem Erbarmer zum Gleichnis aufstellt, angekündigt wird, dann wird sein Angesicht schwarz, und er grollt. (18.) Etwa wer im Schmuck erzogen wird und ohne Grund im Streitgespräch ungeschickt ist? (19.) Und sie machen die Engel, welche die Diener des Erbarmers sind, weiblich. Waren sie etwa Zeugen ihrer Schöpfung? Ihr Zeugnis wird niedergeschrieben, und sie werden zur Rede gestellt werden.

(20.) Und sie sprechen: »Hätte der Erbarmer gewollt, hätten wir ihnen nie gedient.« Sie haben hiervon kein Wissen, sie vermuten nur. (21.) Oder gaben wir ihnen vor diesem ein Buch, und bewahren sie es? (22.) Nein; sie sprechen: »Wir fanden unsre Väter in einer Religion, und siehe, wir sind in ihren Spuren geleitet.« (23.) Und also entsandten wir vor dir in keine Stadt einen Warner, ohne dass ihre Üppigen gesprochen hätten: »Siehe, wir fanden unsre Väter in einer Religion, und ihren Spuren gehen wir nach.« (24.) Sprich: »Etwa auch, wenn ich euch etwas bringe, was besser leitet als das, worin ihr eure Väter erfandet?« Sie sprachen: »Siehe, wir glauben nicht an eure Sendung.«

(25.) Und so nahmen wir Rache an ihnen, und schau, wie der Ausgang derer war, die der Lüge ziehen. (26.) Und (gedenke,) da Abraham zu seinem Vater und seinem Volke sprach: »Siehe, ich bin rein von dem, was ihr anbetet, (27.) außer dem, der mich erschuf; siehe, er wird mich leiten.«

(28.) Und er machte es zu einem bleibenden Wort unter seiner Nachkommenschaft, dass sie vielleicht umkehrten. (29.) Doch ich gewährte diesen und ihren Vätern Versorgung, bis zu ihnen die Wahrheit kam und ein offenkundiger Gesandter.

(30.) Und da die Wahrheit zu ihnen gekommen war, sprachen sie: »Dies ist Zauberei, und siehe, wir glauben nicht daran.« (31.) Und sie sprachen: »Warum ward dieser Koran nicht auf einen gewaltigen Mann aus den beiden Städten herabgesandt?« (32.) Verteilen etwa sie die Barmherzigkeit deines Herrn? Wir verteilen unter ihnen ihren Unterhalt im irdischen Leben und erhöhen die einen unter ihnen über die andern um Stufen, dass die einen die andern zu Fronarbeitern nehmen. Und deines Herrn Barmherzigkeit ist besser, als was sie zusammenschaffen.

(33.) Und wären nicht die Menschen eine einzige Gemeinde (von Ungläubigen) geworden, wahrlich, wir hätten denen, die den Erbarmer verleugnen, für ihre Häuser Dächer von Silber gemacht und Stufen, auf denen sie hinaufsteigen, (34.) und Türen für ihre Häuser und Polster, auf die sie sich lehnen, (alles aus Silber) (35.) und Goldputz. Doch alles dies ist nur eine Versorgung des irdischen Lebens; doch das Jenseits ist bei deinem Herrn für die Gottesfürchtigen. (36.) Und wer sich abkehrt von der Ermahnung des Erbarmers, dem gesellen wir einen Satan bei, der sein Gesell sein soll. (37.) Denn siehe, sie sollen sie abwendig machen vom Weg, während sie sich für geleitet halten sollen; (38.) bis dass er, wenn er zu uns kommt, spricht: »O dass zwischen mir und dir die Entfernung zwischen dem Osten und Westen läge!« Und schlimm ist der Gesell. (39.) Und es soll euch nicht nützen an jenem Tage, da ihr ungerecht gewesen seid, ihr sollt die Strafe teilen.

(40.) Kannst du etwa die Tauben hörend machen oder die Blinden leiten und den, der in offenkundigem Irrtum ist? (41.) Sei es drum, dass wir dich fortnehmen, wir rächen uns an ihnen; (42.) oder dass wir dir zeigen, was wir ihnen androhten; denn siehe, wir haben Macht über sie. (43.) Halte daher fest an dem, was dir offenbart worden; siehe, du bist auf rechtem Pfad. (44.) Und siehe, es ist eine Ermahnung für dich und für dein Volk; und ihr werdet zur Rede gestellt werden. (45.) Und frage die, welche wir vor dir von unsern Gesandten entsendeten: »Machten wir etwa Götter außer dem Erbarmer, ihnen zu dienen?« (46.) Und wahrlich, wir entsandten Moses mit unsern Zeichen zu Pharao und seinen Häuptern, und er sprach: »Siehe, ich bin der Gesandte des Herrn der Welten.«

(47.) Und da er zu ihnen mit unsern Zeichen kam, lachten sie über sie.

(48.) Und wir zeigten ihnen nicht ein Zeichen, das nicht größer gewesen wäre als das frühere. Und wir erfassten sie mit der Strafe, auf dass sie umkehrten. (49.) Und sie sprachen: »O Zauberer, rufe deinen Herrn an um unsertwillen, nach dem Bund, den er mit dir geschlossen; siehe, wahrlich, wir wollen geleitet sein.« (50.) Und da wir die Strafe von ihnen nahmen, siehe, da brachen sie ihr Wort. (51.) Und Pharao verkündete unter seinem Volk und sprach: »O mein Volk, ist nicht mein das Königreich von Ägypten und diese Ströme, die unter mir eilen? Schaut ihr denn nicht? (52.) Bin ich nicht besser als dieser, der verächtlich ist, und sich kaum klarmachen kann?

(53.) Und wenn nicht Armbänder von Gold auf ihn geworfen werden oder die Engel mit ihm im Gefolge kommen...«

(54.) Und so machte er sein Volk leichtfertig, dass sie ihm gehorchten; siehe, sie waren ein verderbtes Volk. (55.) Und da sie uns erbittert hatten, rächten wir uns an ihnen und ersäuften sie insgesamt. (56.) Und so machten wir sie zu einem Vorbild und Beispiel für die Spätern. (57.) Und als der Sohn Marias zu einem Beispiel aufgestellt ward, siehe, da kehrte sich dein Volk von ihm ab (58.) und sprach: »Sind unsre Götter besser oder er?« Sie brachten dir dies nur vor zum Streiten, doch sind sie ein streitsüchtig Volk. (59.) Siehe, er ist nichts als ein Diener, dem wir gnädig gewesen waren, und wir machten ihn zu einem Beispiel für die Kinder Israel.

(60.) Und hätten wir gewollt, wir hätten von euch Engel gemacht auf Erden zur Nachfolge. (61.) Und siehe, er dient wahrlich zum Wissen von der ›Stunde‹. So bezweifelt sie nicht, sondern folget mir; dies ist ein rechter Pfad. (62.) Und nicht mache euch der Satan abwendig. Siehe, er ist euch ein offenkundiger Feind. (63.) Und da Jesus mit den deutlichen Zeichen kam, sprach er: »Ich bin mit der Weisheit zu euch gekommen und um euch etwas von dem zu erklären, worüber ihr uneins seid. So fürchtet Allah und gehorchet mir. (64.) Siehe, Allah, er ist mein Herr und euer Herr; so dienet ihm, dies ist ein rechter Pfad.«

(65.) Doch die Sekten waren uneins untereinander, und wehe den Ungerechten ob der Strafe eines schmerzlichen Tages! (66.) Erwarten sie etwa etwas anders, als dass die ›Stunde‹ plötzlich über sie kommt, ohne dass sie sich's versehen? (67.) Freunde werden an jenem Tage einer des andern Feind sein außer den Gottesfürchtigen. (68.) O meine Diener, keine Furcht kommt auf euch an jenem Tage,

und nicht sollen traurig sein, (69.) die da glauben an unsre Zeichen und Muslime sind:

(70.) »Tretet ein ins Paradies ihr und eure Gattinnen, in Freuden!«
(71.) Kreisen werden unter ihnen Schüsseln und Becher von Gold, enthaltend, was die Seelen ersehnen und die Augen ergötzt. »Und ewig sollt ihr darinnen verweilen.
(72.) Denn das ist das Paradies, das euch zum Erbe gegeben ward für euer Tun.
(73.) Euch sind in ihm Früchte in Menge, von denen ihr speiset.«

(74.) Siehe, die Sünder, in Dschehannams Strafe sollen sie ewig verweilen.
(75.) Nicht soll sie unterbrochen werden, und verzweifeln sollen sie in ihr.
(76.) Und nicht tun wir ihnen Unrecht, sondern sie waren die Ungerechten.
(77.) Und rufen werden sie: »O Malik, dass doch dein Herr ein Ende mit uns machte!« Er wird sprechen: »Ihr müsset verweilen.«
(78.) Wahrlich, wir kamen zu euch mit der Wahrheit, jedoch die meisten von euch verabscheuen die Wahrheit.
(79.) Haben sie eine Sache gesponnen? Siehe, wir spinnen dann auch (Pläne).

(80.) Oder glauben sie, dass wir ihre Geheimnisse und ihr heimliches Gespräch nicht hören? Im Gegenteil, unsre Gesandten, die bei ihnen sind, schreiben es auf.
(81.) Sprich: »Wenn der Erbarmer einen Sohn hätte, so wäre ich der erste, ihm zu dienen.« (82.) Preis dem Herrn der Himmel und der Erde, dem Herrn des Thrones, ob dem, was sie von ihm aussagen!
(83.) Drum lass sie schwatzen und spielen, bis sie ihrem Tag begegnen, der ihnen angedroht ward. (84.) Und er ist's, der im Himmel Gott und auf Erden Gott ist; und er ist der Weise, der Wissende.

(85.) Und gesegnet sei der, des das Reich der Himmel und der Erde ist und was zwischen

beiden, und bei ihm ist das Wissen von der
›Stunde‹, und zu ihm kehrt ihr zurück.
(86.) Und nicht besitzen diejenigen, die sie
außer ihm anrufen, Fürsprache, außer
denen, welche die Wahrheit bezeugen und
wissen. (87.) Und wahrlich, wenn du sie
fragst, wer sie erschaffen hat, wahrlich, so
sprechen sie: »Allah.« Wie denn sind sie von
ihm abgewendet? (88.) Und sein Wort ist: »O
mein Herr, siehe, diese sind ein ungläubig
Volk.« (89.) So wende dich ab von ihnen und
sprich »Frieden!« Und sie werden wissen,
(wie töricht sie waren).

44. Sure - Der Rauch

Geoffenbart zu Mekka

*Im Namen Allahs, des Erbarmers, des
Barmherzigen!*

(1.) H. M. (2.) Bei dem deutlichen Buch!
(3.) Siehe, wir haben es hinabgesandt in
einer gesegneten Nacht – siehe, wir waren
Warner –, (4.) in der jede weise Sache
entschieden wird, (5.) durch Befehl von uns.
Siehe, wir entsandten (Gesandte,)
(6.) als eine Barmherzigkeit von deinem
Herrn – siehe, er ist der Hörende, der
Wissende –, (7.) von dem Herrn der Himmel
und der Erde und was zwischen beiden, so
ihr festen Glauben habt. (8.) Es gibt keinen
Gott außer ihm, er macht lebendig und er
tötet – euer Herr und der Herr eurer
Vorväter. (9.) Doch sie spielen mit Zweifeln.

(10.) Drum nimm in acht den Tag, wenn der
Himmel in deutlichen Rauch aufgeht,
(11.) der die Menschen verhüllt; das ist eine
schmerzliche Strafe. (12.) »Unser Herr, nimm
von uns die Strafe, siehe, wir sind gläubig.«
(13.) Woher aber ward ihnen die
Ermahnung, wo zu ihnen ein offenkundiger
Gesandter kam, (14.) sie aber sich von ihm

abwendeten und sprachen: »Einstudiert!
Besessen!« (15.) Siehe, weg nehmen wir die
Strafe ein wenig, doch werdet ihr rückfällig
werden. (16.) An jenem Tag, an dem wir
angreifen werden mit dem größten Angriff,
siehe, da werden wir Rache nehmen.
(17.) Und wahrlich, zuvor versuchten wir
das Volk Pharaos, und es kam zu ihnen ein
edler Gesandter. (18.) (Er sprach:) »Bringt zu
mir die Diener Allahs; siehe, ich bin euch ein
vertrauenswürdiger Gesandter.
(19.) Und erhebet euch nicht wider Allah;
siehe, ich komme zu euch mit offenkundiger
Vollmacht.

(20.) Und siehe, ich nehme Zuflucht zu
meinem Herrn und euerm Herrn, dass ihr
mich nicht steinigt. (21.) Und wenn ihr mir
nicht glaubt, so hebet euch hinweg von mir.«
(22.) Und so rief er zu seinem Herrn: »Diese
sind ein sündig Volk.« (23.) »So ziehe mit
meinen Dienern des Nachts fort; siehe, ihr
werdet verfolgt. (24.) Und lass das Meer in
Frieden, siehe, sie sind ein Heer, das ersäuft
werden soll.« (25.) Wie viele Gärten und
Quellen verließen sie, (26.) und Saatgefilde
und edle Stätten, (27.) und Freuden, die sie
genossen! (28.) Also (geschah's,) und wir
gaben sie einem andern Volk zum Erbe.
(29.) Und nicht weinte der Himmel über sie
und die Erde, und nicht ward mit ihnen
verzogen.

(30.) Und wahrlich, wir erretteten die Kinder
Israel von der schimpflichen Strafe:
(31.) vor Pharao. Siehe, er war hochmütig,
einer der Maßlosen. (32.) Und wahrlich, wir
erwählten sie, in (unserm) Wissen, vor aller
Welt. (33.) Und wir zeigten ihnen Zeichen, in
denen eine offenkundige Prüfung war.
(34.) Siehe, diese sprechen wahrlich:
(35.) »Es gibt nur unsern ersten Tod, und wir
werden nicht erweckt. (36.) So bringt unsre
Väter her, wenn ihr wahrhaftig seid.«

(37.) Sind sie denn besser als das Volk des Tubba und die, welche vor ihnen lebten? Wir vertilgten sie, denn siehe, sie waren Sünder. (38.) Und nicht erschufen wir die Himmel und die Erde, und was zwischen beiden, im Spiel. (39.) Wir erschufen sie allein in Wahrheit, jedoch wissen es die meisten von ihnen nicht.

(40.) Siehe, der Tag der Trennung ist ihrer aller festgesetzte Zeit: (41.) Ein Tag, an dem der Herr nichts für den Diener leisten kann und an dem ihnen nicht geholfen wird, (42.) außer dem, dessen sich Allah erbarmt. Siehe, er ist der Mächtige, der Barmherzige. (43.) Siehe, der Baum Zaqqum (44.) ist die Speise des Sünders; (45.) wie geschmolzenes Erz wird er kochen in den Bäuchen (46.) wie siedenden Wassers Kochen.
(47.) »Fasset ihn und schleifet ihn mitten in den Höllenpfuhl. (48.) Alsdann gießet über sein Haupt die Strafe des siedenden Wassers. (49.) Schmecke! Siehe, du bist der Mächtige, der Edle!

(50.) Siehe, das ist's, worüber ihr in Zweifel waret.« (51.) Siehe, die Gottesfürchtigen werden sein an sicherer Stätte, (52.) in Gärten und Quellen; (53.) gekleidet werden sie sein in Seide und Brokat, sitzend einander gegenüber. (54.) Also (wird's sein;) und wir vermählen sie mit schwarzäugigen Huris, (55.) rufen werden sie dort nach allerlei Früchten in Sicherheit.
(56.) Nicht werden sie dort schmecken den Tod außer dem ersten Tod, und hüten wird er sie vor der Strafe des Höllenpfuhls:
(57.) Eine Huld von deinem Herrn! Das ist die große Glückseligkeit. (58.) Und wir machten ihn nur leicht für deine Zunge, auf dass sie sich ermahnen lassen.
(59.) So gib acht; siehe, sie geben auch acht.

45. Sure - Das Knien

Geoffenbart zu Mekka

Im Namen Allahs, des Erbarmers, des Barmherzigen!

(1.) H. M. (2.) Die Hinabsendung des Buches von Allah, dem Mächtigen, dem Weisen!
(3.) Siehe, in den Himmeln und der Erde sind wahrlich Zeichen für die Gläubigen.
(4.) Und in eurer Schöpfung und in den Tieren, die er verstreut hat, sind Zeichen für Leute, die festen Glauben haben.
(5.) Und in dem Wechsel von Nacht und Tag und in der Versorgung, die Allah vom Himmel hinabsendet, durch die er die Erde nach ihrem Tode erweckt, und in dem Wechsel der Winde sind Zeichen für ein verständig Volk.

(6.) Dies sind die Zeichen Allahs, die wir dir in Wahrheit verlesen. Und an welche Offenbarung wollen sie, wenn nicht an Allah und seine Zeichen, glauben?
(7.) Wehe jedem sündigen Lügner,
(8.) der Allahs Zeichen hört, wie sie ihm verlesen werden, und alsdann in Hoffart verharrt, als ob er sie nicht hörte – drum verkündige ihm schmerzliche Strafe –,
(9.) und wenn er etwas von unsern Zeichen kennenlernt, mit ihnen Spott treibt. Ihnen wird schimpfliche Strafe.

(10.) Hinter ihnen ist Dschehannam, und was sie geschafft haben, soll ihnen nichts frommen, und auch nicht, was sie außer Allah als Schützer annahmen; und ihnen wird gewaltige Strafe. (11.) Dies ist eine Leitung, und diejenigen, welche die Zeichen ihres Herrn verleugnen, ihnen wird einer Züchtigung schmerzliche Strafe.
(12.) Allah ist's, der euch das Meer dienstbar gemacht, auf dass die Schiffe auf ihm eilen nach seinem Geheiß und dass ihr trachtet nach seiner Huld und vielleicht dankbar seid. (13.) Und er machte euch dienstbar alles, was in den Himmeln und auf Erden;

alles ist von ihm. Siehe, hierin sind wahrlich Zeichen für nachdenkliche Leute.
(14.) Sprich zu den Gläubigen, dass sie denen verzeihen, die nicht hoffen auf Allahs Tage, auf dass er ein Volk belohnet nach seinem Verdienst.

(15.) Wer das Rechte tut, der tut es für sich, und wer Böses tut, der tut es wider sich; alsdann kehrt ihr zu euerm Herrn zurück.
(16.) Und wahrlich, wir gaben den Kindern Israel die Schrift und die Weisheit und das Prophetentum und versorgten sie mit Gutem und bevorzugten sie vor aller Welt.
(17.) Und wir gaben ihnen deutliche Erweise für die Sache (der Religion;) und nicht eher wurden sie uneins, als bis das Wissen zu ihnen gekommen war, aus Neid aufeinander. Siehe, dein Herr wird entscheiden unter ihnen am Tag der Auferstehung über das, worüber sie uneins sind. (18.) Alsdann setzten wir dich über ein Gesetz betreffs der Sache (der Religion). Drum folge ihm und folge nicht den Gelüsten der Unwissenden. (19.) Siehe, sie werden dir nimmer etwas gegen Allah nützen; und siehe, die Ungerechten sind einer des andern Schützer, Allah aber ist der Schützer der Gottesfürchtigen.

(20.) Dies sind klare Lehren für die Menschen und eine Leitung und Barmherzigkeit für Leute, die festen Glauben haben. (21.) Oder glauben diejenigen, die Böses ausüben, dass wir sie gleich denjenigen halten, welche glauben und das Rechte tun, so dass ihr Leben und ihr Tod gleich ist? Übel ist ihr Urteil.
(22.) Und erschaffen hat Allah die Himmel und die Erde in Wahrheit und, um jede Seele zu belohnen, nach Verdienst, und es soll ihnen nicht Unrecht geschehen.
(23.) Was meinst du wohl? Wer zum Gott sein Gelüst annimmt und wen Allah wissentlich irreführt und ihm Ohr und Herz versiegelte und auf seinen Blick eine Hülle legte – wer wird ihn leiten außer Allah? Lassen sie sich denn nicht ermahnen?
(24.) Und sie sprechen: »Es gibt nur unser irdisches Leben. Wir sterben und wir leben, und nur die Zeit vernichtet uns.« Sie haben aber davon kein Wissen, sie vermuten nur.
(25.) Und wenn ihnen unsre deutlichen Zeichen verlesen werden, so ist ihr Einwand nur der, dass sie sprechen: »Bringt unsre Väter her, so ihr wahrhaftig seid.«

(26.) Sprich: »Allah macht euch lebendig, alsdann tötet er euch, alsdann versammelt er euch zum Tag der Auferstehung.« Kein Zweifel ist daran, jedoch wissen es die meisten Menschen nicht. (27.) Und Allahs ist das Reich der Himmel und der Erde, und an dem Tage, da sich die ›Stunde‹ erhebt, an jenem Tage werden die, welche Törichtes redeten, verloren sein. (28.) Und du wirst jedes Volk knien sehen; gerufen wird jedes Volk zu seinem Buch (und gesprochen wird:) »Heute werdet ihr belohnt für euer Tun. (29.) Dieses unser Buch spricht wider euch in Wahrheit; siehe, wir schrieben auf, was ihr tatet.«

(30.) Was aber diejenigen anlangt, welche glaubten und das Rechte taten, die wird ihr Herr einführen in seine Barmherzigkeit; das ist die offenkundige Glückseligkeit.
(31.) Und was die Ungläubigen anlangt – »Wurden euch denn nicht meine Zeichen verlesen? Ihr aber waret hoffärtig und waret ein sündig Volk.«
(32.) Und wenn gesprochen ward: »Siehe, Allahs Verheißung ist wahr und an der ›Stunde‹ ist kein Zweifel«, dann sprachet ihr: »Wir wissen nicht, was die ›Stunde‹ ist, wir wähnen nur, dass sie ein Wahn ist, und sind nicht in Gewissheit.«

(33.) Und es soll sich ihnen das Böse zeigen, das sie getan, und umgeben soll sie, was sie verspotteten. (34.) Und es wird gesprochen: »Heute vergessen wir euch, wie ihr die Begegnung mit diesem euerm Tag vergaßt,

und eure Wohnung soll sein das Feuer, und ihr sollt keinen Helfer haben.
(35.) Solches, dieweil ihr Allahs Zeichen zum Gespött hieltet und euch das irdische Leben betrog.« So sollen sie an jenem Tage nicht aus ihm herauskommen und sollen nicht wieder zu Gnaden angenommen werden. (36.) Und das Lob sei Allah, dem Herrn der Himmel und dem Herrn der Erde, dem Herrn der Welten! (37.) Und sein ist die Majestät in den Himmeln und auf Erden, und er ist der Mächtige, der Weise.

46. Sure - El-Ahqaf

Geoffenbart zu Mekka

Im Namen Allahs, des Erbarmers, des Barmherzigen!

(1.) H. M. (2.) Die Hinabsendung des Buches von Allah, dem Mächtigen, dem Weisen! (3.) Wir erschufen die Himmel und die Erde, und was zwischen beiden, allein in Wahrheit und zu einem bestimmten Termin; aber die Ungläubigen wenden sich von der Warnung, die ihnen wird, ab. (4.) Sprich: »Was meint ihr? Was ihr außer Allah anruft, zeigt mir, was sie von der Erde erschufen, oder ob sie einen Anteil an den Himmeln haben? Bringt mir ein Buch vor diesem oder eine Spur von Wissen, v so ihr wahrhaft seid.«
(5.) Und wer ist in größerem Irrtum, als wer außer Allah jemand anruft, der ihn nicht erhört am Tag der Auferstehung; denn sie achten nicht auf ihren Ruf. (6.) Und die, wenn die Menschen versammelt werden, ihre Feinde sind und ihre Anbetung verleugnen?

(7.) Und wenn ihnen unsre deutlichen Zeichen verlesen werden, sprechen die Ungläubigen von der Wahrheit, wenn sie zu ihnen kommt: »Dies ist offenkundige Zauberei.« (8.) Oder sprechen sie: »Er hat ihn ersonnen?« Sprich: »Wenn ich ihn ersonnen habe, so vermögt ihr bei Allah nichts für mich. Er weiß jedoch sehr wohl, was ihr über ihn äußert. Er genügt als Zeuge zwischen mir und euch, und er ist der Verzeihende, Barmherzige.«
(9.) Sprich: »Ich bin kein Neuerer unter den Gesandten, und ich weiß nicht, was mit mir und euch geschehen wird. Ich folge nur dem, was mir offenbart ward, und ich bin nur ein offenkundiger Warner.«

(10.) Sprich: »Was meint ihr? Wenn er von Allah ist und ihr nicht an ihn glaubt, und ein Zeuge von den Kindern Israel seine Gleichheit (mit dem Gesetz) bezeugt und glaubt, während ihr hoffärtig seid...? Sieh, Allah leitet nicht das ungerechte Volk.«
(11.) Und es sprechen die Ungläubigen zu den Gläubigen: »Wenn er gut wäre, so wären sie uns darin nicht zuvorgekommen.« Und wenn sie sich durch ihn nicht leiten lassen, so werden sie sprechen: »Dies ist eine alte Lüge.« (12.) Aber vor ihm war das Buch Mosis, eine Richtschnur und eine Barmherzigkeit; Und dies ist ein Buch, das (es) in arabischer Sprache bestätigt, um die Ungerechten zu warnen, und eine frohe Botschaft für die Rechtschaffenen.
(13.) Siehe, diejenigen, welche sprechen: »Unser Herr ist Allah« und dann sich wohl verhalten, auf die kommt keine Furcht und nicht sollen sie traurig sein.

(14.) Sie sind des Paradieses Bewohner für immerdar als Lohn für ihr Tun.
(15.) Und wir geboten dem Menschen Güte gegen seine Eltern; seine Mutter trug ihn mit Schmerzen und gebar ihn mit Schmerzen, und sein Tragen und Entwöhnen sind dreißig Monde, bis er, wenn er seine Vollkraft erlangt und vierzig Jahre erreicht hat, spricht: »Mein Herr, eifere mich an, dass ich deiner Gnade danke, mit der du mich und meine Eltern begnadet hast, und dass

ich rechtschaffen handle, dir zu gefallen; und beglücke mich in meinen Nachkommen; siehe, ich kehre mich zu dir, und siehe, ich bin einer der Muslime.«

(16.) Jene sind's, von denen wir das Beste von dem, was sie taten, annehmen und deren Missetaten wir übersehen; unter den Bewohnern des Paradieses sind sie – eine wahre Verheißung, die ihnen verheißen ward. (17.) Und derjenige, der zu seinen Eltern spricht: »Pfui über euch! Versprecht ihr mir, dass ich erstehen soll, wo Geschlechter vor mir hingegangen sind?«, und sie dann Allah um Hilfe rufen: »Wehe dir, glaube! Siehe, Allahs Verheißung ist wahr« – und er dann spricht: »Dies sind nichts als die Fabeln der Früheren.« (18.) Sie sind's, an denen sich das Wort, das gegen Völker von den Dschinn und Menschen, die vor ihnen hingingen, gesprochen ward, erfüllt, dass sie verloren sind. (19.) Und für alle sind Stufen nach ihrem Tun, dass Allah sie für ihre Taten belohnt, und es soll ihnen nicht Unrecht geschehen.

(20.) Und eines Tages sollen die Ungläubigen dem Feuer ausgesetzt werden: »Ihr trugt euer Gutes in euerm irdischen Leben von hinnen und genosset es. Heute werdet ihr drum belohnt mit der Strafe der Schmach für eure Hoffart auf Erden ohne Grund, und dafür dass ihr Frevler waret.« (21.) Und gedenke des Bruders der Ad, als er sein Volk zu El-Ahqaf warnte – und vor ihm und nach ihm waren Warner. (Er sprach:) »Dienet allein Allah! Siehe, ich fürchte für euch die Strafe eines gewaltigen Tages.«

(22.) Sie sprachen: »Bist du zu uns gekommen, um uns von unsern Göttern abwendig zu machen? So bring über uns, was du uns androhst, so du einer der Wahrhaften bist.« (23.) Er sprach: »Das Wissen ist allein bei Allah; und ich bestelle euch meine Sendung, jedoch sehe ich, dass ihr ein töricht Volk seid.« (24.) Und da sie eine Wolke zu ihren Tälern herankommen sahen, sprachen sie: »Das ist eine Wolke, die uns Regen geben wird.« – »Nein (sprach er,) es ist das, was ihr herbeiwünschtet, ein Wind, in dem eine schmerzliche Strafe ist.

(25.) Vernichten wird sie alle Dinge auf deines Herrn Geheiß.« Und am Morgen sah man nichts als ihre Wohnungen. Also belohnen wir das sündige Volk.
(26.) Und wahrlich, wir hatten ihnen eine feste Stätte gegeben wie euch und hatten ihnen Gehör und Gesicht und Herzen gegeben. Aber nichts nützte ihnen ihr Gehör, ihr Gesicht und ihre Herzen, da sie die Zeichen Allahs leugneten, und es umgab sie, was sie verspottet hatten.
(27.) Und wahrlich, wir zerstörten die Städte rings um euch und machten die Zeichen klar, auf dass sie vielleicht umkehrten.
(28.) Und warum halfen ihnen nicht jene, die sie außer Allah als nahestehende Götter annahmen? Doch sie schweiften von ihnen; und solches war ihre Lüge und was sie ersonnen. (29.) Und (gedenke,) da wir eine Schar Dschinn dir zuwandten, auf den Koran zu hören; und da sie zugegen waren, sprachen sie: »Schweigt.« Und da (seine Verlesung) beendet war, kehrten sie zu ihrem Volk als Warnende heim.

(30.) Sie sprachen: »O unser Volk, siehe, wir haben ein Buch gehört, das nach Moses hinabgesandt ward, bestätigend das ihm Vorausgegangene. Es leitet zur Wahrheit und zu einem rechten Weg.
(31.) O unser Volk, höret Allahs Herold und glaubet an ihn, dass er euch eure Sünden vergibt und euch vor einer schmerzlichen Strafe beschützt. (32.) Und wer nicht auf Allahs Herold hört, der kann ihn doch nicht auf Erden schwächen, und außer ihm hat er keine Schützer. Jene sind in offenkundigem Irrtum.«

(33.) Sehen sie denn nicht, dass Allah, der die Himmel und die Erde erschaffen und in ihrer Schöpfung nicht ermüdete, mächtig ist, die Toten lebendig zu machen? Ja, siehe, er hat Macht über alle Dinge.

(34.) Und eines Tages werden die Ungläubigen dem Feuer ausgesetzt werden: »Ist dies nicht in Wahrheit?« Sie werden sprechen: »Jawohl, bei unserm Herrn!« Er wird sprechen: »So schmecket die Strafe für euern Unglauben.« (35.) Und so gedulde dich, wie die Standhaften unter den Gesandten sich geduldeten, und wünsche nicht (ihre Strafe) herbei. Es wird ihnen an dem Tage sein, an dem sie das ihnen Angedrohte schauen, als hätten sie nur eine Stunde von einem Tag verweilt. Eine Predigt! Wer anders sollte denn vertilgt werden als das Volk der Frevler?

47. Sure - Mohammed

Geoffenbart zu Medina

Im Namen Allahs, des Erbarmers, des Barmherzigen!

(1.) Diejenigen, welche ungläubig sind und von Allahs Weg abwendig machen – ihre Werke wird er irreleiten. (2.) Diejenigen aber, welche glauben und das Rechte tun und an das glauben, was auf Mohammed herabgesandt ward – und es ist die Wahrheit von ihrem Herrn –, zudecken wird er ihre Missetaten und ihr Herz in Frieden bringen. (3.) Solches, dieweil die Ungläubigen dem Eiteln folgen und die Gläubigen der Wahrheit von ihrem Herrn folgen. Also stellt Allah den Menschen ihre Gleichnisse auf.

(4.) Und wenn ihr die Ungläubigen trefft, dann herunter mit dem Haupt, bis ihr ein Gemetzel unter ihnen angerichtet habt; dann schnüret die Bande. Und dann entweder Gnade hernach oder Loskauf, bis der Krieg seine Lasten niedergelegt hat. Solches! Und hätte Allah gewollt, wahrlich, er hätte selber Rache an ihnen genommen; jedoch wollte er die einen von euch durch die andern prüfen. Und diejenigen, die in Allahs Weg getötet werden, nimmer leitet er ihre Werke irre. (5.) Er wird sie leiten und ihr Herz in Frieden bringen. (6.) Und einführen wird er sie ins Paradies, das er ihnen zu wissen getan. (7.) O ihr, die ihr glaubt, wenn ihr Allah helft, wird er euch helfen und eure Füße festigen. (8.) Die Ungläubigen aber, Verderben über sie! Und irre leitet er ihre Werke. (9.) Solches, dieweil sie Abscheu empfanden gegen das, was er hinabsandte; und zunichte wird er ihre Werke machen.

(10.) Reisten sie denn nicht im Land und schauten, wie der Ausgang derer war, die vor ihnen lebten? Allah vertilgte sie, und für die Ungläubigen ist das gleiche wie ihnen bestimmt. (11.) Solches, dieweil Allah der Schützer der Gläubigen ist und weil die Ungläubigen keinen Schützer haben. (12.) Siehe, Allah führt diejenigen, welche glauben und das Rechte tun, in Gärten, durcheilt von Bächen, und die Ungläubigen genießen und essen, wie das Vieh isset, und das Feuer ist ihre Wohnung. (13.) Und wie viele Städte, stärker an Kraft als deine Stadt, welche dich ausgestoßen hat, vertilgten wir, und sie hatten keinen Helfer!

(14.) Soll denn der, welcher an einer deutlichen Lehre von seinem Herrn hängt, gleich sein dem, dessen Missetat ihm ausgeputzt ist und die ihren Gelüsten folgen? (15.) Das Bild des Paradieses, das den Gottesfürchtigen verheißen ward: In ihm sind Bäche von Wasser, das nicht verdirbt, und Bäche von Milch, deren Geschmack sich nicht ändert, und Bäche von Wein, köstlich den Trinkenden; und Bäche von geklärtem Honig; und sie haben in ihnen allerlei Früchte und Verzeihung von ihrem Herrn. Sind sie gleich dem, der ewig im Feuer weilen muss und denen siedendes Wasser zu trinken gegeben wird, das ihnen die Eingeweide zerreißt?

(16.) Und einige von ihnen hören auf dich, bis dass sie, wenn sie von dir hinausgehen, zu denen, welchen das Wissen gegeben ward, sprechen: »Was sprach er da vorhin?« Sie sind's, deren Herzen Allah versiegelt hat und die ihren Gelüsten folgen. (17.) Und diejenigen, die geleitet sind, mehrt er an Leitung und gibt ihnen (Lohn für) ihre Gottesfurcht. (18.) Auf was anders warten sie denn, als dass die ›Stunde‹ plötzlich über sie kommt? Schon sind ihre Vorzeichen gekommen, und wie wird ihnen, wenn sie über sie kam, (noch) ihre Ermahnung? (19.) Wisse drum, dass es keinen Gott gibt außer Allah, und bitte um Verzeihung für deine Sünde und für die gläubigen Männer und Frauen; und Allah weiß euern Aus- und Eingang und eure Wohnung.

(20.) Und es sprechen die Gläubigen: »Warum wird keine Sure herabgesendet?« Aber wenn eine unverbrüchliche Sure herabgesendet und in ihr der Kampf verkündet wird, siehst du die, in deren Herzen Krankheit ist, dich anschauen mit dem Blick eines vom Tod Überschatteten. Besser für sie aber wäre Gehorsam und geziemende Worte. (21.) Und wenn die Sache beschlossen ist, so wäre es besser für sie, wenn sie dann auf Allah vertrauten. (22.) Und hättet ihr euch abgewendet, hättet ihr nicht vielleicht Verderben im Land gestiftet und eure Blutsbande zerrissen? (23.) Sie sind's, die Allah verflucht hat, und er hat sie taub gemacht und ihre Blicke geblendet. (24.) Wollen sie denn nicht den Koran studieren, oder sind vor ihren Herzen Schlösser?

(25.) Siehe, diejenigen, welche den Rücken kehren, nachdem ihnen die Leitung deutlich gemacht, der Satan hat sie betört, und er verzieht mit ihnen. (26.) Solches darum, dass sie zu denen sprechen, die Abscheu haben wider das, was Allah hinabsandte: »Wir wollen euch in einem Teil der Sache gehorchen.« Allah aber kennt ihre Geheimnisse. (27.) Wie aber wird's sein, wenn die Engel sie zu sich nehmen und sie aufs Gesicht und den Rücken schlagen! (28.) Solches, dieweil sie dem folgen, was Allah erzürnt, und Abscheu haben wider das, was sein Wohlgefallen ist; drum wird er ihre Werke vereiteln. (29.) Oder glauben jene, in deren Herzen Krankheit ist, dass Allah nicht ihre Bosheiten zum Vorschein bringt?

(30.) Und wenn wir es wollten, wir zeigten sie dir, und wahrlich, du erkennetest sie an ihren Kennzeichen. Und wahrlich, du wirst sie an der undeutlichen Sprache erkennen. Und Allah kennt euer Tun. (31.) Und wahrlich, wir wollen euch heimsuchen, bis wir die Eifernden (im Kampf) unter euch erkennen und die Standhaften; und wir wollen das Gerücht von euch prüfen. (32.) Siehe, diejenigen, welche ungläubig sind und von Allahs Weg abwendig machen und sich vom Gesandten trennen, nachdem ihnen die Leitung deutlich gemacht, nimmer fügen sie Allah ein Leid zu, und vereiteln wird er ihre Werke.

(33.) O ihr, die ihr glaubt, gehorchet Allah und gehorchet dem Gesandten und vereitelt nicht eure Werke. (34.) Siehe, diejenigen, welche nicht glauben und von Allahs Weg abwendig machen und alsdann als Ungläubige sterben, nimmer verzeiht ihnen Allah. (35.) Werdet daher nicht matt und ladet (sie) nicht ein zum Frieden, während ihr die Oberhand habt; denn Allah ist mit euch, und nimmer betrügt er euch um eure Werke. (36.) Das irdische Leben ist nur ein Spiel und ein Scherz, und so ihr glaubt und gottesfürchtig seid, wird er euch euern Lohn geben. Er fordert nicht euer (ganzes) Gut von euch.

(37.) So er es von euch forderte und euch darum bedrängte, so würdet ihr geizig sein, und er würde eure Bosheiten zum Vorschein bringen. (38.) Siehe, ihr seid diejenigen, die eingeladen werden, zu spenden in Allahs Weg, und die einen von euch sind geizig; wer aber geizig ist, ist nur geizig wider sich selber. Und Allah ist der Reiche, und ihr seid die Armen. Und wenn ihr euch abwendet, so wird er euch mit einem andern Volk vertauschen. Alsdann werden sie nicht gleich euch sein.

48. Sure - Der Sieg

Geoffenbart zu Medina

Im Namen Allahs, des Erbarmers, des Barmherzigen!

(1.) Siehe, wir haben dir einen offenkundigen Sieg gegeben, (2.) (zum Zeichen,) dass dir Allah deine früheren und späteren Sünden vergibt und seine Gnade an dir erfüllt und dich auf einem rechten Pfad leitet (3.) und dass Allah dir mit mächtiger Hilfe hilft.
(4.) Er ist's, welcher hinabgesandt hat die »Ruhe« in die Herzen der Gläubigen, damit sie zunehmen an Glauben zu ihrem Glauben – und Allahs sind die Heere der Himmel und der Erden, und Allah ist wissend und weise –, (5.) auf dass er die Gläubigen, Männer und Frauen, einführe in Gärten, durcheilt von Bächen, ewig darinnen zu weilen und ihre Missetaten zuzudecken; und dies ist bei Allah eine große Glückseligkeit; (6.) und um die Heuchler und Heuchlerinnen und die Götzenanbeter und Götzenanbeterinnen zu strafen, die von Allah üble Gedanken denken. Über ihnen

wird Übel kreisen, und Allah zürnt ihnen und verflucht sie und hat Dschehannam für sie bereitet, und übel ist die Fahrt (dorthin).

(7.) Und Allahs sind die Heere der Himmel und der Erden, und Allah ist mächtig und weise. (8.) Siehe, wir haben dich entsandt als einen Zeugen und Freudenboten und Warner, (9.) auf dass ihr glaubet an Allah und seinen Gesandten und dass ihr ihm beisteht und ihn ehret und ihn preiset morgens und abends. (10.) Siehe, diejenigen, welche dir den Treueid leisten, leisten nur Allah den Treueid; die Hand Allahs ist über ihren Händen. Wer daher eidbrüchig wird, wird nur eidbrüchig wider sich selber; wer aber seinen Bund mit Allah hält, dem wird er gewaltigen Lohn geben.

(11.) Sprechen werden zu dir die Dahintengebliebenen von den Arabern: »Wir hatten mit unserm Gut und unsern Familien zu schaffen, drum bitte um Verzeihung für uns.« Sie sprechen mit ihren Zungen, was nicht in ihren Herzen ist. Sprich: »Wer vermag für euch etwas bei Allah, wenn er euch ein Leid antun oder euch nützen will?« Nein, Allah weiß, was sie tun.
(12.) Nein, ihr wähntet, dass der Gesandte und die Gläubigen nimmer zurückkehren würden zu ihren Familien, und dieses war ausgeputzt in euern Herzen. Und ihr dachtet böse Gedanken und wäret ein verdorben Volk. (13.) Und wer nicht an Allah und seinen Gesandten glaubt – siehe, für die Ungläubigen haben wir eine Flamme bereitet. (14.) Und Allahs ist das Reich der Himmel und der Erde; er verzeiht, wem er will, und straft, wen er will. Und Allah ist verzeihend und barmherzig.

(15.) Die Dahintengebliebenen werden sprechen, wenn ihr euch an die Beute macht, sie zu nehmen: »Lasset uns euch folgen.« Sie wollen Allahs Wort ändern. Sprich: »Nimmer sollt ihr uns folgen. Also sprach Allah zuvor.« Dann werden sie sprechen:

»Nein; ihr beneidet uns!« Nein, sie verstanden nur ein wenig.
(16.) Sprich zu den Dahintengebliebenen von den Arabern: »Ihr sollt gerufen werden zu einem Volk von großem Mut ; ihr sollt mit ihnen kämpfen oder sie werden sich ergeben. Und wenn ihr gehorcht, wird euch Allah schönen Lohn geben; wenn ihr jedoch den Rücken kehret, wie ihr ihn zuvor gekehrt habt, wird er euch mit schmerzlicher Strafe strafen.«

(17.) Nicht ist's ein Verbrechen für den Blinden oder den Lahmen oder den Kranken, (wenn er zu Hause bleibt). Wer aber Allah gehorcht und seinem Gesandten, den führt er ein in Gärten, durcheilt von Bächen, und wer den Rücken kehrt, den straft er mit schmerzlicher Strafe.
(18.) Wahrlich, Allah hatte Wohlgefallen an den Gläubigen, als sie unter dem Baume den Treueid schworen; und er wusste, was in ihren Herzen war, und er sandte die »Ruhe« auf sie hinab und belohnte sie mit nahem Sieg (19.) und reicher Beute, die sie machten. Und Allah ist mächtig und weise.

(20.) Allah verhieß euch, reiche Beute zu machen, und beschleunigte sie euch und hielt der Leute Hände von euch ab, zum Zeichen für die Gläubigen, und um euch auf einen rechten Pfad zu leiten; (21.) und andre (Beute,) über die ihr keine Macht hattet. Nunmehr hat Allah sie in Beschlag genommen, denn Allah hat Macht über alle Dinge. (22.) Und wenn die Ungläubigen wider euch gekämpft hätten, wahrlich, sie hätten den Rücken gekehrt; alsdann hätten sie weder Schützer noch Helfer gefunden.

(23.) (Das ist) Allahs Brauch, wie er bereits zuvor war, und nimmer findest du in Allahs Brauch einen Wechsel. (24.) Und er war's, der ihre Hände von euch abhielt und eure Hände von ihnen in dem Tal von Mekka, nachdem er euch über sie obsiegen ließ; denn Allah schaut euer Tun;

(25.) sie sind diejenigen, welche nicht glaubten und euch von der heiligen Moschee fernhielten, wie auch das Opfer zurückhielten, dass es nicht seine Opferstätte erreichte. Und ohne die gläubigen Männer und Frauen, die ihr nicht erkanntet, so dass ihr sie niedergetreten und ihr auf euch unwissentlich ein Verbrechen geladen hättet,... (hätte er sie in eure Hand gegeben,) auf dass Allah in seine Barmherzigkeit einführe, wen er will. Wären sie getrennt voneinander gewesen, wahrlich, wir hätten die Ungläubigen unter ihnen mit schmerzlicher Strafe gestraft.

(26.) Da die Ungläubigen in ihren Herzen den Eifer trugen, den Eifer der Unwissenheit, da sandte Allah seine »Ruhe« auf seinen Gesandten und die Gläubigen und machte ihnen das Wort der Gottesfurcht zur Pflicht, denn sie waren seiner am würdigsten und verdienten es am meisten. Und Allah weiß alle Dinge.
(27.) Wahrlich, Allah bewahrheitete seinem Gesandten das Gesicht, dass er euch, so Allah will, in Sicherheit in den heiligen Tempel führen werde, mit geschorenem Haupt und gekürztem (Haar). Fürchtet euch nicht, denn er weiß, was ihr nicht wisset, und er hat außer diesem einen nahen Sieg verhängt.

(28.) Er ist's, der seinen Gesandten mit der Leitung und der Religion der Wahrheit entsandt hat, um sie über jeden andern Glauben siegreich zu machen. Und Allah genügt als Zeuge. (29.) Mohammed ist der Gesandte Allahs, und seine Anhänger sind strenge wider die Ungläubigen, barmherzig untereinander. Du siehst sie sich verneigen und niederwerfen, Huld begehrend von Allah und Wohlgefallen. Ihre Merkzeichen auf ihren Angesichtern sind die Spur der Niederwerfung. Solches ist ihr Gleichnis in der Tora, und im Evangelium ist ihr Gleichnis (so): Sie sind wie ein Samenkorn, welches seinen Schössling treibt und stark werden lasset; dann wird er dick und richtet sich auf seinem Halm, dem Sämann zur Freude: Auf dass sich die Ungläubigen über sie ärgern. Verheißen hat Allah denen von ihnen, die da glauben und das Rechte tun, Verzeihung und gewaltigen Lohn.

49. Sure - Die Gemächer

Geoffenbart zu Medina

Im Namen Allahs, des Erbarmers, des Barmherzigen!

(1.) O ihr, die ihr glaubt, kommt nicht Allah und seinem Gesandten zuvor und fürchtet Allah; siehe, Allah ist hörend und wissend.
(2.) O ihr, die ihr glaubt, erhebet nicht eure Stimmen über die Stimme des Propheten, und sprechet nicht so laut zu ihm wie zueinander, auf dass eure Werke nicht eitel werden, ohne dass ihr's euch versehet.
(3.) Siehe, diejenigen, welche ihre Stimmen vor dem Gesandten Allahs senken, sie sind's, deren Herzen Allah für die Gottesfurcht erprobt hat; für sie ist Verzeihung und gewaltiger Lohn.

(4.) Siehe, diejenigen, die dich rufen, während du in deinen Gemächern bist, die meisten von ihnen sind ohne Einsicht.
(5.) Wenn sie sich geduldeten, bis du zu ihnen herauskommst, wahrlich, es wäre besser für sie; und Allah ist verzeihend und barmherzig. (6.) O ihr, die ihr glaubt: wenn ein Nichtswürdiger mit einer Nachricht zu euch kommt, so stellt die Sache klar, auf dass ihr nicht (einige) Leute in Unwissenheit verletzet und euer Tun hernach bereuen müsset.

(7.) Und wisset, dass ein Gesandter Allahs unter euch ist. Würde er euch in manch einer Sache gehorchen, wahrlich, ihr würdet den Schaden haben. Jedoch hat euch Allah den Glauben lieb gemacht und hat ihn in euern Herzen geziert und euch den Unglauben, Schandbarkeit und Widersetzlichkeit verabscheuenswert gemacht. Dies sind die Rechtgeleiteten:
(8.) Eine Huld von Allah und Gnade! Und Allah ist wissend und weise.

(9.) Und wenn zwei Parteien der Gläubigen miteinander streiten, so stiftet Frieden unter ihnen; und wenn sich die eine gegen die andre vergeht, so kämpfet gegen die, welche sich verging, bis sie zu Allahs Befehl zurückkehrt. Und wenn sie zurückkehrt, so stiftet Frieden unter ihnen in Billigkeit und übt Gerechtigkeit. Siehe, Allah liebt die Gerechtigkeit Übenden.
(10.) Die Gläubigen sind Brüder; so stiftet Frieden unter euern Brüdern und fürchtet Allah; vielleicht findet ihr Barmherzigkeit.

(11.) O ihr, die ihr glaubt, lasset nicht die einen über die andern spotten, die vielleicht besser sind als sie. Auch mögen nicht Frauen andre Frauen verspotten, die vielleicht besser sind als sie. Verleumdet euch nicht einander und gebet einander nicht beschimpfende Namen. Wie abscheulich ist (die Verwendung) des ruchlosen Namens nach (der Annahme des) Glaubens, und wer nicht bereut, das sind die Ungerechten.

(12.) O ihr, die ihr glaubt, vermeidet sorgfältig Argwohn; siehe, ein gewisser Argwohn ist Sünde. Und spioniert nicht, und keiner verleumde den andern in seiner Abwesenheit. Würde etwa jemand von euch gern seines toten Bruders Fleisch essen? Ihr würdet es verabscheuen. Und fürchtet Allah; siehe, Allah ist langmütig und barmherzig.

(13.) O ihr Menschen, siehe, wir erschufen euch von einem Mann und einer Frau und machten euch zu Völkern und Stämmen, damit ihr (folgendes) erkennt: der am höchsten Geehrte unter euch vor Allah ist der Gottesfürchtigste unter euch; siehe, Allah ist wissend und kundig.

(14.) Die Araber sprechen: »Wir glauben.« Sprich: »Ihr glaubet nicht; sprechet vielmehr: ›Wir haben den Islam angenommen‹; denn der Glauben ist noch nicht eingekehrt in eure Herzen. Wenn ihr aber Allah und seinem Gesandten gehorcht, so wird er euch um nichts von euren Werken betrügen. Siehe, Allah ist verzeihend und barmherzig.« (15.) Gläubige sind nur die, welche Allah und seinen Gesandten glauben und hernach nicht zweifeln und die mit Gut und Blut in Allahs Weg eifern. Das sind die Wahrhaftigen.

(16.) Sprich: »Wollt ihr Allah über eure Religion belehren, wo Allah weiß, was in den Himmeln und was auf Erden ist, und Allah alle Dinge kennt?« (17.) Sie halten dir vor, dass sie den Islam angenommen haben. Sprich: »Haltet mir nicht euern Islam vor; vielmehr wird Allah es euch vorhalten, dass er euch zum Glauben geleitet hat, so ihr wahrhaftig seid. (18.) Siehe, Allah kennt das Verborgene in den Himmeln und auf Erden, und Allah schaut, was ihr tut.«

50. Sure - Q.

Geoffenbart zu Mekka

Im Namen Allahs, des Erbarmers, des Barmherzigen!

(1.) Q. Bei dem ruhmvollen Koran! (2.) Doch sie wundern sich, dass zu ihnen ein Warner aus ihnen kam; und es sprechen die Ungläubigen: »Dies ist ein wunderbarlich Ding. (3.) Etwa, wenn wir gestorben und Staub geworden sind, (sollen wir wieder zum Gericht erweckt werden)? Das ist eine weitentfernte Wiederkehr.« (4.) Wir wissen wohl, was die Erde von ihnen verzehrt, und bei uns ist ein Buch, das achtgibt.

(5.) Sie aber ziehen die Wahrheit, nachdem sie zu ihnen kam, der Lüge, und sie befinden sich in verwirrtem Zustand (6.) Sehen sie denn nicht zum Himmel über ihnen empor, wie wir ihn erbauten und schmückten, und wie er keine Risse hat? (7.) Und die Erde, wir breiteten sie aus und warfen in sie die festgegründeten (Berge) und ließen auf ihr sprießen von jeglicher schönen Art, (8.) zur Einsicht und Ermahnung für jeden reuig sich bekehrenden Diener. (9.) Und wir senden vom Himmel gesegnetes Wasser herab und lassen durch dasselbe Gärten sprießen und das Korn der Ernte, (10.) und hohe Palmen mit übereinanderstehenden Fruchtknöpfen, (11.) als eine Versorgung für die Diener. Und wir machen mit ihm ein totes (ausgetrocknetes) Land lebendig; also wird die Auferstehung sein.

(12.) Vor ihnen ziehen der Lüge das Volk Noahs und die Bewohner von Er-Raß und Thamud, (13.) und die Ad und Pharao und die Brüder Lots und (14.) die Waldbewohner und das Volk des Tubba. Alle ziehen die Gesandten der Lüge, und meine Drohung ward bewahrheitet. (15.) Sind wir denn durch die erste Schöpfung ermattet? Doch sie sind in Unklarheit über eine neue Schöpfung. (16.) Und wahrlich, wir erschufen den Menschen, und wir wissen, was ihm seine Seele einflüstert, denn wir sind ihm näher als die Halsader. (17.) Wenn die zwei Begegner sich begegnen, zur Rechten und zur Linken sitzend, (18.) wird er kein Wort sprechen, ohne dass bei ihm ein (zur Niederschrift) bereiter Wächter ist. (19.) Und des Todes Taumel bringt die Wahrheit (an den Tag): »Das war's, dem du auswichst.«

(20.) Und gestoßen wird in die Posaune –
das ist der Tag, der angedroht ward.
(21.) Und kommen wird jede Seele mit
einem Treiber und einem Zeugen.
(22.) »Wahrlich, du warst dessen achtlos,
und wir nahmen deinen Schleier von dir,
und dein Blick ist heute scharf.«
(23.) Und sein Gefährte wird sprechen: »Das
ist's, was bei mir bereit ist.« (24.) »Werfet in
die Hölle jeden trotzigen Ungläubigen,
(25.) der das Gute hemmte, ein Übertreter,
ein Zweifler, (26.) der neben Allah andre
Götter setzt; und werfet ihn in die strenge
Strafe.« (27.) Sein Gefährte wird sprechen:
»Unser Herr, ich verführte ihn nicht, doch
war er in tiefem Irrtum.« (28.) Er wird
sprechen: »Streitet nicht vor mir, ich sandte
euch die Drohung zuvor. (29.) Das Wort
wird nicht bei mir geändert, und ich tue den
Dienern kein Unrecht.«

(30.) An jenem Tage werden wir zu
Dschehannam sprechen: »Bist du voll?« Und
sie wird sprechen: »Gibt's noch ein Mehr?«
(31.) Und das Paradies wird den
Gottesfürchtigen nahe gebracht werden –
unfern. (32.) »Das ist's, was euch verheißen
ward – einem jeden Bußfertigen, (die
Gebote) Beobachtenden, (33.) der den
Erbarmer im geheimen fürchtet und mit
reuigem Herzen kommt.

(34.) Gehet hinein in Frieden! Dies ist der
Tag der Ewigkeit.« (35.) Sie werden haben,
was sie in ihm begehren, und bei uns ist
Vermehrung. (36.) Und wie viele
Geschlechter vertilgten wir vor ihnen, die
stärker als sie an Macht waren! Durchziehet
das Land, ob's eine Zuflucht gibt.
(37.) Siehe, hierin ist wahrlich, wir erschufen
die Himmel und die Erde, und Gehör gibt
und ein (Augen-)Zeuge ist.

(38.) Und wahrlich, wir erschufen die
Himmel und die Erde und was zwischen
beiden, in sechs Tagen, und keine
Ermüdung erfasste uns. (39.) Und so ertrage,

was sie sprechen, und lobpreise deinen
Herrn vor Sonnenauf- und untergang,
(40.) und zur Nacht auch preise ihn und
(verrichte) die Enden der Niederwerfung.
(41.) Und horche auf den Tag, da der Herold
von naher Stätte ruft.

(42.) Der Tag, an dem sie den Schall in
Wahrheit hören, das ist der Tag der
Erstehung. (43.) Siehe, wir machen lebendig
und wir töten, und zu uns ist die Fahrt
(44.) an jenem Tage, da sich die Erde ob
ihnen hurtig spaltet – das ist ein
Versammeln, das uns leichtfällt.
(45.) Wir wissen, was sie sprechen, und du
bist nicht über sie gesetzt, sie zu zwingen.
Drum ermahne durch den Koran den, der
meine Drohung fürchtet.

51. Sure - Die Zerstreuenden
Geoffenbart zu Mekka

*Im Namen Allahs, des Erbarmers, des
Barmherzigen!*

(1.) Bei den in Zerstreuung Zerstreuenden
(2.) und bei den Bürdetragenden Wolken.
(3.) und den hurtig Eilenden (4.) und bei den
Geschäfte Verteilenden! (5.) Siehe, was euch
angedroht wird, ist gewisslich wahr, (6.) und
siehe, das Gericht trifft gewisslich ein!
(7.) Und bei dem Himmel mit seinen
(Sternen-)Bahnen! (8.) Siehe, ihr seid in
widersprechender Rede. (9.) Abgewendet ist
von ihm, wer abgewendet ist.

(10.) Tod den Lügnern, (11.) die sorglos sind
in einer Flut (von Unwissenheit).
(12.) Sie werden fragen: »Wann ist der Tag
des Gerichts?« (13.) An jenem Tage sollen sie
im Feuer versucht werden: (14.) »Schmecket
eure Versuchung. Das ist's, was ihr
herbeiwünschtet.«

(15.) Siehe, die Gottesfürchtigen kommen in Gärten und Quellen, (16.) empfangend, was ihnen ihr Herr gegeben; siehe, sie waren zuvor rechtschaffen. (17.) Sie schliefen nur einen Teil der Nacht. (18.) Und im Morgengrauen baten sie um Verzeihung. (19.) Und in ihrem Gut (war) ein Teil für den Bittenden und den verschämten Armen.

(20.) Und in der Erde sind Zeichen für die Festen im Glauben, (21.) und in euch selber – seht ihr denn nicht? (22.) Und im Himmel ist eure Versorgung und das, was euch verheißen ward. (23.) Und bei dem Herrn des Himmels und der Erden, siehe, es ist gewisslich wahr, so wie ihr reden könnt. (24.) Kam nicht die Erzählung zu dir von Abrahams geehrten Gästen? (25.) Da sie bei ihm eintraten und sprachen: »Frieden!« Er sprach: »Frieden! – Unbekannte Leute.« (26.) Und er ging abseits zu seiner Familie und brachte ein fettes Kalb. (27.) Und er setzte es ihnen vor und sprach: »Esset ihr nicht?« (28.) Und es erfasste ihn Furcht vor ihnen. Sie sprachen: »Fürchte dich nicht.« Und sie verkündeten ihm einen weisen Knaben. (29.) Und seine Frau nahte lärmend und schlug ihr Angesicht und sprach: »Eine alte Frau, unfruchtbar!«

(30.) Sie sprachen: »Also spricht dein Herr; siehe, er ist der Weise, der Wissende.« (31.) Er sprach: »Und was ist euer Geschäft, ihr Entsandten?« (32.) Sie sprachen: »Siehe, wir sind zu einem sündigen Volk entsandt, (33.) auf dass wir Steine von Ton auf sie hinabsenden, (34.) gezeichnet von deinem Herrn für die Übertreter. (35.) Und wir ließen die Gläubigen unter ihnen heraus, (36.) doch fanden wir darinnen nur ein Haus von Muslimen; (37.) und wir ließen in ihr ein Zeichen für die, welche die schmerzliche Strafe fürchten –« (38.) und in Moses (ließen wir ein Zeichen), da wir ihn zu Pharao mit offenkundiger Vollmacht schickten.

(39.) Und er wandte sich zu seiner Säule und sprach: »Ein Zauberer oder ein Besessener.«

(40.) Und wir erfassten ihn und seine Heerscharen und stürzten sie ins Meer, denn er war tadelnswert. (41.) Und in den Ad (ließen wir ein Zeichen), da wir zu ihnen den unfruchtbaren Wind sandten, (42.) der nichts von allem, zu dem er kam, anders wie als Asche zurückließ. (43.) Und in Thamud, da zu ihnen gesprochen ward: »Lasst es euch eine Weile gut sein.« (44.) Sie aber waren hoffärtig gegen ihres Herrn Befehl. Und da erfasste sie der Donnerschlag, als sie ausschauten. (45.) Und nicht vermochten sie aufrecht zu stehen und wurden nicht errettet. (46.) Und (ebenso) das Volk Noahs vor ihnen: Siehe, sie waren ein frevelnd Volk. (47.) Und den Himmel, wir erbauten ihn mit Kraft, und siehe, wahrlich, wir machten ihn weit. (48.) Und die Erde, wir breiteten sie aus, und wie schön betteten wir sie! (49.) Und von allerlei Dingen erschufen wir Paare; vielleicht lasset ihr euch ermahnen.

(50.) Drum fliehet zu Allah; siehe, ich bin euch von ihm ein offenkundiger Warner. (51.) Und setzet nicht neben Allah andre Götter; siehe, ich bin euch von ihm ein offenkundiger Warner. (52.) Also kam zu denen, die vor ihnen lebten, kein Gesandter, ohne dass sie gesprochen hätten: »Ein Zauberer oder ein Verrückter!« (53.) Vermachen sie es etwa einer dem andern? Nein, sie sind ein widerspenstig Volk. (54.) So wende dich ab von ihnen, so wirst du nicht tadelnswert sein. (55.) Und ermahne, denn siehe, die Ermahnung nützt den Gläubigen. (56.) Und die Dschinn und die Menschen habe ich nur dazu erschaffen, dass sie mir dienen. (57.) Ich wünsche keine Versorgung von ihnen, und wünsche nicht, dass sie mich speisen. (58.) Siehe, Allah, er ist der Versorger, der Herr der Kraft, der Ausdauernde.

(59.) Siehe, für die Ungerechten soll ein Anteil sein gleich dem Anteil ihrer Gefährten; doch sollen sie nicht wünschen, dass ich ihn beschleunige.
(60.) Und wehe den Ungläubigen vor ihrem Tag, der ihnen angedroht wird!

52. Sure - Der Berg

Geoffenbart zu Mekka

Im Namen Allahs, des Erbarmers, des Barmherzigen!

(1.) Bei dem Berg (2.) und einem Buch, geschrieben (3.) auf ausgebreitetem Pergament, (4.) und dem besuchten Haus (5.) und dem erhöhten Dache (6.) und dem geschwollenen Meer! (7.) Siehe, deines Herrn Strafe trifft wahrlich ein. (8.) Keinen gibt's, sie abzuwehren. (9.) Am Tag, da der Himmel ins Schwanken kommt (10.) und die Berge sich regen. (11.) Wehe an jenem Tage denen, die (die Gesandten) der Lüge ziehen,

(12.) sie, die zum Zeitvertreib schwatzten! (13.) An jenem Tage sollen sie in Dschehannams Feuer gestoßen werden. (14.) »Das ist das Feuer, das ihr für Lüge erklärtet. (15.) Ist dies etwa Zauberei oder sehet ihr nicht? (16.) Brennet in ihm und haltet aus oder haltet nicht aus, es ist gleich für euch; ihr werdet nur für euer Tun belohnt.« (17.) Siehe, die Gottesfürchtigen kommen in Gärten und Wonne, (18.) genießend, was ihr Herr ihnen gegeben hat. Und befreit hat sie ihr Herr von der Strafe des Höllenpfuhls. (19.) »Esset und trinket und wohl bekomm's – für euer Tun!«

(20.) Gelehnt auf Polstern in Reihen; und wir vermählen sie mit großäugigen Huris. (21.) Und diejenigen, welche glauben und deren Sprösslinge ihnen im Glauben folgen, die wollen wir mit ihren Sprösslingen vereinigen, und um nichts von ihren Werken wollen wir sie betrügen. Jedermann ist für das, was er geschafft, verpfändet.
(22.) Und wir wollen sie reichlich mit Früchten und Fleisch versorgen, wie sie es nur wünschen. (23.) Und reichen sollen sie einander darinnen einen Becher, in dem weder (durch Trunkenheit) Geschwätz noch Versündigung ist.

(24.) Und die Runde sollen unter ihnen Jünglinge machen, gleich verborgenen Perlen. (25.) Und einer wird sich an den andern wenden, einander fragend.
(26.) Und sie werden sprechen: »Siehe, wir waren zuvor inmitten unserer Familien besorgt. (27.) Doch war uns Allah gnädig und befreite uns von der Strafe des Glutwinds. (28.) Siehe, wir riefen ihn zuvor an; siehe, er ist der Gütige, der Barmherzige.« (29.) Drum ermahne, denn du bist, bei der Gnade deines Herrn, kein Wahrsager oder Besessener.
(30.) Sprechen sie etwa: »Ein Dichter! Wir wollen des Schicksals Unheil an ihm erwarten.«

(31.) Sprich: »Wartet; ich warte mit euch.«
(32.) Oder befehlen ihnen dies ihre Träume?
(33.) Oder sprechen sie: »Er hat ihn erfunden?« Doch sie wollen nur nicht glauben. (34.) So mögen sie mir eine Rede wie diese bringen, so sie wahrhaftig sind. (35.) Oder wurden sie aus nichts erschaffen? Oder sind sie gar die Schöpfer (ihrer selbst)? (36.) Oder erschufen sie die Himmel und die Erde? Doch nein, sie haben keinen festen Glauben. (37.) Oder haben sie die Schätze deines Herrn? Oder haben sie die Oberherrschaft?

(38.) Oder haben sie eine Leiter, auf der sie lauschen können? Dann mag der Lauscher unter ihnen offenkundige Vollmacht bringen. (39.) Oder hat Er Töchter und habt ihr Söhne? (40.) Oder verlangst du einen

Lohn von ihnen, wo sie von Schulden schwer beladen sind? (41.) Oder besitzen sie das Verborgene, so dass sie es niederschreiben? (42.) Oder beabsichtigen sie eine List? Aber wider die Ungläubigen werden Listen geschmiedet.
(43.) Oder haben sie einen Gott außer Allah? Preis Allah, (der erhaben ist) ob dem, was sie ihm beigesellen. (44.) Und sähen sie ein Stück vom Himmel einfallen, so würden sie sprechen: »Eine dicke Wolke!«

(45.) So lass sie, bis sie ihrem Tag begegnen, an dem sie ohnmächtig werden sollen: (46.) Ein Tag, an dem ihnen ihre List nichts nützen wird und an dem sie nicht gerettet werden. (47.) Und siehe, für die Ungerechten ist noch eine Strafe außer dieser; jedoch wissen es die meisten von ihnen nicht. (48.) Und warte auf das Gericht deines Herrn, denn siehe, du bist in unsern Augen; und lobpreise deinen Herrn zur Zeit, da du aufstehst, (49.) und zur Nacht preise ihn und beim Erblassen der Sterne.

53. Sure - Der Stern
Geoffenbart zu Mekka

Im Namen Allahs, des Erbarmers, des Barmherzigen!

(1.) Bei dem Stern, da er sinkt! (2.) Euer Gefährte irrt nicht und ist nicht getäuscht, (3.) noch spricht er aus Gelüst. (4.) Er ist nichts als eine geoffenbarte Offenbarung, (5.) die ihn gelehrt hat der Starke an Kraft, (6.) der Herr der Einsicht. Und aufrecht stand er da (7.) im höchsten Horizont; (8.) alsdann nahte er sich und näherte sich (9.) und war zwei Bögen entfernt oder näher (10.) und offenbarte seinem Diener, was er offenbarte. (11.) Nicht erlog das Herz, was er sah. (12.) Wollt ihr ihm denn bestreiten, was er sah?

(13.) Und wahrlich, er sah ihn ein andermal herabsteigen, (14.) bei dem Lotosbaum, über den kein Weg, (15.) neben dem der Garten der Wohnung. (16.) Da den Lotosbaum bedeckte, was da bedeckte, (17.) nicht wich der Blick ab und ging drüber hinaus; (18.) wahrlich, er sah von den Zeichen seines Herrn die größten. (19.) Was meint ihr drum von Allat und El-Uzza, (20.) und Manat, der dritten daneben? (21.) Sollen euch Söhne sein und ihm Töchter? (22.) Dies wäre dann eine ungerechte Verteilung.

(23.) Siehe, nur Namen sind es, die ihr ihnen gabt, ihr und eure Väter. Allah sandte keine Vollmacht für sie hinab. Sie folgen nur einem Wahn und ihrer Seelen Gelüst, und wahrlich, es kam zu ihnen von ihrem Herrn die Leitung. (24.) Soll etwa der Mensch haben, was er wünscht? (25.) Aber Allahs ist das Letzte und das Erste. Und wie viele der Engel in den Himmeln sind, ihre Fürbitte frommt nichts, (26.) außer, nachdem Allah Erlaubnis gab, wem er will und wer ihm beliebt. (27.) Siehe, diejenigen, die nicht ans Jenseits glauben, wahrlich, sie benennen die Engel mit weiblichen Namen.

(28.) Doch haben sie kein Wissen hiervon; sie folgen nur einem Wahn, und siehe, der Wahn nützt nichts gegen die Wahrheit. (29.) Drum wende dich ab von dem, der unsrer Ermahnung den Rücken kehrt und nur das irdische Leben begehrt. (30.) Dies ist die Summe ihres Wissens. Siehe, dein Herr weiß sehr wohl, wer von seinem Wege abirrt, und er weiß sehr wohl, wer rechtgeleitet ist. (31.) Und Allahs; ist, was in den Himmeln und was auf Erden, auf dass er diejenigen belohne, die Böses tun, nach ihrem Tun, und die, welche Gutes tun, mit dem Besten belohne.

(32.) Diejenigen, welche die großen Sünden und Schändlichkeiten meiden, mit Ausnahme verzeihlicher Sünden –

siehe, dein Herr ist von weitumfassender Verzeihung. Er kannte euch sehr wohl, als er euch aus der Erde hervorbrachte, und da ihr Embryos waret in eurer Mütter Leibern. Drum erkläret euch nicht selber für rein; er weiß sehr wohl, wer gottesfürchtig ist.
(33.) Was meinst du von dem, der den Rücken kehrt (34.) und wenig gibt und kargt? (35.) Hat er die Kenntnis des Verborgenen, und sieht er es?
(36.) Oder ward ihm nicht erzählt, was in den Seiten Moses steht, (37.) und Abrahams, der getreu war, (38.) dass kein Beladener die Last eines andern tragen soll?

(39.) Und dass der Mensch nur empfangen soll, wonach er sich bemüht hat,
(40.) und dass sein Bemühen gesehen werden soll (41.) und er alsdann dafür belohnt werden soll mit entsprechendstem Lohn; (42.) und dass bei deinem Herrn das Endziel ist; (43.) und dass er lachen und weinen macht; (44.) und dass er es ist, der tötet und lebendig macht; (45.) und dass er die Paare erschuf, das Männchen und Weibchen, (46.) aus einem Samentropfen, da er ergossen ward; (47.) und dass ihm die andre Schöpfung obliegt; (48.) und dass er reich macht und zufriedenstellt;
(49.) und dass er der Herr des Sirius ist;
(50.) und dass er die alten Ad zugrunde richtete, (51.) und Thamud und keinen übrigließ; (52.) und Noahs Volk zuvor; siehe, sie waren höchst ungerecht und sündhaft,
(53.) und die umgestürzten (Städte) zerstörte er, (54.) und es bedeckte sie, was sie bedeckte.

(55.) Welche Wohltaten deines Herrn willst du drum bestreiten? (56.) Dies ist ein Warner von den früheren Warnern. (57.) Es naht der nahende (Tag); (58.) keiner außer Allah deckt ihn auf. (59.) Wundert ihr euch etwa über diese Rede? (60.) Und lachet ihr und weinet nicht? (61.) Und treibet eitles Spiel?

(62.) So werfet euch nieder vor Allah und dienet ihm.

54. Sure - Der Mond

Geoffenbart zu Mekka

Im Namen Allahs, des Erbarmers, des Barmherzigen!

(1.) Genaht ist die Stunde und gespalten der Mond, (2.) doch wenn sie ein Zeichen sehen, wenden sie sich ab und sprechen: »Fortdauernde Zauberei!«
(3.) Und sie zeihen der Lüge und folgen ihren Lüsten; doch steht jedes Ding fest.
(4.) Und wahrlich, es kam zu ihnen abschreckende Kunde, (5.) vortreffliche Weisheit; doch nützen die Warner nichts.
(6.) Drum kehre ihnen den Rücken. Am Tage, da der Rufer zu einem widerwärtigen Geschäft ruft, (7.) gesenkten Blickes werden sie da aus den Grüften kommen, gleich zerstreuten Heuschrecken,
(8.) entgegenhastend dem Rufer. Sprechen werden die Ungläubigen: »Dies ist ein schlimmer Tag!« (9.) Der Lüge zieh vor ihnen Noahs Volk; sie nannten unsern Diener einen Lügner und sprachen: »Besessen!« Und er ward verstoßen.

(10.) Und er rief zu seinem Herrn: »Siehe, ich bin übermocht; so hilf mir.«
(11.) Und wir öffneten die Tore des Himmels in strömendem Wasser, (12.) und ließen aus der Erde Quellen hervorbrechen, und so begegnete sich das Wasser nach verhängtem Beschluss. (13.) Und wir trugen ihn auf dem (Schiff) aus Planken und Nieten, (14.) das unter unsern Augen segelte, ein Lohn für den, der verleugnet ward.
(15.) Und wahrlich, wir ließen es als Zeichen übrig. Gibt's aber einen, der sich ermahnen lässt? (16.) Und wie war meine Strafe und

Warnung! (17.) Und wahrlich, leicht machten wir nun den Koran zur Ermahnung; doch gibt es einen, der sich ermahnen lässt? (18.) Der Lüge zieh Ad; doch wie war meine Strafe und Warnung! (19.) Siehe, wir entsandten wider sie einen eisig pfeifenden Wind an einem unseligen starken Tag, (20.) der die Menschen hinfort raffte, als wären sie entwurzelte Palmstämme.

(21.) Und wie war meine Strafe und Warnung! (22.) Und wahrlich, wir machten den Koran leicht zur Ermahnung; gibt es aber einen, der sich ermahnen lässt? (23.) Und der Lüge zieh Thamud die Warnung, (24.) und sie sprachen: »Sollen wir einem Menschen von uns, einem einzelnen, folgen? Siehe, dann wären wir wahrlich in Irrtum und Tollheit. (25.) Ward die Warnung auf ihn unter uns geworfen? Doch nein, er ist ein frecher Lügner.« (26.) »Sie werden morgen wissen, wer der freche Lügner ist. (27.) Siehe, wir werden die Kamelin ihnen als Versuchung schicken, drum beobachte sie und gedulde dich. (28.) Und verkünde ihnen, dass das Wasser unter ihnen verteilt ist; jeder Trunk soll (abwechselnd) gereicht werden.« (29.) Sie aber riefen ihren Gefährten, und er packte (ein Messer) und zerschnitt ihr die Flechsen.

(30.) Und wie war meine Strafe und Warnung! (31.) Siehe, wir entsandten wider sie einen einzigen Schall, und da waren sie wie das Reisig des Hürdenmachers. (32.) Und wahrlich, wir machten den Koran leicht zur Ermahnung; gibt's aber einen, der sich ermahnen lässt? (33.) Der Lüge zieh das Volk Lots die Warnung. (34.) Siehe, wir entsandten wider sie einen Kiesel aufwirbelnden Wind, und nur Lots Haus erretteten wir im Morgengrauen, (35.) als eine Gnade von uns. Also belohnen wir die Dankbaren. (36.) Und wahrlich, er hatte sie gewarnt vor unserm Angriff, sie aber bezweifelten die Warnung. (37.) Und wahrlich, sie verlangten von ihm seine Gäste; drum zerstörten wir ihre Augen: »So schmecket meine Strafe und meine Warnung.« (38.) Und wahrlich, am Morgen in der Frühe erfasste sie eine bleibende Strafe. (39.) »So schmecket meine Strafe und meine Warnung.«

(40.) Und wahrlich, wir machten den Koran leicht zur Ermahnung; gibt's aber einen, der sich ermahnen lässt? (41.) Und wahrlich, es kam zum Hause Pharaos die Warnung. (42.) Sie aber ziehen alle unsre Zeichen der Lüge, und so erfassten wir sie mit dem Erfassen eines Mächtigen, Gewaltigen. (43.) Sind eure Ungläubigen etwa besser als jene, oder gibt's für euch eine Befreiung in den Schriften? (44.) Oder sprechen sie: »Wir sind eine siegende Menge?« (45.) In die Flucht geschlagen wird die ganze Schar, und sie werden den Rücken kehren. (46.) Aber die ›Stunde‹ ist ihre angedrohte Zeit, und die ›Stunde‹ ist fürchterlicher und bitterer.

(47.) Siehe, die Sünder sind in Irrtum und Tollheit. (48.) Eines Tages werden sie ins Feuer auf ihren Angesichtern geschleift: »Schmecket die Berührung des Höllenfeuers.« (49.) Siehe, alle Dinge erschufen wir nach einem Ratschluss, (50.) und unser Befehl ist nur ein (Wort), gleich dem Augenaufschlag. (51.) Und wahrlich, wir vertilgten ähnliche wie euch; gibt's aber einen, der sich warnen lässt? (52.) Und alle Dinge, die sie tun, stehn in den Schriften, (53.) und alles kleine und große ist niedergeschrieben. (54.) Siehe, die Gottesfürchtigen kommen in Gärten mit Bächen, (55.) im Sitze der Wahrhaftigkeit bei einem mächtigen König.

55. Sure - Der Erbarmer

Geoffenbart zu Mekka

Im Namen Allahs, des Erbarmers, des Barmherzigen!

(1.) Der Erbarmer (2.) lehrte (dich) den Koran. (3.) Er erschuf den Menschen, (4.) er lehrte ihn deutliche Sprache. (5.) Die Sonne und der Mond sind Gesetzen unterworfen, (6.) und die Sterne und Bäume werfen sich (anbetend) nieder. (7.) Und der Himmel, er hat ihn erhöht und die Waage aufgestellt, (8.) auf dass ihr an der Waage euch nicht vergeht. (9.) Und wäget in Gerechtigkeit und vermindert nicht das Gewicht.

(10.) Und die Erde, er hat sie hingestellt für die Geschöpfe; (11.) in ihr sind Früchte und Palmen mit Blütenscheiden (12.) und das Korn voll Halme und der Lebensunterhalt. (13.) Und welche der Wohltaten eures Herrn wollt ihr beide wohl leugnen? (14.) Erschaffen hat er den Menschen aus Lehm wie ein Tongefäß; (15.) und erschaffen hat er die Dschinn aus rauchlosem Feuer. (16.) Und welche der Wohltaten eures Herrn wollt ihr beide wohl leugnen? (17.) Der Herr der beiden Osten und der Herr der beiden Westen! (18.) Und welche der Wohltaten eures Herrn wollt ihr beide wohl leugnen?

(19.) Losgelassen hat er die beiden Wasser, die sich begegnen; (20.) zwischen beiden ist eine Schranke, die sie nicht überschreiten. (21.) Und welche der Wohltaten eures Herrn wollt ihr beide wohl leugnen? (22.) Hervor bringt er aus beiden Perlen und Korallen. (23.) Und welche der Wohltaten eures Herrn wollt ihr beide wohl leugnen? (24.) Und sein sind die Schiffe, die hohen im Meer, gleich Wegmarken. (25.) Und welche der Wohltaten eures Herrn wollt ihr beide wohl leugnen? (26.) Alle auf ihr sind vergänglich, (27.) aber es bleibt das Angesicht deines Herrn voll Majestät und Ehre. (28.) Und welche der Wohltaten eures Herrn wollt ihr beide wohl leugnen? (29.) Ihn bittet, wer in den Himmeln und auf Erden ist. Jeden Tag nimmt er ein Geschäft vor.

(30.) Und welche der Wohltaten eures Herrn wollt ihr beide wohl leugnen? (31.) Wir werden frei sein für euch, ihr beiden Schweren. (32.) Und welche der Wohltaten eures Herrn wollt ihr beide wohl leugnen? (33.) O Versammlung der Dschinn und Menschen, wenn ihr imstande seid, die Grenzen der Himmel und der Erde zu überschreiten, so überschreitet sie. Ihr könnt sie nur mit einer Vollmacht überschreiten. (34.) Und welche der Wohltaten eures Herrn wollt ihr beide wohl leugnen? (35.) Entsandt werden wird wider euch eine Feuersflamme und Erz, und es soll euch nicht geholfen werden. (36.) Und welche der Wohltaten eures Herrn wollt ihr beide wohl leugnen? (37.) Und wenn der Himmel sich spaltet und rosig wird gleich rotem Leder? (38.) Und welche der Wohltaten eures Herrn wollt ihr beide wohl leugnen? (39.) Und an jenem Tage wird weder Mensch noch Dschinn nach seiner Schuld befragt.

(40.) Und welche der Wohltaten eures Herrn wollt ihr beide wohl leugnen? (41.) Erkannt werden die Sünder an ihren Merkzeichen, und erfasst werden sie an ihren Stirnlocken und Füßen. (42.) Und welche der Wohltaten eures Herrn wollt ihr beide wohl leugnen? (43.) Dies ist Dschehannam, welche die Sünder leugneten. (44.) Sie sollen zwischen ihr die Runde machen und zwischen siedend heißem Wasser. (45.) Und welche der Wohltaten eures Herrn wollt ihr beide wohl leugnen? (46.) Für den aber, der seines Herrn Rang gefürchtet, sind der Gärten zwei. (47.) Welche von den Wohltaten eures Herrn wollt ihr beide wohl leugnen? (48.) Beide (Gärten) mit Zweigen. (49.) Und welche der Wohltaten eures Herrn wollt ihr beide wohl leugnen?

(50.) In ihnen sind zwei eilende Quellen.
(51.) Und welche der Wohltaten eures Herrn wollt ihr beide wohl leugnen? (52.) In ihnen sind von jeder Frucht zwei Arten.
(53.) Und welche der Wohltaten eures Herrn wollt ihr beide wohl leugnen? (54.) Sie sollen sich lehnen auf Betten, mit Futter aus Brokat, und die Früchte der beiden Gärten sind nahe. (55.) Und welche der Wohltaten eures Herrn wollt ihr beide wohl leugnen? (56.) In ihnen sind keuschblickende (Mädchen), die weder Mensch noch Dschinn zuvor berührte. (57.) Und welche der Wohltaten eures Herrn wollt ihr beide wohl leugnen? (58.) Als wären sie Hyazinthe und Korallen. (59.) Und welche der Wohltaten eures Herrn wollt ihr beide wohl leugnen?

(60.) Soll der Lohn des Guten anders als Gutes sein? (61.) Und welche der Wohltaten eures Herrn wollt ihr beide wohl leugnen? (62.) Und außer diesen beiden sind der Gärten (noch) zwei – (63.) und welche der Wohltaten eures Herrn wollt ihr beide wohl leugnen? (64.) In grünem Schimmer.
(65.) Und welche der Wohltaten eures Herrn wollt ihr beide wohl leugnen? (66.) In ihnen sind zwei reichlich sprudelnde Quellen.
(67.) Und welche der Wohltaten eures Herrn wollt ihr beide wohl leugnen?
(68.) In beiden sind Früchte und Palmen und Granatäpfel. (69.) Und welche der Wohltaten eures Herrn wollt ihr beide wohl leugnen?
(70.) In ihnen sind gute und schöne (Mädchen). (71.) Und welche der Wohltaten eures Herrn wollt ihr beide wohl leugnen?

(72.) Huris, verschlossen in Zelten –
(73.) und welche der Wohltaten eures Herrn wollt ihr beide wohl leugnen? –
(74.) Die weder Mensch noch Dschinn zuvor berührte. (75.) Und welche der Wohltaten eures Herrn wollt ihr beide wohl leugnen?
(76.) Sie sollen sich lehnen auf grünen Kissen und schönen Teppichen. (77.) Und welche der Wohltaten eures Herrn wollt ihr beide wohl leugnen? (78.) Gesegnet sei der Name deines Herrn voll Majestät und Ehre.

<u>56. Sure - Die Eintreffende</u>
Geoffenbart zu Mekka

Im Namen Allahs, des Erbarmers, des Barmherzigen!

(1.) Wenn die Eintreffende eintrifft, (2.) wird keiner ihr Eintreffen leugnen; (3.) eine Erniedrigende, Erhöhende! (4.) Wenn die Erde in Beben erbebt, (5.) und die Berge in Staub zerstieben (6.) und gleich zerstreuten Atomen werden, (7.) werdet ihr drei Arten sein: (8.) Die Gefährten der Rechten – was sind die Gefährten der Rechten? (selig!)
(9.) Und die Gefährten der Linken – was sind die Gefährten der Linken? (unselig!)

(10.) Und die Vordersten (auf Erden,) die Vordersten (auch im Paradiese).
(11.) Sie sind die (Allah) Nahegebrachten,
(12.) in Gärten der Wonne. (13.) Eine Schar der Früheren (14.) und wenige der Spätern
(15.) auf durchwobenen Polstern, (16.) sich lehnend auf ihnen einander gegenüber.
(17.) Die Runde machen bei ihnen unsterbliche Knaben (18.) mit Humpen und Krügen und einem Becher von einem Born.
(19.) Nicht sollen sie Kopfweh von ihm haben und nicht in Trunkenheit geraten.

(20.) Und Früchte, wie sie sich erlesen,
(21.) und Fleisch von Geflügel, wie sie's begehren, (22.) und großäugige Huris
(23.) gleich verborgenen Perlen (24.) als Lohn für ihr Tun. (25.) Sie hören kein Geschwätz darinnen und keine Anklage der Sünde; (26.) nur das Wort: »Frieden! Frieden!« (27.) Und die Gefährten der Rechten – was sind die Gefährten der Rechten? (selig!)

(28.) Unter dornenlosem Lotos (29.) und
Bananen mit Blütenschichten (30.) und
weitem Schatten (31.) und bei strömendem
Wasser (32.) und Früchten in Menge,
(33.) unaufhörlich und unverwehrten,
(34.) und auf erhöhten Polstern.
(35.) Siehe, wir erschufen sie in (besonderer)
Schöpfung (36.) und machten sie zu
Jungfrauen, (37.) zu liebevollen
Altersgenossinnen (38.) für die Gefährten
der Rechten, (39.) eine Schar der Früheren
(40.) und eine Schar der Späteren.
(41.) Und die Gefährten der Linken – was
sind die Gefährten der Linken? (unselig!)

(42.) In Glutwind und siedendem Wasser
(43.) und Schatten von schwarzem Rauch,
(44.) nicht kühl und nicht angenehm.
(45.) Siehe, sie waren vordem üppig
(46.) und beharrten in großem Frevel
(47.) und sprachen: »Wenn wir gestorben
und Staub und Gebein worden, wahrlich,
sollen wir dann erweckt werden? (48.) Und
auch unsre Vorväter?« (49.) Sprich: »Siehe,
die Früheren und die Späteren,
(50.) wahrlich, versammelt werden sie zum
Zeitpunkt eines bestimmten Tages.«
(51.) Alsdann siehe, ihr Irrenden und ihr
Leugner, (52.) wahrlich, essen sollt ihr von
dem Baume Zaqqum (53.) und füllen von
ihm die Bäuche (54.) und darauf trinken von
siedendem Wasser, (55.) und sollet trinken
wie dursttolle Kamele. (56.) Das ist eure
Bewirtung am Tag des Gerichts.
(57.) Wir erschufen euch, und warum wollt
ihr nicht glauben? (58.) Was meint ihr? Was
euch an Samen entfließt, (59.) habt ihr es
erschaffen, oder erschufen wir es?

(60.) Wir haben unter euch den Tod
verhängt, doch sind wir nicht daran
verhindert, (61.) dass wir euch durch
euresgleichen ersetzen und euch (neu)
erschaffen, wie ihr es nicht wisset.
(62.) Und wahrlich, ihr kennet die erste
Schöpfung, warum lasst ihr euch da nicht

ermahnen? (63.) Und betrachtet ihr, was ihr
säet? (64.) Lasset ihr es wachsen oder wir?
(65.) Wenn wir wollten, wahrlich, wir
machten es zu unnützem (Kraut), dass ihr
euch verwundern solltet: (66.) »Siehe, wir
haben uns Kosten gemacht, (67.) doch ist
uns (die Ernte) verwehrt.«
(68.) Und betrachtet ihr das Wasser, das ihr
trinkt? (69.) Habt ihr es aus den Wolken
herabgesandt oder wir?

(70.) Wenn wir es wollten, wir machten es
bitter – und warum danket ihr nicht?
(71.) Und betrachtet ihr das Feuer, das ihr
reibt? (72.) Habt ihr seinen Baum erschaffen
oder wir? (73.) Wir haben ihn zu einer
Mahnung gemacht und zu einem
Nießbrauch für die Bewohner der Wüste.
(74.) Drum preise den großen Namen deines
Herrn. (75.) Und so schwöre ich bei den
Untergangsstätten der Sterne – (76.) und
siehe, wahrlich, das ist ein großer Schwur,
wenn ihr es wüsstet –, (77.) siehe, es ist
wahrlich ein edler Vortrag (Koran)
(78.) in einem verborgenen Buch.
(79.) Nur die Reinen sollen ihn berühren!

(80.) Eine Hinabsendung von dem Herrn der
Welten! (81.) Wollt ihr denn diese Kunde
verschmähen? (82.) Und wollt ihr es zu
eurem täglich Brot machen, dass ihr sie der
Lüge zeiht? (83.) Und wie? Wenn (die Seele
des Sterbenden) zum Schlund steigt,
(84.) und ihr zu jener Zeit zuschauet,
(85.) während wir euch näher sind, obgleich
ihr es nicht seht – (86.) warum, wenn ihr
nicht gerichtet werdet, (87.) bringt ihr sie
nicht wieder (in den Leib,) so ihr wahrhaftig
seid?

(88.) Aber sei es, dass er einer der (Allah)
Nahegebrachten ist – (89.) dann Ruhe v und
Aromata und der Garten der Wonne!
(90.) Oder dass er einer der Gefährten der
Rechten ist – (91.) dann »Frieden dir!« von
den Gefährten der Rechten! (92.) Oder dass
er einer der Leugner ist, (93.) der Irrenden –

dann Bewirtung von siedendem Wasser
(94.) und Brennen im Höllenpfuhl!
(95.) Siehe, dies ist wahrlich gewisse
Wahrheit. (96.) Drum preise den Namen
deines großen Herrn!

57. Sure - Das Eisen

Geoffenbart zu Medina (nach andern zu Mekka)

Im Namen Allahs, des Erbarmers, des Barmherzigen!

(1.) Es preiset Allah, was in den Himmeln
und was auf Erden ist, und er ist der
Mächtige, der Weise. (2.) Sein ist das Reich
der Himmel und der Erde, er macht
lebendig und tötet, und er hat Macht über
alle Dinge. (3.) Er ist der erste und der letzte,
der außen ist und innen, und er weiß alle
Dinge. (4.) Er ist's, der die Himmel und die
Erde in sechs Tagen erschuf, worauf er sich
auf den Thron setzte; er weiß, was in die
Erde eingeht und was aus ihr hervorgeht
und was vom Himmel herabsteigt und was
in ihn hinaufsteigt, und er ist, wo immer ihr
seid, mit euch, und Allah schaut euer Tun.
(5.) Sein ist das Reich der Himmel und der
Erde, und zu Allah kehren die Dinge
zurück.

(6.) Er lässt die Nacht eintreten in den Tag
und lässt den Tag eintreten in die Nacht,
und er kennet das Innerste der Brust.
(7.) Glaubet an Allah und seinen Gesandten
und spendet von dem, worin er euch zu
Nachfolgern gemacht hat. Und diejenigen
von euch, welche glauben und Spenden
machen, ihnen wird großer Lohn.
(8.) Und was ist euch, dass ihr nicht glaubet
an Allah, wo euch der Gesandte einladet, an
euern Herrn zu glauben und er bereits einen
Bund mit euch geschlossen hat, so ihr

Gläubige seid? (9.) Er ist's, der auf seinen
Diener deutliche Zeichen hinabsendet, um
euch aus den Finsternissen zum Licht zu
führen. Und siehe, Allah ist wahrlich gütig
gegen euch und barmherzig.

(10.) Und was ist euch, dass ihr nicht
spendet in Allahs Weg, wo Allahs das Erbe
der Himmel und der Erde ist? Nicht ist
unter euch gleich, wer vor dem Siege
spendet und kämpft – diese nehmen höhere
Stufen ein als jene, welche hernach spenden
und kämpfen. Allen (diesen) aber verheißt
Allah das Beste; und Allah weiß, was ihr tut.
(11.) Wer ist's, der Allah ein schönes
Darlehen leihen will? Verdoppeln wird er's
ihm, und ihm wird ein edler Lohn.
(12.) Eines Tages wirst du die Gläubigen,
Männer und Frauen, sehen, ihr Licht ihnen
voraneilend und zu ihren Rechten. »Frohe
Botschaft euch heute! Gärten, durcheilt von
Bächen, ewig darinnen zu weilen! Das ist die
große Glückseligkeit.«

(13.) An jenem Tage sprechen die Heuchler
und Heuchlerinnen zu den Gläubigen:
»Wartet auf uns, auf dass wir (unser Licht)
an euerm Licht anzünden.« Es wird
gesprochen werden: »Kehret zurück und
suchet euch Licht.« Und es wird ein Wall mit
einem Tore zwischen ihnen errichtet
werden. Innen ist Barmherzigkeit und außen
gegenüber Strafe. (14.) Sie werden ihnen
zurufen: »Waren wir nicht mit euch?« Sie
werden sprechen: »Jawohl, doch versuchtet
ihr euch selbst und wartetet und zweifeltet,
und es betrogen euch die Hoffnungen, bis
Allahs Befehl kam; und es betrog euch in
betreff Allahs der Betrüger.«

(15.) An jenem Tage soll deshalb von euch
kein Lösegeld angenommen werden, noch
von denen, welche nicht glaubten. Eure
Wohnung ist das Feuer; es ist euer Herr, und
übel ist die Fahrt (dorthin). (16.) Ist nicht die
Zeit für die Gläubigen gekommen, ihre
Herzen vor der Ermahnung Allahs und der

Wahrheit, die er hinabgesandt hat, zu
demütigen, und nicht zu sein gleich jenen,
denen die Schrift zuvor gegeben ward,
deren Zeit verlängert ward, doch waren ihre
Herzen verhärtet, und viele von ihnen
waren Frevler?

(17.) Wisset, dass Allah die Erde lebendig
macht nach ihrem Tode. Wir haben euch die
Zeichen (Verse) deutlich gemacht; vielleicht
habt ihr Einsicht. (18.) Siehe, diejenigen,
welche Almosen geben, Männer und Frauen,
und die Allah ein schönes Darlehen leihen,
verdoppeln wird er es ihnen, und ihnen
wird edler Lohn. (19.) Und diejenigen,
welche an Allah und seinen Gesandten
glauben, das sind die Wahrhaften und die
Zeugen bei ihrem Herrn; ihnen wird ihr
Lohn und ihr Licht. Die Ungläubigen jedoch
und die, welche unsre Zeichen der Lüge
ziehen, das sind die Bewohner des
Höllenpfuhls.

(20.) Wisset, dass das irdische Leben nur ein
Spiel und ein Scherz und ein Schmuck ist
und Gegenstand des Rühmens unter euch.
Und die Zunahme an Gut und Kindern ist
gleich dem Regen, dessen (dadurch
bewirkte) Vegetation die Ungläubigen
erfreut. Alsdann welkt es, und du siehst es
gelb werden. Alsdann zerbröckelt es. Und
im Jenseits ist strenge Strafe und Verzeihung
von Allah und Wohlgefallen. Und das
irdische Leben ist nur ein trügerischer
Nießbrauch.

(21.) Wetteilet miteinander zur Verzeihung
eures Herrn und zum Paradies, dessen
Breite gleich der Breite des Himmels und
der Erde ist, bereitet für diejenigen, welche
an Allah und seinen Gesandten glauben.
Das ist Allahs Huld, die er gibt, wem er will.
Und Allah ist von großer Huld.
(22.) Kein Unheil geschieht auf Erden oder
euch, das nicht in einem Buch stünde, bevor
wir es geschehen ließen. Siehe, solches ist
Allah leicht:

(23.) Auf dass ihr euch nicht betrübt über
das, was euch entgeht, und euch freuet über
das, was er euch gibt. Denn Allah liebt keine
stolzen Prahler, (24.) die geizig sind und
andere zum Geiz anhalten. Und wenn
jemand seinen Rücken kehrt, siehe, so ist
Allah der Reiche, der Rühmenswerte.

(25.) Wahrlich, wir entsandten unsre
Gesandten mit den deutlichen Beweisen und
sandten mit ihnen das Buch und die Waage
herab, auf dass die Menschen Gerechtigkeit
übten. Und wir sandten das Eisen herab, in
welchem starke Kraft und Nutzen für die
Menschen ist, und auf dass Allah wüsste,
wer ihm und seinen Gesandten im
Verborgenen hülfe. Siehe, Allah ist stark und
mächtig. (26.) Und wahrlich, wir entsandten
Noah und Abraham und gaben seiner
Nachkommenschaft das Prophetentum und
die Schrift; und einige von ihnen waren
geleitet, viele von ihnen waren jedoch
Frevler.

(27.) Alsdann ließen wir unsre Gesandten
ihren Spuren folgen; und wir ließen Jesus,
den Sohn der Maria, folgen und gaben ihm
das Evangelium und legten in die Herzen
derer, die ihm folgten, Güte und
Barmherzigkeit. Das Mönchtum jedoch
erfanden sie selber; wir schrieben ihnen nur
vor, nach Allahs Wohlgefallen zu trachten,
und das nahmen sie nicht in acht, wie es in
acht genommen zu werden verdiente. Den
Gläubigen unter ihnen aber gaben wir ihren
Lohn, wiewohl viele von ihnen Frevler
waren. (28.) O ihr, die ihr glaubt, fürchtet
Allah und glaubt an seinen Gesandten; zwei
Anteile seiner Barmherzigkeit wird er euch
geben und wird euch ein Licht machen, in
dem ihr wandeln sollt, und er wird euch
vergeben; denn Allah ist verzeihend und
barmherzig: (29.) Auf dass die Leute der
Schrift erkennen, dass sie über nichts von
Allahs Huld Macht haben und dass die

Huld in Allahs Hand ist, die er gibt, wem er will. Denn Allah ist voll großer Huld.

58. Sure - Die Streitende

Geoffenbart zu Medina

Im Namen Allahs, des Erbarmers, des Barmherzigen!

(1.) Gehört hat Allah das Wort jener, die mit dir über ihren Gatten stritt und sich bei Allah beklagte; und Allah hörte euren Wortwechsel; siehe, Allah ist hörend und sehend. Diejenigen von euch, welche sich von ihren Frauen scheiden, indem sie sprechen: »Du bist mir wie der Rücken meiner Mutter« – ihre Mütter sind sie nicht. Siehe, ihre Mütter sind nur diejenigen, welche sie geboren haben, und siehe, wahrlich, sie sprechen ein widerwärtiges Wort und Unwahrheit. (2.) Und siehe, Allah ist wahrlich vergebend und verzeihend.

(3.) Und diejenigen, welche sich unter solchen Worten von ihren Frauen scheiden und dann ihre Worte wiederholen – die Freilassung eines Sklaven (sei ihre Strafe dafür,) bevor sie einander berühren. Das ist's, womit ihr ermahnt werdet, und Allah weiß, was ihr tut. (4.) Und wer nicht (einen Sklaven) findet, der soll zwei Monate hintereinander fasten, bevor sie einander (wieder) berühren. Und wer es nicht vermag, der speise sechzig Arme. Solches, auf dass ihr an Allah und seinen Gesandten glaubt, und dies sind Allahs Gebote, und für die Ungläubigen ist schmerzliche Strafe.

(5.) Siehe, diejenigen, welche sich Allah und seinem Gesandten widersetzen, sollen niedergeworfen werden wie diejenigen, die vor ihnen lebten. Und wir sandten deutliche Zeichen herab; und für die Ungläubigen ist

schändende Strafe (6.) an jenem Tage, an welchem Allah alle erweckt und ihnen verkündet, was sie getan. Allah hat es berechnet, wenn sie es auch vergaßen, denn Allah ist Zeuge aller Dinge.

(7.) Siehst du denn nicht, dass Allah weiß, was in den Himmeln und was auf Erden ist? Keine drei führen ein geheimes Gespräch, ohne dass er ihr vierter, und keine fünf, ohne dass er ihr sechster wäre; weder weniger noch mehr, er ist bei ihnen, wo immer sie sind. Alsdann verkündet er ihnen ihr Tun am Tag der Auferstehung. Siehe, Allah weiß alle Dinge.

(8.) Sahst du nicht auf die, denen geheimes Gespräch verboten ist und die das Verbotene wiederum tun und insgeheim untereinander in Sünde und Feindschaft und Widersetzlichkeit gegen den Gesandten reden? Und wenn sie zu dir kommen, so begrüßen sie dich mit dem, womit dich Allah nicht begrüßt, und sprechen bei sich: »Warum straft uns nicht Allah für unsre Worte?« Ihr Genüge ist Dschehannam; brennen werden sie in ihr, und schlimm ist die Fahrt (dorthin). (9.) O ihr, die ihr glaubt, wenn ihr unter euch miteinander redet, so redet nicht in Sünde und Feindschaft und Widersetzlichkeit gegen den Gesandten, sondern redet miteinander in Rechtschaffenheit und Gottesfurcht. Und fürchtet Allah, zu dem ihr versammelt werdet.

(10.) Geheimes Gespräch ist allein vom Satan, um die Gläubigen zu betrüben; doch kann er ihnen ohne Allahs Erlaubnis nichts zuleide tun. Drum mögen auf Allah die Gläubigen vertrauen. (11.) O ihr, die ihr glaubt, wenn zu euch gesprochen wird: »Machet Platz in den Versammlungen!«, so machet Platz; Allah wird euch dann Platz machen. Und wenn zu euch gesprochen wird: »Erhebet euch!«, so erhebet euch. Allah wird erhöhen diejenigen von euch, die

glauben und denen das Wissen gegeben
ward, um Stufen. Und Allah weiß, was ihr
tut.

(12.) O ihr, die ihr glaubt, wenn ihr euch mit
dem Gesandten (privat) besprechen wollt, so
gebet, bevor ihr euch mit ihm besprecht, ein
Almosen. Das ist besser für euch und reiner.
Und wenn ihr nichts findet, so ist Allah
verzeihend und barmherzig.
(13.) Schreckt ihr etwa zurück, vor eurer
(privaten) Besprechung Almosen zu geben?
Alsdann, wenn ihr's nicht tut – und Allah ist
gütig gegen euch –, so verrichtet das Gebet
und entrichtet die Armenspende und
gehorchet Allah und seinem Gesandten; und
Allah weiß, was ihr tut.

(14.) Sahst du denn nicht auf die, welche ein
Volk zu Beschützern nehmen, dem Allah
zürnt? Sie sind weder von euch noch von
ihnen, und sie schwören wissentlich eine
Lüge. (15.) Bereitet hat ihnen Allah strenge
Strafe. Siehe, übel ist ihr Tun.
(16.) Sie nehmen ihre Eide zu einem (Deck-
)Mantel und machen abwendig von Allahs
Weg; und ihnen wird schändende Strafe.
(17.) Nimmer nützt ihnen ihr Gut etwas
noch ihre Kinder gegen Allah. Sie sind des
Feuers Bewohner für immerdar.

(18.) Eines Tages wird Allah sie allzumal
erwecken, und sie werden ihm schwören
wie sie euch schworen, und werden
glauben, es hülfe ihnen etwas. Ist's nicht,
dass sie Lügner sind? (19.) Der Satan ist in
sie gefahren und ließ sie das Gedenken an
Allah vergessen. Sie sind Satans Verbündete.
Ist's nicht, dass Satans Verbündete die
Verlorenen sind?

(20.) Siehe, diejenigen, welche sich Allah
und seinem Gesandten widersetzen, sind
unter den Verworfensten.
(21.) Niedergelegt hat Allah: »Wahrlich, ich
werde obsiegen, ich und meine Gesandten.«
Siehe, Allah ist stark und mächtig.

(22.) Du wirst kein Volk finden, das an Allah
glaubt und an den Jüngsten Tag, und das
den liebt, der sich Allah und seinem
Gesandten widersetzt, wären es auch ihre
Väter oder ihre Söhne oder ihre Brüder oder
ihre Sippe. Sie – geschrieben hat er in ihre
Herzen den Glauben, und er stärkt sie mit
seinem Geiste. Und er führt sie ein in
Gärten, durcheilt von Bächen, ewig
darinnen zu verweilen. Allah hat
Wohlgefallen an ihnen, und sie haben
Wohlgefallen an ihm. Sie sind Allahs
Verbündete. Ist's nicht, dass es Allahs
Verbündeten wohl ergeht?

59. Sure - Die Auswanderung
Geoffenbart zu Medina

*Im Namen Allahs, des Erbarmers, des
Barmherzigen!*

(1.) Es preiset Allah, was in den Himmeln
und was auf Erden ist; und er ist der
Mächtige, der Weise. (2.) Er (Allah) ist es,
welcher diejenigen unter den Leuten der
Schrift, die ungläubig sind, aus ihren
Behausungen trieb als Anfang der
Zusammenholung (zum Jüngsten Gericht).
Ihr glaubtet nicht, dass sie hinausziehen
würden, und sie glaubten, dass ihre Burgen
sie vor Allah schützen würden. Da aber kam
Allah zu ihnen, von wannen sie es nicht
vermuteten, und warf Schrecken in ihre
Herzen. Sie verwüsteten ihre Häuser mit
ihren eigenen Händen und den Händen der
Gläubigen. Drum nehmt es zum Exempel,
ihr Leute von Einsicht!

(3.) Und hätte nicht Allah für sie
Verbannung verzeichnet, wahrlich, er hätte
sie hienieden gestraft; und im Jenseits ist für
sie die Strafe des Feuers. (4.) Solches, dieweil
sie sich Allah und seinem Gesandten

widersetzten; und wenn sich einer Allah widersetzt, siehe, so ist Allah streng im Strafen. (5.) Was ihr auch an Palmen fället oder stehen ließet, es war mit Allahs Erlaubnis und um die Frevler zu schänden.

(6.) Und was Allah seinem Gesandten von ihnen zur Beute gab – so sprengtet ihr (diesmal) nicht zu Roß und Kamel hinterdrein. Jedoch gibt Allah seinem Gesandten Macht über wen er will, denn Allah hat Macht über alle Dinge.
(7.) Was Allah seinem Gesandten von den Städtebewohnern zur Beute gab, das gehört Allah und seinem Gesandten und seiner Verwandtschaft, den Waisen und Armen und dem Sohn des Weges, damit es nicht unter den Reichen von euch die Runde mache. Und was euch der Gesandte gibt, das nehmet, und was er euch verwehrt, von dem lasset ab und fürchtet Allah. Siehe, Allah straft strenge.

 (8.) (Und es gehört auch) den armen Auswanderern, die aus ihren Wohnungen und von ihrem Gut vertrieben wurden, die Allahs Huld und Wohlgefallen suchten und Allah und seinem Gesandten helfen. Sie sind die Wahrhaftigen. (9.) Und diejenigen, die vor ihnen in der Wohnung und dem Glauben hausten, lieben die, welche zu ihnen auswanderten, und fühlen in ihrer Brust kein Bedürfnis nach dem, was ihnen gegeben ward, und ziehen sie sich selber vor, auch wenn sie selber bedürftig wären. Und wer vor seiner eigenen Habsucht bewahrt ist, denen ergeht es wohl.

(10.) Und diejenigen, welche nach ihnen kamen, sprechen: »O unser Herr, vergib uns und unsern Brüdern, die uns im Glauben vorangingen, und setze nicht Mißgunst in unsere Herzen gegen die Gläubigen; unser Herr, siehe, du bist gütig und barmherzig.«
(11.) Sahst du nicht, wie die Heuchler zu ihren ungläubigen Brüdern unter dem Volk der Schrift sprechen: »Wahrlich, wenn ihr

vertrieben werdet, so ziehen wir mit euch aus, und wir wollen nimmermehr einem in betreff euer gehorchen. Und wenn wider euch gestritten wird, wahrlich, so helfen wir euch.« Doch Allah ist Zeuge, dass sie Lügner sind.

(12.) Wahrlich, wenn sie vertrieben werden, so ziehen sie nicht mit ihnen fort, und wenn wider sie gestritten wird, so helfen sie ihnen nicht, und wenn sie ihnen hülfen, so würden sie den Rücken kehren, alsdann würden sie keine Hilfe finden. (13.) Wahrlich, ihr seid mehr in ihren Herzen gefürchtet als Allah, weil sie ein Volk ohne Verstand sind.
(14.) Sie werden nicht wider euch gesammelt streiten, sondern in befestigten Städten oder hinter Mauern. Ihr Mut ist unter ihnen groß. Du hältst sie für eine Einheit, doch sind ihre Herzen geteilt, dieweil sie ein Volk ohne Einsicht sind.

(15.) Sie gleichen denen, welche jüngst vor ihnen lebten; sie schmeckten das Unheil ihrer Sache, und es ward ihnen eine schmerzliche Strafe – (16.) gleich dem Satan, da er zum Menschen spricht: »Sei ungläubig!« Und da er ungläubig geworden, spricht er: »Siehe, ich habe nichts mit dir zu schaffen; siehe, ich fürchte Allah, den Herrn der Welten.« (17.) Und der Ausgang beider wird sein, dass sie ewig im Feuer sein werden; denn das ist der Lohn der Ungerechten. (18.) O ihr, die ihr glaubt, fürchtet Allah, und eine jede Seele nehme in acht, was sie für morgen voranschickt. Und fürchtet Allah; siehe, Allah kennt euer Tun.
(19.) Und seid nicht gleich jenen, welche Allah vergessen und die er sich selber vergessen ließ. Das sind die Frevler.

(20.) Nicht sind gleich die Bewohner des Feuers und die Bewohner des Paradieses. Die Bewohner des Paradieses, das sind die Glückseligen. (21.) Hätten wir diesen Koran auf einen Berg herabgesandt, du hättest ihn sich erniedrigen und aus Furcht vor Allah sich spalten sehen. Diese Gleichnisse stellen wir für die Menschen auf, auf dass sie nachdenklich werden. (22.) Er ist Allah, außer dem es keinen Gott gibt; er kennt das Verborgene und das Sichtbare. Er ist der Erbarmer, der Barmherzige.

(23.) Er ist Allah, außer dem es keinen Gott gibt; der König, der Heilige, der Friedenstifter, der Getreue, der Beschützer, der Mächtige, der Starke, der Hocherhabene. Preis sei Allah, (der erhaben ist) ob dem, was sie ihm beigesellen. (24.) Er ist Allah, der Schöpfer, der Erschaffer, der Bildner. Sein sind die schönsten Namen. Ihn preiset, was in den Himmeln und auf Erden ist, denn er ist der Mächtige, der Weise.

60. Sure - Die Geprüfte

Geoffenbart zu Medina

Im Namen Allahs, des Erbarmers, des Barmherzigen!

(1.) O ihr, die ihr glaubt, nehmt nicht meinen Feind und euern Feind zu Freunden. Ihr zeigt ihnen Liebe, wiewohl sie an die Wahrheit, die zu euch gekommen, nicht glauben. Sie treiben den Gesandten und euch aus, darum dass ihr an Allah euern Herrn glaubt. Wenn ihr auszieht zum Kampf in meinem Weg und im Trachten nach meinem Wohlgefallen und ihr ihnen insgeheim Liebe zeigt, dann weiß ich sehr wohl, was ihr verbergt und was ihr zeigt. Und wer von euch dies tut, der ist abgeirrt vom ebenen Pfad.

(2.) Wenn sie euch zu fassen bekommen, werden sie eure Feinde sein, und sie werden gegen euch eure Hände und Zungen zum Bösen ausstrecken und wünschen, dass ihr ungläubig wäret. (3.) Nimmer werden euch eure Blutsverwandten noch Kinder am Tage der Auferstehung nützen; er wird euch trennen, und Allah schaut euer Tun.

(4.) Ihr hattet ein schönes Beispiel an Abraham und den (Leuten) bei ihm, da sie zu ihrem Volk sprachen: »Siehe, wir haben nichts mit euch und mit dem, was ihr außer Allah anbetet, zu schaffen. Wir verleugnen euch, und zwischen uns und euch ist Feindschaft und Hass für immerdar entstanden, bis ihr an Allah allein glaubt. Aber nicht (ahmet nach) das Wort Abrahams zu seinem Vater: »Wahrlich, ich will für dich um Verzeihung bitten, aber ich werde nichts für dich von Allah erlangen.« Unser Herr, auf dich vertrauen wir, und zu dir kehren wir reuig um, und zu dir ist die Fahrt. (5.) Unser Herr, mache uns nicht zu einer Versuchung für die Ungläubigen und verzeihe uns. Unser Herr, siehe, du bist der Mächtige, der Weise.

(6.) Wahrlich, ihr hattet an ihnen ein schönes Beispiel für den, welcher auf Allah hofft und auf den Jüngsten Tag. Wenn aber einer den Rücken kehrt, siehe, so ist Allah der Reiche, der Rühmenswerte. (7.) Vielleicht dass Allah zwischen euch und denen unter ihnen, die euch (bisher) feind sind, Liebe setzt. Denn Allah ist mächtig und Allah ist verzeihend und barmherzig. (8.) Nicht verbietet euch Allah gegen die, die nicht in Sachen des Glaubens gegen euch gestritten oder euch aus euern Häusern getrieben haben, gütig und gerecht zu sein. Siehe, Allah liebt die gerecht Handelnden. (9.) Allah verbietet euch nur, mit denen, die euch in Sachen des Glaubens bekämpft und euch aus euern Wohnungen vertrieben und bei eurer Vertreibung geholfen haben, Freundschaft zu machen. Und wer mit ihnen Freundschaft macht, das sind die Ungerechten.

(10.) O ihr, die ihr glaubt, wenn zu euch gläubige Frauen kommen, die ausgewandert sind, so prüfet sie. Allah kennt ihren

Glauben sehr wohl. Habt ihr sie jedoch als
Gläubige erkannt, so lasset sie nicht zu den
Ungläubigen zurückkehren. Sie sind ihnen
nicht erlaubt, noch sind jene für sie erlaubt.
Doch gebet ihnen zurück, was sie
ausgegeben haben, und es sei keine Sünde
auf euch, sie zu heiraten, wenn ihr ihnen
ihre Mitgift gabt. Und behaltet kein Recht
über die ungläubigen Frauen, sondern
verlangt, was ihr für sie ausgegeben, wie sie
auch verlangen sollen, was sie ausgegeben.
Das ist Allahs Spruch, den er zwischen euch
fällt; und Allah ist wissend und weise.
(11.) Und wenn euch eine eurer Frauen zu
den Ungläubigen fortläuft und ihr Beute
macht, so gebet denen, deren Frauen
fortgelaufen sind, das gleiche, was sie (für
sie als Mitgift) ausgegeben. Und fürchtet
Allah, an den ihr glaubt.

(12.) O Prophet, wenn gläubige Frauen zu
dir kommen und dir geloben, Allah nichts
an die Seite zu stellen und weder zu stehlen
noch zu huren oder ihre Kinder zu töten
oder mit einer Verleumdung zu kommen,
die sie zwischen ihren Händen und Füßen
ersonnen haben, noch gegen dich im
Geziemenden widerspenstig zu sein, so
nimm ihren Treueid an und bitte Allah um
Verzeihung für sie. Siehe, Allah ist
verzeihend und barmherzig. (13.) O ihr, die
ihr glaubt, schließet nicht Freundschaft mit
einem Volk, gegen das Allah erzürnt ist. Sie
verzweifeln am Jenseits, wie die
Ungläubigen an den Bewohnern der Gräber
verzweifeln.

61. Sure - Die Schlachtordnung

Geoffenbart zu Medina

Im Namen Allahs, des Erbarmers, des
Barmherzigen!

(1.) Es preiset Allah, was in den Himmeln
und was auf Erden ist, und er ist der
Mächtige, der Weise. (2.) O ihr, die ihr
glaubt, warum sprecht ihr, was ihr nicht tut?
(3.) Großen Hass erzeugt es bei Allah, dass
ihr sprecht, was ihr nicht tut.
(4.) Siehe, Allah liebt diejenigen, welche in
seinem Weg in Schlachtordnung kämpfen,
als wären sie ein gefestigter Bau.
(5.) Und (gedenke,) da Moses zu seinem
Volke sprach: »O mein Volk, warum kränket
ihr mich, wo ihr wisset, dass ich Allahs
Gesandter an euch bin?« Und da sie
abwichen, ließ Allah ihre Herzen abweichen;
denn Allah leitet nicht das Volk der Frevler.

(6.) Und da Jesus, der Sohn der Maria,
sprach: »O ihr Kinder Israel, siehe, ich bin
Allahs Gesandter an euch, bestätigend die
Tora, die vor mir war, und einen Gesandten
verkündigend, der nach mir kommen soll,
des Name Ahmad ist.« Doch da er zu ihnen
mit den deutlichen Zeichen kam, sprachen
sie: »Das ist ein offenkundiger Zauberer.«
(7.) Wer aber ist ungerechter, als wer wider
Allah eine Lüge ersinnt, wo er zum Islam
aufgefordert wird? Und Allah leitet nicht
das ungerechte Volk. (8.) Sie wollen Allahs
Licht mit ihren Mäulern auslöschen, Allah
aber wird sein Licht vollkommen machen,
wiewohl es die Ungläubigen nicht mögen.
(9.) Er ist's, der seinen Gesandten mit der
Leitung und der Religion der Wahrheit
entsandt hat, um sie über jede andre
Religion siegreich zu machen, auch wenn es
den Götzendienern zuwider ist.

(10.) O ihr, die ihr glaubt, soll ich euch zu
einer Ware leiten, die euch von einer
schmerzlichen Strafe errettet?

(11.) Glaubet an Allah und an seinen Gesandten und eifert in Allahs Weg mit Gut und Blut. Solches ist gut für euch, so ihr es wisset. (12.) Er wird euch eure Sünden verzeihen und euch in Gärten führen, durcheilt von Bächen, und in gute Wohnungen in Edens Gärten. Das ist die große Glückseligkeit.

(13.) Und andre Dinge (wird er euch geben,) die euch lieb sind – Hilfe von Allah und nahen Sieg! Und verkünde Freude den Gläubigen. (14.) O ihr, die ihr glaubt, seid Allahs Helfer, wie Jesus, der Sohn der Maria, zu den Jüngern sprach: »Welches sind meine Helfer zu Allah?« Es sprachen die Jünger: »Wir sind Allahs Helfer.« Und es glaubte ein Teil von den Kindern Israel, und ein andrer Teil war ungläubig. Und wir halfen den Gläubigen wider ihren Feind, und sie wurden siegreich.

62. Sure - Die Versammlung

Geoffenbart zu Medina

Im Namen Allahs, des Erbarmers, des Barmherzigen!

(1.) Es preist Allah, was in den Himmeln und was auf Erden ist, den König, den Heiligen, den Mächtigen, den Weisen. (2.) Er ist's, der zu den Heiden einen Gesandten von ihnen entsandt hat, ihnen seine Zeichen (Verse) zu verlesen und sie zu reinigen und sie das Buch und die Weisheit zu lehren, wiewohl sie zuvor in offenkundigem Irrtum waren. (3.) Und andre von ihnen haben sie noch nicht eingeholt; doch er ist der Mächtige, der Weise. (4.) Das ist Allahs Huld; er gibt sie, wem er will, denn Allah ist voll großer Huld.

(5.) Das Gleichnis derer, welche mit der Tora belastet wurden und sie hernach nicht tragen wollten, ist das Gleichnis eines Esels, der Bücher trägt. Schlimm ist das Gleichnis der Leute, welche Allahs Zeichen der Lüge zeihen. Und Allah leitet nicht das Volk der Ungerechten. (6.) Sprich: »O ihr Juden, wenn ihr behauptet, dass ihr vor den andern Menschen Allahs Freunde seid, dann wünschet euch den Tod, so ihr wahrhaft seid.«

(7.) Doch nimmer werden sie ihn wünschen wegen ihrer Hände Werk. Doch Allah kennt die Ungerechten. (8.) Sprich: »Siehe, der Tod, vor dem ihr flieht, siehe, er wird euch einholen. Alsdann müsst ihr zurück zu dem, der das Verborgene und Sichtbare kennt, und verkünden wird er euch, was ihr getan.« (9.) O ihr, die ihr glaubt, wenn zum Gebet gerufen wird am Tag der Versammlung, dann eilet zum Gedenken Allahs und lasset den Handel (ruhen). Das ist euch gut, so ihr es wisset.

(10.) Und wenn das Gebet beendet ist, dann zerstreut euch im Land und trachtet nach Allahs Huld. Und gedenket Allahs häufig, auf dass es euch vielleicht wohl ergehe. (11.) Doch wenn sie eine Ware oder einen Zeitvertreib sehen, so zerstreuen sie sich zu ihm und lassen dich stehen. Sprich: »Was bei Allah ist, ist besser als ein Zeitvertreib oder eine Ware. Und Allah ist der beste Versorger.«

63. Sure - Die Heuchler

Geoffenbart zu Medina

Im Namen Allahs, des Erbarmers, des Barmherzigen!

(1.) Wenn die Heuchler zu dir kommen, sprechen sie: »Wir bezeugen, dass du wahrlich der Gesandte Allahs bist, und Allah weiß, dass du sein Gesandter bist.« Doch Allah bezeugt, dass die Heuchler Lügner sind. (2.) Sie haben ihre Eide zu einem (Deck-)Mantel genommen und machen abwendig von Allahs Weg. Siehe, übel ist ihr Tun. (3.) Solches, dieweil sie glaubten und hernach ungläubig wurden. Und so wurden ihre Herzen versiegelt und sie verstehen nicht.

(4.) Und wenn du sie siehst, gefallen dir ihre Gestalten, und sprechen sie, so hörst du auf ihre Rede. Gleich gestützten Balken sind sie und glauben doch, dass jeder Laut wider sie ist. Sie sind der Feind, drum hüte dich vor ihnen. Allah schlag sie tot, wie sind sie abgewendet! (5.) Und wenn zu ihnen gesprochen wird: »Kommt her, der Gesandte Allahs will für euch um Verzeihung bitten«, dann wenden sie ihre Häupter ab, und du siehst sie fortgehen in ihrer Hoffart.

(6.) Es ist gleich für sie, ob du für sie um Verzeihung bittest oder nicht, nimmer verzeiht Allah ihnen; siehe, Allah leitet nicht das Volk der Frevler. (7.) Sie sind diejenigen, welche sprechen: »Spendet nicht für die, welche bei dem Gesandten Allahs sind, damit sie sich von ihm trennen.« Doch Allahs sind die Schätze der Himmel und der Erde; aber die Heuchler verstehen es nicht. (8.) Sie sprechen: »Wenn wir nach Medina zurückkehren, wahrlich, dann werden die Mächtigeren sicherlich die Geringeren vertreiben.« Doch Allah gehört die Macht und seinem Gesandten und den Gläubigen; jedoch wissen es die Heuchler nicht.

(9.) O ihr, die ihr glaubt, lasset euch nicht durch euer Gut und eure Kinder von dem Gedenken an Allah abbringen. Wer solches tut, das sind die Verlorenen. (10.) Und spendet von dem, was wir euch gaben, bevor zu einem von euch der Tod kommt, und er spricht: »Mein Herr, wenn du nur mit mir für eine kleine Weile verziehen wolltest, so würde ich Almosen geben und einer der Rechtschaffenen sein.« (11.) Aber nimmer wird Allah mit einer Seele verziehen, wenn ihr Termin ihr genaht ist; und Allah weiß, was ihr tut.

64. Sure - Der gegenseitige Betrug

Geoffenbart zu Medina (nach andern zu Mekka)

Im Namen Allahs, des Erbarmers, des Barmherzigen!

(1.) Es preiset Allah, was in den Himmeln und was auf Erden ist; sein ist das Reich und sein das Lob, und er hat Macht über alle Dinge. (2.) Er ist's, der euch erschaffen hat, und die einen von euch sind ungläubig, die andern gläubig. Und Allah schaut euer Tun. (3.) Erschaffen hat er die Himmel und die Erde in Wahrheit und hat euch geformt und eure Form schön gemacht, und zu ihm ist die Fahrt. (4.) Er weiß, was in den Himmeln und was auf Erden ist, und er weiß, was ihr verbergt und offenkund tut. Und Allah kennt das Innerste der Brust.

(5.) Kam nicht die Kunde der Ungläubigen von früher zu euch, die das Unheil ihrer Sache schmeckten und schmerzliche Strafe erlitten? (6.) Solches, dieweil ihre Gesandten mit den deutlichen Zeichen zu ihnen kamen, worauf sie sprachen: »Sollen uns Menschen leiten?« Und so glaubten sie nicht und kehrten den Rücken.

Doch Allah kann ihrer entbehren, denn Allah ist reich und rühmenswert. (7.) Es behaupten die Ungläubigen, dass sie nimmer erweckt würden. Sprich: »Jawohl, bei meinem Herrn, wahrlich, ihr werdet erweckt; alsdann wird euch verkündet, was ihr getan.« Und solches ist Allah leicht.

(8.) Drum glaubet an Allah und seinen Gesandten und an das Licht, das wir hinabgesandt haben. Und Allah weiß euer Tun. (9.) Der Tag, an dem er euch versammeln wird zum Tag der Versammlung, das ist der Tag des gegenseitigen Betrugs; und wer an Allah glaubt und das Rechte tut, dessen Missetaten wird er zudecken und wird ihn einführen in Gärten, durcheilt von Bächen, ewig darinnen zu verweilen für immerdar; das ist die große Glückseligkeit!

(10.) Diejenigen aber, welche nicht glauben und unsre Zeichen der Lüge zeihen, das sind die Bewohner des Feuers für immerdar; und schlimm ist die Fahrt (dorthin). (11.) Kein Unglück trifft ein ohne Allahs Erlaubnis; und wer an Allah glaubt, dessen Herz leitet er. Und Allah weiß alle Dinge. (12.) So gehorchet Allah und gehorchet dem Gesandten; kehrt ihr jedoch den Rücken – so liegt unserm Gesandten nur die offenkundige Predigt ob. (13.) Allah, es gibt keinen Gott außer ihm, und auf Allah sollen die Gläubigen vertrauen.

(14.) O ihr, die ihr glaubt, an euern Gattinnen und Kindern habt ihr einen Feind; so hütet euch vor ihnen. Doch so ihr vergebt und Nachsicht übt und verzeiht, siehe, so ist Allah verzeihend und barmherzig. (15.) Euer Gut und eure Kinder sind nur eine Versuchung, und Allah – bei ihm ist großer Lohn. (16.) So fürchtet Allah mit allem Vermögen und höret und gehorchet und spendet zum Besten eurer selbst. Und wer sich hütet vor seiner eigenen Habsucht, denen wird es wohl ergehen.

(17.) Wenn ihr Allah ein schönes Darlehen leihet, wird er es euch verdoppeln und wird euch verzeihen; denn Allah ist dankbar und mild. (18.) Er weiß das Verborgene und das Sichtbare – der Mächtige, der Weise!

65. Sure - Die Scheidung

Geoffenbart zu Medina

Im Namen Allahs, des Erbarmers, des Barmherzigen!

(1.) O du Prophet, wenn ihr euch von Frauen scheidet, so scheidet euch von ihnen zu ihrer festgesetzten Zeit; und berechnet die Zeit und fürchtet Allah euern Herrn. Treibt sie nicht aus ihren Häusern noch lasset sie hinausgehen, es sei denn, sie hätten eine offenkundige Schandbarkeit begangen. Dies sind Allahs Gebote, und wer Allahs Gebote übertritt, der hat wider sich selber gesündigt. Du weißt nicht, ob Allah nach diesem eine (neue) Sachlage eintreten lasset.

(2.) Und wenn sie ihren Termin erreicht haben, dann haltet sie in Güte zurück oder trennet euch von ihnen in Güte; und nehmet als Zeugen Leute von Billigkeit aus euch, und legt Zeugnis vor Allah ab. Mit solchem wird ermahnt, wer an Allah glaubt und an den Jüngsten Tag, und wer Allah fürchtet, dem gibt er einen (guten) Ausgang (3.) und versorgt ihn, von wannen er's nicht vermutete. Und wer auf Allah vertraut, für den ist er sein Genüge. Siehe, Allah erreicht sein Vorhaben. Jedem Ding hat Allah eine Bestimmung gegeben. (4.) Und diejenigen eurer Frauen, welche keine Reinigung mehr zu erwarten haben – so ihr in Zweifel seid, so sei ihr Termin drei Monate; und ebenso derer, die noch keine Reinigung hatten. Die Schwangeren aber –

ihr Termin sei bis zur Ablegung ihrer Bürde. Und wer Allah fürchtet, dem macht er seinen Befehl leicht.

(5.) Solches ist Allahs Befehl, den er auf euch herabgesandt hat. Und wer Allah fürchtet, dem deckt er seine Missetaten zu und gibt ihm großen Lohn. (6.) Lasset sie wohnen, wo ihr wohnt, gemäß euern Mitteln, und tut ihnen nichts zuleide, um sie zu drangsalieren. Und so sie schwanger sind, so machet für sie Ausgaben, bis sie ihre Bürde abgelegt haben; und wenn sie für euch stillen, so gebt ihnen ihren Lohn und beratet euch untereinander in Billigkeit. Findet ihr aber Schwierigkeiten, so stille eine andre für ihn.

(7.) Der Vermögende spende aus seinem Vermögen; wem aber seine Versorgung bemessen ist, der spende von dem, was ihm Allah gegeben hat. Allah zwingt keine Seele über das hinaus, was er ihr gegeben hat. Nach Schwierigkeit gibt Allah Leichtigkeit. (8.) Und wie viele Städte waren widerspenstig gegen den Befehl ihres Herrn und seiner Gesandten! Darum rechneten wir mit ihnen strenge ab und straften sie mit schlimmer Strafe. (9.) Und sie schmeckten das Unheil ihrer Sache; und der Ausgang ihrer Sache war Untergang.

(10.) Bereitet hat Allah für sie eine strenge Strafe. Drum fürchtet Allah, o ihr Verständigen. (11.) Zu euch, ihr Gläubigen, hat Allah eine Mahnung herabgesandt; einen Gesandten, der euch Allahs deutliche Zeichen (Verse) verliest, um diejenigen, welche glauben und das Rechte tun, aus den Finsternissen zum Lichte zu führen. Und wer an Allah glaubt und das Rechte tut, den führt er ein in Gärten, durcheilt von Bächen, ewig darinnen zu verweilen für immerdar. Eine schöne Versorgung hat er für ihn bestimmt. (12.) Allah ist's, der sieben Himmel und ebenso viel Erden erschaffen hat. Der Befehl steigt zwischen sie hinab,

auf dass ihr wisset, dass Allah über alle Dinge Macht hat und dass Allah alle Dinge mit Wissen umfasst.

66. Sure - Das Verbot

Geoffenbart zu Medina

Im Namen Allahs, des Erbarmers, des Barmherzigen!

(1.) O Prophet, warum verbietest du, was Allah dir erlaubt hat, deinen Gattinnen zu gefallen? Doch Allah ist verzeihend und barmherzig. (2.) Allah hat euch die Lösung eurer Eide sanktioniert, und Allah ist euer Gebieter, und er ist der Wissende, der Weise. (3.) Und da der Prophet einer seiner Gattinnen einen Vorfall insgeheim mitteilte, und sie es aussagte, und Allah ihm davon Kunde gab, da gab er ihr einen Teil davon zu wissen und verschwieg einen Teil. Und da er es ihr ansagte, sprach sie: »Wer hat dir dies angesagt?« Er sprach: »Angesagt hat es mir der Wissende, der Weise.«

(4.) Wenn ihr beide euch zu Allah bekehrt, da eure Herzen abgewichen sind,... (so ist es gut,) wenn ihr euch jedoch gegen ihn helft, siehe, so ist Allah sein Schützer und Gabriel und (jeder) rechtschaffene Gläubige, und die Engel sind außerdem seine Helfer. (5.) Vielleicht gibt ihm sein Herr, wenn er sich von euch scheidet, bessere Gattinnen als euch zum Tausch, muslimische, gläubige, demütige, reuevolle, (Allah) dienende, fastende, nicht mehr jungfräuliche und Jungfrauen. (6.) O ihr, die ihr glaubt, rettet euch und eure Familien vom Feuer, dessen Brennstoff Menschen und Steine sind; über es sind Engel (gesetzt,) starke und gestrenge, die gegen Allahs Befehl nicht widerspenstig sind und tun, was sie geheißen sind.

(7.) O ihr Ungläubigen, entschuldigt euch nicht an jenem Tag; ihr werdet nur für euer Tun belohnt. (8.) O ihr, die ihr glaubt, kehret euch zu Allah in aufrichtiger Bekehrung; vielleicht deckt Allah eure Missetaten zu und führt euch ein in Gärten, durcheilt von Bächen, an jenem Tage, an dem Allah den Propheten und die Gläubigen mit ihm nicht zuschanden macht. Ihr Licht wird vor ihnen eilen und zu ihren Rechten. Sie werden sprechen: »Unser Herr, mache unser Licht vollkommen und verzeihe uns; siehe, du hast Macht über alle Dinge.«

(9.) O Prophet, eifere im Streit wider die Ungläubigen und die Heuchler und sei hart wider sie, denn ihre Wohnung ist Dschehannam, und schlimm ist die Fahrt (dorthin).

(10.) Allah stellt ein Gleichnis für die Ungläubigen auf: Die Frau Noahs und die Frau Lots. Beide standen unter zween unserer rechtschaffenen Diener, doch verrieten sie beide, und beide vermochten nichts für sie bei Allah; und gesprochen ward: »Gehet ein ins Feuer mit den Eingehenden.« (11.) Und es stellt Allah ein Gleichnis für die Gläubigen auf: Die Frau Pharaos, da sie sprach: »Mein Herr, baue mir bei dir ein Haus im Paradiese und rette mich vor Pharao und seinem Tun, und rette mich vor dem Volk der Ungerechten.« (12.) Und Marjam, Imrans Tochter, die ihre Scham hütete; drum hauchten wir unsern Geist in sie, und sie glaubte an die Worte ihres Herrn und seine Schriften und war eine der Demütigen.

67. Sure - Das Reich

Geoffenbart zu Mekka

Im Namen Allahs, des Erbarmers, des Barmherzigen!

(1.) Gesegnet sei der, in dessen Hand das Reich ist und der Macht hat über alle Dinge; (2.) der den Tod und das Leben erschaffen, um euch zu prüfen, wer von euch an Werken der Beste ist; und er ist der Mächtige, der Verzeihende, (3.) der sieben Himmel übereinander erschaffen hat. Nicht schaust du in der Schöpfung des Erbarmers eine Disharmonie; so erhebe den Blick von neuem, ob du Spalten siehst. (4.) Alsdann erhebe den Blick wiederum zweimal – zurückkehren wird er zu dir stumpf und matt.

(5.) Und wahrlich, wir schmückten den untersten Himmel mit Lampen und bestimmten sie zu Steinen für die Satane, für die wir die Strafe der »Flamme« bereiteten. (6.) Und für die, welche nicht an ihren Herrn glauben, ist die Strafe Dschehannams; und schlimm ist die Fahrt (dorthin). (7.) Wenn sie in sie hineingeworfen werden, hören sie sie brüllen vor Sieden, (8.) fast berstet sie vor Wut. Sooft als eine Schar in sie hineingeworfen wird, werden ihre Hüter fragen: »Kam nicht ein Warner zu euch?« (9.) Sie werden sprechen: »Jawohl, es kam ein Warner zu uns, doch ziehen wir ihn der Lüge und sprachen: ›Allah hat nichts herabgesandt; ihr seid allein in großem Irrtum.‹«

(10.) Und sie werden sprechen: »Hätten wir nur gehört oder Verstand gehabt, wir wären nicht unter den Bewohnern der ›Flamme‹« (11.) Und sie werden ihre Sünde bekennen. Drum weit hinweg mit den Bewohnern der »Flamme«! (12.) Siehe, diejenigen, welche ihren Herrn im Verborgenen fürchten, ihnen wird Verzeihung und großer Lohn. (13.) Und sprechet insgeheim oder offen,

siehe, er kennt das Innerste der Brust.
(14.) Weiß er etwa nicht, wer erschaffen hat,
wo er der Scharfsinnige, der Kundige ist?
(15.) Er ist's, der die Erde gefügig für euch
gemacht hat. Drum durchwandelt ihre
Räume und esset von seiner Versorgung;
und zu ihm geht die Auferstehung.

(16.) Seid ihr sicher, dass der, welcher im
Himmel ist, nicht die Erde euch
verschlingen lassen kann? Und siehe, sie
bebt. (17.) Oder seid ihr sicher, dass der,
welcher im Himmel ist, nicht einen Steine
aufwirbelnden Wind wider euch entsendet?
Dann werdet ihr wissen, wie meine
Warnung war. (18.) Und wahrlich, die,
welche vor ihnen lebten, ziehen der Lüge;
doch wie war meine Verwerfung!
(19.) Sehen sie denn nicht die Vögel über
ihnen ihre Schwingen ausbreiten und
einziehen? Nur der Erbarmer hält sie fest;
siehe, er schaut alle Dinge.

(20.) Oder wer ist's, der euch wie ein Heer
hilft, außer dem Erbarmer? Die Ungläubigen
sind nur im Trug. (21.) Oder wer ist's, der
euch versorgt, wenn er seine Versorgung
zurückhält? Doch sie verharren in Hoffart
und Abscheu. (22.) Ist etwa der besser
geleitet, der da wandelt vornübergeneigt auf
sein Gesicht, oder der, welcher aufrecht auf
einem graden Pfad geht? (23.) Sprich: »Er
ist's, der euch erschaffen und euch Gehör,
Gesicht und Herz gegeben hat.« Wenig ist's,
was ihr danket. (24.) Sprich: »Er ist's, der
euch in die Erde säte, und zu ihm werdet ihr
versammelt.« (25.) Und sie sprechen: »Wann
trifft diese Verheißung ein, so ihr wahrhaftig
seid?«

(26.) Sprich: »Das Wissen ist allein bei Allah,
und ich bin nur ein offenkundiger Warner.«
(27.) Und wenn sie es nahe sehen, dann wird
das Angesicht der Ungläubigen traurig
werden, und gesprochen wird: »Dies ist's,
was ihr herbeiriefet.« (28.) Sprich: »Was
meint ihr? Sei es, dass Allah mich und die

bei mir vertilgt oder mit uns Barmherzigkeit
übt, wer aber will die Ungläubigen vor der
schmerzlichen Strafe in Schutz nehmen?«
(29.) Sprich: »Er ist der Erbarmer; wir
glauben an ihn und vertrauen auf ihn. Und
ihr werdet erfahren, wer in offenkundigem
Irrtum ist.« (30.) Sprich: »Was denkt ihr?
Wenn morgen euer Wasser versunken wäre,
wer bringt euch dann quellendes Wasser?«

68. Sure - Die Feder
Geoffenbart zu Mekka

*Im Namen Allahs, des Erbarmers, des
Barmherzigen!*

(1.) N. Bei der Feder und was sie schreiben!
(2.) Du bist nicht, bei der Gnade deines
Herrn, besessen! (3.) Und siehe, dir wird
wahrlich ein unverkürzter Lohn, (4.) und
siehe, du bist wahrlich von edler Natur,
(5.) und du sollst schauen und sie sollen
schauen, (6.) wer von euch der Betörte ist.
(7.) Siehe, dein Herr, er kennet am besten,
wer von seinem Wege abgeirrt ist, und er
kennet am besten die Geleiteten.
(8.) Drum gehorche nicht denen, die (dich)
der Lüge zeihen. (9.) Sie wünschen, dass du
freundlich bist, dann wollen sie freundlich
sein.

(10.) Und gehorche nicht jedem
verächtlichen Schwörer, (11.) Verleumder,
und jedem, der mit Ohrenbläserei
umhergeht: (12.) Der das Gute hindert,
einem Übertreter, Sünder: (13.) Einem
Grobian und Bankert dazu, (14.) auch wenn
er reich an Gut und Kindern ist.
(15.) Wenn ihm unsre Zeichen (Verse)
verlesen werden, spricht er: »Fabeln der
Früheren!« (16.) Auf die Schnauze wollen
wir ihm ein Brandmal setzen.
(17.) Siehe, wir haben sie geprüft,

wie wir die Gartenbesitzer prüften, als sie
schworen, am Morgen Lese zu halten,
(18.) und keinen Vorbehalt machten.

(19.) Darum umgab ihn Vernichtung von
deinem Herrn, während sie schliefen,
(20.) und er ward am Morgen wie abgelesen.
(21.) Und sie riefen einander am Morgen zu:
(22.) »Geht in der Frühe zu euerm Feld, so
ihr Lese halten wollt.« (23.) Da machten sie
sich auf, einander zuflüsternd:
(24.) »Nicht soll heute ein Armer zu euch
eintreten.« (25.) Und sie gingen in der Frühe
mit dieser bestimmten Absicht fort.
(26.) Und da sie ihn sahen, sprachen sie:
»Siehe, wahrlich, wir irrten; (27.) im
Gegenteil, uns sind (unsre Früchte)
verwehrt.« (28.) Es sprach der Gerechteste
unter ihnen: »Sprach ich nicht zu euch:
Warum preiset ihr nicht (Allah)?«
(29.) Sie sprachen: »Preis sei unserm Herrn!
Siehe, wir waren ungerecht.«

(30.) Und sie hoben an, einander zu tadeln.
(31.) Sie sprachen: »O weh uns, siehe, wir
waren Übertreter. (32.) Vielleicht gibt uns
unser Herr zum Tausch für ihn einen
bessern (Garten). Siehe, wir bitten unsern
Herrn.« (33.) Also war die Strafe; aber
wahrlich, die Strafe des Jenseits ist größer. O
dass sie es wüssten! (34.) Siehe, für die
Gottesfürchtigen sind bei ihrem Herrn
Gärten der Wonne. (35.) Sollen wir etwa die
Muslime wie die Sünder halten?
(36.) Was fehlt euch? Wie urteilt ihr!
(37.) Oder habt ihr ein Buch, in dem ihr
studieren könnt, (38.) dass euch wird, was
ihr wünschet? (39.) Oder habt ihr Eide von
uns, die uns binden bis zum Tag der
Auferstehung, dass euch wird, was ihr
erachtet?

(40.) Frag sie, wer von ihnen dafür Bürge ist.
(41.) Oder haben sie »Gefährten«? So sollen
sie ihre Gefährten bringen, wenn sie
wahrhaft sind. (42.) Eines Tages wird der
Schenkel entblößt werden, und sie werden

zur Anbetung gerufen werden, doch werden
sie es nicht vermögen. (43.) Gesenkt sind
ihre Blicke – Schande befällt sie, weil sie zur
Anbetung gerufen wurden, als sie in
Sicherheit waren (und nicht gehorchten).
(44.) Darum lass mich und den, der diese
Rede der Lüge zeiht; wir werden sie
stufenweise strafen, von wannen sie's nicht
wissen. (45.) Und ich will mit ihnen
verziehen; siehe, meine List ist gewiss.
(46.) Oder verlangst du einen Lohn von
ihnen, während sie von Schulden beschwert
sind? (47.) Oder ist das Verborgene bei
ihnen, dass sie es niederschreiben?
(48.) Drum warte auf den Spruch deines
Herrn und sei nicht wie der Gesell des
Fisches, da er rief, als er in Ängsten war.
(49.) Hätte ihn nicht seines Herrn Gnade
erreicht, er wäre mit Schimpf bedeckt an den
nackten Strand geworfen.

(50.) Doch es erwählte ihn sein Herr und
machte ihn zu einem der Rechtschaffenen.
(51.) Und siehe, die Ungläubigen möchten
dich fast mit ihren Blicken zum Straucheln
bringen, wenn sie die Ermahnung hören
und sprechen: »Siehe, er ist wahrlich
besessen.« (52.) Doch ist er nichts andres als
eine Ermahnung für alle Welt.

69. Sure - Die Unvermeidliche

Geoffenbart zu Mekka

*Im Namen Allahs, des Erbarmers, des
Barmherzigen!*

(1.) Die Unvermeidliche (Stunde)! (2.) Was
ist die Unvermeidliche? (3.) Und was lehrt
dich wissen, was die Unvermeidliche ist?
(4.) Der Lüge zieh Thamud und Ad die
Pochende (Stunde); (5.) und was die
Thamud anlangt, so kamen sie um durch
den Wetterschlag, (6.) und was die Ad

anlangt, so kamen sie um durch einen pfeifenden, wütenden Wind, (7.) welchen Er (Allah) dienstbar machte wider sie sieben Nächte und acht Tage voll Unheil. Und du hättest das Volk in ihnen niedergestreckt gesehen, gleich hohlen Palmenstrünken. (8.) Und siehst du von ihnen einen übrig? (9.) Und Pharao und die, welche vor ihm lebten, und die zerstörten (Städte) begingen Sünde, (10.) und sie waren widerspenstig gegen den Gesandten ihres Herrn; und er erfasste sie mit übermäßiger Strafe.

(11.) Siehe, als das Wasser überschwoll, trugen wir euch auf dem Fahrzeug, (12.) auf dass wir es zu einem Gegenstand des Gedenkens machten, und dass es bewahre ein bewahrendes Ohr. (13.) Und wenn in die Posaune gestoßen wird mit einem einzigen Stoß, (14.) und von hinnen gehoben werden die Erde und die Berge und zerstoßen werden mit einem einzigen Stoß, (15.) dann wird an jenem Tage eintreffen die Eintreffende (Stunde), (16.) und spalten wird sich der Himmel, denn an jenem Tag wird er zerreißen; (17.) und die Engel werden zu seinen Seiten sein, und acht werden den Thron deines Herrn ob ihnen tragen an jenem Tage. (18.) An jenem Tage werdet ihr vorgeführt werden; nichts Verborgenes von euch soll verborgen sein. (19.) Und was den anlangt, dem sein Buch in seine Rechte gegeben wird, sprechen wird er: »Da nehmt! Leset mein Buch! (20.) Siehe, ich glaubte meiner Rechenschaft zu begegnen.« (21.) Und er soll sein in angenehmem Leben, (22.) in hohem Garten, (23.) dessen Trauben nahe. (24.) »Esset und trinket zum Wohlsein für das, was ihr vorausschicktet in den vergangenen Tagen!« (25.) Was aber den anlangt, dessen Buch in seine Linke gegeben wird, so wird er sprechen: »O dass mir doch nicht mein Buch gegeben wäre! (26.) Und dass ich nie gewusst, was meine Rechenschaft!

(27.) O dass er ein Ende mit mir gemacht! (28.) Nichts frommte mir mein Gut! (29.) Vernichtet ist mir meine Macht!« (30.) »Nehmet ihn und fesselt ihn! (31.) Alsdann im Höllenpfuhl lasset brennen ihn! (32.) Alsdann in eine Kette von siebenzig Ellen Länge stecket ihn! (33.) Siehe, er glaubte nicht an Allah, den Großen, (34.) und sorgte sich nicht um die Speisung des Armen. (35.) Drum hat er heute hier keinen Freund (36.) und keine Speise außer Eiterfluss, (37.) den nur die Sünder verzehren.« (38.) Und ich schwöre, bei dem, was ihr schaut (39.) und was ihr nicht schaut, (40.) siehe, es ist wahrlich die Rede eines edeln Gesandten, (41.) und nicht ist's die Rede eines Poeten. Wenig ist's, was ihr glaubt. (42.) Und nicht ist's eines Wahrsagers Wort. Wenig ist's, an was ihr euch mahnen lasset.

(43.) Eine Hinabsendung von dem Herrn der Welten! (44.) Und hätte er wider uns einige Sprüche ersonnen, (45.) so hätten wir ihn bei der Rechten erfasst, (46.) alsdann hätten wir ihm die Herzader durchschnitten, (47.) und keiner von euch hätte uns von ihm abgehalten. (48.) Doch siehe, wahrlich, eine Ermahnung ist er für die Gottesfürchtigen, (49.) und siehe, wahrlich, wir wissen, dass ihn einige von euch der Lüge zeihen. (50.) Und siehe, wahrlich, Seufzen bringt er den Ungläubigen, (51.) und siehe, wahrlich, er ist die Wahrheit der Gewissheit. (52.) Drum preise den Namen deines großen Herrn!

70. Sure - Die Stufen

Geoffenbart zu Mekka

Im Namen Allahs, des Erbarmers, des Barmherzigen!

(1.) Ein Fragender fragte nach eintreffender Strafe (2.) für die Ungläubigen. Niemand hindert (3.) Allah an ihr, den Herrn der Stufen, (4.) auf denen die Engel und der Geist zu ihm emporsteigen an einem Tage, dessen Maß fünfzigtausend Jahre sind. (5.) Drum gedulde dich in geziemender Geduld. (6.) Siehe, sie sehen ihn ferne, (7.) und wir sehen ihn nahe. (8.) An jenem Tage wird der Himmel sein wie geschmolzenes Erz, (9.) und die Berge werden sein wie gefärbte Wolle, (10.) und nicht wird fragen ein Freund den Freund, (11.) wiewohl sie einander anschauen. Gern möchte sich dann der Sünder loskaufen von der Strafe an jenem Tag um seine Kinder, (12.) um seine Genossin und seine Brüder, (13.) und um seine Sippe, die ihn aufgenommen, (14.) und um jeden auf Erden zumal, dass er ihn dann errettete.

(15.) Keineswegs; siehe, die Glut, (16.) zerrend an der Kopfhaut, (17.) ruft jeden, der den Rücken gekehrt und sich gewendet (18.) und zusammengescharrt und aufgespeichert. (19.) Siehe, der Mensch ist ungeduldig erschaffen; (20.) wenn ihm Schlimmes widerfährt, so ist er mutlos. (21.) Und wenn ihm Gutes widerfährt, so ist er knauserig.

(22.) Nicht so die Betenden, (23.) die im Gebet verharren (24.) und in deren Gut ein bestimmter Teil (25.) für den Bittenden und den Armen ist; (26.) und die den Tag des Gerichts für wahr halten, (27.) und die vor der Strafe ihres Herrn zagen – (28.) siehe, vor der Strafe deines Herrn ist niemand sicher – (29.) und die ihre Scham hüten, (30.) außer gegen ihre Gattinnen oder was ihre Rechte besitzt; siehe, (hierin) sind sie nicht zu tadeln; (31.) wer aber über dies hinaustrachtet, das sind die Übertreter – (32.) und die, welche das ihnen Anvertraute und ihren Vertrag hüten, (33.) und die in ihrem Zeugnis aufrichtig sind, (34.) und die ihren Gebeten obliegen, (35.) diese sollen in Gärten geehrt sein.

(36.) Was fehlt aber den Ungläubigen, dass sie dir voraneilen, (37.) zur Rechten und zur Linken in Scharen? (38.) Begehrt jedermann von ihnen einzugehen in einen Garten der Wonne? (39.) Keineswegs; sie wissen, woraus wir sie erschufen. (40.) Und ich schwöre bei dem Herrn der Osten und Westen, siehe, wir sind imstande, (41.) bessere für sie einzutauschen, und keiner kann uns hindern. (42.) Drum lass sie schwatzen und spielen, bis sie ihrem Tag begegnen, der ihnen angedroht ist, (43.) dem Tag, an dem sie eilends aus den Gräbern steigen, als eilten sie zu einem Banner, (44.) mit niedergeschlagenen Blicken. Schimpf soll sie bedecken. Das ist der Tag, der ihnen angedroht ist.

71. Sure - Noah

Geoffenbart zu Mekka

Im Namen Allahs, des Erbarmers, des Barmherzigen!

(1.) Siehe, wir entsandten Noah zu seinem Volk: »Warne dein Volk, bevor zu ihnen eine schmerzliche Strafe kommt.« (2.) Er sprach: »O mein Volk, siehe, ich bin euch ein offenkundiger Warner. (3.) Dienet Allah und fürchtet ihn und gehorchet mir. (4.) Verzeihen wird er euch eure Sünden und verziehen wird er mit euch zu einem bestimmten Termin. Siehe, Allahs Termin, wenn er kommt, wird nicht verschoben. O dass ihr es doch wüsstet!«

(5.) Er sprach: »Mein Herr, siehe, ich rief zu meinem Volk bei Nacht und Tag.

(6.) Doch bestärkte mein Rufen sie nur in ihrer Flucht (vor mir), (7.) und siehe, sooft ich sie rief, dass du ihnen verziehest, steckten sie ihre Finger in ihre Ohren und verhüllten sich in ihre Kleider und waren verstockt und voll Hoffart. (8.) Alsdann rief ich sie öffentlich; (9.) alsdann sprach ich offen und im geheimen zu ihnen, (10.) und ich sprach: ›Bittet euern Herrn um Verzeihung, siehe, er ist verzeihend.‹

(11.) Er wird den Himmel auf euch niedersenden in Strömen (12.) und wird euch reich machen an Gut und Kindern und wird euch Gärten geben und Bäche.

(13.) Was fehlt euch, dass ihr nicht hoffet auf Allahs Güte, (14.) wo er euch doch in Absätzen erschaffen hat? (15.) Seht ihr denn nicht, wie Allah sieben Himmel übereinander erschaffen hat?

(16.) Und er hat den Mond in sie als Licht gesetzt und die Sonne zu einer Lampe gemacht; (17.) und Allah ließ euch aus der Erde gleich Pflanzen sprießen; (18.) alsdann wird er euch in sie wieder zurückbringen und von neuem erstehen lassen.

(19.) Und Allah hat die Erde für euch zu einem Teppich gemacht, (20.) auf dass ihr auf breiten Pfaden ziehet.«

(21.) Es sprach Noah: »Mein Herr, siehe; sie sind widerspenstig gegen mich und folgen denen, deren Gut und Kinder nur um so größeres Verderben über sie bringt.

(22.) Und sie schmiedeten eine große List (23.) und sprachen: ›Verlasset nicht eure Götter und verlasset nicht Wadd und Suwa und nicht Jaghut und Ja'uq und Nasr.‹

(24.) Und sie führten schon viele irre, und du bestärke die Ungerechten nur im Irrtum.«

(25.) Wegen ihrer Sünden wurden sie ersäuft und ins Feuer geführt, und sie fanden keine Helfer wider Allah.

(26.) Und es sprach Noah: »Mein Herr, lass keinen der Ungläubigen auf Erden.

(27.) Siehe, wenn du sie übriglassest, so werden sie deine Diener irreführen und werden nur Sünder und Ungläubige zeugen.

(28.) Mein Herr, verzeihe mir und meinen Eltern und jedem Gläubigen, der mein Haus betritt, und den gläubigen Männern und Frauen. Und mehre allein der Ungerechten Verderben.«

72. Sure - Die Dschinn

Geoffenbart zu Mekka

Im Namen Allahs, des Erbarmers, des Barmherzigen!

(1.) Sprich: »Geoffenbart ward mir, dass eine Schar der Dschinn lauschte und sprach: ›Siehe, wir haben einen wunderbaren Koran gehört, (2.) der zum rechten Weg leitet; und wir glauben an ihn und stellen nimmer unserm Herrn jemand zur Seite; (3.) denn er – erhöht sei die Herrlichkeit unsers Herrn! – hat sich keine Genossin genommen und keinen Sohn. (4.) Und ein Narr unter uns sprach wider Allah eine große Unwahrheit aus, (5.) und wir dachten, dass nimmer Menschen oder Dschinn wider Allah eine Lüge sprächen. (6.) Es waren Leute unter den Menschen, die ihre Zuflucht bei Leuten unter den Dschinn suchten; doch mehrten diese nur ihre Torheit.

(7.) Sie dachten, wie ihr dachtet, dass Allah keinen erwecken würde. (8.) Wir aber berührten den Himmel und fanden ihn voll von strengen Hütern und Schnuppen.

(9.) Und wir saßen auf Sitzen, von ihm zu lauschen; wer aber nun lauscht, findet eine Schnuppe für sich auf der Lauer.

(10.) Wir wissen nicht, ob Böses für die auf Erden beabsichtigt ist oder ob ihr Herr das Rechte mit ihnen vorhat. (11.) Und unter uns sind die einen rechtschaffen, die andern nicht; wir sind verschiedene Scharen. (12.) Und wir glaubten, dass wir Allah nimmer auf Erden schwächen könnten und ihn nimmer schwächen könnten durch Flucht.

(13.) Und als wir die Leitung hörten, glaubten wir an sie, und wer an seinen Herrn glaubt, soll weder Einbuße noch Überbürdung fürchten. (14.) Und einige von uns sind Muslime und andre von uns vom Rechten abweichend. Wer sich aber (Allah) ergibt, die erstreben die rechte Leitung. (15.) Die vom Rechten Abweichenden sind jedoch Brennstoff Dschehannams.‹« (16.) Und wenn sie auf dem Wege rechtschaffen wandeln, wahrlich, dann wollen wir sie tränken mit Wasser in Fülle, (17.) um sie dadurch zu versuchen; und wer sich abwendet von dem Gedenken an seinen Herrn, den wird er treiben zu qualvoller Strafe. (18.) Und die Moscheen sind Allahs, und rufet niemand außer Allah an. (19.) Und da sich Allahs Knecht erhob, ihn anzurufen, da hätten sie ihn fast erdrückt mit ihrer Menge.

(20.) Sprich: »Ich rufe nur meinen Herrn an und stelle ihm keinen zur Seite.« (21.) Sprich: »Ich kann euch weder ein Leid antun noch euch recht weisen.« (22.) Sprich: »Nimmer schützt mich jemand vor Allah, und nimmer finde ich eine Zuflucht außer ihm. (23.) Allein eine Predigt von Allah und seine Sendung (liegt mir ob,) und wer sich Allah und seinem Gesandten widersetzt, für den ist Dschehannams Feuer für ewig und immerdar; (24.) bis sie sehen, was ihnen angedroht ward, und dann werden sie wissen, wer der schwächste zur Hilfe ist und am geringsten an Zahl.«

(25.) Sprich: »Ich weiß nicht, ob nahe ist, was euch angedroht ward, oder ob mein Herr einen Zeitpunkt dafür setzen wird.« (26.) Er kennt das Verborgene, und er teilt sein Geheimnis keinem mit, (27.) außer dem Gesandten, der ihm wohlgefällig ist; denn siehe, er lässet vor ihm und hinter ihm eine Wache einherziehen: (28.) Auf dass er wisse, dass sie die Sendung ihres Herrn ausgerichtet haben; denn er umfasst, was bei ihnen ist, und er berechnet alle Dinge an Zahl.

73. Sure - Der Verhüllte

Geoffenbart zu Mekka

Im Namen Allahs, des Erbarmers, des Barmherzigen!

(1.) O du (im Mantel) Verhüllter! (2.) Steh auf zur Nacht bis auf ein kleines: (3.) Die Hälfte von ihr oder nimm weg ein kleines (4.) oder füge hinzu zu ihr und trag den Koran in singendem Vortrag vor! (5.) Siehe, wir übergeben dir ein gewichtig Wort. (6.) Siehe, der Anbruch der Nacht ist stärker an Eindruck und aufrichtiger an Rede – (7.) siehe, du hast am Tag ein langes Geschäft – (8.) und gedenke des Namens deines Herrn und weihe dich ihm völlig – (9.) der Herr des Ostens und des Westens! Es gibt keinen Gott außer ihm; drum nimm ihn an als Schützer.

(10.) Und ertrag in Geduld, was sie sprechen, und flieh von ihnen in geziemender Flucht. (11.) Und lass mich und die der Lüge Zeihenden, die in Üppigkeit leben; und verziehe mit ihnen ein kleines. (12.) Siehe, bei uns sind Fesseln und der Höllenpfuhl (13.) und würgende Speise und schmerzliche Strafe, (14.) an dem Tag, da die

Erde erbebt und die Berge, und die Berge
ein loser Sandhaufen werden.

(15.) Siehe, wir entsandten zu euch einen
Gesandten als Zeugen wider euch, wie wir
zu Pharao einen Gesandten entsandten.
(16.) Und Pharao empörte sich wider den
Gesandten, und da erfassten wir ihn mit
schwerer Strafe. (17.) Und wie wollt ihr
euch, wenn ihr ungläubig seid, schützen vor
einem Tag, der Kinder greis macht?
(18.) Der Himmel wird sich spalten an ihm –
was ihm angedroht wird, geschieht.
(19.) Siehe, dies ist eine Warnung, und wer
da will, der nehme zu seinem Herrn einen
Weg.

(20.) Siehe, dein Herr weiß, dass du stehst
(zum Gebet) nahe zwei Dritteile der Nacht
oder ihre Hälfte oder ein Drittel, wie auch
ein Teil derer, die bei dir sind. Denn Allah
misset die Nacht und den Tag. Er weiß, dass
ihr sie nimmer berechnet, und kehrt sich zu
euch. So rezitiert ein bequemes (Stück) vom
Koran. Er weiß, dass unter euch Kranke sind
und andre im Land reisen im Trachten nach
Allahs Huld und andre in Allahs Weg
kämpfen. So rezitiert ein bequemes (Stück)
von ihm und verrichtet das Gebet und
entrichtet die Armenspende und leihet
Allah ein schönes Darlehen. Und was ihr für
euch vorausschickt an Gutem, ihr werdet es
finden bei Allah. Das ist am besten und
bringt den reichsten Lohn. Und bittet Allah
um Verzeihung; siehe, Allah ist verzeihend
und barmherzig.

74. Sure - Der Bedeckte
Geoffenbart zu Mekka

*Im Namen Allahs, des Erbarmers, des
Barmherzigen!*

(1.) O du (mit deinem Mantel) Bedeckter!
(2.) Steh auf und warne, (3.) und deinen
Herrn, verherrliche (ihn), (4.) und deine
Kleider, reinige (sie), (5.) und den Gräuel,
flieh (ihn), (6.) und spende nicht, um mehr
zu empfahn, (7.) und harr auf deinen Herrn
in Geduld! (8.) Und wenn ins Horn geblasen
wird. (9.) So ist das an jenem Tage ein
schwerer Tag, (10.) für die Ungläubigen
nicht leicht! (11.) lass mich allein mit dem,
den ich geschaffen, (12.) und dem ich reiches
Gut verlieh (13.) und Söhne vor seinen
Augen, (14.) und für den ich (alles) eben
machte; (15.) doch wünscht er, dass ich noch
mehr tue. (16.) Keineswegs; siehe, er ist
widerspenstig gegen unsre Zeichen.
(17.) Aufladen will ich ihm Qual;
(18.) siehe, er sann und plante, (19.) und –
Tod ihm! – wie plante er!

(20.) Noch einmal – Tod ihm! – wie plante
er! (21.) Dann schaute er zu, (22.) dann
runzelte er die Stirn und blickte finster,
(23.) dann kehrte er den Rücken voll Hoffart
(24.) und sprach: »Das ist nur eine
Zaubergeschichte, (25.) das ist nur
Menschenwort.« (26.) Brennen will ich ihn
lassen im Höllenfeuer. (27.) Und was lehrt
dich, was das Höllenfeuer?
(28.) Nicht lässt es übrig und nicht verschont
es, (29.) schwärzend das Fleisch.

(30.) Über ihm sind Neunzehn. (31.) Und zu
Hütern des Feuers setzten wir allein Engel,
und wir machten ihre Anzahl nur zu einer
Versuchung für die Ungläubigen, auf dass
die, denen die Schrift gegeben, gewiss wären
(in betreff der Wahrheit des Korans) und die
Gläubigen zunähmen an Glauben, und dass
diejenigen, denen die Schrift gegeben ward,
und die Gläubigen nicht zweifeln,

und dass diejenigen, in deren Herzen
Krankheit ist, und die Ungläubigen
sprechen: »Was will denn Allah mit diesem
als Gleichnis?« Also führt Allah irre, wen er
will, und leitet recht, wen er will; und die
Heerscharen deines Herrn kennt nur er; und
dies ist nur eine Mahnung für die
Menschen.

(32.) Fürwahr, beim Mond (33.) und der
Nacht, wenn sie den Rücken kehrt, (34.) und
dem Morgen, wenn er leuchtet!
(35.) Siehe, sie ist wahrlich eine der größten
(Qualen,) (36.) eine Warnung für die
Menschen, (37.) für den unter euch, der
vorwärts schreiten oder dahinten bleiben
will. (38.) Jede Seele ist für das, was sie
geschafft, verpfändet, (39.) außer den
Gefährten der Rechten; (40.) in Gärten
werden sie einander befragen (41.) nach den
Sündern. (42.) »Was hat euch ins
Höllenfeuer getrieben?«

(43.) Sie werden sprechen: »Wir waren nicht
unter den Betenden, (44.) und wir speisten
nicht die Armen, (45.) und wir schwatzten
mit den Schwatzenden, (46.) und wir
erklärten als Lüge den Tag des Gerichts,
(47.) bis zu uns kam die Gewissheit.
(48.) Und nicht wird ihnen nützen die
Fürbitte der Fürbittenden.
(49.) Was ist ihnen denn, dass sie sich von
der Mahnung abwenden (50.) gleich
flüchtigen Eseln, (51.) die vor einem Löwen
fliehen? (52.) Doch jedermann von ihnen
wünscht, dass ihm offene Seiten gegeben
werden. (53.) Keineswegs; doch fürchten sie
nicht das Jenseits. (54.) Keineswegs; siehe, er
ist eine Ermahnung, und (55.) wer da will,
gedenkt seiner. (56.) Doch es gedenken
seiner nur diejenigen, die Allah belieben.
Ihm gebührt Gottesfurcht und ihm gebührt
die Verzeihung.

75. Sure - Die Auferstehung

Geoffenbart zu Mekka

*Im Namen Allahs, des Erbarmers, des
Barmherzigen!*

(1.) Ich schwöre beim Auferstehungstag,
(2.) und ich schwöre bei der sich selbst
verklagenden Seele. (3.) Glaubt der Mensch,
dass wir nicht versammeln können seine
Gebeine? (4.) Fürwahr, imstande sind wir,
seine Fingerspitzen zusammenzufügen.
(5.) Doch der Mensch wünscht im Hinblick
auf das, was vor ihm liegt, zu sündigen.
(6.) Er fragt: »Wann ist der
Auferstehungstag?«

(7.) Doch wenn der Blick gewendet wird
und der Mond sich verfinstert und Sonne
und Mond sich vereinigen, (8.) und der
Mond sich verfinstert (9.) und Sonne und
Mond sich vereinigen, (10.) dann wird der
Mensch an jenem Tage sprechen: »Wo ist die
Zuflucht?« (11.) Keineswegs; es gibt kein
Asyl – (12.) zu deinem Herrn ist an jenem
Tag die Zuflucht. (13.) Verkündet wird an
jenem Tage dem Menschen, was er getan
und versäumt. (14.) Ja, der Mensch ist wider
sich selber ein Beweis, (15.) auch wenn er
seine Entschuldigungen vorhielte.
(16.) Rühre nicht deine Zunge, es zu
beschleunigen, (17.) siehe, uns liegt seine
Sammlung und Rezitierung ob.
(18.) Drum, wenn wir ihn rezitieren, so folge
seiner Rezitierung; (19.) alsdann liegt uns
seine Erklärung ob.

(20.) Keineswegs, doch ihr liebt das
Vergängliche und lasset das Jenseits
dahinten. (21.) und lasset das Jenseits
dahinten. (22.) Die einen Gesichter werden
an jenem Tage leuchten (23.) und zu ihrem
Herrn schauen; (24.) und die andern
Gesichter werden an jenem Tage finster
blicken, (25.) glaubend, dass ihnen ein
Unglück geschehe.

(26.) Fürwahr, wenn sie bis zum
Schlüsselbein aufsteigt (27.) und wenn
gesprochen wird: »Wer ist ein Zauberer?«

(28.) Und er wähnt, dass es die Trennung ist,
(29.) und wenn sich Schenkel mit Schenkel
verschlingt: (30.) Zu deinem Herrn soll an
jenem Tage das Treiben sein, (31.) denn er
glaubte nicht und betete nicht, (32.) sondern
zieh der Lüge und kehrte sich ab.
(33.) Alsdann ging er fort zu seiner Familie,
stolzen Ganges. (34.) Wehe dir und wehe!
(35.) Alsdann wehe dir und wehe!
(36.) Wähnt der Mensch etwa, unbeachtet
gelassen zu werden? (37.) War er denn nicht
ein Tropfen fließenden Samens?
(38.) Alsdann war er ein Blutklumpen, und
so schuf Er ihn und bildete ihn (39.) und
machte von ihm das Paar, den Mann und die
Frau. (40.) Hat er nicht Macht, die Toten
lebendig zu machen?

76. Sure - Der Mensch

Geoffenbart zu Mekka

*Im Namen Allahs, des Erbarmers, des
Barmherzigen!*

(1.) Kommt nicht über den Menschen ein
Zeitraum, da er nichts Erwähnenswertes ist?
(2.) Siehe, wir erschufen den Menschen aus
einer Samenmischung, ihn zu prüfen, und
wir gaben ihm Gehör und Gesicht.
(3.) Siehe, wir leiteten ihn des Weges, sei er
dankbar oder undankbar. (4.) Siehe, wir
bereiteten für die Ungläubigen Ketten und
Joche und eine Flamme. (5.) Siehe, die
Gerechten werden trinken aus einem Becher,
gemischt mit Kafur – (6.) eine Quelle, aus
der Allahs Diener trinken sollen, sie ständig
fließen lassend: (7.) Sie, die das Gelübde
erfüllen und einen Tag fürchten, dessen
Übel aufgezeichnet ist,

(8.) und die mit Speise, aus Liebe zu Ihm,
den Armen und die Waise und den
Gefangenen speisen: (9.) »Siehe, wir speisen
euch nur um Allahs willen; wir begehren
keinen Lohn von euch noch Dank.

(10.) Siehe, wir fürchten von unserm Herrn
einen finsterblickenden, unheilvollen Tag.«
(11.) Drum schützt sie Allah vor dem Übel
jenes Tages und wirft auf sie Glanz und
Freude; (12.) und er belohnt sie für ihre
Standhaftigkeit mit einem Garten und
(Gewändern aus) Seide. (13.) Gelehnt in ihm
auf Ruhebetten, sehen sie in ihm weder
Sonne noch schneidende Kälte,
(14.) und nahe über ihnen sind seine
Schatten, und nieder hängen über sie ihre
Trauben, (15.) und es kreisen unter ihnen
Gefäße von Silber und Becher wie Flaschen,
(16.) Flaschen aus Silber, deren Maß sie
bemessen. (17.) Und sie sollen darinnen
getränkt werden mit einem Becher, gemischt
mit Ingwer; (18.) eine Quelle ist darinnen,
geheißen Salsabil – (19.) und die Runde
machen bei ihnen unsterbliche Knaben;
sähest du sie, du hieltest sie für zerstreute
Perlen.

(20.) Und wenn du hinsiehst, dann siehst du
Wonne und ein großes Reich. (21.) Angetan
sind sie mit Kleidern von grüner Seide und
Brokat und geschmückt sind sie mit
silbernen Spangen, und es tränkt sie ihr
Herr mit reinem Trank: (22.) »Siehe, das ist
euer Lohn, und euer Eifer ist bedankt.«
(23.) Siehe, wir haben auf dich den Koran
(wiederholt) hinabgesandt, (24.) drum warte
auf den Spruch deines Herrn und gehorche
keinem Sünder oder Ungläubigen unter
ihnen. (25.) Und gedenke des Namens
deines Herrn des Morgens und des Abends
(26.) und zur Nacht. Und wirf dich vor ihm
nieder und preise ihn die lange Nacht.
(27.) Siehe, diese lieben das Vergängliche
und lassen hinter sich einen schweren Tag.

(28.) Wir erschufen sie und stärkten ihre
Sehnen; und wenn wir wollen, vertauschen
wir sie mit andern, die ihnen gleich sind.
(29.) Siehe, dies ist eine Ermahnung, und
wer da will, der nimmt zu seinem Herrn
einen Weg. (30.) Doch könnt ihr nicht
wollen, es sei denn, dass Allah will. Siehe,
Allah ist wissend und weise. (31.) Er führt,
wen er will, in seine Barmherzigkeit, und für
die Ungerechten hat er schmerzliche Strafe
bereitet.

77. Sure - Die Entsandten

Geoffenbart zu Mekka

*Im Namen Allahs, des Erbarmers, des
Barmherzigen!*

(1.) Bei den in Reihe Entsandten (2.) und den
im Sturme Stürmenden (3.) und den in
Zerstreuung Zerstreuenden (4.) und den in
Trennung Trennenden (5.) und den
Ermahnung Bringenden (6.) zur
Entschuldigung oder Warnung!
(7.) Siehe, was euch angedroht wird,
wahrlich, es trifft ein. (8.) Und wenn die
Sterne verlöschen (9.) und wenn der Himmel
sich spaltet (10.) und wenn die Berge
zerstäuben (11.) und wenn den Gesandten
ein Zeitpunkt bestimmt wird – (12.) Für
welchen Tag ist der Termin gegeben?
(13.) Für den Tag der Entscheidung!
(14.) Und was lehrt dich wissen, was der Tag
der Entscheidung ist? (15.) Wehe an jenem
Tag den der Lüge Zeihenden! (16.) Vertilgten
wir nicht die Früheren?

(17.) Nun lassen wir ihnen die Spätern
folgen. (18.) Also verfahren wir mit den
Sündern. (19.) Wehe an jenem Tag den der
Lüge Zeihenden! (20.) Schufen wir euch
nicht aus verächtlichem Wasser (21.) und
brachten es an sichere Stätte

(22.) bis zu bestimmtem Zeitpunkt?
(23.) Und wir vermögen es, und wie schön
vermögen wir's! (24.) Wehe an jenem Tag
den der Lüge Zeihenden! (25.) Machten wir
nicht die Erde zum Sammelplatz (26.) für
Lebende und Tote? (27.) Und setzten in sie
die festgegründeten hochragenden (Berge)
und tränkten euch mit süßem Wasser?
(28.) Wehe an jenem Tag den der Lüge
Zeihenden! (29.) Gehet hin zu dem, was ihr
eine Lüge nennt!

(30.) Gehet hin zu dem Schatten, dem
dreifach gezweigten, (31.) der nicht
beschattet und nicht vor der Lohe schützt.
(32.) Siehe, Funken wirft sie so (hoch) wie
eine Burg, (33.) als wären sie gelbe Kamele.
(34.) Wehe an jenem Tag den der Lüge
Zeihenden! (35.) Dies ist der Tag, an dem sie
nicht sprechen, (36.) da ihnen nicht erlaubt
wird, sich zu entschuldigen. (37.) Wehe an
jenem Tag den der Lüge Zeihenden!
(38.) Das ist der Tag der Entscheidung, da
wir euch und die Früheren versammeln.
(39.) Und habt ihr eine List, so übt sie.

(40.) Wehe an jenem Tag den der Lüge
Zeihenden! (41.) Siehe, die Gottesfürchtigen
kommen in Schatten und Quellen (42.) und
zu Früchten, wie sie sie begehren.
(43.) »Esset und trinket zum Wohlsein für
das, was ihr getan.« (44.) Siehe, so lohnen
wir den Rechtschaffenen. (45.) Wehe an
jenem Tag den der Lüge Zeihenden!
(46.) »Esset und genießet ein Kleines; siehe,
ihr seid Sünder.« (47.) Wehe an jenem Tag
den der Lüge Zeihenden! (48.) Und wenn zu
ihnen gesprochen wird: »Beuget euch«, so
beugen sie sich nicht. (49.) Wehe an jenem
Tag den der Lüge Zeihenden!
(50.) Und an welche Kunde nach dieser
wollen sie glauben?

78. Sure - Die Kunde

Geoffenbart zu Mekka

Im Namen Allahs, des Erbarmers, des
Barmherzigen!

(1.) Wonach befragen sie einander?
(2.) Nach einer gewaltigen Kunde, (3.) über
die sie uneins sind. (4.) Fürwahr, sie sollen
(sie) wissen; (5.) wiederum, fürwahr, sie
sollen (sie) wissen. (6.) Machten wir nicht
die Erde zu einem Bett (7.) und die Berge zu
Pflöcken (8.) und schufen euch in Paaren
(9.) und machten euern Schlaf zur Ruhe
(10.) und die Nacht zu einem Kleid
(11.) und machten den Tag zum Erwerb des
Unterhalts (12.) und bauten über euch
sieben Festen (13.) und machten eine
hellbrennende Lampe (14.) und sandten aus
den Regenwolken Wasser in Strömen,
(15.) dadurch hervorzubringen Korn und
Kraut (16.) und dichtbestandene Gärten?

(17.) Siehe, der Tag der Entscheidung ist
festgesetzt: (18.) Der Tag, an dem in die
Posaune gestoßen wird und ihr in Scharen
kommt (19.) und der Himmel sich öffnet
und zu Toren wird (20.) und die Berge sich
rühren und zur Luftspiegelung werden.
(21.) Siehe, Dschehannam ist ein Hinterhalt,
(22.) für die Übertreter ein Heim, (23.) zu
verweilen darinnen Äonen.
(24.) Nicht schmecken sie in ihm Kühlung
noch Getränk (25.) außer siedendem Wasser
und Jauche – (26.) eine angemessene
Belohnung! (27.) Siehe, sie erwarteten keine
Rechenschaft (28.) und ziehen unsre Zeichen
der Lüge, (29.) doch wir schrieben alles auf
in ein Buch.

(30.) »So schmecket, und nur die Strafe
wollen wir euch mehren.« (31.) Siehe, für die
Gottesfürchtigen ist ein seliger Ort,
(32.) Gartengehege und Weinberge,
(33.) (Jungfrauen) mit schwellenden Brüsten,
Altersgenossinnen (34.) und volle Becher.
(35.) Sie hören darinnen weder Geschwätz
noch Lüge – (36.) ein Lohn von deinem
Herrn, eine hinreichende Gabe. (37.) Dem
Herrn der Himmel und der Erde und was
zwischen beiden, dem Erbarmer, bei dem sie
kein Recht zur Zwischenrede erhalten.

(38.) An jenem Tage, da der Geist und die
Engel in Reihen stehen, wird nur der reden
dürfen, dem es der Erbarmer erlaubt, und
wer das Rechte spricht. (39.) Dies ist der
gewisse Tag. Drum, wer da will, der nehme
Einkehr zu seinem Herrn. (40.) Siehe, wir
warnen euch vor naher Strafe an jenem Tage,
an dem der Mensch schauen wird, was seine
Hände vorausgeschickt, und der Ungläubige
sprechen wird: »O dass ich doch Staub
wäre!«

79. Sure - Die Entreißenden

Geoffenbart zu Mekka

Im Namen Allahs, des Erbarmers, des
Barmherzigen!

(1.) Bei den im Ruck Entreißenden (2.) und
den leicht Emporhebenden (3.) und den
Einherschwebenden (4.) und den
Voraneilenden (5.) und den die Sachen
Lenkenden! (6.) Eines Tages wird dröhnen
die Dröhnende, (7.) gefolgt von der
Drauffolgenden. (8.) Herzen werden an
jenem Tage erbeben, (9.) Blicke gesenkt sein.

(10.) Sprechen werden sie: »Werden wir
wirklich in unsern früheren Zustand
zurückgebracht? (11.) Etwa wenn wir
verweste Gebeine worden?«
(12.) Sie sprechen: »Dies wäre dann eine
verderbliche Wiederkehr!« (13.) Und es wird
nur ein einziger Schrecklaut sein, (14.) und
dann sind sie auf der Erdoberfläche.
(15.) Kam nicht die Geschichte von Moses zu
dir?

(16.) Da ihn sein Herr im heiligen Wadi Tuwa rief: (17.) »Gehe hin zu Pharao, siehe, er überschreitet (das Maß,) (18.) und sprich: ›Hast du Lust, dich zu reinigen, (19.) damit ich dich zu deinem Herrn leite und du dich fürchtest (zu sündigen)?‹«

(20.) Und so zeigte er ihm die größten Zeichen, (21.) doch zieh er ihn der Lüge und war widerspenstig. (22.) Alsdann kehrte er hastig den Rücken (23.) und versammelte und rief (24.) und sprach: »Ich bin euer höchster Herr.« (25.) Da erfasste ihn Allah mit der Strafe des Jenseits und Diesseits. (26.) Siehe, hierin ist wahrlich eine Lehre für den, der (Allah) fürchtet. (27.) Seid ihr denn schwerer zu erschaffen oder der Himmel, den er baute? (28.) Er erhöhte sein Dach und bildete ihn, (29.) und er machte seine Nacht finster und ließ sein Tageslicht hervorgehen; (30.) und er breitete hernach die Erde aus.

(31.) Er brachte ihr Wasser aus ihr hervor und ihre Weide, (32.) und die Berge gründete er fest – (33.) eine Versorgung für euch und euer Vieh. (34.) Und wenn da kommt das große Unheil, (35.) an jenem Tag, an dem der Mensch an sein Bestreben gemahnt wird, (36.) und der Höllenpfuhl hinausgebracht wird für den, der sieht: (37.) Dann, was den anlangt, der (das Maß) überschritt (38.) und das irdische Leben vorzog, (39.) siehe, der Höllenpfuhl ist seine Wohnung.

(40.) Was aber den anlangt, der seines Herrn Hoheit gefürchtet und der Seele das Gelüst verwehrte, (41.) siehe, das Paradies ist seine Wohnung. (42.) Sie werden dich nach der ›Stunde‹ fragen, wann ihr Termin ist? (43.) Was weißt du von ihr zu sagen! (44.) Bei Allah steht ihr Ende. (45.) Du bist nur ein Warner für den, der sie fürchtet. (46.) An dem Tag, da sie sie schauen, wird's ihnen sein, als hätten sie nur einen Abend oder einen Morgen verweilt.

80. Sure - Er runzelte die Stirn

Geoffenbart zu Mekka

Im Namen Allahs, des Erbarmers, des Barmherzigen!

(1.) Er runzelte die Stirn und wendete sich ab, (2.) weil der Blinde zu ihm kam. (3.) Was aber ließ dich wissen, dass er sich nicht reinigen wollte (4.) oder Ermahnung suchte und die Ermahnung ihm genützt hätte? (5.) Was aber den Reichen anlangt, (6.) den empfingst du, (7.) und es kümmert dich nicht, dass er sich nicht reinigen will. (8.) Was aber den anlangt, der in Eifer zu dir kommt (9.) und voll Furcht ist, (10.) um den kümmerst du dich nicht. (11.) Nicht so. Siehe, er ist eine Warnung – (12.) und wer da will, gedenkt sein – (13.) auf geehrten Seiten, (14.) erhöhten, gereinigten, (15.) vermittels der Hände edler, (16.) rechtschaffener Schreiber. (17.) Tod dem Menschen! Wie ist er ungläubig! (18.) Woraus erschuf er ihn?

(19.) Aus einem Samentropfen. (20.) Er erschuf ihn und bildete ihn, dann machte er ihm den Weg leicht, (21.) dann lässt er ihn sterben und begräbt ihn, (22.) dann, wenn er will, erweckt er ihn. (23.) Fürwahr, nicht hat er erfüllt sein Gebot. (24.) So schaue der Mensch nach seiner Speise! (25.) Siehe, wir gossen das Wasser in Güssen aus, (26.) alsdann spalteten wir die Erde in Spalten (27.) und ließen Korn in ihr sprießen (28.) und Reben und frisches Grün (29.) und Ölbäume und Palmen (30.) und dicht bepflanzte Gartengehege (31.) und Früchte und Gras – (32.) eine Versorgung für euch und euer Vieh.

(33.) Und wenn die Dröhnende gehört wird, (34.) an jenem Tage flieht der Mann von seinem Bruder (35.) und seiner Mutter und seinem Vater (36.) und seiner Genossin und seinen Kindern; (37.) jedermann hat an jenem Tag genug an seinem Geschäft.

(38.) An jenem Tage werden strahlende Gesichter sein, (39.) lachende und fröhliche; (40.) und an jenem Tag werden staubbedeckte Gesichter sein, (41.) bedeckt von Schwärze: (42.) Das sind die Ungläubigen, die Frevler.

81. Sure - Das Zusammenfalten

Geoffenbart zu Mekka

Im Namen Allahs, des Erbarmers, des Barmherzigen!

(1.) Wenn die Sonne zusammengefaltet wird (2.) und wenn die Sterne herabfallen (3.) und wenn die Berge sich rühren (4.) und die hochschwangeren Kamelstuten vernachlässigt werden (5.) und wenn die wilden Tiere sich versammeln (6.) und wenn die Meere anschwellen (7.) und wenn die Seelen gepaart werden (mit ihren Leibern) (8.) und wenn das lebendig begrabene (Mädchen) gefragt wird, (9.) um welcher Sünde willen es getötet ward, (10.) und wenn die Seiten aufgerollt werden (11.) und wenn der Himmel weggezogen wird (12.) und wenn der Höllenpfuhl entflammt wird (13.) und wenn das Paradies nahegebracht wird, (14.) dann wird jede Seele wissen, was sie getan hat.

(15.) Und ich schwöre bei den rücklaufenden (Sternen), (16.) den eilenden und sich verbergenden, (17.) und bei der Nacht, wenn sie dunkelt, (18.) und dem Morgen, wenn er aufatmet! (19.) Siehe, dies ist wahrlich das Wort eines edlen Gesandten, (20.) der begabt ist mit Macht bei dem Herrn des Thrones und in Ansehen steht, (21.) dem gehorcht wird und der getreu ist. (22.) Und nicht ist euer Gefährte besessen; (23.) wahrlich, er sah ihn am klaren Horizont, (24.) und er geizt nicht mit dem Verborgenen.

(25.) Auch ist's nicht das Wort eines gesteinigten Satans. (26.) Drum, wohin geht ihr? (27.) Siehe, es ist nur eine Ermahnung für alle Welt, (28.) für jeden von euch, der den geraden Weg nehmen will. (29.) Doch werdet ihr nicht wollen, es sei denn, dass Allah will, der Herr der Welten.

82. Sure - Das Zerspalten

Geoffenbart zu Mekka

Im Namen Allahs, des Erbarmers, des Barmherzigen!

(1.) Wenn der Himmel sich spaltet (2.) und wenn sich die Sterne zerstreuen (3.) und wenn die Meere emporgeworfen (aufgewühlt) werden (4.) und wenn die Gräber umgekehrt werden, (5.) dann weiß die Seele, was sie getan und unterlassen hat. (6.) O Mensch, was hat dich von deinem hochsinnigen Herrn abwendig gemacht, (7.) der dich erschaffen, gebildet und wohlgestaltet hat, (8.) in eine Form, die ihm beliebte, dich gefügt hat? (9.) Fürwahr, und doch leugnet ihr das Gericht.

(10.) Aber siehe, über euch sind wahrlich Hüter, (11.) edle, schreibende, (12.) welche wissen, was ihr tut. (13.) Siehe, die Rechtschaffenen, wahrlich, in Wonne (werden sie wohnen,) (14.) und die Missetäter im Höllenpfuhl. (15.) Sie werden darinnen brennen am Tag des Gerichts (16.) und sollen nimmer aus ihm heraus. (17.) Und was lehrt dich wissen, was der Tag des Gerichts ist? (18.) Wiederum, was lehrt dich wissen, was der Tag des Gerichts ist? (19.) An jenem Tage wird ein jeder für den anderen nichts vermögen, und der Befehl ist an jenem Tage Allahs.

83. Sure - Die das Maß Verkürzenden

Geoffenbart zu Mekka

Im Namen Allahs, des Erbarmers, des Barmherzigen!

(1.) Wehe denen, die das Maß verkürzen, (2.) die, wenn sie sich von den Leuten zumessen lassen, volles Maß verlangen, (3.) wenn sie ihnen jedoch zumessen oder zuwägen, weniger geben. (4.) Glauben jene etwa nicht erweckt zu werden (5.) an einem gewaltigen Tag, (6.) dem Tag, an dem die Leute vor dem Herrn der Welten stehen? (7.) Fürwahr, siehe, das Buch der Frevler ist in Siddschin. (8.) Und was lehrt dich wissen, was Siddschin ist? (9.) Ein geschriebenes Buch!

(10.) Wehe an jenem Tag den Leugnern, (11.) die den Tag des Gerichts der Lüge ziehen! (12.) Doch leugnen ihn nur alle Übertreter und Sünder, (13.) die, wenn ihnen unsre Zeichen (Verse) verlesen werden, sprechen: »Fabeln der Früheren!« (14.) Keineswegs; doch über ihre Herzen herrscht, was sie (an schlechten Werken) geschafft haben. (15.) Fürwahr; doch werden sie wahrlich an jenem Tage von ihrem Herrn ausgeschlossen sein. (16.) Alsdann werden sie brennen im Höllenpfuhl; (17.) alsdann wird gesprochen: »Dies ist's, was ihr leugnet.« (18.) Fürwahr; doch siehe, das Buch der Gerechten ist wahrlich in Illijun. (19.) Und was lehrt dich wissen, was Illijun ist?

(20.) Ein geschriebenes Buch! (21.) Bezeugen werden es die (Allah) nahestehenden (Engel). (22.) Siehe, die Gerechten werden wahrlich in Wonne sein; (23.) auf Ruhebetten (liegend) werden sie ausschauen; (24.) erkennen kannst du auf ihren Angesichtern den Glanz der Wonne; (25.) getränkt werden sie von versiegeltem Wein, (26.) dessen Siegel Moschus ist – und hiernach mögen die Begehrenden begehren – (27.) und seine Mischung ist (Wasser) von Tasnim, (28.) einer Quelle, aus der die (Allah) Nahestehenden trinken.

(29.) Siehe, die Sünder lachen über die Gläubigen, (30.) und wenn sie an ihnen vorübergehen, winken sie einander zu, (31.) und wenn sie zu ihren Angehörigen zurückkehren, kehren sie spottend zurück; (32.) und wenn sie sie sehen, sprechen sie: »Siehe, dieses sind wahrlich Irrende.« (33.) Aber nicht sind sie als Wächter über sie gesandt. (34.) Doch an jenem Tage werden die Gläubigen die Ungläubigen verlachen, (35.) wenn sie auf Ruhebetten (liegend) ausschauen. (36.) Sollten die Ungläubigen für ihr Tun nicht belohnt werden?

84. Sure - Das Zerreißen

Geoffenbart zu Mekka

Im Namen Allahs, des Erbarmers, des Barmherzigen!

(1.) Wenn der Himmel zerreißt (2.) und seinem Herrn pflichtschuldigst gehorcht; (3.) und wenn die Erde sich streckt (4.) und herauswirft, was sie birgt, und sich leert (5.) und ihrem Herrn pflichtschuldigst gehorcht (dann ist das Gericht da). (6.) O Mensch, siehe, du bemühtest dich in Mühe um deinen Herrn und sollst ihm begegnen. (7.) Und was den anlangt, dem sein Buch in seine Rechte gegeben wird, (8.) mit dem wird leichte Abrechnung gehalten, (9.) und fröhlich wird er zu seinen Angehörigen heimkehren.

(10.) Was aber den anlangt, dem sein Buch hinter seinem Rücken gegeben wird, (11.) der wird nach Vernichtung rufen,

(12.) doch in der »Flamme« wird er brennen.
(13.) Siehe, er lebte fröhlich unter seinen
Angehörigen; (14.) siehe, er dachte nimmer,
(zu Allah) zurückzukehren; (15.) doch
fürwahr, sein Herr sah auf ihn. (16.) Und ich
schwöre beim Abendrot (17.) und in der
Nacht und was sie zusammentreibt,
(18.) und dem Mond, wenn er sich füllt!
(19.) Wahrlich, ihr werdet von einem
Zustand in den andern versetzt.

(20.) Und was ist ihnen, dass sie nicht
glauben, (21.) und wenn ihnen der Koran
verlesen wird, nicht niederfallen?
(22.) Ja, die Ungläubigen erklären ihn für
eine Lüge, (23.) doch Allah weiß am besten,
was sie an (Bosheit) verbergen. (24.) Drum
verkündige ihnen schmerzliche Strafe,
(25.) außer denen, welche glauben und das
Rechte tun; ihnen wird unverkürzter Lohn.

85. Sure - Die Türme
Geoffenbart zu Mekka

*Im Namen Allahs, des Erbarmers, des
Barmherzigen!*

(1.) Bei dem Himmel mit seinen Türmen
(2.) und dem verheißenen Tag, (3.) bei einem
Zeugen und einem Bezeugten!
(4.) Getötet werden die Gefährten des
Grabens, (5.) des brennstoffreichen Feuers,
(6.) sobald sie an ihm sitzen (7.) und Zeugen
sind für das, was sie den Gläubigen antaten.
(8.) Und sie rächten sich an ihnen allein
darum, dass sie an Allah glaubten, den
Mächtigen, Rühmenswerten, (9.) des das
Reich ist der Himmel und der Erde; und
Allah ist Zeuge aller Dinge.

(10.) Siehe, diejenigen, welche die
Gläubigen, Männer und Frauen,
heimsuchen und hernach nicht bereuen,

ihnen wird die Strafe Dschehannams und
die Strafe des Verbrennens. (11.) Siehe,
diejenigen, welche glauben und das Rechte
tun, für sie sind Gärten, durcheilt von
Bächen; das ist die große Glückseligkeit.
(12.) Siehe, deines Herrn Rache ist wahrlich
streng. (13.) Siehe, er bringt hervor und lässt
zurückkehren, (14.) und er ist der
Verzeihende, der Liebende, (15.) der Herr
des ruhmvollen Thrones, (16.) der da tut,
was er will. (17.) Kam nicht zu dir die
Geschichte der Heerscharen (18.) des Pharao
und der Thamud?
(19.) Doch die Ungläubigen zeihen sie der
Lüge; (20.) aber Allah umgibt sie von hinten.
(21.) Ja, es ist ein ruhmvoller Koran (22.) auf
verwahrter Tafel.

86. Sure - Der Nachtstern
Geoffenbart zu Mekka

*Im Namen Allahs, des Erbarmers, des
Barmherzigen!*

(1.) Bei dem Himmel und dem Nachtstern!
(2.) Und was lehrt dich wissen, was der
Nachtstern ist? (3.) Er ist das (mit seinem
Strahl) durchbohrende Gestirn.
(4.) Siehe, jede Seele hat über sich einen
Hüter; (5.) drum schaue der Mensch, woraus
er erschaffen. (6.) Erschaffen ward er aus
fließendem Wasser, (7.) das herauskommt
zwischen den Lenden und dem Brustbein.

(8.) Siehe, er hat Macht, ihn wiederkehren zu
lassen (9.) an jenem Tage, da die
Geheimnisse geprüft werden, (10.) und dann
wird er sein ohne Kraft und ohne Helfer.
(11.) Und bei dem Himmel mit seiner
Wiederkehr (12.) und der Erde mit ihrem
Sichauftun! (13.) Siehe, wahrlich, es ist ein
unterscheidend Wort, (14.) in dem kein
Scherz ist.

(15.) Siehe, sie planen eine List, (16.) und ich plane eine List. (17.) Drum verziehe mit den Ungläubigen; ich will mit ihnen gemach verziehen.

87. Sure - Der Höchste

Geoffenbart zu Mekka

Im Namen Allahs, des Erbarmers, des Barmherzigen!

(1.) Preise den Namen deines Herrn, des Höchsten, (2.) der da geschaffen und gebildet, (3.) der bestimmt und leitet, (4.) der die Weide hervorbringt (5.) und sie zu dunkler Spreu macht. (6.) Wir wollen dich (die Korane) rezitieren lassen, damit du nicht vergisst, (7.) was Allah will, siehe, er kennt das Offenkundige und das Verborgene. (8.) Und wir wollen dir's zum Heil leicht machen, (9.) drum ermahne, siehe, die Ermahnung frommt.
(10.) Ermahnen lässt sich, wer da fürchtet, (11.) doch der Bösewicht geht ihr aus dem Weg, (12.) er, der im größten Feuer brennen wird; (13.) alsdann wird er in ihm nicht sterben und nicht leben.

(14.) Wohl ergeht es dem, der sich reinigt (15.) und der des Namens seines Herrn gedenkt und betet. (16.) Doch ihr zieht das irdische Leben vor, (17.) während das Jenseits besser und bleibender ist. (18.) Siehe, wahrlich, dies stand in den alten Büchern, (19.) den Büchern Abrahams und Mosis.

88. Sure - Die Bedeckende

Geoffenbart zu Mekka

Im Namen Allahs, des Erbarmers, des Barmherzigen!

(1.) Kam die Geschichte der Bedeckenden (›Stunde‹) zu dir? (2.) Die einen Gesichter werden an jenem Tage niedergeschlagen sein, (3.) sich abarbeitend und plagend, (4.) brennend an glühendem Feuer, (5.) getränkt aus einer siedenden Quelle. (6.) Keine Speise sollen sie erhalten außer vom Dariastrauch, (7.) der nicht fett macht und den Hunger nicht stillt. (8.) Die andern Gesichter werden an jenem Tage fröhlich sein, (9.) zufrieden mit ihrer Mühe (auf Erden,) (10.) in hohem Garten, (11.) in dem sie kein Geschwätz hören.

(12.) In ihm ist eine strömende Quelle, (13.) in ihm sind erhöhte Polster (14.) und hingestellte Becher (15.) und aufgereihte Kissen (16.) und ausgebreitete Teppiche. – (17.) Schauen sie denn nicht zu den Wolken, wie sie erschaffen sind, (18.) und zum Himmel, wie er erhöht ward, (19.) und zu den Bergen, wie sie aufgestellt worden, (20.) und zur Erde, wie sie ausgebreitet ward? (21.) So ermahne; du bist nur ein Ermahner, (22.) du hast keine Macht über sie, (23.) außer über den, der sich abkehrt und ungläubig ist; (24.) denn ihn wird Allah mit der größten Strafe strafen. (25.) Siehe, zu uns ist ihre Heimkehr, (26.) alsdann liegt uns ihre Rechenschaft ob.

89. Sure - Die Morgenröte

Geoffenbart zu Mekka

Im Namen Allahs, des Erbarmers, des Barmherzigen!

(1.) Bei der Morgenröte (2.) und den zehn Nächten, (3.) und dem Doppelten und Einfachen, (4.) und der Nacht, wenn sie vergeht! (5.) Ist hierin ein Schwur für den Einsichtsvollen? (6.) Sahst du nicht, wie dein Herr mit den Ad verfuhr? (7.) Mit Iram der Säulenreichen, (8.) der nichts gleich erschaffen ward im Land? (9.) Und (mit) den Thamud, die sich Felsen ausgehauen im Wadi?

(10.) Und (mit) Pharao, dem Herrn der Pfeiler, (11.) (mit all denen,) die im Lande frevelten (12.) und des Verderbens viel in ihm anrichteten? (13.) Und es schüttete dein Herr über sie aus die Geißel der Strafe. (14.) Siehe, dein Herr ist wahrlich auf der Wacht. (15.) Und was den Menschen anlangt – wenn ihn sein Herr prüft und ihn ehrt und begnadet, dann spricht er: »Mein Herr hat mich geehrt.« Wenn er ihn aber prüft und ihm seine Versorgung bemisst, (16.) dann spricht er: »Mein Herr verachtet mich.« (17.) Keineswegs; doch ihr ehrt nicht die Waise (18.) und eifert einander nicht an zur Speisung des Armen (19.) und verzehrt das Erbe (des Unmündigen) allzumal (20.) und liebet das Gut in übermäßiger Liebe.

(21.) Nicht also. Doch wenn die Erde kurz und klein zermalmt wird (22.) und dein Herr und die Engel in Reihen auf Reihen kommen (23.) und Dschehannam an jenem Tage gebracht wird, an jenem Tage möchte der Mensch Ermahnung annehmen; woher aber wäre ihm die Ermahnung? (24.) Sprechen wird er dann: »O dass ich doch für mein (jenseitiges) Leben etwas vorausgeschickt hätte!« (25.) Und an jenem Tage wird keiner strafen wie Er, (26.) und keiner wird binden wie Er.

(27.) O du beruhigte Seele, (28.) kehre zurück zu deinem Herrn zufrieden, befriedigt, (29.) und tritt ein unter meine Diener, (30.) und tritt ein in mein Paradies!

90. Sure - Das Land

Geoffenbart zu Mekka

Im Namen Allahs, des Erbarmers, des Barmherzigen!

(1.) Ich schwöre bei diesem Land – (2.) und du bist ein Bewohner dieses Landes – (3.) und beim Vater und was er erzeugt. (4.) Wahrlich, wir erschufen den Menschen zum Kummer. (5.) Glaubt er etwa, dass niemand etwas gegen ihn vermag? (6.) Er spricht: »Ich habe Gut in Menge vertan.« (7.) Glaubt er etwa, dass ihn niemand sieht? (8.) Machten wir ihm nicht zwei Augen (9.) und eine Zunge und zwei Lippen (10.) und leiteten ihn auf den beiden Heerstraßen? (11.) Und doch erklimmt er nicht den Steilweg. (12.) Und was lehrt dich wissen, was der Steilweg ist?

(13.) Das Lösen eines Nackens (14.) oder zu speisen am Tag der Hungersnot (15.) eine verwandte Waise (16.) oder einen Armen, der im Staub liegt! (17.) Alsdann zu denen zu gehören, die glauben und zur Geduld und Barmherzigkeit mahnen: (18.) Das sind die Gefährten der Rechten (Seite). (19.) Diejenigen aber, die unsre Zeichen verleugnen, das sind die Gefährten der Linken (Seite): (20.) über ihnen ist ein überdachendes Feuer.

91. Sure - Die Sonne

Geoffenbart zu Mekka

Im Namen Allahs, des Erbarmers, des
Barmherzigen!

(1.) Bei der Sonne und ihrem Glanz (2.) und
dem Mond, wenn er ihr folgt, (3.) und dem
Tag, wenn er sie enthüllt, (4.) und der Nacht,
wenn sie sie bedeckt! (5.) Und bei dem
Himmel, und was ihn erbaute, (6.) und der
Erde, und was sie ausbreitete, (7.) und der
Seele, und was sie bildete (8.) und ihr eingab
ihre Schlechtigkeit und Frömmigkeit!
(9.) Wohl ergeht es dem, der sie reinigt,
(10.) und zuschanden geht der, der sie
verdirbt.

(11.) Der Lüge zieh Thamud (ihren
Gesandten) in ihrem Frevelmut, (damals)
(12.) als sich der elendeste Wicht unter ihnen
erhob (13.) und der Gesandte Allahs zu
ihnen sprach: »(Dies ist) die Kamelin Allahs
und ihre Tränke.« (14.) Sie aber ziehen ihn
der Lüge und zerschnitten ihr die Flechsen,
und so vertilgte sie ihr Herr ob ihrer Sünde
und verfuhr gegen alle gleich, (15.) und er
fürchtet nicht die Folge davon.

92. Sure - Die Nacht

Geoffenbart zu Mekka

Im Namen Allahs, des Erbarmers, des
Barmherzigen!

(1.) Bei der Nacht, wenn sie bedeckt,
(2.) und dem Tag, wenn er sich enthüllt,
(3.) und bei dem, was Mann und Frau
erschuf! (4.) Siehe, euer Streben ist wahrlich
verschieden: (5.) Und was den anlangt, der
(Almosen) gibt und (Allah) fürchtet (6.) und
an das Schönste glaubt, (7.) dem machen
wir's leicht zum Heil.

(8.) Was aber den anlangt, der geizig ist und
nach Reichtum trachtet, (9.) und das
Schönste für Lüge erklärt, (10.) dem machen
wir's leicht zum Unheil; (11.) und nichts
frommt ihm sein Reichtum, wenn er (ins
Feuer) hinabgestürzt wird.

(12.) Siehe, uns liegt die Leitung ob,
(13.) und siehe, unser ist das Künftige und
Gegenwärtige. (14.) Und so warnte ich euch
vor dem Feuer, das lodert.
(15.) Nur der elendeste Wicht brennt in ihm,
(16.) der da leugnet und sich abwendet,
(17.) doch fern von ihm wird der
Gottesfürchtige gehalten, (18.) der sein Gut
hingibt als Almosen (19.) und der keinem
eine Gunst um des Lohnes willen erweist,
(20.) allein im Trachten nach seines Herrn,
des Höchsten, Angesicht; (21.) und wahrlich,
er soll zufrieden sein

93. Sure - Der lichte Tag

Geoffenbart zu Mekka

Im Namen Allahs, des Erbarmers, des
Barmherzigen!

(1.) Beim lichten Tag (2.) und der Nacht,
wenn sie dunkelt! (3.) Dein Herr hat dich
nicht verlassen und nicht gehasst!
(4.) Und wahrlich, das Jenseits ist besser für
dich als das Diesseits, (5.) und wahrlich,
geben wird dir dein Herr, und du wirst
zufrieden sein.

(6.) Fand er dich nicht als Waise und nahm
dich auf? (7.) Und fand dich irrend und
leitete dich? (8.) Und fand dich arm und
machte dich reich? (9.) Drum, was die Waise
anlangt, unterdrücke sie nicht, (10.) und was
den Bettler anlangt, verstoß ihn nicht,
(11.) und was deines Herrn Gnade anlangt,
verkünde sie.

94. Sure - Dehnten wir nicht aus?

Geoffenbart zu Mekka

Im Namen Allahs, des Erbarmers, des Barmherzigen!

(1.) Dehnten wir nicht aus deine Brust
(2.) und nahmen ab von dir deine Last,
(3.) die deinen Rücken bedrückte, (4.) und erhöhten für dich deinen Namen?
(5.) Drum siehe, mit dem Schweren kommt das Leichte. (6.) Siehe, mit dem Schweren kommt das Leichte! (7.) Und wenn du Zeit hast, dann mühe dich (8.) und trachte nach deinem Herrn.

95. Sure - Die Feige

Geoffenbart zu Mekka

Im Namen Allahs, des Erbarmers, des Barmherzigen!

(1.) Bei der Feige und dem Ölbaum (2.) und dem Berge Sinai (3.) und diesem sichern Land! (4.) Wahrlich, wir erschufen den Menschen in schönster Gestalt.
(5.) Alsdann machten wir ihn wieder zum Niedrigsten der Niedrigen: (6.) Außer denen, die da glauben und das Rechte tun; ihnen wird ein unverkürzter Lohn.
(7.) Und was macht dich hernach das Gericht leugnen? (8.) Ist nicht Allah der gerechteste Richter?

96. Sure - Das geronnene Blut

Geoffenbart zu Mekka

Im Namen Allahs, des Erbarmers, des Barmherzigen!

(1.) Trag vor (rezitiere) im Namen deines Herrn, der erschuf, (2.) erschuf den Menschen aus geronnenem Blut.
(3.) Trage vor (rezitiere,) denn dein Herr ist allgütig, (4.) der die Feder gelehrt,
(5.) gelehrt den Menschen, was er nicht gewusst. (6.) Fürwahr! Siehe, der Mensch ist wahrlich frevelhaft, (7.) wenn er sich in Reichtum sieht. (8.) Siehe, zu deinem Herrn ist die Rückkehr.

(9.) Sahst du den, der da wehrt (10.) einem Knecht (Allahs,) wenn er betet?
(11.) Sahst du, ob er geleitet war (12.) oder Gottesfurcht gebot? (13.) Sahst du, ob er der Lüge zieh und sich abkehrte?
(14.) Weiß er nicht, dass Allah sieht?
(15.) Fürwahr, wahrlich, wenn er nicht ablässt, so ergreifen wir ihn bei der Stirnlocke, (16.) der lügenden, sündigen Stirnlocke. (17.) So rufe er seine Schar;
(18.) wir werden die Höllenwache rufen.
(19.) Fürwahr, gehorche ihm nicht, sondern wirf dich nieder und nahe dich (Allah).

97. Sure - Die Macht (El-Qadr)

Geoffenbart zu Mekka

Im Namen Allahs, des Erbarmers, des Barmherzigen!

(1.) Siehe, wir haben ihn in der Nacht El-Qadr geoffenbart. (2.) Und was lehrt dich wissen, was die Nacht El-Qadr ist? (3.) Die Nacht El-Qadr ist besser als tausend Monate. (4.) Hinab steigen die Engel und der Geist in ihr mit ihres Herrn Erlaubnis zu jeglichem Geheiß. (5.) Frieden ist sie bis zum Aufgang der Morgenröte.

98. Sure - Der deutliche Beweis

Geoffenbart zu Medina (nach andern zu Mekka)

Im Namen Allahs, des Erbarmers, des Barmherzigen!

(1.) Nicht eher wurden die Ungläubigen von dem Volke der Schrift und die Götzenanbeter abtrünnig, als bis der deutliche Beweis zu ihnen kam: (2.) Ein Gesandter von Allah, der reine Seiten verliest, (3.) darinnen wahrhafte Schriften sind. (4.) Und nicht eher spalteten sich die, denen die Schriften gegeben wurden, als nachdem zu ihnen der deutliche Beweis kam. (5.) Doch nichts anders ward ihnen geheißen, als Allah zu dienen, reinen Glaubens und lauter, und das Gebet zu verrichten und die Armenspende zu zahlen; denn das ist der wahrhafte Glauben.

(6.) Siehe, die Ungläubigen vom Volk der Schrift und die Götzendiener werden in Dschehannams Feuer kommen und ewig darinnen verweilen. Sie sind die schlechtesten der Geschöpfe. (7.) Doch die Gläubigen und die, welche das Rechte tun, sie sind die besten Geschöpfe. Ihr Lohn bei ihrem Herrn sind Edens Gärten, durcheilt von Bächen, ewig und immerdar darinnen zu verweilen. (8.) Zufrieden mit ihnen ist Allah, und sie sind zufrieden mit ihm. Solches für den, welcher seinen Herrn fürchtet.

99. Sure - Das Erdbeben

Geoffenbart zu Mekka (nach andern zu Medina)

Im Namen Allahs, des Erbarmers, des Barmherzigen!

(1.) Wenn die Erde erbebt in ihrem Beben, (2.) und die Erde herausgibt ihre Lasten, (3.) und der Mensch spricht: »Was fehlt ihr?« (4.) An jenem Tage wird sie ihre Geschichten erzählen, (5.) weil dein Herr sie inspiriert. (6.) An jenem Tage werden die Menschen in Haufen hervorkommen, um ihre Werke zu schauen; (7.) und wer auch nur Gutes im Gewicht eines Stäubchens getan, wird es sehen. (8.) Und wer Böses im Gewicht eines Stäubchens getan, wird es sehen.

100. Sure - Die Renner

Geoffenbart zu Mekka (nach andern zu Medina)

Im Namen Allahs, des Erbarmers, des Barmherzigen!

(1.) Bei den schnaubenden Rennern (2.) und den Funken stampfenden (3.) und den am Morgen anstürmenden (4.) und darin den Staub aufjagenden (5.) und darin die Schar durchbrechenden! (6.) Siehe, der Mensch ist wahrlich undankbar gegen seinen Herrn, (7.) und siehe, hierfür ist er (selbst) ein Zeuge. (8.) Und siehe, stark ist seine Liebe zum (irdischen) Guten. (9.) Weiß er denn nicht, wenn das, was in den Gräbern, herausgerissen wird, (10.) und an den Tag kommt, was in der Brust (der Menschen) ist – (11.) dass ihr Herr sie wahrlich an jenem Tage kennt?

101. Sure - Die Pochende

Geoffenbart zu Mekka

Im Namen Allahs, des Erbarmers, des Barmherzigen!

(1.) Die pochende (›Stunde‹)! (2.) Was ist die Pochende? (3.) Und was macht dich wissen, was die Pochende ist? (4.) An dem Tag, da die Menschen gleich verstreuten Motten sind (5.) und die Berge gleich bunter zerflockter Wolle, (6.) dann wird der, dessen Waage schwer ist, (7.) im angenehmen Leben sein; (8.) doch der, dessen Waage leicht ist (9.) – seine Mutter wird der Höllenschlund sein. (10.) Und was macht dich wissen, was er ist? (11.) Ein glühend Feuer!

102. Sure - Das Streben nach Mehr

Geoffenbart zu Mekka

Im Namen Allahs, des Erbarmers, des Barmherzigen!

(1.) Es beherrscht euch das Streben nach Mehr, (2.) bis ihr die Gräber besucht. (3.) Fürwahr, ihr werdet wissen. (4.) Wiederum: fürwahr, ihr werdet wissen

(wie töricht ihr wart). (5.) Fürwahr, wüsstet ihr's doch mit Gewissheit!
(6.) Wahrlich, sehen werdet ihr den Höllenpfuhl. (7.) Wiederum: Wahrlich, sehen werdet ihr ihn mit dem Aug' der Gewissheit. (8.) Alsdann werdet ihr wahrlich an jenem Tage gefragt nach der Wonne (des irdischen Lebens).

103. Sure - Der Nachmittag

Geoffenbart zu Mekka

Im Namen Allahs, des Erbarmers, des Barmherzigen!

(1.) Bei dem Nachmittag!
(2.) Siehe, der Mensch ist wahrlich verloren,
(3.) außer denen, welche glauben und das Rechte tun und einander zur Wahrheit mahnen und zur Geduld.

104. Sure - Der Verleumder

Geoffenbart zu Mekka

Im Namen Allahs, des Erbarmers, des Barmherzigen!

(1.) Weh jedem lästernden Verleumder,
(2.) der Gut zusammenscharrt und es hinterlegt; (3.) er wähnt, dass sein Gut ihn unsterblich machen kann. (4.) Keineswegs; wahrlich, hinabgestürzt wird er in El-Hótama. (5.) Und was macht dich wissen, was El-Hótama? (6.) Es ist Allahs angezündetes Feuer, (7.) das über die Herzen emporsteigt. (8.) Siehe, es bildet ein Dach über ihnen (9.) in langen (Feuer-) Säulen.

105. Sure - Der Elefant

Geoffenbart zu Mekka

Im Namen Allahs, des Erbarmers, des Barmherzigen!

(1.) Sahst du nicht, wie dein Herr (einst) mit den Elefantengefährten verfuhr?
(2.) Führte er nicht ihre List irre
(3.) und schickte über sie Vögel in Scharen,
(4.) die sie bewarfen mit Steinen aus gebranntem Ton, (5.) und machte er sie (dadurch nicht) wie abgefressene Saat?

106. Sure - Quraisch

Geoffenbart zu Mekka

Im Namen Allahs, des Erbarmers, des Barmherzigen!

(1.) Für die Vereinigung der Quraisch,
(2.) für ihre Vereinigung zur Winter- und Sommerkarawane. (3.) So mögen sie (zum Dank) dienen dem Herrn dieses Hauses,
(4.) der sie mit Speise versieht gegen den Hunger und sicher macht vor Furcht.

107. Sure - Der Beistand

Geoffenbart zu Mekka (nach andern zu Medina)

Im Namen Allahs, des Erbarmers, des Barmherzigen!

(1.) Hast du den gesehen, der das Gericht leugnet? (2.) Er ist's, der die Waise verstößt (3.) und nicht antreibt zur Speisung des Armen. (4.) Drum wehe den Betenden, die nachlässig in ihren Gebeten sind,
(5.) die nachlässig in ihren Gebeten sind,
(6.) die nur gesehen sein wollen (7.) und den Beistand versagen.

108. Sure - Der Überfluss

Geoffenbart zu Mekka (nach andern zu Medina)

Im Namen Allahs, des Erbarmers, des Barmherzigen!

(1.) Wahrlich, wir haben dir Überfluss gegeben, (2.) drum bete zu deinem Herrn und schlachte (Opfer). (3.) Siehe, dein Hasser soll kinderlos sein.

109. Sure - Die Ungläubigen

Geoffenbart zu Mekka

Im Namen Allahs, des Erbarmers, des Barmherzigen!

(1.) Sprich: O ihr Ungläubigen, (2.) ich diene nicht dem, dem ihr dienet, (3.) und ihr seid nicht Diener dessen, dem ich diene. (4.) Und ich bin nicht Diener dessen, dem ihr dientet, (5.) und ihr seid nicht Diener dessen, dem ich diene. (6.) Euch eure Religion und mir meine Religion

110. Sure - Die Hilfe

Geoffenbart zu Mekka (nach andern zu Medina)

Im Namen Allahs, des Erbarmers, des Barmherzigen!

(1.) Wenn Allahs Hilfe kommt und der Sieg
(2.) und (wenn) du die Menschen eintreten siehst in Allahs Religion in Haufen,
(3.) dann lobpreise deinen Herrn und bitte ihn um Verzeihung; siehe, er ist vergebend.

111. Sure - Verderben! (Abu Lahab)

Geoffenbart zu Mekka

Im Namen Allahs, des Erbarmers, des Barmherzigen!

(1.) Verderben über die Hände Abu Lahabs und Verderben über ihn! Sein Gut noch Gewinn dient ihm zu nichts.«
(2.) Nichts nützte ihm sein Gut und sein Gewinn. (3.) Brennen wird er im Feuer, dem lohenden, (4.) und (ebenso) seine Frau, die Holzträgerin, (5.) mit einem Strick von Palmenfasern um ihren Hals.

112. Sure - Die Reinigung

Geoffenbart zu Mekka

Im Namen Allahs, des Erbarmers, des Barmherzigen!

(1.) Sprich: Er ist der eine Gott, (2.) Allah, der Alleinige; (3.) er zeugt nicht und wird nicht gezeugt, (4.) und keiner ist ihm gleich.

113. Sure - Das Morgengrauen

Geoffenbart zu Mekka (nach andern zu Medina)

Im Namen Allahs, des Erbarmers, des Barmherzigen!

(1.) Sprich: Ich nehme meine Zuflucht zum Herrn des Morgengrauens,
(2.) vor dem Übel dessen, was er erschaffen,
(3.) und vor dem Übel der Nacht, wenn sie naht, (4.) und vor dem Übel der Knotenanbläserinnen (5.) und vor dem Übel des Neiders, wenn er neidet.

114. Sure - Die Menschen

Geoffenbart zu Mekka (nach andern zu Medina)

Im Namen Allahs, des Erbarmers, des Barmherzigen!

(1.) Sprich: Ich nehme meine Zuflucht zum Herrn der Menschen, (2.) dem König der Menschen, (3.) dem Gott der Menschen, (4.) vor dem Übel des Einflüsterers, des Entweichers, (5.) der da einflüstert in die Brust der Menschen – (6.) vor den Dschinn und den Menschen.

Kurze Anmerkungen

Das Leben des Propheten Muhammad erhellen

Ein Leuchtfeuer des Glaubens und der Führung

In den Seiten des Korans liegt ein tiefgreifendes Zeugnis des Lebens des Propheten Muhammad, einer Persönlichkeit, deren Existenz und Führung unauslöschliche Spuren in der Geschichte der Menschheit hinterlassen hat.

Mohammed, der im Jahr 570 n. Chr. in der Stadt Mekka geboren wurde, verkörperte ein Leben, das von außergewöhnlichen Eigenschaften geprägt war. Sein Charakter zeichnete sich durch unerschütterliche Integrität, Freundlichkeit und eine stätige Hingabe an den Dienst Gottes aus. Er war als Al-Amin, der Vertrauenswürdige, bekannt, lange bevor er die göttliche Offenbarung des Koran erhielt. Seine Aufrichtigkeit und sein tugendhafter Charakter zogen Menschen aus allen Gesellschaftsschichten zu ihm.

Als junger Mann suchte Muhammad in der Höhle von Hira Einsamkeit und Kontemplation, ein Akt, der den Beginn einer spirituellen Reise markierte und welcher den Lauf der Menschheit für immer verändern sollte. Während eines dieser Rückzüge übermittelte ihm der Engel Gabriel die erste göttliche Offenbarung. Muhammad wurde daraufhin Empfänger einer Reihe von Offenbarungen, die schließlich im Koran, dem heiligen Buch des Islams, gipfelten. Diese Offenbarung markierte den Beginn seiner Prophetenschaft und seiner Reise als religiöser Führer.

Als religiöser Führer zeichnete sich Muhammad durch Mitgefühl und ein tiefes Engagement für Gerechtigkeit aus. Seine Lehren, die im Koran festgehalten sind, betonten die Einheit Gottes und die Wichtigkeit eines Lebens in moralischer Integrität und Hingabe. Seine Führung vereinte verschiedene Stämme unter dem Banner des Islams und förderte eine Gesellschaft, in der die Rechte der Ausgegrenzten, der Frauen und der Unterdrückten hochgehalten wurden.

Das Leben Muhammads ist auch ein Zeugnis seiner unerschütterlichen Hingabe an seine Gemeinschaft. Selbstlos diente er als Wegweiser, Vertrauter und Anführer für die Menschen um ihn herum. Seine Handlungen und Entscheidungen, welche durch die Weisheiten des Korans geleitet wurden, lieferten eine Blaupause für gute Führung und ein moralisches Leben, womit er gleichzeitig den Grundstein für eine aufstrebende islamische Gesellschaft legte.

Der historische Bericht über Muhammads Leben, wie er im Koran dargestellt wird, ist eine Quelle der Inspiration für Gläubige weltweit. Er veranschaulicht die Qualitäten der Demut, des Mitgefühls und der Widerstandsfähigkeit, die wir in unserem eigenen Leben anstreben sollten. Sein unerschütterliches Engagement für die Botschaft Gottes, selbst im Angesicht von Widrigkeiten, dient als Vorbild für Glauben und Führung.

Die Bedeutung des Korans

Im Herzen eines jeden Gläubigen gibt es ein tiefes Bewusstsein für die enorme Bedeutung des Korans. Der Koran, verehrt als heilige Schrift des Islams, ist ein Zeugnis der tiefen Weisheit und göttlichen Führung, die er der Menschheit bietet. Als Gläubige halten wir seine Lehren fest als ein Leuchtfeuer des Lichts, eine Quelle spiritueller Nahrung und ein Wegweiser für ein rechtschaffenes Leben. Diese deutsche Ausgabe des Korans steht als Beweis für seine dauerhafte Bedeutung und sein Potenzial, unsere Leben ins positive zu verändern.

Der Koran ist nicht nur ein Buch; er ist das Wort Gottes, offenbart dem Propheten Muhammad, Friede sei mit ihm. Er ist eine zeitlose Fundgrube göttlichen Wissens und göttlicher Führung. Er verkörpert eine Botschaft der Hoffnung, des Mitgefühls und der Bestimmung, die Menschen auf der ganzen Welt anspricht. In seinen Versen finden wir einen Entwurf für ein Leben in Rechtschaffenheit und Tugend.

Im Kern vermittelt der Koran die unmissverständliche Botschaft, dass es keinen Gott außer Allah gibt, den Einen und Einzigen, den Barmherzigen, den Mitleidenden. Er bekräftigt die Einheit Gottes und unterstreicht die wesentlichen Grundsätze des Glaubens - den Glauben an das Unsichtbare, das Gebet, die Wohltätigkeit, das Fasten und die Pilgerfahrt. Diese grundlegenden Lehren bieten spirituelle Leitung und eine Verbindung zu Gott und fördern ein Gefühl von Zielstrebigkeit und einen beständigen moralischen Kompass.

Darüber hinaus umfassen diese Lehren eine breite Palette von Themen, die nicht nur Fragen des Glaubens, sondern auch des persönlichen Verhaltens, des Familienlebens, der Regierungsführung und der Ethik betreffen.

Sie betonen die Bedeutung von Ehrlichkeit, Gerechtigkeit, Mitgefühl und Nächstenliebe und unterstreichen die Notwendigkeit von Demut und Selbstreflexion. Wenn wir diese Leitlinien befolgen, können wir in Zeiten des Unglücks Trost finden und angesichts der Herausforderungen des Lebens Hoffnung schöpfen.

Die Verse des Korans laden die Menschheit ein, über das Universum, die Schöpfung der Menschheit, die natürliche Welt und die göttlichen Zeichen, die in der Existenz verstreut sind, nachzudenken. Sie rufen zu Reflexion und intellektueller Erkundung mit offenem Geist auf, um ein tieferes Verständnis der Weisheit Allahs und der tiefen Verbindung zwischen dem Schöpfer und seinen Geschöpfen zu erlangen.

Der Koran ruft in seiner unerschütterlichen Führung zu Mitgefühl und Empathie gegenüber allen Geschöpfen Gottes auf. Er ermutigt die Gläubigen, gerecht, freundlich und fürsorglich zu sein, nicht nur gegenüber ihren Mitmenschen, sondern auch gegenüber der Tierwelt und der Umwelt. Diese Botschaft der Fürsorge erinnert uns eindringlich an unsere Verantwortung, die Erde zu schützen und das zu bewahren, was uns vom Allerhöchsten gegeben wurde.

In einer Welt, die oft von Unruhen und Zwietracht geprägt ist, setzt sich der Islam für Frieden und die Lösung von Konflikten durch Dialog und Diplomatie ein.

Er ruft zur Einheit unter den Gläubigen und zur Versöhnung von Unterschieden durch Empathie und Verständnis auf. Die Botschaft des Korans von Frieden und Toleranz ist ein Hoffnungsschimmer, der die transformative Kraft der Einheit gegenüber der Spaltung demonstriert. Durch das Wissen des Korans haben wir die Chance, unser Leben positiv zu verändern. Er kann unseren Charakter formen, Werte vermitteln und unsere Seelen nähren. Er befähigt uns, Herausforderungen zu überwinden und die Komplexitäten des Lebens mit unerschütterlichem Glauben und dem Engagement für Rechtschaffenheit zu meistern. Er bietet Trost in Momenten der Verzweiflung, Inspiration in Zeiten der Unsicherheit und ein tiefes Gefühl von Bestimmung in einer Welt, die oft orientierungslos erscheint.

Seine Lehren inspirieren, erheben und führen uns zu einem Leben von größerer Bedeutung, Mitgefühl und Rechtschaffenheit. Der Koran ist ein heiliges Zeugnis für die dauerhafte Kraft des Glaubens, der Weisheit und der göttlichen Führung.

Als Gläubige halten wir seine Lehren fest als Quelle des Trostes, der Orientierung und der Transformation.
Wir hoffen, dass diese Ausgabe des Korans jeden auf seinem Pfad zur Erleuchtung und Glück unterstützt. Möge der Koran auch weiterhin unsere Wege erhellen und uns zu einem Leben voller Tugend und Sinn führen.

Sie haben den Heilige Koran mit Vergnügen gelesen?

Verbreiten Sie die Botschaft und hinterlasse eine Rezension!

Das geht schnell und hilft kleinen Verlagen wie unserem.

Thank you :)
Jazakum Allahu Khairan